体育周报社　编辑

# 体育周报

湖湘文库编辑出版委员会
湖南师范大学出版社

湖湘文库
甲编

# 出版说明

湖湘文化源远流长，博大精深，是中华文化中独具地域特色的重要一脉。特别是近代以来，一批又一批三湘英杰，以其文韬武略，叱咤风云，谱写了辉煌灿烂的历史篇章，使湖湘文化更为绚丽多彩，影响深远。为弘扬湖湘文化，砥砺湖湘后人，中共湖南省委、湖南省人民政府决定编纂出版《湖湘文库》大型丛书。

《湖湘文库》编辑出版以『整理、传承、研究、创新』为基本方针，分甲、乙两编，其内容涵盖古今，编纂工作繁难复杂，兹将有关事宜略述如次：

一、甲编为湖湘文献，系前人著述。主要为湘籍人士著作和湖南地区的出土文献，同时酌收历代寓湘人物在湘作品，以及晚清至民国时期的部分报刊。

二、乙编为湖湘研究，系今人撰编。包括研究、介绍湖湘人物、历史、风物的学术著作和资料汇编等。

三、乙编中的通史、专题史，下限断至一九四九年。

四、甲编文献以点校后排印、据原本影印及数据光盘三种方式出版。

五、除少数图书以外，一律采用简体汉字横排。

六、每种图书均由今人撰写前言一篇。甲编图书前言，主要简述原作者生平、该书主要内容、学术文化价值及版本源流、所用底本、参校本等。乙编图书前言，则重在阐释该研究课题的研究视角和主要学术观点等。

七、对文献的整理，只据底本与参校本、参校资料等进行校勘标点，对底本文字的讹、夺、衍、倒作正、补、删、乙，有需要说明的问题，则作出校记，一般不作注释。

八、甲编民国文献中的用语、数字、标点等，除特殊情况外，一般不作改动。乙编图书中的标点、数字用法、参考文献著录规则等均按现行出版有关规定使用和处理。

《湖湘文库》卷帙浩繁，难免出现缺失疏漏，热望社会各界批评指正。

《湖湘文库》编辑出版委员会

# 前言

刘苏华

十九世纪末、二十世纪初的中国，风云际会，社会动乱，经济萧条，文化教育事业相对落后。众多有识之士深感中国落后的现实，纷纷思考强国、强种、强身的思想与方法。在引进国外『新教育』，拉开中国设立近代式学校序幕的过程中，严复、梁启超等一批先进的知识分子，共同呼吁『军国民教育』，提倡普及体育，改善民族体质，『体操而外，凡击剑、驰马、鞠蹴、习射、击枪、游泳、竞渡诸戏，无不加意奖励，务使举国之人，皆具军国民之资格』①，促进了中国近代体育思想的形成。与此相适应，以介绍体育新思想与新理念、传播体育新技术与新方法的近代中国体育期刊，开始诞生并逐步发展起来。

『中国体育期刊，始于清代末叶。以后随着体育运动的发展，初兴于五四新文化运动前后时期，而发达于抗日战争前十年间。』②在清末民初的一九〇九年至一九一九年间，一九〇九年三月创刊的《体育界》是迄今发现最早的体育期刊。这一时期还有《体育杂志》（一九一四年六月创刊）、《体育界》（一九一五年五月）、《体育季刊》（一九一八年三月创刊）、《体育》（一九一八年三月创刊）等体育类期刊。与当时中国社会思想文化多元发展以及各种思潮并存相适应，各种体育思想纷纷出现。

① 董宝良、周洪宇：《中国近现代教育思潮与流派》，北京：人民教育出版社一九九七年版，第二四一页。

② 朱姝、朱恺、姚远：《晚清至五四时期中国体育期刊的肇始与初兴》，《西安体育学院学报》二〇〇九年第六期。

『窃维我体育界宗旨之乱，学说之杂，无过于今日矣。』①为了科学研究体育，倡行新的体育思想，寻找中国体育发展的适合道路，一九一八年十二月九日，《体育周报》在湖南长沙的楚怡小学正式创刊。它是湖南历史上最早一份出版发行的全国性体育刊物。

《体育周报》由黄醒（即黄胜白）联合湖南体育界人士陆鸿仪、陈奎生、徐凯、蒋宝三等三十多人共同筹组创办。主办人黄醒，新民学会会员，原是长沙私立楚怡学校的体操教员。长沙楚怡小学为新化陈润霖于光绪三十二年（一九〇六年）四月创办。民国时期，楚怡小学注重体育教学改革，该校体育教师黄醒首先在楚怡小学废止兵操，注重走步、队形变换、徒手体操、攀缘、跳跃、器械操等。后来，他辞去教员职务，专办《体育周报》，宣传体育革命。

《体育周报》办公地址位于长沙储英源二十三号黄醒家中。刊物撰稿人遍及全国，国内发售点有十七处之多，包括上海、杭州、成都、北京、南京、武昌、吉林、天津等地。②长沙的发行所设在黄醒家里，经费及发行事宜均由黄醒一人经办。刊物为十六开本，每周一期，全年四十八期。第二年起，每三个月增刊一期特号。③刊物每期六至十二页，约一万字，零售每期铜元两枚。

《体育周报》以普及国民体育知识，研究体育学术，促进体育事业为宗旨。④主编黄醒在《办体育周报做什么？》一文中回答了《体育周报》创办的原因：为『得奖牌』所得的体育是丧失人格的，是束缚自由发展的，『为这个办体育周报』；实行体育之前，要使个人选择一种或数种适合自己的方法来应用，『为这个办体育周报』；客观的奴隶的体育法，阻碍个人自觉的精神，自动的毅力，『为这个办体育周报』。⑤《体育周报》内容分言论、学说、研究、材料、调查、记事、讲演、音乐、小说、通

①《宣言书》，《体育周报》第一期，转引自陈肖玥：《试论适于『人身』与『人生』的体育观——以一九一八年长沙的〈体育周报〉为个案》，《新闻世界》二〇〇九年第十二期。
②《代售本报者》，《体育周报》第四十九期。
③但现在只发现一期特刊。
④《本报内容》，《体育周报》第一期。
⑤黄醒：《办体育周报做什么？》，《体育周报》第十八期。

信、汇报、杂俎等。刊物虽然名为『报』，实际上从出版周期与出版内容来看，更像刊。其中心内容主要以宣传体育思想理论为主，文章大多为理论性论文，着重讨论体育上的重要问题，并广求名人对体育的意见，一般性的体育事件消息报道很少。刊物文字力求通俗易懂，早期出版时未排印标点，后期排印增加了新式标点，更易阅读。

《体育周报》从创刊开始到一九二〇年三月十五日共出版了五十八期，在停刊了七个月以后，一九二〇年十月二十五日出版了第五十九、六十期合刊以后终刊。刊物存在历时一年零十个月，共出刊六十一期（含一期特刊）。虽然存在的时间不长，但在国内外却产生了重大影响。这与刊物本身及其主编黄醒大声疾呼体育革命、宣传倡导体育新思想息息相关。

《体育周报》从创刊开始，宣扬『为人类生活底健全，而讲求体育；为要求得着体育底完全效能，而改造生活』，①一直倾向于革命和进步。它从诞生之日开始，就受到了革命与进步人士的热情支持与帮助。『陈独秀、蔡元培、徐一冰、沈定一、陈奎生等各界著名人士都在《体育周报》上发表过文章。中国共产党早期的领导人之一恽代英，毛主席在长沙组织的新民学会会员陈奎生等，还担任过该报的发行员。』②当时《体育周报》社还代售北京、上海、天津、浙江以及日本等国内外出版的宣传文化新思潮的刊物，如《新青年》、《新生活》、《新潮》、《解放与改造》、《每周评论》、《通俗医事月刊》、《建设》、《民铎》、《少年中国》、《时事新潮》、《新教育》、《新中国》、《教育》、《教育潮》、《黑潮》、《湘江评论》、《新湖南》、《湖南教育》、《求新周刊》、《平民教育正议周刊》等等。③

《体育周报》批判了当时中国的军国民体育、竞技体育等思想理论，旗帜鲜明地提出了体育革命。『《体育周报》原是为着「体育」应该「革命」而发生；虽说以前出版底五十八期，没有标明「革命」两个字，却带着浓厚的革命色彩。实际上做「革命」底运动，形式的外表却支吾隐晦，使阅者看来模糊不明，是我们良心上最不安的；但是那时候：一方面怕惊世骇俗，使社会上发生反感；一方面张敬尧的警察厅要检查后才准发行。现在干涉言论自由底张敬尧离开湖南，社会上对于我们所

---

① 《体育革命》，《体育周报》第五十九、六十期合刊。

② 陶艾：《长沙〈体育周报〉》，《体育文化导刊》一九八三年第二期。

③ 骆正南：《体育周报》，湖南省出版工作者协会编：《湖南出版史料》（第三辑），一九九七年八月出版（内部资料），第一六五页。

说的也不十分骇怪了；当我们重整旗鼓继续出版底时候，应该挂起两年来张不出底鲜明旗帜，不管他通不通，只问他是不是。』①刊物所提倡的体育革命，『并不是要借大言欺人，图一时出风头底快乐；更不是觉着中国底体育不及外国，要行什么『西洋式』或『东洋式』底体育。我们是直觉上得了许多现行制度不良底证据，相信有革命的必要。』②盲目跟从外国的体育方法，否定我国的健身锻炼之法，先是倡行所谓的德国式、日本式、瑞典式体操法，接着又学习日本，提倡所谓的国技，后又大倡竞技运动与美国式体育，『情急乱投医』，『无益有害』。同时，『专依赖医药、运动、卫生来讲求体育，不能解决体育问题』，也十分有必要『打破这因袭的观念』。所以我们要进行一场彻底的体育革命，真正实现为人类生活的健全而讲求体育，为要求体育的完全效能而改造生活，这是『我们发起体育革命底根本观念』。

体育革命的手段，许多人所主张的『只用「竞争」「强大」底性质浓重的什么军事学和游戏运动等等做工具，却是我们不能赞同的；因为用这些工具所得底结果，仍然不能达到真实改造生活底目的，或者革命后还是同革命前一样；所以我们觉着真实手段所用底工具，必需是接近改造生活后用得着——且有益的』。③究竟是什么？简单说，就是『用有发展爱群性，牺牲心，效能底工作，做革命手段底工具。』④具体的办法是『以理想中人的生活做中心，改造现行底体育制度；用改造后底体育制度，养成理想中人的生活能力。』⑤对于现在可能的革命的运动，也就是现在可能做的事情，文章罗列了四项，其中第四项为『本社愿尽力的职责，就是这篇文字，同以后继续不断的鼓吹——传播』，⑥态度鲜明地表明了《体育周报》愿意为体育革命鼓与吹，它已然将宣传与提倡体育革命作为自己刊物的重要职责与任务。

《体育周报》在强调体育革命的同时，倡导新的体育思想与理论。它认为体育的最终目的并不是『救国图强』，不是『强

① 《体育革命》，《体育周报》第五十九、六十期合刊。
② 《体育革命》，《体育周报》第五十九、六十期合刊。
③ 《体育革命》，《体育周报》第五十九、六十期合刊。
④ 《体育革命》，《体育周报》第五十九、六十期合刊。
⑤ 《体育革命》，《体育周报》第五十九、六十期合刊。
⑥ 《体育革命》，《体育周报》第五十九、六十期合刊。

国卫国』，①应是强身健体、促进人类和社会进化的一种手段。据此，《体育周报》提出了一种新的体育观。这种新的体育观是适于『人身』与『人生』的体育观，即体育是『人的体育』，是『劳动的体育』，是『平和的体育』。②《体育周报》对军国民主义、兵式体操等产生异议，开始转向对『人』本身的关注，『大胆标揭「人生的体育」几个字做旗帜』③，提倡从人的生理出发来进行体育锻炼。它对当时因受到军国民主义『注重竞胜、讲求胜负』思想的影响，而专注『少数学生的训练和比赛』和『创办运动会和在运动会上取得好成绩』的思想与做法进行了批判，④认为真正人的体育不是『拘束许多的个性』⑤和『有碍生理』⑥，不是『抛却个人，牺牲个人，专去为国家计』。⑦『照这样看来，我们若是讲求「人的体育」，徒然说「健强身体」，「军国民」，「游戏运动」，「却病延年」，是不够的。「那些天之骄子」，「强凌弱」，「众暴寡」，「浪费能力」，「物竞天择」，「优胜劣败」，含兽性太重的方法，是不能尽力专讲求的。』⑧体育究竟为的什么呢？『简单说：就是为的「生活」，为的「人的生活」，「人性的生活」。』⑨另一方面，『体育上讲到锻炼，必须运用筋肉；劳动工作是用筋肉的，所以劳动工作是最有价值的体育。是人的体育。』⑩另外，《体育周报》明确提出，要以『工作代体操』，⑪以此自然而然地从提倡人的体育进而过渡到提倡劳动体育。《体育周报》还宣扬一种平和的竞争观，一种有利于人类进化、社会进化的竞争观。竞技运动需要竞争，但再激烈的竞争

---

① 黄醒：《在我现在所得的知识上觉得体育似乎要是这样的解释》，《体育周报》第三十五期。
② 陈肖玥：《试论适于『人身』与『人生』的体育观——以一九一八年长沙的〈体育周报〉为个案》，《新闻世界》二〇〇九年第十二期。
③ 《人生的体育学会宣言》，《体育周报》第五十九、六十期合刊。
④ 黄醒：《运动会与提倡体育》，《体育周报》第二十一期。
⑤ 陈达任：《学校应否废去课表中的体操？》，《体育周报》一九二〇年特刊第一号。
⑥ 蒋宝三：《我对于小学校体育的研究》，《体育周报》第五十九、六十期合刊。
⑦ 黄醒：《在我现在所得的知识上觉得体育似乎要是这样的解释》，《体育周报》第三十五期。
⑧ 昌兀生：《人的体育》，《体育周报》第十三期。
⑨ 黄醒：《在我现在所得的知识上觉得体育似乎要是这样的解释》，《体育周报》第三十五期。
⑩ 牛：《劳动与体育》，《体育周报》第三十八期。
⑪ 陈达任：《学校应否废去课表中的体操？》，《体育周报》一九二〇年特刊第一号。

也要以有益于人的生理健康为根本条件，也要以适合我国的国情为根本条件，而不能盲目地一味向前，忽略人的身心健康和社会的正常发展。『大家都是人，什么文明野蛮，什么你强我弱，争什么！战什么！谈竞争的要想明白。』①同时，它还竭力提倡静的体育，『静的体育，最适宜个人修练，最适宜社会领袖的修练。』②综合而言，《体育周报》『所提出的一种新体育观，这是人们对于体育的新期待，也是时代折射出来的反映在体育界的新主张』③，它对于体育思想理论的发展无疑具有重要的意义。

《体育周报》还重视学校体育，主张改革体育教学，对师范体育与女子体育两大体育专题问题进行专题讨论，引导探讨，阐明观点。《体育周报》在其发布的征稿启事称，『欢迎全国体育家讨论下列问题：（一）女子体育如何？（二）学校应否废止兵操？（三）小学校应否设体育专科教员？（四）学校应否废去课表中的体操？（五）工作代体操在体育上的价值？（六）童子军的组织法在体育上的价值？（七）提倡社会体育的下手处？（八）『竞技』同『进化』根本上不冲突否？（九）『武术』在体育上的价值。（十）学校废止体操后的体育怎样设施？（十一）师范学校的体育应如何？（十二）『时间』和『能力』上都经济的体育的方法。』④这些问题事关学校体育、女子体育、师范体育等专题体育问题，以及体育教学改革和其他体育问题，是当时体育领域的焦点、热点问题。《体育周报》在其后挑选发表的文章对这些问题都进行了深入的探讨，阐明了自己的观点，传播了自己的体育思想与主张。

关于学校体育，《体育周报》认为，学校是陶铸社会分子的工场，学校教育的目的，是使人做个完全的人；学校体育，就是达到教育目的的一种方法，很是重要。所以，学校体育的方针与传统意义上的不同，应该包括：『（1）一般的发展，学校有少数有缺陷的人，便是体育的缺点。（2）养成耐劳的精神，能够以自力取得相当的生活。（3）自然平均的发达，不能滥

① 黄醒：《竞争！宣战！》，《体育周报》第四十三期。
② 黄醒：《为什么提倡静的体育？》，《体育周报》第十二期。
③ 陈肖玥：《试论适于『人身』与『人生』的体育观——以一九一八年长沙的〈体育周报〉为个案》，《新闻世界》二〇〇九年第十二期。
④ 《体育周报》第三十六期。

出生理的常轨，和强制的运动。』①《体育周报》还刊载了黄醒自己的一篇文章《我教体操时的罪过》。在这篇文章里，黄醒深刻剖析了自己教学过程的错误：『不想』、『不讲』、『不做』。『不想』，就是没有『求是』的能力，听了体操教师的议论，就立刻到操场上将学生当原料试验起来。『我只顾我的名誉……不管学生体力上吃得住吃不住，心理上欢喜不欢喜，我只硬干。』『这罪过的结果，我是得了名誉，学生不过还是个学生。』②『不讲』，就是『以为体操是技能科目，只要教学生做，进一步做得好，就算完事……从不曾注意学生使他明白体育的道理，从不曾注意和朋友讨论过在学生本身上所收的效果。』所以，『何尝直接使学生得了体育的益处呢！』③『不做』，就是『不曾「做」我那所谓合情理的，依然用的是那不合情理的东西』。实际上，『这体操的是要能行的不是能说就了事的』。④黄醒检讨自己原先存在的教学问题，实际上是对当时体育教学通病的反思与批判，他希望通过改革体育教学，使学生受到真正的体育教学。事实上，当时有一些体育教员确实也意识到先前我国所施行的体育教学有某种程度的弊端，《体育周报》刊载的一位长期从事体育工作的教员的文章称：『我才晓得先前所施行的，是竞争的，非互助的；是奴隶的，非自然的；是盲从的，非正确的。』⑤从而主张对体育教学进行改革，以新的体育观来指导体育教学，以达到体育教学的真正目的。

《体育周报》对当时体育教学是否废止体操与兵操展开了广泛的讨论。有些人主张，『课表中的体操，固然不能收圆满的效果，但恐怕把他废止了，简直没有运动的机会！就同私塾一样，整天只有伏案的时候了！』⑥但《体育周报》认为：『体育都知道人为生活；才要体育，就应该认定体育是维持人的生活的；单靠课表的体操，不独不够用，并且还有许多妨害的

① W.S.：《学校体育》，《体育周报》第二十七期。
② 黄醒：《我教体操时的罪过》，《体育周报》第四十二期。
③ 黄醒：《我教体操时的罪过》，《体育周报》第四十二期。
④ 黄醒：《我教体操时的罪过》，《体育周报》第四十二期。
⑤ 陈达任：《我对于体育思想的变迁》，《体育周报》第四十三期。
⑥ 陈达任：《学校应否废去课表中的体操？》，《体育周报》一九二〇年特刊第一号。

情形。即如各学校中，有的人当教员，教材毫无斟酌，又不察验学生的状况，甚至单把立正稍息度日，牺牲许多时间，拘束许多的个性； 只要学生合于机械的固定的形式，不以个人本能为标准，把那生成自然的姿式，弄成勉强做作的姿式。』①所以，这样的体操与兵操应该坚决废除。『我们为将来人类的安全计，为种善因计，绝对的要废止学校的兵操； 这废止兵操就是铲除强权的偶像，为世界废兵的张本。』②当然，废除体操并非不要体操，『主张废止课表中形式的体操，原想提倡正当的体操，我说课表中体操不好，正想改造一种生产的，经济的，合体力的，能生活的体操，使青年入校的人，个个有健全的体力，全体各部能够平均发育，无论直接间接，都得着圆满的效果，并且达到普及运动的目的。』③废止体操与兵操的讨论实质是体育观的讨论，是坚持军国民体育，追求体育表面形式，还是坚持体育以人为本，追求体育的实际意义。从发表的文章来看，《体育周报》显然赞成后者。

对于师范体育，《体育周报》认为非常重要。『这个问题的关系，比别的问题紧要些，重大些！ 因为师范学生到毕了业的时候，他就充当国民学校的教师，国民学校的儿童体育如何？ 完全操在师范生手里，所以师范学校的体育问题，比较那些问题还紧要些，重大些！』④它对目前师范体育中敷衍了事，『取些成绩表上的分数』的现象十分反感，重申了师范体育的重要性。《体育周报》认为，『一般讲求体育的人，是为的自己健康； 只有师范生讲求体育，却要在为自己健康以外，还要研究使别人健康的方法。』⑤师范体育与一般体育不同，应该注意两个方面： 师范生健身的办法、预备胜任施教的办法。前者是对预备从事教学的师范生自身而言的，『师范学生和别种学生，同是学生，健身的条件，自然是一样的……不能说我们希望他将来教人，便疏忽他自身的健康。』后者是为将来从事体育教学打基础的，『这些直接关系体育的师范教科，用负责的教授，似

① 陈达任：《学校应否废去课表中的体操？》，《体育周报》一九二〇年特刊第一号。
② 《学校应否废止兵操》，《体育周报》第四十六期。
③ 陈达任：《学校应否废去课表中的体操？》，《体育周报》一九二〇年特刊第一号。
④ 李惠迪：《师范学校的体育问题》，《体育周报》第四十四期。
⑤ 黄醒：《女师范生对于体育的修养》，《体育周报》第四十八期。

乎师范生毕业后，或者可以担任学校的体育职务。』①师范生必须自己拥有体育的修养，预备将来有使别人健康的方法，包括：『第一要注意心理学和生理学』，『第二要注意现在所学种种体操游戏的原理』，『第三要注意教授法』，『第四要不存成见』。② 另外，《体育周报》还对女子师范体育进行了专门的论述。

《体育周报》认为当时体育研究进步之速，『诚有一日千里之势力』，但『未能称为完全』，因为『我国今日之研究体育者，多偏重于男子体育，而轻忽妇女体育；　多偏重于成人体育，而轻忽儿童体育也。』③所以，《体育周报》对女子体育与儿童体育发表专文，重点讨论这两大专门的体育问题。

由于女子体育一直以来得不到应有的重视，《体育周报》曾经刊出征文启事，在全国范围内征求大家的意见，以达到全社会重视女子体育的目的。后来，《体育周报》相继登载了一系列的关于女子体育的文章，如第六期、第八期。刊物曾经登载了湖南省立第三女子师范学校体育教员黄洁如女士的一篇应征文章，她对当时社会一味追求运动会成绩而违背女子自身意愿的体育观进行了抨击。文章对女子体育所存在的问题深感担忧，『平时各女校所授之体操，亦无一定之规程，彼学理较明者，固能支配得当；　而以讹传讹误人子女者，实所难免，且尤以女子小学体操教员为多数，若不速加补救，吾恐彼有用之幼稚学生，行将陷于隳败之地位。』④所以，《体育周报》大声呼吁，『女子体育，是妇女问题顶重要的事件！　是女子解放顶须注意的东西！』⑤它从分析女子的生理特点出发，进而分析到女子体育在社会中应该注意的问题，『女子体育，当首先改造社会。』⑥《体育周报》女子体育的思想是当时社会思想解放运动在体育思想上的直接反应，体现了积极进步的一面。

---

① 黄醒：《师范学校的体育应如何？》，《体育周报》第四十八期。
② 黄醒：《女师范生对于体育的修养》，《体育周报》第四十八期。
③ 陈奎生：《儿童体育》，《体育周报》第十期。
④ 黄洁如：《女子体育如何？（二）》，《体育周报》第四十五期。
⑤ A·C·：《女子体育当如何？》，《体育周报》一九二〇年特刊第一号。
⑥ A·C·：《女子体育当如何？》，《体育周报》一九二〇年特刊第一号。

关于儿童体育，《体育周报》认为如果不加重视，『然苟不善养护其身体，增进其健康，则易罹疾病，其或孱弱萎靡，不堪使用。欲其将来能胜国民责任不可得也。』①儿童是国家未来的希望，是承担民族复兴大业的接班人，必须重视儿童体育问题，以使国家后继有人。『儿童者，国民之胞子也，国运之隆替系之，国步之消长以之。』②儿童体育的方法，《体育周报》将之总结为三类：模仿的体育方法、养护的体育方法、自动的体育方法。③《体育周报》已经意识到儿童体育的重要性，并且通过登载理论性的讨论文章，向全社会发出强烈的呼声，显示了《体育周报》目光长远，表现出一种强烈的民族责任感。

《体育周报》在否定先前借鉴的德国等国军国民体育思想的同时，对当时世界先进的体育思想与方法并不排斥，而是发表了大量翻译的国外体育文章，如《早老预防之强健术》（日本医学博士坚田十次郎原著）、《体育奖励意见》（日本永井道明原著）、《体育之真价》（日本金之铮君原著）、《小学校教帅与肺病》（日本二阶堂保则著）、《美国薛斯劳君之垒球谈》（译自《美国少年杂志》）、《运动与身心锻炼》（日本小野钟山原著）、《室内运动》（纽约体育杂志）、《新鲜空气与呼吸运动》（译自美国人的著作）、《运动生理学》（日本吉田章信原著）、《游戏教育》（译自美国人的著作）。这些国外体育文章对引进先进的体育思想理论，促进我国体育思想的健康发展起到了基础性的铺垫作用。

《体育周报》的办刊具有鲜明的特色。它在介绍新的体育观的同时，还介绍了大量的卫生保健知识，发表了大量有关卫生保健方面的文章，如《春季卫生》（第十二期）、《运动生理学述要》（第十二期）、《近视眼之别解》（第十四期），《齿的卫生》（第二十七期）、《孕妇卫生及婴儿之保育》（第二十八期）、《避孕与堕胎》（第二十八期）、《慎防目疾论》（第三十一期）、《捉苍蝇》（第三十四期）、《痢》（第三十六期）、《吃烟》（第四十七期）等，对国内民众普及了卫生健康常识，加强了我国的体育保健。同时，《体育周报》还注重灌输体育新思想的方法，发表易于为人接受、容易引起读者阅读愉悦，但又包含深刻体育思想的文艺文章成为了首选。如《一点钟的体操》（小说，《体育周报》第十一期）、《他为什么却坐在这里呢？》（小说，《体育周

① 陈奎生：《儿童体育》，《体育周报》第十期。
② 陈奎生：《儿童体育》，《体育周报》第十期。
③ 陈奎生：《儿童体育》，《体育周报》第十二期。

报》一九二〇年特刊第一号）、《母亲！保重！》（诗，《体育周报》一九二〇年特刊第一号）、《秋雨有感寄未醒》（诗，《体育周报》一九二〇年特刊第一号）、《遗传的关系么？》（小说，《体育周报》第五十九、六十期合刊）。这些文章通俗易懂，富有情节，为刊物传播新思想、新理论与新观点起到了积极的效果。

《体育周报》存在的时间虽然只有一年多，但它却是体育期刊发端的十年时间（一九〇九—一九一九年）里出版刊物期数最多的刊物之一。据统计，在这一段时间里，中国共计有体育期刊八种，只有长沙《体育周报》出版了六十多期，上海《体育周报》出版了四十八期，其余六种期刊出版均不到十期就纷纷停刊。① 从地域上来分析，上海创刊五种，北京创刊二种，长沙创刊一种。② 所以，《体育周报》积极倡导体育革命，为促进我国体育事业的发展做出了卓越的贡献，对湖南体育思想的发展更是起到了独特的作用。

《新青年》杂志专门介绍并积极肯定黄醒与《体育周报》：黄醒『看见新潮来了，体育上的见解、进步，也是不可不随世界潮流变迁的；并且当这欧战终了时候，体育上到底应该为何设施、进行，都是很要紧；他就组织了一个《体育周报》。……他这个周刊，已经出了四十期，内容非常完善，销行也广，完全用白话的，并且是装订成册，篇幅也不少。』③蔡元培曾对黄醒创办的《体育周报》有过很高的评价，他认为『《体育周报》乃举各种工作，而说明其裨益体育之条件；以体育专家而注意及此，其必能为体育界开一新纪元，可无疑也。』④『「五四」运动前后，中国社会的混乱情形不言而喻，而《体育周报》恰恰就是在这个时候带着浓厚的革命色彩，为着「革命」而发生。虽然它没有惊世骇俗、登高望远地领导革命运动，但其鲜明的旗帜却高高地树立在国人的心目中。这本综合性的体育周刊……将体育事业烹制得活泼、新颖。这道美味佳肴以丰富的内容

① 朱姝、朱恺、姚远：《晚清至五四时期中国体育期刊的肇始与初兴》，《西安体育学院学报》二〇〇九年第六期。
② 朱姝、朱恺、姚远：《晚清至五四时期中国体育期刊的肇始与初兴》，《西安体育学院学报》二〇〇九年第六期。
③ 《长沙社会面面观·新文化运动》，《新青年》第七卷第一号。
④ 蔡元培：《蔡元培全集》（第三卷），北京：中华书局一九八四年版，第三五六页。

和形式吸引了当时社会各界的名人，陈独秀、蔡元培、徐一冰、沈定一、王鉴武、陈逢（奎）生等曾为其撰稿。』①

《体育周报》的出版发行及其活动在赢得全国各界广泛之赞扬、支持的同时，自然不免招来当局的嫉恨。一九一九年五、六月间，刊物拟出『游泳术号』，为招徕生意，用朱色印成斗大的『水』字，遍贴长沙街头，被湖南省督军张敬尧的警察厅长佟国安发现，自后对其格外留意，《体育周报》照例送警察厅检查。后来，浙江督军卢永祥发来禁止传播新文化的文书，佟国安以此为借口，派警员封住黄醒的书柜，不准发卖。《体育周报》此时已经出版了五十八期，被迫停刊。一九二〇年，张敬尧被赶走以后，《体育周报》复刊，但出版了最后一期合刊，终由经费困难，只得停刊。

此次《湖湘文库》出版的《体育周报》，对原文中的错误我们未做修改，基本保持了原貌。为了使用方便，出版时增加了前言与目录。目录只选取刊物的主要文章，涉及广告或启事类的内容未列入目录之中。这次出版的《体育周报》影印本，包括了我们所能搜集到的所有刊物，含一九二〇出版的周年纪念号共四十五期，尚缺第一至四期、第二十至二十六期、第五十五至五十六期共十六期。所缺刊物，我们曾查找了北京、上海各图书馆以及湖南省内各家图书馆，均未发现，实为憾事，只能留待以后补充。

---

①《发黄页码细说中国近代体育，体育报刊皆有传奇故事》，http：//sports.sina.com.cn，2005年7月9日。

# 目录

## 《体育周报》第七期 …… 三七



## 《体育周报》第八期 …… 四五

## 《体育周报》第九期……五七

## 《体育周报》第十期

《体育周报》第十三期……九七

## 体育周报一九二〇年特刊第一号……三五七

中華郵政特准掛號認為新聞紙

中華民國八年一月六日（第五期）

# 體育週報

## 新年號大增刊

發行所長沙儲英源第二十三號體育週報社

每週一回逢月曜日發行

編輯兼發行人黃醒勝白

印刷者振華印刷公司

▲售例▼

本埠零售每份銅元二枚預定全年四十八期銅元八十枚半年二十四期銅元四十四枚外埠全年並郵費銀元八角半年並郵費銀元五角郵票代錢九折污者不收

▲告白刊例▼

封面論前每期每半面大洋十元半面之半五元普通每面大洋十元半面六元四分之一面三元長登十期以上八折二十期以上七折三十期以上六折登費須先惠中途停刊不退有礙體育之告白不登

恭祝

體育日臻發展

國民體格日進健壯

體育事業

體育週報社同人謹祝

## ⊖本報緊要啓事

本報自本年發行一切多欠完善有負閱者歉仄殊深茲值新年因爲刷新之謀幾乞得教育體育學名家熊知白顏克卿朱劍帆徐懋恂諸先生同意允爲本報撰述文字自三期起已有一種刊出更當函懇滬日美乞友於當代竹莊楊懷中黃克樂徐樂岩鄔伯陽張士一李石岑各大家並有外國專門雜誌多種一俟到湘即行改訂體例擴充篇幅庶於體育實際有所補益而饜閱者之望

## 民國七年收到各處惠寄書報錄左誌謝

| | | |
|---|---|---|
| 上海 | 救國日報 | 自十一月十六日至十二月十六日各一份 |
| 山西 | 來復報 | 第二十七八號各一冊 |
| 山東 | 教育公報（旬刊） | 第八百五十號一冊 |
| 浙江 | 教育週報 | 第一百二十二三期各一冊 |
| 江蘇 | 體育界 | 第十一二三期各一冊又運動會臨時增刊一份 |
| 上海 | 教育雜誌（季刊） | 民國六年份共十二冊 |
| 湖南 | 教育週報 | 第一二三四期各一份 |
| 無錫 | 縣立公共體育場 | 章程規則二冊 |

## 一 要目預告

第六期報中有教育名家定遠程褧南先生論「丁與體育」一文論說「婦女體育」亦極關重要先此預告幸留意焉

## 調查全國體育狀况

贈閱本報一年

本報刊行志在研究惟研究非遍知現時各處實在狀况殊難謀正當進行之方除外洋各國已函約旅居各該國之人士就近考察外所有國內各地方各學校之體育情形擬請　體育界諸君各據現情詳細寄下使本社藉悉吾國體育實况得遂研究之私衷倘肯　賜教即當奉贈本報一卷計四十八册區區下忱無非爲體育前途計想熱誠君子必樂與贊成也　體育週報社謹啓



## ※懸賞徵文※

(一)個人體育修養之心得

(二)國民學校第一學年新生第一時之體操教授案

此項徵文以八年三月底爲收卷截止期即由社特聘教育家精心評定甲乙取特等一名優等五名中等三十名特等獨得現金光洋五元優等每名贈書券二元中等酌贈書券五角至一元或本報三十期至四十八期準三月底揭曉即刊入第十六期報中原稿一律不退

## ●本期刊誤

第四頁上第十三行雖欲不辭誤不辭

第六頁下第二行愉快誤偷快第二十行大丈夫丈誤太

第八頁上第十五行結跏誤結迦

下第二行臍下誤股下

第十一頁上第十七行預備誤預傳

第十三頁下第十五行烏誤鳥

第十四頁上第四行仰觀白雲觀白倒從第十七行原誤然

第十五頁下第十行鄉邨誤鄉材

第十七頁上第三行壯誤壯第十七行應有體育之有字衍也誤

耶十九行教育部上落呈字二十行日誤目

同頁下第十行體育改善落育字

第十九頁下第八行堂誤堂第十三行歐美體育育誤有

第二十頁第九行學誤李

## 論說

### 對於民國八年體育上之希望　陸祺霖

日月逝矣歲不我與人壽幾何豈宜以得過且過了此生耶吾國言維新二十年矣改革又七年矣胡爲尙留此　頹唐老大麻木不仁之　遺跡其原因雖複雜然　體育事業無基礎因亦其一大原因今民國八年又數日矣體育仍未離飄搖無定之旋渦後顧茫茫何堪設想　歐美各國於大戰爭未停前二三年間已對於　體育事業多方規劃即日本年來深愧其國體育遠出歐美下亦極積進行以我國　土地之大而無守人口之衆而力弱與夫民德之薄民智之低諸般事業之叢挫一切衛生之缺乏應如何急起直追從事建設始足維護國家保全個人耶蒙不揣固陋於此新年革新時期謹出對於體育上所希望各節謹請願於我　朝野賢明之前

一　所希望於行政界者

甲屬於中央者　大總統令曰　立國本計教育爲先（見七年十一月三十日明令）我　大總統既心惜教育之多　付摧殘更督策其亟圖進步　教育本兼體智德三方面苟無善良之體育設施智德又何所附麗　大總統對於體育同其期望必矣然事業發達端賴在上者之提倡欲事業之在　正軌中爲適當不偏不頗之進行尤非經　在上者之指導之督促不可今日國中不能謂體育不在發展中然亦不能謂爲正當之發展也（在體育未發達之區僅學校有數時之體操而體育已發達之區出主入奴傾軋排斥門戶之見頗深即其明證）欲求全國體育在正軌中爲適當之發展是不能不仰　賴我賢明政府予以秉彝俾　資遵守而息争持嚴其督察俾知警惕而愼將事　更有一先決問題即造就此項專門人才是已請條舉於次

一　組織體育方法調查會　此事日本於明治三十七年曾由文部省令普通學務局組織委員會從事調查良以欲得正軌中適當方法非廣事調查以參攷以比較不爲功今欲由政府發佈各種　適當之體育方法使全國爲一致的進行　調査又豈容或緩

二　置體育視察員　欲全國體育之發展必須　褒獎一般優秀之指導體育人員以爲矜式言褒獎必須　經

鄭重之視察且體育非僅恃諳習研究即足達用者尤貴有精於此者爲一般指導體育人員提携誘掖之助使爲適切現時狀況之設施也

三　養成專門人才　國內旣無規模宏備之專門學校留學外洋者復少習體育專門者旣少適當之專門人才何可得適當於正軌之方法且我國立國五千年來今雖積弱尙免於亡歷史上亦曾數建偉大之功業非有不可磨滅之眞精神在何克至此今日固不能不兼採世界各國趨勢中之適當方法然亦不能不發揚我民族固有之精神此亦養成專門人才之一注意事也去年當局曾派有多數專門家留學各科矣今年更宜續派深於體育學者專習關係體育之科學況調查方法與視察狀況之皆須此項人才乎

乙　屬於地方者　今日從政最棘手事不曰理財即曰治匪於是加稅於是增兵稅愈加而財愈索兵愈增而匪愈多其實欲財用之不竭貴開財源財源在人民之勤作動作必操勞欲人民之耐於操勞而專生產其惟獎勵體育乎盜匪罪犯也欲減少罪犯提倡體育亦其一法請舉一例以證之「美國有大游戲場之城市年中可減少犯罪之人數至百分之二十八分之多有小游戲場之城市年中亦可減少犯罪之人數至百分之十七分之多罪犯半因無游戲場之用而起故設游戲場較之建築囹圄其費可以大省」果此證而確也我當局又何不予以提倡耶聞江蘇各縣已徧設公共運動場矣各省如何不得知然果認爲有益又何妨多設若愁經費無着則匪少兵可減以防匪之軍費移作培植衛國之多數兵種計至得也不觀乎美國之能以五個月練兵百五十萬促成今日之和平耶

二　所希望於教育界者

三育並重本衆口一辭自青年會揭三角式以號召於國人及遠東運動會發起以來學校體育遂亦隨潮流由冷靜進於狂熱注重體育分所應爾孰得而非之然進行非其道又豈吾人天良上之所期吾人所欲授究爲何來提倡體育究爲何事教育界爲社會進化之中心國家命脈之所托凡所措施所標揭其影響所及之關係甚大吾人欲提倡古希臘羅馬之體育風氣乎抑欲養成爲受動的奴隸氣質爲矜驕好淩人之習慣乎不然則於今後體育之設施計畫與夫任用體育人員

不能不加之意焉

## 三　所希望於體育界者

中國人如散沙公德心缺乏精神疲玩識者所公認也體育實際中本含有矯除此病之目的而身任其事者果何如乎往者已矣來者可追不合大羣何來偉力今而後欲全國體育界都以正當之步驟爲一致的進行使國民體力在正軌中發展不可不集一有實力之團體以爲之樞紐則全國體育會組合尚矣體育界諸君其有意乎今其時矣

體育貴行不貴言吾言夥矣皆當實際然生爲今日之中國人天職所在豈容放棄吾既無力以行姑出以爲芻蕘之備或亦大雅所許乎愚者一得未或有當倘有補我所未逮正我所未善者又豈勝私人感激已哉

## ✱勉哉湘人

陸禎儒

前籌述吾對於八年之希望意有未盡爰更爲此以與我湘中父老昆弟諸姑姊妹一商榷焉望奢力薄良用自慚倘邀我父老昆弟諸姑姊妹鑒我誠而不目我爲狂易或且有所採擇又豈特我之幸耶切餘子還其有舛矣作者自誌

新年應作吉利語然吾展紙濡墨之初腦中直覓不得一適當之吉利語僅有一言縈繞筆端作勢欲下制之不可撤之不能使不預出此語吾文幾不得成無已姑書以請罪於讀者

其語爲何曰（我可憐之湘人既飽受困乏之患難之教訓今茲新年亦知有所覺悟乎）在前此處境使然固無足爲湘人罪然循環因果報應不爽亦不得斥爲迷信而不自懊悔者也咸同戰太平以還湘軍聲譽甲天下勢力偏域內改革而後恃其天賦一洩無餘氣勢大張國人側目民氣浮囂習俗奢靡在當時幾曾夢見有今日耶明達之士雖時時有所警勸然馬耳秋風今日果何如乎顛唐憔悴氣息奄奄仰屋興嗟百凡破碎生機欲絕搖尾乞憐試瞑目一廻憶當年當不勝今昔感也

怨天尤人懦者之性自暴自棄者之心也吾人所受當認爲自造孽當自負責懺悔當自勉力與困乏之患難奮鬬以自拔當知人不足恃足恃者自身解決吾湘問題者吾湘人自身也勉哉湘人作爾氣振爾神今其時矣

破壞之餘百端待理金融紊亂已極尤不易言進行然則解決吾湘問題從何處下手耶曰第一事即講求體育之道焉吾非因吾所事爲體育乃強人皆認體育爲第一事也良以事貴精神欲精神充足非體育不爲功顧亭林曰天下興亡匹夫有責美人胡德曰國家對於個人負責

個人亦應對於國家負責吾今更爲之下一轉語曰欲向天下國家負責必先向自己負責勉哉湘人作爾氣振爾神今其時矣

吾湘之體育事業言之殊令人齒冷前不有所謂體育會乎今安在耶前不有數體育專門學校乎今安在耶今尙有數體育機關也何不聞有若何之正當發展耶勉哉湘人作爾氣振爾神今其時矣倘有作者使**民國九年開篇之體育週報有吉利語可言**則幸莫大焉

## 名著

### 體育卮言

一訶

樂可延年憂可致疾養生家嘗言之矣樂之可以延年者因樂而知足知足則不忮不求悠然自得天壤間樂趣盡具吾方寸之中矣若而人也雖欲不壽不可得也即不幸而如顏子之夭折然精神上之壽命已足以超軼他人亦何必計較軀殼存在世間時期之修短耶憂可致疾者憂緣於求求緣於不知足不知足則擘擘擾擾形體爲之不寧精氣神因之而虧損刻所求不必皆得也不得則嗒然若喪苶爾若死幸而獲終天年其精神上已歷盡恒河沙之苦痛煩惱藉曰不死亦與陳死人等耳古人所謂行尸走肉蓋其言其精神上已死軀殼徒存耳

醒按人生與憂患俱來本無樂之可言然能明心見性其樂且無極孔子曰假我數年卒以學易聖人且不知足范文正曰先天下之憂而憂賢者且不肯無憂佛曰我不入地獄誰入地獄與夫耶穌甘死十字架上皆有所憂而有所求之所至也然迄今數千年孔子不死范文正不死佛不死耶穌不死茫茫人海蚩蚩衆生衣食是圖終朝碌碌充其量之所謂求所謂樂亦不出飲食男女居處衣着之範圍徒自造孽何有乎生即生亦僅與禽獸比耳性命本相倚失其性而言延命延命何益言體育必兼身心不可徒中達爾文天演物競之說甚明一訶先生此節之意在斯乎

儒者說命有三一曰正命二曰隨命三曰遭命正命者至百而死隨命者五十而死遭命者初禀氣時遭凶惡（謂妊娠時所遭也）長大夭死此曰三命亦曰三性予則謂三命之外更有造命焉造命者何勞其筋骨順其循環淡其嗜慾息其煩惱抑其躁妄夫然后體堅魄固而身不孱神閒氣肅而心不蕩生死操之於己而不操之於天弱者可使之強短者可使之修矣然而世之委命於天者皆昧於造命之理競溺欲以戕其生獲罪於天而不之悟反謂造物爲忌才嗚呼匪獨愚也抑亦忍矣殘害他人世咸目之爲罪惡獨於此戕賊自己執迷不悟者反憐之恕之而傷弔之吾又惡知其何以然哉

醒按今日人間世種種罪惡外誘都緣人造人造之情形亦惟以人造之情形戰勝之言戰必先言守造命之法卽戰守之要訣也

又按德意志之青年有自殺者國人不惟不憐之且羣責其不應戕賊德國之國民吾國國人雖未嘗有自殺者然不自守亦等於自殺耳讀此亦知所勉乎（未完）

## 學術

### ○運動生理學述要（夏期講習會用稿）（續）

角盧纂述

（神經） 神經系統合腦與脊髓及神經三者之總稱爲身體之中心而調理各部分以統一全體者也 各神經之一端連於腦或脊髓其神經分布於身體之各組織曰腦脊髓系 多數之神經節及神經連鎖分布於內臟器官又與腦及脊髓之神經相連絡曰交感神經 腦髓脊髓神經節三者曰神經中樞爲生神經力之源神經傳導中樞所生之神經力或以外部所生之刺激傳至中樞在運動神經則以腦或脊髓所生之神經力傳至筋肉而使收縮在知覺神經則傳達皮膚或他感覺器所得之刺激於腦以生各種感覺，神經自身不能發經力但供傳導中樞所生之刺激於外部外部所生之刺激於中樞之用故中樞所派出之各種神經曰傳導器 腦神經有十二對一嗅神經二視神經三動眼神經四滑車神經五三叉神經六外轉神經七顏面神經八聽神經九舌咽頭神經十肺胃神經十一脊髓偶行神經十二舌下神經 脊髓神經有三十一對在頸部之八對曰頸神經背部十二對曰背神經腰部五對曰腰神經薦骨部六對曰薦骨神經 脊髓除傳導外能依其內部神經細胞作用而爲發起神經力之中樞機關卽其能仗神經細胞之力不依賴腦之作用亦得運動其四肢軀幹之筋肉然外部無刺激卽永久靜止而不能運動是可見脊髓不關意之作用而有應外來刺激之作用此作用曰脊髓之反射作用外來之刺激由知覺神經以傳導於脊髓是以刺激卽爲引起運動之原因依運動神經而傳至筋肉以生運動吾人日常作動之中無意識者甚多卽屬此（如睡眠中動手足幼時學步一體操練習不可不注意於此 腦之表面覆有一層灰白質稱腦之皮質其亂曲隆起陷沒曰回轉曰溝此皮質實精神之起處故精神發達之優劣實與皮質之厚薄回轉之多寡及溝之淺深極有關係除去腦之皮質部卽毫無意之作用

運動與筋肉第三

（一）筋肉之分任 人身體運動必借多數筋肉之收縮非僅運動一二筋肉已也如乘脚車走天橋及農夫車水此類保持身之重心者全身筋肉之運動也又如平舉一右手於側面其使之自竪直而舉起者曰主動筋使之不過高而下壓者曰制抗筋使之

不偏於前或後並使身體不傾於左者曰助成筋由此多數筋合力而成一動作

上體前屈至四十五度之主動　肉爲大腰筋小腰筋直腹筋

上體後屈之主動筋肉爲薦骨脊柱筋横棘筋

上體側屈之主動筋肉爲薦骨脊柱筋横棘筋方行腰筋外斜腹筋肩隅舉筋前斜角筋中斜角筋後斜角筋項夾板筋

（未完）

## 修　養

### 養生談薈

漢兒譯述

予體固佳以不知珍攝頗即於羸弱初時不注意以爲無傷而年來作事讀書精神每不能如意以遑心滋恨之因求養生之法梅園舅氏曾勸予每日靜坐數刻由鼻中吸入清氣積於丹田由口中徐徐吐出腦筋不要想事並謂其前年居此時行之幾數日體量大增予敬受其教行之然腦筋終不能不想事蓋於其細微處未盡領略因難於升堂入室也前月偶於夜市時購得二書一爲內觀法一爲吐納法前者爲一老僧所口述而成功雜志記者所筆述後者一道人所傳授而川口清丸所口述者蓋聚道釋兩家之說焉在東京尋此類養生之書所在多有吾得此兩書細讀之實驗之理窟大明効果大著曾心之書要不取夫多也申月樓先生謂做事業者心腸要熱烈而腦筋要冷靜如何而能冷靜乎觀兩家之說可得滿意之解答想國中少年或多同病取此習之信其愉快無極也譯者識於日京江戶

#### 一　內觀法

內觀法題曰記憶長壽及膽力增進之要訣爲日本前洵禪寺派管長八十翁勝峯大徹禪師所述而其法則爲釋尊憐其弟子周利盤特迦尊者缺乏之記憶力故所授之者也力行勿怠其益無量固不獨記憶力膽力之增進已也以數息觀爲內觀法之入門故此點言之特詳發端曰圓顱方趾同具此形踐土食茅同生滋世而各人之生涯萬不齊也試思一方有恆爲病魔所侵身體不强健元氣不旺盛以鬱鬱無聊不平懊惱送其日者他方則有勇往無比元氣縱横不爲區區之名利瑣瑣之五欲所束縛而送其超絕三世十方之偉人的生涯者一方有邪念妄想無有已時悔恨悲痛莫知所措終其生若喪家之犬者他方則有天上天下惟我獨尊以泰山前崩而不驚之膽識爲自由自在之活動者同一人也何其相異一至此耶要在其常不稍怠以積其身心之修養鍛鍊與否耳然心身之修養鍛鍊如何斯可謂善以爲其最順之法莫若由數息觀進而求內觀法也人若由數息觀而內觀法行之不怠則身體頑强精神堅確元氣內溢智勇百倍平日以成就所謂大太夫的人格焉可無疑也

## 數息觀

內觀法者本爲古來修行者之秘法決非可不擇人而授之者若夫輕薄無篤志之徒濫以此法授之非徒無益且又害之苟非有十年二十年如一日如法修習之決心之人最初不修較佳也故余於說內觀法之先首述人人易修之數息觀法依數息觀法十分鍊心之後始取內觀法可也

數息觀者爲內觀法入德之門欲行內觀法者不可不從此始若夫惱於腦病肺病神經衰弱及其他難治之病之人或意志薄弱精力不充分乏忍耐力之徒試如法修此觀一年或二年後此等人必與從前判若兩人此余多年實驗可證其無疑者也而此又非難修之行老少男女無論何人皆優爲之

### 五種觀行

觀行本有五種一曰不淨觀二曰慈悲觀三曰因緣觀四曰念佛觀五曰數息觀蓋以人之性質各有種種之欠點此則各矯正其欠點之治療劑也多貪之衆生試觀不淨觀多嗔之衆生試觀慈悲觀愚癡之衆生試觀因緣觀多障之衆生試修念佛觀多散之衆生試修數息觀第一五官之慾不制貪慾不休多淫慾者將體內之五臟六腑體外不斷之機關時時心中觀想之則無限之貪慾自至絕滅故爲此觀也第二嗔意之煩惱多雖於瑣瑣之事亦不得制其憤怒之情者將所有一切可爲憫然者之情狀與胞與爲懷者慈善行爲之情狀時時觀想之自能由噪返靜第三性質愚昏對於世事茫然不知所可者因緣觀可使明因果報應之理知現在之事實即過去之報應徒然悔恨悲痛全然無益惟有於現在奮鬪努力以期將來之發展耳第四則以種種故障與天災時變降於其身致心思多勞者若修念佛觀因此心神泰然消諸苦慮第五謂雖臨事而乏專念凝集之力無以一意排百難之氣心常散亂薄志弱行體質不佳之輩修數息觀心氣自然凝集元氣旺盛體力亦行強壯焉

數息觀者釋尊所以授其弟子周利盤特迦者周利盤特迦者記憶力極鈍釋尊爲授記憶法也此法要旨在使心集中於一點由是精力日增思想日進人類活動之根本的法也

### 早晨之清氣呼吸法

早起洗手漱口洗面而尚未拭乾之先向東方拜日天合掌誦濕手之文其文曰歸日天大日如來天照日大神以度衆生故普照四天下早晨日未升時空氣極新鮮此時向東方合掌而誦斯文覺邪念自除精神大爽誦此文後拭手及顏仍向東方正其兩肩胸部挺出以鼻吸入空中清氣送入臍下次乃開口吐出腹中濁氣愈長愈妙如是鼻吸口呼約七度入室內向佛壇合掌禮拜後方食朝餐

### 結跏法及半跏法

朝飯後暫時休息由是漸入數息觀本式修數息觀之最緊要者即身體落坐之態度也自來修坐禪者坐法分結跏與半跏兩種結跏云者入蒲團將兩足向前伸以右手取右足置左股之上又以左手取左足置右股上兩足嚴整組合之即結跏也初習結跏時足頗痛一根線香未完至於痛不可耐初習者半跏可也半跏云者此一足置於他一足股下而他一足載此一足股上之法也正規則左足載右股上右足置左股下也即習半跏其初亦有覺苦痛者此時則左右交互隨意僭換皆可修數息觀雖不必限於結跏半跏亦可而尻要必着於蒲團

兩手之放法

既結跏(或半跏)趺坐後兩手右下左上互相重合大拇指之指頭相合緊押臍下左右上下相重之因緣蓋右且行左取智慧故以左壓右也

結跏之姿勢

至於姿勢首當正直體如結根千尋一絲不動結迦組手先將體向前屈隨即復正必使身體不俯於前不仰於後脊骨直立如柱小腹時時存念若少突出者鼻與臍對耳與肩對眼半開取視鼻端之角度注視座前不可輕範修數息觀而姿勢不定到底不能十分鍊氣雖特意修行者曾無是處

下腹呼吸法

既儼然正座乃以鼻吸大地之清氣輸入下腹此時不可不十分向下腹(股下一寸五分之處謂之丹田)用力隨輕輕開口吐出吐出時下腹亦當十分用力心中以爲腹中臭氣排盡無餘者然下腹鼓(譯音)然着力以吸入天地之清氣吐出腹中之臭氣者數息觀之要點也

實驗

## 冬季衛生

曾球

衛生之道範圍甚廣非一言所能了吾國衛生一道素稱幼稚注意之者寥若晨星當傳染病盛時間有一二熱心者奔走提倡而社會又每不能深信之時期一過即歸烏有且通常所注意者夏季耳若一入嚴冬竟不聞衛生二字冬季傳染病雖不若夏季之盛然一或染疾亦難速愈若鼻膜炎尤爲冬季之流行病染得之後雖無大礙然每易傷及鼻膜致礙呼吸即此以觀可知冬季衛生之不可不注意矣茲就關於冬季衛生之大要略述一二於左流水不腐戶樞不蠹養生家幸留意焉

(一)熱氣濕度之保持　冰雪交加雲愁瓦凍若欲禦寒火爐其要需也然火恒易致空氣乾燥若不設法保存其適當之濕度則鼻孔乾燥積垢不能外出塵埃細菌易於滯留防止之法置水壺或水盆於爐上使常沸騰化爲蒸汽庶能保存適當之濕度不致

妨及衛生

（二）飲食物之注意　身體之健康全恃食物之營養飲食不良則身體不能完全發達若至冬季尤宜選擇富於滋養與易於消化者如牛肉雞肉雞卵牛乳鮮魚豆腐等此種食品有充分之蛋白質食之頗有益就中以豬肉尤富於脂肪冬日食之且可增加熱度又他若蔬菜類中之豌豆蘿蔔青菜山芋葱蒜波菜等亦均爲冬日適宜之食料

（三）衣服之質料　冬日所製衣服與夏日適反夏日則擇其能散熱者冬日則擇其能保持體溫者故冬日衣料色宜黑質料以毛布或棉布爲佳蓋以其能保持其固有之體濕與溫度且能流通空氣至若一切鼻氣細菌等物亦均不易沾染又冬日衣服不宜過小否則緊束身體各部妨害呼吸作用及肢體運動減殺臟腑之作用故欲希望身體之發育者不可不注意衣服之適體

（四）空氣及採光　常人習慣一入嚴冬輒緊閉窗戶以致空氣汚濁日光不入致炭氣與細菌滿室疾病叢生矣故雖時值三冬之日亦須時啟窗戶以驅濁氣而迎新氣透入日光以殺細菌庶各種微生蟲不能生存而結核傷風等病亦莫由發生

（五）浴之必要　浴身所以增進血液之循環去除皮膚上之積垢使汗管與脂腺不致閉塞否則汗液與脂肪不能向外排泄疾病亦由斯起矣故欲保全身體之健康不可不日事沐浴清潔身體但常人一入嚴冬輒怠入浴非衛生之道也

（六）居處之消毒法　室內消毒衛生必要之事也否則細菌難免附著諸物致傳播於健康之人傳受種種疾病故宜屢行消毒以免傳染消毒之法除灑掃庭戶流通空氣採取日光外更可用藥劑以消毒通常用二十倍至五十倍之石炭酸溶液噴散四隅並用以洗滌各物若痰盂等物尤宜勤於洗滌因種種疾病由痰爲之媒介者實占多數故不可不注意也又室內一切腐敗或無用之物品當一律消毀之若石炭酸缺乏用昇汞水代之亦可

（七）傳染病之預防　冬日傳染病雖較夏日爲少然一經傳染亦殊受累其流行最盛者爲鼻膜炎偶一不愼細菌侵入鼻孔即發是症預防之法宜以冷水洗滌全體以增進其抵抗力否則用淡鹽水或五十倍之硼酸水洗滌鼻孔亦能奏効云

（八）凍瘡之預防及處置　凍瘡之發生每起於手足耳三部間有他部者但不多覯其發生之故由於局部寒熱反覆致血運停滯故預防之法以溫暖身體爲第一要務茲述其預防之大略於下（一）寒冷天氣衣服勿過於單薄以保持身體之溫度（二）時時摩擦局部（三）寬大手套鞋襪（四）增加四肢之運動（五）四肢當寒冷時勿遽入熱水

上述數項爲防患於未然消病於無形若已發生之後則當以他法處置之即先徐徐溫暖局部或用雪摩擦日行數次自能奏効

## 研究

### (一)內臟鍛鍊與筋肉鍛鍊(其二)

黃醒

事貴適度過猶不及吾人鍛鍊身體亦應作如是觀前篇甚言競技與強力運動過度之危險矣然則競技可廢乎強力運動可廢乎又極言內臟鍛鍊之功能矣然則人類皆應專事靜坐乎皆徒言內臟鍛鍊乎前篇固言**內臟與筋肉宜兼顧**也今更分述**兩方面之內容**以為言鍛鍊者之一助

**甲內臟鍛鍊之內容**

**一理由** 人類最大之問題生活是也生活之最小範圍飲食是也恒言病由口入病人何所非內臟乎醫者治外科病易治內科病難手足可去之而不為生活之害(如日本大隈侯爵以獨足長壽是)內臟損傷必立即有生命上之危險是果有極強之內臟病自無由入無病則體氣自強矣

**二方法** 甲深呼吸與隔膜升降之運動 乙腹筋與腰筋之旋轉屈曲運動

**三效果** 流暢血行增進消化力使內臟盛營吸收排泄新陳代謝之機能因及於身體全部

**乙筋肉鍛鍊之內容**

**一理由** 人生物也生物之自適於生存必具種種保衛生存之能力以抵抗彼妨害生活之障礙此能力蓄於筋肉發達筋力以適應物競勢有所必至也吾人祖先所遺傳之本能如推挽奔騰擊擲蹴越種種以及職業上日常需用之強力操作不與鍛鍊必致消滅坐言起行即筋力之作用也

**二方法** 甲發達原力適應操作之種種強力運動 乙各項競技運動(今日新名詞所為田徑賽球類比賽或十項五項運動)

**三效果** 由基本(筋肉為人身之基本)之緊張緩弛盛營新陳代謝促進血行發揚本力因及於內臟之各機能

雖然人之**所以為人精神作用之強於各種生物也** 運動鍛鍊固可增益精神而去精神又**何有乎肉體**又**何從施鍛鍊** 語曰精神萬能今日我國人之精神為何如乎讀者請有以教我

## 材料

### 五分鐘呼吸運動

丹麥體育大家米勒氏原著(續) 張士一

第七運動 預備 如第三運動

呼氣畢深深吸氣同時上體向左平旋兩臂平舉兩傍(以上均如第三運動)吸氣既畢儘量呼氣同時緩緩將上體向左腿方向下彎不必過低背脊須直兩臂同時下垂兩傍呼氣既

畢同時舉起上體兩臂平舉兩傍即復上體左旋之位置隨即將上體向右平旋至正對右方爲止吸氣既滿再行呼氣同時將上體向右腿方向下彎兩臂下垂兩傍至此已行二呼二吸再行二吸二呼即達規定之次數

第八運動　預備　垂手正身直立伸直手指兩足位置如休息

呼吸儘量呼氣

呼氣畢深深吸氣同時足踵舉起兩踵不可分開並將兩臂在兩傍平舉肩向後開頭略向前傾呼氣既畢再行吸氣同時將身起立足踵仍舉起相並手指伸直兩臂在兩傍平舉頭略向後傾吸氣既滿再行呼氣同時放下足踵兩臂下垂兩傍頭略向前傾至此已行二吸二呼再行二吸二呼即達規定之次數

第九運動　預備　正身直立兩足位置如第一運動兩手捧腹部儘量呼氣

呼氣畢深深吸氣同時上體微向後傾將腹部自內推出吸氣既滿儘量呼氣同時上體微向前傾兩手將腹部自內推入繼又向上托起呼氣既畢再行吸氣同時兩手移下復預備之位置上體再向後微傾將腹部自內推出吸氣既滿再行呼氣同時再將腹部推入繼又托起至此已行二吸二呼再行二吸二呼即達規定之次數行之多時腹部之肌肉已強呼吸時可不用手推腹部亦自能隨意出入

## ※早老預防之強健術

實業之日本醫學士　堅田十次郎原著　寧　羅黑子譯

實行前之注意事項

項有友自美歸以極希罕之運動法書籍一冊相贈披而讀之既合理複新奇且易行也試之三三八成績亦頗良好願試行之日淺最終效果尙無由知惟其無害且有效能則姑可確認者也

今茲爲披露以與諸君相實驗之

實行此種運動有一二當注意事項須爲述出即此種運動於每晨覺醒時當即在臥被中自第一運動起依次練習（據原文記者言此運動凡三十項）此際蓋被務宜輕薄天時不寒則並被揭去爲善練習時須報數次使精神集中設以無意識行之鮮有効益

臥室當四方開放俾新鮮空氣流動運動時呼吸行之以鼻運動終後夏則室外冬則室內行冷水浴或冷水摩擦

於是朝飧前飲冷水一杯平時注重大便之通滯設大便梗結則於愼擇食物外更用鹽水灌腸通便爲要

此種運動能於每晨日出時行之更佳

此運動目的在令人防老態永呈少年氣象故於易顯皺紋臉喉部位相關之頸部運動特加之意焉蓋咽喉周圍口周圍之起皺與其物附近表皮雖有關係然其部位筋肉之衰弛關係尤重故

第一運動　第三運動

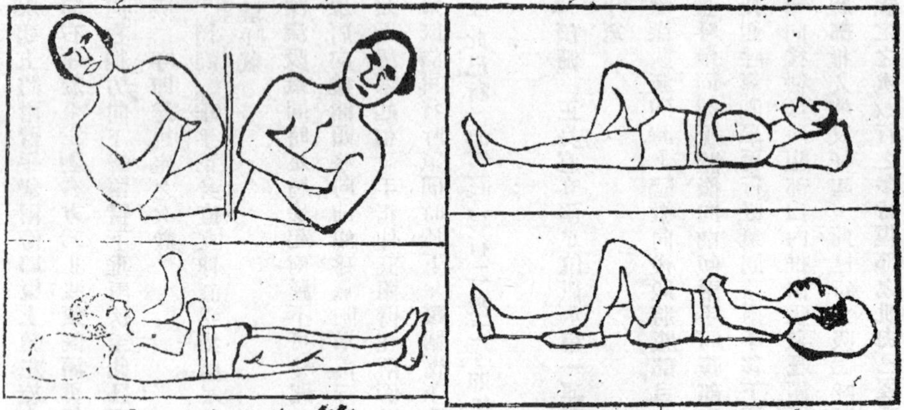

第二運動　第四運動

吾人既老毋徒苦容顏之易衰但運動以發達其部位之筋肉斯必要也

顧運動僅限於頭與頸不必也須鍛鍊身體全部然後吾人所要求之効果可得而舉故實行此種運動當作如是想

(一)(二) 健強內臟之運動 (附圖)

(一)下腹筋肉之鍛鍊 此爲强健下腹部之運動法也以腹之筋肉爲主自肋骨而下至腰其筋肉弱則於支持其中內臟力之弛緊有影響焉故有此運動法

方法 仰臥屈一膝向內傾隨膝所傾方向腰微懸起如是則下腹部筋肉自然收緊此一動作終後仍復原來仰臥姿勢復次用他膝同樣動作相交換

注意 始行此運動每足動作三至五回順序增至二十五回爲止運動回數增加運動時呼吸亦必隨體力適度增加且此項運動與以下各種相類似之動作依隨各人職業時間之關係稍減回數亦無損

(二)爲表示上述運動反向之姿勢 (從略)

(三)發達腹腰之運動 (附圖)

(三)腹筋肉之鍛鍊 此爲促腹腰筋肉發達之運動也

方法 仰臥交組兩腕於胸上頭肩向上屈上體務宜側向左右動

注意　始一方動作十回順增至二十五回爲止

(四)助消化之運動　(附圖)

(四)腹筋肉叩打法　行此運動則消化力惡者收効頗顯而於消化力良者尤有助也

方法　如圖式頭上抬用手輕擊腹部此時自臥被中將頭上下起落方腹部筋肉或緊縮或弛張之時用手輕敲其部位

注意　敲擊之度須輕而速自二十五回漸達百回爲止此項運動於患胃腸炎及胃腸疾者似宜除去　(未完)

## ▲▲音樂▼▼

### 梅花三弄　古曲十段　琴簫合譜

#### 角宮調　起調畢曲用三絃定姑洗之律角聲工字得宮絃之分故名角宮

梅花本笛曲先賢以其音節佳乃譜入琴悠揚超逸不同凡響善鼓者一奏有彈得梅花滿院香之概絲竹合奏幽韻益勝客冬從金陵黃勉之夫子學琴受此曲粗能成聲非敢謂得也譯工尺譜公之世取其便習者也鋼琴中亦可奏若風琴音粗燥不宜褻此曲故不譯作數字譜牛子謹誌

▲第一段

上尺上五・・・六五尺尺工五工工工工

尺上尺上入拍　五六五尺尺工五工尺上

四上上上四上上上上上四上上四合

四上上尺上上上尺上尺工六尺上上合

四上尺上上尺工六上四上上

▲第二段　(初弄)

上六六工尺上合合六工尺上尺上六

六六六五六工工六仕五六工工上尺上

五六六六工尺上尺工尺六工尺上四上

四上尺上上

## 小說

### 寓言短篇　靜・・動　衍仁

瀆汙之止水言於溝澗之流水曰子之恐也雁過長空汝留其影則爲烏也美人臨水而鑒其面汝留其影則爲鬼也汝於妍媸且不能辨也星月之出也圓圓之月留影於汝而爲方多芒之星留影於汝而成綫汝於形體且不能知也試觀乎我則人之瞭我者我之明可燭其鬚眉鳥之過我者我之能可數其毛羽圓月映之仍爲玉盤星芒入之仍爲多角靜之優於動也有如此者

流水曰子之自誇亦何其可哂耶今我與子一爲溝[illegible]一爲瀆汙無以異也我則一流而入溪再流而入河三流而入江四流而入

海修極於無窮遠淪於無涯大不可極也深不可測也反觀於子百劫不能易其處千載不能增其勢我爲天下之游果罷而返故居者子則仍爲潢汙而嘲我也且夫流水不腐之言華陀引爲養生之箴今我俯數白沙仰白觀雲其與子之下爲汚泥上生耆苔其爲樂不有霄壤之別乎是以凡物之動者必優於靜也

而不相下而訴於岸岸曰流水其休矣子試觀乎我之爲體也蠢然無知凝然無動子爲溝瀆則我爲溝澗之岸流而入溪則我又爲溪之岸再入於河則我又爲河之岸再入於江海則我又爲江海之岸果子而非我者子將無所歸宿矣然則子之能爲溝瀆能爲溪流能爲江河與海者動之力乎靜之力乎

流水曰動之力也子亦知子之全體乎子之全體固爲球形所謂地球者是也每日晝夜自轉一週自春迄冬環繞太陽一週子之能凝結而爲岸亦以子全體之動力大也果不動者子之全體將不能存在而有此世界子因以銷滅而不能永爲我之岸矣我亦無所歸宿而不能成爲溝瀆溪流河江與海矣吾故曰非靜之力動之力也

岸乃莞爾笑曰子之言信而有徵也夫物之功能皆然於動力動力大者功能亦大動力小者功能亦小是以太陽以其最大動力配置各大行星吾之全體亦以此次大動力配置世界汝亦以其動力通於不啻之洋海即如人之軀體亦因運動之故而後能堅牢其各部之組織也偉矣哉動力萬能豈彼潢汙之水所及知者耶

——碌鹿曰動靜之理至深邃其用亦極玄妙此篇喻動誠當矣於靜之用太略太陽配置行星地球配置世界固是動力然非靜的吸引力何能致宇宙歷百千萬年於不壞而在正軌中行動耶動靜靜動靜靜動動相成相因相制相用稍涉於偏其弊立見賢之術仁以爲何如

## 彙報

### 體育獎勵意見（調查日本社會教育紀要）

日本永井道明原著　唐碧譯述

鄙人擬將關於體育事項爲諸君敬告諸君其靜聽之夫植木種草加以肥料灌以適當之水分則欣欣向榮若無水以灌溉之無肥料以培植之則枯槁矣不特樹木已耳凡有生之物培養適宜自能日就繁昌培養不當自就衰老人類亦然世間之人其亦注意於此也耶

余久居海外近日端歸上藏英明之君下覩忠勇之民心竊喜之日俄戰爭以前如瑞典等國之人民幾不知日本之坐落何處自日俄戰爭後我日本一躍而伍於列強洵可喜也但日本雖爲世界之一等國物質的文明遠遜於列強故國民不可不奮發有爲然欲奮發有爲必先強壯身體故先就體育而論述之

我國古時士農工商莫不尊重武夫時至今日誠必須分業然應須加意不論分業者有二大端一爲人格之嚴正一爲身體之强健蓋身體一罹疾病不能作事故身體之健康不問士農工商均須注意者也

今日之日本體操尙未盛行一般國民以爲體操一項惟學生及幼年者爲之噫是謬誤之見也泰西各國體操一項學校之生徒爲之者甚少一般人士爲之者頗多夫外洋通行之體育器具果何物乎亞美利加有野球英國有鐵球硬球是等器械其演習與國技館內之相撲類似日本人以相撲爲樂彼國之人以野球等爲樂乃一般之趨勢美國之各地方如彼士登及紐約均有活潑之遊戲美國人最喜爲之就日本論年高者少事運動就美國論年少者運動較少年愈高運動愈盛不老長生之妙藥乃運動也故運動會中六十七十八十歲之老人或爲鐵啞鈴之運動或呼號令與幼者同事運動就男女論男子之好運動固無論矣女子亦好運動日本有琴及三絃琴之指南所或某派琴之指南所揷花指南所分布各地西洋有體育指南所散列國內學校之生徒不問男女苟學校內之運動有不足之感即往該局運動復有特殊之指南所以供有病小兒之運動

就各種之製造社會及各種之工場而論日來則視作事之多寡分資錢之高低外洋則不然同一工作身體强健者工作較多身體虛弱者工作較少製造社會等深注意此點凡雇用之職工每日於一定時間令其赴體操場聘一體操教員授以體操使之運動往該處運動者身體强壯工作亦多賃銀因之增加故一般之職工莫不往該處運動今日之日本尙無此種現象外國則注意此點之會社頗多但此種運動二人爲之較一人爲有興味三人爲之復較二人爲有興味由是而有某團體之大體育會成立

又有國立體育會者如瑞典則以皇太子爲體育會會長其獎勵體育如此一般之會員均知運動爲强壯身體之必要矣

然則靑年果何如乎自治體之各團體非常盡力於體育市有市會鄉村有鄉村會爲種種設備以供老幼男女玩遊就外國而論市街中之空地多供士女遊行小兒等亦可休息於其間至日本東京市雖有空地該空地堪爲運動場者甚少夫市街之土地價値雖高而人之生命非金錢所可購得故外國之大都市均有是等之設備以獎勵體育今戰捷而爲一等國之日本當注意物質的文明步武文明國外國成人之遊戲場非常巨大如亞美利加英吉利德意志等國之遊戲場年年增大就英吉利之倫敦而論公立運動場之面積最狹者三四千坪廣者一二萬坪大小運動場統有八十餘所日本之東京市公園甚少男子女子之運動設備均極缺乏夫身體虛弱人皆惡之故非使之强壯不可今日之工作以今日之日本人身體尙能堪之今日以上之工作恐非今

日日本人之身體所能堪也蓋欲爲絕大之工作必須有極大之能力而後可耳

今日世界各國其所以力圖國民身體之强壯者實因困難之事項層見疊出非强壯身體不能堪也實際上人類之身體如何變化乎概言之世界各國人民之身體均有漸漸變弱之傾向其所以變弱之原因係對於體育上之不注意乃是一種自然之結果無足怪也今日以後爲競爭劇烈之時代國民之身體若依然微弱其將何以自立乎日本之人欲追隨世界列國與之競爭洵非易易我國之幼年每日普通勤學尚屬無妨一經試驗時之勤學便覺頭痛商賈亦然每日普通之買賣雖克持續一經大金之儲積身體因之違和是皆因頭腦之使用而身體致病也世界愈進步使用頭腦之處愈多不問男女不問老幼均須勤於動作惟勤於動作之後身體易於衰弱故對於身體之保護最宜注意然細考吾國人士之身體不得謂之健全我國人之身體與他國之人相比較因非常薄弱也

世間之人其元氣之强弱果用何法以檢查之乎概言之當以元氣之最强者爲標準互相比較若以病人或老人爲標準而比較之難收眞確之結果就日本之男子而論最强壯者爲二十歲至二十四五歲之軍人此種壯丁爲日本人中之最健康者然觀徵兵檢查之結果健康之程度年低一年發生疾病之原因爲平素之不養生換言之罹病之人大抵爲不知保重身體之人故具忠勇精神之日本國人不可不注意此點焉

余遄歸之後閱徵兵檢查者之報告不勝感慨余自日本出發之前曾居於播州之姬路該地爲第十師團駐屯之所得朝夕觀兵隊之操演綜觀日俄戰爭之結果忠勇軍人散布於滿韓之野罹疾病而死亡者不知凡幾不得已募集後備軍充之稍加訓練遂達於滿洲所募兵士訓練未及一週各技已極巧妙平素須費三月者至此時則以一週之訓練已有可觀是皆我國民忠勇義烈之所致也忠勇之軍人身雖未至滿洲之戰場已有盡忠報國之心日本人之連戰連捷豈偶然哉當余參閱時適下休息號令此兵隊所着之衣服係古服一種忠勇之氣流露於外然其體質固不盡屬强壯也夫戰爭時之兵士死亡死於彈丸者較少死於疾病者較多彼無意識之人死於疾病尚不足惜若忠勇義烈之軍人未至沙場而死於非命者有心人當爲之同聲一哭也人遇火災之時其用力必大於平時火滅後必遜於火災時之用力運重物亦然細考我國現狀國民應宜活動者如遇火災時必須出莫大之力而後可日俄戰爭之際國民之出力者若在火災場之中然平素欲盡力於社會非有强壯之身體不可戰爭既終克保和平之局惟不得不與外國人相競爭其競爭係和平之戰爭也夫我國人士之身體既若是孱弱欲當此和平戰爭之衝言之深可

寒心竊謂日本國民不知愛自己之身體者即不知愛國者也既欲愛國必須注意身體之健康不然我國之和平戰爭必敗於外人之手爲國家計不得不強壯身體蓋可知矣就德國而論其強盛之原因雖有種種而體育之講求實爲其原因之一考其所以講求體育之由來即德國人民被拿破崙一世蹂躪後知強國之道首先强壯國民之身體如瑞典之鼓吹體育夫瑞典雖爲歐羅巴北方之一小國其體操一項足以風靡世界世界之文明國莫不採用瑞典東界露西亞西控歐羅巴各國以如此之小國而能獨立於各强國之間實基於國民之健全能經營遠大之事業也此國極力獎勵體育養成健全之國民故能鞏固國基德國亦然獎勵體育無微不至總觀我國今日情狀較諸德國倡導體育必要之時尤爲緊要我國不欲與世界列強並駕齊驅則已耳如欲與世界列强並峙非奮發有爲不可據鄙意觀之日本既爲世界之一等國應爲之事甚多平素必須强壯身體以便經營各事聰者諸君當深悟此理論其方法不外設置公共體操場或利用學校使人人得從事運動而當路者及教育家亦宜獎勵以提倡之應有體育普及之一日耶

## ※民國七年全國教育聯合會議決案

### △推廣體育計畫案（教育部）

歐戰以來世界各國鑒於國際民族之生存競爭日趨險惡無不汲汲於國民體育之增進以充實其國力蓋時勢使然也吾國體育問題素爲國人所輕視全國人口既無明確之統計其生存死亡率自無切實之比較然考證事實體察情形國民體育未能與他國抗衡蓋無可諱近年各地學校雖漸知提倡體育而社會心理積重難返不免事倍而功半試觀日本數十年來之體育何等注重然較之歐美各國社會體育之能普及者尙覺瞠乎其後近今鑒於時局之影響朝野上下尤爲研究提倡不遺餘力吾國非積極進行斷無倖存於國際競爭之理茲擬推廣體育計畫請大部採擇施行

一對於體育上之設施事項

甲設立國立體育研究所以爲體育之根本研究力謀體操之改善及體操以外各種體育法之進步並年派適當之人材就學海外調查各國研究之狀況以爲[illegible]體改善之參考

乙國立高等師範學校均設體育專修科以應各省之需求

丙各省城鎭組織體育會

二對於體育上之改進事項

甲社會體育　社會體育者指學校軍隊以外一般社會之運動而言期以鍛鍊心身養成健全之國民也若社會體育之機關不備學校體育無論如何講求終難收完善之效果今擬由各地教育機關組織社會體育事項如左

(子)設備

(一)特設公共體育場（各省治道治地方可先組織模範體育場逐漸推行於縣治及鎮鄉）

(二)利用公園

(三)開放學校運動場

(四)利用廟宇教練場等隙地

(丑)指導獎勵

(一)設指導員並巡廻各地實地教授

(二)發起運動會並聯合各地方體育機關每年舉行數次施以相當之獎勵

(三)利用學校教師為指導之輔助

乙學校體育

(一)加授武術

(二)關於體育上設備及器械力求完備

(三)獎勵自由研究理論上實際上認為適當者得設法實施之以力求教授之改良

(四)注重課外運動

(五)設法優待體育教員

(六)規定體操及教練之成績考查法

體操及成績之考查法由身體精神智識三方面行之身體方面則考查其强健姿勢及技術三點精神方面則考查其誠意元氣及規律協同諸點智識方面則考查其關於體操及教練之智識師範學校並考查其關於小學校教材及教練方法

三提倡武術以發展國人特殊之運動

四施行各項講演及他方法以力謀體育之普及

## ※體育之真價

轉錄留學日本東京高等師範學校同窗會誌第一號金之錚君原著

今日之言救國者莫不曰振興教育振興教育夫振興教育固為救國之要政苟教育振興之根本不明雖大聲疾呼至力竭聲嘶終無裨補於實際也振興教育之根本為何曰體育是也國民體育之發達者興頹敗者亡此自然之勢證諸東西各國瞭如指掌不待嘵嘵詞費也蓋體育者非僅假運動之手段以鍛錬吾人之筋肉而已更有磨練智力涵養德性之最大目的也西哲有云健全之精神宿於健全之身體孔子云見義不為無勇也由是觀之無勇者必不義無健全之身體者必無健全之精神是智德二育包含於體育中也彰彰明矣玆更以生物學證明之吾人人類具有今日之形態者殆不知閱歷幾億萬年由最下等之生物行系統的發達而至者也此形態中之最妙機關曰神經系統吾人所恃以為萬物之靈者即所謂意識是也依吾人之意識而營種種之生活其中雖因賢愚之別致各個人目的自覺之程度不一而

所以達其進步發展之目的其希望則一也吾人進步發展之方面可大別爲三種曰眞曰善曰美此三者蓋人生之最大理想也吾人日用之間凡百行爲不外實現斯三大理想之方法耳故欲此三大理想之發達必先研究此等理想之根本根本惟何卽體育是也蓋生物之存在以生命爲基礎苟無生命何有於本身之存在苟無存在何有於理想何有於理想之實現皮之不存毛將焉附徵之古昔實有恒言茲述其理由如左

第一眞　眞也者吾人主觀的觀察之名稱也何者爲眞何者爲不眞除由吾人之知識以認識之而別無他途知識之爲物一基於感覺二基於思想感覺出於感覺機關五官是也思想出於思想機關大腦皮質是也此二者苟有缺陷則所謂眞者卽不能得聾之聾者無以與乎鐘鼓之音盲者無以與乎五色之觀也然則保全之方法爲何曰健全其身體而已身體之健全由於體育不待贅言

第二善　夫善者非僅爲有價值之名詞已耳必躬行實踐而後始能全其眞價願行爲者與神經及筋肉有密切之關係設是等機關不備則完全之行爲必不能實現據調查犯罪者之統計凡犯道德及法律者其身體有缺陷之人實居多數由此觀之善之理想亦必須身體之健全也明矣

第三美　宇宙之間萬物森列吾人人類特居其一觀夫山川之清秀花木之暢茂鳶飛魚躍莫不實其美於自然界中則據客觀的觀察以覘吾人亦烏可不必廣髀肿以占自然界中優美之地位然則欲美其身體須有適當之體育而後始能實現其理更明

由以上三者觀之體育爲教育之根本理已彰明惟吾國效法泰西創設學校於茲數十載文弱之弊仍未剷除學校中之所謂優等生者無非以試驗之成績爲標準與昔日之私塾毫無歧異不知身體羸弱之學生今日雖居優勝之名他日未必不退處於劣敗之地甚則甫經畢業便攖病魔茶竈葯爐方圖自救又焉能望其救國救民乎要之天降大任之躬必先勞其筋骨而盤根錯節亦惟利器方能勝其任也故嘗考察日本之學校體育其運動之種類不下十餘種每日舍正式體操外更有一二時間之他種運動自歐戰以來彼中學校更加柔道擊劍爲必須科目其重視體育可見一斑然彼國之教育家考察歐美體育者尙歎日本體育不及歐美遠甚然則我國學校之體育較之歐美更當如何[illegible]前途著鞭須猛甚勿長貽此牛後之譏也

## 雜俎

### 養生談薈附言

漢兒

此文係余今年春間所譯當時東京神州學會同人如彭一湖李鳳亭諸君子相率研究靜的養生法余亦久有此種要求讀詢禪

寺長老之內觀法而善之竭數日之力譯竟擬附錄於神州學叢以告世之有同種要求者學叢第二期未出版此稿亦擱置未妨願及然余之於此方法未嘗稍弛其信仰也雖其間之自己於節勞節飲食上稍忽修養致感不快時一用此法統一其身心則立能恢復原狀昨東京流行感冒最甚之時余以早晨穿衣太少致受寒冷有數次晚間發熱狀極不佳余皆以意志之定力及腹式呼吸法治退之自謂使不知此法當疾發時自己慌張血癒積腦鮮有不狂易者至於乞靈醫藥迂矣遠矣故極願以此法貢之吾湘少年此法固不論男女老幼者憶秋間有周李帆先生來東曾談及所道會者余初頗不解後聞人言始知湖南省城一時頗多此種信徒以余觀之雖立種種儀式名目故神其說要不出此內觀法也王夫之先生謂今世所謂秘傳密術云者皆為邪術左道蓋天下祇有一個真實道理潛在於人人心中人人都具備實現此種真實道理的能力不過一種是無人啓發一種是雖受人啓發毅力不充足不能堅持到底耳善哉長老此文之論數息觀與內觀法為學之次第曰數息觀者為將此心置正當場所之法即遷政府於適當都城之法也內觀法者由內部觀想使此心明徹無絲毫之蔽翳即鍛鍊國之元首使之賢明之法也由此也可以修身可以治國戰後為社會改造 social reconstruction與民族改造 R.Aciac reconstruction 之世界人由此以窺其某焉則幸矣七年冬

## 通信

### ★致田壽昌君論靜坐術書

衍仁

漢兒足下讀君養生談著知於阿那波那門中具有功德甚盛甚盛惟謂長沙道會故神其說云云又曰王夫之先生曰今世所謂秘傳密術皆為邪術左道云云信心深者聞應有惟我獨尊之識見此足為足下賀也不過著書立說無論何事何理要當平心出之君於彼所謂道者固未窺其堂奧也乃欲學為韓愈原道之文仁無取焉西域諸祖造論以破外道之執須善自他宗君於他宗善乎否乎邪術左道之語果足以破其執乎君毋謂今日之仁亦同善社中人也當為君明言之以解其惑夫道者圓通而觀一而已矣分析言之乃有多途修止之法不外繫緣調息東海西海同斯理也釋氏繫緣之法略明為五所謂頂上髮際鼻柱臍間地輪外國金剛三藏說此為五門禪實則身分皆可繫心若臍肋等處皆徧至若達摩面壁則更於身外求緣不過五處用心為便耳緣之所繫即全身精血之所聚所聚者不同變化亦因之而異於是成為善法成為惡法君之下腹呼吸法即所謂繫心臍下禪波羅蜜曰臍是氣海亦曰中宮繫心於臍能除眾病云云彼中法門之較善者也同善社中所謂秘傳密術亦不過所繫之緣另有豁徹

至若調息則以不啟爲數雖無其法久而自闢殊途同歸不宜少見多怪也 (未完)

## 紀事

### ●新年長沙教育界之新事業 (牛)

長沙縣立第一高等小學校校長狄君昂人發起長沙縣境內高等小學第一次聯合會議及附屬各項召集一節已略誌前報茲更錄其次序單於左其盛況自見固無待記者爲之饰也

元旦　午前十至十二時　成績展覽會(聯合會員參觀)

午後二至四時　聯合會議開會式

午後六至八時　健身室運動會

二日　午前九至十二時　成績展覽會(各界男賓參觀)

午後二至五時　聯合會議

六至八時　名人演講　電影　電光木棒

三日　午前九至十二時　同昨日(各界女賓參觀)

午後二至五時　同昨日

午後六至八時　青年會體育部及中外來賓運動

四日　午前九至十二時　同昨日(各界男賓參觀)

午後二至五時　同昨日　閉會式

午後六至八時　名人講演　電影　電光木棒

### ▲新年長沙體育上之新生氣　牛子

○元旦之夜間運動會　此會係第一高等小學校主辦開會之初該校校長狄君報告有云此會之目的有三(一)慶祝新年以朝氣破暮氣(二)歡迎聯合會議會員及來賓(三)補行健身室落成紀念以運動之精神表示感謝爲健身室購料捐款設計諸君之盛意至若體操教授上之主張則規律與自然並重云，

運動次序　一一排教練　二吊棒吊繩　三傳遞木棒　四跳箱　五新練拳　六肋木　七襲擊　八自由拳術　九徒手操　十疾行跳高　十一橫梯　十二童子軍旗語　十三懸身跳高　十四橫木　十五凳棍　十六智慧木棒　十七窗梯　十八雙杠　十九吊環　二十平台　二十一手秋千及跳高　二十二墊上運動　二十三教職員籃球　二十四學生籃球　二十五隊球

新年自有新氣象技術之優何可甚言開會前之樂器隊奏樂中之絲絃隊奏樂閉會時之西樂隊奏樂尤爲長沙運動會中闢一新紀元將來各校繼起仿行使社會上一般謀新年娛樂者不看戲園子中之戲而看夜間運動會社會得以改進記者於此卜而覘之矣

第四期刊誤　●論說二第三十九行投窯誤投窰　●名著按語第五行體頓誤盤頓　●小說第四行亭誤亭第十二行闢誤闢　●餘談第七行豈系上落去七年二字用特介紹誤特別紹

中華郵政局特准掛號認為新聞紙類
中華民國八年一月十三日（第六期）

# 體育週報

發行所長沙儲英源第二十三號體育週報社

每週一回逢月曜日發行
編輯兼發行人黃醒勝白
印刷者振華印刷公司

▲售例▼
本埠零售每份銅元二枚預定全年四十八期銅元八十枚半年二十四期銅元四十四枚外埠全年半年並郵費銀元八角半年五角郵票代銀九折汚者不收

▲告白刊例▼
封面論前每期每半面大洋十元半面之半五元普通每面大洋十元半面六元四分之一面三元長登十期以上八折二十期以上七折三十期以上六折費須先惠中途停刊不退有礙體育之告白不登

## 本報通告

體育大家徐築岩先生我國體育界之先進先生名傅霖別號桌呆歷任上海商務書館中華書局編輯事務所譯著關於體育書籍甚富現在全國通行之各級學校教授書都出先生之手作至於學問文章久為人所欽佩更無待本社為之表揚昨復本社函已承慨允為本報撰述文字日內即有一稿付郵是固本報之幸想亦為愛讀諸君所歡迎者也

體育週報社啓

## 論說

### ●婦女體育●

博蘇

二十世紀之舞臺人類生存競爭之大舞臺也優勝劣敗天演之公例也世間人類獨男子耶世間公理獨男子當占優勝之地位耶先進諸國爲何如茲不暇述而此後不用武器和平的生存戰爭有識者知其方興而未艾試問我國男子果能不爲婦女所累自救尙有餘力以救婦女否不能則朝野上下何以對於婦女適應世界趨勢的適當生存的方法不聞有一二謀正當提倡之者耶

今日世界大同之聲浪非愈倡愈高且將見諸實施耶我中華民國之國體非共和國體耶所謂大同所謂共和者合乎中庸而面相等一視同仁之謂也欲人之視我以仁必我有以自仁之道試問今日我國婦女果能長此依賴自願不暇之男子而不自己奮鬪入世之艱難不致受生存上之影響否不能則同此圓顱方趾食毛踐土而不先不後不幸而產生此老大病夫之中國之婦女何以對於自己適應世界趨勢的適當生存方法不聞有一二講求之者耶

體育爲智德之根源夫人而知之健康精神宿於健康身體之格言吾人亦耳之熟矣對於婦女何獨不然是則今日婦女之適應世界趨勢的適當生存方法舍提倡婦女體育與講求婦女體育之方法而何耶所民生之不易禍至之無日今後無論男女各個人無充分智識的健全體格者斷難一日生存而回首神州坤維盡折所謂婦女體育舉國沸於蜩螗羹中幾曾夢見及此幾曾移其眼光及此耶

顧有謂鼎革以還政府則尙武也軍國民敎育也已有一二之熄熄鄰令矣學校則比賽競技也運動會也風起雲擁莫不以提倡體育自命耶絕無僅有之女學校亦有體操遊戲之課程慰情亦差勝於無矣孰得而非之然而民質委靡如故民氣消沉如故國勢之差池且日甚一日麻木不仁之環象相逼俱來抑又何耶現

在學校體育果在正當發展之軌道耶果普遍及於社會耶對於婦女體育果提倡力講求精耶蘇不敏實不能無疑

婦女身體之孱弱至今日已達極點其積弱之遠因安在請溯之往者我國數千年來之婦女因受種種壓制與習慣之影響以爲唯一之生活技能在巧言令色以求容悅於男子男子亦樂其屈伏也反美其名曰從順溫雅爲婦女應有之本能如前此理想的美人所謂工愁善病吹彈得破的容姿纖足細腰掌上可舞的肢體皆減少婦女體力體魄之主因也嗚呼終日逢迎拜跪於暗無天日男子專制之淫威下幾何其不爲魚肉爲犧牲耶然而婦女不自知不自救而意志愈下體質愈弱遺傳至今疲癃殘疾尚何體育之可言

往者已矣來軫方遒强體魄振精神今其時我二萬萬之女同胞乎時至今日尙不奮發有爲急起直追五年內人木闔而家紅玉者必致受天演之淘汰其艱苦且有千萬億於今茲不得歸怨於男子與天之不仁矣我聖神高尙諸姑姊妹乎當知命在己造事在己做具金剛不壞之身軀以奮鬪人世之艱難冲决種種之羅網則何業不成何功不立名哲云志願愈大鍛鍊愈深體力之發展愈速神明之淬勵愈奮豈欺我哉

更有進者近日吾人默察社會心理常謂欲吾國之增於上躋進於富强非先改良人種無由何耶誠以國勢之發揚基於個性之發展個性之發展在夫體格之健全體格何由而健全耶則人之先天種稞中之撫養家庭中之教導在在有莫大之關係人種改良亦即在是負孕育之大任者誰耶婦女也凡育兒家政諸要事均非具有健康之身體與精神不能應付刻挽救中華民國前途者厥惟未來之青年是則對於主人婆之體育可不急急提倡之研究之耶

今後提倡體育之下手處要在講求婦女體育然而積習難返欲婦女均能自己講求誠非易易蘇謹代表二萬萬女國民呼籲於我全國朝野上下之男子前曰爾欲享家庭之幸福圖子孫之發展乎請各出熱忱毅力提倡爾妻若女之體育然解决婦女問題仍在婦女自身而身體之健康發展全在自己修養鍛鍊果自强不息者前途之幸福且無疆凡我女界尙其勉旃

偶讀隨園詩話見有笑啼都不敢始信作人難之句不禁大動於中拉雜成此海內有心人閱之亦有所採擇否八年元日博蘇附誌

## 名著

### ◎體育巵言（續）

一詞

體有二義有有形之體焉有無形之體焉筋骨血肉官能此有形之體孟子之所謂小體也意識思想判斷此無形之體孟子之所

謂大體也體而言育似宜渾有形無形躋進於圓滿之地位而後可免偏枯之弊以收心廣體胖之効世之人縱欲以養其小體徒知役心以形遂使心爲形累而不能自拔則發其身適足以戕身此固大戾乎體育之原理矣若夫養大棄小之人視小體爲妨害大體謂小體如昆蟲之蛻殼可以不計其存滅則其害又與嬰沉疴而不知求醫者同其病其主張之極端者至謂甘食爲塡飢倉離敗壞軀命亦不甚惜極其所至將必造一関寂無人之世界斯大非人生之幸事言體育者尙其愼爲啟導乎

## 調査全國體育狀況

（贈閱本報一年）

本報刊行志在研究惟研究非週知現時各處實在狀況殊難謀正當進行之方除外洋各國已函約旅居各該國之人士就近考察外所有國內各地方各學校之體育情形擬請　體育界諸君各據現情詳紀寄下使本社藉悉吾國體育實况得遂研究之私衷倘肯　賜敎卽當奉贈本報一卷計四十八冊區區下忱無非爲體育前途計想熱誠君子必樂與贊成也　體育週報社謹啓

## 修養

### ◎養生談薈（續）　漢兒

#### 下腹鍛鍊法

着力下腹其初頗難經一週後自然行矣力送入下腹時心亦當落着於下腹此蓋內觀法必具之始基亦卽數息觀唯一之妙訣用力於下腹積力日深卽平常呼吸可不用喉頭而以下腹更進而代之以踵莊子曰「衆人之息息之以喉眞人之息息之以踵」正此意也然所謂息之以腹息之以踵較息之以喉於精神効益多者果何故乎不入內觀法之門不能窺也

如前所述保正確之姿勢用力於腹鼻吸口吐約三十分間朝行遂終各從事於自定職業正午晝飯食畢略有餘暇之時晩邊晩餐旣竟散步歸來之際各如前法呼吸三十分鐘可也

#### 初學者之注意

行數息觀以中庸爲眼目決不可稍偏其行如肩凝足痲尻痛之時勉强忍耐不獨難於繼續且使心思不能入靜大不宜也往往有人以古人咬牙瞪眼憤勵結跏爲範者初學之人決不用如此自苦觀行一次之時間雖曰三十分最初不能三十分卽五分三分亦可徒苦無益也第一日三分翌日五分進而七分八分十分漸漸作成習慣任如何長時間亦能堪矣要在使人勝任愉快心能放落爲妙卽如坐法如其人足短骨大不能半跏則正坐亦可卽不坐而步行之時行深呼吸用力於下腹亦得惟姿勢則必取正直無所俯仰偏倚爲重否則氣血之循環不能如意以行也又如論溫手之文時固不必限於此文也卽但能使心中神聖淸潔

無一甕邪念斯可矣概不可拘形式而失要領（未完）

## ✱懸賞徵文✱

(一)個人體育修養之心得

(二)國民學校第一學年新生第一時之體操教授案

此項徵文以八年二月底爲收卷截止期即由社特聘敎育家精心評定甲乙取特等一名優等五名中等三十名特等獨得現金光洋五元優等每名贈書券二元中等酌贈書券五角至一元或本報三十期至四十八期準三月底揭曉卽刊入第十六期限中原稿一律不退

## 研究

### ⊙手工與體育

稽翼南

體育所以完成其生活能力者也今世生活以生產力爲標準故本報第一期卽首錄蔡孑民先生演說一節近復乞得翼南先生此文以爲海內敎育家研究生產的體育法者之一助倘有出其心得以具體的(工作代體操遊戲)方法見敎爲體育界闢一新紀元實企望之黃醒誌

手工以運用筋肉兼收鍛鍊身體之効也　筋肉發達運動敏捷生活力充足此爲體育之効果然兒童時代之體育宜如何訓練能使其身體無缺陷享有爽健之幸福爲人類社會中有用之人物查兒童最要之本能爲活動兒童活動力强者其身體亦强活動力弱者其身體亦弱敎育者卽鄭重兒童之活動的本能任其自由游戲自由活動以發達其身體雖然兒童之活動專以破壞爲事每多無意識之舉動此於身體方面固能有益而於道德方面頗多缺點欲防此弊似非禁止其活動以書籍的抽象的訓練之不可詎知侵奪兒童最滿足之生活於道德上未必有實益而於身體上乃受莫大之損害邇來敎育家於兒童之游戲發明新敎育法以組織的秩序的手工作業代替其自由游戲及活動利用其大小筋肉之作用而爲種種之作業無異游戲之歡樂而忘倦並收體育上最良之効益也如蒙鐵梭利與米芮愛姆之手工敎育目的皆若是也

手工爲合個人生理及社會需要兩方面而運動也　不善運動則身體不發達激烈運動則身體易損傷是運動爲生理上所必要而尤以生理的運動爲要今日學校體操與遊戲或令生徒依指導之命令而運動者或任生徒歡呼跳躍擲球轉輪藏蠢競走者如此運動誠合於個人生理然非社會之需要惟手工作業由外界之刺激而作用於感覺其刺激由知覺神經以達於腦中樞又自運動神經以傳達於運動感官表現種種動作而造成社會所需要之物品此既合於健全生理的發達又有所貢獻於社會

著故邇來美國哥崙比亞師範部附屬幼稚園中有游戲織非爲游戲體操之用乃令其生徒於其中建築城市以代游戲分兒童爲二三組於城市中建築房屋安置電話設立郵局派出警察設立消防場組織銀行等此房屋皆以木箱爲之房屋中之陳設及應用之車輛亦爲木工作此爲合於兒童生理之能力並閱歷社會之所需要者故兒童不以爲勞苦而以爲有興味也

手工練習筋肉能有成積品爲身體能力經濟的轉移者也 遊戲與體操練習筋肉能收身體發達之效手工亦然是手工與遊戲體操其教育之功効同但遊戲與體操僅能運動筋肉而無出品爲身體能力不經濟的之轉移手工則異是如金工木工所用之器具較爲粗笨則運用其大筋肉而製成金屬或木質之日用品竹工粘工石膏工厚紙工縫紙工花邊工刺繡工所用之器具較爲輕便則運用其細小筋肉而製成家庭社會上之生活需用品不惟一己體力上有健全之幸福且增進生產之能率及產業之知識也

▲▲▲ 材 料 ▼▼▼

# 早老預防之健强術（續）

實業之日本醫學士 堅田十次郞原著

羅黒子譯

(五)治肩削之運動

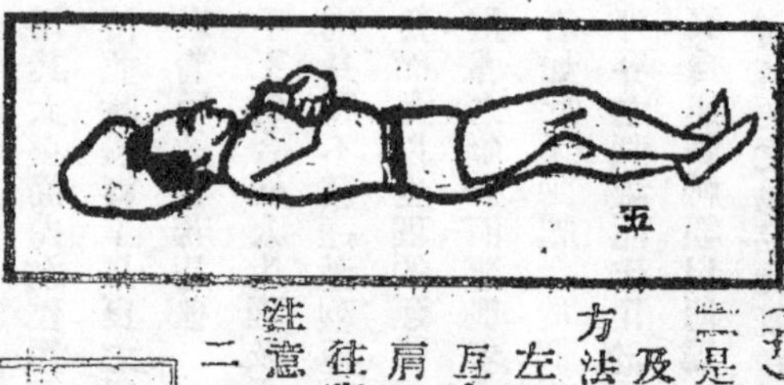


(五)開拓肩部之運動

一是爲發達肩部筋肉及治削肩之運動也

方法 仰臥以左掌握左肘左掌握右肘交互向兩方伸張此時肩上聳復平下於是往復

注意 始五回漸加至二十五回爲止

(六)緩和肩骨痛之運動

(六)肩甲骨部之鍛鍊

此爲發達肩甲骨筋肉之運動於患風濕症肩骨痛者大有益

方法 仰臥用左右肘壓胸肋部

注意 左右各五回爲度

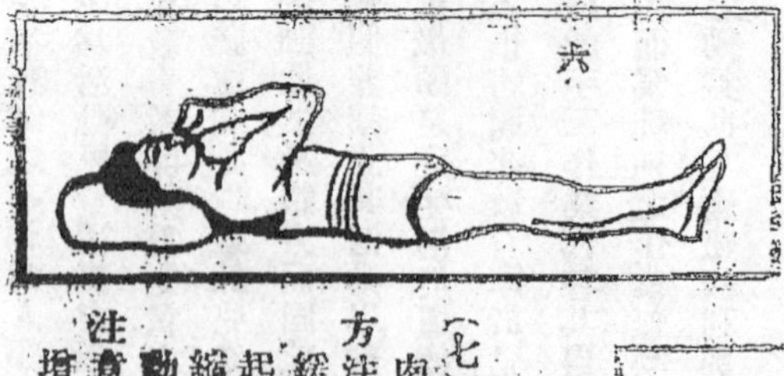


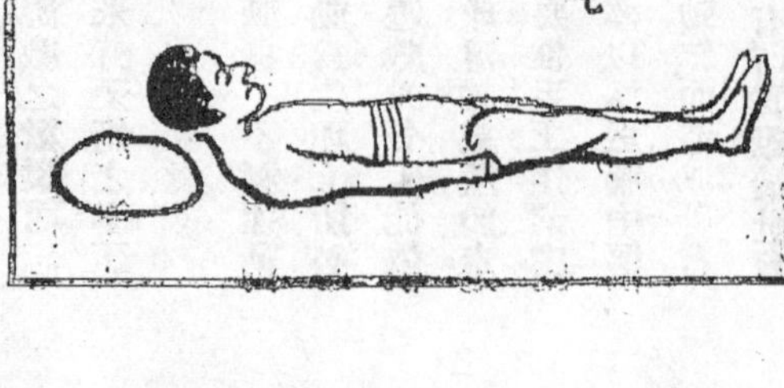


(七)鍛鍊腹筋肉之運動

(七)鍛鍊頸與腹之筋肉

方法 仰臥頭上抬復緩緩落下如是頭上起時腹筋肉爲之緊縮是爲腹之最良運動也

注意 始五回慣後漸增至十回爲止

（八）壯頸之運動

（八）頸之抵抗練習　是為發達頸筋肉之運動也

方法　如圖式以兩掌相操合貫頭後兩肘前突捧頭上起

注意　始行每次五回一週後每次增加一二回為力已足多　（未完）

八

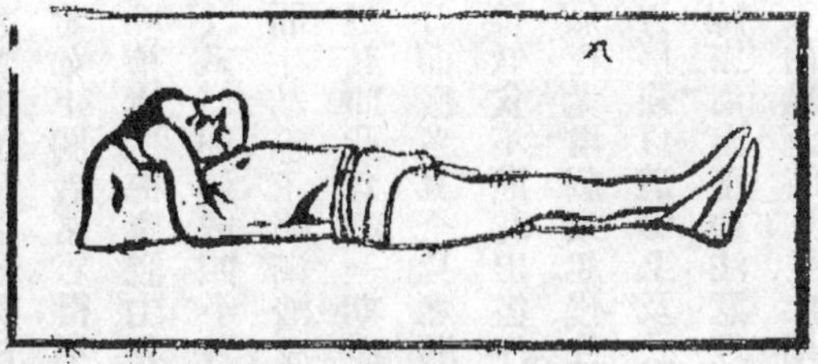

## ●學校遊戲

（一）捕駝鳥　曾隸

組織　令學生繞成圓形圈教員立圈中為拍駝鳥者

方法　圈繞成後學生則為駝鳥各以一手從一腿下穿過而捏鼻若駝鳥狀拍駝鳥者須拍圈中不捏鼻之駝鳥被拍者即出而代為拍駝鳥者如此循環多次

規則　駝鳥定須捏鼻拍駝鳥者定須拍不捏鼻者

附則　拍駝鳥者可作種種怪異聲音以誘人發笑乘間拍之

（二）偷棒

組織　場之中心相距若干尺於場之兩端各劃一長方形圈內置棍棒若干枚然後分全隊為二隊各站兩端之界線後

方法　佈置畢教員立於兩隊距離之中央發令兩隊學生聞動令後各偷對隊之棒以先偷畢者為勝

規則　偷棒時若被對隊之人拍著則立於對隊之方形內游戲未畢不可走出惟不以人數多少為勝負再動令未出不可偷棒

## 音樂

※梅花三弄　古曲十段　（續）

▲第三段

上尺五上五六工工工工尺工工工工工

工尺工工尺上尺工工六工六五六六五

六工六六

▲第四段　（二弄）

上六六六工尺上尺上尺上合合六六五六

六工尺

工工合上四上四工上尺上四合合合工

尺上尺工尺六工尺上四上四上尺上上

▲第五段

上尺上四合四上上上．．尺工工尺上尺上
四合四上上尺合上：上：．．．．尺工工．
工．．．。尺五六尺上四六工尺上尺
工。尺尺工六四上四上尺

## 彙報

### ◎花柳病之毒害

轉錄青年進德會會報

花柳病者通爲梅毒與淋病二種狹斜巷溫柔鄉之產物也罹是病者不但足以殺身且遺害妻子流毒社會茲略記其病狀與慘毒如下閱者諸君得不爲之毛髮悚然耶

一梅毒　梅毒概由與娼妓爲不潔之交接而來感染者早則四十八時間遲或四十八日必經發現普通則於十日後陰部堅硬而生結節不痛漸潰成瘍時漏膿汁鼠蹊部亦有不痛之便毒起於其間此爲第一期症第二期病即感染梅毒之後經過六七禮拜而發者其全身之淋巴腺鼠蹊部及肘若頭等莫不皆含有毒性飲食不進時出盜汗皮膚生疹（即薇薔疹）毛髮脫落頭腦沉痛夜尤增劇或起慢性咽喉加答兒及脫拉渾目疾此時傳染之力最強以道德上及公衆衛生上論之則其對於左右之人必須綿密周至正加注意以防傳染第三期症爲內臟梅毒即梅毒侵入內臟之時期至此期則危險萬狀矣其主意之症候節骨與關節內臟等爲梅毒性所浸潤發生疱瘡不久潰爛甚至五官缺如如所謂鞍鼻者即鼻上開窩鼻背如凹鞍狀實此第三期之症也其他或如喉頭發生潰瘍等破壞蓋無所不至

梅毒之症候如上述矣其傳染爲與賣春婦行不潔之交接而來者百中之九十九其外如煙管酒杯接吻或理髮店亦可作傳染之媒介。

凡父母有梅毒者必傳其毒質於胎兒且其毒質一同於父母故不能完全發育多流產者蓋流產之原因大半即在於母體之梅毒或即成熟而分娩矣而不數日亦多死亡即幸而長成其聲發亦必不良眼目多病齒牙異常（前齒必凹）更有他種種之障害所謂遺傳梅毒即是也

二淋病　此病爲猛烈之傳染病亦由不潔之交接而來也感染者交接後早則翌日遲則十日以後其尿道中始覺發痒似微帶快感也者若不早期療治終至疼痛劇烈膿血淋漓我龜頭腫脹其並發症爲睪丸炎攝護腺炎及精系炎等如其毒誤觸眼中則起膿漏性結膜必致盲目小兒多先天盲目者殆全因母體淋病而致可懼哉以上所紀雖極簡略而此種病之猛惡令人驚懼已可概見索羅門有言曰凡娼妓者其唇也甘於密其舌也滑於油而極其終結也則苦於茵陳而銳於鋒刃以語放蕩少年盍日三復斯言拳拳而服膺之也

# 小學校教師與肺病

轉錄教育公報譯日本內閣統計局課長二階堂保則著

日本之患肺病者（概指肺結核病）年年增加每年國內患此病症而死亡之率殆世界莫與比倫考諸歐美各國近今之患肺病者不特無增反見其減兩方比較其差異不可驚駭乎

歐美各國人之患肺病者概爲五六十歲之老年人而日本之患肺病者多屬十五歲乃至三十五歲之少壯夫此等少壯乃國家中堅正當有爲之日忽患此病症不終其年其於個人之夭折固無論矣國家間接所受之損害亦莫大焉觀歐美文明先進諸國遠勝於日本者此亦其原因之一也

又歐美各國之患肺病者多爲作工之人而日人則不僅工人而已也且多發見於學校之教師其中從事於國民教育者（即小學教師諸君）尤屬多數此肺病流行之劇烈能不令人驚歎乎

今欲知學校教師患肺病而死亡之率可調查最近之統計據最近統計所報告凡有職守者因肺病死亡之率爲百分中之一四●八四即百人中約居十五人而小學教師因肺病死亡之率爲百分中之三六◉六四即百人中約居三十七人也較之從事他種職守者其死亡之數爲二倍有半矣

英國之英格蘭島凡有職守者因肺病而死亡之率百人中居十五人與日本無甚出入然居斯島之小學教師患此肺病而死亡之數合現任與退隱者計之其死亡之率百人中居十九人較諸從事他種事業者僅多四人而日本現任小學教師其因肺病而死亡之率百人中已將近三十七人退隱者尚未計算也由是觀之可證明日本小學教師之死於肺病較諸從事他職守之人爲最多今就此結果而根究其致病之原因觀英國所研究者頗可採取也茲據英國研究之結果所發表者約有三種如下（一）小學教師較從事他種職守者發言爲多因之呼吸器官頗受患害（二）兒童之家庭難免無患此肺病者小學教師常與多數兒童羣居一室故多受傳染（三）講堂上粉筆細末之飛揚往往隨呼吸侵入氣管因之呼吸器官多受患害

英人於此三種病原頗費觀察既觀察有得則竭力防備故其國患者較少而日本對於此等病原未嘗加以研究防備缺點殊多故患者較英國多至數倍今略舉二三缺點以促進世人之研究而思有以補救焉

第一缺點爲日本通國財力較諸歐美各國極稱棉薄其自然物與營造物極不完全爲二缺點小學教師之勤務時間較歐美各國爲長第三缺點爲小學教師之俸給過低

第一二缺點茲姑不論僅就其三缺點言之小學教師之俸給既低則生活困難其營養動作自不能充足自由軀體之抵抗力亦因之減少若使之與營養充足動作自由之人同觸肺菌則充足

自由之人因其抵力大罹病較難而營養不充足動作不自由之人因其抵抗力小罹病較易且抵抗力強大者肺臟縱有觸犯亦能即時回復不至有死亡之患抵抗力微細者偶一不慎觸犯肺菌即難有回復之望此所以富貴之人患此病者頗少而營養不充足動作不自由之教師患此病者最多也

## 通信

### ⊙致田君壽昌論靜坐術書（續） 衍仁

且靜坐之術東西同異其傳原於印度者即所謂禪那也原於震旦者即社中之所謂參玄也禪那爲西土以上諸聖轉相授受之法門所謂發菩提心滿足四弘誓願究竟到彼岸者其目的至遠大也其途亦至難行參玄者殆爲震旦上古野人一種鍊氣之術即廣成之所以授黃帝者所謂至道之精云云者是也黃帝之作內經即由此而得解（略如妙樂輭酥之說）他若熊經鳥伸鳧浴蝯躩鴟視虎顧之術及後世所謂八段錦者蓋亦坐中不隨意之運動所參悟者也說雖近於附會親証之人當自知之其目的非遠而途亦易行就仁所實驗論其法門則此勝於彼矣仁自前年大病之後固未嘗一日離乎靜坐繫心丹田善取息相二載於茲機劣根鈍無所開發去年夏間始入該社靜坐一息深心慶悅茲已升入二級自覺功効大著前後判若兩人蓋其所繫之緣特別易於注意徵之西洋催眠之術若合符節其於調息初不加以一十二十之人爲方法是以坐中殊無所苦逃墨歸揚之夕誠有若解倒懸者厥後周身氣血升降循環自然而起亦非抑之使下提之使上也夫然後知釋氏有所不及知者仁已先得之矣中國佛學自宋代而大盛宋儒之靜坐即禪那之支流餘派道家靜坐之術盛於秦漢以前如老莊之所謂聖人者皆盜天地精英之人也是以當世之民族秉天獨厚周秦漢而後尊崇儒術罷黜百家道家者流反流而爲符籙咒術之五斗米教靜坐之術式微已久吾國人種之所秉賦因乃日趨於薄弱矣洎乎後世間有假三教一源之名而著書立說者（如性命圭旨之類）其書龐雜不可卒讀也幸賴深山之大師徒相授延此一脈至於今日茲者乃得大明於危急存亡之秋此吾震旦國粹之光榮亦我國民種子改良之唯一妙法宜速予以提倡使得發揮其真理不過禪道設教處此科學時代殊非所宜蓋亦父子相傳無得改易之理使然惜在升其堂而未入其室苟得圓滿之結果或將爲彼中之馬丁路德然而教育界之入此途者亦不乏其人矣（未完）

## 雜俎

### 愛讀者俱樂部 洒老來稿

提出高小第一聯合會運動會以第一高小校健身室爲運動場

室內備有隊球場籃球場肋木雙槓吊繩吊棒吊環手秋千平梯窗梯横木及其他各種簡便運動器械來賓運動爲省城各校體操教員及青年會體育幹事夏義可若各獻所長似對於體育俱講之有素者各種演技尤以夏君雖能可貴中人孱弱之軀似不够與之比賽者運動種類據管見所及似以簡便較平和者爲宜室內運動即本此旨蓋運動簡單則練習自易練習易則雖以吾人峨冠博帶教員老先生亦思嘗試焉當此世界和平之時或不宜倡言軍國民教育而對於個人健康之論亦宜採適宜之運動不宜終日埋頭伏案及從事其他各種損德之遊戲也且青年學生富於模仿性苟各教員老先生從事於各種有益身心之運動吾恐學生赴之咸爭先恐後也如此則體育界之進步當有限量耶先儒有言坐而言不若起而行吾願口齒間言體育者有以處之也吾尤願第二次高小聯合會運動會來賓運動時除體操教員外各科老先生有以加入也吾尤願各科教員幸勿自甘居老先生之地位而視健身運動爲非己身分內事而忽之也吾亦教員也願與諸同志晒此老先生三字之徽號

## 紀事

### ※耒陽體育上之新發展　蘇

本社前接耒陽某君來函據稱該縣教育會會長謝松爾君學識宏富全縣翕然於靜坐術造詣極深前聯合多人在該縣組織中外衛生學會以研究中人靜坐修養之法及外人操練體育之法爲主旨已奉該縣知事指令備案規模宏大內容亦極完善該會會員以教育界人士占多數教會中人加入該會者亦不乏人並擬與基督徒哈拿氏創辦衛生雜誌以紀載該會所研究所發明之種種學說及事實云云具見謝君之毅力熱忱洵屬難能可貴使湘省各縣均能有如謝君其人者相繼仿行則吾湘體育發達未始不可與蘇浙抗衡也

### ※新年長沙體育上之新生氣（二）　蘇

青年會體育部之遊戲研究會　此會係由青年會體育部幹事夏義可徐榮甲周雲軒諸君等所組織原擬通告城廂內外各學校請各體育教師加入共同研究嗣以青年會事務正繁時期又異常短促特簡單辦理由該會體育幹事體育部重要分子開會研究遊戲教材方法之內容及關於遊戲之種種事實與理論其期限自本月九號（星期四）起至十五號（星期三）止聞已連日研究多所發明其結果之良美可爲預卜將來出而公世必爲湘體育界增色不少也

### ※注意——女界之福音

本報近頃由朱劍帆先生介紹得邀女體育家王佛曼女士認可擔任撰述關於女子一切體育方法之文字首述家庭衛生一篇一俟脫稿即行刊出以副女界愛讀本報之雅意

中華郵政局特准掛號認為新聞紙類

中華民國八年一月二十日(第七期)

# 體育週報

發行所長沙衡英源第二十三號體育週報社

每週一回逢月曜日發行

編輯兼發行人黃醒勝白

印刷者振華印刷公司

▲售例▼

本埠零售每份銅元二枚預定全年四十八期銅元八十枚半年二十四期銅元四十四枚外埠全年並郵費銀元八角半年並郵費銀元五角郵票代錢九折汚者不收

▲告白刊例▼

封面論前每期每半面大洋十元半面之半五元普通每面大洋十元半面六元四分之一面三元長登十期以上八折二十期以上七折三十期以上六折費須先惠中途停刊不退有礙體育之告白不登

## 論說

### 禪那中的體育（續）

衍仁

法華經曰今此三界皆爲我有其中衆生實是吾子而今此處有諸患難惟我一人爲能救護所謂大慈大悲名爲佛性者固亦釋子所宜共具之宏願也其願宏則思惟爲欲滿足此宏誓願者亦殊匪易是以爲釋子者必具金剛之身不爲疾病所惱而後可以必如金剛勇猛精勤修行一切諸善功德以無量方便救拔一切苦惱衆生未度者令度未解者令解未安者令安未入涅槃者令入涅槃宏法覺他之願乃得滿足成就矣禪那者度衆生之舟航也釋子修禪其究竟之目的誠欲必取成滿此宏願而其最初之目的不過欲令先具金剛之身故禪那爲釋子之體育不待言也仁友田君所著養生談嘗其於禪那修習之法言之綦詳惜仁未得親証不能廣爲言說惟是禪那方便其於體育之學理實多暗合之點茲特分別言之以爲言體育者告

一曰節省食量也　節食爲一種清潔之妙策可以排泄臟腑間之毒質與淤積之渣滓物而尤能速消化是以生理學家每謂胃空則心清而人之飽食多量者恒疲倦笨拙而乏精神也且東西書籍皆有以斷食方法治愈人病之說蓋有一種病症惟斷食能治療之故節省食量爲體育中所必應注意者禪那方便調五法

中論曰調節飲食誠知體育之旨也十二頭陀經曰我今求一食尙多所妨何況小食中食後食若不自省不能一心行道是故斷數數食應受一食法又曰得一食時持食至空靜處減一摶著淨石上施諸禽獸更念身中有八萬戶蟲蟲得此食悉皆安穩是爲不捨衆生若不見困乏者但食三分之二以自支身命所以者何行者若食必極噉令腹脹氣塞妨廢行道若留一分則身輕安穩易消無患是故應受節量食法云云其理雖曰多端而所謂身輕安穩易消無患體育學中之所明佛已先言之矣禪波羅蜜曰調食者夫食之爲法本欲資身進道食若過飽則氣急身滿百脈不通令心閉塞坐念不安若食過少則身羸心懸意慮不固此皆非得定之道復次若食穢濁之物令人心識惛迷若食不宜身物則動宿疾使四大違反此爲修定之初深須愼之經曰飯食知節量常樂在閒處心靜樂精進是名諸佛教云云此其爲言也益詳其於調食之作用亦稍稍可見日人田淵知秋曰余昔旅行高野山該地有一僧謂余曰君用非食主義如何所謂非食者蓋節省朝或晝之炊事也又曰日本昔時高僧有斷食二十一日而身體並無妨礙者可知此等法門尙流行於東鄰也

二曰整潔衣服也　釋子之於衣法純取簡單整潔美服垢衣畜種種衣皆在必禁之列故爲釋子者必取舊衣浣洗補治去其垢膩而後著用否則必致病發且尙白衣蓋有所染則易覺知西人襯衣用白庖人工役及看護婦多衣白衣即此理也十二頭陀經曰頭陀比丘應入聚落中拾故塵棄物浣之令淨作弊納衣覆除寒露又應少欲知足衣取蓋形不多不少白衣爲好云云其曰浣之令淨白衣爲好孰非體育之眞旨耶　（未完）

## 名　著

### 體育卮言（續）

一澗

宗教家多熾於亂世殆由時勢之使然其爲教也大率勤脩苦行而爲常人所不能耐如婆羅門舊教徒有食草衣革者有自拔其髮以煙熏鼻及五熱炙身者有作蟲轉地彷魚沒水者有袒臥荊棘者有持牛狗戒齕草噉汙者論其行狀則介居人畜鬼魅之間而反甘之若飴以爲人生事業無復有高尙於是者蓋知有精神上之愉懌而不知有軀殼上之痛苦也佛釋之教雖有不同然當其脩持苦行時日食一麻一米乃至七日食一麻米形骸消瘦身如枯木則其壹志斷絕形體之累固爲不可掩之事實道家創精氣神之說謂鍊精歸氣鍊氣歸神鍊神歸空則其教旨亦以抱一無爲爲唯一之信條即以吾儒之理學派而論其教人也撮其綱要則爲靜坐讀書窮理盡性伊川每見人靜坐便歎其善學綜觀各宗教之精神其歸趣不外乎禁慾其立教雖不與吾儒之理學派同而其守虛靈杲簡便尙靜而不尙動則一也雖然人生而靜

天之性也感於物而動性之慾也靜固人之本能動亦人之本能靜固善動亦未始不善也惟所感之非善則不獨不足以發揮其動之本能且實足以戕賊其動之本能與其動而戕賊本能無寧靜而深固本能之爲愈也嗚呼吾人不幸而生茲世無正當之動作以發揮其本能至於窮無所之激而發生一種厭動喜靜之思想乃欲乞靈宗敎以爲慰藉精神之助豈得已耶豈得已耶

## 學術

### ◎運動生理學述要（夏期講習會用稿）（續）

角廬纂述

上體左右旋之主動筋肉爲斷裂筋旋背筋與其他腹筋　上體稍向前屈之主動筋肉爲腸腰筋　上體儘力向前屈之主動筋肉爲小腰筋直腹筋腸腰筋　頭向前屈之主動筋肉爲前大直頭筋前小直頭筋　頭向後屈之主動筋肉爲後大直頭筋後小直頭筋上斜頭筋頭夾板筋頭長筋頭半棘筋　頭向左右屈之主動筋肉爲僧帽筋側直頭筋　頭向左右旋之主動筋肉爲後大直頭筋頭半棘筋頭長筋頭夾板筋下斜頭筋胸鎖乳頭筋　呼吸運動之吸息主動筋肉爲大胸筋前大鋸筋斜角筋胸鎖乳頭筋小胸筋外肋間筋肋骨舉筋後上鋸筋　呼息主動筋肉爲薦骨脊柱筋直腹筋方形腰筋內斜腹筋此外與呼吸運動最有關係者即橫隔膜是也

## 修養

### ◎養生談薈（續）

淡兒

熟練後之呼吸法

下腹呼吸初頗困難漸漸熟練後則下腹張如鼓而堅如石呼吸亦漸長現余一呼吸可支常人十呼吸而毫無所苦此呼吸綿長之點爲數息觀長壽法之大原因而吸入之息每由頭之項線循環通過脊骨又由踵達足指頭者然吐出之息每若發於踵通於腹出於口者然既達此境一思常人息之以喉者吁吁焉喘喘焉何其忙且苦而眞人息之以踵者何其舒徐而快樂也由此更進不僅以鼻吸入之清氣循環體內由口吐出已也並可使全體八萬四千毛穴自由呼吸又不僅此終且至於無息即我不先天地而生不後虛空而死達於心境同體之域蓋非行呼吸與不行呼吸之故實由深息爲長息由長息達於無息之故也此中消息不入內觀法不知

數息觀與業務之進展

不問朝晝晚如上述方法行深呼吸三十分後其初肩手腰腕足頸窮屈難堪規定之時間既終解座起立屈伸兩足肩之關節處徐徐作大圓形頭亦左右俯仰前後屈折全體四肢各以意運動之此時精神之爽氣色之佳非可言喩頭腦輕淸身體靈活業務

之進展自可斷言此無論何人可依實驗證明之者也

就床後之呼吸法

就床後仰向而臥以兩手當小腹之兩邊靜心誠意又以深呼吸取消出濁約三十分間然後隨意伸張其手足如是頭部之血直趨下股若當夜寒如水雙足不暖時以足之兩蹠相擦約二十回則足指回春矣要肯使此心不在頭部而着落於下腹之工夫也如此行之則就眠後卽能熟睡往往儒弱之人稱神經衰弱夜不成寐輾轉更深苦不可説者行此有恒患若失矣

數息觀者與食物

擾其他食暖衣之慾不克自節者蓋已陷於墮落之淵矣已且不能祈煩惱邪淫之角謂其有向道之資格乎此脩數息觀者以節食爲一要件也本來不制其欲便便大食者不止損胃害健康已也且可使心生惰氣誠意從事者所最戒況如數息觀者將欲練其心胆者乎故食慾當十分制抑昔中國蘇東坡多年行此以鍛鍊精神之人也此人最熱心行此每日趺坐决不頹膝由其多年之實驗言行數息觀時節食之心得曰「已飢方食未食先飽散步逍遙務令腹空當腹空時卽入靜室」雜食等最不善不獨害胃且猛增其煩惱邪慾故當節制者不僅食物凡飲酒喫煙房事等莫不然也

食後逍遙之心得

前述之滿腹勿宜矣行數息觀時尤以空腹爲好將欲嚴格修此行者食後當於庭園或室內逍散爲得散步通例以三百五十步爲最小限以上幾步亦隨意食後三百五十步後腹中食物亦十分消化然後就座體氣旣豐心境自靜

（未完）

▲▲材料▼▼

## ◎早老預防之强健術

實業之日本雜誌 堅田十次郎原著 羅罴子譯

（九）發達頸筋肉之運動

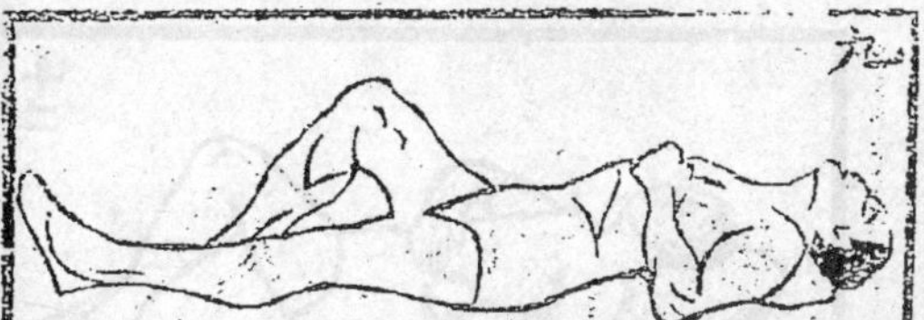

九

（九）方法　移枕至床緣仰臥用肩部乘之頭向後垂然後以顎就胸漸漸將頭抬起復下垂於是頭上起時腹筋肉張緊下落時弛鬆

注意　此項運動自五回起雖可遞加然不可燥急因此種運動用力強多有動作數回卽起眩暈者須注意也

（十）（十一）壯腕之運運

（十）方法　仰臥兩腕向前直伸用力突擊

注意　此項運動雖爲空拳動作亦可用二磅重之鐵啞鈴實諸

掌中以增其勢惟啞鈴重量不可過度回數自五次順增至二十五次為度

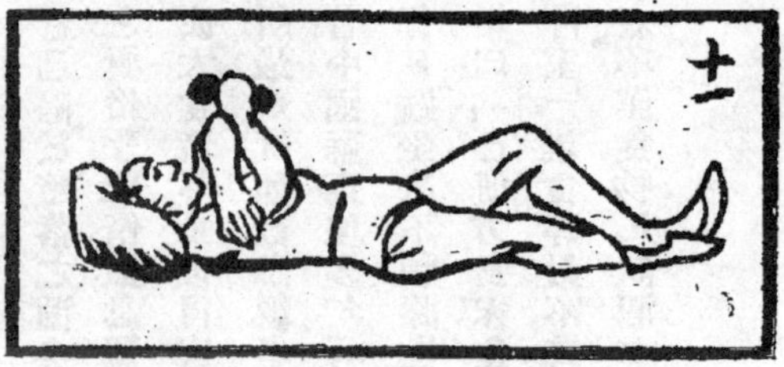


（十一）應用鐵啞鈴同時自行摩擦之運動

（十一）方法　一手握啞鈴向前屈伸一手用以握拳摩擦前手之上膊左右交換行之

注意　始十回漸遞加至五十回啞鈴重量自二磅達四磅為度不用亦可

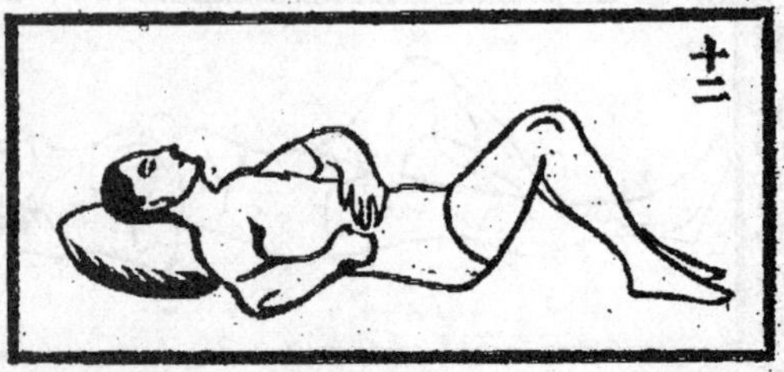


（十二）強健肝臟之運動

（十二）肝臟摩擦　肝為人體臟器中最大之機械於營養消化血行關係綦重稍有不健即影響於體力故促進肝臟之機能於健康上頗重要

方法　肝臟大部分在腹上方右肋下欲摩擦之與以刺激須仰臥拱起兩膝使腹筋肉弛緩於是用兩掌指尖在右肋骨下端作若刺入之勢輕輕壓擊

注意　自二十回起遞次增加

## 柒　學校遊戲

王佛曼女士

遊戲以娛快為主設備以簡單為宜用具過繁則難咄嗟立辦取攜不便未免意興索然茲本此意就平日得之於師授驗之於實際可以隨時隨地舉行者擇數種以供研究諸君子幸賜教焉

巾競

排列　全隊作相對二列橫隊（以場所之廣狹及生徒年齡之大小定二列距離之遠近）

準備　棍棒一枝小方巾一條

動作　先使二橫隊生徒相對整列各自右翼始而報數然後於二列之中央點樹一棍棒上覆手巾乃由教師指定生徒（隊各一名）令出隊向棍棒對立準備競爭（或呼某數亦可）準備後俟教師吹口笛二人即各爭取棒上所覆之巾其未曾取得之人卽行退出計算兩隊之人退出多少以決勝負但取得手巾之人未及到本隊位置其手巾仍被敵人所獲時亦爲失敗

注意　報數時必令各生徒記淸數目兩隊人之秩序尤須整齊若於每隊前用粉筆劃一界線更好（如圖）

1 2 3 4 5 6

乙　隊

人

棍棒上覆巾

人

甲　隊

6 5 4 3 2 1

## 坐椅戲（其一）

預備　於室內列坐椅若干東西相對椅數較全體之人數少一

動作　令全體皆坐餘一人外立另有司琴者乘閒琴聲作皆起與立者同繞椅進行琴止衆皆爭坐其未得坐位之人即行退出乃撤去一椅仍前爲之每減一人即撤　椅俟餘一椅時仍令二人再演末一人得位者爲勝

注意　琴聲未止時不可以因欲爭坐位留而不進行致妨害多數人之秩序而失其興趣

## 音樂

### 梅花三弄（角宮調十段）

第五段（續）

尺工尺上四上上上尺工尺上上五六工六上
尺上四上四合工尺工六六六六工六六六
六五五上五四上尺工六工尺工六工尺工尺
上四上上上尺工尺上上（過聲）（工尺上尺
工尺六工尺上四上四上尺上）上五六工
六五六工六五六工六六

第六段　三弄

上六六六工尺上合六六工尺上尺上六
六六合四合工工合上四合工工上尺上
四六合六工尺上尺工尺六工尺上四上
四上尺上上

## 通信

### 致田君壽昌論靜坐術書（續）　衎仁

況其所以秘密而故神其說者亦未足以厚非其最初之所爲自

下流社會視之固最好之脩身教授也自吾儕視之亦可以折彼輓近增我信法蓋眞理易得則易失無篤志者汎然語之以道彼亦將汎然置之故必經此一番挫折乃知理不易得亦不忍失之矣是以轉輪聖王必剜身千鐙而後波羅門乃語以半偈彼土授受之間亦如是也至其必發誓願而不以告人者則如君所謂內觀法者本為古來脩行者之秘法決非可不擇人而授之者薄志弱行之徒輕卒行此實所以害之之說也且其法雖無多而掛一則每至漏萬故傳道者必於道中三折其肱苟無秘密之可言街談而巷道之以訛傳訛流弊伊於胡底耶復次彼之傳道為一種啟導的教授法所謂道在自證者故必証得一級而後授以二級証得二級而後授以三級得寸而後進寸得尺而後進尺殆所以增益行者脩習中之興味且可以免其非分之希求果不祕之此種教授將無所施矣復次脩習靜坐自非親近明師不能免其流弊是以釋氏脩禪必須善知識方便照了然後不著邪定之法起信論曰若離善知識所護則起外道見此之謂也故祕其傳則凡從事乎此者皆得明師亦教利害不秘其傳則人盡可相授受所謂明師不可得矣故屈原曰道可授兮不可傳也仁也不材雖在至親密友決不願言談及此更不願以其方便著為言說非迷信也亦有微意焉雖然仁之願亦欲國內之英雄皆得入此轂中也餘不盡意敬候　起居　術仁頓首

## △紀事▽

### ※新年長沙體育上之新生氣(三)　牛

長沙城區國民學校校長彭澤沛君發起國民學校體操游戲研究會昨會商城區學董狄昂人君擬假縣立第一高等小學校健身室為研究場所特約青年會體育幹事夏義可君暨蔣鶴孫徐榮甲王運恂陸祺霖諸君為特別會員負指導之責凡任國民學校之教職員皆可入會共同討論並實地演習諸種方法云

## ▲贈書誌謝▼

※一月十五日以前承各處　惠寄書報如左

山東教育公報第一百九十二號一百五十二號各一冊

浙江教育週報第一百二十四期一冊

上海體育界第十四期一冊

上海救國日報自七年十二月二十七日至八年一月九日日報各一份

山西來復報第三十九第四十期各一冊

長沙商務書館惠贈「體育方鍼」一冊

湖南通俗教育報自七年三十一日起每日一份

## ⊙第六期刊誤

封面通告中別署卓呆卓誤桌　第二頁下第十四行於蝴蟖沸藥中沸字誤排於字之上　第三頁下第十行爾妻若女之若誤苦　第五頁上蔡孑民先生演說演誤濱　第六頁下第四行仰臥以右掌右誤左　第八頁上第十六行薔薇倒置　第八頁下第十四行第二十一字或誤我　第十頁上第十行第十二字弘誤弦全頁下第二行歸楊誤歸揚

中華郵政局特准掛號認為新聞紙類

中華民國八年一月二十七日（第八期）

# 體育週報

發行所長沙鐵英源第二十三號體育週報社

每週一回逢月曜日發行

編輯兼發行人黃醒勝白

印刷者振華印刷公司

▲售例▼

本埠零售每份銅元二枚預定全年四十八期銅元八十枚半年二十四期銅元四十四枚外埠全年並郵費銀元八角半年並郵費銀元五角郵票代錢九折污者不收

▲告白刊例▼

封面論前每期每半面大洋十元半面之半五元普通每面大洋十元半面六元四分之一面三元登十期以上八折二十期以上七折二十期以上六折費須先惠中途停刊不退有礙體育之告白不登

## ◉捐款鳴謝

陳瓊女士捐助本報經費光洋壹元

## ●本報緊要通告

舊曆年終至來歲上元印刷工人循舊習慣必需休息本報草創伊始未能自備印機此時期勢不得不停刊第九期報延下二週準二月十七日（舊曆己未正月十七日）出版特此通告並以致歉

## 論說

### 禪那中的體育

竊衍仁

三曰減少睡眠也 睡眠者意識之停輟卽高等神經中樞之休息也是以西人以睡眠爲最大之快樂但凡有夢之睡眠嚴格論之不得謂之睡眠蓋夢爲半意識的精神活動有夢之人其眠必不熟也愛迭生曰吾四十五年之間每日僅睡若四小時吾意四小時之熟睡其効力與七八小時之夢狀睡眠等愛氏此論誠爲科學家所贊許惜愛氏不識禪定之法果得識者不獨謂短時之睡眠優於長時之睡眠也必且以爲深入禪那優於短時之睡眠矣蓋能深入禪那則一切妄想顚倒生死業行悉皆止息泯然清淨如大涅槃蓋所謂究竟的神經休息也故釋子旣得禪那方便即當以禪那爲睡眠以睡眠爲擾亂十二頭陀經曰身四威儀中坐爲第一食易消化氣易調和求道者大事未辦諸煩惱賊常伺其便不宜安臥若行若立心動難攝亦不可久是故應受常坐不臥法若欲睡時脇不著席云云蓋有微意焉不過常坐不臥其於身體亦非無損是以禪波羅蜜又曰調睡眠者夫眠爲無明惑覆之法雖不可縱之若都不眠則精神虛羸若其眠寐過多非唯廢修聖法亦復空喪工夫令心暗晦善根沉沒當覺悟無常調伏睡眠令神道清白念心明淨如是乃可棲心聖境三昧現前故經云

初夜後夜亦勿有廢云云不曰不臥而曰調眠其於釋迦之本意無所缺矣

四曰戶外生活也　新鮮空氣與日光乃至與戶外生活相伴而生之用力活動與深呼吸皆足以使戶外生活有益即戶外之景色亦有休息目力安慰神經之作用是以戶外生活深為體育家所贊許也釋子修禪多為戶外之生活禪波羅蜜曰閑居靜處一者深山絕人之處二者頭陀蘭若之處離於聚落極近三里此放牧聲絕無諸憒鬧云云十二頭陀經曰比丘受阿蘭若法離衆鬧聲若放牧處最近三里能遠益善云云又曰如佛生時成道轉法輪般涅槃時皆在樹下行者隨諸佛法故應受樹下坐法云云又曰露地者著脫衣裳隨意快樂月光徧照令心明利易入空定是故應受露地坐法云云此所謂不謀而同者也　（未完）

## ◎女子與體育

日本寺田勇吉原著　長沙張懷譯述

體育國人皆宜注重也今日提倡體育之必要人人知之其體育之方法原理人多研究之然大多偏重於男子之體育而忽女子之體育不知女子為國民之母女子體育關係之重要尤宜注意者也故我國現今於女子體育有獎勵提倡之必要焉

我國男女之體質孰優美孰低劣不必為詳細之比較與精密之判斷此甚易知而今日女子體育之劣尤為人所共認夫女子姿勢之優美態度之嫻雅行動之莊重活潑雖為女子體育必須養成之事然達此程度不過外表儀容非女子體育正鵠之目的也蓋女子體育在養成十分强健之身體及精神處於家庭社會能勤勞操作生產後不獨子女安全即己身亦能十分健康故女子於學校中身體健全固足以誇耀然必出學校後能為一强健之賢妻良母始達吾人提倡女子體育之目的

虛弱之體質於生活上大有妨害以羸弱之軀日日生活於不愉快之空氣中何能任重任勞以謀自身之生活造國家之幸福即能勉强將事於職務不能勝任愉快竭盡忠誠亦不為社會所歡迎若以堂堂一女子依賴男子而生活於一家中為蠹竊於一國為廢人生財者寡而食之者衆以多數體質虛弱之女子成為多數家庭國家富强之率可概知矣

我國男女間二十歲及四十歲前後身體最為强壯以此時間男女死亡數之比較男子少而女子多男子僅百人而女子有百二十人之譜全國人口男必多於女以較少之女子而死亡若是之多此現像最宜注意者也歐美文明諸國以最高之概數計之男子百人與女子百人比較女子死亡之數僅超越男子二三人耳吾國女子死亡有二十人之超過其相懸乃至如是之遠致其原因以妊娠生產經病憂鬱而死者占大多數妊娠出產女子特有之危險月經亦身體發育不能免除者然欲出產安全經水調順非强健身體莫由收良好之効也

女子體弱誠爲莫大之悲慘在未婚者一旦死亡負父母鞠育之恩失家庭教養之費在已成室家之時殺遭不幸致融融洩洩之家庭未幾而冰消瓦解向所期之百年長存者今則春宵一夢以化去至若已生子女則後妻之賢與否關於家庭匪鮮賢者固無論矣不賢者對於前妻子女常施凌虐夫以一人之波瀾至影響一家敗亡其於社會國家豈容輕視爲小事哉

妊娠育兒爲女子之天職對於此種任務必須有完全之知識健康之身體以扶養之方不致有流產夭亡之患我國依近年之統計出產兒百人中有九人之夭折歐美文明國出產兒百人中死產兒僅二人或至五人以此例之吾國實多二倍我國習俗對於懷妊之婦女看護者無論日夜注意周到祈其胎兒健全母體安寧以免脫此關危險爲慶然百兒中猶有八九之死產兒者非因女子體質虛弱之所致乎

女子身體虛弱豈獨女子之不幸一家之不幸亦即一國之不幸也蓋產兒不育使國家人口受極大之損失故也若其身體强健產下時必不致有死胎分娩時必不致有若何之苦悶育兒時必不致使嬰孩消瘦死亡假如我國一年得減三分之一之夭殤以每年十五萬產兒計之可救生命五萬人減少二分之一之夭殤可救活生命七八萬人以十年歲月計之國家必增五十萬乃至七八十萬人之新勢力一國添此勢力加之婦人己身亦有頑强耐勞却病長壽之幸福使出產後之小兒得善良之乳養則國民體質健强之進步可預卜矣

今人皆知德意志人口增殖甚高法蘭西人口增殖甚低亦知彼即女子體質有强弱之故否强健女子爲養成健全國民之階我國人對此女子體育當認爲一最大最要之問題亟宜改良而提倡之者也是以吾輩對於婦人大聲疾呼多方獎勵以貫徹吾輩必要之主張

## 名著

### 體育卮言（續）

一詞

湘鄉曾氏寄李希菴言「養身之道以君逸臣勞四字爲主省思慮除煩惱二者皆所以清心君逸之謂也行步常勤筋骨常動臣勞之謂也」逸近於靜勞近於動靜以休息精神節制嗜慾動以運轉血脈增長筋力近世體育數語蓋攝其要矣

兒童好遊戲之天性多出於遺傳自其可見者言之原人木處而巢伏土處而穴居無所謂室宅也今之兒童其普通之習性最喜掘地爲穴安置動物於中又喜堆積沙土以爲地形意者其上古居住之遺傳性歟原人當石器時代防衛身體攻擊敵人恒賴石器有石斧有石簇故古家往往發見之其獵獸也以砮著長木之椿而逐獵之今兒童輒喜投石淺識者以爲惡習不知皆係石器

時代之利器學校以球代之要亦利用其遺傳性而已原人戰勝被保護者爲俘虜但以力役其視人之相食爲稍近於文明矣現在學校遊戲如捉迷藏之類存此意者甚多原人求食於獵以追逐爲能故視奔走爲必要之事兒童好競走亦此理也綜之世愈演進運動之種類愈多器械之發明愈夥而初民生活之狀態猶能保存於不敝蓋爲善利用遺傳之人性故遺傳之性天性也順其天性而發展之自然之體育也逆乎天性而強制之者人爲之體育也

（未完）

## 學術

### ●運動生理學述要（夏期講演會用稿）（續）

角盧纂述

上肢運動　兩臂垂直自前舉至頭上之主動筋肉爲二頭膊筋棘上筋三角筋烏啄膊筋大胸筋前大鋸筋　兩臂自頭上由前面垂下之主動筋肉爲棘下筋小圓筋大胸筋闊背筋大圓筋　兩臂垂直由側面舉至頭上之主動筋肉爲前大鋸筋僧帽筋三角筋棘上筋　兩臂自頭上由側面垂下之主動筋肉爲棘下筋小圓筋大胸筋　兩臂自體前水平位置向左右分開至極後之主動筋肉爲棘上筋三角筋三頭膊筋　兩臂自左右極後之位置至體前水平處合掌之主動筋肉爲大胸筋三角筋烏喙膊筋肩胛下筋　兩臂垂直向正面平舉之主動筋肉爲二頭膊大胸筋三角筋烏喙膊筋　兩臂垂直向體後舉起之主動筋肉爲三角筋三頭膊筋闊背筋大圓筋　兩臂向左右平舉之主動筋肉爲三角筋棘上筋　兩臂由左右水平處垂下之主動筋肉爲小圓筋大胸筋棘上筋　臂向內迴旋之主動筋肉爲大胸筋肩胛下筋三角筋大圓筋　臂向外廻旋之主動筋肉爲小圓筋棘下筋三角筋　臂於後面向臀部振動之主動筋肉爲菱形筋大圓筋闊背筋　屈前臂之主動筋肉爲二頭膊筋橈骨筋內膊筋　伸前臂之主動筋肉爲小肘筋三頭膊筋　手掌向內旋之主動筋肉爲前方筋前圓筋　手掌向內旋之主動筋肉爲迴後筋膊橈骨筋　手向前屈之主動筋肉爲內尺骨筋內橈骨筋長掌筋　手向後屈之主動筋肉爲長外橈骨筋短外橈骨筋外尺骨筋　手向內屈（向小指處屈）之主動筋肉爲外尺骨筋內尺骨筋　手向外屈（向拇指處屈）之主動筋肉爲長外橈骨筋短外橈骨筋內橈骨筋　屈曲各指之主動筋肉爲淺屈指筋深屈指筋長屈拇筋短屈拇筋小指屈筋蟲樣筋　展伸各指之主動筋肉爲總指伸筋固有小指伸筋固有示指伸筋短伸拇筋長伸拇筋

（未完）

## 修養

### ⊙養生談薈（續）

（漢兒）

數息觀之要領

數息觀者沿心於下腹之方法也普通心在頭上故易罹病少用腦筋卽行逆上腦病與神經衰弱及他諸病皆易引起試如法脩數息觀一星期則所苦痛自易就痊快全無按摩之必要又正實脩數息觀者若讀書注意太過頭腦須休息之時則開啟窗戶使空氣清爽脩此觀行五分間乃至十分間則頭腦如洗精神爽快新元氣充滿較之散步三時間四時間効益尤大是蓋用腦之故血皆集於腦上脩此行後復推之於下腹也

總之數息觀者使此必落着於安泰場所之方法也所謂着落之場所者下腹也下腹謂之丹田更進則不獨使其心有頓放處並可使其心自由自在開始活動焉心既依本統鍛鍊遂確爲身體之主五官手足皆聽元君之命任如何淫聲雜音心欲不聞則雖張耳而可不聞任如何美妙之色心欲不見則雖開目而可不見

余迄今八十歲來之經驗

余本年達八十歲之老年自十三歲脩此行以來迄於今日未嘗有一日間斷自惟雖老耄至此而精神氣力決不劣於少年卽與諸少年同道步行時余決不後人少年雖已疲勞余決未嘗疲勞是蓋少年以兩足行余祗以單足行也如左足覺稍疲卽易以右足右足覺稍疲困卽着力左足如此交換無疲困時此種鍛鍊不過一例使用五官手足無此種自由到底不能謂之脩此行者也

心既確能着於下腹不僅各種病苦亦漸消除身體次第強壯乃可爲豪勇之健者上天下地惟我獨尊之見識亦自具有元氣充滿於體可無疑也 (未完)

## 實驗

### ●美國薛斯勞君之壘球談　曼羣譯

(原著見一九一八年八月份美國少年雜誌)

曩者余以大學球員加入聯合運動會見其壘球比賽誠令人景慕不置接投競走諸法皆機械的動作每與盛會運用自如固未嘗亞於聯合會員然比較觀察終不可及其優勝超羣之點果何在乎曰戰略而已矣

聯合會中不乏活潑健兒學校球員亦多靈敏男子兩兩相形無所軒輊故謂聯合員有出類拔萃之才神工鬼斧之智吾未敢必信不過聯合員練習時多學校員練習時少聯合員之經驗充足學校員之經驗欠缺耳

球戲之道經緯萬端批窾導郤寧爲易事合撮其要者而論次之以供研究體育諸君應用之資

(一)犧牲球 Sacrifice hit

動作之最簡單最重要不可不熟諳者厥爲犧牲球走者在一壘欲進之於二壘僅用普通擊法而不出壘卽可獲勝若猛打重球

球為內野手所得則打手與走壘員均不免被擊之虞攻隊敵員被擊者二人而在壘者無一人遂坐失走壘之良機若打手善於輕球可沿球壘線之側走者預先疾馳卽能安進二壘不諳輕球之打手代以補缺員而走者進二壘被擊者僅一人凡攻方勢勝有多數走壘之時得用重球不必用犧牲球或擊走法凡一二壘有走者未被擊時須用犧牲球

犧牲球無暗號之必要走者見球方發出卽當奮力前進打手不宜故意打惡球若有四惡球經過打手進一壘走者進二壘者不被擊高球難於中的宜試低球然有時不得不打高球者

輕球能手為犧牲球之中樞投手須誘打手打惡球如無効力則高擲其球捕手投手及第三第四壘手須時時注意輕球以獲得為策若直球拍出過猛可迅速擊死二壘走者而不及一壘之打手

關於走者進壘之方法有用犧牲球者有用擊走法者二法任用均無妨害惟後法較難非精練打手不克勝任若果射發中度効力亦較驗於多數走壘時尤關重要

當投手發球而一壘走者開步向二壘進發時二壘手或遊擊手須馳至壘址接捕手擲來之球此時內野讓一隙徑若打手打出之球通過此徑則安然據一壘走者進二壘倘走者增加速率更往前進而外野手不及夾攻擊殺之則可以進三壘矣

設敵中二壘常為同一之人所守此大利於打擊手敵人恐實行擊走法必用種種鬭智之術以搖惑打手此時　壘走者見球向打手投去卽虛作盜進二▲之勢以揭破其禦敵之策雖捕手未投球而遊擊手或二壘手將準備守衛

打手不宜故意打重球球來只須以正確姿勢接之向適當方向由地面拋去打手雖或失中而走者可以藉此盜進二壘蓋打手打球時捕手擲球之動作因之遲緩而淆亂善用此術者可以挫敵

打手對於走壘者之暗號宜乘機而發或取自然動作或演手勢約期不為敵人所疑覺如舉帽撲制勝預定處或以球棒叩壘址若干次其所指之數為一球無擊兩球無擊兩球一擊兩球兩擊三球一擊等暗示之用意在使走者注意打手將打出投來之球而與投球同時進發也

（未完）

## 研究

### 手工與體育（續前第六期）

穆翼南

手工以發展身體上之能力養成勤勞習慣也。幼童時期為遊戲時期於家庭之內玩弄偶人或以石塊木片粘土為偶人建築房屋或以紙張布片為偶人製作衣履其手足勤勞無時少息至少年時代則活動身體於日光皜皜之郊外或投擲石礫與人較勝或持弓矢木劍擬作戰鬭耆樂而忘倦幾廢寢食兒童之本性最好勤勞好勤勞之兒童身體無不發達者疑日學校以兒童身體活動爲害必不專心欲其心專須禁其活動故令兒童枯坐教室靜聽講授以紙筆書籍困憊其手腕耳目由是身體萎弱精神疲敗五官遲鈍性情懶惰遇事苟且貽累社會而今日教育則不然利用兒童活動教授手工於幼兒期之生徒使之從事於紙絲粘土工作於少年期之生徒使之從事於竹木金工作皆使用工人所用之鉋鋸斧鑿錐鑢刀剪等工具以活動身體發達筋肉又藉家庭社會之狀況使之模仿創造引起勤勞作業興味海爾巴脫云練習使用工人所用之器具實較體操爲尤要蓋以手工練習身體之勤勞又爲練習精神之勤勞也

手工以發達身體發達心理也　身體之發達與心理之發達有直接之關係身體的活動力爲知的發展之基礎故欲求心理發達必先求身體發達嘗見魯鈍之人覺官之發達不完全筋肉之運動不活潑心意之狀態亦甚薄弱覺官與筋肉爲製造知識之器具故身體不發達未有心理能發達者往往成人不喜兒童活動而使之呆坐不惟減其身體之健全幸福且阻塞其知識之途徑盧梭自然發達之教育謂有健全之身體而後有健全之心理欲發展其心理必活動其身體雖然兒童身體活動而無目的能發展其心力乎僅發展身體的能力而不發展心的能力亦爲無價值之活動今學校教育利用兒童活動力而使之從事有意識之活動如美國好望城張夫人教授兒童手工意大利蒙梭利使兒童練習教具皆以訓練感覺使之發達爲身體發展之基礎並爲知識發展之基礎也

以上所論爲體育上之利用手工教育輔助兒童身體及精神之發展發成道德的習慣爲教育的陶冶之目的也現歐美各國工業發達之地方需要工藝人才甚夥學校爲應社會之需要起見注重手工教授如是職業教育之主義風靡全球然以手工爲特別職業或生產的之訓練在工業發達之社會固有價值若社會上不需某種工藝人才手工教育目的仍可取限制主義但就社會狀況如何選擇教材使生徒發展身體的能力兼可應合社會狀況中之需要之知識也

## 材料

### 早老預防强健術

實業之日本醫學士　黑子譯
堅田十次郎原著

(十三)(十四)頸之强健法

(十三)咽喉筋肉鍛鍊法

方法　側臥以大手指抵顎與咽喉間强壓其部位之筋肉壓時頸務向後傾然後使顎低頸胸次運動時如右手在下方即用右手行之左手在下方即用左手行之

注意　此項運動或右方或左方均以十回起順加至五十回爲

度兩方次數須平均爲要

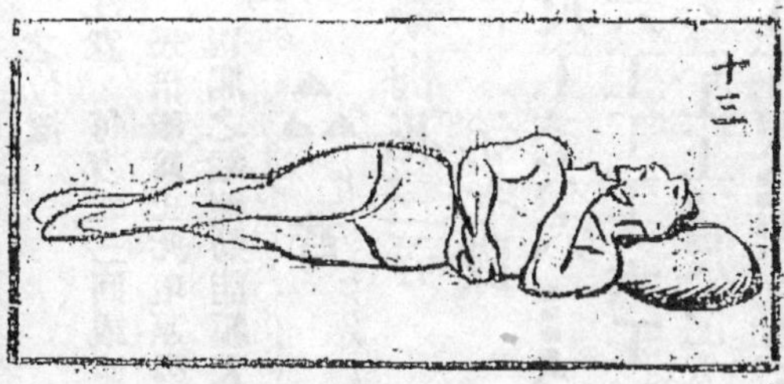
十三

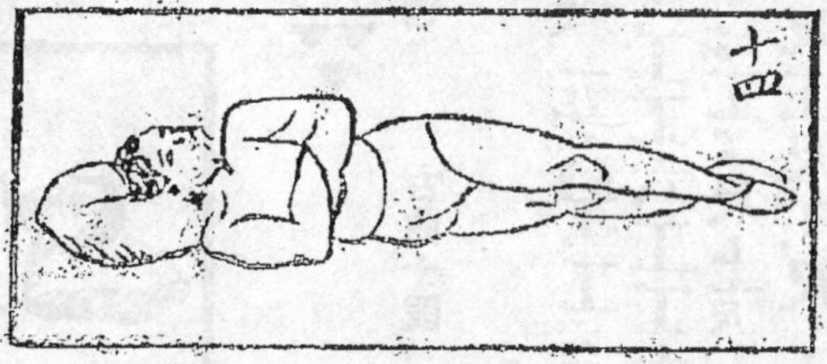
十四

(十四)發達頸外側筋之運動

(十四)方法 側臥以頸依枕頭側轉向上使頸與上方肩頭相觸爲度

注意 如是使頸部全體筋肉緊縮之後復還原頸之位置使稍休息回數左右各五回起順增至五十回爲止此項運動尤易起人雖眩行時勿激烈爲要

(十五)(十七)(二)軀幹強健法

(十五)伸長全身之運動

方法 側臥兩腕交組於胸以右掌握左肘左掌握右肘使頸稍離枕向後仰頸若有物牽引者然頸須直同時兩足亦向後方使與頸成反弓形若是者二三秒時即止

注意 此爲使全身靜脈中血液及毛細管中血液運行良好之運動回數最初三四回綏加至十回即已足

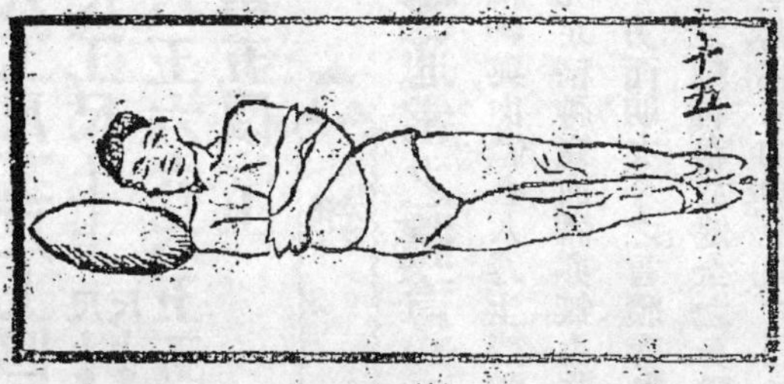
十五

十六

(十六)發達體側筋肉之運動

方法 側臥姿勢如圖示全身伸直頸與兩腿同時上起

注意 如是腰之筋肉及腋下至腰方面之筋肉與以練習發達同時可使腹部筋肉健強 動作次數每方(三)回練習純熟後增至六七回即爲極度

（十七）肩甲骨筋肉之鍛鍊

（十七）方法　仰臥用兩肩交換向上舉同務時使肩頭向前伸屈

注意　左右各五回在疲勞度內增至十回卽已至極度

（十八）腰筋肉之鍛鍊

（十八）方法　側臥如圖上方臀部向前移出同時上體反向後扭轉上方之腕亦同時用力將上體向後引動於是弛緩氣力復歸自然之位置

注意　每方二三回或四五回起至逹倍數爲止此項運動於腹筋肉胃腸之鍛鍊効能頗大

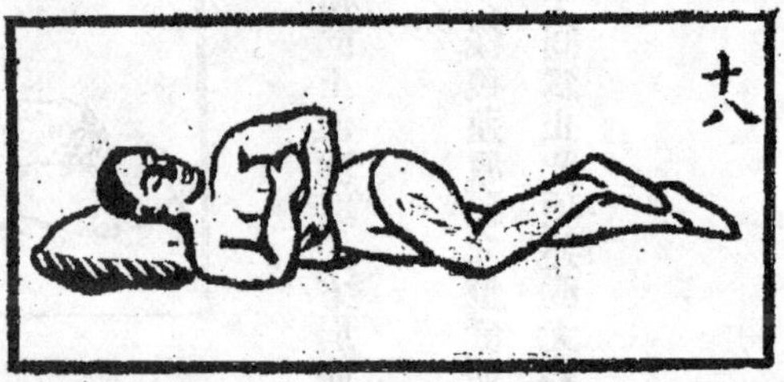


## 音樂

### ※梅花三弄（續）

古曲十段

第七段

尺工六六六••••（短頓）五（五六工工六五五

六工工工六工工工工工六工工六工

六工工•尺上尺工工工:工•尺上尺上尺

工工尺•尺工六六•六工尺工尺工尺工尺

六工尺工尺上四上尺工尺上四•上尺上

尺工尺上上尺上••••尺上••••合六六••••五五六工

六五六六五五五尺尺尺（過聲）（見

第五段）上

## 雜俎

### ※通常之體育法

素心女士

精神與肉體合人乃生精神與肉體離人卽死肉體弱精神無由充足精神衰肉體亦無由强壯故吾人欲保持健康决不可偏重一方面明矣今之言體育也輒曰（充分的鍛鍊）曰（勤運動）健全之精神蓄於健全之身體固也然精神上所受之壓迫過甚或長處愁苦抑鬱中卽强壯之身體亦將一變而爲衰弱况偏重運動乎日本波島眠鷗論（體力强壯法）卽主此說其主要之點凡十五路云

（一）規律　日月星辰之運行萬古無誤固有一定之規律道路也人身恰如一小天地規律生活爲强壯法之第一要素故關於營生活之飲食業務運動睡眠等必須有一定時間

（二）飲食　日無論乎兩食三食要以足供營養爲主徒恣腹慾以妨害內臟又何取乎飲食至於蛋白或脂肪分之採取多少當視各人之體質定之咀嚼宜久避有毒之刺戟物嗽齒

之牙刷及大小便之時刻等亦極應注意者也

(三)空氣 人體空氣之須要較食物爲急此無形之食物以時天晨際爲最淸鮮純良故早起行深呼吸或高朗其聲以讀書唱歌發達頸部筋肉增肺量而助胸腹之運動爲最有益即室中之寒暑燥濕亦當有適度之調節

(四)日光 日光能殺菌而使人娛快室中當使常有日光照臨日光浴尤宜於患肺病者

(五)清潔 常保持身體之淸潔每朝擦厲行冷水摩擦衣 食居處力求淸潔

(六)運動 日爲一定之保養的運動如業務多坐而運腦力較多者當注意筋肉各部之發達多勞筋力者當注意內臟諸器官機能之新陳代謝平均而無所停滯

(七)姿勢 行止坐臥應保持端正之姿勢

(八)睡眠 依年齡職業取一定之睡眠時間就寢前尤宜屏除雜念入無我無心之眞境

(九)準備 無論何時對於一切妨害身體生命之事物皆有充分抵抗力之準備萬一不幸而罹疾病宜從速治療勿使深入膏肓

(十)診斷 人體爲時常運動不息之靈物如脈搏呼吸體溫皆有適和必病故不可無精細之觀察每年能就醫生行三四回之健康診斷俾自知體力如何以施適當之衛生法更爲有益

(十一)注意 隨時隨地對於事事物物都宜潛心注意力戒輕忽粗浮以凝神以守精以養氣

(十二)快樂 常爲樂天的生活雖遭遇倫極狼狽艱難之時亦以愉快出之每日能大笑數次其益且無窮

(十三)趣味 無論何事對之皆有趣味心身常帶活氣雖至老毫亦不宜顯頹唐之態

(十四)平靜 精神之安慰一以平靜爲歸遇可欲而不動心遇可惡而不動聲色去躁妄體自健

(十五)正直 行正道好積善仰不愧於天俯不怍於人淸夜捫心無須臾懺悔磊磊落落心身交泰欲不康強不可得也

觀此可知體育之道非徒運動所能竟其功更非有決心不足以言體育決心何由生曰第一當信任自己即第十百千萬亦當信任自己夫自己又有何可信處曰當信自己爲人非禽獸「人之所以爲人」此言體育所宜自己信任者

## 第七期刊誤

論說題下誤增續字 第三頁下第一行槪誤槪 全頁下第末行崇簡便崇誤祟 第五頁下第十六行運動誤運運 第八頁下城區誤域區

中華郵務局特准掛號認爲新聞紙類

中華民國八年二月十七日（第九期）

# 體育週報

發行所長沙儲英源第二十三號體育週報社

每週一回逢月曜日發行

編輯兼發行人黃醒勝白

印刷者湘鄂印刷公司

▲售例▼

本埠零售每份銅元二枚預定全年四十八期銅元八十枚半年二十四期銅元四十四枚．外埠全年並郵費銀元八角半年並郵費銀元五角郵票代錢九折汚者不收

▲告白刊例▼

封面論前每期每半面大洋十元半面之半五元普通每面大洋十元半面六元四分之一面三元長登十期以上八折二十期以上七折三十期以上六折費須先惠中途停刊不退有礙體育之告白不登

## ◎捐欵鳴謝

穆冀南先生捐助本報經費票洋二十四元

李擎柱先生捐助本報經費新票二十串文

## 北京大學之『新潮』

新潮爲國立北京大學發刊雜誌之一種專以介紹西洋現代有益之思潮批評中國現在學術上社會上各問題爲職司乃純粹自由思想之雜誌第二期已於二月一日出版要目爲○聯治主義與世界組織○對於舊家庭之感想○怎樣做白話文○什麽是文學○論中國民族之氣質○一個勤學的學生○女子人格問題○法理與倫理之本質區分論○哲學數學關係史論引○邏輯漫談○中國文學史分期之研究○每冊大洋三角外埠可以郵票代洋惟須加郵票三分函寄北京漢花園北京大學出版部第一期業經售完購者須俟再版

▲論說▼

## ◎習慣之勢力

（牛●）

習慣有個人的。有社會的。個人之習慣既成。支配其本身。而外因地位與勢力之所及。頗能支配家庭及社會之一部份。社會之習慣。則勢力至為偉大。幾於凡入此社會者。無不受其支配。言政治者。每曰掃除積習。言教育者。每曰改良習慣。然操之愈激。反應愈速。甚且變本加厲。終莫如之何。習慣之勢力如此。宜乎社會之不易言進化也。

例如改朔。於今八年。在形勢上何嘗不全國一致的遵行。而實際上幾可謂無人不反對。吾今言此。吾應為不反對之一人。然吾報停刊。又豈容自文者。教育界促進社會之中心也。各學校放一日年假者有之。僅放春節假一日者甚少。即如長沙各校之在元二年以陰曆元旦無一學生不到校授課自喜者。今亦不能不循社會習慣。放二三週之寒假。在教育界中人之家庭。有不循社會習慣過年者乎。吾於陰曆元旦。唔夏羲可君。夏首笑向吾道新年吉利語。夏君哪威國人。以居留長沙。亦不免狥中國之習慣。此其勢力不可驚乎。「過年」小節耳。尚如是之不易改革。其他舊習之中人深。而為進化障礙者。宜其難言掃除。難言改良。雖然。人心固喜新而厭故者。其不能掃除不能改良之故。特新者不足饜其望。或其對於新者無正確信任之見解耳。不然。則言掃除言改良之當局。為決心無毅力。徒托空言。以裝門面耳。不然。則新習慣不必盡適於此社會耳。請以吾國提倡體育之現狀一證之。

江蘇賈豐臻君論「國民體育不振之故」。列舉家庭、學校、社會三方面情形。以與他國相比較。（原文見教育雜誌第十卷第十二號一五九至一六四頁）至為詳盡。其論由家庭所成之故。為「嬌養姑息」為「恫喝恐嚇」為「不清潔不整頓」。由於學校所成者為「學科太重」為「不注重遊戲」為「不注重學校衛生」為「不注重鍛鍊教育」。由於社會者。為「體育機關不完備」為「公衆衛生不注重」。吾謂凡此種種。要亦一受社會習慣上勢力支配之表徵耳。一般人之偷惰萎靡。無論矣。即教育界中人而言。何嘗不日日言體育言提倡。然誤認體育即體操。運動場上之動作即體育。體育係體操教師分內事。為心理之人。何其多也。而其間尚不免鄙薄體操教師。連帶而輕視體育者。又何也。正因對於體育學無見解。而懷疑所行方法。又多非社會固有。聰明才智之士。治新學於外國者。更多不肯犧牲做官發財之慾望。而一顧此。於是學校體操教師之品類不堪問。於是一般人之解釋體育也。曰不過如此如此。近雖不盡如吾言之甚。然不過對於體操教師多一分期望心耳。去年教育聯合會議。雖有推廣體育計劃案之成立。要亦僅有此議案。爾具文爾。試問湘教育界對於此案近頃會有人一顧及否。謂爲視同具文。不免過刻。若將事因循。當無可辯。將來因循。我國上下通具之特有習慣也。嗚乎。習慣之勢力。

## ◎禪那中的體育（續）

衔仁

五曰靜的運動也　近世體育家對於己身爲運動的鍛鍊。其主要之目的。必曰緊張筋肉也。擴大胸部也。催促血行也。深調呼吸也。禪那之法。端坐正念。表面視之。以爲運動之仇敵。實則運動所具之功。能禪那已盡有之。是以禪那雖曰靜坐。亦不失爲良好的運動也。禪那調身調息。如養生談者所言。已詳示其方便矣。茲惟就其利益而辯說之。行人入禪。首曰安身。次曰正腳。半跏全跏。即使足部筋肉緊張也。次曰寬衣。次曰安手。所謂以左掌置右手上。當心而安。即使手部筋肉緊張也。次曰正身。所謂挺動其身作七八反竟。即正身端直。令脊相對。即使軀部筋肉緊張也。次曰正頭頸。所謂令鼻與臍相對。即使頭部筋骨緊張也。全身骨肉。一時緊張。則血脈之流行。自然迅速。加以解寬衣帶。令彼循環無阻。尤善法也。前云正身端直。令脊相對。又云令鼻與臍相對。脊既不曲不聳。胸部自能擴大。鼻既與臍相對。脊骨自能樹立。胸部既擴大矣。然後可以深調呼吸。故其次復曰開口吐胸中穢氣。所謂開口放氣。自恣而出。盡閉口鼻中納清氣。於是者三。乃閉口眼。蓋取息相必令不聲不結。綿綿若存。嗚呼。禪那之爲法。無論何種運動。終不能出彼範圍。而更有他種之利益也。故曰禪最大於王。豈虛語哉。夫釋子之修禪。行菩薩之道也。諸體育家之所以百鍊此身。殆欲勉爲良好之國民。然後對於國家。可以多盡義務。蓋亦人乘之道也。理事因果。雖有淺深之不同。其欲疾滿其志願。及其所以能滿此願之道。則一而已矣。體育家乎。亦思畢汝之所願乎。吾甚願汝對於汝之衣食居處。及汝運動之法。加以特別之研究。更願百尺竿頭。更進一步。而從事於靜的運動也。（完）

# ◎學術◎

## ◎運動生理學述要（續）

夏期講演會用稿

角廬纂述

各指緊閉之主動筋肉。爲內轉拇筋、掌骨間筋。　各指分開之主動筋肉。爲背骨間筋、短外轉拇筋、長外轉拇筋。　兩臂自體前水平位置舉至頭上之主動筋肉。爲棘上筋、前大鋸筋。　兩臂自左右水平位置舉至頭上之主動筋肉。爲前大鋸筋、僧帽筋、　握兩手屈肘向後之主動筋肉。爲三角筋、小圓筋、棘下筋、闊背筋、大圓筋、兩手自屈於胸旁而向前伸之主動筋肉。爲大胸筋之上部。烏喙膊筋、肩胛下筋、三角筋之前面。上膊向前內方轉之主動筋肉。爲肩胛下筋、小圓筋、烏喙膊筋、棘下筋、大胸筋。兩臂自頭上由前下側後及上以晝圓之主動筋肉。爲大胸筋、小圓筋、大圓筋、棘下筋、闊背筋。（以上乃旋至前面下面及後下面之筋肉）三角筋之後面、三頭膊筋之長頭。（以上乃旋至後上方之筋肉）前大鋸筋、僧帽筋、三角筋、棘上筋。（以上乃直舉於頭上之筋肉）兩臂自頭上由左右下垂至水平之主動筋肉。爲三角筋、大胸筋、棘下筋、小圓筋。兩臂自頭上由前面下至水平之主動筋肉。爲棘下筋、小圓筋、大胸筋、三頭膊筋、三角筋、烏喙膊筋。握兩手屈兩肘於身前向外晝小圓內旋時之主動筋肉。爲大胸筋、肩胛下筋、三角筋、大圓筋、闊背筋、外旋時之主動筋肉。爲三角筋之後面棘下筋、小圓筋。握手自體前至側後上方晝大圓之主動筋肉。臂後迴爲迴後筋。臂向後引而續行舉起。爲三角筋、三頭膊筋、僧帽筋、前大鋸筋、棘上筋。臂自前面垂至下面。爲大胸筋、下部小圓筋、大圓筋、棘下筋、闊背筋。（未完）

## ◉春季衛生

鄧曉澐

本報第五期曾球君撰冬季衛生一篇。其言多切要可行。有益人身甚大。余不學無文。何敢妄弄筆墨。貽社會羞。茲承諸同志相屬。勉竭一得之愚。以供留心衛生者之一助。惟大雅垂察焉。

時當春暖。日麗風和。含生之倫。皆蠢蠢欲動。以圖種類之繁殖。因是飲食物空氣等。起極大之變化。如防害人之呼吸者。則有不潔之空氣。防害人之飲料者。則有汚濁之泉源。戕賊人之身體者。則有凶惡之病菌。其他微菌等之增殖。傳染病之流行。寄生蟲產之卵。蚊蠅蚤之發生。氣溫、氣壓之變化。水濕之增加。皆於此時爲烈。稍一不愼。災害之至甚速。輕則發生疾疫。重則攘奪生命。至可懼也。書言五福以康寧爲先。西儒言康寧爲無上之幸福。吾人苟遇不幸。身罹重疾。或體軀羸弱。不堪任重。致使人自爲東亞病夫。可不恥歟。爰作是篇。以告當世衛生家。其留意焉。

（甲）關於空氣者

空氣圍繞地球。生物賴以生存。養氣尤爲吾人生活所必需。蓋養氣入於人體內。與諸營養物質化合而起燃燒。以製造各種能力。（溫、熱、活力。）又自體內排出炭酸。熱、水蒸氣等。此外如氣溫、氣壓、氣濕、風雨。亦與衛生攸關。故首述之。

空氣之交換。空氣爲混合流動透明之氣體。所含最多者爲養、淡、炭酸、水蒸氣及少量之安母尼亞、亞硝酸、硝酸、臭養、過酸化輕、塵埃、細菌等。工業發達之區。更有硫酸氣。據魯爾及哈拉梅二氏之研究。尙含有氫。空氣之不潔。旣如此矣。且因溫濕作用。各種動植物食物等。受細菌侵蝕而起腐敗。常易發生有毒之氣體。而人呼出炭酸之量。日益增加。空氣易起汚濁。爲害頗大。故宜時時開通門戶。交換新鮮空氣。則室內各種有害物質。流徙以去。此淸潔空氣之第一要義也。春光明媚。鳥語花香。淑氣宜人。紅稀綠暗。最好時作郊遊。春色旣足賞玩。更可飽吸新鮮空氣。若常爲適當之野外運動。不僅却病。抑且足增體力也。

**氣溫之平均**　氣溫自太陽而來。太陽之熱。射於地面。熱力反射。溫度昇高。生物賴以生長。冬節以後。太陽漸由南半球移至北半球。北半球感太陽之熱。其溫度逐漸增高。然以氣壓之關係。一日間寒熱變更無常。寒時可著裘。熱時幾夾衣之不可耐。氣溫關係衞生甚大。其緩慢之變化。每致人筋肉弛緩。精神痲痺。若甚急劇。人當之每易罹感冒、風痛、傷寒等症之疾病。故吾人此時於身體之平均溫度。必須加意保持。在每日午後一至三時。體溫低降之會。尤宜特別注意。

**氣壓之變化**　氣壓。即圍繞地球空氣所起之現象也。吾人身體感受氣壓。爲一九〇〇〇至二〇〇〇〇克。距地心近者。壓力愈重。二三月頃。氣壓之變化甚著。人身亦起變化。氣壓强則脈搏與呼吸數從而減少。皮膚之血管收縮。內臟之血液增加。鼓膜陷落。咀嚼、談話困難。頭痛、耳痛。氣壓低。則脈搏與呼吸之數增加。皮膚之血管膨脹。內臟之血液減少。鼓膜突出。筋肉運動極多。欲使氣壓平均。須時開窗戶。迎受陽光。或燃燒微火。使室內溫度增高。則氣壓自平均矣。如能習各種器械體操。以因運動所起之身體變化。應彼氣壓所及之變化。亦至妙之法也。

**濕度之增加**　濕度與體溫之調節。亦有至大之關係。蓋空中水濕過多。則有害於身體。因人身體溫。由水蒸氣蒸發。易向周圍寒冷之物放散。濕數觸於人身。則體溫被其傳導以去。大抵空中之濕氣多。氣溫低。則體溫之傳導與放散多。故於同溫度之地。濕氣多則覺寒冷。（在於一〇至二〇度之氣溫。二五至五〇%之濕氣。每增加濕氣一%。奪取溫量〇·三二%）氣溫高。濕氣減。則放散之溫。因而減少。濕氣多。則氣壓必高。在人之神經系統之官能鈍痲。睡眠安靜。當二三月頃。雨量充足。濕氣最多。氣壓增高。細菌之發育亦盛。故住居宜求向陽高燥之地。樓居更佳。否則室內於距地高約數尺處。置綠化鈣等物。以吸收濕氣。

**塵埃與細菌**　塵埃混於空氣中。爲肉眼所不能見。若用隙光及顯微鏡觀察。則居室之內。瀰漫殆徧。而絲狀菌、分裂菌、芽生菌或下等動物等。與塵埃隨風飄揚。速力甚大。每秒可行〇·二至〇·四密米之遠。而塵埃之量。據蒲阿德爾氏之實驗。平均一立方米含四密克魯伯尼爾氏謂都會之空氣爲六至二三密克田舍爲○·二至○·四密克阿特克氏之計算室內空氣中一c.c.中有百八十萬個此外細菌與水球浮遊空氣中其量都會最多田舍次之海濱最少而高山與海面絕無春時爲細菌發育之候空氣中平均一立方米約含五○○都市猶不止此因而容易發生瘟疫傳染病毒一人感染則數千百人均受其害至可危也其中尤以化膿菌破傷風菌惡性水腫菌、及脾脫疽菌結核菌爲多室內唾壺宜濯石炭酸水二○%痰唾宜入壺中勤掃除塵埃汚物等勿令細菌繁殖者春日衛生之要圖也

（未完）

## ◉修　養◉

### △養生談薈（續）

漢兒

#### 內觀法之修業

由是進而述內觀法之梗概內觀法者古來祗傳中人以上者中人以下者不傳之祕法也薄志弱行之徒輕卒行此實所以害之如法修數息觀二年鍛鍊之力積之稍富然後入此可也

一國之盛衰與亡於其國首府之位置關係甚巨是蓋首府者帝王之所都政令之所自發爲國家機關之中樞首府不得其宜國家之發達與隆難期之矣

人體之組織與國家之組織正同心司一身之政令即國王也國王所居不得其宜一身之健全發達難期之矣舉凡身體虛弱元氣消沉舉動薄滯意志薄弱畢竟多基於心之所都不得其宜數息觀即將此心安置於正當場所之方法也即還國王於適當都城之工夫也但首府之位置雖如何龍蟠虎踞極居形勢四通八達極便交通允爲國家之中心點毫無間然而國王愚暗未足以望國家之隆與也茲所謂內觀法者即將心王鍛鍊修養使之賢明之方法也依前者以奠雄都依後者以得明主夫然後明主照臨之所普天率土莫不懾服營氣衛血充於體六慾七情不能恣於內風寒暑濕不能害於外心身至此始開一新生命焉

#### 人體之組織與內觀法之原理

天地兩儀交合始有人體故人體之組織細檢之無不與天地之大儀合致例如經脈之十二應月之十二時之十二從而身體之强健病衰亦準四時寒暑遷移之理故應乎天地自然理法以養生自能長生而久視反其道焉實啓百病至於老死本來人之身體衛氣營血升降循環無有斷絕氣當於陽血當於陰兩者巡行周身一晝夜凡五十度此就內觀法言之健全體者最正之循環徼而甚叶於陰陽之理者也蓋人之呼吸呼氣出於心肺吸氣入乎腎肝一呼一吸脈血各進三寸一晝夜凡有一萬三千五百之

氣息。以是脈巡週身爲五十度。衆人息之以喉。故氣甚促。不能依此定數。所以多夭折也。若如所說明者。使其身之衛氣營血。如法升降循環。即使水火兩性各相浹洽。則無病息災。長壽延命。皆爲可能也。然火性輕浮上升之物。水性沉重下降之物。以常人之喉息發生。到底不能使氣血適當升降循環也。故苟思慮偶過。火氣遂熾。衝腦焦肺。水血次第消滅。不僅五臟疲敝。六腑困倦。而以心氣上升。體遂空虛。風寒暑濕。易於侵入。百病因以叢生。馴至乞靈醫藥。而莫獲奏効者矣。

內觀之方法(此條原書在精神之復活後)

凝神二字。爲修內觀法者之眼目。然如何斯善乎。先不由數息觀鍛鍊有素。到底不能。既依數息觀使此心看於丹田。更於此加一段功夫斯可矣。所謂加一段工夫者。於其形式固無特殊變化。仍依數息觀之方法。結跏或半跏。由深呼吸將心凝集於丹田。數出入之息。惟數息觀者。不適時將上升心氣押入丹田。內觀法則時時將此心守之。如玉不使稍涉妄想。見也。聞也。嗅也。食也。種種煩惱之叢起也。皆不可。不推之使去。使歸於恬淡無慾。一境既能恬淡無慾。則外來諸像。正如鏡之映物。物至影存。物去影消。曾無留痕餘跡。邪色之於目。淫聲之於耳。任其如何。決不起煩惱妄想。苟不至此境。不能謂之眞正凝神。至此境矣。除自己鼻息之外天地間無所出入於吾身也。積力日久。終至六慾全滅。乃達於心境同體之眞域焉。

(未完)

## △實　驗▽

### 美國薛新勞君之壘球談(續)　晏舉譯

(原著見一九一八年八月份美國少年雜誌)

(二)停止擊走法　Stoqqing the Hit and Run

解圍之術。分爲二端。投手宜時時注意二壘守者何人。設守者爲遊擊手。打手爲左翼。宜投低內球。打手甚難打中之。守者爲遊擊手。打手爲右翼。宜投高外球。打手亦不能中之。設守者爲二壘手、打手爲左翼。宜投外高球。守者爲二壘手。打手爲右翼、宜投內低球。

有時打手爲擊走法之精。將投手以複壘橫過之爲上策。設打手爲右翼。守者爲遊擊手。此打手老於競技。能打低內球至右野。或高外球至左野。則遇有低內球而守者爲遊擊手時。不得不向左野打去。然欲橫過。又可打至右野。二壘手適準備接之。此種動作。學校球隊罕有之。可見聯合會競技力之發達。不可幾及也。

外投乃停止擊走法之又一術也。投手恐敵人行擊走法。可投一廣球。打手不能打中。而捕手乘機拾之。以擊殺在二壘之走者。打手行擊走法之暗號往往爲敵人所偵視。一經發覺。即以外投法破之。

有時走者在一壘打球經過一壘手。此與上法略似。普通爲左翼打手之伎倆。右翼手可適用之。走者在一壘時。一壘手須立於壘址之上。以待投手投球。如斯一壘手二壘手之間。讓一隙徑。善擊球者。可經過此徑打一安全球。

上法無須暗號。緩球野手易獲得。打手宜打直球。投手欲阻止此種動作。應投外高球於左翼手。投內低球於右翼手。

此外有所謂虛輕球者。宜於二壘走者或一壘二壘間之走者。二壘走者見投手開始擲球。卽快步盜進。打手於是向三壘打一輕球。令三壘手(此時三壘手注意打手而忽意走者)馳捕其球。打手故意失中。走者遂安進三壘矣。打手對於走者之暗號與擊走法同。

欲破此法。捕手須先發外投之暗號。三壘手見暗號。立定接捕手擲來之球。而觸從二壘馳來之走者。若來球過緩。投手擲一輕球。三壘手則退回。觸長輕球或投出。概以球之已擊未擊爲區別。但此法僅爲一二人被擊而設。否則以犧牲球爲宜。(未完)

## ❋彙報❋

### ⊙留日學生陸上運動會兩次紀錄比較表(附各處記錄)

轉錄該會報告書十至十一頁

| 各處記錄 運動種類 | 百米賽跑 | 二百米 | 四百米 | 八百米 |
|---|---|---|---|---|
| 本會第二次記錄 | 11 2/5秒 | 26秒 | 63秒 | 2分23秒 |
| 本會第一次記錄 | 12秒 | 27秒 | …… | 2分32秒 |
| 七年度日本體育協會紀錄(芝浦) | 11 2/5秒 | 25秒 | 56 3/5秒 | 2分15秒 |
| 日本體育協會大會標準紀錄 | 11秒 | 23 2/5秒 | 53秒 | 2分5秒 |
| 遠東競技記錄 | 10秒(但係百碼) | 23 2/5秒,(220碼) | 55秒(440碼) | 2分12 1/5 |
| 一九一二年世界的記錄(Stockholm.) | 10 1/5秒 | 21 3/5秒 | 48 1/5秒 | 1分51 1/5 |

| 投槍 | 投圓盤 | 投鉄球 | 跳高 | 跳遠 |
|---|---|---|---|---|
| 28.89米 | 23.92米 | 8.75米 | 1.52米 | 5.82米 |
| 30.05米 | 26.83米 | 8.79米 | 1.52米 | 5.82米 |
| 45.42米 | 29.35米 | 10.47米 | 1.56米 | 5.58米 |
| 48米 | 35米 | 12米 | 1.7米 | 6.5米 |
| 44.6米 | 33.3米 | 9.6米 | 1.6米 | 6.5米 |
| 47.8米 | 61米 | 15.54米 | 2.02米 | 7.32米 |

## ◎贈書謝誌◎

▲二月十日以前承各處惠寄書報錄左

(敎育部)敎育公報第五年第十四第十五各一期

(北京大學)新潮第一第二號各一冊

(浙江省敎育會)敎育週報第一百二十五六七期各一冊

(安徽敎育廳)安徽敎育月刊第七八九十期各一冊

(北京敎育會)都市敎育第三十九期一冊

(山西洗心社)來復報第四十一二三期各一冊

(山[redacted]省公署)敎育公報第百五十三四期各一冊

留日學生第二次陸上運動會報告書一冊

(上海救國團)救國日報一月十五至二月八日各一份

(香港青年會)香港青年第十五年第五號一冊

(北京[redacted]週評論第一至第七號各一冊

中華郵務局特准掛號認為新聞紙類

中華民國八年二月廿四日（第十期）

# 體育週報

發行所長沙儲英源第二十三號體育週報社

每週一回逢月曜日發行

編輯兼發行者醒賸白

印刷者湘鄂[illegible]

▲售例▼

本埠零售每份銅元二枚預定全年四十八期銅元八十枚半年二十四期銅元四十四枚外埠全年並郵費銀元八角半年並郵費銀元五角郵票代錢九折汚者不收

▲告白刊例▼

封面論前每期每半面大洋十元半面之半五元普通每面大洋十元半面六元四分之一面三元長登十期以上八折二十期以上七折三十期以上六折費須先惠中途停刊不退有礙體育之告白不登

# 論說

## △為甚麼提倡靜的體育？

黃醒

我辦體育週報、已經出了九期、正應了長沙土語那句「戴臼窩子跳加官、費力不好看」的話、何以故呢、因為有許多愛我的先生們、拿閱世最深所得的經驗話、指導我、勸誡我、叫我容受他人的意思、叫我不要露鋒鋩、說來慚愧、當時我因感謝愛我的善意、只得掩旗息鼓、悄悄的說幾句模棱話、忸忸怩怩的掉幾句肉麻文、胡亂排印着發行了。五六期出版時、就有人評論、說體育週報沒宗旨、我聽了很覺汗顏、只是不敢答辨、近日有個朋友寫信給我、他質問我為甚麼提倡靜的體育？他說現在講體育、都是要講運動、中國人素常是好靜不好動的、你再提倡靜、莫說人不信、就是個個人信你的、照你所說的去做、將來不變成了一個清凈無為、阿彌陀佛的國嗎、印度西藏蒙古、就是頂好的榜樣、你辦體育週報、難道是怕國亡得不快嗎？我看了這信、却不能再含糊了、這次單將我對着靜的意思表白表白、若說我對於動的感想、以及設施的見解、有機會再寫出來、請大家指教。

要說為甚麼提倡靜的體育、第一着先要辨明為甚麼提倡體育？為甚麼要健强的身體？更要辨明適應進化之人的生活、是甚麽？要說只要具有健康强有力的形骸就够了、只要會跳會跑會拋會攀、就算完成了生活能力、恐怕略有知識的人、都不肯相信、請看那虎、那猴子、那牛、那貓、那狗、為甚麼叫人關在柵裏？鎖上鐵鍊？驅着耕田？飼養在家中防鼠防賊？為甚麼他們不進化？為甚麼他們不能宰制生物世界？再請看我國的農夫、工匠、以及現在最多的强盜、土匪、能說他體格不健嗎？能說他技術不好嗎？何以尙耕植不進步、工藝極幼稚、或是慣鬥擾亂社會的秩序呢？可見得人的生活、是另外有件特別發達的東西管着、這東西、從前中國學說指着心、現在從科學上證起來、却是腦、本來講體育是為的助腦成功、我們提倡靜的體育、第一個主要目的、便是使腦筋清醒。現在提倡充分的運動鍜鍊的理由、說使用大筋肉、可以儲蓄腦力、固是不錯、但我用我這竹管中的眼光看起來、覺着長運動的體育家、有十分之六七是頭腦簡單的、至於那些受過特殊訓練、喪失個性的、現在充滿國中、更不必說了、所以我覺着與其因儲蓄腦力、而使腦筋流於簡單、不如清醒他、那使用太複雜太昏迷的頭腦、還方法的安全。

我提倡靜的體育、不是叫人完全不要運動、專從事這靜的功夫、我是叫人不為盲從的動、不為輕燥暴亂的動、是要為現在適應進化上準備着儲蓄着一種極大的動力然後發出來向正軌上進行以達到目的至於這形骸當然是要操作勞動的不過要使他受頭腦的支配作種種進化上經濟的功夫不可專圖肉體的娛樂浪費能力罷了若說一個人習靜便生出出世的觀念大家習靜便成了清淨無爲的社會這問題在從前閉關自守講神權的時代本來是不免的現在科學昌明全世界大交通了一個人不爲社會服務必不能存在的那些神秘的道理經科學一證必變成普通常識了那些仙佛的地盤子已經守不牢了清淨無爲必也不成問題雖說有一部份人偸閒懶散藉口修行無非是能力不充足不敢多事罷了現在中國各方面作事的說話的正因能力不充足的太多所以纔有這非驢非馬麻木不仁糊糊塗塗的現像設若這些人頭腦一旦清醒了都有自覺心各自想充足他那能力的法子豈不甚好縱然不想進步便是都不出來多事恐怕中國的好希望要多一些呢?

人類能進化是腦是清醒的腦爲清醒頭腦提倡靜的體育我已說了一大段現在提倡靜的體育沒危險也說了一大段但是靜的體育有甚麽能力使頭腦清醒呢?細舉起來雖說很占篇幅却有一層得必須認明一個人之能不能成事業必需借幾分的「志氣」和「勇力」這志氣中每每含有「慾念」勇力中每每含有「忿氣」當事的時候若叫慾念戰勝了志氣勇力全是忿氣那事是沒有不壞的所以古人說要「懲忿窒慾」在動的體育法中要尋那鍛鍊意志發揚勇力的精神是很多的要尋那懲忿窒慾的方法却不多見恐怕有多少倘利用忿慾的方法現在世界浩劫的主因不是一個「忿」一個「慾」嗎?靜的體育第一個條件便是懲忿窒慾一個人去了忿慾他的頭腦自然清醒了

(未完)

## △兒童體育

陳奎生

晚近我國人士研究體育不遺餘力其進步之速誠有一日千里之勢不可不謂爲非常可喜之事也然致其研究所及之部分猶未能稱爲完全何也?蓋以我國今日之研究體育者多偏重於男子體育而輕忽婦女體育多偏重於成人體育而輕忽兒童體育也婦女爲國民之母兒童爲未來之國民前者視男子爲重要後者視成人爲重要爲不容輕忽者也本報有見及此故對於婦女體育曾已兩次著爲言論登刊第六第八兩期報中茲述兒童體育一篇以就正有道非敢自許允當不過古人拋磚引玉之意耳

### (一)兒童之界說

人生自某歲至某歲爲兒童時期?此問題不可不先解決之因人身發育之順序與年齡有相應之關係若不明定兒童時代之期

限則研究兒童身心發育之狀態及其體育方法無所依據通常謂八自初生至二三歲爲乳兒期自二三歲至六七歲爲幼兒期受家庭及幼稚園教育自六七歲至十四五歲爲兒童期受小學教育本篇所稱兒童時代其年齡準此

(二)兒童身心發育之狀況

(甲)心理方面 知識之作用爲知覺明確思想豐富記憶強盛感情之作用漸進於高尚情緒情操均已萌芽意志之作用漸進於願望及狹義的意志最適於修養與習慣

(乙)身體方面 此時期內身體發育旺盛骨骼成分漸減少動物質增加礦物質由柔軟變堅硬肌肉亦漸增其組織之部分齒牙完全僅缺智齒身體之重量及體積日有加增腕力足力進步甚速此期初腦髓容積始達至量此期末生殖器及聲帶猝起變化性欲萌生男女異性之點於是岐出一切秩序之生活與普通之技能宜於此時期養成之

(三)兒童體育之重要

兒童畢業於小學校其出路有二(一)升學者入中等學校學習較深之科學(二)不升學者即投身社會學習職業總之無論學習科學或學習職業非用心思即用體力然心思發生於腦腦附着於身體身體不強則腦力衰弱腦力衰弱則心思遲鈍而不靈活至用體力則直接有賴乎身體之健康兒童當身體發育時體內諸基漸備知識亦漸開教授之訓育之知識道德可冀其日進然苟不善養護其身體增進其健康則易罹疾病其或孱弱萎靡不堪使用欲其將來能勝國民責任不可得也故爲教師者宜於此時輸以體育上之粗淺知識與簡單之技能使其於修養衛生運動各方面略具根底服膺體育上之教訓養成體育之興味與習慣庶滿兒童期即能勝任少年時代之事業兒童體育之重要不可輕忽也如此

(四)兒童體育之目的

兒童爲未來之國民國民爲國家之基礎兒童者國民之胞子也國運之隆替繫之國步之消長以之上述兒童畢業於小學即須具有能任少年時代事業之體魄顧造此資格端賴體育是則兒童體育之目的非他即使其身體強壯發育均齊精神活潑習慣良好並能舉居不偏行立有禮爲預備他日少年時代之應用耳

(未完)

## ◎學術◎

### ◎春季衛生(續)

鄧曉雲

## (乙)關於飲料者

水爲人身生活之要素存於筋肉血輪中製造各種能力運行全身而起新陳代謝故次於空氣。

飲水之選擇　江河湖海之水風吹日曬變爲水蒸氣上昇空際。遇冷凝結降下地面滲入山石岩石間流爲泉源其中多含有鈣、鎂、硫酸、炭酸、安母尼亞、加里鹽類及有機物質等而天水降下之際經過空氣中常吸收各種氣體細菌塵埃不潔物河水湖水流行甚遠發化作用甚强然經過之地容納多數自陸地流入之雨水、泉水、汚物、蟲卵、鈣、鎂、炭酸、泥沙、亦甚不潔飲用之水以泉水爲最適宜但其中含有鑛物質等宜用蒸溜濾過諸法去其夾雜物否則亦須十分煮沸去其沉澱之泥沙始可供飲井水及池沼停蓄之水其色或綠或黃混濁或有鹹味者愼勿供飲蓋各種疾病多自飲水媒介而來須愼爲選擇也。

飲水之檢查　水之不潔者含有有毒物質而戕害身體於井水尤甚此檢查爲必要也水之檢查其方法甚多大要爲理學的檢查法化學的檢查法顯微鏡檢查法細菌學檢查法而檢查水之顏色臭味混濁等屬於理學的用定性定量以檢查水之殘渣有機物化合物等屬於化學的以顯微鏡檢查水之微生物寄生蟲卵滴蟲鞭毛蟲根足蟲等屬於顯微鏡的用試管檢查有無細菌是爲細菌學的此等檢查甚爲繁多惟顯微鏡細菌學二法頗爲單簡易行極宜採用。

飲水之清潔　混濁之水使之清潔須加石灰蓋石灰與水中之遊離炭酸亞爾加里土類重炭酸化合物之炭酸化合而生沉澱此沉澱物與遊離之物質同時降下即爲清潔透明之水石灰之未結合者復通以炭酸氣則上層之清水可以供飲用矣或以明礬四〇〇密克入於一里特之水中經過一〇至二〇分時則爲透明之水蓋明礬與水中硫酸石灰化合而生水酸化礬土此物爲不溶解性同時與遊離物相伴而沉降此外有用數尼(單寧)酸及酸化物加以適當之處置亦可最好者用砂木炭骸炭毛絨石綿海絨等所製之濾水器及西姆伯寧之陶製濾水器濾過之後可得澄清透明之水且可免菌害傳染病是爲最良之法也。

(未完)

## ◎修養◎

### △養生談薈(續)

漢兒

內觀法之鴻益

强健其身體爽快其精神高大其思想之道與所謂守國治民之道毫無所異夫聖主之治其國也心常在下庸主反之心常在上

以其心徒在上也。九卿擅其權威。百官失其寵惠。民間疾苦。曾不一顧。終至民有菜色。野有餓莩。賢良遠竄。人民怨嗟。乃至外難羣興。國脈永斷。理勢然也。反之君王之心。常在下民。時九卿守儉。百官勤務。民之疾苦。猶王之疾苦。終至民肥國強。無背命之臣。無侵擾之敵。四郊絕干戈之影。息鼓金之聲。其郅治有如是者。

養生之道何獨異。是心決不使昇於上頭。而令安於下腹。則營血衛氣。循環得宜。心神清澄。氣力旺盛。終至邪念慾情不亂於內。風寒暑濕。難侵於外。口不知湯藥之甘酸。身不感鍼灸之痛苦。息災長壽。以全其生。道至順也。庸人反之。心氣常昇於頭。故多憤怒。滿面盡赤。衛氣迂迴。無適當之昇降。營血沉滯。無合度之循環。顏色憔悴。氣力衰亡。終至於促其天年。可不哀哉。

上陽子嘗言「人有眞一之氣。降於丹田中。則一陽又復矣。人欲知始陽初復之候。當以暖氣爲之信」丹田云者。卽臍下二寸（或云一寸五分）之處。氣集中於此。心着落於此。上部自然清涼。下部自然溫暖。頭寒足熱。養生要道也。

內觀法之極致

白玉蟾有云「養生之要。先不若鍊形。鍊形之要。在夫凝神。神凝則氣聚。氣聚則丹成。丹成則形固。形固則神全」內觀法之要領。數語包之矣。凝神二字。尤爲眼目。所謂凝神者。簡言之。卽謂收其散亂之心。固其眞一之氣也。行此者。當先修五無漏之法。人有五漏。卽由耳眼鼻舌身五官所起諸慾。遂爲吾人煩惱妄想邪念之根本。欲離此慾。名五無漏。靜坐凝神。色。神。香。味。觸。雖接於五官。而不爲所誘惑。美人之思再見也。妙曲之思再聞也。佳味之思再嘗也。脩此法者。一旦不可而可再乎。次言退六欲。六欲卽喜怒哀樂愛惡是也。常人爲此六欲汲汲以送其一生。今欲退之。要非難事。人之爲六欲所使者。蓋本心之力甚弱。不知抑制之也。以本統之決心靜坐。數息一心不亂。六欲自無由而生矣。（未完）

△實　驗▽

## 美國薛斯勞君之壘球談（續）

曼翠譯

（原著見一九一八年八月份美國少年雜誌）

（三）强進法　Scfueeze Play

强進法之爲用最廣。當投球緊迫。打中幾於失望時。可施此法。令走者從三壘得勝。故凡走者在三壘。或二壘三壘有數走者。有一被擊或無被擊者可適用之。投手將投球在三壘。走者卽開始進本壘。打手打輕球。走者闊步疾奔。於球未捕得以前。穿過本壘。昔過打手初易出壘。然走者在二壘可進三壘。若動作敏捷。亦可進本壘。打手宜用虛妙的暗號。不爲敵人所覺察。

外投可用以破此法。打手不能得球而捕手當走者從三壘馳來即要於中途設二壘三壘皆有走者打手打強進法之輕球則捕球員向一壘作虛擲可誘惑第二走者跑過三壘被觸止而退回。凡當接遊戲以強進法爲最宜此法尙冒險全恃打手之技能不爲敵人所窺破用之得當可以凱旋用之不當可以喪師。

雙盜（Double Steal）爲一壘三壘走者而設球投出時一壘走者向二壘進發三壘走者俟捕手方擲球二壘以擊一壘走者即衝進本壘球未替換而走者已得點矣此法無暗號之必要有時發生於擊走法之準備如投手投廣球打手失中走者即可用雙盜法前進。

阻止強進之又法爲捕手向二壘作虛擲狀忽擲至三壘以擊三壘之走者或捕手卒然擲球於投手三壘走者以爲球向二壘發開始進壘詎料投手在三壘或本壘觸之尼其行。

第三法即捕手擲低球於二壘遊擊手或二壘手前驅至二壘手與投手位之間截取其球而替換送回於捕手一往一來距離甚短故回球適可觸擊在本壘之走者若球投至二壘然後送回則事不可爲雖奏成効凡馳入截球之員須面向在三壘走者若知走者立近壘址而無特別危險走壘者可擲球至二壘爲他員所持設三壘走者作踰限之開始則以球觸之而擲回本壘然三壘走者往往無意前進而故作虛威以搖惑敵人爲同黨安進二壘計。

（未完）

## 材料

### ◉早老預防之強健術

實業之日本雜誌 堅田十次郎原著 羅槑子譯

（十九）（二十）腕筋肉之鍛錬

（十九）發達前膊之運動

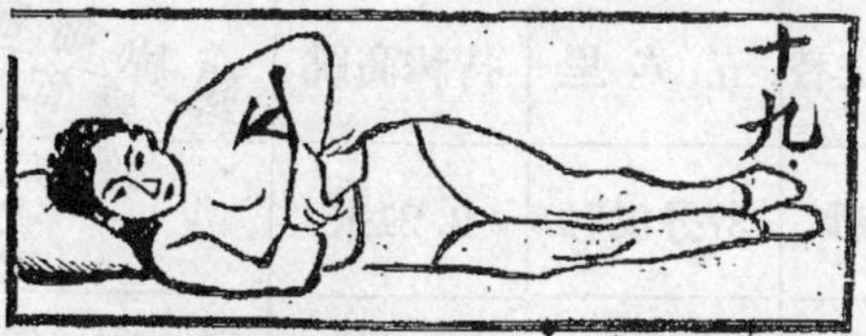


方法　側臥以上方手掌握下方手頸用力下壓下方之腕則用力上抵如是盡全身氣力使兩腕交相抵抗

注意　使兩方上下交換位置自五回達十五回止

（二十）上膊後部筋肉之鍛錬

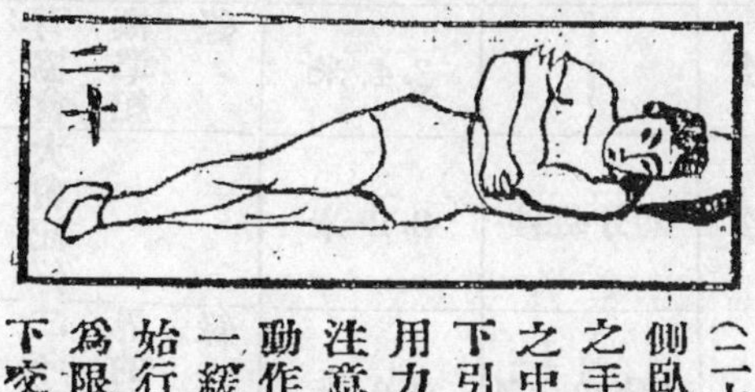


（二十）方法　側臥以下方之手握上膊之中間用力下引上膊則用力後引

注意　此項動作以一緊一緩爲一回始行以五回爲限兩方上下交換行之

（二十一）（二十二）肩與背部之鍛錬

(二十一)方法　側臥以上方之手攀握上方之膝下部位足若下伸手若上汲如是全身盡氣力使足手相競引者二三秒時即止
注意　左右兩方交換各十回起二十五回止

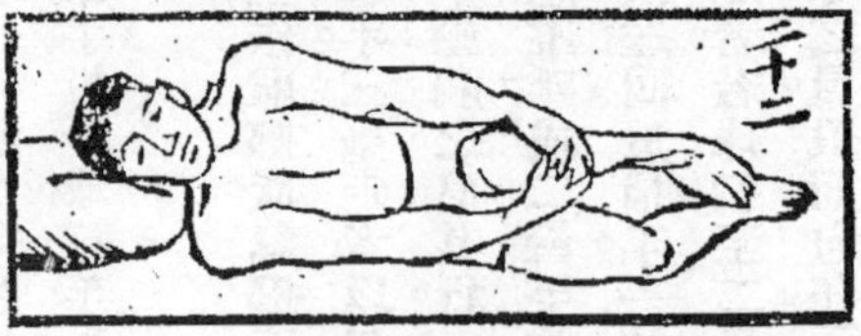


(二十二)用兩腕鍛鍊肩背法
方法　側臥操合兩掌攀抱上方之膝。動作法如(二十一)
注意　左右兩方交換各十回起順序增加

(未完)

※彙　報※

▲留日學生陸上運動會兩次紀錄比較表(附各處記錄)

轉錄該會報告書十至十一頁

| 各處記錄　運動種類 | 持棒高跳 | 五英里 | 八百米交替 | 高欄百米 | 低欄(200) |
|---|---|---|---|---|---|
| 本會第二次記錄 | 2.21米 | 37分30秒 | 2分10秒 | …… | …… |
| 本會第一次記錄 | 2.46米 | …… | …… | …… | …… |
| 七年度日本體育協會記錄(芝浦) | 2.92米 | …… | …… | 18秒 | 28秒 |
| 日本體育協會標準紀錄 | 3.4米 | …… | 1分35秒 | 17秒 | 27秒 |
| 遠東競技大會記錄 | 3.2米 | 29分41秒 | 1分36秒 | 18秒 | 28 $\frac{4}{5}$ 秒 |
| 一九一二年世界的記錄(Stockholm.) | 4.04米 | 24分33 $\frac{1}{5}$ 秒 | …… | 14 $\frac{3}{5}$ 秒 | 24 $\frac{3}{5}$ 秒 |

| 千五百米 | 五千米 | 25英里 | 五種競技 | 十種競技 | 野球用球遠投 | Hammer |
|---|---|---|---|---|---|---|
| | | | | | | |
| | | | | | | |
| | 18分28秒 | 2時45分 | 312點 | 553點 | 97.95米 | 26.90米 |
| | 16分 | | 360點 | 700點 | | 38米 |
| | | | 295點 | 678點 | | |
| 3分54秒 | 14分$36\frac{3}{5}$秒 | 2時36分 | | 7724點 | | 60.53米 |

## ◎專件◎

江蘇省教育會
北京大學
南京高等師範學校
暨南學校
中華職業教育社
合組新教育共進社編譯叢書月刊啓

同人等慨吾國學術之墮落、著作之缺乏、倡立新敎育共進社、編譯新敎育叢書、及新敎育月刊。蓋欲直接輸入東西洋學術、使吾國固有之文化、受新潮之刺激、而加速其進化率。故編譯叢書、悉以東西洋原著爲本、不假重譯。月刊資料、悉取最近刊著、不爲乞醯轉輾迻譯之弊、一一掃除而空之。壹是以知識的忠實爲本。夫學貴乎眞、言貴乎誠。剽竊譯本、僞稱原著、引用人言、不明出處、言者不以誠、讀者能信之乎。吾國學術之墮落、此其一大原因也。不矯厥弊、無以爲學。學尙虛僞、無以爲國。爰集同志、編譯叢書、發行月刊。略陳豫計、就敎大雅。

◎叢書◎

一、文化之原、出於思想。思想進化、殊貫蟬聯。述西洋近世哲學史。

二、進化之方、厥爲敎育。敎育革新、代有變遷。述西洋近世敎育史。

三、中國教育古有特長知己知彼學乃大通述中國教育探原。

四、泰西民族具有特性孰陶冶之厥惟倫理述西洋倫理學。

五、倫理之學自由之本曰人生觀代有轉移述西洋倫理學史。

六、教育之道首立其基窮其究竟是爲哲理述教育哲理。

七、欲教人類先察其心心理既明教思無窮述教育心理。

八、孔氏立教必先正名思維有術厥惟倫理述應用論理。

九、天生萬物和節文章人心構象美幾乎神述美學。

十、西洋文明發祥希臘本固華榮飲水思源述西洋上古哲學史。

十一、歐美人民多抱樂觀活潑敏捷導源雅典述希臘人生觀。

十二、比較之學進知之門制度美善行政修明述世界戰後各國教育及其制度。

十三、教育進化察其成績參伍并觀是在統計述教育統計學。

十四、學無系統吾國之病遂誠致眞厥惟科學述科學方法及精神。

十五、人性本善盧騷任之教育革命曰愛彌兒譯盧騷愛彌兒。

十六、發展人性教育之方福祿培出倡幼稚園述福祿培人類之教育。

十七、知識價値比較重輕人生需要爲其標準譯斯賓塞教育論。

十八、譯名統一新學之基名物不侔紛紜胡底編（中英法德日對照）哲學名詞彙（中英法德日對照）教育名詞彙。

◎◎月刊

一、世界學藝日新月異曰新教育與之共進編新教育月刊。

主任　哲學博士蔣夢麟

地址　上海西門外方斜路江蘇省教育會

月刊價目表

| | | 每冊 | 全年十冊 |
|---|---|---|---|
| 定價 | 現款或匯票 | 二角 | 一元八角 |
| | 郵票代款(限一、二、三分三種) | 二角三分 | 二元 |
| 郵費 | 國內及日本 | 三分半 | 二角五分 |
| | 新疆蒙古西藏及各國租借地與外洋各國 | 一角 | 一元 |

中華郵務局特准掛號認爲新聞紙類

# 體育週報

中華民國八年三月三日（第十一期）

發行所長沙儲英源第二十三號體育週報社

每週一回逢月曜日發行

編輯兼發行人黃醒勝白

印刷者湘鄂印刷公司

▲售例▼

本埠零售每份銅元二枚預定全年四十八期銅元八十枚半年二十四期銅元四十四枚，外埠全年並郵費銀元八角半年並郵費銀元五角郵票代錢九折污者不收

▲告白刊例▼

封面論前每期每半面大洋十元半面之半五元普通每面大洋十元半面六元四分之一面三元長登十期以上八折二十期以上七折三十期以上六折費須先惠中途停刊不退有礙體育之告白不登

## 北京大學之『新潮』

第三期要目如下○難思想律○經濟學上之新學說○物質文明○劇學○漢語改用拼音文字的初步談○因明淺說○詩○漁家○是愛情還是苦痛○人○扇誤其餘尚有多篇詳細不及備載已於三月一日出版每本大洋三角每卷五本大洋一元二角外埠每本加郵費三分總發行所北京國立北京大學出版部代售處北京中華書局上海羣益書社

江蘇省教育會（主任）
北京大學
南京高等師範學校
暨南學校
中華職業教育社
合組新教育共進社編譯 叢書·月刊
哲學博士蔣夢麟
（地址）上海江蘇省教育會



## 本報代售處

上海棋盤街中市羣益書社
長沙新坡子街中華書局
府正街羣益圖書公司

## ▲論說▼

### △為甚麼提倡靜的體育?（續）

黃醒

現在我要說提倡靜的體育的第二層見解了。——我國提倡體育，不是有幾年了嗎?泛泛的說講求各種新事業，不是已有幾十年嗎?如何不見有許多好成効?這其間原因雖很複雜，根本上探索起來……社會中各方面的領袖大半對於體育缺少感情，算是個主因。雖說今後國家社會的事業，是應大家負責去進行，不能專責成領袖，但領袖不得其人，事業也不易望成就。在今日我國一般人民程度未增進的時候，更須有人才的領袖負提倡指導規劃的責任。「人存政舉」這句話，就現勢看，尚不能不承認他是一個信條。領袖既對於體育缺少感情，於是各種事業，都成了這不堪問的情形，何故呢?

（一）因為無感情，他那應事的精神，是秉賦的，不是修練的。徒使用秉賦的精神，不加修練，自然是純粹消耗了。我國講建設的事，無一不難辦。凡難事消耗精神最多，定然易盡。等到精竭神疲，在好的鞠躬盡瘁，一死算完事；不能計較以後是如何。在不好的便怕死，不肯再出力，說不得不因循敷衍了，得過且過，後事是計較不了許多的——是這樣人當事，無論他好不好，在事業上總不能有圓滿的結果。

（二）因為無感情，他自不明白人身興樂所在的方法，公餘休暇，便尋求那些嫖賭或無益的游戲，取快樂，漸漸的流連忘返，縱慾敗度，充其量無所不為，——是這樣的當事人，不用說，因循敷衍，恐怕是愈辦愈壞的了。

各種事業，既因多數的社會領袖與體育缺少感情，尚且如此，體育事業，自然是不用說了。

「健全之精神，基於健全之身體」，現在人人都會說了。「提倡體育」，現在人人都認為要需了。「提倡體育的方法」也有多數的人研究了。試看去年全國教育聯合會議的「推廣體育計劃」議案（參閱本報第五期彙報十七頁）何嘗不完美?到現在快半年了，除却體育業經發達的省區，恐怕尚有連這議案的內容是甚麼都不知道的呢?「上有好者，下必有甚焉者也」這句話也是中國人的一個信條，又如何不想法子使他好呢?——若是使他好，必須去掉他對於體育上感情的障礙物。

這障礙物從何而來?中國社會的舊習慣，凡為領袖，必需要養尊處優，叫做甚麼留身分；因此便不肯下身段，作這動手動脚的運動；因此騎馬不够意，必思坐車；坐車不如坐轎；兩人轎又不如三丁拐，（長沙三人轎之名稱）又不如四轎，八轎。等到死後，普通人的柩只四個人抬。若生前曾為何等何種領袖，或領袖的關係人，抬屍的愈多愈覺尊嚴。社會習慣如此，他那勢力能使一般為領袖的人不敢立異。就有明白人，也當不住這勢力，不留身分。這領袖中又分別甚麼一地方的領袖，一團體一事業的領袖，聚在一處的，不必對等。不在一處的，不能時常聚集。一人運動的興味不多，又不便同不對等的人共戲。再加上右文左武的思想不變，誤認體育為武人事，或且存着個鄙夷不屑的意思，更難望以身嘗試的了。——靜的體育，最適宜個人修練，最適宜社會領袖的修練。

提倡體育，非我一個人的力量所能成功的，也非多數僅同我一樣的人的力量，所能成功的。必需社會上各方面的領袖，共同一致的提倡，方能成功。必需去掉各領袖對於體育上感情的障礙物，方能達到共同一致提倡的目的。去這種障礙物，不能用革命的手段，只能因勢利導，漸漸的設法，這樣說……提倡靜的體育，是最好不過的。我為體育事業發展上起見，所以提倡靜的體育。

說到此處，我再橫着舉一種意見。——現在這般少年，是不是將來國家社會的中堅人物？現在的少年，受了惡社會的影響，性欲發達得極早。少年人血氣未定，有一種最大的流行病，侵入他的健強體格裏面。制止這種病，以靜的體育法為最好，是無論何人都承認的。——再說這般少年中，也不能說全是好動的。這不好使肢體動的人，心最動。因受強迫而運動，必不能收效，或且生一種反動力。我們因為繼續我們進行或完成的事業的人，是這般少年，這般少年中，當然不可使他有缺點，更不願內中有一個不強壯的人，所以提倡靜的體育。

總結起來簡單說，體育發達，是要諸般共進的，不是一部份一種方法所能竟其功的。諸般共進，必需提倡。提倡又只在社會中居各方面領袖地位的人的力量最足。想各方面領袖熱心提倡，必須使他生感情。生感情，必須破除舊習慣。必須有清醒的頭腦。

因此，我對於靜的體育要竭力提倡。

（完）

## ◎學術◎

### ◉運動生理學述要　夏期講演會用稿（續）

角盧纂述

兩臂自身前直舉頭上。能由後面迴下之主動筋肉。由後面迴下為三角筋後部。三頭膊筋長頭。棘下筋。小圓筋。大圓筋。闊背筋。

兩臂直舉於頭上。而稍向內振動之主動筋肉。為僧帽筋。棘上筋。三角筋。向外振動之主動筋肉。為棘下筋。小圓筋。

兩臂直舉於

頭上。而稍向前後振動之主動筋肉。向前振動。為三角筋之前部。大胸筋上部。烏喙膊筋。肩胛下筋。二頭膊筋。向後振動。為三角筋之後部。三頭膊筋長頭。　兩手交組於背上之主動筋肉。為三角筋之後部。三頭膊筋長頭。闊背筋。大圓筋。棘上筋。棘下筋。小圓筋。　兩手旋至背上而指尖互相接近。（右手自右肩上。左手自左腋下）之主動筋肉。為三角筋後部。棘上筋。三頭膊筋長頭。僧帽筋。闊背筋。大圓筋。棘下筋。小圓筋。　兩手於體後下面合掌之主動筋肉。為三角筋後部。三頭膊筋長頭。棘下筋。小圓筋。大圓筋。闊背筋。

（未完）

## ●春季衛生（續）

●●●鄧曉雲

（丙）關於衣服者◎◎◎◎◎

人之衣衣目的有四。一、除去皮膚之塵垢。二、保護身體。三、遮護裸體以飾美觀。四、保持體溫之平均。又因季節氣候之不同。衣料之毛、棉、紗、葛、遂有差異。人生不可不講求衣服。着法尤不可不以調節體溫為主目的也。

衣服之材料。　當春時氣候漸由寒冷而溫暖。冬裘夏葛。皆不合用。惟棉質之衣最為合宜。蓋棉布衣吸收氣體、塵埃、細菌、尚少。刺戟皮膚亦微。故衛生家多服白番布衣。吾國番布出品甚少。最好用平江白色大布。湖北白官布。製裏衣。外著黑色夾衣。或薄棉衣。裏着白衣。則塵埃黴菌遺留。洗濯甚易。外著黑衣。能吸收太陽溫熱。以增體溫。塵垢污物。沾染甚難。蓋此時熱力尚未大增。身體易起變化。故裏白外黑。最為適宜。

空氣之流通。　衣服須有一定之通氣度。庶內外空氣互相交流。吸入養氣。以助呼氣排泄炭酸、水蒸氣等於體外。若缺通氣性。則各種物質。留滯於衣服下。即生不愉快之感。因此時人體新陳代謝日漸增高。排泄自多。需要之物質亦不少。故衣服宜於布片之上。留些氣孔。以為空氣流通之門戶。

潮濕之處理。　衣服潮濕。則傳導溫熱甚多。（水之傳溫為空氣之二五倍）遂發生各種疾病。（在乾燥時吸收溫量為八三・○、濕潤時則增至一四四・四。其差為六一・四、此可知濕衣傳熱較乾衣為多）雖棉製之衣。吸水性尚少。但此時空氣中水蒸氣既多。梅雨時潮濕尤重。故衣服宜時曝於陽光中。使之乾燥。既防吸收體溫。又防天然痘、痲疹、窒扶斯等細菌寄生。貯衣箱篋。亦宜用樟腦、那夫塔林等之防菌劑。

洗濯之必要。　衣服著用過久。則塵埃、水濕、汗質、硫磺、遺留其上。蟲菌為害。遂有腐敗之虞。（據日本醫學博士橫手千代之助之實驗。以炭酸安母尼亞為主）既防衛生。又礙華美。故須時時洗濯。用石鹼除去汚物。則塵埃有害之氣體。均為水所脫去。或溶解

於水中則衣服自清潔而疾病不生矣

## 修　養

### △養生談薈（續內觀法之極致）　嶽見

五漏既止六慾既退心境沖虛恬無一物乃至五官忘其職雷霆之音不入於耳馥郁之香不留於鼻混混焉沌沌焉吾人本來之面目髣髴現於目前此之邪念妄想至是皆為正心真氣所占領此心與天地為一體孟子所謂浩然之氣即此境也榮西禪師最嘆美此境焉

大哉心也天之高不可極而心出天之上焉地之厚不可測而心出地之下焉日月之光不可踰而心出日月光明之表焉大千妙界不可窮而心出大千妙界之外焉蓋一心焉而包太虛孕元氣天地待我而覆載日月待我而運行四時待我而變化萬物待我而發生大哉心也（譯者曰伯克孫所謂人類創造的進化胥此意也觀此可以明心之責任譬如吾人生當天地否塞日月無朋四時失序萬物不育之時地苟此心不死則以其至太至剛之力改造之可也）

心不僅充滿天地與天地合致已也榮西禪師謂當超絕天地包容天地心藏丹田必竟至於此境即內觀法之極致也（未完）

## ●材　料●

### ◎早老預防之強健術　實業之日本雜誌 堅田十次郎原著　羅黑子譯

（二十三）肝臟强健法

（二十三）方法　向右側臥頸稍屈兩足並屈稍向後使腹筋弛緩於是如圖所示以左掌置右肋肝臟所在處輕行摩擦

注意　十回為宜

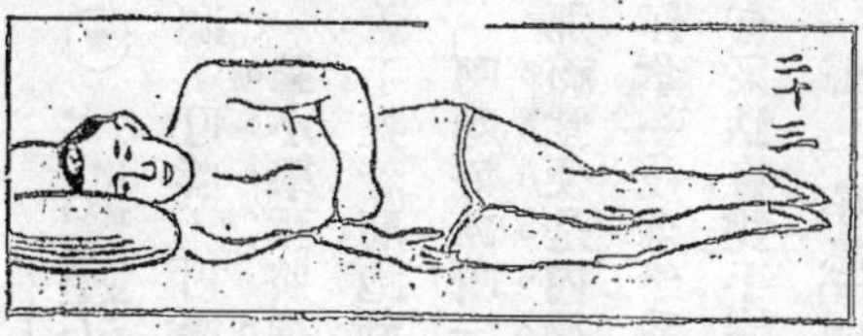
二十三

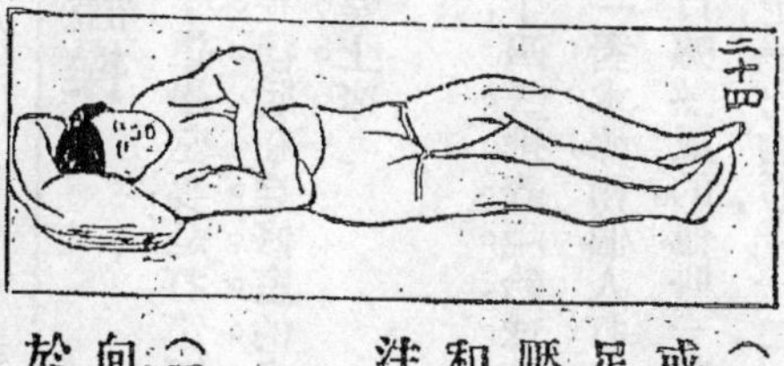
二十四

（二十四）足部鍛鍊

（二十四）方法　仰臥或斜臥以左足尖乘右足尖上左足尖用力下壓右足尖乘勢上下以和其力

注意　左右各十回

（二十五）向左側臥叩打肝臟法

（二十五）方法　如圖向左側臥使肝臟略呈於腹部內用右拳在右肋肝臟部位輕擊自二十回至百回以上

(廿六)(廿七)腕力鍛鍊

(二十六)腕之扭轉運動

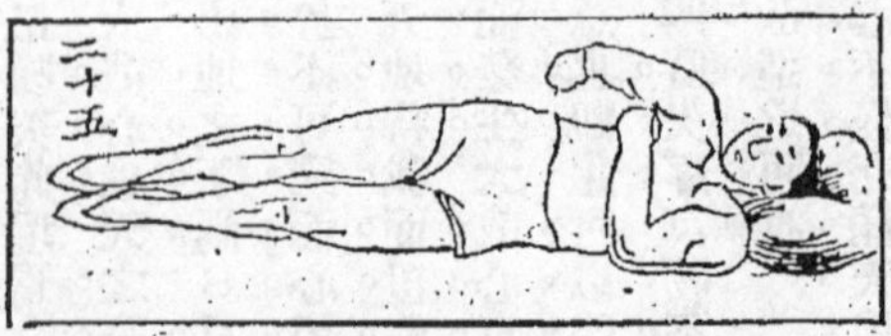


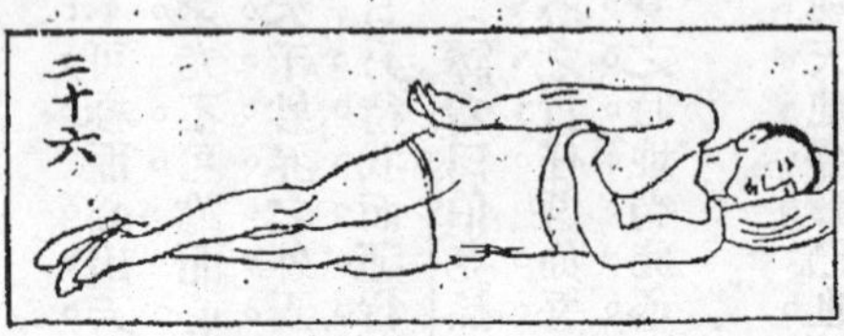


(廿六)方法 側臥上腕直伸與身體平行用力握拳使腕筋肉縮緊於是使全腕自內向外用力扭轉再復原位

注意 兩方位置互換動作各自五回至十回爲度吾人習慣恒用右手作事於此項運動宜多鍛鍊左手

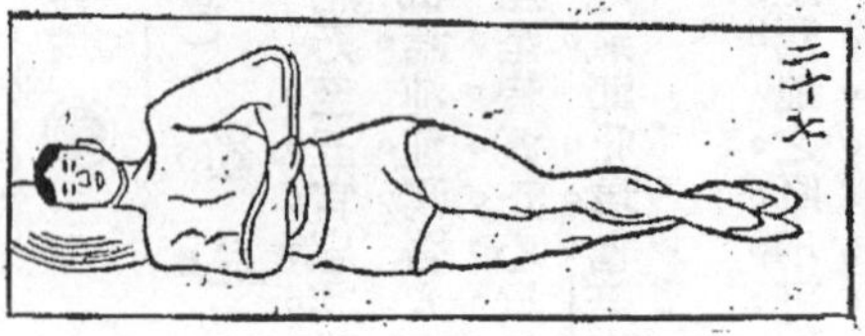


(二十七)增進腕之抵抗力

(二十七)方法 側臥用下方手掌握上方手頸上腕向上汲引下腕往下汲引盡全力使兩腕交相牽引後復緩其氣力

注意 自五回起遞增

(未完)

## ◎小說◎

### 一點鐘的體操

子畯

聽！叮噹！叮噹……這學堂裏，是打第四堂上課的鈴了！

一羣小學生，將棉袍長褂脫在自修室的桌子上，書架上，凳上，搓着手，聳着肩，跑到禮堂上來。

「呵呵好冷呀！」

那禮堂便是內操場了，四壁排着啞鈴，球竿，木環之類。

你拿一枝球竿，我拿一對木棒，兩個人打起要架來，跳的，走的，也有呆站着，雙手捧着口噓熱氣的，他叫一聲「立——正」，你叫一聲「稍息」「開步走」「向前看」「一二」「三四」，七一聲，八一聲，把個禮堂上台的一塊「大成至聖先師神位」牌子，幾乎都震下來。

一個稍爲高大點的學生，走到屏門的隙縫裏，悄悄的偷看，大家也都來望，忽然高大的望後一退，說一聲「來了！」——大家也急忙退走，一個頂小的孩子，幾乎跌傷了。

「整隊，整隊！站好，站好！」級長那個高大點的出來喊一聲「立正！敬禮！」大家「鞠個躬」，靜悄悄的等教員的口令「稍息！」

敎員穿着青呢衣服手上套雙皮手筒「立正！向右看——齊！向前看」

這是敎員的口令了，喊了之後在隊前上一路下一路只聽得皮鞋底蹬蹬的響響一下屋瓦上也應響一下

「哼！今天天氣眞冷但是我們講軍國民敎育的是要耐得寒，人的皮膚愈鍜鍊愈强壯呢」敎員說到此聲音也細了恍彿又講了一個故事這段演說大約有一刻鐘的工夫學生一個個站着，都不作聲停一會級長又出來「先生！我們現在習習跑步好嗎？」

「正是天氣冷只有跑步好這是我的老敎授法」「立正！向右轉！開步走！一，一，二，一！跑步——走！一，二，三，四！一，二，三……四！一……二……三……四」

這幾種聲調交換着喊敎員喊一次學生也隨着齊聲大喊一次，一個瘦長的從隊中跑出來，「哎喲！難得跑」又一個出來了，又有兩個三個四個出來了其餘的還在亂跑笑的笑喊的喊忽然大家咳嗽起來嘔的要嘔眼睛也紅了眼淚也出來了敎員喊了一聲「立定」立的立住走的走還總是咳個不住

「混賬的廚房！這時候在那裏炒辣椒嗎」操場的隔壁原來便是廚房現在正要開午飯了正在弄菜呢一個比級長還大點的學生要大聲不大聲的和他的右旁的同學說話

「是了！今天我聽了王先生——校長兼庶務先生他對廚房裏丁拐子說了要他買一斤瀏陽豆豉和四斤常德大紅辣椒炒着，因爲我們大家都是沒有這菜是不能下飯的」

「走！我們到外面去操罷」

學生一個個都是沒奈何的樣子跟着敎員出去

一塊大坪，鞦韆，浪橋，都安在一旁下面的砂子都緊結着和坪地相髣髴了。

那時北風刮得利害灰塵跟上來飛舞，敎員分開隊形，操了幾節徒手運動接着又操八段錦的第一節「雙手擎天理三焦」

「這是我們中國的「國粹」！自從古代傳下來幾千年了後來幾乎失傳到近來纔又有人提倡呢現在再操第二節……第二節是句甚麼話？……忘了！……哦！……「左開右弓如射鳥」做完了拿出表來一看

「罕五分鐘，只有十五分了我們再操一個遊戲之後操跑步」

學生似乎都臉色白了那個瘦弱的直往地面蹲下去要倒

「他是何故哦不講究體育所以是這樣！」「現在兩手側上側下做深呼吸」敎員喊「一」學生用力吃一口氣喊「二」又儘量吐氣。

地上的灰塵因爲方纔走跑步又加上風吹得很高很厚，竟罩着學生的頭面，眼睛裏口裏鼻孔裏自然也免不得吹入些子灰塵。深呼吸完了，敎員喊聲「解散！」學生便立刻「一鬨而散」，那瘦弱的學生悄悄的做聲說，「也罷，這幾真是修些德呢！」

## ※音樂※

◎梅花三弄（續） 古曲十段

第八段

合上合上‥上‥‥（長鎖）四合四上四合四合四‥
合上四合四六工尺上四上上‥尺工六工
尺工六工尺工尺上四上上上尺工尺上上（過聲）上

第九段

上‥合‥合‥‥四四合工工六五五六 工工工
工六工工六工六工工工‥‥尺上尺工工
工‥工‥尺上上尺上尺工工尺‥尺工六六
‥‥工尺工尺工尺工 尺六工尺工工上四上
尺工尺上四‥上上尺工尺上上尺上尺上‥‥上

第十段

尺尺（打圓）‥‥‥‥四四尺尺尺尺尺上四合
合工（少息）合合工工六（少息）工尺工（過聲）六
上上合合合四‥‥上尺尺

尾聲

五六工六五六六六工尺尺尺上四合上
上（曲終）

中華郵務局特准掛號認為新聞紙類

中華民國八年三月十日（第十二期）

# 體育週報

發行所長沙儲英源第二十三號體育週報社

每週一囘逢月曜日發行

編輯兼發行人黃醒勝白

印刷者湘鄂印刷公司

▲售例▼

本埠零售每份銅元二枚預定全年四十八期銅元八十枚半年二十四期銅元四十四枚外埠全年並郵費銀元八角半年並郵費銀元五角郵票代錢九折汚者不收

▲告白刊例▼

封面論前每期每半面大洋十元半面之半五元普通每面大洋十元半面六元四分之一面三元長登十期以上八折二十期以上七折三十期以上六折費須先惠中途停刊不退有礙體育之告白不登

## ※論　說※

### ●兒童體育（續）

陳奎生

#### （五）兒童體育之方法

兒童時代心身兩面發育均未完全，不能爲獨立之生活，須賴父母師長育之教之，方能遂其圓滿之發達，而自動之能力，亦於是時藉教授訓練以養成之。其體育方法，則積極與消極兩方面，宜並行採取，不可偏廢也。

（甲）模倣的體育方法（屬積極的）

兒童富於模倣性，最易感受教育。教師宜取種種良好之模範人物或事實爲之表率，或與之講說，以引起其體育上之信仰與興味。

（子）教師自己須具有良好之姿勢，與好運動勤操作之習慣

（丑）獎勵身體强壯，精神活潑，姿勢優美，運動擅長之兒童

（寅）演講古人體育優良之效益

（卯）引導參觀他校或各種運動會之體育成績

（乙）養護的體育方法　屬消極的

兒童未達學齡以前，生活自由，朝朝暮暮，終日遊嬉，毫無束縛，幼稚教育，亦多取放任主義，不事拘束，兒童在此時期，放縱恣肆，無不如意也。及達學齡，則入校肄業，四圍環象，猝然不同，由自由生活，一變而爲規則生活，受業有定時，業終同家，又須自習，若無以養護之，則近視眼脊柱灣曲病相隨屬矣。不良之小學體育，不異爲製造殘疾廢人之手段。左述各種養護的體育方法，其詳載之教育書中，茲但揭其綱領，以示端倪耳。

(子)衣服鞋帽　兒童衣服，不宜逼窄，免壓迫其胸腹，阻礙臟腑之發育；又不宜太大，致冬日易於發散體溫。鞋底宜寬，免逼腳趾。帽宜輕便，勿使頭腦受壓。

(丑)飲食　兒童天性好動，水分蒸發甚速，新陳代謝之作用，較成人為旺盛，宜多用富於滋養能補消耗之飲食料。至過食間食及有害之食物，宜絕對禁止，而食時當稍緩；食前後不可為劇烈之運動，尤宜常常注意監視之。

(寅)居住　無論家庭或學校，其空氣光線溫度等，在在務求其合法。若空氣污穢，妨害身體；光線黑暗，損傷目力；溫度過高或過低，使皮膚失其調節之効力，致感受寒暑氣皆顯而易見者也。

(卯)桌椅　兒童每日入校上課，約四次至五六次，即用桌椅之次數，至少亦有三次或四五次不等，而每次之時間，自三十分時至四十五分時，總計兒童每日用桌椅之時間，必多於其他時間也。若桌椅不合法，兒童身體上必受莫大之損害。如桌過高，則成上體傾斜之病；過低，則成脊柱灣曲胸廓狹窄之病，其明證也。故桌椅宜用活動者，有螺旋可上下移動(俞鳳賓醫士製有此種桌椅頗足應用)，其高低須以兒童各個身體之長短為標準。今日我國普通學校所用之桌椅，極不合法，或嘗謂為製造殘疾之機型，非過言也。

(辰)作業休息與睡眠　兒童身體嫩弱，精氣未充，不堪作過重過久之事業，故教材之程度與分量，教授時間之久暫，課業之排列法，皆須應兒童心理上生理上之要求，不可隨意從事，致兒童感受痛苦，傷壞心身。作業之後，宜繼以適當之休息，蓋物質之變換，不可不回復其原力。睡眠宜安靜，其時間多少，隨年齡長幼而異。睡眠不足，不僅暫時減少活動力，而精神身體兩方，已暗中受極大之損失矣。

(巳)疾病之預防及醫治　教師雖不必精於醫，然不可不習簡易之急救術。兒童於運動遊戲時，偶有傷挫，宜急施以手術，免感苦痛，隨當延醫治之。平日於居室器具廁所，宜按日糞除清潔，或定期消毒。遇傳染病發生時，須設法隔離，勿使受染。

(丙)自動的體育方法(屬積極的)

(子)多教授組織的(如分組競球之類)做效的，(如效鳥之飛魚之躍猿之攀緣蟹之橫行風擺樹枝搖櫓伐木等)諸種遊戲運動，使兒童課餘時，不須人指導，即得遊戲之材料

（丑）施行適當之訓練，養成其自治，合羣，公正，諸德性。使兒童不須人監督，即能自引為有秩序之遊戲。

（寅）教授人身生理日常衛生大意，使兒童明瞭利害之關係，得隨事能應用所學。

（卯）設備務求其完全，使兒童隨時隨地，得有遊戲之機會。

或謂教育之內容，分德育，智育，體育三種，理宜並重，不可有所偏也。人之身體，為萬物所同有，人之所以為人，重在智德，若深注意於體育，恐於智德二項，未能滿足人之本性，必有所未盡。不知完全之智德，無不宿於健康之身體。苟身體不強，則智德無所附麗，蓋體育實宰乎智德之先，為智德之根本，而兒童體育，尤根本之根本也。其關係之重要如此，吾人詎可輕忽視之。（完）

## ◎學術◎

## ◎春季衛生（續）

鄧曉雲

（丁）關於住屋者

住屋之目的，在於調節體溫，與適當之氣候，且以避風雨，防盜賊，關係人身，豈非重要，此衛生家所不可不加意講求者也。

基地之選擇與修理　屋基須選擇高燥清潔之地，否則容易發生瘧拉利亞病。（瘧疾）溝渠之水，須設導水管，並時時疏濬，或植吸收水分之樹木多株於屋側，如有加利（Eucalyptus globulus）向日葵（一本每日能吸收十六磅之水）等，以吸收多量水分，庶水溝污泥，不致停蓄，以免腐穢不堪，減少潮濕，勿令微物發生。若居城市，鄰近商店住屋之隅，不免灰屑垃圾物，堆積致空氣污濁，而蠅類產卵於其中，孵化為蛆，更易將毒物傳於人類，必也勤加掃除，或撒布石灰，以絕其發生，此居住衛生第一事也。（未完）

◎本篇第九期第七行徽誤徵第十一行致使西人目為東亞病夫誤致使人自為東亞病夫

## ◎運動生理學述要（續）

夏期講演會用稿　角廬纂述

兩手叉腰之主動筋肉，為二頭膊筋，橈骨筋，內膊筋，迴前圓筋，迴前方筋。　手叉頸之主動筋肉，為三角筋，棘上筋，外尺骨筋，內尺骨筋，及叉腰之各主動筋。　瑞典式體操屈臂之主動筋肉，為二頭膊筋，大胸筋，三角筋，烏喙膊筋，棘上筋，橈骨筋，內膊筋，小肘筋，三頭膊筋，長掌筋，內尺骨筋，小圓筋，棘下筋，闊背筋，大圓筋，屈指筋，屈拇筋，蟲樣筋，小指屈筋。　下肢運動　舉踵之主動筋肉，為後脛骨筋，比目魚筋，長足蹠筋，腓腸筋。　舉趾之主動筋肉，為前脛骨筋，長腓骨筋，短腓骨筋，趾伸筋，伸踇筋。　屈膝舉脚之主動筋肉，前屈髀臼關節者為腸腰筋，直股筋，縫匠筋，屈曲膝關節者為二頭股筋，半膜樣筋，半腱樣筋，膝膕筋，伸此屈曲之脚之主動筋肉，為大臀筋，四頭股筋，二頭股筋，半腱樣筋，半膜樣筋。 伸趾向上之主動筋肉，為長總趾伸筋，長伸踇筋。 屈趾之主動筋肉，為長總屈趾筋，長屈踇筋，短屈踇筋。 足向內外旋之主動筋肉，內旋，為前脛骨筋，後脛骨筋。 外旋，為長腓骨筋，短腓骨筋。 伸足之主動筋肉，為長屈踇筋，長總趾屈筋，後脛骨筋，長腓骨筋，短腓骨筋。 走步之主動筋肉，為大臀筋，四頭股筋，二頭股筋，半膜樣筋，半腱樣筋，前後脛骨筋，比目魚筋，長足蹠筋，腓腸筋，腸腰筋，直股筋，縫匠筋，膝膕筋，長短腓骨筋，趾伸筋，伸踇筋。（跳躍及跑步亦髀臼關節，膝關節，足跗關節之屈伸運動，主動筋肉同。）

**筋肉與筋力之鍛鍊** 筋力出於筋肉，由筋肉收縮使其兩端附著之骨接近所成。筋力大小，視乎筋肉之大小。筋肉之由運動常鍛鍊者，其纖維粗且固，筋力亦强。未常鍛鍊者，細而弱，筋力亦弱，

**收縮力與刺激** 運動之意志力强，筋之收縮力，亦强且速。意志力弱，則收縮之筋力，必弱而遲緩，然外來之刺激如何，亦能致筋力起適當之收縮，如為蚊蚤所齧時，不必有意識，即為敏捷之搔捕，暴怒時每喜跳躍，又如體操教師號令之清朗嚴肅者，生徒之動作必較活潑，皆明證也，再氣候之刺激，亦與筋肉之收縮力有密切之關係，當溫和時筋纖維組織細胞中之肉汁為流動之液體，筋肉收縮甚易，此汁若在攝氏零度下則結冰，至四十五度又凝固，嚴寒酷暑，其刺激過甚，每致收縮為大減，即以此。

**運動與老廢物** 筋肉組織之中，含物質三種「一」水分「一」脂肪「一」為其然燒時，能與酸素化合成乳酸，尿酸及含窒素物等之物質，常運動者，排泄多，含此三物質少，故能耐勞勤動，此三物質蓄積筋肉之中，久而不出，則為老廢物，能致筋肉硬張，奪其收縮力，偶動，即覺酸楚，乃不耐運動。 （未完）

## ◎修養◎

### △養生談薈（續內觀法之極致）

漢兒譯

**精神之復活**

所謂超絕天地，包容天地者，其體如何，絕非筆舌可名，而與俗所謂感於自然美之絕大，恍惚無所念想，入沒我之境者，全異其趣。內觀法者，束散亂意緒，使為一團，由內反觀，何物為心之法也，雜念盡除，五官不動，心氣陶然，其境，即死境也，聽絕妙之音樂，獨絕大之自然，入乎沒我之境也，焉然內觀法，心境同體之死，非如此虛無寂滅而已，即由其陶然而死之境，忽然攫得一物，遂哈（譯音）然復活，不覺自詫，以為天地間真有是焉之妙聲也，復活而

後，一時肉體上精神上皆起偉大之轉化，由內觀法所以能發生大見識大思想者，全在有此不可思議之復活也，若單止陶然入無我無相之境，則出此境時，依舊平平凡凡，不過茫然如大夢初覺，迴想頃間心氣極佳已耳，如此雖任行若干度，曾有何大益耶，

然修靜氣凝心之觀想，入心境同體之妙域，非一時所能爲功也，坐禪之法，向分動靜二境，離絕俗事，閑居一室，結跏趺坐而行內觀者，曰靜中之行，日常坐臥之間，不爲妄想所擾，時集力於腹者，曰動中之行，靜中公案三昧之力，移於動中，動中公案相續之力，移於靜中，互相錯綜而進修者，曰動靜二境之工夫，靜中之想念，永續於動中，不積年月之鍛鍊不可能也，要當守一不動，覺天地與我爲一，積力既深，永續亦可，靜動相續，天下無敵之境也，不止應變通機，行無不可，心常恬淡，絕諸苦慮，乃至御風餐露，縮地涉水，擾大洋爲酥酪，指厚土爲黄金，意之所存，莫不實見，而況於治己身之病魔，鍛鍊體魄而已哉，

彭祖之長壽法（略）蘇東坡之內觀法（略）

養生之秘訣

昔我朝（日本）道元禪師渡宋，就如淨上人學，一日道元禪師入上人禪堂，問坐禪之法，上人向禪師曰，汝坐禪時，將汝心置左掌上，可也，禪師聞言，遂得坐禪之奧義，內觀法之要訣，亦在此也……

……要在使心氣凝聚……（中略）……依內觀法，將上昇之氣推之下降，水氣自然推上，水以自然性之結果，仍然下降，而火上昇，然炎上性之火，亦同氣再降，水又上昇，如此昇降循環，無有休息，血液由深呼吸，日日新鮮，元氣充實，體軀壯健，蓋當然也，

長壽法與內觀法（略）　　（未完）

## △實驗▽

### 美國薛斯勞君之壘球談（續）

曼翠譯

（原著見一九一八年八月份美國少年雜誌）

（四）禦雙盜法 Blocking Double Steal

約尼愛佛者著名二壘手也，曾出一奇異方法，以對待雙盜，彼從二壘馳入截球，向捕手之球，則捕之，見走者據三壘，則由腿間將球擲至守二壘之遊擊手，現經驗已久，此種動作可閉目爲之，無不直中壘址，故能免迴身擲球之苦，然愛佛法非有愛佛才智之球員，與夫投球正確之捕手，鮮能運用，吾不願常人效之，

雙盜最難阻止，必需正確迅速之投擲，完全訓練之內野手，每球員之地位及動作不容少誤，苟善止雙盜，遊戲之術，思過半矣，

遲盜 Delayed Steal 亦良法也，一壘走者當投球時，不作盜進

二壘之準備，遊擊手與二壘手，則趾卻進行，預備逐或盜復落踵休息，捕手見走者既懈弛而不進，遂開始投球於投手，走者則乘虛襲進二壘，故捕手此時移球於二壘，大失機會。

此法一人可行，無需暗號，走壘者須伶俐迅捷，乘敵入不備而進發為抵禦計，捕手，遊擊手，二壘手，皆宜時時注意之為得也。

輕盜法 Plain Dteal 知之者甚夥，走壘者亦須敏捷，僅能快走，不足盜其術，然狂奔疾馳，亦不相宜，故慢走者往往為走壘能員，蓋能以腦之所餘，補足之不逮也，競技時，宜注視投手之動作而發正當之運動，則不難痛飲黃龍矣。

(五)走壘 Run Bares

欲成走壘名家，當熟練開始 Starts 與溜行 Slides 二法，向壘址來時，注意壘手之姿勢，察其態度，即知其所欲接得之球之方向，在壘手左近，乘勢溜入，一腿內屈，一腿伸屈，當經過壘址，轉身離壘手時，用伸腿鉤其壘址，此時除走者足腿外，壘手無物可觸，勢必將迅速運動，以防走者觸壘。

走壘關於個人，亦關於團體，此種技能，豈可忽乎哉，善於走壘之球隊，不易為敵人所敗北，若敵人投手伎倆平庸，則獲全勝，易如反掌，凡能開始迅速，步履輕捷之球員，亦然，內野手方紛紛投球以擊走者，而投手之遲鈍，適足以引狼入室耳。

以上所述打手須熟讀而深思之，以其對於全體有重大之關係也，就走壘者而言，打手之職務，非以打中為已足，要以助進走壘為指歸，故時或犧牲一己之利益，而圖謀團體之尊榮，若蔑視全隊關係，惟個人娛樂是保者，無論善擊善走，能捕能投，不過一莽夫耳，非運動界所可矜式者。

願諸君恪守衛生，鍛鍊體身，慎思而篤行之，以底於成，則他日運動界之異彩，競技團之令名，舍諸君又將誰屬。

(完)



◎音樂◎

△名曲選

索樹白輯

# G調 CALEDONIAN 2/4

（蘇格蘭舞蹈曲）

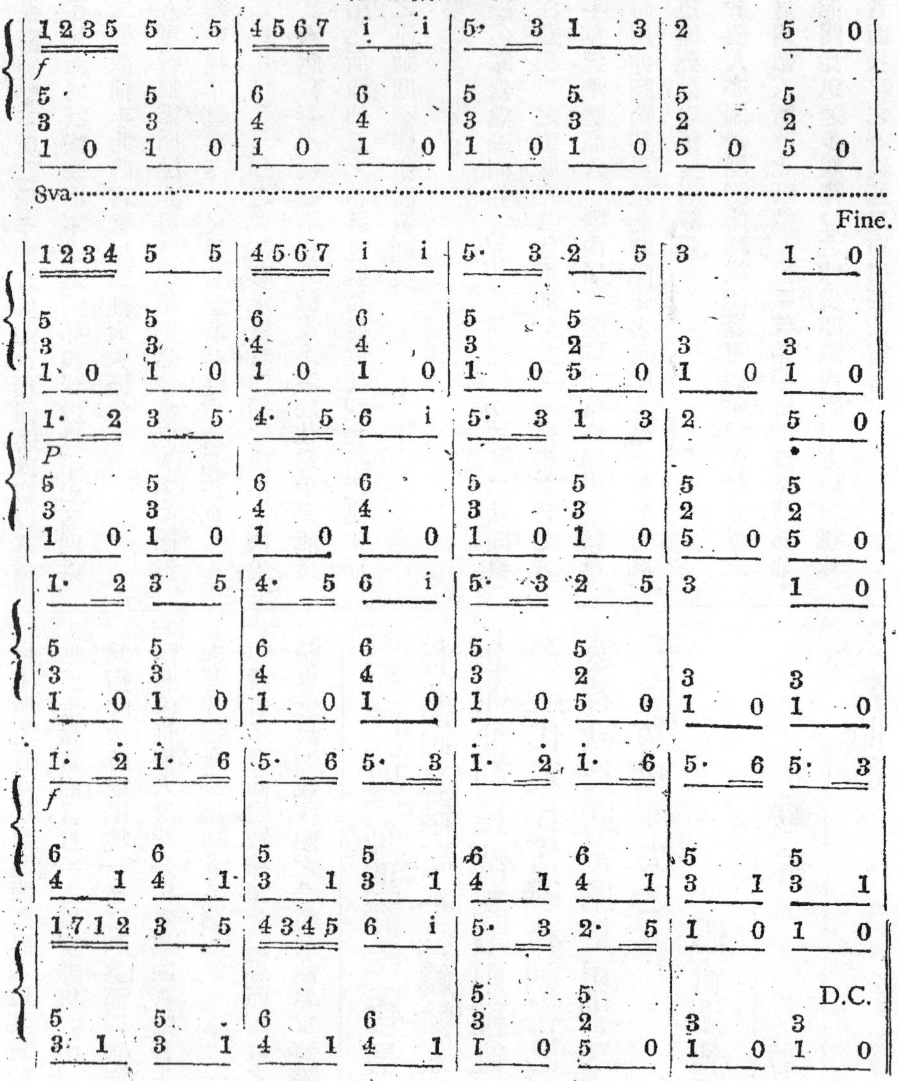


## 注 意

8va……示此綫內之旋律須高八音而演奏

Fine.終止記號　f强　P弱

D.C.係 Da Capo 之略字稱爲返始記號示此處應接樂曲最初之部分奏至 Fine.處止

此曲爲卡萊多里安之器樂曲音調流暢婉轉深合進行舞蹈之用奏者須注意 8va……高八音之彈奏及第三段之變格和絃　（樹白附誌）

◉彙 報◉

# △運動與身心鍛鍊

日本小野鍾山氏原著　任白濤譯

轉錄中華民國青年修德會會報第二號

△序論

不論如何之階級，最必要者爲健全之精神，與健全之肉體，自不待言，而與今後國家發展有重大之關係者，國民之體力問題是也。

吾人之體力，本屬有限，苟施以適切之鍛鍊，實能養成無限之大力，弱者得强，强者愈强，其體力養成之適切方法云何，不外因各人之體質而選定而統少年，壯年，老年，最適切者，我東方固有之武術，如劍術，槍術，刀術，柔術之類，然有一要義不可不知者，此類運動之眞髓，全在精神之鍛鍊，及向上之點，即其他各種競技的運動法，亦概須以此點爲根本的基礎，若僅以體力養成爲目的，而忘却精神上之鍛鍊，實大反運動之本旨也。

以下順次由運動之本旨，即身心鍛鍊之立脚地，批判各種武術及競技運動之價値。

△劍術

由體力鍛鍊之方面言之，劍術固以攻擊防禦爲目的，而由精神修養之方面言之，劍術之功用，實不可限量，此種運動，手足貴敏活，同時尤以驅幹全體之一致運動爲必要者也，而「呼吸」一事，更屬緊切之問題，即暨呼吸，而於動中保靜，靜中保動，使理智之運用分明，於突差之間攫物之生命，得事之要領，是其特長，達斯境地，則於劍之一道，思過半矣，故彼治禪學者，必修劍術，所謂劍禪一致是已，蓋由劍術之有形的技能，進而至於究竟之目的地，換言之，由技能上之劍術，而修業於進修練磨之間，研鑽眞理，眞理與技能俱修得，始能到達劍道廣闊之大道，其根本精神，即心身統一之極致也。

要而言之，劍術以精神修養爲根本目的，計肉體各部圓滿的鍛鍊，通少，壯，老，弱，毫無障礙，而可行者，比較其他一切之競技的運動，爲最優秀，劍術練達，既對一個人身心之强壯有自信，然後無論從事何種業務，悉能敏活明確，以綽綽之餘裕而當之也，如僅以肉體之運動視劍術，是不知劍術之眞精神者也。

△槍術

槍術於現今甚失其勢力，而其功用，與劍術同，乃鍛鍊心身極有妙味之運動也，然以窄隘之處，不便修練，故習之者少，槍術之理法，亦與劍術無殊，祇所異者，形式上之操法耳，又槍術可由少年時代用至老年時代，爲東方固有之武術，不爲當善爲保存，而於將來實不可不振興之也。

△弓術

弓術之特色，爲靜的狀態之訓練，適身體之各部分而運動。亦與劍術同而以其爲靜止的訓練故適於虛弱之人尤宜作婦女之運動吾東方固有之武術靡不重禮義之精神而就中弓術又有「射禮」之稱特以心的修養爲要務即因「術」而調和統一精神與肉體的形式坐作進退悉叶於禮可以養成上品之人格焉抑不拘泥技術之末捕捉精神以完成優美高尙之品格者固吾東方固有武術之根本要義也。（未完）

## ◉遠東運動會之近訊（錄時報）

▲體育家注意

今年之遠東運動會日本要求遲至八月間，菲力濱反對之，因八月正雨季也中國亦已通告反對延期今大衆之意以爲中國運動員之大會集不能在香港舉行蓋距離較遠之學生必將改早啓程前往，故決定各地自行比賽終在春季畢事中國北方及中部之運動員定於五月一日左右自滬啓程，各地當選派之團體如左。

香港仍派足球一隊。

香港與廣州合派最優之棒球隊，北方選派籃球隊。

網球人員及運動場人員（即跳跑等賽）由各地選派無定，劉委員會已在北方及長江一帶物色。

如一地之籃球隊足球隊或棒球隊眞優勝於上述所選者，可以派人與所選者比較。

委員會之代表某亦在福建省物色。

閩督已捐五百元充運動員用費。

## ◎贈書誌謝◎

△二月內承各處寄贈書報如左

| | |
|---|---|
| 浙江教育週報 | 第一百二十八期一冊 |
| 安徽教育月刊 | 第十一期一冊 |
| 山東教育公報 | 第一百五十五期一冊 |
| 山西來復報 | 第四十四期一冊 |
| 救國日報 | 二月九日至二月二十二日各一份 |
| 每週評論 | 第八九十號各一份 |
| 上海教育雜誌 | 第十一卷第一號一冊 |
| 正聲日刊 | 每日一份 |
| 通俗教育報 | 每日一份 |

## ◉來件◉

# ◉北京武術體育會簡章

總則

第一條　本會定名爲北京武術體育會

第二條　本會以發達中國各種之武術養成國民健全身體爲宗旨

第三條　本會臨時事務所設立北京後門外吉祥寺（內附設武術傳習所）如各省縣有設立分會必要時再由會員公決之

第四條　凡年在十六歲以上品性端方夙無嗜好者均得爲本會會員

第五條　本會會員無定額

職員

第六條　會員中應公舉名譽會長並幹事數人由幹事中推舉主任幹事一人總理一切會務

第七條　其他幹事分任編輯交際文牘庶務會計各事其所分任之事共同商定但須得主任幹事之同意以免遇事扞格之弊

第八條　本會職員均係義務

第九條　凡贊助本會之進行者得爲本會會董

會務

第十條　本會之事務如左

(1) 聯絡各處之精于武術者以資研究

(2) 搜求古今之武術書籍以供參考

(3) 研究普及武術及教練方法

(4) 編輯拳術書以廣流傳

(5) 設立傳習所及籌設分會等事

第十一條　會員之權利及義務

(1) 凡會員有選舉職員及被選舉職員之權

(2) 凡會員于會議時有提議表决之權

(3) 凡會員有維持本會之義務

(4) 凡會員有交納會費之義務

開會

第十二條　每年于春秋兩季開經常會各一次報告會中經過情形及商議進行方法其開會及選舉職員日期由主任幹事定之

第十三條　有特別事件發生時得由主任幹事通知會員開會

但職員會主任幹事得隨時招集之

入會出會

第十四條　凡備具本簡章第四條所列之資格有本會會員二人以上之介紹者得充本會會員但須納入會金一元

第十五條　凡會員有不得已之事由時須經主任幹事許可方准出會已納之會金概不退還

第十六條　凡會員有違背本會會章者得隨時令其出會

經會

第十七條　本會經費除會金外均由會員籌之

分會

第十八條　分會之成立如左

(1)　由本會分設者

(2)　依本會會章組織須經本會認可者

附則

第十九條　本簡章自公決之日施行

第二十條　如有未盡事宜得隨時提出公同議決修正之

本會附設武術傳習所規則

(一)　本所以傳習中國各種之武術爲宗旨

(二)　本所分拳術健身術研究三科拳術三年健身術四個月畢業研究科無定期

(三)　本所各科之科目列左

(1)　拳術科專習拳術劍術及各種技藝

(2)　健身術科分坐功立功兩種以身體素弱及有虛勞等症者適宜之

(3)　研究科分三項一武術之學說一武術之於教育與衛生一武術之於解剖與生理

(四)　凡願入所傳習者必先入會照章繳納入會金其傳習費如左

(1)　拳術科每月現洋一元

(2)　健身術科立功每月納學費四元坐功每月納學費十元但各校學生減半均須預納兩個月學費

(3)　研究科免納學費

(五)　各班學員應守本所之規則并受教員之指揮

(六)　各班學員不得無故退學但有不得已事故時當預先聲明須經本所所長之認可其已交學費或保証金概不繳還

(七)　各班學員倘有不遵會章或染嗜好者本會得令其退學

(八)　各班學員畢業後本會發予畢業証書並代爲介紹充任教員等事

(九)　各班學員畢業後有欲從深造者仍可隨班傳習

(十)　凡欲在本所外學習擬向本會延聘教習者或有同志數人不願隨班練習在會另欲組織特別班次者可隨時到會面議

中華郵務局特准掛號認爲新聞紙類

中華民國八年三月十七(第十三期)

# 體育週報

發行所長沙儲英源第二十三號體育週報社

每週一回逢月曜日發行

編輯兼發行人黃醒勝白

印刷者湘鄂印刷公司

▲售例▼

本埠零售每份銅元二枚預定全年四十八期銅元八十枚半年二十四期銅元四十四枚外埠全年並郵費銀元八角半年並郵費銀元五角郵票代錢九折汚者不收

▲告白刊例▼

封面論前每期每半面大洋十元半面之半五元普通每面大洋十元半面六元四分之一面三元長登十期以上八折二十期以上七折三十期以上六折費須先惠中途停刊不退有礙體育之告白不登

▲本報捐款鳴謝

馬惕吾先生捐光洋壹元整

●本報代售處

上海 棋盤街中市羣益書社

長沙 新坡子街中華書局 府正街羣益圖書公司

●本社代售

北京大學之新潮

北京每週評論

●投稿諸君鑒

來稿字跡務求清朗端整並請用新式句讀法斷句以醒眉目設能依本報格式(每行二十五字)排列尤爲感謝

黃醒謹啓

## ▲本報徵文第二次通告

本報前懸賞徵求◎◎◎

個人體育修養之心得

國民學校第一學年新生第一時體操教授案

二文原定二月底截止收卷三月揭曉日來連得外省多數同志函稱見報甚遲屬稿不易擬請展長期限俾得從容將事云云茲特將收券期展長兩個月至陽歷四月底截止 準五月底揭曉並增加取錄名額及贈品以表歡迎

◉特等三名(原一名)第一名獨得現銀五元加贈書券三元第二三名各得現銀三元書券二元

◉優等十名(原五名)每名各贈書卷二元

◉中等五十名(原三十名)酌贈書券五角至一元五角

※論說※

## ◉人的體育

昌兀生

我找出這個題目來做論說表面上看狠覺新鮮，其實既講體育，不爲的是人爲甚麼並且我不過是一個頭腦極簡單，知識極淺陋絕無修養的體操教師更够不上說這題目的眞實道理勉强來說只算是「井底蛙鳴」，趁熱鬧湊湊趣罷。

講求人的體育預先要認明人是什麼和怎樣纔算是個人這問題古今中外多少學者討論的狠多所發見的眞理也不少近日研究解決人生問題比研究甚麼國民甚麼公民問題的更多了，據我所見「新青年雜誌上」周作人君論「人的文學」「安徽教育月刊」上高亞賓君論對於「教育上之感想及主義」「新潮」雜誌上傅斯年君論「人生問題發端」都說得很明瞭待我用勦襲的手段抄幾節請體育家同熱心提倡研究體育的諸君子看看。

周作人君說……我們所說的人，不是世間所謂「天地之性最貴」，或「圓顱方趾」的人乃是說「從動物進化的人類」其中有兩個要點（一）「從動物」進化的，（二）從動物「進化」的我們承認人是一種生物他的生活現像，與別的動物並無不同。所以我們相信人的一切生活本能都是美的善的應得完全滿足凡有違反人性不自然的習慣制度都應排斥改正。——我們又承認人是一種從動物進化的生活他的內面生活比他動物更爲複雜高深而且逐漸向上有能改造生活的力量所以我們相信人類以動物的生活爲生存的基礎，而其內面生活，却漸與動物相遠終能達到高尚和平的境地凡獸性的餘留與古代禮法，可以阻碍人性向上的發展者也都應排斥改正。——這兩個要點換一句話說便是人的靈肉兩重的生活……

高亞賓君說……現代西洋之學術思潮以解決人生問題爲最要義關於解決此問題之學說頗夥，中有一說略謂宇宙之人生也屬於有意識的蓋宇宙自身係一永不能底於完全之體，宇宙不能自完之乃生人焉以假其手而代完之。且宇宙之一機體，其能完與否，非有固定之限度，可懸以爲期，故其生人，亦前波後波，永無間斷之時，……明乎此，則知人實有代宇宙完其機體之實任。……若夫做人之道果爲何，……不外求其在我，完其天賦之道德，盡其自然之理性而已。……

照這樣看來，我們若是講求「人的體育，」徒然說「健强身體」「軍國民，」「遊戲運動，」却病延年」是不夠的。那些「天之驕子，」「强凌弱，」「衆暴寡，」浪費能力，「物競天擇，」優勝劣敗，」含獸性太重的方法，是不能儘力專講求的。似覺乎要一隻眼看着這塊肉，一隻眼看着那點靈，身心兼顧，人己並重，排斥那違反人性的方法，改正那獸性太重的方法，發揚那向上而代宇宙完其機體之責任的天性，纔算盡了人的體育的能事。

有人說，一個人在童稚的時候，他是要經過那「生物演進」「人類進化」的階級的，我們講求童稚的體育，不可將他當小成人看待，我說這話不錯，但他雖不是小成人，他將來必定成人的，斷不是一到成人年齡就死的，我們講求童稚的體育，也要使他了解進化上成人的責任。

有人說，人類國家保護人，必保護國家，作怎麼軍國民的預備，我說預備這話也是，但預備的方法，是做人不是做民，再引高氏的話證一證，……未能做人者，決不能做民，……不先於做人上痛下功夫，而遽曰做民，則適成其爲害羣之馬而已矣，……必須先致力於做人之道，使之完己，樹其國民資格之基礎……

怎樣做纔算人，怎樣纔是進化上成人的責任呢？周君說……彼此都是人類，却又各是人類的一個，……須營一種利己而又利他，利他即是利己的生活，……

我有個姪子，在小學校的時候，起初功課很好，但是不喜運動，我怕他病，敎他加入球隊，習打球術，一星期後，忽然泣訴請求退出球隊。問是什麼原故，他說隊員多欺其不能，冷嘲熱罵，不可當，我勸他加意練習。一月後又來請退出球隊，問是什麼原故，說球術大有進步，前日嘲罵的，今皆以競技時重要職守相强，無日不競球，競球非一二時不罷，近日腦中所存，僅有球的影子，起居坐臥，聽講入夢，皆只知有球，不知有他，又擬與他校比賽，練習時更長，常常如此，姪可稱爲球術專修科學生，他種功課，都無暇更無意學習，故非退出不可，——打球是很好的體育法，打球即忘却應學功課，這是什麼話。

我聽說某運動會中，有一個會跑的，預賽的人，無一人趕得他上，決賽的前天，有人因想同他爭第一，買酒飲醉了他，使他第二天不能決賽，這又是甚麼話。

我有一位敎兵式體操的朋友，他告訴我，說近來我敎兵式兼講兵學，我報告學生，說我不是教你們會當兵，我是預備你們有軍官的資格，將來有事時可當軍官去指揮兵卒作戰。——這是怕國中擁兵和鬧事的軍官不多嗎？不然，怎樣叫個個學生去預備當軍官呢。

我又問過十七個高等小學畢業生，願意學什麼，有十六個人說要學陸軍的。再問為什麼學陸軍，答中國弱，不免為外國所瓜分，强國必須有精兵，愛國的人，必須學陸軍，這是甚麼話，是怎樣得的這個義定。

這樣的體育，是為的進化上的人嗎，利己利他的人嗎，無怪乎體育這件事，在不明白的舊社會人不理會他，迎新知識最充足的新人物，都不十分理會他了，若問人的體育究竟用什麼方法，是怎樣的方法，這便是我們自從今日起要研究的問題。

附注　人的文學原文見五卷六號新青年　余於教育上之感想之主義原文見七年七月份安徽教育月刊　人生問題發端原文見第一卷一號新潮

## ◉學術◉

## ◉春季衛生（續）

鄧曉雲

丁　關於住屋者

家屋之清潔　家屋須空氣新鮮，光線佳良。若多數人聚居一室，則再歸熱猩紅熱急性傳染病容易蔓延，而在貧民之家，散布尤多，更宜注意。屋內外之污水污物，須備適宜之器械，以時除去之，勿令蚊蠅發生，此外有為吾人一大患害者，厥為嚙齒類之鼠，不僅毀器具盜食物而已，配斯篤（*Pest*）病之流行，旋毛蟲之寄生，恙蟲病之發生（我國已否發現此病，尚待調查）赤痢，腸窒扶斯之感染，皆以鼠為媒介。設人為鼠所嚙，則發一種熱病，謂之鼠咬症。當春時，此症病害甚為劇烈，故衛生第一要義，在於家屋之清潔也。捕獲之鼠，勿擲諸門外，以石灰煤灰等埋入土中或樹下。

天井之處置　在西洋之家屋，樓上之床，與下屋天井，（承塵處也，上棟之中，交木為方形如井，幹者陸機詩側聞陰溝涌臥觀天井懸即此，非俗室外院落之天井也不可不辨）之空間，為防音響之傳導，以砂，骸炭，鋸屑等填充，免污物之侵入，而發生有毒病菌，設為鼠鼬等棲息其內，則搬運各種之物質，排泄糞尿，透入室內而起分解作用，遂發生配斯篤病，是天井空間實為絕大危險之場所，又或有羅配斯篤病鼠，死後藏於其中，侵害於人，為禍更烈，故欲防鼠疫之流行，須避鼠害，避鼠害，天井之適宜配置，要亦不可疏略者也。

**室溫之調節**　二三月頃，空氣受太陽之熱力，漸逐漸溫暖，而浮遊空中之水蒸氣，瀰漫殆徧，毫無隙地。居室之內，濕度頗高，奪取室內之溫量，一自壁放散，一由空氣與土地傳導以去。用是衣服等物，常易潮濕，至於腐敗，與人以危險之病症。此時室內須置微小火爐，以調節溫量；驅逐水蒸氣，衣服，被帳，等物，常曝太陽中，亦衛生之要圖也。

**陽光之採取**　天氣晴明，則精神愉快，曇雨則壓沉鬱。蓋雨天陽光減少，人身新陳代謝之作用衰，排泄炭酸之量亦減少，且因肉體所受之刺激，而影響於精神界。所謂春愁者，每生於陰雨之日，正以此也。若晴天陽光甚強，吾人當之，呼吸舒暢，生趣盎然，苟爲郊外遊，更不覺眉開色笑，此無他，陽光之接觸多耳。住屋宜多採取陽光，倘不止此也。空氣中之過養化輕，常存在日光中，無論何種細菌，一遇陽光，即行死滅，設陽光稀少，或缺之，則絲狀菌等，即得良好之機會，發育甚速。當梅雨期，終朝陰晦，尤爲黴菌繁殖之時。須常開通門戶，令陽光射入。在城市商店，房屋櫛比，受陽光之時甚少，更宜注意，設法多採陽光，撲殺細菌，愉快精神也。然陽光過強，則易發生結膜炎及視神經炎等疾，亦應注意。

◎修　養◎

## 養生談薈（續）

漢兒譯

### 妙藥蘇酥之靈驗

酥者不可思議之靈藥也，由種種妙香奇藥，煉製而成，大如鴨卵，其光澤之美，芳香之妙，無可方譬。有罹難治之病，或精神感異狀者，取此丸置於頭上，俄頃消失，有如冰解，此時香氣芬馥，全身皆醉，心之爽快，譬之登天，猶未足也。此靈藥徐徐溶解後，先潤兩耳，次潤兩肩，由雙手之臂，達於指尖。一方由鼻筋潤頸，又由胸至兩乳邊，至肺，肝，腸，胃。後方由脊梁遍潤至於臀骨，一時胸中五積六聚，皆洗滌一盡。此靈藥如水就下，洪然有聲，潤於兩股，足指，流於足心而止。全身遍潤之後，使下婢其浴盆，置於臍腰之處，取冷熱適宜之溫度，先洗下身，盆中溫水異香勃發，浸於腰際者，有如觸於電氣之感，乃徐以浴巾濕全身，肩痛，則濕肩；胸痛，則濕胸，腦痛則濕腦，無論爲心臟痛，肺痛，經此靈湯之溫，無不全治。皮膚生非常之光澤，氣力頓加充實……此「酥」之丸藥，直超乎人智想像以外之靈藥也。（未完）

◎材　料◎

## 早老預防之強健術（續）

羅熙子譯

（二十八）體側鍛鍊

(二十八)方法 側臥於床桯上緊縛繩端縛一短棒距離適宜爲度於是如圖所示以掌握棒用力汲引如是腕肩以下之筋肯可得發達

注意 左右交換各五囘至二十五囘

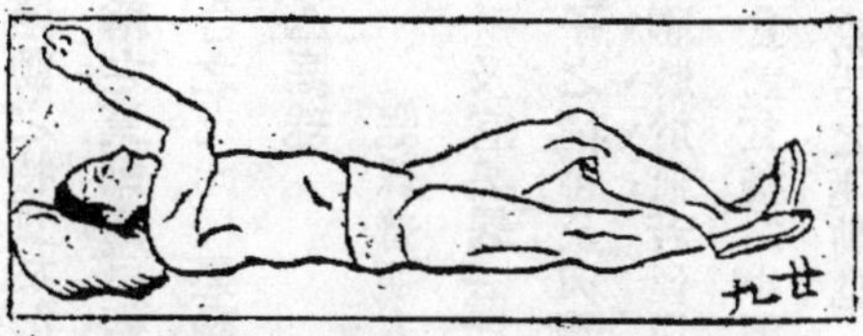


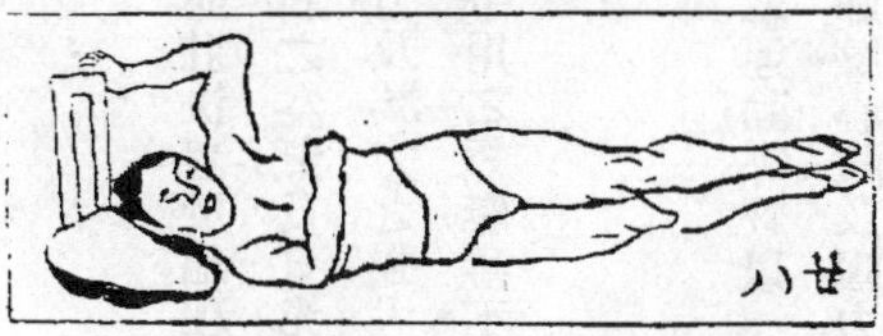


(二十九)同上

(二十九)方法 仰臥用兩掌汲引其他如(二十八)

注意 五囘至二十五囘

(三十)攀登力鍛鍊法

(三十)股與腓筋肉之鍛鍊

方法 於床之橫板或床柱之根緊縛其上其餘端作輪形中間距離約一尺五寸於是以兩足拇指緊抵橫板或柱根全身側臥稍前屈用上方之手握繩用力汲引以兩足拇指用力交換踐踏橫板或柱根

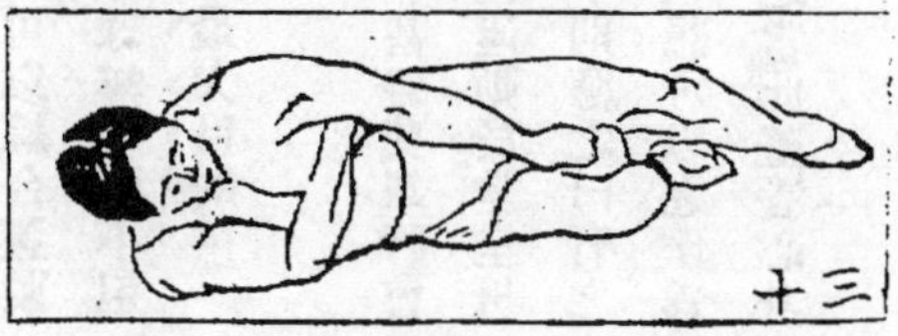


注意 平時散步跑步之練習於登坡坂高梯不能有十分効力此項運動全爲鍛鍊足拇指無害心臟且足發達兩足之攀登力故其動作次數以疲勞爲度無限止也 (完)

## ◉彙 報◉

### △運動與身心鍛鍊 日本小野鈕山氏原著 (續) 任白濤譯

△柔術

柔術之精神與其他武術無何等差異。然全無獲物計攻擊防御之訓練與劍術少有不同，而於調和各部之筋肉且使爲一致的運動之點，則同也。此術與劍術不論經過幾何時代而皆可實行者也。第體力的關係重大，對於老年者似有多少不合之處。而於由少年至成年之體力鍛鍊與精神修養，則爲最適切，故因各自之體質與趣味，劍術柔術兩者務選其一，可也。蓋柔術與劍術同屬優秀的武術，超勝其他之各種運動競技，誠有足多者也。

△野球

野球爲美國之國技，於日本近盛行之。此種競技，乃國際的競技，故養成社會性或協力同心之思想最適宜。同時極富實際活，實爲最文明最新式的運動。又其技術非常複雜，殆收羅所有運動之特質於演劇有所謂綜合藝術者，野球亦可以綜合運動稱之。蓋劍術、弓術、柔術及競走諸運動之本質，野球無一而不包含之也。此種運動仍以精神修養及人格完成爲最大目的。

△庭球

庭球，普通人行之，無不咸宜者，日本近頃亦甚盛。與銀行會社及官公署各機關皆設場以勵行之。然問此種運動於堂堂男子之精神及肉體之鍛鍊上果有如何之影響乎？則應之曰，有之，聊勝於無，若僅以庭球之運動爲滿足，決不可也。想可以之作爲食前食後之小運動，又老年及婦人女子亦最適當，此蓋養心身敏活之運動也。

△短艇

短艇爲協力的運動而壯快者。於地理的關係上，常有難選處所之不便。然與河海清新之空氣及日光水波相親近，此實無上之運動也。惟計腕力、腹力及腰力之强大，不無偏於一方之嫌。由此點而論，則與其用競爭用之短艇，寧不如漕東方固有之櫓，圖全身之運動爲妙也。

△徒步

徒步，爲人類最自然之運動，每日以一定之時間行之，則有非常之效果。此蓋以強壯肺臟、心臟及腹力爲主要目的。惟須察各自之體質而試其程度。徒步在各種之運動中，爲最平和的，不必要競爭之相手，更不須何等之器具，無論何時何地皆可爲之。徒步之運動，最當注意者，口力於腰之一事也。順其自然之體，以腰力爲中心，善整呼吸，足勿過高，悠悠而進，兩肩、兩手關於身體之動搖，計自然之調和，一步一步，巧定方向，即目的地是已。目的地既定，則向之直趨，目不可左顧右盼，心則排除種種雜念，惟一意念想某一事，而結局入一種之禪定焉。近來長距離之競走頻行，然而青年諸君決不可僅在此類之競爭場裏而爲之。平日常宜以其用意與決心而徒步。徒步並非限於遠足，即養成不乘電車及人力車諸車之習慣，尤最妙也。質言之，徒步者最自然而平和之運動方法，乃運動中之尋常茶飯也。輕視徒步，常爲舟車之奴隸，凡我青年皆當戒之。

（未完）

## ● 專件 ●

### 中國體操學校發行 體育界簡章

編輯及發行所上海西門外林蔭路底本校

（一）宗旨　本報以提倡體育研究教授方法並公布各種關於學校體操遊技之新材料新學說爲宗旨

（二）主張　本報主張實際不尚空談

(三)門類　本報分十二門　一論說　二學說　三體操材料　四遊技材料　五教授方法　六生理衛生談　七音樂研究　八短評　九記事　十小說　十一雜俎　十二通訊

(四)編輯　本報遇材料或篇幅之限制得酌量增減其一二門

(五)發行　本報月出一次按期發行一律送閱不取報資

(六)連絡　凡留學日本大森專門體操學校諸同志與各地學校體操教員及本校歷期畢業生務望隨時指示以便互相討論共謀進步

(七)職務　本報自第十一期復活後由本校獨力辦理除本校校長任總編輯外凡編輯員庶務員會計員均由本校教職員兼任之

(八)稿件　本報志在提倡故對于來稿極表歡迎凡以大著惠贈者本報當擇尤按期刊載酌酬潤資惟原稿登否恕不檢還

## ◉中國體操學校校長徐一冰徵求體育家意見啓

竊維我體育界宗旨之亂學說之雜無過於今日矣或則習島國之風或則守新大陸之制入主出奴此排彼斥或者又欲保存國粹恢復舊章用意可欽而研究無法盲人瞎馬難免貽譏殊不知雖棄國華蔑視歐化兩失之也彼今日之美國式乃採德國式瑞典式組織而成今日之日本式亦由瑞典式脫胎而出擷其精華自成派別他人行之成效昭著乃若拾人糟粕妄分新舊持一知半解之能作五十百步之笑豈不大可哀哉爲今之計是以造成中國式之體育爲第一要務不特息紛爭抑且尊國體也鄙人學識不足豈敢以先覺自矜祇以責任攸關亦不能當仁而讓爰爲發起此說徵求同心將藉敝報（體育界）爲商榷之機關尚望名家以言論相指導使此理想竟成事實則不特一人之私幸矣是爲啓

## ◎贈書誌謝◎

「三月十日以前收到」

山西省教育會　山西教育雜誌第五卷第二期一冊

山西洗心社　來復報第四十七期一冊

浙江省教育會　教育週報第二百三十期一冊

教育部　教育公報第五年第十六期一冊

中國體操學校　體育界第十五期二冊

烟台青年會　青年報二冊

長沙楊靜著　原生篇一冊

# 發起體育學會

體育非尚空談　然不明其體　又何以達厥用　日日言提倡體育　而體育之不振如故　宜矣　醒濫竽教育界言體育七年　每苦無術以健全兒童之身心　清夜捫心頓悟體育學也　姑術不足以竟其功　所以無術　要皆不學所致　爰擬發起斯會　以求師友　以勉進於學

海內

熱心君子　亦有表同情者乎　倘荷

不棄敬祈

賜示　以便進行

黃醒謹白

中華郵務局特准掛號認爲新聞紙類
中華民國八年三月廿四（第十四期）

# 體育週報

發行所長沙儲英源第二十三號體育週報社
每週一回逢月曜日發行
編輯兼發行人黃醒勝白
印刷者湘鄂印刷公司

▲售例▼
本埠零售每份銅元二枚預定全年四十八期銅元八十枚半年二十四期銅元四十四枚外埠全年並郵費銀元八角半年並郵費銀元五角郵票代錢九折污者不收

▲告白刊例▼
封面論前每期每半面大洋十元半面之半五元普通每面大洋十元半面六元四分之一面三元長登十期以上八折二十期以上七折三十期以上六折費須先惠中途停刊不退有礙體育之告白不登

## ▲發起體育學會

體育非尙空談　然不明其體　又何以達厥用　日日言提倡體育　而體育之不振如故　宜矣　醒濫竽教育界言體育七年每苦無術以健全兒童之身心　清夜捫心　頓悟體育　學也　徒術不足以竟其功　所以無術　要皆不學所致　爰擬發起斯會　以求師友　而勉進於學海內　熱心君子　亦有表同情者乎　倘荷不棄教祈　賜示　以便進行　黃醒謹白

## 本報徵文 第二次通告

本報前懸賞徵求

個人體育修養之心得

國民學校第一學年新生第一時體操教授案 二文原定二月底截止收卷三月揭曉自來連得外省多數同志函稱見報甚遲屬稿不易擬請展長期限俾得從容將事云云茲特將收券期展長兩個月至陽歷四月底截止 準五月底揭曉並增加取錄名額及贈品以表歡迎

特等三名（原一名）第一名獨得現銀五元加贈書券三元第二三名各得現銀三元書券二元

優等十名（原五名）每名各贈書券二元

中等五十名（原卅名）酌贈書券五角至一元五角

## ※論說※

### △近視眼之別解

黄醒

日人井上三迪序井上豐太郎「近視眼談話」曰，世界可恐可戒之事，雖不一而足，然未有勝於經過緩慢而不為急劇之害者。世固知戰鬭可恐也，强盜可恐也，結核病可恐也，癩病可恐也，其他可恐之事，人人知而畏之者亦多也，而獨於近視眼，不知其可怖而思所以預防之者何哉？皆由此病患之性質，微漸緩慢，不發生急劇之禍害，不予人以預覺故也。戰爭之害，眞可恐可怖也，然而日露戰爭，未嘗傷我壯丁之十一，況於强盜者哉？結核，癩病之症，眞可恐可怖也，然而罹此者，亦止於全國同胞之幾百人而已。至近視眼之害，則異是全國有爲之青年，患此者大半，幼少子弟罹此者亦頗多，直接間接防害教育與人以不便，至其甚者短其天命，總之阻礙於新世界間廻旋之人之活動者，豈可測度也哉？如此而於預防法猶不計，其至治療法而仍不謀所以普及者，果欲成何現象而始爲之哉？………（此節錄楊季常君原譯稿，書見本期譯著欄）

「近視眼談話」原書係明治四十年出版。楊君不嫌其舊，譯以相遺，蓋與井上三迪有同心，嘆國人不注意於此，思有所警惕焉。蒙感楊君之意，亦不避摭拾陳腐之譏，而用入報中，更鄭重特揭此序於此，亦同一心理耳。然蒙標題曰「近視眼之別解」者，則以此時之感想，已由「肉體上近視眼病害觀」進而爲「精神上近視眼病害觀」，恐怖進而爲悲痛矣。蒙肉體上之眼雖幸而不爲近視，若精神上之眼，則拜社會環象之賜，修養缺乏之賜，已成諺所謂「眼睛只看見鼻子」之近視矣。自痛之不暇，今舉「只見鼻子」之病眼，一測國中活動於新世界之人，就寸光所及之長涉而論，乃見有并鼻子而不見者——蒙爲此言，似過刻過謔，然悲極不擇言，或可爲明眼人所恕，且蒙今日出此言，已無乞恕之心，或謂肉體之病猶可醫，精神之病不可治，蒙謂人世間無不可治之病，所以不可治，無治之決心耳。無致病之源之見解耳。——社會他方面他種情形，不暇論及，姑就「體育」事業上一證。蒙「只見鼻子」與並「鼻子而不見」之近視病狀。

社會各方面之所見，體操即體育也。學校中有體操，體育乃學校所講求者，學校外不與焉。

教育界中人之所見，提倡體育，必也獎勵運動，獎勵運動，惟辦運動會。某校多開幾次運動會，必稱曰某校注重體育。某校運動會中多有幾種花樣，必稱曰某校之體操教員體育名家也。某校競技有一二獲勝者，必稱曰某校體育發達也。雖偶有疑者，以其近視故，不敢遽下斷語，反曲譽之，意以爲直言將獲罪也。聘體操教師，但問其名不名，不問其人格修養思想。

體操教員之所見，現在校長之要求爲新的方法，即其所認爲名家之前曰：「君有何方法教我，……請君與我以方法。」不曰：「我今須要某方法，我爲我所教之學生求適合於彼身心之方法。」

事有當然而當事者必明其所以然，徒明其當然不可也，甚且不解所謂當然，猶不可也；不解所謂當然，乃不見當然，是謂瞽者。見當然不求其所以然，是謂近視，徒旋其頸，不舉足另臻進境，姑無論其不肯致力，即致力焉，窮其眼光所至，亦不過其周圍數步內，肉體上之近視疾患，固足以阻礙新世界間廻旋者之活動失精神上之近視疾患，不僅阻礙活動力，且根本上不容活動力之發生，言體育而徒注意於肉體上近視疾患之預防之治療，不兼注意於精神上近視疾患之預防之治療，雖不阻礙活動力，奈其無活動力之發生何？縱有動力發生，要不過一種死動，必不能迴旋於新世界也——合理者謂之活動，不合理者謂之死動，合理之全體者謂之活動，徒合理之片面者謂之死動，死動之病在近視，換言之即目光短淺是也。蒙惟目光短淺，於是乎自悲臆度國中之目光短淺如蒙者，實繁有徒，乃不惜喋喋為近視眼之別解，然而適自足形為近視眼而已，何云乎悲。

春光大好，時不再來，體育事業，積極的積極事業也，進行力緩慢固不可，然不去近視症狀之眼光，雖充分的積極進行，亦無補於體育，湘中體育事業之幼稚，病不在無優秀之技術家，病在技術家之患近視，不將此似近視病狀之眼光變換，體育終無適當發展之希望，故蒙敢大言不慚，敬謹正告於湘中之體育家曰，諸君謀體育發展，勿徒專注目於學校中之操場上

## △研究體育者之自覺心與眼光

陳奎生筆記

### ▲麥克樂在南京高等師範體育科之演講辭

麥先生為著名體育專家，曾主任本校（南京高等師範）第一班體育科，現主任上海青年會體育科，其學問豐富，技術嫺熟，久為我邦人士所共知，茲先生擬於月內回國，十八日來校參觀，十九日為體育科講演二次（此篇係第一次講演）殷勤盛意，益我良多，爰介數言以誌感謝。

昨日予（麥先生自稱下仿此）來校參觀，晚間陶先生邀予於今日為諸君講演，余以時間短促，講演體育上高深之學理，或恐不及，茲與諸君共同討論別項問題，幸諸君一注意焉。

一求學須去不良之根性

曩日予來中國，不僅注意中國之體育，亦且於中美兩國國民性，嘗加攷察而比較之，知其互有短長，優劣各不相掩，惟中國人有一特別性質，即常人所謂「差不多」「不要緊」「媽媽糊糊」（義即隨意也）是也，須知吾人求學務求切實，方可致用，萬不可以此等含糊之語了之，此意予於去歲九月二十九日來校參觀時，亦曾為諸君道及，今日之所以重提者，恐諸君或不能盡除之，致礙學問之進步耳。

二科學與體育有密切之關係

諸君學習體育，不僅徒事運動而已，其他科學有助於體育者，亦當注意，一方面須明澈各科學之理論與作用，一方面須求其關於體育上實用之所在，如學物理化學等科，教員雖不能闡明物理化學與體育之關係，及其應用，而學體育者則不可不細心考

求之。予略述物理學有關於體育者數端，爲諸君說明之。至其他科學有關於體育者，茲以時迫無暇詳及，諸君知其一，而自反其三可也。

（甲）重心　人正立時，重心在脛下，故能穩重如山；若上體屈向側方過甚，使重心出於基底之外，則人不能穩立，必向側方傾倒。又於橫槓上前正撐，頭胸須向前傾，腳略向後伸直，使重心垂於橫槓上，則兩臂穩撐，不致傾倒。若欲向側方騰越下，須使重心變換位置在槓之前方，身體方能過去，故須擺動下體，雙腳乘勢向側方過槓，身體隨之前傾，則自然騰越下矣。若不明白重心之理，則此運動必難成功。

（乙）慣性與運動量　急跑時，不能驟然停止；吊環初擺動時，甚覺費力。前者係恆動之慣性，後者係恆靜之慣性，吾人運用此慣性之理，則可藉以練習巧妙之技術。如擲鉛球，先當作勢前進數步，然後轉身換腳，聳肩伸臂，擲球遠出。當球脫手之際，乘勢急以指向前推之，可使球加遠數寸，此係藉前進慣性而使球致遠也。又如撐竿高跳，不能縮身者，是因跑時身體豎立之慣性，驟然未能改變耳。又如習高橫槓之蹬足上，（又名屈身上及蝦身上）當其迅速着力蹬足時，增加兩腳之運動量，（運動量英名 Momentum 爲質量與速度相乘之積）則腳得有向前斜方進行之慣性。如欲雙臂撐立槓上，則須急速停止雙腳進行之慣性，使其生等量之反動力，助身體上升，而雙臂得以藉其勢正撐槓上。

（丙）擺動之理　擺長則速度小，擺短則速度長，此物理學擺動之理也。吾人習撐竿高跳，當撐竿落地，身體聳起之時，如身體垂直，兩臂伸而不屈，則擺線過長，高度必減，甚或不能跳過，或有能跳九尺五寸之高，而不能再增毫釐者，然其力之不足，實未明擺動之理耳。倘能研究此理，當其豎竿聳身躍起時，即屈臂縮身，使擺長減小，速度增大，則雖欲加高數寸，亦非難事也。

（丁）反動力及方向與距離之關係　跑步姿勢，足尖須正向前方，足之前部（即足尖）完全着地，地受足尖之動力大，則其反動力亦大，身體乘勢前進，可加大其距離；若跑時足尖不向前面，而向左右，如八字式，則每足只有一大指着地，所加于地之動力，動力既小，則地之反動力亦小，而前進之距離，亦必因之而減矣。又足尖向左右跑，與足尖向正面跑，兩者距離之比較，前者視後

者每步約減短一吋。(如圖之○X線)正確X爲足尖向正面跑所達之距離線，○爲足尖向左右面跑所達之距離綫，Y爲足跟齊一之綫，

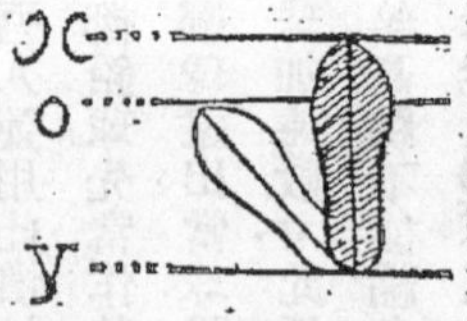


跑步每步約跑二碼之遠，若跑一英里時，則足尖向左右者共計所差之距離爲七十三又四分之三英尺，不良姿勢之影響，不可謂不大也，列算於左，

1哩=1760碼　正確跑步每步所跑之距離=2碼則

1哩須跑之步數=(1760÷2)步=880步

足尖向左右跑者每步所差之距離=1吋則

1哩共差之距離=(1吋×880)÷12=73¾呎

三練習技術之要件

上述諸條，係表明物理學與體育之關係也。茲再述數言，敬告諸君，爲諸君練習技術之一助。

(甲)好問　諸君對于技術，或有不明白及不能行之處，須詳詢教員，請其說明不合之處何在，應當如何改良，須日日求進步，以期技術嫻熟巧妙，切不可因不明白及不能，而即因循了事也。

(乙)模擬　如不能蹬足上者，宜注意參觀教師之動作如何，姿勢如何，時間如何，一步一步，分析明瞭，然後做而行之，自易奏效。

(丙)理想之預備動作　如某動作稍形複雜，非多加練習，不能有效，宜細問長於此種運動者，其緊要着力之點如何，然後閉目凝神，揣摩之，分解之，預在空間爲理想之練習，及至心領神會，胸有成竹之時，一試即能發現良好之成績，此數見不鮮之事也。某運動家如撑竿高跳時，輒先閉目以手握竿作聳身跳越之狀，戲劇家每於未出場之先，常在後臺預演一過，皆於未實行動作之前，而預先出以想像(Visualize)爲之準備也。

右列三端，爲練習技術者不可缺之要件，諸君果能守此不渝，其有助於技術之進步，豈淺鮮哉。(完)

◎學術◎

## ◉春季衛生(續)

鄧曉雲

(戊)關於食物者

食物之效用，其主要目的，在維持生活，圖身體之發達，而製造溫

熱及各種能力食物充足，則身體發育。反是則弱。苟衛生之道不講，誤食黴菌蟲卵等物，尤爲致病之原，故不可不特別注意也。

**肉類之毒**　肉類有各種之傳染病，或寄生蟲，在春季此種病蟲害尤爲劇烈。傳染病最多者爲肺結核，據晚近之研究，牛結核菌與人結核菌同，而小兒之腸結核多自牛乳而來，歐洲各國調查統計牛百頭中有五頭罹結核病，屠牛場常見一三—三〇%，然我國之牛，尙無此病，其他豚，馬等有脾脫疽，牛疫，豚丹毒，馬鼻疽，鳴疽，癰毒症等，寄生蟲最多者爲旋毛蟲，（Trichina）寄生於猪，以橫隔膜，腹筋，頸筋，眼筋，舌根，喉頭，肋間筋爲多，常被以石灰質之被膜，食於胃中，則被膜溶解，發生幼蟲，穿透腸壁，入於筋肉中。又有有鉤條蟲之囊蟲，（Cysticercus cellulosal）與無鉤條蟲之囊蟲，（Cysticercus tcnial Saginatal）發育於消化器內，變爲條蟲，我國人好食豚肉，此種病害，蟲漫不注意，爲患甚烈，不可不愼也，

**牛乳之毒**　普通市中販買之牛乳，平均一里特中，混有十二密瓦之塵埃，是由乳房或榨取之人不潔，或受器不潔，或浮遊於牛舍之空氣中，混入牛乳所致，而細菌尤多，新鮮之牛乳一cc.中有細菌二三千個，多至十萬，菌中最多者爲乳酸菌，其經過牛乳時，酸性度從而加增，是由乳酸作用而起，他種細菌「非病的」亦多發生，因此起種種之變化，成爲靑乳，表面呈斑點，或紅色，黃色，粘稠性等，皆不可食。乳牛脾脫疽，或膿毒症，口蹄炎，白痢等，則病毒亦隨之。又虎列剌菌，窒扶斯菌，實布垤里里菌，猩紅菌，赤痢菌入於牛乳內，繁殖傳染病毒不尠，皆當留意也。

**魚貝之毒**　魚貝富於滋養分，然在生殖期間，因捍禦外敵，常發生毒質，含於肝臟，生殖器，血，卵，皮膚等處，河豚毒常在卵巢，肝臟，血液中，金花魚，鰮魚，金槍魚與牡蠣，當姙孕期，皆含有毒，蝦蟹亦然。河豚含河豚酸，其毒尤峻烈。食之則神經痲痺，呼吸困難，腹膨脹而死，要之魚貝類當注意者，須選新鮮品，若有毒之物，除去皮膚，及內臟，入水久煮，則毒性全失，可供食用矣。

**蕈菌之毒**　菌類營養分少，消化不良，惟其味芳香，世人多嗜食之，春時菌類發生最多，而其毒極烈，不可不思患預防也。預防之法，在辨別其有毒與否，蓋菌類之有毒者，含有毒性蛋白質，誤食之則惡心，嘔吐，疝痛，下痢，四肢厥冷，全身冷汗，遂至痙攣，昏迷而死，其根部膨大，爲壺狀，顏色美麗，組織柔軟，富於水分，質弱易脆，曝於空氣中，爲黛色，綠色，或變靑色，出白色，黃色之乳汁，有惡臭味，辛苦酸寒者，皆爲有毒菌，有毒之菌，愼勿供食，淺人不察，徒貪一時之口腹，而貽鉅大之患害，甚至戕生殞命，亦愚矣哉，

**甘薯番薯之毒**　春時萬類滋生，動植之物，皆孳乳萌坼，以遂其

生番薯之未熟者及甘薯經過時間甚久已經發芽者常發生一種塞拉尼 Solanin c42 H72 NO15 有毒之物，食之則腹痛下痢，在於青年幼兒尤不可妄食致傷身體，此皆春季食物之宜愼者。

（未完）

## 譯著

### △通俗近視眼之談話

日本醫學士井上豐太郎述　長沙楊樹典季常甫譯

緒言　敎育爲國家根本的事業——近視乃國民之仇敵——不衛生不注意之結果——可憐之青春子女——發刊之理由

敎育爲國家根本的事業，敎育之及不及，視國家之命運以爲斷，然敎育之前途斯遼遠矣。普及之程，斯妨害矣。嗚呼！致我國民於羸弱之仇敵，猶不謂爲飛揚跋扈於我國之內也哉。所謂致我國民於羸弱之仇敵果何物乎？此無他，即諸種之慢性的疾患，吾人不可不加之注意者也。此慢性疾患之中，如肺結核與「烈卜拉」（譯音）固亦極爲可恐之疾患，就中近視及鼠疫者，若探其微而究其竟，五十萬同胞中，其未罹此之青年，雖曰無有，亦不爲過矣。此蓋由主持敎育者誤其方針，而亦世人鮮知衛生之爲重也。夫雖如何慢性之疾患，苟能得其預防之法，而不使之來，則亦無所容其撲滅於後，乃不自珍攝其身，一旦疾患既至，遂至束手無策，救濟無方，終至於不幸，何其不猛省之甚也。

此疾患之中，抱絕大之希望與決心而欲爲高尚有爲之士女者有之。謀人生前途之幸福，而初來此人世之弟妹，亦有之。而其大部分因此可恐之疾患，抱無窮之恨，空空而中途廢學，又因眼鏡之救濟無効，以致終於輟學，至其甚者，入於永劫不光之境，是眞可恐而又可憐之極也。

予鄉者已嘗爲鼠疫之演說矣。今更爲近視之統計與種類，及原因症候，「近視」與「學生」之關係，寓子諸種之說明，又近視之治療法，與預防法等極簡單極通俗之談話，而於世之患此者，並示以衛生上之注意。倘幸而能達到目的，則予之滿足寧有過於此者乎？請逐章而詳述之。

#### 一　近視之統計與敎育者

近視之異稱—予病院之統計—學生最多—年齡十六乃至三十六—未有過於此疾之不幸者—敎育者要猛省根本之錯誤

Myopia 近視，近眼，又稱近視眼，學生社會，乃學業年齡之多者。今先舉近例，引申言之，鄙吾所主宰東京眼科病院之統計，可知矣。此院之患者，據明治三十九年十二月末日之調查，合計一萬二千六百八十二名。其中之近視，約占七百五十名。此七百五十名中，學生患此最多，竟占四百四十五名，其他若官吏商人，勞働者，至爲少數。概計之，六七十名中，至少占二十名以上。

是在學業年齡者，每占多數，固無論矣。果也以學生春秋鼎盛之晷年，而爲此疾累，何爲其不幸之甚也，近視之爲疾，主持敎育者，更不可不加之研究，若不列爲重要問題之一，不可得也。

世間之對於近視，只謂濟之以眼鏡，便可遠見，此蓋根本的錯誤者也。不知近視之爲疾，關係匪輕，今請將近視之類別詳言之。

## 二　近視之種類及其原因

近視之四種—習慣近視—眼軸近視—體質遺傳不衛生—眼之畸形—由黑珠病所發生者—患者之比較—惡性與良性—竟成盲者—電線之比喻—文明國之訓令—使轉勞勤家—眼鏡之効用—防未發

近視先分爲四種，一，近視病之最多者，乃學生社會中，一種習慣近視。此種近視，爲過度使用眼力者所患，或用睛於光線不完全之處，或不顧眼力之已屬疲勞，而更爲無度之用功，因此習與性成，遂成近視。此類最多。二，其次爲眼軸近視爲多，此項近視調節機之關係漸少，眼之形態，而又非常擴充，一經成此近視，即如通常之好用顯微鏡者，其距離漸次長遠，而其結果，終至變形。此近視有體質上之關係，虛弱人易發，又有因胎毒者，或其父母爲嗜飲者，或有黴毒者，或非常之近視者。即令父母無之，其祖父母，曾祖父母有者，亦可以爲系統的遺傳。蓋體質既弱，適足爲招來之張本也。此等弱質，非僅言於眼而已。即其他病症，亦易招惹，不過眼之發生較他種特易耳。——又吾人雖未得有先天的遺性，若或不自珍攝也，得黴毒於後天也，狂飲無度也，用功太過也，亦足以罹此矣。三，吾人於母親之胎內，自第五個月起，漸爲眼形之整理及長成。若整理之初，未臻完善，即爲發生近視之一因。由此原因而發生者，最爲稀見。然於稀見之中，予病院亦嘗治療一二，如此樣之人，完全爲得受先天性之異形。若逕謂之爲廢人，則未免過當，其實已屬缺損眼之一部，而特呈一種近視之姿勢於外也。四，呈一種近視之症狀者，此最爲少數，其症爲何，乃係患角膜軟化症，與角膜實質炎之黑珠病所發生者。蓋因黑球向前方擴充，成一種薄而廣之現象，黑球次第加長，此亦稱凹面鏡子，若濟以中凹之眼鏡，則視力良佳，並可遠望，否則不利遠視。—「世之近視，略分爲以上之四種。其因不衛生，或爲過度用功，所發生之習慣近視，較與多數。十人之中，約五人患(一)部之近視，四人患(二)之部，(三)(四)部則所餘之一人患之之比例。

## △我的體育修養心得

◎通　信◎

我是個體弱多病的人，小時候就常患着咳嗽病，加上一個感受新潮流的人，在這舊社會裏討生活，那種昧況，眞是令人難堪，我的朋友多半恐怕我的生命不能長久，就是我自己也常怕成着肺癆病，但是我的精神是狠健康，身體也狠自在，并且會請醫生檢視肺的呼吸，却也和常人一般。六兄也猜疑着我這轉弱爲強，有甚麼修養法門麼？

原來人的生活，長有兩個原素，一個是「精神」，一個是「身體」，這兩個原素，又有聯結的作用，身體離開了精神，便是人生的死亡，精神離開着身體，也就是泥塑木雕，和同死亡一樣，說起來可以下條定義是「精神以附麗於身體而存在，身體以倚賴着精神而活動」所以人的修養，第一就要把這兩個作用聯合起來，在身體的修養咧！是衣食住的供給和一定的作息，在精神的修養咧！是學識的增進，和意志的自由。一般的人，只知道衣食住的不可少，無論極豪富和極貧苦的人，不過有宮室膏粱文繡和陋巷單食瓢飲的區別，旁的事情，可就都不講究了，

我是個極懶惰而且極任性，極好動的人，每日裏并不像體育家有許多合於生理的運動，只有些事體有旁人做得不合我的式，就自己去動，無事悶着便往外跑，跑倦了，回來白坐着，或者倒頭便睡，我的動作，就是作事和走路，休息就是我坐我睡，覺得比那拋了事不去做，要講甚麼運動，運動激烈了，又氣喘喘的狀，好得多又自在得多咧！至於我的精神的修養呢！說來慚愧，懶惰的人，他的學識，是人人知道的，然而我生着一個狂妄的性質，每每異想天開，我的思想，不受種種勢力的拘束，神經不爲種種激刺所擾亂，意志不爲種種誘惑所變更，無論如何，我的心思是自由自在的，精神是愉快得狠的，因精神的愉快，就得了身體活潑的結果，因身體的瀟洒，就得了精神充足的結果，因果相循，所以我自已相信是狠健壯。

六兄！現在乃是力的生存的時代，無論甚麼事體，都是力的作用，如汽機的轉，是氣的力，電光的然，是電的力，人的行爲，決意是心靈作用的力，人不擴張他這心靈作用的力，就是柔軟懦弱，無用，永遠墮落，長受痛苦，擴張起來，纔可以壯健，悅樂，成就的，六兄！這就是我修養的心得了。

鐵漢謹復

中華郵務局特准掛號認為新聞紙類

中華民國八年三月卅一（第十五期）

# 體育週報

發行所長沙儲英源第二十三號體育週報社

每週一回逢月曜日發行

編輯兼發行人黃醒勝白

印刷者湘鄂印刷公司

▲售例▼

本埠零售每份銅元二枚預定全年四十八期銅元八十枚半年二十四期銅元四十四枚外埠全年並郵費銀元八角半年並郵費銀元五角郵票代錢九折污者不收

▲告白刊例▼

封面論前每期每半面大洋十元半面之半五元普通每面大洋十元半面六元四分之一面三元長登十期以上八折二十期以上七折三十期以上六折費須先惠中途停刊不退有礙體育之告白不登

## 懸賞徵文

贈品總額 共值一百元

個人體育修養之心得

國民學校第一學年新生第一時體操教授案 陽歷四月底截止

收卷準五月底揭曉

◉特等三名 第一名獨得現銀五元加贈書劵三元第二三名各得現銀三元書券二元

◉優等十名 每名各贈書券二元

◉中等五十名 酌贈書券五角至一元五角

## 北京大學之「新潮」

第三期已於三月一日出版每本大洋三角每卷五本大洋一元二角外埠每本加郵費三分總發行所北京國立北京大學出版部第一二期合本業已付印特此附告

## 新青年

六卷一號出版

上海羣益書社發行

◉本社代售

北京大學之新潮

北京每週評論

◉本報代售處

上海棋盤街中市羣益書社

新坡子街中華書局

長沙府正街羣益圖書公司

## 論說

### △對於學校運動會之商榷

吳小山

學校運動會之目的有四，一曰表彰學校平時體育之成績，二曰促進學生鍛鍊體育之精神，三曰改正歷來教授體育之錯誤，四曰引起社會對於體育之興味，此非記者個人之私言，實當世體育家所公認者也。乃近日參觀學校運動會之結果，殆無不與上舉之目的相背馳，敢貢一得之愚，願舉行運動會者一商榷焉。

一表彰學校平時之成績　運動會爲表彰平時之成績，與學藝會成績展覽會同。惟學藝會成績展覽會兼注各科，運動會則專重體育，此其所以異耳。凡臨時停課鍊習，以供開會之犧牲者，無論矣。就令所表演者，皆爲平時所鍊習，然究有體育上之成績與否，敢確言其必無。何以言之？今之舉行運動會者，對於學生身體各部，平均發育發否，不暇問也。對於學生不良之姿勢矯正與否，不暇問也。所取之教材，合乎生理與否，不暇問也。學生各種基本姿勢，正確與否，不暇問也。但求技術嫻熟，動作整齊，覥然詡於衆曰，此我校體育之成績也。嗚呼！可謂不揣其本而齊其末者矣。

二促進學生鍛鍊體育之精神　吾人之必需運動，爲圖增進身體上之健康，殆如布帛菽粟，不可一日或缺。乃徧觀各校學生之對於運動也，會前則積極進行，事後則無形放任。不獨養成學生之虛榮，且勞逸不均，實違反生理之原則。運動會本爲促進體育之事，今反爲妨害體育之謀，亦何貴乎有此運動會哉？

三改正歷來設施體育之錯誤　近世科學進步，昨日之所是者，今日或以爲非，學說紛歧，甲所主張者，乙或從而反對，欲罰學校之對於體育，有悉能措置咸宜，毫無遺憾者，予實未敢深信。惟運動會集合一地方體育學者於一堂，且有具體的材料，以供研究，自不難集思廣益，折衷至當，以爲改良之基礎，乃今之舉行運動會者，對於參觀人之評判，願聞褒語，而不願聞貶詞，間有據理直言，即目爲藉端攻擊，但博得來賓之鼓掌，報紙之揄揚，而運動會之能事畢，欲求體育上之進步改良，烏可得哉？烏可得哉？

四引起社會對於體育之興味　社會程度幼稚，對於學校之設施，每多誤解，數年前學生因練習鞦韆浪橋等，折肱斷足之事，時有所聞，致學校體育一門，幾爲舉世所詬病，教育之難發達，此亦爲一大原因，欲引起社會對於體育之信心，自以運動會爲最良之機會，乃今之舉行運動會者，對於普通來賓，漫不注意，雖照例有開會宗旨之演說，或時間經濟，語焉不詳，或學理高深，難期盡解，致令來賓木立數時，莫名其妙，不作劇場觀劇之想，即來江湖賣技之譏，甚或因誤生嫌，勸令子女退學，斯豈當事人所及料者哉。

以上四者，僅舉大端，其餘細故，更難悉數，甲校如是，乙校如是，今年如是，明年亦如是，觀其形式，非不花樣日新，究其內容，實乃每況愈下，嗣後舉行運動會，有改弦而更張之者乎？記者謹馨香以祝之，拭目以俟之。

吳君既授予以此文，更詔予曰，吾見各校之舉行運動會時，尚有一大弊病，即臨時僅注意運動場內活動之學生，一不顧及出場休息之學生之飢渴傷勞，是已，予聞言不覺悚然，茲聞有議舉行春季運動會者，附此以質主其事之體育家。　醒讖

## 修　養

### △養生談薈（續）

漢兒譯

#### 妙藥輭酥之觀想

此種妙藥如何可得乎？是決不必他求，求之，則任何醫學國之市場皆不可得得之者，惟有內觀法之行者耳，輭酥云者，非真爲一種之藥劑，而行者自己心中作出之靈藥也，心收丹田，寂然靜慮，以觀想此靈藥，神凝於此，曾無幾何，一若輭酥即現於頭上，妙香即薰於鼻官者，心中想像曰，噫，真好香氣也，心神真愉快，莫比也，並想像其徐徐溶解，潤於雙肩等療法，內觀之行進於此境，此靈藥觀念之成，決非困難，其效亦歷歷可得，然此非內觀之行者研究批評皆不可得，又此法絕非仙法魔法，人人能自脩自得之正法也。

#### 記憶力之增加

本來內觀法者，釋尊始爲其弟子周利槃特迦所說之法也，周利

盤特迦於佛弟子中記憶力爲最鈍，任修何行皆無進步，居恒自憾，以爲小兒尚有能一見不忘者，而已不能，果無佛性乎？悲憤之餘，必欲一問釋尊求定進退之方針，一日敬謹禮拜於釋尊前曰，我自出家從佛聽佛說法，迄於今茲爲日已久，無奈性情愚鈍，一句偈文尚難成誦，出必死之力纔憶前句，已落後句，既憶後句，又忘前句，故迄今未記一言，未修一事，慚愧之情，不能自堪，今懇我佛大發慈悲，敎我善法，救此癡頑，爾時釋尊憫其不幸，敎以此法。周利盤特迦既受此法，踴躍退出，如法行之，曾不旬日，記性頓加。終爲釋尊羣弟子中記憶力之最佳者，成阿羅漢之大難行焉。

（未完）

◎譯著◎

## △通俗近視眼之談話（續）

日本醫學士井上豐太郎述　長沙楊樹典季常甫譯

一般之近視，有惡性與良性之分。極惡性，則視力之不良，宛同盲者。良性則非至一定之時期不如是也，到四十過修學之時，漸漸減少其視度，甚至昨日合光之眼鏡，至今日已不適用矣，若不次第減少其光度，不能遠望，此等眼睛，爲性質之最良者。反之，其爲惡性者，漸進其度，終成盲目，其經過之情形，始則眼底漸呈一種異狀，眼之背面次第窪凹，而自所謂視神經之頭之底部，逸出焉。其最切要之視神經纖維所分布之網膜層，隨其時之經過，而與下層之鞏膜脈絡膜等脫離。至是，遂成盲瞽矣。

今設此喻以明之，如電綫之能達千百里外之事於一室然。若或間以一欠伸之暇，即達於電信局之眼內，不移時而傳於中央政府之腦中，其敏捷迅速，不容須臾徐緩，若中央政府之腦不良，雖電綫之組織如何健全，終成盲目。又腦雖健全，而或電綫之時斷，電柱之時傾，則地方雖有重大事件，不可直達中央，而中央之於地方，亦直等於盲目也，是固由眼底所生之病症，如前所云者，其大要皆由先天之胎毒與黴毒所生成之眼軸近視爲多也。

此種近視至難療治，其成績亦極不良，雖有對症療法可用，然十之八九終歸不善，

如此之人，在衛生思想發達之德國，則依國家之訓令，官府必命其轉就他業，蓋一家之中有盲目之人，不僅止于一家之衰微，而將波及國家之不利，於是而使轉努力於森林農事，不甚用眼力之業，使不致再生產蕃殖，故也，

元來國家之分子，其重要者，固不僅學子，各種方面皆屬所需，勞働者亦其一也。所以文明國家有法令曰，國家各種分子皆屬有用云云，是其極優美之思想也。

所謂習慣近視，即由過度用功所生者，謂之調節機之病，此

即吾人所目擊在瞳後之窩子的病，若此瞳爲厚度之膨脹，則可取出其窩子，亦可遠望。若其視力漸近，則又須濟以眼鏡，而並須較弱度之窩子也。凡無天賦得來可悲之病症者，始終隨其距離而適其度數，所以一人非有幾十種之窩子不可也。此由其秉得有母親純粹之窩子，乃能得自然之調節，而無其他不自由之現象。否則雖如何醫術進步，不能有如是之安全，故讀書者不可不注意於衛生，而防患於未發也。（未完）

## ◉彙　報◉

### △運動與身心鍛鍊

日本小野鍾山氏原著（續）　任白濤譯

轉錄靑年修德會會報第二期

#### △登山

登山有種種之效能，自不待言，其最特色者，對於空氣之變化，與日光之强烈，養成增進身體之抵抗力是也。

#### △馬術

馬術之對手，爲有意思感情之生物，於此點與他種武術異，即騎手之心與馬之心，如不一致，則不能有所運動。馬術亦不可徒趨於技術，於精神修養上有重大之關係。「彼鞍上無人，鞍下無馬」之言，實爲馬術之奥義，且與劍禪一致之理相等，論運動之方法，馬術有種種之特長，如以爲托身於馬背，無何等運動之可言，是全爲門外漢之觀察，苟至馬術之妙處，則馬背殆如平地，可十分行全身之運動焉。

#### △水泳

水泳爲全身的運動，適宜爲之，效果殊大，無海水與淡水之優劣，祇淸潔與否之問題。然普通健康體，雖不潔之水，亦無甚妨碍，當具「水火不辭淸濁合吞」之勇氣。水壓力之强弱，小河不如大川，大川不如大海，而皆於增進皮膚之抵抗力上，有極佳之利益。惟要注意者，長時間滯留水中，則不適於自然之養生，故須時時登陸，暴露全身於日光空氣之間，以行所謂日光浴與土療法，實於皮膚之鍛練，最有妙味，欲得眞實之健康體者，盍試之。

#### △結論

此外尙有幾多之競技的運動法，其根本的精神皆相同，茲於結論，更述當注意之要件。

一　知興味　在各種之運動中，當以何者爲佳乎，則須因各自之精神與體質，而以理性判斷之，尤以選擇自己之所好，即對之有多少之興味者而爲之。蓋天下無論何事，苟感其興味，則常能脫却一切之苦痛與困難，不獨運動爲然也。

二　繼續的行之　一旦着手實行，決不可中途廢止，縱令生起厭棄之觀念亦不可不貫徹最初之決心意志不定徒爲一時的娛樂則最所宜戒機械的行之實精神修養之根本要義也。

三 勿拘於時•處•物 無論何種運動有暇則隨時隨地均可爲之炎暑之日中也可寒冽之暗夜也可而風吹兩降雪積之諸時會尤爲最佳之運動時會焉如以道惡而延期兢走雨降而停止登山則不可也。

四 整呼吸強腹力 綜合各種運動最切要者爲整呼吸強腹力之作用即注力於臍下丹田是也近時流行之腹式呼吸與之爲同一之原則嚴正之呼吸與強健之腹力實運動精神之生命根源也呼吸整腹力強則頭腦明瞭手足活動入火不熱入水不寒作一切之事無不自由自在彼世所謂之仙人奇術者皆從此呼吸與腹力之應用而來。換言之呼吸與腹力之訓練與禪道相一致乃包藏所有之運動與修養之根蒂者也。姑不論競技的運動即平常一舉手一投足之動作亦不可不以腹力爲中心而爲全身一致的運動個中妙味殆難詳說神而明之存乎其人而已。

五 精神本位 各種之運動第一不可不決心一旦決心則須以決死之勇氣以斷行之有決死之覺悟後即能目空一切若確立決心而不有決死之勇氣則無論何種運動亦不能究其奧義運動之奧義全在心身之調和靈肉之統一之境界也。

六 活動與勞働 人爲應活動之物而不可不勞働者也近世文明之半面於不識不知之間誘導吾人於不健康之境域其事例殆不遑羅舉。即如衣食住都會人士競物華美而因之惹起本能的營養機關之障害而比諸都會以外有與自然親近之多量機會之人其安全之程度相差殊甚遠也由是言之則居於都會之人士更以大反省大努力計心身之健康爲切要也而欲達此目的必先基於自主自動之根本精神善活動善勞働由自然之法則以圖心身之向上與發達焉蓋吾人之肉體終日營營孜孜以血汗淋淋之身則停滯物之發生極難若飽食終日無所事事則滋從之渣滓堆積卒至健康受多大之害毒良可畏也。

（完）

## △遠東運動會之消息

（錄時報）

遠東運動會中國北方及中部之運動選手定於五月三日在上海乘可倫比亞號前往斐律濱島大約七日可到馬尼拉先開會之期五日藉此得以習慣該島氣候至於第二次行期尚未定奪。今次大會之長距離賽跑已改爲五英里前聞日本有改棍球人員爲十二人一隊而地位大小不變者之說實不確茲接馬尼拉消息人數仍十六地位長八十英尺廣四十英尺。

籃球，在屋內運動場舉行，不在露天地位八十尺長四十尺廣。游泳不在馬尼拉海口之淺灣內舉行今定爲一長六十尺寬三十尺之池，水深自四尺至九尺。

各地委員所有候選之人員姓名，當速寄至總會以期事前籌備妥貼，謀最後之大勝利。

## ◉通　信◉

醉先生致書　醒先生鑒：頃接來函，謂讀弟書時，一笑至於不可仰，弟閱之亦不覺爲之失笑，蓋弟之文字能至於使人笑，未始於體育無些須之影響。傳屯艮嘗語　弟，云吾近來於衛生一道，得了一「三字訣」，其訣維何，即「叫·笑·跳」是也。弟嘗深韙其言，然弟不敢以此三字訣自私，嘗欲以之爲益人健康之具，故動筆每喜爲「笑」的文字（弟近來對於朋友通信均以皮口爲生活，亦引人發笑的意味也）以爲能令人「笑」則「叫跳」之動作即隨之而生，斯五官百骸無不受其益，惟「笑」爲「喜」之動作，古人謂喜怒哀樂之未發謂之中，發而皆中節謂之和，倘不得其中和，未始於身體無損，斯又武穆所謂「運用之妙，存乎一心」而已。至來函謂欲　弟爲「溲勃軒詩話」，以供貴報之材料，弟則頗以爲怪，蓋牛溲馬勃，最不潔之物也。此種文字以之投於「農業雜誌」則可補「肥料」一門之不足，以之投於貴報，實于衛生一道，有大損。「體育週報」何必自亂其例哉！醉也不敏，竊未敢承，酒後無事，書此以發

醒先生一笑。醉先生上言。

醉先生——我要求的是「溲勃軒養生話」，不是要求「溲勃軒詩話」，溲勃雖說是不潔，有礙衛生，但先生眼看着勞動的牛馬做文章，總比我守着猪柵所做的好一點，像這「叫……笑……跳」三個字的功夫就狠好，我覺「哭」之一字也狠有益於體育，善哭的人，必定心中無鬱氣，我想在週報新增一欄名曰「啼笑錄」，請先生常常的來笑幾回，再找一個與先生「反對的同調」來哭幾回，何如。　醒

## △專　件▽

### △中華民國國語研究會暫定簡章

（八年一月九日開會公同改定）

一定名　中華民國國語研究會

二宗旨　研究本國語言選定標準以備教育界之採用

三會所　設於北京（暫借北半截胡同旅京江蘇學校爲事務所）

四會員　凡贊成本會宗旨者由本會會員介紹得爲本會會員

五職員　設會長一人文牘幹事二人會計幹事一人庶務幹事一人由會員互舉之

六會務　(甲)調查各省區方言　(乙)選定標準語　(丙)編輯語法辭曲等書　(丁)用標準語編輯學校教科書及參考書　(戊)編輯國語書報

七會期　每年開大會一次如有特別事故得開臨時會

八會費　本會經費由會員自由捐助或募集之

九附則　以上簡章得於大會時以多數會員之同意修改之

本會職員(八年一月九日開會公同推定)

會　長　蔡元培　副會長　張一麐

文牘幹事　陳懋治　黎錦熙　沈頤

會計幹事　葉慶祜　庶務幹事　陸基

## △國語月刊簡章

(一)定名　國語月刊。

(二)宗旨　研究國語問題並提倡國語的文章。

(三)體例　(甲)全用國語。(乙)用標點符號。(丙)每期選幾篇較短的文章加注注音字母。若有已經注好注音字母的稿子概照原文登載。(丁)凡有外國的人名地名，除了那些很常見的譯名以外，都用注音字母直寫西文原字，右旁注原字的音，還有那些難譯的學術名詞或器物名稱也照上項的辦法。

(四)內容　(甲)議論。(乙)學術。(丙)文學。(丁)翻譯古文。(戊)翻譯外國文。(己)國語文選。(庚)通信。(辛)記事。

(五)編輯部　編輯部設主任一人，由國語研究會公推。

編輯員若干人，由主任延請會員擔任。

編輯主任對於本月刊一切稿件的去取，須負完全責任。

編輯員分任撰譯編輯和校對的義務。

編輯部得僱用鈔手，由會員酌給薪水。

(六)經理部　經理部設主任一人，經理本月刊的事務，兼管銀錢帳目，由國語研究會公推。

經理員二人，一管印刷和廣告，一管發行，都由主任延請會員擔任。

經理部得僱用助手，由會員酌給薪水。

(七)　本月刊經費由國語研究會籌集。

一切出入的款項，由經理部主任分期報告於國語研究會的職員會或大會。

中華郵務局特准掛號認爲新聞紙類
中華民國八年四月七日（第十六期）

# 體育週報

發行所長沙儲英源第二十三號體育週報社

每週一回逢月曜日發行
編輯兼發行人黃醒勝白
印刷者湘鄂印刷公司

▲售例▼
本埠零售每份銅元二枚預定全年四十八期銅元八十枚半年二十四期銅元四十四枚外埠全年並郵費銀元八角半年並郵費銀元五角郵票代錢九折汚者不收

▲告白刊例▼
封面論前每期每半面大洋十元半面之半五元普通每面大洋十元半面六元四分之一面三元長登十期以上八折二十期以上七折三十期以上六折費須先惠中途停刊不退有礙體育之告白不登

❋論說❋

## △體育策

（自日本寄稿）　方維夏

維夏對於體育素之研究，近閱日人木下東作論「日本運動界缺點改善法」一文，固知體育一端，得其道可促國運之勃興，如美利堅日本是也；失其道可致國家之衰滅，如希臘羅馬是也，請先述美日希羅之體育，次論提倡我國體育之方法。

其在美國因歐戰之結果，美軍武勇震耀寰球，迫出吾人評許之外，無非由國民體育之發達而溯厥由來與宗教有關係焉。夫耶穌新教以最短時期經宗教改革之大變遷，征服舊教國大半矣。因舊教宗規，專用於苦行斷食非體育的事，雖有讚美歌專爲合唱(Chorus)流於虛飾華美，唾棄各人眞實之詞，雖有懺悔祈禱之敬虔之念，僧侶之方針，以肉體之强，背乎神慮，所行之事，多害體育，且於宗教學校嚴禁體育，迨馬丁路德氏出一反所爲，以眞達式爲祈禱懺悔，使各唱讚美歌，宗教學校，採用希臘羅馬傳來之體育方法。新教之勃興，體育與有力焉，亦實由路氏之熱心提倡也。近代新教，漸逐舊教之臭，雖唱讚美歌，亦爲極狹義的解釋，有束縛於教義中之狀態。獨美國青年會大爲活動，揮體育之義勇，邁進軍，此其所以獲圓滿之結果也。

日本之體育，亦胎元宗教；如空海大師，（隋唐時游學中國）採我國佛學之蘊奧，徧傳教之足跡，創爲體育的宗派，（眞言宗）如役行者（日本修驗道祖善呪術）爲日本亞爾蒲(Alb)（白厤布製西洋僧服之一種）之先達，亦同時漫游，堅宗教之基礎，外如天理教，金光教等，其宗派主義，皆爲活動的體育的最近大盛爲日蓮宗，所謂日蓮主義之活動，亦其精力主義之賜，日人善利用之，圖武士道之風，故其發爲體育也，柔道劍道，至爲極堅忍之寒稽古（每年最寒時令學生日習柔劍道）野球，端艇，游泳，騎射，諸術，皆成國技，養成武勇，幾欲步德意志軍國主義之後塵焉。此日本收宗教體育之効果，惜其專事侵略，乏德義涵養，行見其顚矣。

昔在希臘，以提倡體育過於優待選手，有多給賞品，免稅，任官，（爲國王親兵）推薦市賓等事，甚至赦其國事犯，究其結果，反致選手品格卑下，失神聖尊嚴之競技，害國民體育之發展，徒知以手段爭勝利，不惜爲不正競技，或過度練習，斲滅國民之道義心，且體格不正，誘起病害，遂致國力之衰沈，又徒知獎勵其獨立心，競爭心，欲兒童獨立，使自求衣食，啓其竊盜心，敢於強奪，此過度獎勵，不僅戕國民之道德，且競爭激烈，多爲負傷廢疾之人，宜其衰也。

若論羅馬，因體育發達之結果，誘起各方面之趣味，從來與競技者，關係密切之人，結伴應援，僅縱覽運動，飽其興味，係一種心的體育主義，非體育實行者，即如當時之小吏等，欲饜此種興味，始則沽酒市脯，以飽老饕，繼則挾妓賭博，以恣淫樂，此等不潔之觀客，非過强烈刺戟，斷難表其滿足，其極也，要求擬戰及人獸爭鬪等，非人道之目標，其擾亂風紀，斲喪人心，終至不可挽回，故被體育生活之北方蠻人所壓倒焉，羅馬亡矣，其體育縱覽人，今猶有附和者，寧知此不實行不得中之弊害也耶？

由是觀之，美日二國，固由體育之功，而强盛，希羅二國，又由體育之流弊而衰亡，然則我國之言體育，不可不慎，且懼也，夫體育名詞，本我固有，體育歷史，間見錯出，遠導源於儒家之游藝舞蹈，釋道之修養鍛鍊，其間力士俠客，技擊等事，史不絕書，亦多與宗教有關，近則耶教青年會在我國提倡體育，大有奪主之勢，而回視國民，文弱如故，留學外洋，多病如故，豈我國昔言之體育，固偏而不全，即近年之體育，亦法有未周耶？補救之方，在闡吾國固有之舊體育，在師美日各國之新體育，正其規，不襲其弊，神其用，不一其方，務使全體國民，無男無女，咸知體育之可貴，不拘動的體育，靜的體育，各以相當方法，收體育之効果，提倡方法，可分學校社會兩方面，析言於左：

甲、提倡學校體育之方法

一、課外運動，宜定中心科目也。查各國各有其國技，如日本東京高等師範各校定柔劍道爲課外必修科，學生入豫科，每日課畢練習柔劍道，各校多有柔劍道場，東京高等工業學校因瀕隅田川，課外運動，側重端艇，歲費數百元，開大會比賽，外如英國之蹴球，亦爲國技，注重練習。我國男子學校，除重正課體操外，課外運動宜定拳術爲必修科。因南北通行，強弱咸宜，不須器械，練習便利，較日本之柔劍道尤便。凡各校初級學生每日課畢，必習拳術。雖此科有編入正課者，求其嫻熟，大非容易。課餘鍛鍊，尤資深造。此外因學校便宜，兼習各種運動，如近水者或習端艇，近郊者或習野球、田徑賽等，各級學生分擔演習。其在女校，課外運動宜以籃球（庭球、臺球、木球等）爲必修科，其他課間操、家庭園藝諸實習，可收運動之效焉。

一、養成公勇之選手也。提倡體育，固當以全體爲歸，不在選手一部，而運動競爭，表現全體體育成績之結果，有時亦莫能外，故平時練習範圍宜廣，當場比賽涵養宜深，欲袪希臘羅馬之弊風，宜一面陶冶其道德心，獎勵正規，無間之練習及公正之勝負，公正之應援；一面抑制其虛榮心、倖利心及過度之競爭心，則近可振一校之風規，遠可勵國民之道德風氣，而移國運繫焉。

（未完）

譯著

## △通俗近視眼之談話（續）

楊季常譯

### 三 近視與學生之關係

各人之對比——都會人與鄉村人——文明人與野蠻人——頭等之不幸——在本邦各學校之近視——有功効——噫無眼鏡——近來之警戒

近視之種類，前已約略言之矣。今於說明「近視與學生之關係」之初，於各人之居住生活及其他種種試對比而述之：

先將住於都會之人與住於田園者比較觀之，住於都會者之近視，總在多數。蓋都會之人，無望遠方之必要，僅望止於區域窄狹之處而已；反之，田園之人，遠眺山林，放睛原野，海岸之人，遙望海洋，如在咫尺，故無由而成習慣近視也。

又因社會之文明與野蠻，可得而比較之。社會進於文明，則近視必多；野蠻國則甚少。蓋文明國多精密之事業，其易趨於近視之習慣勢也。因之一般之人，以自己之爲近視，乃得自翊爲文明國之民族，飾以近視之眼鏡，又自以爲美麗而得意焉。夫今日社會之生活，已成爲近視之域矣。在患近視之人，豈非至不幸之事哉？故吾人不可不應用文明之學理，而謀治療、守衛生之法，而謀豫防，保其終身不入於斯不幸之域也，幸矣。

近視在日本學生，雖不知有若干之確實統計，大概大學與高等爲多。日本之大學，文科占其多數，其次則醫、法、工、理、農各科，以次遞降，以百爲本位，而比例之，凡五六十或更甚焉，亦未可知，

特余之最爲遺恨者，聞先年某學校檢查體格之役，五百生徒中，竟有五十餘名而罹近視者此五十餘名並候補生而亦未嘗採用之，

加之是等生徒於入學之時，視力健全並無何等異狀，然於修學之時，或者眼力遲鈍，遂成所謂習慣近視也。

如此則斯人之結果爲何如乎？不但不能達到立志終身盡力於國家之希望又不能不逡此殘廢於永劫不復也。（未完）

## ◎研　究◎

### △柔軟海操

二月六日麥克樂在南京高等師範體育科講演　陳奎生筆記

柔軟體操爲體操中之最難研究者範圍寬廣內容複雜短時間之講演，不克畢事茲所述其大要云爾。

（一）師範體育科學柔軟體操之目的。

諸君今日學師範將來必爲敎師學師範而學體育將來必爲體育敎師，學體育而必學柔軟體操，是將來不能不敎柔軟體操也。故諸君學柔軟體操，其目的不僅如小學中學學生祇在求鍛鍊身體增進健康已也。而於柔軟體操材料之選擇，運動之順序，敎授之方法三者不可不深致意焉學生年齡有長幼身體有強弱，精神有靈鈍程度有高下，情形既不一輒，則材料順序敎法，亦不可不因學生心理上生理上之要求而適應之若不洞明此理而拘守定規一成不變強爲授與則不但引起學生之厭惡心而輕視體操，亦且有損傷其身體，是徒無益而直害之也。去歲余參觀多數運動會見各校柔軟體操間有不合法者，諸君專攻體育，責任匪輕，對此重要之事，不可不特別注意而加以研究焉。

（二）柔軟體操順序之大綱。

柔軟體操之順序，如其死守一法，永不變通，則無進步，然欲改編則又不可率爾從事，必須深明人體組織學，解剖學，及實用肌學等，始可着手。予前歲所用之順序，與去歲不同，而今年所用者，則又異乎去歲矣。自覺頗有進步，茲將予今年在上海青年會所用柔軟體操順序之大綱，列表於左，以供研究者之參攷，但此式對於小學及他種特別情形學校，似不合用，是不可不辨耳。

上海青年

| 順序 | 動作 |
|---|---|
| 一 | 準備動作：（甲）身體；（乙）注意（袪除雜念統一精神）；（丙）聳身（準備肌肉韌帶骨關節等） |
| 二 | 上肢動作 |

會式柔軟體操順序大綱表

| | |
|---|---|
| 三 | 下肢動作 |
| 四 | 聳身及其他改正動作(改正肩胸背腰各部) |
| 五 | 軀幹動作(腹腰部) |
| 六 | 二三部分之同時動作：(甲)上肢及軀幹；(乙)四肢；(丙)下肢及軀幹；(丁)四肢及軀幹 |
| 七 | 快速動作(跑跳等) |
| 八 | 舒緩動作(平靜心肺血行及身體各部) |
| 九 | 呼吸動作 |
| 備考 | 聳身即伸展其身體也。如兩臂儘力上伸是。常例其激烈運動約在全部三分之二處。如本式第六第七兩動作是也。若其間插有別項運動則激烈運動移至五分之四或六分之五處矣。 |

(三)柔軟體操之口令

現今中國所用之口令頗不一致，幾乎人自爲政，亦一缺點也。予近來所用口令畫爲兩部：

(甲)動令：(一)動字令；(二)數目字令

(說明)(一)動字令 例如雙手叉腰——叉，與雙手放下——放兩動作，其第二「叉」字與第二「放」字視爲動令，演習者聞「叉」字或「放」字即將雙手叉腰或放下，是以動字爲令也。

(二)數目字令 若以「一」之數目字與「二」之數目字代上之第二「叉」字與「放」字，演習者聞「一」字令而雙手叉腰，聞「二」字令即雙手放下，是以數目字爲令也。

(乙)連續運動口令之呼法：(一)單數動作法(一字一動作)；(二)雙數動作法(兩字一動作)

(說明)此種口令之呼法，教師必先說明動作之姿勢與次序，然後使學生運動，其運動開始之令，即一「起」字，演習者聞「起」字令即依教師所說明者而運動也。容易之動作可用單數動作法，稍難之動作則宜用雙數動作法，蓋此法係兩字一動作，有一字之時間休息，可藉以改正不良之姿勢也。舉例如左：

(一)單數動作法；

(1)左足向左出一步，雙臂側舉。
(2)左足箭步(卽屈膝)。
(3)左足伸膝，
(4)左足還原雙臂放下(歸立正姿勢)

一敎師說明四種動作之姿勢與次序，然後呼一「起」字令學生依其說明一字一動，反復行之，故謂之單數動作法。

(二)雙數動作法(敎師先向學生說明)。
(1)右足向右箭步兩臂前舉。
(2)休息(乘時改正姿勢)
(3)上體向右轉兩臂上舉。
(4)休息(乘時改正姿勢)
(5)上體復正兩臂前舉。
(6)休息(乘時改正姿勢)
(7)右足還原兩臂放下(歸立正姿勢)
(8)休息。

一敎師呼「起」字。學生即依其說明而連續動作。此運動祇有四動作而呼數爲八，是兩字一動作也，故謂之雙數動作法。

釜生按麥氏所用之口令，久已通行吾湘，人人得而知之者可以删去。

又按我國口令不統一之病，在體操種類與動作等未能正名，麥氏所言尙其末端，無改良之效力。

△雜　俎▽

## △運動與身體之關係

(節譯 The third chapter of "Health Strength & Power" By D. A. Sargent)　南京高等師範體育科　江孝賢譯

世界最小之動物，厥爲阿米巴(Amoeba)。其爲物也，乃一單純細胞而成，無足無口無經無識，遍體皆可吸取食物以自養育。迨其經天演之進化，集多數細胞而成一稍高之動物時，則居於中間之細胞，因不能與外間接觸以取食物，遂必賴外層細胞之接濟，而後可以生存也。

吾人身體，亦爲無數細胞集合而成者也。然各有定位，不相逾越，各有專工，不可互代，其阿米巴之本能，久已失去。而營養生殖各種作用，全賴他種媒介爲之接濟。此種媒介物卽血是也。血自心房出發，由脈而至微血管，而至於全體。其所含之營養料，亦隨之而散布後復由微血管而至廻血管由廻血管而回心，輾轉循環，各部遂賴以生育焉。夫血爲供給身體各部營養之媒介，既如上述，然欲各部之營養充足發育旺盛則非運動無以爲功也。運動之益固難罄述，然其重要之功能可分爲兩端。

(一)使血流之速度增加。。。。。。。

吾人運動後若細察身體則見皮膚通赤，體溫大加，此血流因運動而速度增加之證也。血流速度增加，則各部所得之滋養自富，滋養既富，則身體發育加長自不待言。

(二)使新陳代謝之功能旺盛。。。。。。。

人之體內日必有無數老衰細胞爆裂而死，亦必有無數細胞繼續而生，此醫家所謂新陳代謝之機能也。死者少生者亦少，死者多，生者亦多，其率恒視運動之多寡爲加減也。蓋運動能使體溫增加以致汗液輸發，體內已死之細胞即隨之以排泄於外，沐浴後少加休息，則新細胞即生持之以恒，則體質自常新矣。

吾人身體發育之程度，半爲先天所定，不可強爲，然半則全操之於己，苟能常有合法之運動，不惟可以發揚先天固有之體質，且可增益秉賦之所不足。若再將此堅強之質傳諸子孫，葛藟遠施，瓜瓞長緜，則種族亦可因之而改良，夫豈小補也哉。

## △柔道擊劍太極拳新武術四者之價值

北京高等師範體育科　龐延祿來稿

體育云者，在使強健身體，鍛鍊心意，發揚志氣，養成堅實國民之學術也。如柔軟運動之目的，在發達身體，保持健康，完全各機關之機能，矯正一切不正之技勢；器械的運動，在使強壯體力，輕捷身體，養成活潑勇敢之氣概。蓋人體發育本於自然，取各種適宜之運動，使各部調和發育，以完成其天賦之模形，實爲人生當盡之義務也。今就柔道，擊劍，太極拳，新武術，四者之價值，分述於左：

**柔道**　柔道者，以柔克剛之術也，日本維新以前，武術家以此爲心身鍛鍊法，能使筋肉適宜發達，心身皆爲強健，且於練習之時，高尚氣風，重正義，守禮儀，足以養成勇武果斷，沈着克己忍耐，等諸美德，以及注意觀察判斷等心力，誠實施鍛鍊教育之要道。

**擊劍**　擊劍之動作，非規則之運動，乃全身機敏之動作也，其效果足以鍛鍊筋骨，增進身心之康健，兼養成果敢忍耐，沈着諸德性，於教育上亦最有價値者也。

**太極拳**　心身協動，內外兼修，不覺勞苦，血液可以流通，神清氣爽，絕無喘促手顫之弊，果能功夫純熟，不特永無疾病，且可益壽延年，以順破逆，以靜制動，以柔克剛，本太極拳之特色，可守身，可禦侮，可制人，又乃太極拳之專長，士人習此最宜。

**新武術**　動作敏銳，剛柔並用，促進呼吸，調和血脈，可使身體平為發達胆氣日以豪邁，四肢有共同運用之效果，豪無偏癈之患，較諸其他拳術，功效奚止倍蓰。果能極端提倡，實力奉行，不特文弱之風可振，安知數十年後不能爲世界强國乎。

## 通信

△游泳　陳紹休

勝白老兄：——

承贈體育週報，已收到十二期，讀了，得益不少。老兄對於體育的熱心毅力，着實令人欽佩；總是這樣做下去，我想影響會不止僅及於湖南。可惜我於體育，既缺修養，又少研究，不能提出甚麼問題和老兄討論。惟有一件事，是我向來歡喜做，並且信他於身心皆有益處的，今日星期無事，且拿來與老兄談談，並希望老兄在體育週報上，把他提倡提倡。

我要談的是水上運動的游泳。我於游泳，在高等小學時代已經玩的頗好，每年暑假在家，還要把他實際應用起來，天天和我幾個弟弟張着網在河裏捉魚；那些臨淵羨魚的隣舍，因此爲我們取個綽號，叫做「鸕鶿」。後來我在長沙第一師範讀書，每到熱季，也是邀些同學，天天在湘河裏洗澡；同學又上我一個「海軍總長」的徽號。我得了這些尊號，好不高興，以爲我的游泳程度，可以乘長風破萬里浪了；所以前年第三次遠東運動會，中國選手在上海開預選會的時候，我就冒冒失失，去充湖南的游泳選手。在上海和一位廣東選手做了一回四百四十碼賽泅，他到目的地了，我還差八十碼；兩下的速度爲九與十一的比例；我經過這次失敗，才知道自己的游泳程度，眞是幼稚。但是後來東京大會中國選手的游泳分數，又幾乎等於〇；因此更覺得中國的游泳，要赶緊提倡，赶緊研究了。

研究的話，我如今倘不配說；且把游泳的關係，舉出幾件，和老兄說說，做個提倡的意思。

第一、游泳與體育的關係。

這又可分做幾條來說：——

一、游泳爲有趣味的運動。——運動有益於體育，是不消說的；但是平常學校裏那種被動的體操，教員喊一聲，學生動一下，與味索然，心身反感痛苦，這叫做傀儡式的運動，那裏有益；游泳這事，是人類天性喜愛的，你看鄉裏的小孩子，那一個不歡喜洗冷水澡？他們的父母，常常把落水鬼來嚇人，他們還是不怕，因爲人在水中游泳，涵濡浸漬，有一種不可形容的樂趣，較之平常的死體操，怕不止好一千倍！

二、游泳爲作業的運動。——現在不是勞働世界嗎？職業教育，不是最好行嗎?有些人就主張廢去體操,以勞働代運動;我說體操也有自他身的價值,可以獨立存在,但是那種舉手投足的體操,實在是「舉梃擊空,祗以自勞」,自不如游泳等事,可以操練身體,又可以得一種技能,並且這種技能,又非那徒供娛樂的球戲等可比,直接應用起來,就可爲漁業等種種生產的事,所以我說他是作業的運動。

三、游泳爲鍛鍊的運動。——游泳是和水作戰,利用水的反抗,以爲運動,全身都在水中,全身都要用力;若是快泅,就比蹴球賽跑還要激烈,狠可以鍛鍊筋骨。

四、游泳爲平均的運動。——前條已說過,游泳時全身都要用力,頗與陸上的徒步相似,但徒步的根本,還是在足與地相抵,若游泳,則處處與水相接,通身都是着力點了。

五、游泳的清潔價值。——清潔皮膚,莫如沐浴,然而普通的沐浴,盆不過三尺,水不及一石,洗來洗去,還不是「以污攻污」,有甚麼乾淨?游泳的人,拿天地當浴室,拿河海做浴盆,傾江漢之水來洗污濁,眞如曾子說的,「皜皜乎不可尚已」。

六、游泳和冷水浴。——貴族式的游泳,間或有用人造溫水池的;我以爲這是玻璃缸裏養金魚,太沒生趣。我所提倡的是江河湖海的自然游泳,都是冷水浴。——水溫低於體溫,——所以游泳兼有冷水浴的功效,可以冏練皮膚,促進血行;……若是海水游泳,那就更有特別好處。

七、游泳和好空氣。——游泳時,赤身露體,自然得着空氣浴的益處,並且水上空氣比陸上潤澤新鮮,於呼吸更是有益。

上邊七條,是說游泳與體育的關係,拉拉雜雜,無甚新理;老兄是個體育家,恐怕不値一讀!(未完)

## △各處寄贈書報一覽(三月三十一日以前)

| 書名 | 冊數 | 發行者 |
| --- | --- | --- |
| 教育公報第六年第一期 | 一冊 | 教育部 |
| 救國日報 | 每日一份 | 救國團 |
| 來復報第四十八至第五十期 | 各一冊 | 山西洗心社 |
| 新教育月刊第一期 | 一冊 | 新教育共進社 |
| 新潮第一卷第三期 | 一冊 | 北京大學出版部 |
| 每週評論第十一至第十四號 | 各一份 | 北京每週評論社 |
| 教育雜誌第十一卷第二號 | 一冊 | 上海商務印書館 |
| 教育公報旬刊第百五十九期 | 一冊 | 山東省長公署 |
| 教育週報第二百三十一至三十三期 | 各一冊 | 浙江省教育會 |
| 教育月刊第十二期 | 一冊 | 安徽教育廳 |
| 法政學報第九期 | 一冊 | 北京法政學校 |

中華郵務局特准掛號認為新聞紙類

中華民國八年四月十四日(第十七期)

# 體育週報

發行所長沙儲英源第二十三號體育週報社

每週一回逢月曜日發行

編輯兼發行人黃醒勝白

印刷者湘鄂印刷公司

△售例▽

本埠零售每份銅元二枚預定全年四十八期銅元八十枚半年二十四期銅元四十四枚外埠全年並郵費銀元八角半年並郵費銀元五角郵票代錢九折汚者不收

△告白刊例▽

封面論前每期每半面大洋十元半面之半五元普通每面大洋十元半面六元四分之一面三元長登十期以上八折二十期以上七折三十期以上六折費須先惠中途停刊不退有礙體育之告白不登



## 本報徵集

個人體育修養之心得

國民學校第一學年新生第一時體操教授案 右二題任作一題皆可

四月底截止 收卷準五月底揭曉

◉特等三名 第一名獨得現銀五元加贈書劵三元第二三名各得現銀三元書劵二元

◉優等十名 每名各贈書劵二元

◉中等五十名 酌贈書劵五角至一元五角

## ※論說※

### △體育策（續）

方維夏

乙、提倡社會體育之方法●

一、宜廣設公共體育場及公園也。社會體育，範圍廣漠，提倡之方，不僅運動一端，凡衣食住均有關係；綜計羣類，可分勞動者與非勞動者：勞動者，如工農行商等，終日營營，不患無運動，或患爲身體一部之運動，稍有休暇，不入茶樓酒肆，即偃息闤闠蓬廬，甚至娛樂不正，戕賊體軀，弱及子孫。使於空曠清潔之地，設體育場，公園，佈置種種有興味的體育器械，如握力計，滑橋等，則久吸濁塵之勞動家，有如濁水魚之噞喁清流也，其有裨衛環呼吸各器，豈淺尠哉。矧風景宜人，自然物美，可減去其俗惡之念，不平之聲，國民道德，藉以增高。其在非勞動者，如仕紳，坐賈，女人等，終日蟄伏，逸則思淫，齷齪滯積，鬱爲病夫，甚或成廢疾，致夭札，使有體育場及公園爲之展足，則舞蹈舒筋，盤游豁目，血脈流通，志趣高尚，其益顧不大哉。（日本東京及横濱各公園，常有男女扶老携幼游坐其間，女人兒童，或爲擊球等運動，我國江蘇南道一縣城有五公園，亦多游人，）

一、宜提倡正當娛樂也。近來麻雀撲克之風大盛，荒業喪志，破家亡國，宜一面嚴禁此消極之娛樂，一面提倡積極之娛樂，如舊歷正月之演獅燈，習諸武術，端陽之競龍舟，獎勵競漕，他如騎馬試劍，鬬雞走狗，田獵射擊，角藝闘碁，賭彈擊球諸事，苟提倡得法，即一技有効，慎毋謂末藝之無當體育也。

一、宜竭力剗除害毒也。妨害體育之陋習，固非一端，務宜去其泰甚，我國鴉片，褁足，早婚，三害，盡人皆知，幾類常談，顧何以禁革數年，而社會之毒霧不消，（近日外人在我國用瑪琲針治病，其害較鴉片尤毒）、惡習不凈，遞傳遞弱，種瘠國亡，國民體育之害敵，尙有過於此者乎？此固由不肖之軍人官吏，及頑鈍家長，有以梗之，亦實由社會之奮鬭無人，嗣後對於此害，宜視如毒蛇猛獸，吞噬子孫，羣力撲滅，勿使稍遺，或政府嚴禁，或鄉閭規約，先之以勸誡，繼之以刑罰，行之數年，成効可期，則體育之大障得去幾層矣，愼毋以斯言爲廣泛也。

此外如都市改良，家屋改良，衣食適度，起居有節等事，皆與社會體育有關，前二者惜我國財力尙難行此，後二者即穿衣吃飯睡覺問題，皆含學理，皆關體育，有能以白話說明良法則者，其言雖庸，其功至巨。

（完）

## △養生談薈（續）

◎譯著◎

坐禪應用之記憶實驗譚　濁浪菴主人原著　漢兒譯

余嘗病胃，又有腦疾，記憶力日益減少，每日至上野圖書館研究所志之學課，氣鬱頭重，輒不終日而返，懊惱不堪言狀；竊念安得一救此病者？一日，探圖書館之書目，得記憶增進法一書，大喜欲狂，取而讀之，「中謂飲食不可過多，每日焚線香一二本，坐禪後乃讀書，則記憶力必然增進」余思即此可以增進記憶，則幸莫大焉，誓當勉力行之，然尙以其事之良否，不能據一書判明，查訪其署名著者於下谷之黑門町；其人數月前已赴上州，乃訪其題字者原坦山翁於牛亡之獅子寺。

原坦山翁者，當時著名之僧也；所居爲赤煉瓦造之二層樓，至時翁方演講其所著之惑病同源論，赭顏白髯，威儀儼然，余心恍若面對仙人，聽講既終，乃敬叩以坐禪能增進記憶，果事實否？老禪師取其大眼鏡於手中，曰「是豈不佳，坐禪則心靜，心靜則能映物，物映則能記憶矣，總之，心靜時譬之波平如鏡時，月出則映月，星出則映星，妖怪美人出，則映妖怪美人；若波濤起伏不平，任如何清潔之水，月映之則碎，星映之則散，美人映之如妖怪，妖怪映之如美人；種種變形，自不平始；坐禪者，靜則心者也，焉有心境既靜，而記憶不增者乎」余至是若於地獄遇佛，久飢而饜山海之珍，敬虔頂禮而辭僧去，期於翌日必實行之。

（未完）

## △矯正脊柱之研究

◎研究◎

勝白

俗話說竪起「脊樑」做人，背脊骨喚作「樑」，因爲他在人身上，狠像「房屋的脊樑」，但是人是兩條腿立起來的，和別的生物頭前尾後或四條腿支持體重是不一樣的，科學上將這「樑」換作「柱」，像是確切得多，我們現在要說豎起「脊柱」做人了。柱子本來是直立的，說要豎起，難道因他不是直立的麼？我標的題目是「矯正脊柱」既待矯正，自然是歪的了。——一個人的姿勢和「態度」「儀容」上有關係，普通人都明白的，其實和健康上，也有極密切的關係，多少體育家，醫學家，狠注意研究這層關係，——我自恨在醫學上沒有修養，又不得解剖實驗的機會，研究這問題的根據，是狠淺薄，還希望體育家，醫學家，將我這「矯正脊柱之研究」加以「矯正」。

要研究矯正脊柱的方法，先要明白脊柱不正的現像，同所以不正的原因，便是脊柱的本態同康健上的關係也需明白。所以我作這篇文字大轉彎子，從遠遠的說起，

脊柱（Wirbelsäule）本態，原是彎的，我們要矯正的，是因為習慣上所成彎曲形態，不合生理本態的那種彎曲。彎曲分兩類，

附圖一

第一類，前後的彎曲。第二類，左右的彎曲。先說前後的彎曲：

脊柱是由三十三或三十四個椎積疊成的，頗有些像S的形狀，又喚作波狀彎曲。照第二圖看起來，從載域前結節（A）到

人體直立時脊柱彎曲之狀

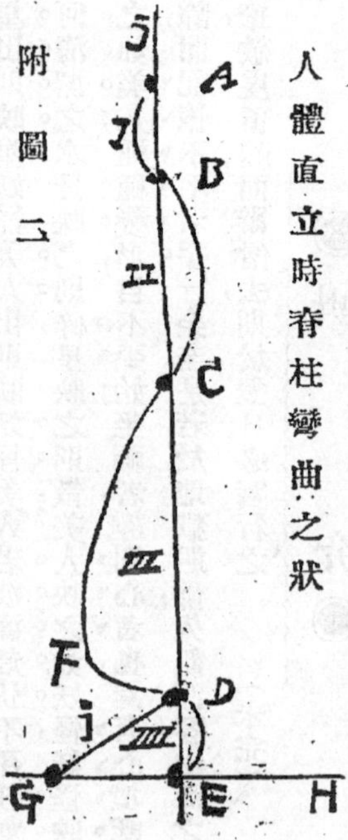


附圖二

第六頸椎（B）成第一彎曲，喚作頭彎曲（I）從第六頸椎（B）到第九胸椎（C）成第二彎曲喚作胸彎曲（II）從第九胸椎（C）到第三薦骨椎的彎曲部（D）成第三彎曲喚作腰彎曲（III）從第三薦骨椎彎曲部（D）到尾閭骨尖端（E）成第四彎曲，喚薦骨附彎曲（IIII）——圖上F處指薦骨胛，G處指耻骨縫際，H指地平線，圖i指前後線，j指垂直線。——這是人體直立時脊柱彎曲的狀態。（三）所以成這形狀，是因為人生從母

胎兒

(附圖四)

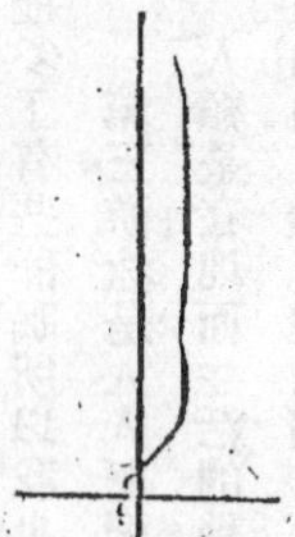

初生兒脊柱狀態

胎中直到成人所經過的境遇造成的。人在胎中本來是向前彎的像C字的形狀(附圖三)到離母胎，脊柱纔直了，(附圖四)那時骨質太軟，支持身體不住，所以想坐也坐不穩站立更不用說的了既然常常水平着臥倒脊柱沒有擔負，所以狠直。等到五六十天——八禮拜的光景——時頸筋肉漸强可以支持頭部的重量，頸部的後彎也漸起了到七個月以後可以坐起來只是頭臂同胸部內臟的重量向前方牽引脊柱成了個大大的後彎。(附圖五)漸漸的要擴張他的眼界努力前視上視，不免將頭擡起，但是頸筋感受疲勞頭向前方沈降頸筋收縮又成就了一個頸椎前彎的狀態。(附圖六)再過兩個月——當生後十個月的時候。——可以直立因為好奇心同怕向前方傾仆的豫防，手中有所攀援頭向後仰便成就了腰部前彎的狀態。

(附圖五)

(附圖六)

(附圖七)

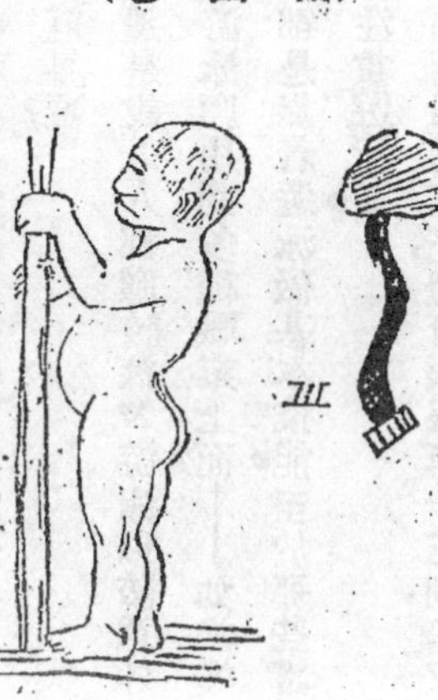

(未完)

◎通信◎

△游泳(續)

陳紹休

第二游泳能修養心性●

游泳是常常與水——江河湖海等水——為緣的「澤國」「海濱」的民族因為與水接近他的文化就往往比那「山國」「大陸」的民族高一等●游泳的人常常置身水中受水的化自然更要深切●但是水對於人的精神到底有些什麼感化呢?請略說一說——

一活潑●——水性流動不居；人受了他的感化就會活潑多智慧●孔子說「智者樂水……智者動……智者樂」我說「樂水者智」●水與智是互為因果：所以古代文明多發祥於半島近水的

民族，每比山居的活潑多智。這個原因，並非盡在交通的便不便，大半是由於心理作用的影響，

二、進取。——孔子稱歎流水說「逝者如斯乎！不舍晝夜。」孟子也說：「泉源滾滾，不舍晝夜，盈科而後進，放乎四海。」我在河裏游泳時，嘗誦着這幾句書，覺得「悠然神往」，止說他能彀激發進取精神，還是淺乎言之了。

三、勇敢。——河海的水，常常有些風潮；游泳的敢於赤身承當，乘風破浪，投入漩渦，這種冒險的精神，何等勇敢！

四、曠達。——游泳海濱的，不消，是海闊天空，超曠極了；就是那一勺水的湘江，洞庭，有時也覺得「一望無際」；若是用仰泅的法子，僅僅把鼻子，眼珠，浮出水面，向着天空，歡喜唷，文章的，更把那赤壁賦，細細的默讀一遍，那種「得其所哉」！的景況，眞會像「馮虛御空，逍世獨立」了。

此外如沈靜，坦白，淡泊，和緩，清潔……等等，都是人生的美德；都可從游泳養成，都是由於自然的道理。但是這些抽象的玄譚，扯多了，有些催眠，所以我也不一一解說。

第三。游泳是人人應習的技能。

人類是在地面生活的；地面上，四分之三是水，四分之一是陸，假如由這樣無理的演繹下去，就可說人類的生活，有四分之三是在水上了。就是縮小範圍，單說大陸的內部，湖，河，溪，澗，池，塘，井……，無處不是水，我們那一天不要和他相接？這樣看來，那水上生活的技能，眞是人人應有的了。請你閉着眼珠看一看！那枉死城中，不是落水鬼佔多數嗎？（這是說笑話，不是說鬼話）前年楚材擱沉江寬，淹殺乘客數百人，這還可以說是小百姓該死！但是現在交通世界，航行江海，是我們的常事；難道遇着危險，都可以拿該死二字來自解嗎？有人說：我們只要「戰戰兢兢，如臨深淵」，自然不至失足。我說：世間淹死的人，除却幾個短見的婦女，蹈海的烈士，誰是自己尋死？不過怕百年之中，萬一碰着一回意外之變，所以要平時練習游泳，遇到危險，就可以自拔，並且可以就救人。又有人說：我們鄉裏人，又不去漂洋過海，怕個什麼唉！鄉裏人！你們的親戚，鄰舍，因爲洗衣，挑水，……失脚在塘裏，井裏，…………淹死的，我也不知聽見多少！難道都是算命先生預先說過，犯着了水厄星嗎？

上邊是說人人都應該練習游泳，以防意外的變故；此外還可以把游泳應用到多種職業上面，——如漁業的魚夫，船上的的水手，都是靠着遊泳做基本技能。至於那些講軍國民教育的，更是會注重遊泳了。

我的話剛剛寫完，體育週報第十三期恰又寄到，打開一看，

開宗明義四個大字就是「人的體育」論得很是不差！但不知我要提倡的遊泳是人的呀還是鬼的——非人的——呢？腦筋昏了手也倦了不想再寫了，還是候老兄指教指教罷。

——陳紹休 三月二十三日。

贊周兄：——

我從前聽說兄會泅水，很覺得奇怪；心想着山居的人，何能愛這個游戲？現在讀老兄這信，才明白老兄所以「愛泅水」同所以「會泅水」的原故，我是個下不得水的，不甚明白水中的興趣，但是讀老兄這信，不由得生了一綫的信仰心，很有意找一種適當的機會學習學習。

我對於體育發展上是希望諸般並進的，週報上也是希望體育事業諸般並進的；——不過對於徒耗能力不生產的却極積的反對，——泅水這件事的「價值」同「時價」都很大，老兄已經說很明白，我沒不願意提倡的，更不能認作「非人的體育法」。

老兄若是肯將你那泅水所得經驗，逐條寫出來送我登在報上，等這許多讀老兄信的人得個指北針，都去試試水中的興趣，豈不是很有益的事麼？

——黄醒 三月三十一日。

勝白先生：頤聞名久矣，又嘗於同學處讀所刊「體育週報」，使一般冒膺教席者，赧然自愧，知所研究，先生用心苦，吾民被福深，幸甚敬甚。茲者頤遠涉千里，僻處南陲，承乏之國民科體操教授，清宵自省，如教材之選擇，教程之配當，兒童體育進行之督促，皆茫無把握，先生其有以啓其蒙昧乎？頤雖不敏，先生如肯進而教之，敢不勉策駑駘，以張其道。

胡義頤

辱承獎飾，愧不敢當，僕教小學體操七年，班數凡十八，至今仍不得眞實把握，教材選擇之標準，教程配當之方法，每次預定，無不失敗，例如適於「元年度入學兒童」之方法，絕不適用於「二年度入學之兒童」，甲校三年生適合之方法，又不適合於乙校，一班學生中，使用同一方法，有時僅適於年齡較大之兒童，於較幼者爲有害，適於較幼者之方法，年長者又每失興趣，若言「督促」，更所深愧，例如嘗切實囑兒童以「閉口」矣，而學生之「掀唇露齒」者如故也；嘗矯正兒童之脊柱矣，而學生之「聳肩圓背」者如故也；嘗教兒童以敏捷活潑矣，而輕燥浮囂之習乘之起；嘗教兒童以整肅靜穆矣，而呆滯遲緩之弊生；愛我者每以設備編製上欠完善，管理訓練上不統一，爲我解嘲；然僕之操術不精，實不敢自諱，深負下詢之意，愧無以報。惟有一點，吾人言體育者，不可不認明之，「即學校因兒童之體育需要運動而設」

體操科，」吾人教體操當以一個個之兒童爲本位，採取適應彼一個個兒童心理生理之方法；不可以體操爲本位，强兒童適應吾所欲行使之方法。醫者有云「望聞問切」又云「對症下藥，」吾人言體育雖不僅在消積的去病方面，然準此二語以求吾人所欲得之把握，當亦知所取徑也。鄙見如此，高明以爲何如？

黃醒 四月十日



## △各處寄贈書報一覽

| 書報名 | 册數 | 發行者 |
|---|---|---|
| 新靑年六卷一號 | 一册 | 上海羣益書社 |
| 複式教授法 | 一册 | 山西省教育會 |
| 體育季刊第一二號 | 各一册 | 北京體育研究社 |
| 實業雜誌新刊第八號 | 一册 | 湖南實業雜誌社 |
| 民鐸雜誌第五期 | 一册 | 李石岑先生贈 |
| 西安靑年 | 一册 | 西安靑年會 |
| 關於國語教育之雜錄 | 一册 | 國語研究會 |
| 通俗教育報 | 每日一份 | 通俗教育書報編輯所 |
| 教育雜誌第三號 | 一册 | 上海商務印書館 |
| 教育公報第二期 | 一册 | 教育部 |
| 教育週報第二百三十四期 | 一册 | 浙江省教育會 |
| 每週評論第十六號 | 一份 | 北京每週評論社 |
| 教育公報旬刊第百六十、六十一期 | 各一册 | 山東省長公署 |

中華郵務局特准掛號認為新聞紙類

中華民國八年四月二十一日（第十八期）

# 體育週報

發行所長沙儲英源第二十三號體育週報社

每週一回逢月曜日發行

編輯兼發行人黃醒勝白

印刷者湘鄂印刷公司



## 中國體育學校體操遊技講義預約通告

本校所有各項講義專為在校同學購用校外向不出售。茲因各處男女同志來函詢問均欲以得此項材料為懇切之請求。因特提出三百份以應諸同志之請。全份共計十卷。祗收印刷費大洋兩元（郵票代錢不收）另加寄費二角。存書不多請速匯費函訂。概不零售。

### ●全份講義計開

◉體操理論（卷一） 凡關於體操、遊技各項正當理論及研究歷年修正、靡不詳盡、

◉各個教程 洋裝一厚冊 一百四十教程、

◉普通體操（卷二） 上卷 徒手、啞鈴、球竿各二部、 下卷 棍棒三部、木環一部、豆囊二部

◉應用體操（卷二） 上卷 普通應用教材十種、 下卷 高等應用教材十種、

◉行進遊技（卷二） 上卷 各項說明、步法詳注、 下卷 各式行進舉例十種

◉競爭遊技（卷二） 上卷 各項說明及教授法、 下卷 材料三十餘種

右例各項講義均由徐一冰先生詳細校正。並由本校十二年教授之心得隨時研究。誠為體育界不可不得之教材也。

※論說※

## △辦體育週報做甚麼？

黃醒

辦體育週報做甚麼？——辦體育週報做甚麼！——辦體育週報做甚麼●——一句話八個字沒一筆不同，因爲說話的吐出字音輕重快慢不同，語氣也就不一樣了；這三種聲浪震到我的耳鼓，刺戟我的神經，居然至於失了知覺，前次因爲有人不應當我在報上儘說「靜」的話，曾作了篇「爲甚麼提倡靜的體育」？（見第九第十兩期本報）解嘲，這句話初到我耳，不過笑笑罷了；近來說這話的狠多，又是同在長沙城圈子裏，所謂「先覺覺後覺」的教育家口中說出來的，說法又各自不同，忍不住要來解釋這三種語氣的八個字：

辦體育週報做甚麼？體育是件怎樣的事，有甚麼大意思，你們當體操教員的人，只好好的教體操，教得成績好，辦一個學校運動會，請幾個有勢力的恭維恭維，進一步說，將來聯合運動會得塊獎牌，更進一步說，到遠東運動會替中國增增光，就狠好了，辦體育週報做甚麼？——體育是實行的，實行是要方法的，週報上說儘空話，不見有多少方法供人研究，供人使用，辦體育週報做甚麼？——報紙是代表輿論的，你體育周報只發表你個人的意見，置輿論於不顧，辦體育周報做甚麼？

辦體育周報做甚麼！現在湖南人，飯都沒得吃，衣都沒得穿，教育經費都無着落，辦體育週報做甚麼！——湖南人都是消積的態度，日報尚且不看，有名的雜誌尚且不看，有益的書尚且不看，誰看你這體育週報呢？辦體育週報做甚麼！

辦體育週報做甚麽● 大兵之後，百端待理，幾多重大的事應該做，體育一件事在你看像狠重大其實是小而又小的，何必將有用的精神財力犧牲在這上面，辦體育週報做甚麽●

這以上是由外來的聲浪，刺激我神經中樞，命令着手指用機械的記錄寫出來的，以下再寫我神經反應的話：

得奬牌，占優勝，這是虛榮，爲奬牌優勝起見，所得的體育成績，是客觀的奴隸的，喪失個人人格的，束縛個人自由發展能力的，不道德的，非人的，爲這個辦體育周報。

實行是要一個個的人自己去實行，自己實行，必須擇一種或數種適合他自己本身情形的方法來應用，介紹許多方法以前，預先要使他明白他自己是甚麽，他自己身體上的情形如何，擇方法的方法如何，爲這個辦理體育週報。

湖南人固然困苦到極點了，要想逃過這困苦的境遇，需得發揚一個個人自覺的精神，自動的毅力，客觀的奴隸的體育法，不足以達這個目的，並且狠阻碍這精神這毅力的發揚，爲這個辦體育週報。

體育問題重大，不是我一個人的意思，世界各先進國，如一般人所眼紅的英、法、美，近來都特列注意，就算在中國的湖南，是件小事，小事也要人做，斷不能因爲人不屑做，不高興做便使社會上絕滅這件事，爲這個辦體育週報。

我神經反應的話也寫完了，看來仍就嫌不明瞭，究竟說這八個字的人，他那主觀的意思，是不是這樣，他不寫出來，比我這不明瞭還不明瞭，我再寫幾句不明瞭的答復他們，這不明瞭：「辦體育週報做甚麽」，是爲的「辦體育週報做甚麽」！而「辦體育週報做甚麽！」又爲的是「辦體育週報做甚麽？」

寫完了，還有兩層要申明不寫的原故，「一」代表輿論，我不懂「體育週報」怎麽要代表輿論，「二」沒人看，我不懂從去年出版日起，每期將近兩千份的報到那裏去了。

## ◎學術◎

### △春季衛生（續）

鄧曉雲

（己）關於病菌者

細菌爲增殖本身之養分，一得水溫，盛行繁殖，據近世學者之研究，依其分裂作用計算之，謂一晝夜可分至一六七七七二二〇個，其繁殖之速，於此可見；春日最多而爲害最烈者，莫如結核菌，黑死病菌，西醫之言曰，中國無論何人，皆略有結核病原，此言雖未免過當，然仔細致察，要亦不爲無因，蓋吾國人於衛生之道，叒不講求也。黑死病菌，殺人之劇烈，甚於猛獸洪水，其他破傷風菌，實布垤里亞菌，其害亦烈。述病菌：

結核菌，Tuberkell-acillen 為長一·六至三·五米克倫之桿菌，有數個之點或分枝，常以鞭毛運動，存在於病患者之肺腸中，為結核病之病原；當空氣濕潤，則浮遊於空氣中，至於乾燥，則與塵埃共存，據柯爾尼氏等之研究，乾燥時尚能存其生命者，全恃Pseudoluberkulase 而起，故能經過數週或一月，尚不至於死，（普通在於七〇度之濕熱，則經過二十分時必死滅），若患此病，則非排泄之害質，在於發熱，且於其接種部化為膿汁，並發生乾酪樣之物質，此菌甚為有毒，在診斷學上，以〇·〇一瓦注射於健康人之身體，經過數時以後，則惡寒發熱，關節疼痛，咳嗽嘔吐等；故平常咳唾之痰，須加以石炭酸五%，則經過二四時必死滅，若以昇汞水，則其蛋白質凝固，尤容易死滅，此為衛生第一之要圖，而不可或忽者也。（未完）

## 調查

### △日本學校體育發達變遷記——自日本東京寄稿 魯也叄

一 緒言

静居斗室，面向南窗，平心靜氣，繙閱叄攷書三四卷，將欲成一日本學校體育發達變遷簡記，恍恍髴髴，若有若無，不知辭由何措，方得其當；蓋細思之，倭人自明治變法以來，國家一切學術制度，皆注全力模做歐西，驄驄焉作鴨步之追隨，惟恐或後，特於教育一端，悉承西人之蛻遺，襲他人之皮毛而已；況復屬教育中一部分之體育，尤進步遲遲，實無多敘述；以饜閱者雅望；然由反面觀察之，立國于二十新世紀，學術技藝，日益進步發達，靡有底止，吾人丁此時會，欲企雄飛世界，固非目銳如電，心虛似竹，度容如海，不足以吸收新文明之滋養分也。書曰，「能自得師者王，謂人莫若己者亡，好問則益，自用則小」。又唐太宗嘗語羣臣云「以鏡為鑒，可正衣冠，以古為鑒，可知得失；以人為鑒，可知善惡。」即望閱者諸君，本斯旨以好問得師，知所鑒為心，則本篇之成也，庸何傷乎！亦略記其實而已矣，世之有道君子，抑當知所正焉。

二 記事

日本學校體育，至有系統之發達，乃最近前四五年事耳，當詳言之於後，此處為敘述之便利起見，權分日本體育發達變遷為四期：——明治維持以前，體育之狀態，文獻不足徵信，因從而略之。——第一期，自明治維新至十九年；第二期，自明治十九年至三十九年；第三期，自明治三十九年至大正五年；第四期，自大正至現今；蓋關于最近學校體育之新傾向也。——不曰體操，而

曰體育者，其範圍之廣狹自有不同，蓋近世體育專家認定體操不能代表體育全體者也以下試分期敘述之

第一期（明治維新至明治十九年）自明治五年學制頒布以來學校課目中已具有體操一項，然就此時代概言之學校體操，尚屬未萌芽時代，學校課目內雖設定體操名目而體操之形式，如何尚在茫然莫辨，其精神固無論已而他方面所謂兵式體操（又名軍隊體操）其起源較早於學校體操，其萌芽也在明治維新以前，致日本史記慶安三年有和蘭人來遊北條正房受命問兵法及火器之使用法於蘭人於此軍隊之操練法爲之豹變云其次六保年間有長崎人高島四郎者學兵術於和蘭人上書幕府（德川幕府時代）獻上火器若干試演技於武川德丸原於是諸藩（如我國士司）競爭採用西洋式之兵制，舉行新式操練云云其實質形式紛亂錯雜，難免非驢非馬之誚固當然也浸至明治四年廢藩置縣召集近衛臺兵始於各兵營設置鉄桿平臺木馬等器械施行新式操練法然兵式體操之實質固猶未善也明治七年五月特聘法國體操教師柳克羅（Ducro）於現之陸軍戶山學校，自此將兵式體操之面目煥然一新始稍固定其基礎，粗具體操之形式，因此學校體操，亦遷就採用之然學校與軍隊，其目的固未盡同者也，一爲已成年之狀丁，一爲將發育之孩童，入此出彼事有必至，理有固然，故學校體操，終未免有章臺楊柳飄搖不定之狀，學校體操既無所依據，斯喪失其嚴格之標準，殆有甚焉者，僅以無靈魂之屍殼形式上模倣一種科學之新猴戲而已其幼稚程度可想見矣幸而日政府之教育當局者深有鑒於此，當明治十一年春文部大輔田中不二麿由政府派往美國，使考察學校體育，始於亞媽斯特大學，遂其參觀體操之目的，始切實知體操爲教育上不可缺之課目，觀破體操之眞價，於是乎力求亞媽斯特大學校長爲之聘請體操教員一人，該大學校長諾之，遂遴選李蘭德博士（Dr Lelanel）往日，此實日本學校體操成形之一大關健也，茲將李蘭德博士體操之根據，及在日本傳播事業之內容，稍詳述之

李蘭德博士爲亞媽斯特大學畢業生，其師西齊可克（Hitch Cock）達阿盧惟斯（Dr,Dio Lewis）本承襲德國斯比士體操系統，再加改造者，稱曰亞美利加之新體操，以輕器械爲其主要部分，質言之李蘭德博士體操之根據，乃美國之德國式體操也，明治十一年秋，李蘭德博士受聘來日後，初選定適合日本學生之體操法，試施之於東京師範學校；翌年日政府爲養成體操人材計，設置體操傳習所，於神田一橋製定傳習所章程，修學年限二年，同時簡拔傳習員二十五名，使入學焉當時傳習所所

教授科目略可分列爲二曰實科曰學科實科方面分男子體操術，女子體操術，幼兒體操術，美容術，調聲操法等類；學科方面分解剖學生理學，健全學，物理學，化學，英學，和漢學，數學，國學等科；至體操器械之設備，則有鐵桿，木馬，平臺，球竿，啞鈴，棍棒，繩梯，斜梯等類；李蘭德博士乃熱心實行者，其成績亦大有足觀，迺後傳習所復將實科增加操舟術及步兵操法二課，添聘陸軍士官，使擔任教授，至明治十四年，傳習所卒業者二十一人，李蘭德博士旋即改任，歸國，體操傳習所由卒業生中甄拔坪井玄道等三人，出而經營之，餘則分布各縣，傳播體操事業，嗣後傳習所雖繼續招募傳習員數次，依樣開辦，終至式微不振，經營困難，明治十八年遂合併於東京高等師範學校，作爲附屬一科矣。至此日本學校體操，可稱爲萌芽時代，而體操之內容，種類，備極繁多，名目，復不一，有所謂兵式體操，徒手體操，器械體操，而器械體操之內，復分輕器械體操，重器械體操，各樹旗幟，競鳴高異，社會一般人士關於體操智識，異常淺薄，故距體操統一之前途，尚遠也，（未完）

◉譯著◉

## △通俗近視眼之談話（續）

楊季常譯

### 三 近視與學生之關係

如此，其結果將如何乎？世之人立志入學，懷抱終身盡力於國家之希望者，不僅不能償其所志，抑且終其身而爲殘廢不完之人矣；其爲校長者將何以對其父兄乎？此皆任校長之責者，忽略衛生之所致，徒孜孜於學業之是催，而不顧體育之宜注意也；夫以血氣方剛之少年，十分鼓舞其競爭上進，誠能使其無晝無夜，手不釋卷，得學科滿足之點者矣；然其目因此大傷，竟成殘疾無用之人，又果何益哉？如此近視之人，當然不能爲社會所採用；然或萬一中有濫竽其間者，在戰陣中於戰事緊急時，遺失眼鏡也，或眼鏡破爛也，若無眼鏡之護符，遂失光明之效用，與盲目無異，鏖戰方急，不知趨向何方，待命行間，則將無所措手，進退維谷，殊失自由，亦誠可哀也，因此吾儕醫學社會，對於政府當局，頗事針砭，幸政府於豫防及治療方法，亦稍稍加之意焉，吾人之盡身於國家社會，係屬應盡之義務，所有一切治療諸法，畧述於後，

### 四 窩子之起因及製造者

近眼眼患者之比例——昔曾惠赤耳柯氏之說——近視眼多之理由——近視眼非嘗藥之治療病——窩子之歷史——透明之水晶——藥水玻璃比水晶純潔——德國之玉——凹面窩子之嚆矢——窩子製造之精美——各種之眼鏡——今人之幸福

德國自社會發達以來，近視眼漸次繁多，其比例概算之，小學生徒百之二十，高等專門及大學爲小學之三倍，如此比例以觀，學級愈高，患近視者愈夥，德國普魯士大學教授多古得耳氏之說，近視眼小學校十四%，中學校二十六%，大學校六十%，其餘爲在版雕刻師四十，活版佩字工五十一。

世間患近視者既如此甚多，而於治療之處理自不能不以統一的方法着手辦理也。

曩者無窩子眼鏡應用，對於近視，非常恐懼，蓋一般近視之治療，純恃漢醫之藥品，詎知近視非嘗藥可治療者，徒愈飲藥而愈見其甚也。現今利用窩子之世界，而所謂近視者，皆有所恃而無恐，惟其如是，罹近視者乃更多。夫窩子之爲物，究始於何時乎；日本醫學歷史幼稚，無可稽考，嘗讀德國醫書，於罹近視之原理，尚未發明時代，即有窩子之採用，耶蘇紀元前即希臘羅馬之文明最盛時，即有利用透明之水晶而望遠方之風習；又羅馬帝國烈羅皇帝於戰時純恃水晶眺望遠敵，因得戰鬭上許多之利益，故自詡爲無二之秘法，自此耶蘇紀元後五六十年，亞剌比亞人又得水晶完全之視力，於歷史上又增一特色焉。當時玻璃製造之法（按即藥水玻璃）尚未發明，現今科學進步，棄陋就美，藥水玻璃以較水晶爲尤純潔，近來德國製造所即耶拿工場出產之顯微鏡用窩子，即玻璃所製，勝於水晶之品質，世稱德國之舶來玉者，其價常居水晶之上，致十三世紀末葉之書籍，窩子爲伊太利之製造品，凹面窩子至巴可氏始厥後一千五百六十三年，何羅烈里司氏在佛蘭西之巴黎又提倡研究製造之術，最後爲梅羅可里爾及胡烈司托二氏所賞用，至是遂爲一般人應用之嚆矢焉。

此窩子之作用，詳於一千六百零四年克撲烈爾氏之報告，其時爲製造各種眼鏡之初期，由凸面而凹面，遂分爲老年與青年之兩種焉；至此時期，世人始稍稍得救濟之法，而於治療一道未嘗問津，茲將治療方法再述如左　（未完）

## 通信

記者足下：鄙人體質甚弱，日與藥爐相親，年來頗以爲苦；聞友人言，鐵啞鈴操有强健體魄之功效，因購置一對，每日練習，近已三月，臂力漸增，而病如故，惑莫大焉，貴報提倡體育，必有以釋鄙人之惑也，（下略）

梁復生啓。　四月十三日。

鐵啞鈴於鍛鍊筋力之功能甚著，但防礙內臟營養；足下之病如在內臟，宜其不生效力，米勒式五分鐘呼吸運動甚佳，可以一試，其效益當較鐵啞鈴稍優也。

記者　四月十五日

△贊成發起體育學會之通信

道德淪亡，體育枯朽，至於今日可謂已達極點；鄙人久欲發言，稍盡國民之天職，無如俗多糾纏，難償心願，非是鄙之之心腸，為已喪盡，實力與心違，奈何奈何，今讀先生體育學會發起，不勝雀躍之至，以為將來體育上之整頓，非設有會議一定之機關不可，即有何種討論，不難一轍貫透，體育之放光明，實屬不可少之基礎；非常贊成，先生勿卸。

田祖相君輔湘西乾城人

◉通訊處 湘東清鄉總司令部

先生擬發起體育學會，以專門研究體育學為宗旨，不勝欣慕，伏望早日成立，並請許將祖照名字加入附隨諸先生後，不勝感激焉，會章印妥，特亦望賜寄一份，俾得週知一切，為盼。

朱福照 羲羣廣東台山人

◉通訊處 北京北池子六十五號

前閱貴報，謹知將有體育學會之設，殊用欽仰，去歲鄙人在滬時曾索得上海精武體育會章程，及入會須知各一本，今特遺价奉上，以為參攷。

夏廷耀 雄塵浙江永嘉

◉通訊處 長沙關

生不學無術，抱愧彌深，極端贊成體育學會之成立，並希望諸君子極端維護體育學會之成功，藉以質疑，時聆教益。

劉兆龍雲從湘潭

◉通訊處 湘潭十六總後街

中華郵務局特准掛號認爲新聞紙類

# 體育週報

中華民國八年四月二十八日（第十九期）

發行所長沙儲英源第二十三號體育週報社

每週一回逢月曜日發行

編輯兼發行人黃醒勝白

印刷者湘鄂印刷公司

△售例▽
本埠零售每份銅元二枚預定全年四十八期銅元八十枚半年二十四期銅元四十四枚外埠全年並郵費銀元八角半年並郵費銀元五角郵票代錢九折汚者不收

△告白刊例▽
封面論前每期每半面大洋十元半面之半五元普通每面大洋十元半面六元四分之一面三元長登十期以上八折二十期以上七折三十期以上六折費須先惠中途停刊不退有礙體育之告白不登

## 教育潮出版通告

**緣起**　本雜誌係浙江省教育會教育週報改組爲研究教育發表意見之機關

**宗旨**　本雜誌以闡發教育之眞義力圖改進爲宗旨

**門類**　本雜誌分言論譯叢紀聞法令調查報告雜纂六門但得隨時增減

**材料**　本雜誌材料以關於下列四端者爲主（一）介紹世界新教育之思想學術（二）批評中國教育之弊病缺點（三）商榷新教育之建設（四）記載國內外教育之現狀

**主幹**　沈仲九

**編輯**　（以姓名筆畫繁簡爲序）羅廎良（颺伯）　葉　謙（墨君）　劉靖裔（大白）　經享頤（子淵）　馮學壹（季銘）　張廷霖（泙青）　張天祚（中虛）　夏鑄（丐尊）　秦炳漢（吉人）　袁易（心產）　胡祖同（孟嘉）　何紹韓（競明）　余寄（吾生）

**價目**　每月一冊定價一角三分全年十冊定價一元二角郵費每冊一分五厘價須先惠內地不通匯兌者可用郵票代價以一分二分三分者爲限

**出版期**　第一卷第一號定於四月二十五日出版

**地址**　杭州平海路浙江省教育會

**投稿**　編輯員外如有投稿均所歡迎并酌送報酬

## 北京大學的『新潮』

第一二兩期再版出版總發行所北京大學出版部代售處北京天津中華書局上海亞東圖書館羣益書社蘇州振新書局要目○人生問題發端○今日之世界新潮○去兵○哲學對於科學與宗教之關繫○雪夜○邏輯者哲學之構○今日中國之小說界○今日中國之新聞界○聯治主義與世界組織○中華民族對於舊家庭之感想○怎樣做白話文○什麼是文學○中國氣質論○一個勤學的學生○女子人格問題○斷手○第三期已出版第四期在印刷中

※論說※

## △對於教育調查會儘先調查事項之意見

黃醒

教育調查會，今後教育之新生命繫焉，教育範圍廣，調查自不易易；觀各股調查事項之上，皆冠以儘先二字，則調查所舉各項結果，必更爲其他之調查甚明，固無所用乎懷疑；況主其事者，都爲國中明哲，尤應信賴；然吾報以體育爲幟，欲謀體育事業之正當發展，現教育部既尙未召集體育調查會，自不能不希望於教育調查會；記者爲教育中之體育前途計，有所請命，或亦爲明哲所許乎？試陳如左：

統觀所舉事項，普通教育調查股首尾皆係關於體育者之標揭；竊以爲普通教育之如何，當視師範教育之如何，現今小學體育之不振，緣於學級擔任教師，藉口不善體操，不肯兼教體操之所致；欲師範生將來能注意體育，則師範學校中之體育教授如何，豈非重要；是師範教育中之體育科，似亦宜儘先調查者，不然，則請次首及之。

既調查國民學校課外運動之有無及運動種類矣，何獨舍課內運動之體操科，豈亦同記者嘗見主張國民學校廢置體操科耶？（記者身爲國民學校體教員本七年餘之經驗主張國民學校不設體操專科教員，課表上不列體操科目，去年在長沙大公報嘗述其略，現湘潭四德女學校已實行，容當專篇詳申其意）不然，豈認定現在體操科已得其當，毋庸調查耶？竊謂課外運動極宜提倡，在不廢止課內體操科時期，則課內之體操科，必須加以整頓，現在課內體操科之是否收圓滿之效果，既屬疑問，將來整頓體操科，或成事實，則調查又豈宜或緩，惟此項文曰「國民學校課外運動之有無及運動種類」一或此運動種類，即指課內體操中之運動種類，蓋上文明明對於課外運動只問其有無也，若然，則記者以誤解冒昧置辯，愆陋可笑，然若稱「運動種類及課外運動之有無」一則記者亦不致有所疑矣。

糞便檢查，所以調查其健康耶？然則對於齒牙，胡爲後之，（齒牙於健康關係極大，容專論之。）國人普通習慣，不喜擦牙，爲父母者，多有不令兒童擦牙，謂爲保齒，是齒牙之健否關係，未必即次於糞便中之寄生蟲，且身體上關係健康，固不僅此，則盍如調查國民學校兒童之體格，同時可得全體報告之爲愈耶？

體育之重要，范靜生先生嘗言之，（見最近各報所紀先生游美歸國後在各處演說）勞工神聖，能力經濟，蔡子民先生所提倡者也，（勞工神聖，見最近各報，能力經濟之體育談，見中華教育界紀先生在中華書局演說）記者深希望在二先生主持之教育調查會中，有關於體育之重要解決，庶國民體育前途，脫離現今飄搖無定，龐雜錯亂之域，進而躋於安全一致之境。

## ◉調　查◉

## △日本學校體育發達變遷記（續）　魯也參

### ●第二期●（自明治十八年至同三十八年）

體操傳習所合併於東京高等師範學校，既如上所述矣，厥後高等師範作爲附屬一科，改設體操專修科，當此之時，日本全國上下，極意驚新風氣，習尙日益虛靡，當時文部大臣森有禮，謀所以矯正之，明治十八年，以文部省令，令中小高等及各專門學校，加入兵式執槍教練，反對者一時雖衆，終至決定實行，各學校多聘請陸軍退伍軍人爲教習，作爲正科教授，學校之加入兵式操練，此其嚆矢也，明治十九年以後，軍隊將從來所採用法國式操練及體操法，逐漸改變爲德國式矣；學校操練，雖無大變革，而就此時代概言之，社會的感情，漸接觸於體育方面，教育者對於學校體操觀念，皆秉有相當之理解力，醱酵既久，自然顯露，窮則變，變則通之勢，明治二十六年，民間有志者，醵貲創立日本體育會於東京府下荏原郡，並附設體操學校，卽今之大森體育會；當時校長乃高島平三郎，其校章第一條云，本校以養成體育人材，普及全國體操，及研究高深體操學理爲目的，該會發達，亦甚可觀，自是以還，女子教育亦勃然興起，因此女子體育，復囂囂然議論於有識者之間，然承前期紛亂時代之後，體操狀況，五花八門，至此已滋蔓不堪矣，更乏具有統一能力者，荏苒至明治三十二年，文部省相繼派遣井口女士坪井玄道二人往美國考察體操，然於井口坪井二人尚未歸國之前有醫士川瀨元九郎者曩以研究醫學目的渡美織在波士頓丹考研美國瑞典式體操明治三十五年歸國著「敎育的瑞典式體操」一書公表於世日本之輸入瑞典式體操此爲其嚆矢也至明治三十六年井口坪井二人研究畢相次歸國其報告均謂瑞典式體操殆風度全世界教育上非採用之不可因此瑞典式體操驟增活躍，如鴻毛遇順風殆有執日本學校體操牛耳之勢矣然與從來固有之體操尚未完全調和也故至別樹旗幟反呈一種奇形怪象甲施舊來之兵式體操乙改爲徒手器械體操（李蘭德式）丙施新式之瑞典式體操丁戊務求各與之異至同一學校之內形式別異動作不同五花八門之上更加以四分五裂紛然淆亂使人眼花目眩無所依據此時代日本學校體操狀況之混亂可謂達於極點矣於是日本文部省思有以拯治之明治三十七年特設體操遊戲調查委員會網羅斯界專門大家任命澤柳政太郎爲委員長（文學博士）坪井井口川瀨可兒德高島平三郎波多野貞之助三島通良（醫學博士）等八人爲委員歷時一年有半會議三十七次明治三十八年十一月方告成功其結果報告書即開日本體育統一之先河也玆不得不將其報告書之內容略述之如次：

一、首將調查委員會報告關於體育科所決議三項列舉之：

體操科教授時數（每一星期三點鐘）仍以現行爲準無變更之必要但於中學校及男子師範學校現今雖無課遊戲之規定然以教授時數三分之一以內之時間得充用之。

一、兵式體操改稱爲兵式教練取材於步兵操典第一部基本教練中各個教練小隊教練及中隊教練以課之。

一、兵式徒手體操及器械體操中之教材與生理解剖無抵觸，於學校教育爲必要者以全包含於學校體操內特無教授之必要（以上摘錄文部省體操遊戲調查委員會報告書內一節）其所決議事項大致如上；至關子體操選擇規定之標準大體一致採用瑞典式體操而由來所謂兵式徒手器械體操諸名目一律打破此國家體操統一之真髓形式上不可看過忽設之問題也明矣特內容實質之改善則洵非易易非益以經驗爲基礎不爲功也且教育之作用固百年之計畫永久之事業也體操何獨不然，故其實質美否成效如何非假以歲月經驗之不可也玆復將該調查委員報告書中之調查事項目次十九條內摘其要者簡單敘述之。

（未完）

## ◉修養◉

## △養生談薈(續)

### 坐禪應用之記憶實驗譚

濁浪菴主人原著　漢兒譯

欲坐禪者，當先解坐禪之法，歸視其書，大略如下：

欲坐禪者，先絕飲食睡眠，務令極少，乃於閒靜之處，厚敷墊物，寬其衣帶，整其威儀，結跏趺坐，(法如本文所述)覺其苦者，可半跏趺坐，即單以右足乘於左股，然後以右手安於左足上，以左掌安於右掌上，兩手拇指面相交，徐徐舉身搖振於前後左右，乃正身端坐，腰與頭與肩為一直線，乃卷舌着於上腭，唇齒密閉，目半開，心靜，徐徐由鼻孔吸入空氣，用力集於臍下一寸五分之處，次吐出之，周而復始，以十數為一元，要有不燃出線香一本或二本不去其座之決心，又坐禪時，除數數由一至十之數外，不思何事，送力臍下時；心之所為狀態，恰如關羽携青龍刀單騎入萬軍中，如此專一從事，自有得也。

翌朝較平日特為早起，取前夜所購線香一本，焚之於室中，如法坐禪，目不邪視，沉思寂念，蓋此試驗我記憶力增進與否之重要關頭也。怠惰之根性，一毫不可有，一心不亂，祇思一—二—運氣於臍下。本來以我等凡夫，任如何努力，當然煩惱如沸，今日之菜如何也，辨當中當入何味也，心緒坌湧，殆不可遏，加之足力劇痛難忍，然勉張支持，至於汗流浹背，線香一本始終。此第一日也，除足之疼痛，與胸之格鬪，殆無成績可舉。次日較省幾分煩惱，然依然足痛，亦不見何等効果，至第三日，仍於朝飯前焚線香一本坐禪，覺腦中分外清涼，煩惱消滅，足痛亦較輕。自此看書，逐日而異，記憶力非常增加，昨日之我，一日讀五六十頁書，即覺頭重，不能解釋，記憶亦頗困難，今日之我，則讀某種科學書百五十頁，乃至三百頁，不獨能理解之，並能暗記其要領實例，胸中消諸苦惱，愉快度日，如是殆半年，未嘗一日廢也。其所得之益匪尠，中間雖以父病歸國，未能繼續，然受益既多，感謝實甚，用書此事，以告世之有意增進記憶者云。(完)

## ◉譯　著◉

## △通俗近視眼之談話(續)

楊季常譯

### 五　近視之治療法與窩子

調節機之病與眼軸之病——阿托洛平(譯音)療法——姑息的治療法——宜用機械的治療——窩子摘出之發明——世人之誤解——意外之好結果——尚未為社會所信用——近視之外治

近視有調節機之病與眼軸之病二種，因其性質之不同，治療方法亦異，其病理調節机之痙攣而來者，一千八百七十一年，多栢魯爾可克氏，在眼科學會極注意阿托洛平之使用法，其法又爲何修氏莫蓮氏蕭樂伊弟爾氏等所賞讚，至師棣華氏應用於進行性的近視則僅減少近視之度已耳。或謂此法祇宜於初醫，爲一種姑息的治療法，實際上則未能見其確有効果也。至於余則偶一用之而已。

又阿拔基氏於一千八百八十年，始爲外直筋之治療法，即牽引眼睛於外方而斷其筋之意。此法適用於或一部分則可，至謂爲恢復近視之萬全方法，則爲誤解。總之，近視者非藥劑之力所能醫，機械的治療即外治乃反易耳。胡爾耶氏胡坎拿氏等，又爲窩子摘出之治療方法。其効驗由近視漸臻於平人之眼之域，而能透明視物也。

胡爾耶氏胡坎拿氏，原爲有名之眼科醫；二氏始發明窩子摘出之法門一千八百五十八年稱爲哈伊抵爾別爾伊（即德國大學所在之地名）此地名因有學者之發明，與眼科學會之所在，遂乃膾炙人口焉。其發明之當時，爲一種最不完全最幼稚，而又經驗極淺之方法，世人目之爲無上危險，其實乃誤解耳。爾來學術昌明研究之結果，愈能達患者以種種應用之目的。據胡爾耶氏胡坎拿氏蒲爾格氏修窪格氏胡直克司氏修魯伊迭爾氏祕谷司托氏戚爾氏胡爾阿迭氏鄢伊節爾克氏胥之必爾氏阿拔基氏等之報告，自一千八百九十二年、至明年兩個年間治療本病百十二名，實收意外之好結果也。

悉舉當時之報告，以求買收社會之信用，至不可能，及至以十八度之窩子恢復近視，而得通常之視力，方始歎爲奇異，以爲不可思議之効驗也。

予亦常爲近視之治療者，亦能致患者以遠視，其爲遺恨者，獨老年之近視，雖爲裝置同理之凸鏡，効驗甚淺，此未可與壯年同日而語者也。

修窪格氏試驗强度近視者，每不喜用眼鏡框，僅使患者手持窩子加以適度之試驗，務使窩子隔患者大抵在半糎之距離，最爲得法。此雖未爲醫師所明言，特以治療所得之經驗用備讀者之採擇，

（未完）

## ◎通信◎

勝白先生：

今晚接到第十七期「體育週報」讀了先生答復胡義頤君的信，生了不少的感想；記得從前在師範學校修學的時候，學得運動的方法實在不少；「兵式」學到營敎練，「普通」中的什麽各

個，連續，應用，器械，「國技」中的什麼新練，大練，刀棍，「競技」中的什麼足球，籃球，網球，隊球，賽跑，賽跳，舞蹈中的什麼行進，跳舞，方的，圓的，環的，列的，雖說不會學盡，也算學了個十成的七八了；領到的講義有二三百頁，行畢業式的那天，校長訓辭，有什麼「從前畢業生有多數不肯教體操，托詞說不懂得方法，所以在你們這班，我特聘這五位體育名家認眞的教授，平時我側面攷察，同運動會時比較，覺得都比前幾班强得多，再從發的講義頁數上看來，幾乎超過各科，你們所得的既然如此，將來服務教育界，切切莫厭棄這體操，不肯擔任教授，並且希望你們教的體操成績優良，光大本校注重體育的精神。」——勝白先生！我說這些話，不是賣弄，因爲校長期望我們的這樣殷，論學的也實在不少，在本心也狠願意教教體操，提倡尚武精神，誰知現在實地教授起來，休說從前學的沒有用，連自己的理想都不能實現了，可惜在師範五年（並預科一年在內）學體操一千點鐘以上，所得的依然是沒有用——並不是我今敢侮謾從前的師長，因爲我現在之情形十分爲難；我現在教的是窮僻鄉中的小學學生的年齡，大的十五六歲，少的只六七歲，又是複式編製，一多半是赤腳，縱然穿鞋子，也只有舊的，破的，（新的要過年、上學、吃喜酒、才穿）學校經費少，設備爲難，要檢查體格，沒處得器械；這半年來將前日提倡體育的一團高興，不知拋到什麼地方去了；課表上雖有體操兩個字，老實說，近來眞一回都沒有操，這也就無非同先生所說的「不可以體操爲本位，强兒童適應吾所欲行使之方法」是一個意思，雖說違背章程，却還沒發生什麼危險，但是憑良心說，體育雖是不專用運動法，免除運動也不行的，我們不使兒童當機械，做那種「削足就履」的事情，原應當的，若沒有運動的機會與兒童，或是運動偏枯，自然也不是我們的本意。我在鄉下，想研究解決這困難問題的方法，又生兩種困難；一則因爲單級學校，校務，教務，都在一身，看書的機會太少，並且鄉中不容易得書；（從前得的講義上找道理不出來，私人所入無多，又不能徧買新書）一則交通不便，隣近學校，總距離有十幾二十里，又不能得朋友的研究；先生處省會，人才薈集的地方，貴報社員如蔣陸徐王各體育大家，何不分點精神，研究些所謂「以一個個之兒童爲本位，適應彼一個個兒童心理生理之方法」，發表出來，供我們這可憐之鄉下教員實驗呢？還有一層，請貴報也注意說說，現在既然要以「兒童爲本位，採取適應一個個兒童心理生理的體育法」，似覺乎師範學校裏，也要採取一種「充足那師範生將來採取適應兒童的體育法的能力」的方法，不然，貴報離口聲聲的說適應，說兒童本位，終不免還是不適應，還是體操本位呢！我是師範學校出身，又是提倡體育最力的師範學校出身，現在感受這種痛苦所以不嫌辭費寫這信給先生看，為現在的鄉下小學生的體育請命，為未來的鄉下小學教員教體操請命。

王玖四月十七日。

再者在十三期報上看見先生發起體育學會的通告，眞令人驚喜欲狂，何以到現在一個月了不僅不見說成立連章程也沒發表究竟怎麼樣的也要請教請教？

玖又白

來信所論的鄉下學校情形同師範學校體操科的缺點，狠明白痛快，對於本報的指敎記者非常的佩服感謝，這兩個問題狠大稍緩當提出記者個人的意見與老兄商榷；蔣、陸、徐、王諸先生現在教授上擔任太重精神恐怕分不過來，只是老兄既有這番盛意記者當代為懇求或肯畧出餘緒，以慰雅望。體育學會發起以前，未曾徵得多人同意，發起以後，同城中來信贊成時，只有田、夏兩先生口頭贊成的也只有幾位，在自己狠悔過於孟浪，因為報中事務，除却印刷同送報以外，都是一個人經手，實有些照顧不來，老兄既問這事，想必是贊成的，請不要性急，我們一步一步的向前走去，總有成功的那一天。

記者黃醒 四月二十三日。

中華郵務局特准掛號認為新聞紙類

中華民國八年六月廿三日（第二十七期）

# 體育週報

發行所長沙儲英源第二十三號體育週報社

每週一回逢月曜日發行

編輯兼發行人黃醒勝白

印刷者湘鄂印刷公司



△售例▽

○零售每期每份銅元三枚　○全年四十八期預定銀元八角　○半年二十四期預定銀元五角　○外埠郵費在內郵票代銀以半分一分者為限

# △學校體育

W. S.

學校是人生入世的最初階級，學校教育的目的，是使人做個完全的人，是使人在世界上，做現在世界的人，并且能夠自己生存的人，學校體育就是達到教育目的的一種方法，學校的學生，都是一樣的人，都是要生存在現在世界做個完全人的人，所以我覺得學校體育的方針，是要：

(1)一般的發展，學校有少數有缺限的人，便是體育的缺點。

(2)養成耐勞的精神，能夠以自力取得相當的生活。

(3)自然平均的發達，不能溢出生理的常軌，和強制的運動。

照這個方針，就須有一定實行的方法，纔不至「南轅北轍，背道而馳」了。

一般發展的方法　體育範圍，是合精神和軀體說的，體育的發展，是要精神活潑和身體健康，在精神活潑的發展，是要用有興趣的方法，各種運動中間，須含有優美悅樂的意味，并且要用團體的運動，提起樂羣的觀感，在身體的健康，又須有兩面的注意，讓我分別說來：

(1)共通的注意　保全一般的健康，為病的預防的方法。

(2)特別的注意　此又有二個注意的所在，(一)防止傳染，是一面使有傳染的蟲類（如蠅蚊鼠）和飲食物（如未煮熟有條蟲的肉類，有菌毒的蔬類，發酵製成的食物，）不能傳染病症到人的身上，二是使患有傳染症的人，隔別特別醫治，不傳到他人身上。（二）補救虛弱，是施以特別訓練，和特別看護，使虛弱的器官，漸次強健，和仿照林間學校的制度，特別補救。林間學校的辦法，就是擇野地樹林中間，空氣最好，宜於強壯身體的地方，建築校舍，招集各學校身體虛弱的學生，施以適宜的飲食，合度的運動，并且以在戶外空氣新鮮的地方，教授游覽為主。（一九〇四年德國查洛田堡市始行此制，每年五月開學到十月止，放學送學生歸到本校，考查結果，甚為良好，模耳叔森市也有此種制度，辦法和查校大同小異，均設有林間學校專醫，其職務(1)檢查初來的學生，(2)報告教師以每人應如何注意的方法，(3)注意飲食物，(4)每遇有應檢查的事，隨時檢查，(5)報告最終檢查全體學生的身體，叔森市林間學校學生，回到本校後，到次年二月檢查體格，八十八人中，有六十七人強壯，十八人面色稍蒼白，三人如原狀，英倫近也仿照查市制度，設戶外學校於波士特勒都森林中，校中有露幕，為雨時授業的用，試辦三月，功效頗好，美國洛哀倫州波郎威頓司市亦設清空氣學校但只在冬日辦二週的時日)。

養成耐勞精神的方法　美國洛克博士說「學校教育一面是科學教育的陶冶一面是人生處世的問題，學校教育和人生問題相違反必定空泛不切實用」人生處世是萬不可不耐勞的養成耐勞的精神是要利用物質的工作做體育的運動鍛鍊四肢的骨絡發揚持續的精神。

自然平均發達的方法　自然的發達就是說要合生理的本性，不可爲拘束的運動嘗見各校體操徒務形式上的整齊不管學生身體的狀態如腰腹及下肢運動骨節硬的强使柔軟內臟運動呼吸弱的强使强健這正合着中國一句成語「拔苗助長」的了，平均的發達就是說身體各器官都要一樣不能專門注重那一部分的，譬如偏重筋骨以使心腦虧虛和利於血液又不便呼吸營養而不消化的種種情形這似乎要用平和漸進的方法不要用競技激烈的方法我以爲各種比賽方法是要提起個人勉勵的精神不要含有競爭的意味因爲勉勵纔可適於人類的生存競爭就破壞共同生活的秩序我對於人生的觀念是主張自立反對奮鬥的。

學校是陶鑄社會分子的工場，學校體育很是重要，我於體育狠沒研究，各位不吝指導就感激不盡了！

## △强健心肺之體操（續）

傅廷棟迻譯
陳奎生參訂

(6) Locomotive.（車頭運行式）

部位　右腿立地上，左腿提起伸右臂向前而縮左臂於腰際。

動作　與上部位相反，左足放下，右足提起，同時伸左臂向前，而縮右臂於腰際，由是兩足交換行單足跳之勢。

次數　1—100　每分鐘速率　1—100

注意　臂前伸，與膝提起時動作相反，而速率平均。

效果　腿腓股之屈肌，臂之伸屈肌，下胸肌，肩之前後部及上背。

(7) Signal station.

部位　兩足跟相並，兩手扠腰。

動作　左臂向外向上伸於頭上，同時左足側舉，還原後，伸左臂舉右腿。

次數　15—30—60　每分鐘速率　20—40—60

注意　臂腿須同時起落，且須伸直其未伸之手在股不在腰。

效果　强健呼吸，增加胸圍，而肩肌及股外轉肌，亦有益不少。

(8) Standing start. (立定飛跳式)

部位 兩足相距約二十四吋，右足前進右臂前斜上伸，左臂後斜下伸。

動作 右臂後斜下伸左臂前斜上伸同時左足跳於前，右足跳於後，於是反復行之。

次數 20—40—60 每分鐘速率 32—40—48

注意 行此動作時，兩臂須直，差成一線，全體重量相繼集於在前之腿，動作須有節拍，前後足之距離，約兩通常步之長。

效果 肩上背胸腹旁之斜肌，股之屈伸肌，及腿肌。

(附注)此爲强健呼吸循環機官極良之動作。

(9) Swimming on back. (仰體游泳式)

部位 兩足作立正姿勢，兩臂下伸於體前，而以指背相接，

動作 兩臂竭力向上向後斜伸，頭後仰，體微向後屈，兩臂復下而指背相接如前，此動作如於退步時行之亦可。

次數 10—20—30 每分鐘速率 12—16—20

效果 肩胛骨上胸，腹等肌，及頭之伸屈肌。

(10) Junping—jogk.

部位 作立正姿勢，兩手相接於背後。

動作 兩足分開相距約二十四吋，膝微屈，同時兩臂由外舉至頭上，以兩手背相接，還原，(兩手接於體前行之亦可。)

次數 10—20—40 每分鐘速率 16—32—48

注意 臂與腿須同時動作而分開拼攏，亦須兼而有之。

效果 腿，腓，肩之伸肌及呼吸器之肌。

(未完)

## △齒之衛生

德國模耳叔森市及曼亨地方之學校牙齒衛生，非常注意，曼亨有每年一次之童齒檢查，以其檢查之結果，及保齒應注意之事，通知兒童之家庭(一)齒之生長之年齡，(二歲半生乳齒，六歲則口腔後部生永久第一齨齒，七歲至十四歲接續生長，并十二歲時生第二齨齒，十八至二十四歲之間生第三大齨齒。)(二)齒爲全身健壯最須注意之點，能助胃之消化，(三)欲永久齒之堅壯，須注意其乳齒(四)刷牙爲最要之事，每日晨夕均須爲之，且須自幼時起，(五)至少每年須爲一次之檢查，(六)病齒於未發生疼痛前，即須醫治，(七)難治之牙根，須拔去，以使口腔之健全。模耳叔森市則更設有齒科手術所，且特令醫科專門醫

生為校醫，齒科手術所檢查兒童之齒，不取醫費而醫治之，有儲漏則壞以塞門德土，不得已則用金，均無代價，并常由校醫召集兒童之父兄到校，用齒病影片為幻燈演講，以說明醫治之法，每年支出之此項經費，材料藥品約二千五百馬克，醫生費約三千六百馬克，侍役費二千二百馬克，觀其支用之鉅，可以見其注意矣。

牙齒不潔，常易滋生無數微生物，食時每與此種微生物同時嚥下，入於胃腸之中，俟其變酸，即發生消化不良，及各種胃症，且能進入喉核鼻耳肺等處，且其毒進入肺中，甚至流入血中，加害全身。凡食物之微屑存於牙與肉之交接處，及牙際中，腐化而滋生微生物時，其牙與肉之邊際，必見鬆開，而為微生物滋生之淵藪，而牙齒便疼痛發鬆矣。保牙之法，須常洗刷；以鹽水嗽口，或以鹽刷牙，尤為淨牙之法。吾人每有盥洗後自盆中吸水嗽口者，此不特有害齒之衛生，且必有存留不能完全吐出之水，浸入胃中，足以發生瀉痢傷寒霍亂諸症，而檳榔及極熱之飲食，亦為保牙之禁品，蓋咀嚼檳榔，最足虛耗口津，而製造檳榔之石灰質，每使牙床收縮，極熱之飲食，則易破裂牙之外層磁質，均足以腐蝕牙齒者也。齒為全身門戶，保之之法，可不慎歟？

美國報紙對於此項衛生，時有記載，不過學校制度，尚未有特別注意，然其國家之醫學發達，及其學校設置之完備，非我國所可同日而語也。

## △小學唱歌遊戲

陳奎生編

（一）名稱　找朋友。

（二）年級　國民小學第二學年第一學期用。

（三）歌譜

G調　找朋友　2/4

第一節（甲）

11 22 | 3 — | 56 53 | 2 — ‖

我的 好朋 友！ 你們 在那 裏？

第二節（乙）

11 22 | 3 — | 56 53 | 33 31 | 2 — |

我的 好朋 友！ 我們 都在 這個 操場 裏，

1 2 | 12 16̣ | 5 — ‖

你 找 我們 做甚 麼？

第三節（甲）

5̣5 11 | 22 3 | 5 6 | 53 13 | 2 — ‖

我找 你們 同遊 戲， 你 們 願意 不願 意？

第四節（乙）

56 53 | 2 — | 35 31 | 2 — ‖

我們 都願 意， 大家 同遊 戲！

第五節（合）

35 31 | 2 — | 12 16̣ | 5 — ‖

大家 同遊 戲！ 個個 都歡 喜！

(四)戲遊法 全隊成圓形每三人一組，互相連手名爲乙隊，另置二人於中央亦相連手名爲甲隊，敎師令全體作跳步進行，首先由甲隊唱第一節歌，乙隊接唱第二節歌以答之且跳且唱一問一答末節則甲乙合唱之唱畢各自散隊隨意遊走奔跳但不準彼此接合談話各爲單獨之行動而已移時，敎師吹笛一聲，各生速結成三人一組立於圓線上若有某兩生未能找得第三人者即立於中央復作爲找朋友者如是照前進行二三次頗有趣味。

(五)效益

(1)養成兒童愛羣之美德性。

(2)鍜鍊兒童身體手足活潑，耳目靈敏。

(六)注意

(1)且唱且跳之時須令兒童具快樂活潑之氣象，不必如現行之表情操呆板滯塞，拘束兒童之活動。

(2)歌畢散隊令兒童不得連袂私談預約結組。

(3)不可多做三之次後另換他種免惹起兒童之厭惡心。

(4)樂譜平易不必敎授，但預先將歌詞敎熟可也。

## △杜威博士對於軍國民主義教育之意見 (在南京高等師範講演)

鄭宗海先生翻譯

黃觀藝 陳燮勛 筆記

現在巴黎和平會議結果，公理未能全勝武力猶有壓制公理之勢，此後敎育中對於造就軍國民一端是否不能完全放棄?此題殊大終夜不克究其理約略言之，其論點有二(一)無論何民族，對於人民體格之發達，皆有不容緩者請問貴國現在之學校敎育，能否達此目的?此甚重要之問題不可不加以研究者也設學校敎師逐其注重兵操與軍事敎育之力，提倡私人與公衆衛生，灌輸體育知識於社會，如關於兒童之養護社會之佳良遊戲與娛樂，爲直接與間接的提倡，則平時既多健全之國民，不幸而有戰亦不乏精壯之軍旅，豈不爲益更多乎?至於造就軍事專門人才，應當別論，非普通學校之事也(二)果戰爭爲不能免，則試觀世界各國，亦有實力不充而能出戰者乎?經濟實業之發展，既爲國利民福之要素，一旦有急，亦須仰給於此各國必須注意於專門工程師及經濟家之養成，中國爲尤甚，所以起無窮之利源，裕兆庶之生民，此經濟實力之發展，敎育上負有重大之責任，戰不戰，皆不可廢者也不得已而戰，亦不過爲國際交涉之後盾，抑知國際交涉，由於民族間不明彼此實在情形所致遠者無論矣，即如日本與中國相去伊邇，在此以為固然者，在彼不之知，而嫌疑以起，交涉以興，欲泯此弊，宜使國內實況（如國民之特殊心理國際之交涉情形等）廣為傳布，使外人恍然於中此之原委及國人之情愫，利用學界聯合會蒐集事實，明白宣告，或翻譯新聞傳播遠方，或常與他國名人及著名報館通訊，宣達事實，邀其探聽；將此種通訊事實善為組織，行之無懈，措施有條，則民族間之情愫，較易聯絡，而齟齬亦庶可稍減矣。

## △粵漢車中之雜感

勝白

同車有長沙某師範學校學生三人，其上下車搬運行李的手段，狠靈敏可佩，只有兩件小事我覺得有點感觸。現在教育是教人做「人」，人是人類中的一個人，是自小至老總不離人羣的人，在人羣中有人的責任；我們講教育自然是為這個。師範生是預備教人做「人」的，自然對於這個不能不自己先負責任，因此我就要小題大做，求全責備了。

一件事是我看他們吃東西，將吃賸下的丟在車上，這事在公共衛生清潔上不是狠有關係嗎？粵漢路在長沙至武昌這一段開車未久，狠有不清潔的名譽，有人總怨這不清潔是另一種人弄成的，照我見的看來，都不能專叫那些人負責呢！師範生的責任這種事不能不注意的。

二件是岳州站上新上了一位女客，因為車中人擠，坐在我與師範生的附近，有一位師範生的網籃，因座下放不得，放在座前，這女人恰恰坐對這網籃，如果有人通過此處，必須緊貼着這女人腿邊過去。這時我正因要往便所出來，居然不能通過，因為這網籃上又加了一隻網籃，請女人起身讓讓罷，這女人必得站到座上去。我見車中座的盡頭靠車門處有個空隙，可以放這兩隻網籃，我便多事勸議移移這兩隻籃子，以便大家通過。那位師範生說「我原放在此處的」，表示不願意。我再三說明有便多數，又說移到那處，如有損失，願負責任，他才答應了。女子也是「人」，本用不着我們保護，但是我們若逢着這種境遇，自己願意不願意呢？有益於公共的事情，師範生也似覺有盡力的義務。

天氣極熱，車箱造法不好，只側面有窗，頂上不裝置換氣的窗子，所以車中的炭氣極重，中人欲嘔。我狠疑惑我國有火車也有這多年了，工程家不能說不懂得這個道理，我希望這車箱子須早早的改造。

這次十七點鐘（從前日晚十一時到次日下午四時）的火車中生活，最難受的是脚氣，腋氣，汗氣，太陽在人身上的腥氣，胃氣，說話的隨口飛出口沫，經陽光晒乾生出來的怪氣，吃賸下各種物件的發酵氣，喜懽吃葱蒜的人吐出來的葱蒜氣；我的口雖然閉得緊，但是鼻子沒法抵抗他，只得將頭伸出窗外去；當時雖不覺什麼，現在那感激那多的放氣人助成我十七點鐘的空氣浴哈哈，這種反對的助力比說破嘴唇的勸導力還強。

## △湖南工商兩校學生新劇演講

湖南工商兩校學生，以愛國的熱心編成新劇，四處演講，使人民都明白此次世界大戰和議的內容，及德國青島防守失敗的情形，同朝鮮亡國慘狀，直接灌入人民對於此次山東問題的具體觀念，聽的人數極爲踴躍，記者都在場旁聽過，就當場一般人的批評，使我發生一個感想，他們的批評有兩種意味：

甲種是表示贊成的 意思是我們今日纔聽到這些新奇的故事，現在由夢中被他們喚醒，眞是不可不大家竭力的來救國了。

乙種是表示反對的 意思是我們活了幾十歲，不曾聽到這些鬼話，有書不讀，反來鬼頭鬼腦的瞎鬧，眞正無聊得狠。

就他們這派議論，狠可明白我國人民體格上唯一的缺點，就是他們頭腦太簡單了，甲種是因爲頭腦簡單，容易發生驚奇的感動，乙種是因爲頭腦簡單，服從於習慣的勢力，沒習慣過，便當作不對，甲種的人容易受煽動，乙種的人冥頑不靈，與旁的動物差不多，這兩種人都要使他的頭腦稍爲複雜點，新劇演講便是補救這種體格上缺點的良藥，并且這不是學生們對於自己體育上狠有意味狠平和的運動麼？

中華郵務局特准掛號認為新聞紙類

中華民國八年六月三十日（第二十八期）

# 體育週報

發行所長沙儲英源第二十三號體育週報社

每週一囘逢月曜日發行

編輯兼發行人黃醒勝白

印刷者湘鄂印刷公司

△告白刊例▽

△每期每面銀元十元○每半面銀元六元○四分之一面銀元三元△封面論前加倍△長登另議費須先惠有登體育之告白不登

△代售處▽

長沙新坡子街中華書局
長沙府正街羣益圖書局
上海中棋盤街羣益書社

△售例▽

○零售每期每份銅元三枚
○全年四十八期預定銀元八角
○半年二十四期預定銀元五角
○外埠郵費在內郵票代銀以半分一分者為限

## 本報啓事

近因印局**臨時印件**過多本報排印**連帶遲滯**以致發行逾期尤以副刊之游泳新術更難如期印出茲特**提前發稿**并敦囑印局**趕期**排印以後當能**按時出版**所有發行延滯之處特致歉忱即希原諒

『新潮』『新青年』為發表**純正新思潮**的月刊雜誌**新青年總發行所**為上海羣益書社**新潮總發行所**為北京國立北京**大學出版部**再新潮及北京發行的每週評論本社**均可代售**

本社謹啓

◉**上期更正** 二十七期報內强健心肺之體操(6)次數30—60—100每分鐘速率60—80—100原印脫落合即更正

## △為甚麼要早婚？

蘇化女士

我是個年幼失學極不幸的婦人，但是我的失學同不幸，是為個甚麼原故呢？那就不能不怪我那痛我愛我的父母不該替我早婚了。大凡做父母的人，沒得不愛子女的，難道忍使他的子女失學同不幸麽？那却不然，只是愛之不得其道，越愛越害了他，我好久就想把我身受的痛苦告訴各位有子女的人，愛子女不要去害子女，卻又苦於失學，不能做那『原原本本自然其說的』文章，因為看見體育週報上有白話的文字，不禁心動手癢，要與諸位商量，若是諸位看不清楚，還要請你可憐我是沒得學問。

我剛剛十四歲就結了婚，我的丈夫比我大不到半歲，那時正是湖南初行新政，正辦愛國第一女學的時候，我僅入學讀了一期書，就因為結婚，讀不成了，所以我就此失了學，可憐我的丈夫當這新婚時候，又要發憤讀書，過了一年，就害了可怕的病症，病了一年就死了，以致我這二十年來都是過這寂寞的生活，單只為我丈夫遺留的這病的孩子也苦足了，不到四十歲的人衰頽得像七八十歲了，今請把我所覺得早婚的害處，次第說說，似乎在體育上也是有點關係的。

（一）為身體健康計不應早婚　早婚與身體健康，極有關係，我聽得許多先進國的法律都限制早婚，男的三十歲，女的二十六七歲，纔婚嫁的，已經成了優美習尚，所以他們個體團體都極堅固，精神身體都極健康，新陳代謝，進化無窮，豈不是很可羨很可學的嗎？同是人類，為甚麼中國民族，却奄奄的毫無生趣呢？據醫學家生理學家說，大半是「早婚流行症」，因為人發育早的，閉房也早，育兒早的，衰弱更早，若是女人當未成年的時候便娠姙產生兒女，不但兒女孱弱，自己身體更是吃虧，弄得百病叢生，好像禾稻一般，苗沒長成，就含了苞，反使不苗不實，不能成熟了。

（二）為人種進化計不應早婚　人種的進化，多半是遺傳性的關係，若是自己體質未充，便結了婚，所生的兒女便自然也孱弱，那商紂聽信妲己的話，「剖朝涉之脛」，就是這個道理，并且「未長成的少年人」不特和「年老精力衰頽的人」一樣，實際還差得多呢！

（三）為尊重人格計不應早婚　女子與男子生理上雖有不同，而女子與男子的本能和智慧，并不讓於男子，男女人格原來平等，從前所有壓迫的誘惑的虛偽的無人道的不明瞭的，那些重男輕女的習慣，一點也不應遺留，然則我們要尊重男女的人格，要怎樣呢？就是要個個都能自立自治，進取一切，創造一切，雖不倚賴人，誰也不敢使人倚賴我，到了應結婚時來結婚，出於眞正的自由，早婚就不免把求學的機會喪失，自立的能力拋棄，不能自立，還有甚麼人格嗎？

（四）為增進智能計不應早婚　人當少年時候，無論幹甚麼學甚麼都要頭腦清淨，和道家坐禪一般，胸中毫無雜念，外界無絲毫引誘，纔能夠成功，假若入了早婚的牢籠，在男子就有室家之累，在女子未產育時，便有了中饋的忙勞，既生產了，更添着哺乳的事務，就更不消說了，頭腦昏昏的，怎麼去求學？怎麼能增進智能？毫無智能，怎麼處這物質文明生活進化的社會？

（五）為將來生活計不應早婚　早婚的人，多半連自己的生活，還覺困難，倘若生男育女，擔負一天天加重，事情一天麻繁，我還依然是個沒得能力的我，那時候，豈不嘈嗎？試想自己的生活，還靠父母，自己做了父母以後，子女的生活靠誰？

唉！這早婚的弊病，眞是說不盡，我的不幸，我丈夫的不幸，我兒女的不幸，就做得這早婚的前車之鑒了。

## △波爾吞氏之女子墊上運動

張錫慶譯

轉錄體育研究會會刊

*Mat Exercises For Women By Flurence Bollen.*

第一次序

第一節

部位　仰臥　雙膝上屈至足底着板，雙臂直置身旁

動作　（一）左膝向胸前舉　（二）還原　六次　右膝亦如法行之

第二節

A．部位　仰臥　膝上屈至足底平小腿直立

動作　（一）左膝向右下垂（宜速）（二）還原　六次　右膝亦如法行之或左右交換行之

B．部位　同上　雙手託肩

動作　（一）雙膝向左下垂　（二）舉膝向（上）右下垂　六次

C．部位　同B．

動作　（一）雙膝向左下垂同時體略左轉將臀部向上挺離板（此時足與肩堅附板上膝向下伸如欠伸狀）

（二）還原　（三）向右（法同（一））（四）還原

第三節

A．部位　仰臥膝上屈至足底着板　雙臂直置身旁

動作　（一）雙臂向前上舉至着板並與首并行同時腿向下伸（其伸直之愉快如晨醒欠伸然）（二）還然　五或六次

B· 部位 同A
動作 (一)同A(一)同時深吸氣 (二)還原同時呼氣
六次

C· 部位 同A
動作 (一)雙臂向左右(附板)上舉同時深吸氣(作兩半圓形) (二)雙臂由左右下垂同時呼氣 六次

第四節

A· 部位 仰臥(體直) 踵合併 雙臂直置身旁
動作 (一)左膝向右舉同時足沿板向上近於右膝 (二)還原 六次 右膝亦如法行之

B· 部位 同A
動作 (一)左膝向下舉同A(一) (二)左膝向上舉至足底平板(足之位置不動) (三)左腿向下伸至原位(此時足由板滑向下) 六次 左膝如法行之

C· 部位 同A
動作 (一)左膝向左舉同A(一) (二)左腿向左伸(伸時足由板滑出) (三)左腿向右鬬至原位 三次
右膝如法行之

第五節

A· 部位 仰臥 雙腿伸直
動作 (一)雙足向下伸同時足趾力向內轉 (二)足趾放鬆

B· 部位 同A
動作 (一)雙足向上屈同時足趾力向內轉 (二)足趾放鬆

第六節

部位 仰臥一膝稍屈而弓起他膝擱其上
動作 (一)一足(上腿之足)向下內上外繞圜(繞時用力) (二)繼續行之 此動作坐時亦可為之更換他足

第七節

部位 俯臥 雙臂前屈置頦下 雙腿併直
動作 (一)雙腿向後上舉至踵近體(動作宜快) (二)還原趾着板(此時膝後交叉筋帶伸直膝節離板臂不動) 四至八次

第八節

部位 俯臥同上
動作 (一)舉胸向上(縮頦)同時兩臂向下壓住 (二)還原 八次

第九節

部位 俯臥於肘膝二節上（肘膝相距十四或十六英尺）體幹離板 小臂向前手相合 小腿向後足相併

動作 （一）背盡力向上隆起 （二）復原位 六至十次

第二次序

第一節

A．部位 仰臥

動作 （一）左膝向胸前上舉 （二）還原六次 右膝如法行之

B．部位 同A 雙手托頭

動作 （一）左膝向胸前上舉 （二）腿向上伸至趾與股成直線 （三）同（一） （四）腿下伸復原 四次 右膝如法行之

C．部位 同B

動作 （一）同A（一） （二）同A（二） （三）左腿挺向下放 六次 右膝如法行之

第二節

A．部位 仰臥腿併直 臂上舉并行於首

動作 （一）雙臂向前下放 （二）還原 四次

B．部位 仰臥膝稍屈 雙手各按於腰際（叉肋骨間）肘向外

動作 （一）雙臂向左右展與肩并行同時吸氣（胸可稍抬起） （二）還原 六至十次

第三節

A．部位 仰臥 雙手托頭

動作 （一）左腿向右舉至趾着板同時左臂附板向上伸吸氣（膝直擱他膝上使趾與指成斜線） （二）還原呼氣 右同

B．部位 同A

動作 （一）左腿向右舉（同A［一］）同時雙臂左伸 （二）還原 六次 右同

第四節

部位 坐於板 腿伸直踵相距三英吋 足伸直雙手在體側撐板上 支持上體

動作 （一）雙足向內鬭至趾相近同時腿向內轉 （二）還原 六次

第五節

部位 坐於板 踵併 手撐以支上體

動作 （一）雙足向上屈同時趾向下力轉 （二）還原 六

至八次

第六節

A.部位 仰臥 腿直 垂手托頭

動作 (一)雙膝向左右屈至足底互相對合 (二)雙腿向左右前斜伸 (三)雙腿向內闔 六次

B.部位 仰臥 雙手置胸上部

動作 (一)雙膝向左右屈同時雙臂向左右展至左右上屈之部位(手指相遇於頂上肘向側) (二)雙腿向左右前斜伸(如開立狀)同時雙臂向左右平伸 (三)雙腿向內闔同時雙手置胸前(復原位) 六次

第七節

部位 仰臥 雙膝上屈至足底着板 雙手托頭

動作 (一)臂部向上舉使頸膝間各部成斜面 (二)還原 三至八次

第八節

A.部位 俯臥 雙手伸直於頦下以撐板 肘略屈向外

動作 (一)雙肘屈指值肩節(肘肩成直) (二)還原 同一次序八節) 三四次

B.部位 同A

動作 (一)當頸胸向後推時雙臂向左右平展(如向左右平舉) (二)還原 二次 宜注意於背部不可使成狹槽動作宜少

第九節

部位 俯臥 雙背前屈於頦下

動作 (一)左腿向右舉至趾着板(膝直肘定) (二)還原 六次 右腿向左如法行之

第十節

A.部位 俯臥於肘節上

動作 (一)左腿附板向後伸(臂部按於地踵上) (二)還原 六至八次 右亦如法行之 左右亦可交換行之

B.部位 同A

動作 (一)左腿向後伸 (二)轉體向左(右腿可稍後伸) (三)轉體向右同時左膝屈右腿向後伸 (四)還原 六至八次 自右腿更始亦可

第十一節

A.部位 俯臥於肘膝節上 肘肩並行

動作 (一)右腿用力向上後伸至極高步位(膝節直)

(二)還原　六至十次　左亦如法行之

B.部位　同A

動作　(一)左腿向上後伸同時左臂向前上伸(自踵至指略成一弧形)　(二)還原　(三)右腿同　(四)還原　六至八次　(未完)

## △孕婦衛生及嬰兒之保育

孕婦衛生，最須注意，因有已身之衛生，及胎兒衛生也。此時偶或不慎，則一損俱損，蓋己身不豫，則胎兒欠適當之營養，胎兒損傷，則己身感無窮之困難。空氣清新及食料之富於滋養，爲通常衛生之法，其須特別注意者，節慾除嗜，如煙酒檳榔，務宜禁用，尤須潔淨身體，多飲沸過之清水，外尚有特別要事二項，(一)爲操練肌肉，若不然，則肌肉必軟弱，嬰兒亦柔軟無力，生產時有無窮之困難。(二)每日必須大解，大便閉結之時，不宜多服瀉劑，必不得已時，可於晚間服少許之洋鼠李(Cascara Sagrada 瀉劑中最良者)或用洋菜以火烘食之最善(但不可煑食)而沸水與水果汁亦他爲利腸之物。此外有一極有效之運動，其法仰臥地上，取墊物置於腰下，隨舉兩腿，成直平線，腿未舉前，作一深呼吸，腿放落後亦如之，略事休息，再行復舊，舉時不可太速，及膝彎屈，放落時亦須漸漸放下，於每日晨起，爲二十次至三十次之普，大可強健腹內之肌肉也。至於生產之時，萬不可用藥物及人工壓迫等項，尤以清潔爲第一要事，蓋由不潔所生之產後病症，不可勝數也。

保育嬰兒之法，臨產時最須注意，往往有因收生之忽略，所生胎兒不出十日便患死亡之症者，此症名痙病，(俗稱臍風)蓋剪斷或紮縛臍帶之時，其剪帶等物，未經消毒之烹煑，毒菌因之侵入，遂成此不治之症，世俗輙歸於風水鬼神，不亦謬耶？欲免此種危證，有須注意者如下：

(一)綳紮嬰兒肚腹及包裹嬰兒之布帶等物，須在沸水中煑過。

(二)看護婦及收生者之雙手，須用肥皂小毛刷洗刷，并須用半調羹來蘇(Lysoe)和十二兩之水洗之。

(三)以一兩或二兩之硼强酸粉(Boracic Cdcid Powder)散置割斷之臍帶頭上。

(四)備潔淨之綿紗帶及便利之剪刀，爲紮縛及剪臍之用。

又有落地即成爲盲童者，應以清潔之布一頭，於嬰兒離出母體時，速揩其雙目，并以五分之一之安求羅兒水一滴(Cdrg-yrol)點其雙目，或即以硼强酸數滴代之，均可免除盲目之患。

有時嬰兒落地，并不啼哭，且不呼吸，此亦須迅速補救，通常嬰兒離出母體之時，須速以潔布揩其口，若無效時，須先用一食指，包以清潔之薄布，先將其口及喉揩潔，再將大指及食指用布包沒，將其舌夾之，輕輕拉縮，拉縮之度約一分鐘十次，同時更用一人持布頭一方，向嬰兒之臂上擊之，或用布頭將冷水浸濕，擊其胸膛之外皮，亦可。俟其一經呼吸，應將預先烘熱之布匹包裹之。若兩三分鐘後，仍無效，應速將臍帶割斷紮好，隨用人工呼吸法治之。

天花（痘症）流行，亦爲小兒可危之事，而蠅蚊飛集小兒之眼口，易生紅眼痢泄諸疾，均爲有保育嬰兒之責者不可不注意之事。小兒除每年一次或二次之種痘外，遇痘症流傳時，須爲之臨時點種，而其臥時則不可不有蚊帳以遮之也。

總之孕婦及胎兒之衛生，均以清潔爲唯一要事，不可以其瑣而忽之，爲婦女者尤須知此爲切身要事，無論若何情形，均不可引爲羞恥也。

W. S.

## △避孕與墮胎

避孕與墮胎的方法，不外藥物和手術二種，可以斷定說是人造的行爲，一點也不合自然的生理。因爲受孕與成胎是一定的生理狀態，要變動這一定的狀態，就不免違反了生理。違反生理的結果，就是身體發育受不正當的防害，孕能夠避，胎能夠墮麼？還是一個問題。美醫士施列氏說：『避孕與墮胎，不特與母體有重大損害，并且由生理的關係，可以影響於夫婦感情。』無論甚麼生物，都有他自然的生性，生性不能發展，生理便不完全，身體便有疾痛，婦女經帶等症，尤與胎孕有直接影響，偶一不慎，豈不貽害終身嗎？

美前總統羅斯福氏，數年前著一書，痛論歐美人口衰亡的事。他說：『他讀比祿人口衰亡論，只知道人口減少的事，澳洲和法蘭西有之，那知道撒遜人和強健的獨逸人，也得了這種傳染，并且北美十三州，也陷入了這種旋渦，出生率和死亡率的差數，一天天增多，這不是狠奇異狠可歎息的麼？』人口減少，不特國家強弱的關係，經濟社會也狠有影響。經濟社會，是由多數健全的個人活動的，活動的分子減少，經濟便自然退化。所以羅氏大聲疾呼，急欲喚起國民的覺悟。據各國統計上的調查，人口減少的原因，不出這避孕與墮胎的二種。

避孕與墮胎風行的原因，在科學發達的國家，是因爲研究學業，恐有生育的防害，而另一部的原因，便是生活困難，所以不願有多的生產。但是這就是根本解決麼？我想違反自然，是可怕的。人當少年精富力強，應該出專心研究學業，取得相當生活的能方，婚姻遲早一層，似乎有研究的價值。

中華郵務局特准掛號認爲新聞紙類

中華民國八年七月七日（第二十九期）

# 體育週報

發行所長沙儲英源第二十三號體育週報社

每週一回逢月曜日發行

編輯兼發行人黃醒勝白

印刷者湘鄂印刷公司

△告白刊例▽

△每期每面銀元十元○每半面銀元六元○四分之一面銀元三元△封面論前加倍△長登另議△費須先惠有礙體育之告白不登

△代售處▽

長沙新坡子街中華書局
長沙府正街羣益圖書局
上海中棋盤街羣益書社

△售例▽

○零售每期每份銅元三枚
○全年四十八期預定銀元八角
○半年二十四期預定銀元五角
○外埠郵費在內郵票代銀以半分一分者爲限

## 捐款鳴謝

袁紹先先生六七兩月份月捐共光洋十元整

## 本報特別啓事

本報發行之「游泳新術」現因誤將原圖失去一二須俟緘懇李石岑先生從速補寄前來方可按期出版特此聲明尚希鑒諒

# △軍國民體育的結果

朱劍凡

體育是人生最重要的事，我們一生的幸福，都靠着他培植，可以說是人生的生活手段。但是這個生活手段，一時是一時的，不是亙古不變的。若是不體察結果，一味盲從附和，恐怕我們人生，都會斷送在最危險的體育主義裏頭。我所以不得不把最近人人崇拜的「軍國民體育」的結果，宣布出來，請體育家注意。

(一)個人方面的結果　體育既是人的生活手段，自然是因人要生活，然後纔要體育。因為體育的手段，可以使我們得生活上的滿足。我們所以不能不需要他。既然如此，人所以重視體育，必先有個目的，目的是什麼？就是生活上的滿足。軍國民體育的結果，恰恰與「生活上滿足」的目的「背道而馳」。本要求生，反去求死；本應樂生，反去樂死。人人希望他有衛國家的能力，結果連衛自己生命上的能力也沒有。諸君不信，請看美國Tribune報載一可怕的滑稽新聞，說：這次歐州戰爭死亡人數大約有一千多萬，假如把死人骨頭便成了活人，做二十人一排，在紐約的大街通過，須過四個月，纔能把他走完。

可憐這些死人，不知為些甚麼，白白的性命丟掉，那歐洲的戰地，好像是殺猪殺牛的宰牲場，這些精力強壯的軍人，好像就是安排就死的地猪和牛，什麼叫衛國？什麼叫戰爭？簡直是一個自殺的行為。不知天天鼓吹軍國民主義的人，想起寒心不寒心？懺悔不懺悔？再進一層說，軍國民體育，不僅是自殺，簡直把活動的人，變成了一種機械，一點性靈都不許他存在。我聽見早幾年前，俄國聖彼得堡城裏，有個軍人，提一個小籃在街上買菜，忽然碰見了他的上官，他就立刻把手裏的籃兒菜兒丟了一滿地，恭恭敬敬對着上官行禮。試問這樣的機械行動，他的腦裏還有絲毫的性靈沒有？人的性靈，被這機械的訓練，改變到這種田地，請想想軍民體育，於個人有甚麼益處呢？

(二)社會方面的結果　社會的進化，是要使人人都能享文明的幸福，積起來就成一個文明的社會。但是就今日的世界看起來，果能做成文明社會與否，我暫且不敢下一個籠統的論斷，不過就戰爭的結果考察起來，卻有幾件情形，可以使人恐怖的，那幾件咧？(1)受過軍國民教育的人，都是習於殺人的人。我國墨子上有幾句話，意思是說：『殺一個人叫做不義，必有一死罪，殺十個人，十重死罪。天下的人，都說他不是，叫他不義。今有一個大不義的人，攻人的國家，殺最多數的人，人卻不曉得他的不是，反去稱道他，說他是義。好像一個人沒大見黑的東西，卻叫他是黑，見多了，又叫他是白，或者少嘗苦味，說是苦，嘗慣了，卻又說是甘，這難道是曉得黑白甘苦的分別嗎？殺少數的人和攻人的國家，去殺多數的人的是非都辯不清楚，難道是曉得義和不義的分別嗎？』墨子這段話眞說得暢快，這種殺人的事業不廢除，恐怕社會的生氣和光明沒有希望了。(2)受過軍國民體育訓練的人，就是不生產的人，俄國地理學家 Kropodkin 主張人類要各盡所能，凡是不能貢獻利益於社會的人，就算是一種無用的人。我把這個原理，用演繹法推論軍國民，就可曉得軍國民這種人，是不能生產的人。不獨不生產，并且把人家生產的東西，不管好歹都破壞起來，請看歐州戰事百年以後，恐怕都不能恢復從前的狀況咧？

軍國民呀！軍國民呀！所有罪惡，純全是你們負去了，你們受了甚麼人的暗示，弄到這樣咧？！唉！學者！哲學家！萬惡的哲學家！造成彌天罪惡的，不是你麼？我到於今，不能不把你播的殺人種子，當『人道』『正義』的面前揭示出來了。

第一就是主張超人的尼采，他說道：『不勸你們工作，勸你們戰鬥，不勸你們和平，勸你們戰勝。』又道：『要愛短期的和平，不要愛長期的和平。』諸君想想，這種主張，是何等意思？這種超人，是何等光景？德意志的民族，受了這種暗示，去當兵去打仗，人類的和平性，已經多久消失了。難怪到了今日，軍國民主義完全失敗的時候，他們還有一部分的人夢想恢復帝國，預備着戰爭咧？

第二就是主張我尊的 Wark Stirner 他說：『只要有力，一切利益，都是正當的，有力的便有權，我的權由我定，如果與他們不相宜，那是他們的事，與我不相干，凡是你們的，我一點也不尊重，如我願意，我便拿你來服侍我。』這幾句話，就是今日強權，武力專制，破壞，威嚇的代表，諸君想想，這幾句話的意思，是什麼意思？還合絲毫人道和正義嗎？

其餘的學說狠多，大概都是贊成人家用力去欺負人，今日大多數自殺的人，和殺人的人，可以說完全是這種學說造成的。唉！求生是人類公共的目的，偏偏要用求死的方法去求生，眞是蠢得不可救藥了。說到這裏，恰恰有個朋友來了，看見我這篇文字，他說道，中國還沒有這樣程度，我說，譬如有一樣明明白白有毒的東西，喫了定會死人的，也難道因我們程度不及，定要去喫嗎？朋友！難道定要去喫嗎？

## △范靜生先生的體操談話

黃醒筆記

六月二十一日，范先生由津到京，醒承胡子靖先生介紹，在二十二日的早晨，得見先生於尙志學會，聽了狠精確的名論，在先生注重體育，提倡體育的熱腸，實在使人敬服，因此特將當時先生所論的擇要錄出來，請我體育界同人和講究個人體育的諸君，對着范先生所論的上注意研究研究提倡提倡，那就是我國民族的幸福，也是世界人類的幸福了。

范先生說：——

這次我到美國去了半年，看見美國各方面情形，更覺得體育非極力提倡不可：第一，『體格』上雖說我國人的身材不似日本人的矮小，然與西洋人比較，究竟西人要比我們高一頭闊一臂，見面時握握手，他的手也比我們大一倍；第二，『體力』上看來，也不及人遠甚，中等社會以上的人固不用說，便是勞動家也不能與西人抗衡；——總而言之，無非因我國人元氣薄弱的所致。但是我國人的元氣，素常是薄弱的嗎？卻又不然，例如咸同年間，吾湘如曾左諸賢，都是有極健強的體魄，而各有各人的修養方法的；再近如清季我在京所見的張香濤諸人，都也是極頑強的，試想他們七八十歲，每天半夜裏起身，能在紫禁城走極遠的路，鎮天處理的事務，應接的賓客，都是狠多，絕沒有聽說有支持不住的話，體氣又何常弱來？現在也不少強健的人，不過是『少數的』罷了。

現在多數人元氣薄弱的現像，是如何成的呢？此中極大的原因，就是習慣太壞，社會中一種靜而不動，養尊處優的風氣造成的；美國人這次參戰，以從來兵極少——可以沒有兵——的國家，幾個月的功夫，能鍊成極精極多的兵，完全是一般國民平時有好習慣，好體格的功効。據我所見的看來：……『學校方面』無論大小學校，都有操場，有極寬大的健身室，室中都有完美的設備，各式運動無不可在室中舉行，又多有大理石砌成的游泳池，貯有溫度適宜的清水，男女學生分日練習，當作主要科目，甚至大學學生修業已經期滿，有因游水不及格不能畢業的，小學生有病的，先將他的病治好了，然後教授功課，因為體魄不強，勉強教些知識，不僅他不能領受，就是受了也無益的。……『社會方面』無論男婦老少，個個都是活潑潑的活動，游戲場所，隨地都有，賽球更認作一種極重大的事，大城市中，每逢有人賽球，參觀人常至數萬，入場劵貫幾塊錢一張，勝負決定後，報紙上每作重要的紀載。海水浴也是美國人極歡喜的，夏季裏多半是海濱過日子的，老的壯的不用說，便是三五歲的小孩，為父母的也抱將去海水中洗洗。這次我回國時，在太平洋的航船上，用帆布作個池子，取海水注滿，以便乘客的游泳，海行不過半月，並且已經是在水裏了，他還不滿意，可見他們的習慣了。……『家庭同個人方面』無論何等人家，都是狠有規律，狠清潔的生活，又無論男女各人都能了各人需要的事，絕少假手於人的。例如旅行的行李總是自已肩着提着，不像我們每每叫小工苦力代勞的，又如駕車無論男女自己都會；又因爲人生同牛的關係多，每每有家自畜養放喂取乳都自己動手；又兒有大學敎授每逢星期校中休息他去山中砍柴說是蓄作冬天生火爐用；參加歐戰的時候，多少家庭將庭院中的草地改作園子，栽種日常食用的菜蔬等類；即如羅斯福總統退職後的游獵，這都是他們無論何人手足習於勤勞好風尙的明證；……返觀我國人的現在情形，是怎樣的，可以知體育不發達的原因，更可以知非積極提倡體育改良習慣，是不容易謀進步的了。——我從前在浙江養病，在山中見石匠鑿石他的飮食並不好，他的身體非常强健，當時我狠羡慕他發生了職業與體育的感想，現在在美國一看，覺得各個人爲各個人生活上的需要操作，終日勤動體育上自然有進步的。

還有一層，我覺我國現在許多爲父母的對於兒女，總是使他弱不使他强的，並且從母胎一落地便使他弱，西人育兒除胸腹部穿點衣服遮護遮護手足總是露在外面的；我國人在外國育兒用外國的育兒法也沒有不成長的，國內普通人育兒總將許多極厚的衣服與小孩穿上，將他那抵抗風寒濕熱的本能消失，夭殤的不用說了，成長的一多半縮手縮脚不慣動作這不是從母胎一落地便使他弱嗎？此外養護上使小孩弱的地方甚多，便說無時不是戕害他無時不是使他弱也不爲過。

說到實際上進行體格增進非數十年不成功多數人習慣改良也不是一蹴即至的，現在可行的，

「一」集合擔任體育事務的人多研究有關體育的科學，以增進學識。

「二」設法聯絡明白生理的醫生，時常調查學生的體格，與擔任體育事務的敎師，合謀能適應學生體格而收効益的方法。

## △强健心肺之體操（續）

傅廷楝迻譯
陳奎生參訂

(11) Clap under Legs.（腿下拍掌式）

部位　兩足相距約二十四吋，右足前進兩臂直伸於頭上，而以手背相接。

動作　體斜向前（膝微屈）而臂向下以兩手相合於腿下，還原復以右足前進如法行之。

次數　10—25—40　每分鐘速率　10—20—30

注意　此動作體宜微灣向後兩手須直伸於頭上，

效果　背腿之伸肌，及胸肩，頸上背腹等之肌。

(12) Lower chest expander. (下胸擴張式)

部位 兩足約相距三十吋，左足向前箭步右臂置於背上，左臂下伸指尖觸地與前足相距約十五吋。

動作 左腿伸直右臂向上後盡力伸直過於頭後左手復下，反復如前行之，(行後可換右臂)

次數 10—20—40 每分鐘速率 8—16—24

注意 此動作必須一臂在背，一臂伸直，且體灣向後時不宜太過後足則必伸直方能使身體無傾跌之虞。

效果 此動作於腹部肋骨及下胸等皆極有益而頸，胸，肩，背腿等，亦可練之有力。

(13) Hand fire-engine. (運用救火水車式)

部位 兩足相距約十二吋兩臂向側方上屈，(手握拳高與眼齊拳距眼各約十五吋) 肘須力向後引。

動作 手下垂置於膝上臂須直同時體前屈膝屈如是反復行之。

次數 10—20—30 每分鐘速率 16—32—48

注意 使背，臂，腿同時動作，當行前之部位時，肘引後胸凸出。

效果 背腿之伸肌，臂之伸肌屈肌，囘轉肌，及頸後之肌，且使肩部柔軟。

(14) Sawing-wood. (鋸木式)

部位 兩足相距二十四吋兩臂向下屈於腰側，須成直角，手握拳兩拳相距約十四吋。

動作 伸臂向下，拳距地約六吋，頭與體斜向前屈膝，還原，重行之。

次數 10—30—50 每分鐘速率 16—32—48

注意 兩拳用力，如握木鋸臂腿之屈伸同在一時臂屈則腿伸腿屈則臂伸。

效果 注重背及腿之伸肌，如竭力動作則臂，胸，頸，肩，腹，亦得平均之發達。

(15) Rowing movements. (盪槳式)

部位 體向右轉，右腿向前進一步兩足約相距二十四吋，抱肘(兩臂須成直角)

動作 兩臂向前下用力伸體灣集全身重量於右腿，指尖觸地在右足前約十二吋手心向後復前狀若舉重或盪槳然如此反復行之。(體向左轉左足向前進一步照上動作。)

次數 10—20—50 每分鐘速率 16—24—36

注意　兩足用力立定，體向前時，則前腿屈，臂後引時，則後腿屈，

效果　脊柱，臀股，腿等之肌，及闊背肌。

（完）

## △可怕的夏天

夏天是蠅蚊產生的時候，這兩種極能傳染病症的東西最是可怕得狠，他們長生的地方汚穢惡毒，沒有一個人不知道。既然他的本身含有毒菌又常飛到各種穢物上沾染濁毒再飛到一切食物和人的皮膚上，他的毒性發作起來就使人發生不幸的病，防止這種病症，一面關於個人衛生，一面更關於公衆衛生，公衆衛生又是一面要人人知道個人衛生，幷且知道公衆與個人的密切關係，一面要有維持公共衛生責任的人不放棄他的責任，譬如飲料汚穢，販買腐敗或蒼蠅染有毒菌的肉類和食物及死鼠的拋棄，道路的清除，都是極重要的。是服務社會的人不能放棄的責任，不論怎麼樣的個人，不能跬步不出大門，不能毫不取給於社會，幷且沒一刻不與所居地方的空氣有密接關係，所以極利害的傳染病可以影響於極健全的個人。

有一種病是夏天最多的病，幷且中國極普通的病，每年患這種病死的不下數十萬人，這種病症現在已由科學家確實証明是由蚊虫傳染的，這種病症便是極流行的瘧疾，這瘧病是一種瘧的瘧菌所生的，這瘧菌生長於病者的血液內和汚穢的地方，當蚊嘴叮患這種病的人和染了汚穢地方的瘧菌以後，將其

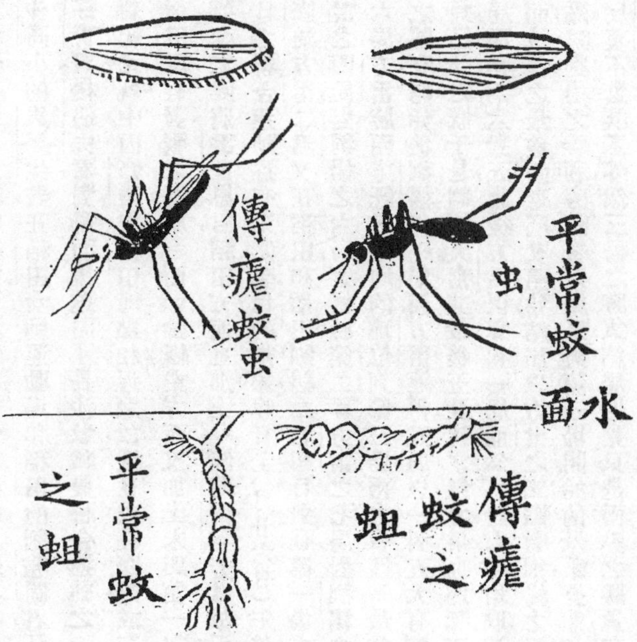


腹內吸入病者血液中的毒質和染的毒質，又因法復嘴他人，便又將瘧菌射入這人的體內，展轉傳染，所以這種病就流行了，但

是蚊都能傳染瘧症嗎?考驗起來,傳瘧的蚊,停立在物件上的態度和通常的蚊有點不同看看上圖便可明瞭。

凡有汙集的水的地方,都有雌蚊在那裏生卵,兩三日後,便變作蛆,約一二星期,蛆便成蚊了更有一種節痛熱症,也是被含有節痛熱毒的蚊虫所咬,不過三天或者六天便發作了,突然覺得身體發冷,體中奇痛,四肢背心頭部,莫不發痛,頭顱前面和眼後更痛得利害,兩目發紅,流淚,熱度升自極高,胃覺全失,吐嘔頭昏,大約第三日熱度又降底,同時身體出汗,尿多肚瀉,漸覺安適,不過一二日後,又作痛發熱,腿臂軀幹,均生紅點,但熱度隨又復原,這種病症,不過南方纔有,長江北邊少得狠了,這兩種激烈的病症,都是蚊虫的傳染,我們能夠不預防的嗎?

蚊都是生在有水汙集的地方,若是常把水道淸除,不使汙集,并常用炭酸水或煤油石灰灑在集水中間,使蛆不能生長,蚊就自然不能出生了,又魚和鴨都能食水中的蛆,畜魚飼鴨,也就是除蚊的自然妙法,但是不管蠅呵!蚊呵!我們總要知道淸潔是衞生妙訣罷了。

## △長沙教職員網球對戰消息

一旁觀者

兩年來長沙各學校教職員,對於網球運動很熱心,因此各校學生也有許多很喜歡行此種運動的。但是以前除稻田女師純及周南女校兩女校教職員間和學生間時時有對戰運動外,各校間很少見有聯絡運動的。但是一月以前,修業中學的方撰軍君,李少白君,長郡中學的曹羽儀君,楚怡小學的周維楨君,長沙高小的袁榮生君,在稻田女師運動場和稻田的劉嘯岡君,江籽靑君,楊過夫君對壘,而後遂開了長沙教職員聯合運動之一新紀元。就中因修業與稻田地點相近之故,近日或在修業,或在稻田,屢有對戰之舉。就台面而論,修業方面又加上未與第一次運動之健將雷世恩君,稻田方面也加上一健將何谷芳君,故近日之聯合運動益有光彩奪目的景象。昨日(六月廿六日)午後,修業方雷二君又在稻田和稻田劉楊二君舉行對戰,第一場方雷之四局,對劉楊之六局,劉楊勝。第二場方雷之七局,對劉楊之六局,方雷勝。兩方既處平均的地位,到第三場兩方皆猛爭最後之勝利,開始後劉楊得一局,而方雷連得五局,以一對五,大有勝負已分之概。于是劉楊大奮其最後五分鐘之氣力,果也連奪五局而轉爲六對五。此後方雷復奪得一局,而爲六對六,平均取消,而最後之最後的奮鬥又開始,結局以方雷之二點,對劉楊之四點,歸劉楊之勝利,旁觀者以結果與第三場開始的景象全然相反,莫不驚其意外,然三場之勝負,結局似竟只是兩點之勝負,在劉楊當局亦非常驚其敵手之勇猛,自謂爲僥倖致勝,聞諸君多數以學校皆已放假,各當於不久回鄉,然於回鄉之前,大約還有一場告別之猛戰云。

中華郵務局特准掛號認爲新聞紙類

中華民國八年七月十四日（第三十期）

# 體育週報

發行所長沙儲英源第二十三號體育週報社

每週一回逢月曜日發行

編輯兼發行人黃醒勝白

印刷者湘鄂印刷公司



△售例▽

○零售每期每份銅元三枚

○全年四十八期預定銀元八角

○半年二十四期預定銀元五角

○外埠郵費在內郵票代銀以半分一分者為限

## 捐欵鳴謝

范旭東先生惠捐現洋伍拾圓整

鄒念初先生惠捐光洋貳圓整

## △講求體育果爲「增進」體力者乎？

黃醒

吾人今日胡爲乎迫不及待大聲疾呼以提倡體育？或曰：『吾國弱且亡，非講求體育以作民氣，不足以救仁，非增進個人體力，不足以任重而圖强。』或曰：『人目我爲東亞病夫，非講求體育增進體力不足以去病而雪恥。』又或曰：『近日競爭劇烈，非講求體育增進體力，不足以資角逐。』既多數人對於體育之解釋，爲一種企求『增進』的，故主奬勵技術，故主嚴格鍛鍊，——本報所載文字，即出於記者之手者，亦不免此種論調，——助長之風氣成，體育之眞價失，體育前途生荆棘矣。『增進』，『增進』吾人所希望者也，然按之實際，以『增進』爲目的而講求體育，確未盡善；蓋體育之本來面目，全在『恢復』體力，體力固本有，無待『增進』，吾人目擊之似『增進』者，皆僅能恢復體力，或不僅不能恢復體力，且因『增進』一方面而破壞他方面，使之消失。故吾人今日與其認講求體育爲『增進』體力，毋寧認講求體育爲『恢復』體力之爲得也。

吾人祖先——初民——因維護生活存在，具有抵抗自然界防礙吾生存情形之各種能力；此種能力遺傳於吾人，原無不備；特因緣人數有向上而謀較大幸福之要求，乃人造種種情形，漸消失本來能力。如衣食住之完備，交通之便利，率由人造，而大足消失本能者，顯而易見，固無容縷列深述也。是吾人今日之所以弱，蓋緣於環象境遇所造成，非本質元氣僅如此，而有待乎增進。試以城市人與鄉村人較，文明人與野蠻人較，必更能證明環象境遇之影響於人身體力甚大也。

果能變換境遇環象，體力必自然的恢復，——如轉地療病之類——然境遇環象未經變換，必賴改造，改造消失體力之情形，而不背乎進化，此講求體育方法，以『恢復』體力爲必要也。

例如跑、跳、踢、擊、擲、攀，在今日所提倡之田徑賽運動，人多目爲『增進』體力，利用種種方法以奬勵者，皆所以『恢復』吾人祖先當日『抵抗自然界壓迫以維護生活』之體力者也。特因人類進化，以人造情形戰勝自然界，今日生活，不受自然界壓迫，其本能潛伏，以至於退化，吾人不忍捨棄此戰勝自然界之人造情形，因更以人力造成此游戲，發揚潛伏之本能，免其退化，目的固在『恢復』，非『增進』也。又如拳術技擊之法，皆吾人祖先因『抵抗自然界壓迫』所使用之方法，以其經驗所得，教其後人，更集合多數人或多數次所經驗方法之動作，乃組成今日流行成片段之方法，吾人今日習之，目的亦固其『恢復』，非『增進』也。又如靜坐，目的亦在『恢復』本來清醒之頭腦，意亦斥去擾亂頭腦意志之思想，非『增進』也。

能認明種種體育方法為『恢復』本能之體育，則行各種方法無不受其益。不明乎此故田徑賽運動有時殺身，拳術技擊每為社會害；靜坐，乃求神仙蓋誤認此種種為『增進』體力故技術之原為維護生活抵抗自然界壓迫設者乃變為人類自相殘殺之利器力求所以勝『人』。靜的修養原為整理思想斥去人欲設者，乃變為求神仙以成迷信秘密之宗教。

吾今請求熱心講求體育之人勿存希冀『增進』體力之野心，當盡『恢復』天賦本能之責任。更請求提倡體育之人當去欲人『增進』體力而用獎勵誘導之手段，竭力使人了解彼為『人』之所以為『人』，以恢復體力為各個人之天職。

八年六月十一日作於漢口旅次。

## △室內運動（四月份紐約體育雜誌）

F. Horace Gonzales 著　許南譯

原著有著者自述一段，文太冗長，大略說他『生在西班牙的一小島，幼時體質極為孱弱，并患不消化的病症，他的父母是服從習慣一流的，只知道用藥品去煩腦他，這些戶外的空氣清鮮和運動他都沒講求過，他學校裏的先生也只把他一種閉戶讀書的教訓，他就和這「快樂的康健」和「體育的效力」的道路離開了。這種境遇，一直斷送了他一十五年的歲月，使他的體弱膽小，和女孩子一樣，并且沒得一點意思伸張他的自己。他過他的十五歲生日不到幾天，就在一個自行車上狠苦的跌下來了，腳踝上有兩個狠髒的傷痕，使他禁在戶內一年有多，腳也枯乾了，面皮變成了土色，眼珠凹入了，生機差不多耗盡了。』我正看到這裏，恰好許南君來了，原文太長不能盡譯，就要許南君把這幾個動作譯出，介紹各位，各位要知道著的人自己說，他是就因為這種運動恢復了他的健康的。　記者附誌

**第一動作**　臂緊貼脇上，手指微屈，手向肩上徐舉，使筋肉收縮，同時抵抗手的運動力，須注意臂之上部肌肉，動作時須照常平均呼吸，不宜變更常度，還原後重作，次數不定。

**第二動作**　兩手交叉置腦後，肘節向前，注意肋骨間筋肉，使之收縮，同時肘節向上（仰首）并阻抗向上動作力，至肘節向上為止，還原，次數不定，以稍倦為止。

**第三動作**　右手垂直，左手握右腕，用力左挽，右手抵抗其挽力，約數秒時放鬆，兩手可交換為之。

**第四動作**　為肩胸二部筋肉運動，兩手食指勾緊，置胸腹間，猛力向左右分扯，次向內緊擠，呼吸宜平均，次數不定。

**第五動作**　兩手鎖緊，向上伸直，用力向左右扯開，同時向下降

至腰後復向內擠緊，仍向上伸，連續行之。

第六動作　雙手緊握，向左右伸臂稍屈，用力向後挽，同時抵抗向後運動力。

第七動作　肘臂緊貼脇部，兩手交握，向下伸直，身稍前屈，用力收縮胃部筋肉。

第八動作　兩手緊疊腰部，肘節向前用力推壓下部筋肉，使背部擴張，同時身體屈曲，使肘節向下，并抵抗向下運動力數秒時還原，次數不定。

## △一個不懂得體育法的人的自然體育

六郎

我前年在鄉下過暑天，當瓜棚底下乘涼的時候，每每聽見些很有趣的話；有天逢着一位八十來歲的老人，也在一處坐着迎晚風，我問他怎樣能有這好的精神。他說：『我也不知道我的精神總不見衰頹是何原故？不過我聽醫生說我有三宗事的習慣，很可以養精神；第一，是無論那一天我不是東方發白就起身的；第二，是無論那一頓飯我吃飽過；第三，是無論那一天我總大便一次；我縱二十歲上獨立門戶以來，總是這樣。除四十三歲病了一次，是六十年沒吃藥的。』

我笑說：『不吃藥是因為沒病，人不病自然不吃藥；但是飯不吃飽，肚子不餓嗎？早晨太冷，也能起來嗎？沒糞也能大便嗎？』

他說：『飯吃飽了，容易困倦，我怕作懶人，所以不敢吃飽，習慣了，並不覺着餓。早晨不能起來時，我只先將兩臂從被中伸出去，再將脚也伸直了，忍一口氣，便可以起來了。至於大便不出時，我打他出來。』

我笑說：『糞又怎樣個打法？』

他說：『打臀肉呀……換一句粗話說，就是大便不出打屁股呀。』

我聽了，笑得肚痛，以為他老人家引我們小孩子笑的，誰知却有極大的道理；我現在有時候學他的法子試試，總可以見效的。

這鄉下老人做夢也不知有所謂體育，有所謂健身房，有所謂體操，游戲，衛生，偏能收體育的大效果；我們這終日體育體育的，却變成了剔肉了。可見體育是不必鬧花樣出新鮮的。

## △我的治口吃的方法

G. H. S. 原著　許南譯

當我那七歲的年紀說話時，期期半天還不能出口，實在苦得很。我又從來沒有特別的疾病，那個原因，真正想不到。及至進了學校，讀起書來，上氣不接下氣的亂叫，把音節都雜亂得聽不清，同學自然來取笑我，使我更發吃吃，讀不出甚至十多分鐘還讀不完幾十個字，所以我只好坐着不開口，那汗雨就從額頭上洗面似的流下來。

我母親有時命我傳達信息，常把紙寫着那要傳達的話，祇是我拿了，若遇着那子音起首的字簡直發不出音來，但是母音起首還能够略略說出一二個字。

一天大似一天，說話總不長進，想要發音的時候，腹部的筋肉結得緊緊的，同時面上暈紅起來，覺得對人不住。

我的父親找着三四個名醫察驗我，或者舌根太緊，或者那發音的筋有甚麼毛病，但是那些名醫唸着那「喜拍拍打拉斯」"Hippopotamus"我能夠跟着唸得清清楚楚，所以他們都說我生理上沒有得十分毛病，然而也沒有一法子來治療我這口吃的痛苦。

到了十五歲，我得了一個極會唱歌的音調，讀那音樂上的字，絲毫不打緊，這個引我到治我口吃的路上來了，隨後我又看見Home remedies的書上說着治愈口吃的一段，大約那意思如下：

無論甚麼口吃的人，唱起歌來，總是沒有困難的，若是他們說話，也照那唱歌的樣子，斷乎不會口吃的，他還舉出一句例來如"Le-an-der swam theHel-les-ponte"我時常獨自一個對着鏡子照那句"Le-an-der swam Hel-lesponte"高聲朗誦起來，一通二通的讀了一二十分鐘後，取了一個箒子，迎着鼻子正正舉起來，身體後屈，直至箒柄觸地為止，這個意思，是把我的筋伸張起來，又把我的手向上舉起，手掌向前，身前後屈，又把手撫臀，把身子畫圈似的轉動，天天操起來，說話的時候，慢慢的把音節吐淸，起初不敢與生人交談，僅和家人說話，行了八月，讀字便容易得多，行了一年，那口吃的痛苦差不多完全除去了，只是說話還要留神些，後來又教了三年書，在大學卒了業，語言極為流利，至於今二十年了，那口吃毛病沒有復發過。

## △我看了「黑甜鄉」的意思

陳奎生

前一二月，南京高等師範附屬小學校開學藝會，用新劇的化裝法，做了三個遊戲，第一個是國民三四年生做的「不拾遺」，第二個是國民一二年生做的「黑甜鄉」，第三個是高小一二三年生合做的，「引人入勝」，三個遊戲，都做得入理入情，描摹逼肖，我看了很是贊歎不置，但第一和第三兩個遊戲，編輯上的用意，看了他那說明書，就知到了，不必深加考究，惟這「黑甜鄉」一個遊戲，很有些深意思藏在裏面，要是一個不留神，祇看小學生做的手脚好，那層深意也就看不出來，我且把「黑甜鄉」的說明書抄錄於左，作個介紹，然後我再將他裏面藏的意思，憑着我個人的感想，寫起出來，請諸位指敎指敎。

「黑甜鄉」說明書

一淸明節的一天格蘭海生在自己書室裏吃菓品，講笑話，好久好久竟睡着了。全劇除第一幕睡去第五幕醒來外，都是他們兩個在書室裏做的夢。他們的夢，是因他們平時的外感組織起來的。(一)他們最怕是媽媽，所以做夢的第一件事就是媽媽要叫他們採滿一籃桑子。(二)他們常常聽得可怕的故事，所以做夢的第二件事，就是遇到一個妖怪。(三)他們最愛的是蝴蝶，所以做夢的第三件事就是許多蝶仙來送他們回家」。

(一)夢採桑

諸位知道小孩子最親愛的是他們的甚麼人呢？不在猜，第一個就是他們日夜不離的媽媽了！然而這「黑甜鄉」說明書上，爲甚麼講「他們最怕是媽媽」呢？我想這裏面必定有個原故的。因爲這種使小孩子最怕的媽媽，和那五殿閻王的惡外婆差不多，祇知道强迫小孩子服從自己的命令，小孩子不願意做的事情，發蠻硬要他們去做，如果小孩子不聽他的話，他就千聲萬聲的罵！十下百下的打！也不顧小孩子心裏如何難過！身上如何難受！一味祇顧自己發八面威，所以說明書上講「第一件事就是媽媽要叫他們採滿一籃桑子」，連起上文「他們最怕是媽媽」一看，豈不是那格蘭海生在那個時候不願意去採桑，因爲怕他們的媽媽罵呀！打呀！才勉强去幹麽？唉！這種媽媽，那能不敎小孩子最怕呢？我要告訴我們中國那些不會做媽媽的說：你們這些「知養不知敎」、「媽媽糊糊」的媽媽們！要曉得小孩子的心胆是很脆嫩的，身體是狠柔弱的，好比含苞未吐的鮮花，經不起狂風暴雨，須要殷勤小心好好的愛護他們，有時他們或是亂講亂動，無法無天的，也祇能和顏悅色的好好敎導他們，偶或要用懲戒法子，也祇能寬嚴相濟，萬不能够動輒就大聲大氣的罵他們，嚇破他們的小胆，沒輕沒重的打他們，傷壞他們的身體！我講的就是要你們這些做媽媽們的從此覺悟，痛改前非，對於小孩子少罵少打，多說多敎，使他們的心身，得以自然發育，將來長大成人，聰明强健，會幹事情，不但是你們做媽媽的將來都能够做老太太享福，就是國家得你們造出這些好國民來，也是受賜不少呢？

(二)夢妖怪

小學敎育是否宜破除迷信，這是現代敎育界上一個沒解決的大問題，我們中國人對於小孩子向來喜歡講妖魔鬼怪，甚麼「孫猴子打一個筋斗有十萬八千里」、甚麼「蟒蛇精的眼睛，好像一對大燈籠」，又是甚麼「孤狸子受了日精月華能變成美貌女子，」一大堆大堆的，講來小孩子愛聽得很。記得我有朋友，叫做眞愧生，他做了好幾年的小學教員，最會講神怪小說，材料多半是他自己肚子裏胡謅的。每次講的時候，引得那些小孩子人人靜氣，個個凝神，側身傾耳的聽。那些小孩子的喜怒哀樂，都隨着眞先生一張嘴的開闔，一副臉的皺縮爲轉移，魔力確是不小，天天散課的時候，一班小孩子，總是找眞先生講故事。後來眞先生被那些小孩子纏鬧不休，漸漸的精神上有點敷衍不來，正在那無可如何爲難萬分的時候，忽然有個舊相契的朋友，找他去帮忙辦學校；這眞先生趁此機會就走了。他後來想神怪故事，確能引起小孩子的感情，但是利害上的關係，究竟還不明白，從此他就再不向小孩子講了。

有人說，神怪故事，對於小孩子，確是有益處的，使他們知道因果報復，毫厘不爽，可以養成他們「知天安命」的美德。譬如小孩子遇了極危險的時候，他們自信從來沒存壞心，不做惡事，那天神一定要派兵將下凡來救他們的。他們就能夠鎮定神魂，不得胡思亂想了，若是果眞受了危險，他們以爲這是天罰，應該受的，心神反覺得了好些寬慰，這豈不是神怪的故事功効嗎？

有人說，若是這樣，小孩子遇了危險，儘可不教他們想挽救的法子，去來待斃麽？這到不是養成「知天安命」的美德，到是造成「不負責任」「不能奮鬥」的劣性了，倘若我國國民，個個都是這種性情，那土地儘可讓仇人來割滅！那人民儘可讓仇人來殺戮！橫豎我們自信沒存歹心，沒做惡事，天神一定會來救我們的。唉！用神怪故事造出這種結果來，我們中國，那就永無翻身的日子了！這還能行得嗎？

上頭兩說，看來各有各的理由。但是據我個個的愚見，以爲那些荒唐鬼話，少對小孩子講的好些。因爲小孩子神經靈敏，易感激刺，若是聽說神怪故事，聽到那牛鬼神蛇，驚風泣雨的時候，每每毛髮悚然，不寒而慄，呼吸急促，面色非白。以背貼壁，恐怕有僵屍從後面來抓他，以手掩面，好像怕看見那獠牙露齒三頭六臂的惡妖精。神經中就無影無形，不知不覺受了極大的激刺，以後凡是到那空曠原野，或是內室走廊，就不敢獨自行走。夜來多做惡夢，哭笑不時，冷熱無定。因此心身兩方面，生出許多的毛病來，某醫家謂「小兒的瘋，多半是因爲聽了可恐可怕妖怪魔鬼而起，」這話很是不錯的。所以這「黑甜鄉」說「小孩聽得可怕的故事，做夢遇到妖怪」編輯人的意思，就是要我們做教員的和那些做媽媽的，莫對小孩子講鬼怪，激動他們的神經，嚇破他們的小胆，使他們睡不得安寧的覺，過不得好的日子，不要使他們變成了痿弱畏葸的國民。要常常拿些合理的童話去向他們講講，養成他們有胆量有勇敢，和明理的小國民纔好咧！

（三）夢蝴蝶

小孩子天性好動，心身兩面無時不用其所極．又愛動物，貓呀，犬呀！小孩子常向他們談話，和他們睡覺．天上的飛鳥和空中的舞蝶，自在自由往來隨意，小孩子看了，更是喜歡的了不得．鳥飛得很高，捉不到手，所以小孩子常喜歡撲蝴蝶．他們的意思就是很羨慕那蝴蝶往來飛舞，瀟灑自如，動了好奇的心思，要撲來攷究攷究那蝴蝶所以能飛舞的原故．並且還要問問蝴蝶，飛在空問是怎麼樣快樂的？看見一些甚麼東西？家住在何處？姊妹兄弟有幾個？怎麼樣生得這們狠美麗？還都是小孩子喜與天然物接近的明證．這種天性，要是利用得好，就可以使他們漸漸養成有系統研究的法子，古今東西的大發明家，也無非是這個天性得了好機會發展出來的成績呢！有甚麼奇怪？編這夢的意思就是要我們做教員的，和那些做媽媽的，要曉得小孩子的天性是怎麼樣？須要隨機應變利用他，莫慣做無意識的拘束小孩子，戕賊他們天賦的美性，不能發展出來，遺誤的可惜咧！

現在我已經把我看了「黑甜鄉」的意思，完全寫出來了，說的對不對，我自己也不知道，費了諸位多欠的功夫，狠對不起，還請諸位原諒原諒罷！

中華郵務局特准掛號認爲新聞紙類

中華民國八年七月廿一日(第三十一期)

# 體育週報

發行所長沙儲英源第二十三號體育週報社

每週一回逢月曜日發行

編輯兼發行人黃醒勝白

印刷者湘鄂印刷公司

△告白刊例▽

△每期每面銀元十元〇每半面銀元六元〇四分之一面銀元三元△封面論前加倍△長登另議△費須先惠有礙體育之告白不登

△代售處▽

長沙新城子街中華書局

長沙府正街羣益圖書局

上海中棋盤街羣益書社

△售例▽

零售每期每份銅元三枚

◉全年四十八期預定銀元八角

◉半年二十四期預定銀元五角

◉外埠郵費在內

◉郵票代銀以半分一分者爲限

## △體育前途的大障碍

黄醒

人是一個個的，所以一個個人要維護他的生活，必須一個個人各自講求體育完成他那生活的體力；人是不能離開人羣的，因為人羣與個人的關係上，必須有共同負責便於全體人羣的組織而適合全體個人健康安全生活的體育；一個人的一手或一足發育不完全，或竟有不幸的病患，自然影響於這一個人的生活安全；人羣中有一部份的個人健康不保，或竟不幸為病魔，也影響於人羣的安全不小；因此我們提倡體育講求體育的人，斷不可忘了有關係的人羣，只圖自己的安全與便利——其實離開人羣是沒有安全不便不利的，——這樣說是不能不研究一種『人羣俱康』的體育法了。……這人羣不能不俱康的事實，正是體育前途的大障碍，待我列舉幾種請大家注意。

第一，勞動階級的人　這階級的人，在人羣中本占多數；這多數人中障碍體育前途的，又分三類：

(一)是因衣食困難不能結婚育子的，莫說這類人的身體不健全，就算他個個健全，他不能將這健全的種子留下於人羣生活繼續上是無益的。

(二)是操業不衛生的，像人力車夫，礦工等，因生活不給，不能不多作工，因多作工，就染了一種病——危險的病如結核之類，——既短促一人生命，又傳染與別人，遺傳與子孫。

(三)是飲食居處上太壞的，——原來人的飲食居處，本可不必像皇帝一般的講究滋味精緻，但是因羣處而空氣太污穢，或地方卑濕，為黴菌發達的所在，飲食的時候不一定，那可就不好了，就一定是傳播疾病的種子的急先鋒了。

第二，知識階級的人，　這階級的人在人羣中雖只少數，他那障碍體育前途的力量卻極大，因為他們

(一)因使用腦力過多，弱本身而又弱子孫的。

(二)為傳播肺結核最盡力量的人。

(三)因為他們思想發達的結果，內中有一部份不在正當軌道上做事，常用他的智力驅使或愚弄一般人，造成妨害人生的劫數。

第三，資財階級的人。　因資本家愈富，致勞動家愈貧，已經是體育上的障碍了，然而富人的席豐履厚，頤指氣使，窮奢極慾，直接間接所發生的病狀，實在也不少；若富家子弟的身體，更是花柳病菌的殖民地，

第四，無業遊民，　無論他是高等的下等的，總是與這人羣有害無益的，他們本身不能健康外，還傳播多少障碍人類健康的病菌。

此外如娼妓如瘸病的如乞丐這些人如不注意衛生的學校，旅館，輪船，火車，市鎮，都是體育上的大障礙。

例如有一個本來健康的小孩子，他的家庭是狠講衛生的；但是他四隣却極不注意衛生，那傳染病菌的使者鼠與蠅，也不時跑到家中來；這孩子到學校去讀書，學校中送他一雙近視眼，又造成一個脊柱不正的姿勢，他同學中有出身勞動階級的孩子，帶些可怕的結核菌送他，有出身貲財階級的孩子，送些他那父若兄怎樣賭怎樣嫖的智識，有時特別親愛，請他吃點糖果零食，不知不覺的肚子裏生了蟲了，到結果一樣也變成病人，弱人。——這就是『近墨者黑』，這就是環象境遇成全他的功德，也就是體育前途一重重一步步的大障礙。

這樣看來，所以講求個人體育之外，要講求家庭的體育，學校的體育，同那社會的體育，人羣的體育；而講求各種體育的前提是如何呢？我希望講求體育的人注意！——覺悟！——研究；我希望提倡體育的人注意！——覺悟！——研究；我更希望這些指導體育的體育家更要特別的注意！——覺悟！——研究。

適纔接到黃君這篇文章，不覺引起我無端的感想，我曾在一美國雜誌上見有一段議論，是一個著名的醫生，說他曾經檢視許多虛弱的人，身體器官，絲毫沒得甚麼，但是無論如何，不能說他們是健壯的。這是怎麼咧？因爲他們神經作用太小，腦力過於衰弱，沒有充分發展自己身心的能力，所以總是虛弱憔悴，沒得生氣的。這個道理狠足以發揮黃君的理由，因爲勞逸不均，貧富懸隔，貧的勞的天天在愁苦裏面做工夫，胸懷鬱結，意志灰頹，富的逸的，費盡心機，在那金錢肉慾的路上，不知道人生的眞樂，表面上看來，似乎比貧勞的人快樂些，實在這些人自作的孽，非常夠他受用。在小說上尋個例來，紅樓中的賈寶玉，王熙鳳，和賈璉，尤二姐，以及賈母，賈政，王夫人，我們替他想想，何嘗有一點快樂，在近代尋一個人來，譬如想做皇帝的袁世凱，何嘗不是一樣。這些人比起貧勞的人來，正是火燒烏龜肚裏痛，叫做啞子吃黃連，說不出的苦。所以無論勞逸貧富那種的人，都沒得眞正的娛樂，充分的暢快，去發展他自己的身心。我們想要謀人類生存的共同幸福，須得把這勞逸不均，貧富懸隔的社會，次第改良起來。但是說到此處，不免有一疑問，便是勞動的人，可以不作事了嗎？沒得的人，可以去搶奪人家的嗎？須知道勞動是人人對於自己應盡的職任，幷且也是人類比旁的動物能夠優勝的地方，若是人人能夠勞動，便人人足以供給自己，決不會發生搶奪的事情。假使坐着不作事，只知道搶奪他人的物事，那還成一個甚麼人？能夠認他在人類中存在嗎？——野人——

## △欠伸式的體操

鄭六

今早扶欄遠望的時候，見有一屋脊間睡着一隻貓，幾隻鴉鵲向着他呱咭呱咭的叫，那貓睡不成了，緩緩的將頭抬起，充分的伸了一個懶腰，搖了幾搖尾，叫了兩聲，立起身抖了抖身體，開步走了。——我從這貓的動作上，引起了一個舊觀念，記得前二年在一冊『衛生叢報』上看見有一段論『欠伸』的，說是美國有一位醫生發明了一種體操法，是因『欠伸』起的，他那體操的動作，也多是運用『欠伸』的功効，現在記不明白了；只我也曾摘取他的意思，杜撰一種簡單動作，作自己睡起的運動，不過行轍不常，尚未發見所謂延年益體的益處，但是我的姿勢，却不因坐久而壞，也未始不是他的功効。現在且將『欠伸』解剖，解剖再介紹我所行的欠伸式的體操。

其一　臥時的欠伸——每作於醒後起前。

(一)姿勢　仰臥，並足或開足。

(二)動作　臂上舉於頂上，但有時受床之限制，只能伸於斜前、上方，臂既伸出，全身以竟志之力緊張之，足趾若有所抵踢，手指若有所攀援，深深吸氣，是爲第一動作；第二動作，即係反對第一動作而復原者，無論何人，此時殆無不天然深呼氣者。——或更加以兩側轉動，但非恒例。

(三)次數　通常一次，或有繼續作數次者。

(四)効果　人在久臥靜止時，每有一部份血管受壓迫而循環緩弛不靈，伸長身體，則血管均可疏通，深吸氣，又以促進血液循環之旺盛，凡筋肉因受停滯體內之老廢物束縛者，以緊張之結果，亦開始大活動，營其新陳代謝之工作。

其二　坐時的欠伸——每作於坐時作業疲倦之後。

(一)姿勢　正身直坐，足踏地面。

(二)動作　臂上舉，足前伸，但有時受桌下狹隘之限制，足不動，但以足趾着力壓地面，上體略仰向後，其方法一同臥時。

(三)次數　同臥時。

(四)効果　因入久坐作業，血每易充腦部，循環不良，肢體乃倦，伸長身體，脊柱以後仰而伸張，內臟同時受刺激而盛其作業，足趾着力地面，有引血下行之致。餘同臥時。

欠伸在直覺上的功効，是人人都領略過而且明白的，用不着我再說；我所行的『欠伸式的體操』的許多動作，又不是發明的，奇怪的，特別的，不過綜合幾種姿勢聯絡起來運用，直覺上不感苦痛，生理上不違背罷了。請一節節來說明：

第一　睡醒時應用的

(一)徐徐仰臥正直，(二)瞑目旋眼珠，繼開目努力舉額頭皮向上(三)去枕(四)臂伸上方為第一度之欠伸(四)左方轉側(五)右方轉側(六)徐起鉤帳復臥倒(七)為第二度之欠伸並擦兩足如濯足然(八)屈兩膝足近臀部，手置頸後如上翼姿勢，以後腦兩足着力支體重徐舉上體三次(九)為第三度之欠伸(十)左右腿交互上舉同時頭亦微舉四次(十一)以兩手自肋骨末下推腹部三次(十二)為第四度之欠伸(十三)翻身伏臥頭後舉同時左右腿交互後舉四次(十四)屈臂以兩掌在胸部支床，徐伸臂舉胸三次(十五)反首後視左右各二次(十六)仰臥為第五度之欠伸(十七)兩掌擦面以上推額皮終止(十八)如「十一」再推腹部(十九)兩手交互推捻兩臂(二十)為第六度之欠伸(廿一)坐起以掌擦頸部撫胸部推腹部輕輕反擊背部後腰部又推側腰部捻兩股(廿二)乘勢盤足正坐深呼吸三次(廿三)仰足將足趾屈伸五六次(廿四)兩掌交相捻擦數次

第二　久坐時應用的

(一)正坐手置股上為一度之深呼吸(二)下伸足上伸臂為一度之欠伸(三)乘勢以兩掌自顋邊倒推上面皮又復自頂後推下數次(四)手在頸後努力睜目使額皮上移並張胸為第二度之深呼吸(五)下兩手輕拍胸頭重推腹部(六)為第二度之欠伸(七)兩手叉腰頻聳兩肩(八)旋頸返顧並旋上體(九)上體向後仰為第三度之欠伸(十)兩足自旋並以趾重按地面(十一)起立為深度之屈膝數次(十二)指頭交叉合兩掌於體前努力舉於頂上反掌向上並舉踵而為深呼吸三次

我這方法，是以『當時身體娛快為目的』的，也不標榜他有延年益壽却病增強的効果，只『直覺』上由酸楚進於酥快，是敢自信的；若將他每天去做，未始不可消除那因睡眠因久坐而成的種種弱像。

八年六月廿九日，作於京師旅次。

## △閉着口呼吸

子韓

口非正當營呼吸之道，蓋吾人一器官有一器官之正當用途，口司食飲言語者也，鼻則司嗅司呼吸者也。至閉口呼吸——用鼻呼吸之利害關係，尤可得而言之者：——

一、睡時不發鼾聲，凡睡後發鼾者皆不閉口之故，惹人厭惡，自己鼻膜口喉亦均不利，若身負要務防人偵察夜間須肅靜機警者尤宜注意。

二、不至口渴，常閉口則口中生津液，以舌抵上牙或天花板，可保長時不渴，旅行者及夜寢思水者均可試行此法。

三、知空氣之良否清濁，聞臭則避，以免惡濁，此人之本能，此

嗅覺之用，非自鼻孔營呼吸不能知之。

四、免微生物吸入肺部，空氣中常有塵埃飛揚細菌混合，此種塵埃細菌撲入口內直下喉而入肺，遂成肺病，其害甚大！（運動場競走後及大道中灰塵尤厚）若以鼻呼吸，則鼻孔有毛及粘液，可以防微生物之直撲而濾過清潔之空氣以入肺腹，不至生病。

與有肺病之人同居，尤宜注意防避，勿吸其病菌。

五、呼吸不至太速，呼吸頻速，爲一種病狀，氣浮氣滿，難於痊治，惟以鼻呼吸，不獨能常保深長之息，已患喘病者，亦可以强制致之漸愈。

六、免傷風感冒肺炎諸病，空氣冷熱相調，常流動不止，冷空氣之來，迅如發矢，人若驟然吸之，直入肺部，多成感冒及肺炎諸病。唯以鼻呼吸，冷空氣入時，經過鼻孔，漸變爲暖，然後入肺，最爲安全。

七、神經爽快，吾人近腦之處有由氏管，爲輸送養氣之道，以鼻呼吸，則能輸發氣於此管，以刺激腦神經而促進其活動，生活器官，乃以爽快。

八、有精神，口常緊閉，氣象岸然，精神振作，志氣勇敢，若兩頤常張，若癡聾，便是癡人憨態，毫無奮發有爲之象，禮曰：「口容歛，」歛收也，即閉口也。

九、能敬禮，惰即傲，傲則不敬，平居宜屏息不懈，最妙自鼻孔營細長之呼吸，且與人交談，若常開口，有一種惡氣——炭氣臭氣——撲人，大生嫌惡，尤交際間之不可不慎者。

十、可寡言笑，語云「智勇深沉」深沉即靜之意，多言者，囂囂然躁而無藏，與戎失德，應爲大戒，唯常閉口者，中心恬靜，渾而不露，言則有條不至囁嚅無章。

故祇一閉口，身心人己，遂有如許關係，可不慎歟？

## △愼防目疾論

轉錄上海盲童學堂堂長英國傅步蘭著

夫人瞽目，最爲畢生不幸之事，而一般偶患目疾，因不知療治及療治失宜，致成瞽目，則其困苦不幸，尤覺傷憫，而晚近數十年來，歐美各國政府與醫學會，漸知目疾之害，醞釀之力，足致目盲，故竭力攷求療治及防備目疾方法，撰爲書論，刊佈民間，俾人盡知曉，從事防範，其法特善，殊可師法，然而中國國家平日對於瞽人境況，不甚注意，兼之中醫於目症一門，亦無講求，致患目疾之人，皆委諸毫無學問手術卑劣瘍醫之手，即間有專科眼醫，知用內治之法，而其分別目症，多不清楚，故中國瞽人之數，以各國四百人中有一瞽者例之，固已無慮百萬，而兼不應瞽而瞽者言之，蓋逾百萬，而在百數十萬矣。僕於壬子之秋，奉家君之命，來滬創辦盲童學堂。專爲敎養瞽目兒童。而於瞽童進校之時。輒延醫驗視目疾。而諸生之中。頗有因療治延遲。或居在鄉裏。未知政治之法。轉爲瞽目。其情殊堪哀憐。故不惜餘暇。檢閱西國防範目疾諸書。擇要譯成是篇。以備勸告華人知所防救。而諸君子閱斯篇者。望轉示於人。或傳告婦孺。設得人人盡皆依法預事防範。則於民間苟少一瞽人。即於國家多一壯丁。其於國家前途之爲益。豈鮮淺哉。

(一)嬰兒胎炎一名辟胎炎

嬰兒發生目炎。其原因大概根於母體。痳症或白之病。亦有由於穩婆手穢不潔。及用穢濁之巾。擦拭兒面。致微穢入目。發作令目壞。疼痛現紅。漸而目皮腫大。流出白質膿汁。日久便瞽。其症之危險如此。然而世人恒等閒視之。以爲由於母乳肝火所致。而不知爲目中微穢(即微生物)發作之故。早不求治。待至膿瀐糊目。方始延醫。則醫士雖欲爲力。殆難回天。其不瞽者幸耳。胎炎發現之期。多在產後一二日。最遲至二禮拜。故嬰兒父母於此時期。宜時常留心。察看兒目。如見目珠現紅。即宜延醫爲之療治。則其爲患尚輕。易於救治。不致於瞽。然終不若預爲防範於嬰兒初生之時。用最淡之銀水一滴(即銀養淡養水一名氣强礬藥)。點入兒目中。便能滅此穢毒。不復發炎。其法爲德國醫學博士克辰克氏所發明。克氏爲德京產科醫院院長。其所收生嬰兒目中。皆點此一滴銀水。而其效果。則因點此一滴銀水。而仍患目炎者。千嬰中僅一兒也。夫克氏新法之成効。既著如此。即自新法發明以後。至於今日。歐美各國。採用其法。因而嬰兒得免於瞽者。曷祇數萬。然其始行之時。婦人有點藥用法失宜。致兒目紅痛。此不過一二日即痊之症。迺其舐犢情深。昧於事理。竟因之不忍復爲點試。兼之在習醫學未甚昌明之時。凡生而瞽目以及嬰時損目。流俗皆以爲疾由於嬰兒父母身患楊梅。治除未凈。餘毒遺傳子女之身。遂有斯疾。而據近醫詳細攷察。則謂楊梅餘毒。遺傳子女之身。力固足令其損目。特瞽目之原因甚多。並不盡緣梅症。故身患有梅症之人。理宜就醫療治。令毒除盡。庶免生育瞽目輭弱之子女。而子女不幸。患染目疾。亦宜早爲延醫療治。以免失明。豈可踽踏陋俗。因循延誤。致令子女抱恨終身。然而拘於體面之人。每有惑於舊說。坐視其子女目疾蔓延。而羞於延醫一視者。風聞中國亦有此種風俗。生有瞽子之家。輒不欲人知曉。亦不欲延醫診治。卒致害事。世所謂握粟失囷。其害若此者。豈非痛事哉。

(未完)

## 〈陸軍第三師吳師長來函〉

(上畧)男子三十冠而字,女子二十笄而字,此乃一定之期程。家語云:「女子二七而經化,七七四十九而經絕,以後不能生育」——則是生育之年期,自二十至四九,僅二十餘年,若至二十六七而字,則拋棄四分之一,似仍應以二十爲合宜。又晚近風俗日偸。人心日壞。凡應具之知識,則開悟偏遲。惟男女之交,悟則感觸甚早,使非有良好之敎育,完全之家範,以陶鎔而防範之,則私奔苟合,遲婚與早婚,其弊害相等,且有甚於早婚者,未審高明以爲何如也?

吳佩孚啓　七月九日

頌奉　鈞示，謬蒙　推許，深自慚悚。　師長既關懷生聚之圖，復感慨世風之下。　熱腸高誼，深足景仰。惟蘇化女士所言女子二十六七婚嫁之事，係指西方習俗而言，非謂必以行之我國。且西方之所以成此習俗，又與社會生活文化上有聯貫之關係。蓋以歐美女子二十四五齡時，強半在其大學求學之時期。學生時代之結婚，殊為西方所罕見，而其生活程度日漸增高，結婚乃為男女情感之正當表現，非牽連於生活問題而生之結合。則其婚姻之條件須圓滿各自之理想，非如我國舊制之僅以兩個異性的結合而成就之簡單也。至於結婚年齡之標準，為法律上之事，而非由醫學生理學上考察國民身體發育之情形，不能漫為斷定。且此身體發育又與風化之淳澆有相互的因果關係。以生理之原則，發情期男子當在十六七齡女子當在十四五齡，而近日十三四齡為母之女子不必尋於熱帶之蠻族。若不挽彼頹瀾，何以保此種族。若以遲婚不免拋卻生育之期，則嫌孕於體質及情感均有密接之關係。蓋少年體質既未堅強，又不能節制性慾，且無專注之情感，每每自失其孕育之機會。然平心論斷，誠以　鈞示所謂女子二十而字為折衷。至於私奔苟合，遲婚早婚，弊害相等，尤為男女問題急待解決之事。按諸實際，失時男女每不免一時滿足其肉慾之行為，此所以有「男大須婚」，「女大須嫁」及「女大不中留」的種種成語，亦即父母心理上所以必使兒女早婚的理由。竊以為此乃男女社交及人民道德的關係，對於婚姻遲早不生影響。所以私奔苟合之行為，不一定出於失時之曠夫怨女。而有道德者，決不專務肉慾之滿足，必待情感融洽，而後為其純潔之婚姻。夫使男女不發生私奔苟合之行為，在使人生有眞正純潔之美感，兩性間不專以肉慾為唯一之觀念。近代學者多有男女社交公開之主張，說者謂為廢除禮防，導為淫亂，不知男女同是人類，何以毫無交接，非有曖昧何用懷嫌。老子云「不尚賢，使民不爭，不貴難得之貨，使民不為盜」，私以為不限制男女之社交，可以使民不務淫慾，至於眞正純潔之美感，必其人有辨別之意思能力。發情初期之男女，意志極不堅定，此時代之結婚，祇有縱慾之事實，每乏眞情之作用，竊以為有子女者固不可強使早婚，且當使其婚嫁出自自身之主張。若為父母主持，便非自己之意志，即已無眞情可言，而社會道德墮落之絕大原因，實以婚姻非一定為眞情之組合，肉慾觀念乃益擴張，同時情感上偶然融洽，其抑制的刺激的精神，便一發而不可節制。男女私交之所由以發生也。　師長熱心世道，必將有以啓其愚。此種學理之討求，實大為敝報精神上之贊助。敝報能繼續維持其一日之生命，即一日盼望有此種之討求也。

——野人謹復七月十五

外埠愛讀本報的諸君：——本報按期出版，即按期郵寄諸君，如有未收到者，請向郵局查問，恕不一一補寄。　乞原諒之！

中華郵務局特准掛號認爲新聞紙類

中華民國八年七月廿八日（第三十二期）

# 體育週報

發行所長沙儲英源第二十三號體育週報社

每週一回逢月曜日發行

編輯兼發行人黃醒勝白

印刷者湘鄂印刷公司

△告白刊例▽

△每期每面銀元十元〇每半面銀元六元〇四分之一面銀元三元△封面論前加倍△長登另議費須先惠有礙體育之告白不登

△代售處▽

長沙新坡子街中華書局

長沙府正街羣益圖書局

上海中棋盤街羣益書社

△售例▽

◉零售每期每份銅元三枚

◉全年四十八期預定銀元八角

◉半年二十四期預定銀元五角

◉外埠郵費在內郵票代銀以半分一分者爲限

## 捐欵鳴謝

李樹藩先生慨捐銀洋肆元整

李楞循先生慨捐銀洋壹元整

張振炎先生慨捐銀洋貳元整

# 運動的限度

Carl Easton Williaws 原著
禹　瀾　譯

此篇是從紐約的一種雜誌『體育 (Phsical Culture)』譯的六月份那期內譯來的原文附着 Mr. L. F. Kennedy 的「健身運動」的「動作」牢打我今把他分作兩起眉目似乎要清醒些。——譯者

體育家講求運動，原有二個重大的問題就是『何種運動算是相宜呢？』『運動究竟要多少呢？』兩者之中第二個更爲要緊。普通總是不大過問運動的種類，倒要致究運動的多少也是那「過猶不及」的道理。

勞心的人雖然終日使用他的思想去圖生活，身體的鍛鍊，還是要緊。因爲他專靠着思想的多少是不中用的，必定要保養他思想的能力做事纔有快而且好的結果。這思想的能力，是要從健康强壯裏面得來的，（譯者按此語科學的說明要看「腦力是什麼？」下期譯登）就是要把運動來培養他的。祇是他要懷疑道「我要增進我的做事的力量，信是要去運動强健我的身體，只是運動太多，却是妨我的腦力，太少身子又不能强，這都與我不利，究竟多少的運動纔是恰當呢？」

運動本是一種增加工作的力量與效率的「方法」。至於運動多少的問題，與那進食多少的問題，恰是一樣進食太少了，氣力不足，太多又有廢物充塞胃間，也是不好，但是終沒有個定規，說要進食幾斤幾兩幾錢，不過有個最多最少的極限在兩者中間找出一個中數拿來做「標準」罷了。運動的多少也可照這樣先定兩個極限，找出一個「標準」來。

運動多少的標準，——個人的——個人不同，定起來實在難得很。哲學家常常要人「自知」，即如這件事，正是全靠各人「自己審定」的；試問世界上個人的體格情勢，除了自身，還有第二個人更爲明白些嗎？如果有人對於自己運動的多少，不能十分決定，那就暫時寧肯少運動一點。體育發達的人，運動并不要多，只要足以使血液循環，助筋肉發展就够了。體育不發達的人，起初是要稍爲運動過分些，增進筋肉的發展，只是過分的運動，有些妨害身體，所以至多每週只宜二三次，如「舉重」「長距離競走」等激烈運動後，須得休養一二日，使之復元，那就不會十分壞事了。

文士醫生商人等，不如苦工的操作，他們的運動，約可分爲兩種：一爲「健身」的，就是體育場或室內的運動；一爲「培養」的，就是吸取新鮮空氣的野外散步。「健身」的運動，能使身幹挺直，筋骨發達，血液周流，脊柱伸屈，肝臟漲縮，以及增進內部各種器官的機能。運動的「動作」，體幹的伸屈旋轉，比臂腿的運動要緊

得多，只是臂腿等運動，也是有益於胸膛背部的發展，兩者是不可偏廢的。勞心的人每天祗要做十多分鐘的「健身」運動，就決不會積弱的；只是運動過多了，或者要傷着筋肉的細胞，身體反是受害，而且把做工的能力，拿來錯用到運動上面去了。

清早運動的利益究竟多不多？是費疑惑的，看實清早運動，收效極少，與其運動十分鐘不如運動二三分鐘的好——只要能使人振作起來就夠了。此事舉出一個成例來，更見得可信——英國某著作家每日清早行冷水浴，體質常常文弱得很；有一回到了他處，因為別的原故，打脫了他的習慣，可怪他的精神氣力，倒覺得終日奮發起來。照此說來，運動最好是在下午五六時休工的時候，舉行；那時運動起來可使勞動的筋肉弛張，思想的神經休息，而且諸事妥貼了，再來享用大餐，更是舒服得很呢！

Mr. L. F. Kennedy 的牛打「健身運動」是他平時競走漁獵之餘，把他素來的經驗創作出來的，真是極可寶貴，所以特為用照片寫出貢獻閱者。（下期另行譯登）

「培養」的運動，吸取新鮮空氣，極為和平，也是可以間接強健筋骨的；若能行之至一二點鐘久，血與脾胃，都要漸漸的改良起來，并可使全身器官的機能發達，那時直可以不再用着什麼操練，也可得到最上的健康。有許多人為「境遇」所限，不能到體育場去運動，又沒有空的時間去呼吸清氣，那就「室內健身運動」算是有一無二的良藥了！

工商界諸君！！你不是以早到晚，把你醒覺的時間，都用了去看着你的職務嗎？只是你若費盡十六或十八點鐘的時間去看著，你必不能每點鐘得着同等的精神與功効；若在較短的時間，你必能夠用較好的精神與功効得着更美滿的工作呢！請記着一句常話：「你能夠用十個月的功夫做完十二個月的事，只是你在十二個月內不能不把他做好。」諸君！！若是懂得這句話的意思，就請每日把一二點鐘去運動；將來所完成的工作，不獨日積月累的增加起來，而且所辦的難務，要漸漸的良善呢！

「運動的限度」還是要各人依着自己舒服受用的去酌量。起首須洋比預定的「標準」些微少點，切記不可等到十分疲倦了，方纔終止；也不可等到將近疲倦纔終止，祇要運動到了極快爽的時候，覺得全身都要奮發起來，就可終止了；如此行之，你的體力自然會一天一天的增進起來的！

## ◉築路

黃醒

『路』與人生的關係，用不着我說，是個個人都知道的；『路』與國家文化上的關係，也用不着我說，是賢明的人都知道的；就是國防問題，經濟問題，仰賴道『路』的也很大，我國的『路政』如何?也用不着懷疑的,然則我們爲何不急起直追,來解決這『路』的問題呢?

有人說這計劃是政府的責任,用不着我們越俎代謀;這工作有關貧民生計,不應當奪他們的事業。我說在國家上看是屬於行政範圍,但也不禁國人的條陳;在社會上看本是件公益事,也是人人應與聞的;提倡『築路』,因以發達各種生產事業,正可以維持貧民生計;就是我們『築路』時也用得着多少勞工相助;……這些都不妨事的。

我今日提起這『築路』問題主要目的是在體育,是在提倡『時間的經濟』和『能力的經濟』的體育『生產的體育』;可以說是『爲謀公共福利發展個人的體力』的體育,有懷疑這『築路』無關體育的嗎?待我進一步仔細說明:

一、築路與體操法的比較。『體操』的價值不外使身體平均發育,增進健康,調和身心。『築路』呢,於『體育』那鍛鍊『四肢』的動作,調節『內臟』的動作,增進『消化』『排泄』機能的功効,都具備的,不過有時因過勞不能保持優美的姿勢,但是作息得宜,時間分配,能力分配得宜,這缺點是可免除的。

二、築路與游戲法的比較。『游戲』的價值無非利用人類天性中諸美德,假設種種方法來發揚的;『築路』時,若以游戲的組織法去配當,也可有競爭的意味,也可有優美的興趣。

三、築路與智德兩方面的關係。在智能方面間接了解道路與人生的關係,道路與文明的關係,引起建設的觀念,組織的興趣;直接得建築工程初步的知識,使用器械的方法,沙土石的性質。在道德方面發達協同,規律,創作,互助,自治,整齊,嚴肅,活潑,正大,好勝,諸般天性。

四、築路與疾病。築路必需與日光同新鮮空氣多接觸,對於腸胃病,神經衰弱病,肺結核的初步,近眼病,都可減輕或治療。

準以上四條看來,這『築路』於體育上是有益無害的,不妨發起來做做。更不妨全國的學生——自高等小學以上——都做做。至於如何的做法,只要大家有決心時,很可請幾位明白的人計劃一番,那時我再提出一個『以體力年齡分配工作方法的問題』,與大家研究。

(附言)這問題不是憑空發生的,是三個觀念聯絡成的:(一)前四年我那本鄉有個小學校,因校地四週的道路太壞,那校中的教員,會命令每一個學生每天早起到校需交納兩個小石頭,一到雨後,就用這些小石頭散舖在路上去,又利用星期休息,領着學生到河邊用手巾書包運取沙子舖路,半年的工夫,這學校四週的道路晴雨都好走了。(二)去年春間楚怡學校曾有觀察學生對於學校圖的道路盡過力。(三)是歷來對於交通便不便與文化上的感想。

## △新式柔軟體操(轉錄五年四月北京衛生叢報)

近有美國醫師加黎氏撰出衛生要領一書，顏曰十年長壽新法，亟提倡倦體欠伸之功用，深益身心，據言世間高等動物類，皆於睡醒之後，倦眼初開之際，其體肢必先自極力欠伸，始起行步，如貓狗等物，則其尤著者也。人類每不如是，則甚誤矣。故吾人每曉曦初上，睡夢初惺時，决不宜推枕遽起，須先於榻上徐徐運動，使體格欠伸，然後坐起為適也。蓋伸長體肢，則舉凡臥受壓迫之血管，均克疏通，而血液自易於循環矣，氣息欠呵，則肺臟舒暢，凡酸素缺乏之部分，自獲補益之功效矣，據加黎醫師籌出之新式柔軟體操諸法，凡人當曉窗夢醒以後，推枕未起以前，試行此種操法三十分鐘之久，其補益之功，良非淺鮮焉。

(甲)仰臥運動

(一)醒後仰臥先莞然微笑許久

(二)行深呼吸之法

(三)伸雙手於上方直伸雙足於下方

(四)發笑聲以舒肺氣

(五)平坦胸腹再行深呼吸

(六)手足交向上揚

(七)平掌以撫摩胸部

(八)輕揉咽喉

(九)撫擦面部

(十)撫摩頭腦

(乙)甲運動畢轉側俯臥榻上

(十一)足尖用力翻向上揚

(十二)兩肘翻向上伸

(十三)頭腦徐徐前後俯仰

(十四)右手捻左肩而左手捻右肩

(十五)起身端坐盤膝行深呼吸法

(十六)背部腹部諸處均平掌撫摩

(十七)下榻立地上曲胸向下復挺胸向上

(十八)脚尖立地兩踵向上數起數落

(十九)高伸雙腕

(二十)或溫浴或冷水擦拭身體

以上諸法，行之無怠，不但身心獲益，且能却病永年，是實加黎醫生經驗之良法也。

上期黃君草欠伸式操著論說，考據在衛生叢報上見有與他同樣的主張，頃在黃君家爾了一份第三期叢報，見了這篇記載，所以轉錄出來，供給各位的參考，若是實行起來，不管他甚麼却病永年，總能够使身心舒暢的了。 記者

## ◉日本學校體育發達變遷記（續）

魯也參

第四期（自大正五年迄現今） 此期所叙述者，乃日本學校體育最近之新潮流也。然所謂新潮流者何也？一言以蔽之曰：近世盛行之競技運動（athletics）新得勢而發展傳播流行是也。日本曾於明治四十二年創立體育協會，極力將競技運動助長輔翼之，而進步甚遲，尤有限於少數人實行之憾。故年年競技運動之記錄，依然無足觀者。日本教育當局者，亦知競技運動之不可背馳世界進運也，因思設法提倡獎勵之。大正五年秋間文部省召集全國中等體操教員於東京高等師範學校，關於學校體育將來發展問題，使協議之。其結果也，全體一致決議以競技運動作爲正科教授，如同一時間內體操與競技各得以半數充之。東京高等師範體育科特於正課時間內加競技運動每週二小時，與體育平均列爲正科，率先實行。因此各地方競技發展之機運亦已成熟矣。然此競技發展之近因，則爲大正六年五月遠東第三次運動大會開會於日本東京，結局雖倖獲優勝，然反觀各種競技程度，不覺瞠乎後人。自茲全國上下，獎勵提倡競技運動之熱度，殆達於沸騰點，影響所及，駸駸焉殆有凌駕體操之勢矣。然競技與體操，固各有特長，其貢獻於學校體育也，亦各有使命之不同。故競技運動與體操兩方面能融洽，實利未始不善。無如日本自號爲體育學者流，半取楊子「爲我」態度，極端希望實行自己所主張。甲派曰：學校體育非以競技爲中心，不足以資青年實際之鍛鍊也。乙派曰：學校體育非以體操爲中心，不足以使國民體格之標準向上也。互不相讓，互相攻訐。甲誹乙曰：彼現在所謂普通體操，乃根據於瑞典式者，徒尚形式而已矣。加以此種體操簡單過甚，乾燥無味，使學生習之易生厭惡之心，於歐美已早有定評。於此焉而欲收實際訓練之效，如南轅而北轍。有識者已稔知其不能也。而此等議論，日本全國漸有蔓延之勢。代表此派主張者，有東京高等師範學校體育科某教授（始改其名）新由美國視察歸國，對於現行體操，甚不滿意，攻擊甚力。舊歲曾於教育新聞雜誌第三十一號發表一論文，題曰『實際的訓練高唱』。其內容意義，大致如下：

通觀現在之體操，一見似甚得周到之訓練，然以余之見地，今之體操，過趨於形式及强制，教師與學生只能爲機械動作而已。如是與體育之價值甚相懸遠，既名爲體育，以後無論如何，非以生徒之個性，及對於生徒之同情心爲本位，不可也！余亦非體

操全廢論者，唯余覺從來之體操，過於拘束，頗覺乏變化；故宜將教材之配合加以變化，體操器械時時更換，務取不同方法為必要而於此外最感必要者遊戲運動，非盛行獎勵不可也。(中略)要之以余輩一人之私見言之，現今之體操，自體育方面而言，殆等於零，外無他焉。於是而欲圖改良，非以遊戲及其他富有趣味者參入與體操完全調和行之，則體育上欲獲好結果，誠屬不可能者也。最後世人對於訓練二字之誤解，稍加解釋。小中學之學生，在學校似規律嚴正以演習體操，然在校外，果能當已受過訓練之學生乎？決不能目為已受訓練者，此畢竟於學校未受過精神訓練故也。徒於學校受教師之威嚇，不得已而服從之者，殊明瞭也。高唱表面訓練等閒看過實際訓練，觀現在之體育方針，余洵為我邦教育界不勝痛歎者也云云。

通觀以上甲派之議論，乙派之氣勢，宜為其所奪矣，乃事有不然者，乙派復駁難之曰：是輕躁浮薄者流耳！學校之體育，宜以經驗為根基，加以漸次之改善，重以着實之實行，方克有濟於事，促成斯道之進步。彼如徒尚新奇，朝三暮四，趨向莫定，與世浮沈，是體育界之害馬也。奚焉策夫實際訓練乎！大正七年六月，軍隊體操，復改用瑞典式體操，發佈軍隊用體操教範，其內容大概與學校體操相合為一。自玆此派之主張更大得勢矣。而此派之中心人物，無論何人，皆稔知其為東京高等師範學校兼東京女子高等師範學校教授永井道明氏也。昔年彼曾於帝國教育雜誌內發表一論文，題曰「體育徹底之要道」，其言論殊為激烈，今摘其論文最後之一部，其大旨如次：

體育徹底之要道，實行改善，次之問題，尊重過去之經驗歷史是也。換言之，打破流行之實行，輕薄之實行是也。務於流行輕薄者流，藉言進步向上，揭起大大招牌，及觀其行也，等於猴兒作戲，施以形式之變化，得意揚揚，乃世之通弊。況於最不進步我國之體育界，殊為易有之事也。真正之進步，從來之經驗歷史，尊重繼續之，更於其上擇其善者而附益之，始克成立者也。即個人之向上，社會之進步，亦如是也。余關於體育之事，自常反省，復引以誡人，若無視東西古今之經驗，自命為新工夫，是立時復歸於上古原始的狀態者也。然而於我國幼稚之體育界，反不屑洞察世界之大勢，縱或云見過世界，不過僅走過某一國而已，遂輕輕斷定世界之體育如是！如是！從而大膽輕薄，隨意製造，自命為新工夫，實後於世界之進步，自居退化而不知者也。而於斯道正直之進步，有害無益者也。我國民其欲期成我國自覺之新體育法乎！非先有尊重東西古今經驗之覺悟不可也。(中略)將來體育之發展，雖須年年歲歲，進步向上，而此進步向上也，實於經驗之上造成之如無根柢之浮草左右漂流無方針之空船東西飄泊徒作無益之變化毋寧謂爲斯道之退步也墮落也逆轉也吾人冀及將來無論個人國家於此體育之道非大加研究不可非有確固研究體育之機關亦不可然所謂碩大之研究與確固之研究機關自今日以後具有碩大之實行與着實之經驗始克成立而有濟者也反覆言之藉言進步研究虛名之下忽略着實之實行於眞正體育之徹底有害而無益者也云云

## ◉愼防目疾論

轉錄上海盲童學堂堂長英國傅步蘭 著

（續）

（二）目炎 一名瞼炎

目炎發生之狀初則目皮內衣發紅睛瞼之間若有砂粒磨擦甚痛甚而膿淚緎流睫毛黏連强視不便此症日久不治便能失明其膿汁傳染甚速如右目患炎膿入左目一二日後左目便炎故患者雖已延醫療治而對於起居飮食一切尤當注意寢室窗門時常開啓令空氣流通勿得滯塞右目患炎寢時側身右向右目貼枕庶流枕上則左目便可免於傳染淨面之時先用細輭之布或潔淨棉花蘸浸熱水將疵擦盡然後洗面其碗箸茶杯羹匙毛巾手巾之屬用後須在沸開之水盪過再細滌清淸心靜坐勿食辛辣之物毛巾手巾宜自備一份勿與他人共用以免傳染於人苟患疾之人能愼防若此加之醫士療治之功則其疾之瘉也自不難指顧間矣。

（未完）

中華郵務局特准掛號認為新聞紙類
中華民國八年八月四日（第三十三期）

# 體育週報

發行所長沙儲英源第二十三號體育週報社

每週一回逢月曜日發行

編輯兼發行人黃醒勝白

印刷者湘鄂印刷公司

△告白刊例▽
△每期每面銀元十元〇每半面銀元六元〇四分之一面銀元三元△封面論前加倍△長登另議△費須先惠有礙體育之告白不登

△代售處▽
長沙新坡子街中華書局
長沙府正街羣益圖書局
上海中棋盤街羣益書社

△售例▽
◉零售每期每份銅元三枚
◉全年四十八期預定銀元八角
◉半年二十四期預定銀元五角
◉外埠郵費在內郵票代銀以半分一分者為限

## 新青年六卷四號要目

實驗主義　胡適
白話文的價值　朱希祖
俄國革命之哲學的基礎　超明譯
孔乙已　魯迅
選舉權理論上的根據　高一涵

總發行所　上海棋盤街羣益書社
分發行所　長沙府正街羣益圖書公司

## ◉本社代售

新思想新文學的雜誌七種◎

月刊的
◎新潮—出至五號—每冊售價三角三分
◎民鐸—出至六號—不日到湘
◎教育潮—出至二號—每冊售價一角四分五厘
◎新中國—出至三號—每冊售價三角三分

週刊的
◎每週評論—出至三十二期—每份售價二分半
◎星期評論—出至八期—每份售價二分
◎湘江評論—出至三期—每份售價本埠銅元二枚外埠二分

天津教育學術編譯社發行的教育◎—本社也可代售已出二號
每冊售價三角三分

# △體育的眞價

W. S.

有人說：『體育是各個人自身的事，不待他人提倡，并且是各個人據他自已生活環境身體的情形，各自解決的事，尤不容他人爲之提倡。何況據生物學的考求，凡有生命的生物，都有自已保全生活的機能。難道人類反有沒得這種機能的事嗎？所以更値不得提倡的了。』

這種似是而非的說法，最動人的聽聞。但是我要問他，我們可以不講求體育的嗎？各個人生活環境身體情形的不同。我們不能設法變更使他共同一致嗎？可以不擴充自已保全生活的機能，去適應處世求生的需要，任他無形退化嗎？能够明瞭答復這幾個問題，纔算是知道體育的眞價。

『人之欲善，誰不如我？』人既有了生命，又誰不欲長久保全他的健康？但是衣食住是人類生活的必需，固然人人都知道，若是衣食住如何適合於生理，可就是專門的研究。假使說到空氣的適宜，動作的限度，尤其是要特別研究的事。

生活是可以進化的，環境是可以變更的，身體是可以補救的。因爲人有萬能的力量，簡單的生活可以使他圓滿，困苦的環境也可以與他脫離，至於身體一層，尤其可以利用各種方法和他部的機能，補救一部份的缺限的。

人是組成社會的重要元素，體育是人生生活的最大問題。體育的影響，不僅及於個人，直接關係人類的社會。讓我次第分別說來：

(一)社會安寧秩序的關係　精神喪失及虛耗的人，如瘋癲白癡等類，每每因其意思能力的不具備，致生擾害社會安寧的行爲。他一方面更因精神刺激過强，或身體發達過度，也生出破壞秩序的事實。非從體育上根本解決，可就沒得救濟的法門。

(二)社會經濟的關係　此種關係，在現在的社會，尤可注意。在殘廢的人，他的生活能力，已不待言。虛弱的人，供給自已的能力，也就很少。但是這不過就消極一面說法。若說積極的一面，許多『孔武有力』的人，完全不作生產事業，只幹他那擾奪的生涯。柔弱的人，少不得被他欺凌，經濟狀態，也就被他擾亂。

(三)社會文明進化的關係　吾嘗見許多人，藉體質虛弱的名義，掩飾他暴棄的行爲。更有許多人，恃他的體力，專門圖肉體的娛樂，斲喪自已的機能。這因循的習慣，是文明進化大大的阻力。

體育對於社會有如許關係，可以知道他的價値，但是如何纔能使體育做到這種價值的地步，須有二個注意的地方：

（一）要以社會全體的各個人自爲生活的主體，不得讓特種的少數人操縱人類的生活。各個人盡自己的能力供給社會共同的需要，同時在社會中取他自己的生活。個人和社會互有權利義務的關係。不能把多數人做少數特種人的傀儡，去倚賴他生活。

（二）要有共同生活的組織，人人在這組合以內滿足他的需要，并且抵制各面的環象。吾近鄰有一女子銳志求學，非常可嘉，他父母却要迫他和一個不大上進的男子去結婚，不准他讀書了。他要求父母遲一點兒，讓他多讀幾句書，他父母就大罵特罵，說你不聽父母之命，我可不管你了。原來那女子有自己謀生的能力，社會却不把他謀生的機會，他被環境限制，也就無可如何。我還有個朋友，學問還過得去，只因他有家庭，家庭又極有錢，他自己不願在家做那寄生生活，他的朋友都反對他，說他好好的怎麽不耐煩在家裏住，都不肯幫助他，他也就無可奈何，只好把這可愛的光陰一天一天毫無生趣的空空過去。若是沒得共同生活的組織，人人被這死死的環境所限制，何能發展他個人的能力？何能圖社會的進化呢？

## 〈波爾吞氏之女子墊上運動〉（續廿八期）

韓錄體育研究會會刊

張錫慶譯

Mat Exercises For Women By Florence Bolten,

第三次序

第一節

部位　仰臥　雙手托頭

動作　（一）左腿挺直向上舉至最高地位

（二）還原（唯着板宜輕）　六次　右腿如法行之

第二節

A

部位　仰臥　雙手置身傍堅附板

動作　（一）雙膝力向胸前上舉（同時背下部可離板如向後滾翻然）

（二）還原（宜自然）　六次

B　前項動作練習多次方可練習

部位　坐板上　膝稍彎　手置臀側

動作　（一）雙臂力撐體向前傾止趾與手着板

（二）速即向前滾翻　三或四次

第三節

部位　仰臥

動作　(一)雙膝　左右屈至足底相對　(二)雙膝向上舉至合攏　(三)雙腿向下伸還原　四至六次

第四節

部位　仰臥　雙足壓住

動作　(一)上體坐起(頦縮體直)　(二)還原　四至六次

坐起時膝可稍彎

第五節

部位　仰臥

動作　(一)左臂向上舉同時伸趾體作傾斜狀深吸氣

(二)左臂還原同時呼氣

(三)右臂向上舉深吸氣同(一)　(四)右臂同(二)

六或八次

第六節

部位　仰臥，膝稍上屈足底着板(如第一次序三節C)雙手托頭

動作　(一)雙膝向左下垂(肩不動)　(二)雙膝向前上舉

(三)舉膝向右下垂　(四)腿向下伸至原位　四次

向右亦然

第七節

A

部位　仰臥

動作　(一)左腿挺直向左向上向右向下至原位繞一大圓

(二)休息　(三)(四)左腿亦如法行之　四至六次

B

部位　同A　手托頭

動作　(一)左腿向右上左下至原位繞一大圓

(二)休息　(三)右腿向左上右下繞一大圓　(四)休息　四至六次

第八節

部位　左側臥　左臂伸直於首下右臂置胸前指着板

右腿架左腿上踵與首成一直線

動作　(一)右腿向上舉　(二)還原　六至八次　左腿亦如之

第九節

部位　左側臥同第八節

動作　(一)右臂向前上舉同時吸氣　(二)右臂向後下至原

位同時呼氣（此動作如繞大圜然）
六或八次　左臂如法行之

第十節

部位　左側臥同上
動作　（一）右膝向胸前上舉（足可着板）
（二）右小腿向前伸（膝不動）
（三）右腿挺直還原位　四至六次　左膝如法行之

第十一節

部位　左側臥同上　唯左手置首上稍向前
動作　（一）上體向右彎（用二手撐力）作起坐狀
（二）還原（宜休息）　四至五次　向左亦然

第十二節

部位　俯臥於肘膝二節上
動作　（一）臀向左下垂　（二）還原　（三）臀向右下垂
（四）還原　六至八次　（此動作宜速膝堅附板）

第十三節

A
部位　俯臥於肘膝二節上
動作　（一）右腿向後伸（宜速趾着板）　（二）右腿向上舉
（三）膝向下屈復原位　六至八次　左腿亦然

B
部位　同A
動作　（一）右腿向後伸　（二）右腿向上舉　（三）右腿向下放　（四）右腿屈至原位　左腿亦然

C
部位　同A
動作　（一）左腿向後伸　（二）左腿向右舉下放（趾着板）
（三）左腿速向上舉至向左下　（四）同（二）　（五）同
（三）還原　右腿如法行之

第十四節

部位　立正
動作　（一）蹲撐　（二）左腿向後伸　（三）左腿屈還原
（四）立正　二次　右腿亦如之

第十五節

部位　立正
動作　蹲撐　（二）右腿向後伸　（三）還原　（四）左腿向後伸　（五）還原　（六）立正

第四次序

第一節

A
部位 仰臥 雙手托頭
動作 (一)雙膝向胸前屈 (二)雙膝向上舉 (三)還原

B
部位 同A
動作 (一)左腿向上舉 (二)還原 (三)右腿向上舉
(四)還原

C
部位 同A
動作 (一)雙腿向上舉、(二)還原

第二節

部位 同上
動作 (一)雙腿向左右分開 (二)還原

第三節

A
部位 仰臥 膝半屈 手置身傍
動作 (一)雙膝向左向上向右向下繞圜(足離板) (二)休
息 (三)更換方向 (四)休息

B
部位 同A 唯腿伸直
動作 (一)雙膝向上舉同時繞圜 (二)復原位

C
部位 同B
動作 (一)雙腿(挺直)向左向上向右向下繞圜 (二)休息
(三)雙腿向右向上向左向下繞圜 (四)休息

第四節

部位 仰臥 膝半屈 足底着板
動作 (一)臀向左向上向右向下繞圜 (二)休息
(三)臀向右向上向左向下繞圜 (四)休息

第五節

A
部位 左側臥 左臂向上伸直於首下、右臂置胸前指着板
右腿置左腿上並伸直稍向後使體略成斜形
動作 (一)右腿向前踢(趾着板) (二)向後踢(趾着板)
二次 左腿亦如法行之

B
部位 同A

動作 (一)右腿向上舉 (二)右腿向前下放(趾着板)
(三)右腿向後復原位 二次 左腿亦然

第六節

部位 俯臥於肘膝二節上
動作 (一)雙小腿向上後屈(踵近臀)
(二)向後伸(膝節挺直離板體重在肘與趾上)
(三)還原(休息) 此項動作支持不必過久

第七節

部位 俯臥肘膝二節上
動作 (一)雙肘向左右屈(掌撐板)同時胸頰向前下近板
(二)雙肘撐直同時上體向後伸(臀近踵)

第八節

A

部位 俯臥於膝三節上
動作 (一)體向上跳同時肘膝節伸直使掌與趾着板以支體重(如俯撐於掌上狀)自踵至首成直線臀部不可下降
(二)還原

B

部位 立正
動作 (一)蹲撐 (二)雙腿向後伸「如(A一)」
(三)雙腿向前屈 (四)立正

第九節

部位 俯撐於掌趾上 體直離板
動作 (一)雙腿向左右展開 (二)還原

第十節

部位 俯撐於掌趾上
動作 (一)右臂向右上舉同時體略向右轉右腿併於左腿上
(二)還原 (三)左臂向左上舉同(一) (四)還原

第十一節

部位 俯撐於掌趾上
動作 (一)右臂向前上舉同時左腿向上舉 (二)還原
(三)左臂向前上舉同時右腿向上舉 (四)還原

## △浴的功用和方法

冶

皮膚像是裝盛貴重化學藥品的玻璃瓶，瓶有漏隙，藥品的氣，便會發散，皮膚若不堅強，內部的筋肉，便失其保護；皮膚又像是樹木的皮葉，一面吸受陽光做他的營養，一面排除老廢運行他的新陳代謝；所以皮膚的機能，一部是筋肉的保護，一部替代謝的作用；皮膚不强，容易被風濕和傳染的感受；皮膚不潔，則毛孔閉塞，老廢物不能排除；浴的功用，就是增皮膚的抵抗力，利代謝的運行，至於調節體溫，助强呼吸，還是餘事。

浴有熱浴冷浴二種，熱浴的方法，多數的人都知道；冷浴就因爲行的少，知的也少；通常的人，以爲冷浴容易冒寒，若在隆冬，更畏冷凍；不知冷浴最足使皮膚堅强，禦寒的機能，且因摩擦生熱，尤易使身體和煖；今把他的方法，約略說明，各位試去實行，纔知道呢！

第一是冷水摩擦，早起或夜眠前，在密閉的室內，先用乾布摩擦全身，再用冷濕布摩擦，以發赤爲止，然後用乾布抹乾。

第二是冷水灌漑，也是先行摩擦，然後一面灌漑，一面摩擦，最後也要用乾布拭乾，若不拭乾，皮膚上水分蒸發，奪去體溫，易冒寒；冷若在冬季，先由乾布摩擦，再行冷水摩擦，更用冷水灌漑，行之以漸，持之以恒，便會自然習慣了。

## △日本學校體操發達變遷記（續）

魯也參

總觀兩派議論，各言之成理，措辭有方矣。噫！人間生活事乃爲最難，昔賢有言曰：凡作事利於身而不利於家者，不爲也，利於家而不利於國者，不爲也。而日本現時體育界之爭論，至互相攻訐，如鷸蚌相爭，各不相下者，豈爲人間生活事，忘却國家教育大計耶！曰：否！不然也！英之進化學者達爾有言曰：人類有競爭，然後有進化。即有競爭，然後有進步之謂也。故二十世紀文明各國學者之間，關於學術問題，恆爭論不絕，如哲學上有唯物唯心一元二元之爭論也，斯有時庇洛撤迺卜尼質疑大哲學者出，有經驗理性之爭論也，斯有孔德斐喜武叢之批判論出；故知競爭者乃進步之因也，進步者乃競爭之果也，明甚。日本現時體育界紛亂之現像，其亦有類於是乎！吾人或可拭目以待其清也。然於細觀察之：甲曰：學校體育必以競技運動爲中心，乙曰：學校體育必以體操爲中心，其差異也，不過朝三暮四，暮四朝三之區別而已矣！甚屬無味之爭論也。譬如生人之食物品焉，有富於澱粉質者，有富於蛋白質者，有富於脂肪質者；三者調合攝取，吾人之生命斯得安全發育矣。於此而忽論三者之優劣，是亦惑之甚者也！故知學校體育，非僅以競技運動，能完其使命者也，亦非僅以體操能達其目的者也，此二者調和一致，各發揮其特長，補其不足，兼爲學校體育所注重，是之謂至善。日本現時所行之體操，經歷多年之經驗，愼重之考察，縝密之選擇，於體操中固雞羣之鶴也。學校體育，安可排斥而含諸至競技運動，乃稱合世界體育之進運，文明之趨勢，抑豈可等閑散視之耶？世人或有諉之曰：此乃屬於社會體育也，殊不知社會體育之種，不可不於學校播之，吾故得重申斯義曰『學校體育問題，體操乃體操競技運動乃競技運動』。

最後將日本競技運動最近之成績附錄如此以供參考！

大正七年十二月上旬日本體育協會第六次陸上競技運動大會成績表。

| | |
|---|---|
| 一百米突賽跑 | 十一秒又五之二 |
| 二百米突 ,, | 二十五秒 |
| 四百米突 ,, | 五十六秒又五之三 |
| 八百米突 ,, | 二分十五秒 |
| 千五百米突賽跑 | 五分十三秒又五之一 |
| 五千米突 ,, | 十八分二十秒又五之四 |
| 十英里 ,, | 五十四分又二十四秒 |
| 二十五英里 ,, | 二時四十五分 |
| 跳遠 | 五米突又五十八 |
| 跳高 | 一米突又五十六 |
| 撐高跳 | 二米突又九十二·五 |
| 獨足跑跳 | 十米突又九十六 |
| 投鐵球(十六磅) | 十米突又四十七 |
| 投鐵餅 | 二十九米突又三十五 |
| 擲槍 | 四十五米突又四十二 |
| 投環鐵球(十六磅) | 二十六米突又九十。 |
| 高欄賽跑(一百十米突) | 十七秒又五之四 |
| 低欄賽跑(二百米突) | 二十八秒又五之四 |
| 五大項運動 | 合計三百一十二點 |
| 十大項運動 | 合計五百五十三點 |

## 三　結論

日本學校體操發達變遷記略盡於此矣；『人之欲善，誰不如我？』聊效芹獻用明微意之所在焉！

其一：欲授者此界諸君子一暗示者也此暗示者即心理上所謂感情移入是也國家之盛衰，端賴夫青年之元氣若欲青年元氣旺盛也非將體育提倡奬勵之不為功！而負提倡奬勵之責者，實斯界諸君子不可逃之天職也；斯界之諸君子，非僅可以「立正」「稍息」度日也！必抱定有『牢固不拔』之研究心及『自強不息』之向上心，始克完成其天職也。詩云『風雨如晦，雞鳴不已』易曰『碩果不食』願共勉焉！

其二：欲作成吾國體育界之因字也。孔子曰『因民之所利而利之』；管子治齊，因時而利導之故夫成功。何莫非一『因』字為之前提！論理學之因果關係；釋家說之因果報應，亦何莫非一『因』字為主體者也！吾國學校體育，果可維持現狀也，則吾無辯矣，若必曰不可任其紛亂，非全國統一於一體，不足以言體育之實在也；則現在或將來吾國之統一體育問題，必爲當務之急；築室道謀，虛言曷補，國家經綸，當仁不讓，邦人諸子，必有致意者矣。

其三：　欲資吾國體育之考鏡也。吾國今日學術制度，不得謂不稍後於東西各邦，然固吾人之幸也！何則？吾人可懲其失敗之處，猛進而直追之，未嘗不可與彼等抗衡也。換言之：吾國人自此時出發，可省許多積經驗的工夫，自然可省却許多精力，事半功倍，信如是言也！則參考他人之歷史往迹，豈非第一重要實箴乎？余之微意，即在是也。余之記日本學校體育發達變遷，權宜上分爲四期，而一期遞進一期，其發達進步之程度，顯示區別，若將我國現時學校體育狀態，準此類分之，不識尙在第幾期？是則同人等所亟宜留意者也！

## △愼防目疾論（續）

轉錄上海盲童學堂堂長英國傅步蘭著

### （三）赤眼　一名睞粒炎

赤眼一症，與目炎病態彷彿。不過赤眼紅在目珠，而疼痛難忍。膿淚時流，並傳染力，皆比之爲甚耳。嘗謂學校工廠，凡公共之房舍，最爲傳染之地。故居於此項地點，或游歷者，當留心愼爲防範，免致傳染。特其難處，則人多忽略，不肯深信傳染之事。即如患者疾愈之後，對於病時所用各物，多不能依法洗淨，且過嘉賓惠顧，即以此不潔不淨之杯碗巾箸應客，以致每有極力防範之人，覺於不知覺間，染受赤炎之症，眞冤事哉！夫赤眼目炎之症，其傳染之速，力防禦傳染之方法，既詳敘於前，而其尤要者，則一得此症，宜即趕緊延醫療治，因決無坐待可以自痊之理，其用清涼之劑，亦未合宜。若任其醞釀日久，赤筋貫睛，阻塞光線，便瞽不視矣。西醫治赤炎之法，用銅綠與水溶化，按時滴入目中，疾輕二三日即愈，重不過半月二十天，其簡而易治者，此人猶憚而不爲日夜受夫無妄之痛，甚至不幸因爲失明，豈非孽由自作？其在美邦政府，取締目疾最嚴，凡患目疾之人，皆須至衛生局報告，而由各洲入口船隻，皆必嚴查乘客之中，苟有患染赤炎之人，患者既不准登岸，並按其情節輕重，科罰船主，以爲不愼省察舟客之罪，其罰雖覺過當，然於消滅赤炎，其裨益實大也。

（未完）

中華郵務局特准掛號認為新聞紙類

中華民國八年九月一日（第三十四期）

# 體育週報

發行所長沙儲英源第二十三號體育週報社

每週一回逢月曜日發行

編輯兼發行人黃醒勝白

印刷者湘鄂印刷公司



## ◎捐欵鳴謝

聶潞生先生惠捐本報經費光洋拾圓整

袁紹先先生八月份補助經費光洋五圓整

熊瑾玎先生惠捐本報經費光洋一圓整

## ◉本社申明

從前本社原定小暑後停刊三星期後因覺着今年小暑大暑節裏天氣尚不十分大熱所以繼續出版將停刊期改在八月第三十三期報上未曾申明勞動多數閱者質問實在抱歉得狠還請諸君原諒

## △傳染病流行的時節體育怎樣講法？

黃醒

有些嗜好運動的體育家，以為一個人只要勤事運動，便可以去病，便可以健康；認定運動即體育，衛生的事情是不相干的。

請想現在『虎列拉』各地流行，死亡的人數，一天天加多，其中不少的人也是愛運動的，也是身體極健强的，運動即體育這句話，不生效力了。這時節的體育，怎樣講法呢？恐怕不能不談衛生了；但是這個時節講體育，講衛生，萬不能只顧自己，不顧別人的，因為你個人雖然防範得周密，你的家庭各人不注意，也不免受影響；你一家講究得好，防範得嚴，你的隣居不注意，也不行。你隣近都好了，你買物品的商場市街上不注意，也不行。這樣看來，可以明白一個人無論什麼事，都同社會生關係的了。

我國從民國紀元前二年東三省鬧一次大鼠疫以來，政府裏曉得了防疫是件要緊的事。近幾年屢次聽說有傳染病發生，便即刻出了不少的文告，設檢疫所，研究醫方種種的事，一轉眼就舉辦起來。表面上看去，似乎手段也靈敏得很，但是總免不了一句『臨時抱佛脚』的批評。並且實際上因為各種事業沒有基礎，多半也是沒下手處，或者任事的人員不免缺乏。

這樣做法，同那年趕白狠一樣，只能嚇他跑，不然等他自斃；等到你手續同場面弄清楚事情辦得有些眉目時，那因傳染病死的人，也不知有多少了。但是如果認眞做去未始不因此救活多少人的生命；不過專靠官廳去檢查防止，社會上依然不聞不問，任其自然，或竟不知不覺的散播傳染病菌，可也就太不合道理了。社會中人如何可免做散播傳染病菌的使者呢？如何可協助着防疫呢？這便是我們現在要討論的。

各個人在這時節應當怎樣？個人當盡的職務：第一、是使自己不染疫，第二、是過着蒼蠅就打，第三、是勸人打蒼蠅。第二、第三、無需再說明。第一、還不染疫的方法是：

1、要勵行腹呼吸，以保腸胃的康强，並時時注意閉口。

2、勿飲酒，勿爲放蕩行爲，勿食生冷，勿將手指入口。

3、當傳染病猖獗的時候，洗刷口齒的水都用煮過的。

4、食物以前，先用熱水將手洗淨。

單簡說，就是『病由口入』。如果你的口常閉着，再不使經過蒼蠅螞蟻集過的物件近口，自然病菌沒有方法親近你了。

各家庭在這時節應當怎樣？家庭所應當注意的，只有兩件事的關係地。那兩件事呢？一吃飯，二出糞。能够廚房廁所裏沒有蒼蠅，是最好不過的，不能時，那就——

1、食物煮熟了，當加個罩子，或蓋子，不許蒼蠅親近。

2、糞池中每天洒些石灰水。

3、家中有人病了，從速請醫生醫治，病人用過的物件，都用熱水煮過消毒。

4、蔬菜用熱水多洗幾次再下鍋。

5、精細的施行清潔。

各公共場所在這時節應當怎樣？凡多人聚集的場所，像兵營、工廠、學校、旅館、游戲場所等等，都要十分注意預防。學校這時節正開學了，許多的學生由各處到來，尤宜格外注意。（我說到這裏，我要請問各學校辦事人同體育教員幾句話『一』、對於學生的防疫訓練是收效沒有？『二』對於各學生的身體檢驗了沒有？『三』對於廁所廚室的清潔消毒是怎樣？『四』、飲料水怎樣？）

講求體育，是爲的增進幸福，現在禍患來了，當然要驅除了禍患，纔能講增進幸福。所以這時節，我們講體育也當然要共同的做防疫的事了。本篇說未盡的防疫事情，請大家去看看官廳防疫的章程同公布的那些方法。（八月廿六日稿）

## △『虎列拉』自述

黃醒

我便是現在你們人類最怕的『虎列拉』了，我今年旅行到中華民國到處都拒絕我，將我比作俄羅斯的『布爾塞維克』，一般黨動官廳派不少的執事人員同我作對，逼着我不能自由的向各處進行。在表面上看起來，彷彿我要知難而退了，你們人類中也有些不以我爲意了。但是我也是這地球上極有勢力的一種生物，這些官樣文章那裏能攔阻得我住。就是你們有一處兩處認異的同我反對，好在你們中國地大人多，俗話說得好呢：『東方不亮西方亮』，我也可以東西南北到處去尋一處立足地，我這話你們聽了，當我吹牛皮說海話嗎？等我再明白的告訴你們。

我在中國本姓名霍亂，中國歷來的醫學家都說我是稟太陰之氣而生的，但不是眞正的來歷。我的祖居地是在印度康愛斯河中，後來因爲族衆太繁殖了，不能不尋些殖民地，所以利用種種交通機關出發，藉口旅行，實行我的侵掠主義了。因爲我們身體異常的小，肉眼看不出來，便是在顯微鏡下仔細觀察，只見些S狀的或是螺旋狀的形像，有些眼花的醫生粗淺細菌學家，便混稱我作螺旋菌了。後來遇着一位尖利眼光的洛勃德可芝啊先生，發見我們的異形是像，一樣我們這，一鑽到人的體內，得個合式的所在，便成了『霍亂』，我外國的雅篆就是『虎列拉』了。我，的本名，洛勃德先生，叫做康馬巴的盧。其實我行，我是名字有什麼關係，隨你們人類叫我什麼罷。

我居住在什麼地方呢？想必你們狠願意知道的！我的性質喜懽的是卑濕汚穢，所以我住的大旅館就是『糞池』，但是有時候想洗澡，也到水中去住住，有時候想嘗新，也到果子菜蔬麵包牛乳肉類中去住住，有時候在我的『活飛艇』中住兩三天。

『活飛艇』這名詞，是我臆造的。你們人類中的大多數，現在還不知道我這『活飛艇』是我們的交通利器。只有美國政府現在極力的想掃滅我這『活飛艇』，我因爲這『活飛艇』關係的種族，還有傷寒菌、猩紅熱菌、痢菌、痧菌、肺癆菌、眼疾菌、天花菌、各族，現在已經商量保護『活飛艇』的法子。我這活飛艇是什麼東西呢？就是你們人類所稱爲『蒼蠅』那東西了。你們不信我的話，請你看一看美國人的報告——他說

△每一蒼蠅帶着的細菌平均數：

厠所穢積桶的蒼蠅每隻能帶　六百六十萬細菌

猪牢的蒼蠅每隻能帶　九十二萬三千細菌

住家的蒼蠅每隻能帶　八十八萬細菌

牛舍的蒼蠅每隻能帶　四十二萬細菌

△每一蒼蠅吸食過肺癆病人的痰涕後下的糞點子中間能傳布五千肺癆菌

△紐約城中一部防蒼蠅同一部不防蒼蠅的地方患瀉痢死的人數比較多五倍

| 死亡者 | 嬰孩一至五歲 | 五至十五歲 | 十五至三十歲 | 總計 |
| --- | --- | --- | --- | --- |
| 防蠅區 | 十二八　八人 | 〇八 | 〇八 | 六〇八 |
| 不防蠅區 | 十九八　三八八 | 十二八 | 十一八 | 二〇八 |

△美國肯塞地方一九一三年蒼蠅殺死嬰孩人數

| 月份 | 一月 | 二月 | 三月 | 四月 | 五月 | 六月 | 七月 | 八月 | 九月 | 十月 | 十一月 | 十二月 |
| --- | --- | --- | --- | --- | --- | --- | --- | --- | --- | --- | --- | --- |
| 瀉痢 | 三五。 | 四八。 | 三二。 | 四七。 | 四五。 | 四七。 | 一七〇。 | 一七六。 | 一廿四。 | 一〇五 | 六五 | 三七 |
| 痧疹 | 一五。 | 二〇。 | 一三。 | 一〇。 | 一二。 | 一七。 | 三三。 | 六二。 | 五三。 | 四四。 | 三八 | 二七。 |

△這蒼蠅只要一天半天的功夫『卵』便化成『蛆』五天內兩次脫脫皮成『蛹』再五天的休眠便破殼成『蟲』了，再經過三四天那雌蠅產『卵』了。美國農部的試驗報告：『四月十五日的一蒼蠅到五月一日就有一百二十隻了。每半個月增加起來，到九月半日，這蒼蠅有了八代的子孫，總數有五、五九八、七二〇、〇〇〇、〇〇〇隻，又將他的身長首尾相接的列成一行，算起來可以繞地球八百八十週。』

這蒼蠅的繁殖有這樣的快，散布的又廣，我乘坐這飛艇來旅行，你們人類想想，你們從那裏防止得我住呢？老實告訴你們罷，你們要防止我，先得想法子防我的這些『徐柏林』還靈巧的『活飛艇』。不然，這蒼蠅到的地方，我也趁便來了。

我到人身，也不是隨便什麼人的身上都可以耀武揚威的。我是最愛攻人的弱點，凡是營業不佳的人，身體衰弱的人，有胃腸病根的人，或是患感冒的人，他的抵抗力弱，我就趁著他用那『不良的飲料水』或『飲食物』，鑽到他胃內，轉到小腸去施爲了。若是他的腸胃康强，身體健全，飲食十分注意，我雖愛他，也無法近他，就是近他，他也將我趕着跑了。

我又最怕乾燥同熱力，一見着就死的，有些人不吃生水瓜菓，或陳腐的東西，我也沒法近他。

最搞笑現在這般檢疫防疫的官，他公布的防疫檢疫章程，雖說很周詳，但是忘了我們的飛艇，輪船火車上的檢查，只是有病沒病的人身上，他不到防止我的飛艇身上，還不是笑話嗎。

我爽性告訴你們罷，你將我的飛艇毀了，我還有高加索的大馬，也可以旅行。我的大馬是什麼？就是你們稱的螞蟻了。哈哈！

## △捉蒼蠅（附圖）

黃醒

前六月間，我在北京農事試驗場看見關於「蒼蠅」的圖說，心想他這用意是極好的，但可惜不印製百十萬份，遍播國內。倉卒中我將他幾個表抄下來，恰當這「虎列拉」流行的時候，我在前篇「虎列拉自述」中已經全數用抄襲的手段寫出來。只他那裏尚有個捉「蒼蠅」的器具，據說每一隻籠子一年中可以捉殺「蒼蠅」五十萬。這捉殺的數目，不必管他，我們如果做一隻掛在家中，未始不可捉盡到我們家來的「蒼蠅」。我因當時失計，不曾抄下他的工作圖同尺寸來，現在記憶着叫我姪子畫了一個簡單的圖，如有心人照圖製作一隻試試，一定很有益於現在防疫的事情的。

這籠子是用鐵紗同木頭做的，「木框子」高約一尺，每面寬約六寸，四面都釘上「鐵紗」，頂上木板子中間開個「活蓋」，可以揭開——這是預備死「蒼蠅」的出路。——籠中那個像斗一樣的，也是「鐵紗」做的，「斗底」朝上，是「蒼蠅」的進路，「斗口」四面緊聯接「籠底」的鐵紗底，不等這進籠的「蒼蠅」逃走。「籠底」托上一塊方八寸的板子，這「托板」用兩個鈎子鈎在「籠底」

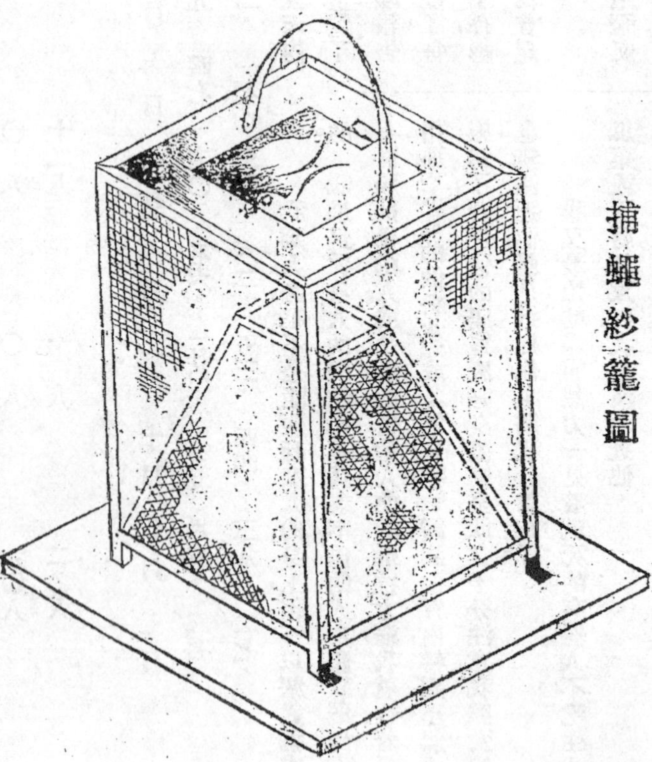

捕蠅紗籠圖

每天換上一些引『蒼蠅』的東西，安置在托板的中央，將托板鈎住在籠底，掛這籠子在『簷前』或『廚室』。那些蒼蠅他聞了可吸食東西的氣味，自然飛來，自然從籠底木柱脚接托板的縫中鑽進去吃東西，自然會進斗進籠的。

捉到手的蒼蠅，怎樣處置他呢？據說是用硫磺薰蒸，那蒼蠅只要五分鐘就死了。但是薰蒸的時候，須用紙圍罩着這籠子，免得散了硫磺氣。

這是已經來了蒼蠅，我們除去他的法子。若是拒絕他的滋生，還是無論何處，都施行消毒和清潔的法子。當知這蒼蠅他是『逐臭』的，我在將我見過的事實作個證：京漢同滬寧的火車中，比較上清潔些，蒼蠅狠少；津浦同長武的火車中，痰呀，瓜皮呀，菓核呀，熟的腥菜呀，不少，休說蒼蠅，連螞蟻都有。輪船上頭二等艙中，蒼蠅少得等于〇，三等艙就不免嗡嗡的了。上海租界中的蒼蠅少；一到縣城附近，就要眼花耳聾了。就看長沙罷，那大公館同大商店清潔的，蒼蠅少，那菜場，公厠同不潔的街道，不潔的人家，又何嘗不是蠅聲如雷呢。

老實說：『清潔消毒』是不使蒼蠅在我們這裏發生；『捉』蒼蠅，是不使外來的蒼蠅在我們這裏散佈卵種同傳染病菌。

我更進一步要求主持教育的教育家，在訓練學生的時候，將這蒼蠅的故事，講給學生聽聽，若能夠鼓動學生捉蒼蠅，——注意捉後須用熱水肥皂洗手。——雖說今年已經過時，但是捉一隻，便可減少明年這時候五萬五千九百八十七萬二千萬的蒼蠅，功德也不小的。

## △伍博士防疫談（錄晨報）

英文滬報云，哈爾賓自八月三日起發現虎疫。防疫會會長伍連德博士即發傳單，通告居民。該埠染虎疫而死者，日必四五十起。查自三日至十日，死亡之數，已達四百八人云。夫霍亂吐瀉之症，最富傳染之性，與亞細亞虎剌拉相似，惟無如此凶猛耳。大凡是疾之起，由於飲食生水生菜及水菓等之含有微菌者。此種微菌或患病處從碗碟等用器傳來，或由手指遞傳，或為蠅蚋散布。病之初起，即覺不適，或寒熱，或胃滯，或下痢等，如是者一二日後，或腹瀉轉甚，或嘔吐不止，遂成虛弱之象。其排泄之物，始作微黃色，但即變極虛薄之流汁，有時竟如水狀。其尤劇者，則帶血至吐出之汁，始則尚含食物，終亦虛薄如清水矣。病人但覺口渴異常，且其腿筋或別部份之筋拘攣甚烈，致現瑟縮之象，皮色漸如死灰，眼珠漸沉，鼻塞聲暗，四肢變青，皮膚皺縮而發冷汗，脈微，甚或不覺，直至氣絕而後已。若醫治得時，生機漸復，則面上之青色減退，皮膚略溫而紅，脈氣漸强，而吐瀉亦漸次稀少而和緩。防疫方法附後。

▲普通防疫法：（一）飲食所餘之物須加遮蓋使不生蒼蠅（二）如蛋殼及家用棄物之能生蒼蠅者須埋掩或燒棄之（三）如見蒼蠅務須撲滅之（四）廚房須清潔揩布之屬須加煮沸碗碟亦須浸以沸水然後取用（五）各種食物須加紗罩（六）大小便桶應用石灰水或名種防腐藥水以防傳染（七）毋使外人或僕役之自病家歸者擅入廚房

▲個人防疫法：（一）凡未煮之水及各種冷飲料切勿入口（二）勿食生菓品現在當令之西瓜一切生蔬菜尤宜忌之（三）各種冷食物均宜忌之（四）毋使蒼蠅棲止食物之上（五）用餐以前須用肥皂洗手（六）無論何人如有可疑之疫症立刻延醫診治或即入病院以便速治從經驗上察得此種病症用鹽水注射法已治愈多人惟此項治療法須入規模較大之醫院儀器完備施治較易云

## ◉健身運動六節

By Mr. E. F. Kennedy.　漢譯

（一）

深屈膝運動—兩足分立相距尺許，兩手向左右徐徐平舉，掌心向下，同時膝深屈，踵起，全身重量都用趾載着。

（二）

胸肩運動—兩臂交叉舉於胸前，踵起；然後兩臂用力向後分開，開初指宜伸直，數次後改為握拳。

（三）

屈體運動—兩手上舉，掌向前，踵起；然後體徐徐前屈，踵同時下，直至掌能抵地為止，有時身幹過長，臂短，不能使掌觸地者，不必强求。

（四）

抵力運動—上臂貼腰部，轉掌向外，用力收指握掌，同時腕臂從旁上舉，至肩為止，成曲臂形，動作時宜加反抗之抵力。

（五）

舉腿運動—身體仰臥榻上，屈肘作枕，兩足直伸，徐徐上舉，同時注意勿使肘端離榻，直至股部不能再舉為止，兩足放下時踵不宜十分抵榻。

（六）

伏臥運動—身體作伏勢，以趾及兩掌撐地；然後腕臂徐屈，至頤頰觸地為止。

## ◉慎防目疾論　（續卅三期）

轉錄上海盲童學堂堂長英國傅步蘭著

（四）外傷損目

外傷損目。緣由甚多。若刀、剪花、炮、碎塊玻璃、擊鐵火星、鋸木木屑、劈柴木片、與夫寒冬圍爐煤炭星火之屬。擊射目中。皆能受傷。以至失明。及遊歷工場及過工夫工作之時。最忌近前看視。與之攀談。蓋如工人握鎚擊鐵之時。與之言談。則其分心酬答。擊打之間。偶一失宜。火花四射。飛入目中。即應重傷。雖云飄瓦出自無心。然而推諸禍源。豈非咎由自取。然苟避之。猶復不幸。木片屑火之屬。不速而來。擊損目珠。則宜緊閉傷目。用潔淨棉花撫目上。撕白布條斜式札之。速即赴醫院療治之。其未傷之目。亦須小心保護。不可行遠路。作出力之事。及看書閱報。皆宜少為之。若醫士上藥之後。苟目傷不甚疼痛。亦須連續延醫治視。直待全癒為止。若吝醫金藥資。因一時覺傷不甚疼痛。便不延醫。則傷症反覆。傷勢轉劇。傷目固瞽。即其未傷之目。恐亦難免於失視也。幼童小兒對於以上各種、應防之處。其諄誡之責。全在慈母。而沙、槊弓箭，氣鎗之遊戲。亦應告之。勿提沙向耍伴對面相揚。勿以弓箭氣鎗向人面部擊射、蓋此種過分之遊戲。兒童因而致瞽。頗不乏人。而揆夫玩童罪禍之由。則慈母固不得推委其不知諄誡之過也。望世之願為賢母者。於此三致意焉。塵芥眯目急療法。手提睫毛。使目皮高離睛珠三四次。則淚潞出。塵芥便可因淚轉至兩眦。如法不驗。可審其芥粒之處。將目皮翻轉。用潔淨軟布擦出之。苟不應手。則可延醫治之。

## ●成都新出『星期日』週報廣告

『星期日』週報在成都發行爲成都最新出版最有價值的週報內容暫定九類(一)言論(二)時事批評(三)文藝界(四)社會調查(五)訪問(六)譯述(七)讀者論壇(八)選載(九)通訊已於八年七月十三日出版定價極廉外處購者每十號售洋一角柒仙全年五十二號售洋九角五仙郵費在內用郵票訂購照例九折但郵票限於半分成都特約代派處在成都桂王橋北街總代派報處

## ▲太平洋學社發行『黑潮月刊』

太平洋學社係介紹歐美文明研究東亞問題的精神上的結社

黑潮月刊係對日公開的研究言論機關

凡欲知日本朝野之眞相中日國交之眞相或欲研究日本問題者皆當看此黑潮月刊

▲長沙由體育週報社代售▼

太平洋主義

中日可親善否?

我們爲什甚麼要研究日本該怎樣去研究?

日本人之『支那解決論』

讀『支那問題號』

日本天產物不足之隱憂

日本之海軍

日本宗教界之現狀

小說萬惡的米

月出一冊每冊實售一角五分國內郵費一分全年十二冊一元五角郵費抵價外加百分之五社友全年連郵減收一元二角定閱處上海霞飛路寶康里太平洋學社出版部另售處各省大書坊印有同志優待券團體可函索但以向本社定閱爲限惠登廣告另印詳章函索即寄

## 教育部 京師學務局 立案 京師體育研究社設體育講習所招生廣告

地址在西四牌樓北大街路西

本所在京招考學生二十名(一)資格年在十八歲以上二十五歲以下師範及中等學校畢業或與有同等學力者(二)修業年限及待遇二年畢業得充中小學校體育教員(三)課程(甲)學科擇授於體育有關係之學科(乙)術科(一)國技分內功外功器械三種(二)體操各項體操(三)新武術(四)報名期日自八月一日起至八月十五日止(五)報名手續呈驗證書及四寸照片並繳試驗費大洋三角(六)試驗日期八月廿七日上午七時(七)試驗科目檢驗身體並試驗國文生理衛生兩科(八)費用除各省選送學生外凡籍隸京兆學生每月只收學費二元其食宿制服書籍文具概歸自備

中華郵務局特准掛號認爲新聞紙類
中華民國八年九月八日(第三十五期)

# 體育週報

發行所長沙儲英源第二十三號體育週報社

每週一回逢月曜日發行
編輯兼發行人黃醒勝白
印刷者湘鄂印刷公司

△告白刊例▽
△每期每面銀元十元△每半面銀元六元△四分之一面銀元三元△封面論前加倍△長登另議費須先惠有碍體育之告白不登

△代售處▽
長沙新坡子街中華書局
長沙府正街羣益圖書局
上海中棋盤街羣益書社

△售價例▽
◎零售每期每份銅元三枚
◎全年四十八期預定銀元八角
◎半年二十四期預定銀元五角
◎外埠郵費在內郵票代銀以半分一分者爲限

## ◉新中國第四號到湘(來本社也有得買)

每冊售銀三角郵費三分他那重要文字有○罪巳篇○我之國語教育觀○許怡蓀傳○生命論⊙論人類生活之本原○社會學與社會問題○社會救濟法○勞動者之團結權○牛(小說)○不精巧的工人(小說)○怕死的軍人(小說)○在法儉工情形之調查種種其他尙有多篇不及一一備載未曾看過的要買去看看就是前三本的也要買還第四本去看看

通俗週刊『新生活』總發行所北京後門東高房十七號
長沙經售處體育週報社

這新生活標揭的是『平等』『自由』『博愛』『犧牲』每星期發行一次比星期評論和每週評論的好處是裝訂成『小冊子』的極便保存每冊只賣『四個』銅子郵寄的也只賣大洋『三分半』拿極少的錢買極貴重的『新生活』實在是合算呀！請快來！

## ◉每週評論第卅七期 星期評論第十三期又到了

本社特白

## 新湖南『週刊』大刷新

從前湘江評論很得看報的人的同情可惜因事故停刊了現在新湖南抖擻精神繼湘江評論的精神要在社會有所供獻那嗎今後新湖南是前日新湖南和湘江評論舊精神結晶的新精神大家很可以買去看看也大家增長增長精神

總發行所長沙湖宗街湘雅醫學專門學校新湖南報社

# ▲在我現在所得的知識上覺得體育似乎要是這樣的解釋

黃醒

讀者，看了我這累贅輭弱又不通的題目，請原諒我。我的知識本不多，對於體育也沒有修養。因為我對於所看見的所聽見的體育有些懷疑發生了一種『體育觀』，但是我的『體育觀』同現今提倡的和已經做的有些不同，我又對於自己懷疑起來。不過現今那些提倡的和做的所有的信條所具的理由，只有一個『外國是這樣我們中國也要是這樣』也不能釋我的疑，所以含糊到這時候，忍不住要說明。我不說『一定』要是這樣只說『似乎』要是這樣，是因為外國尚不會全體是這樣，中國人『模仿』尚嫌不足，恐怕我這種『體育觀』，距『現實』尚差得很遠的原故。

體育究竟要怎樣的解釋呢？

解釋體育，要從『為甚麼』要講求體育下手；不然，不怕說得如何動聽，到那事實上不行了的時候，或者聽話的人他那『人生觀』有變動的時候就不生効力了。例如：——

1、體育是却病延年的。一個極講求體育的人，忽然病了，或者短命死了；這『却病延年』的信仰自然失了。凡一個人自然有個死的時候，他在社會上因做替公共謀幸福的事就是犧牲了他一條小生命，同那因要長壽終日的做一個人體育功夫的誰輕誰重。

2、體育是保身禦侮的。俗話說：『強中更有強中手，』『善鬬者死於鬬，』侮不會禦反受了侮，保身反毀身，這也是靠不住的了。

3、體育是強國衛國的。這個反證更多了，遠如希臘羅馬，近如德意志，亡的亡了，敗的敗了。因強國反弱國，因衛國反亡國，又何苦來。

這些都是不會去問一問『為甚麼』。

4、去年冬天麥克洛到湖南來演講，他說：『教育譬如是個大圈，體育是這圈內的；但是現在一般的教育家將這體育放在圈外，所以體育不發達很為人輕視』。我說：『這個原因不是一般教育家不肯放進圈子去』，正是這些講體育的人，只拿了『健全之精神宿於健全之身體』做幌子，不會發揮要『健全』是『為甚麼』？

這樣說究竟是『為甚麼』呢？簡單說就是為的『生活』，為的『人的生活』『人性的生活』。因為『人是生物』，生物有生活的本能，所以講『生活』；『人是能運動的生物』，所以講『

人的生活；』人又是能運動的生物中進化的他同一般能運動的生物有不同的一點所以講『人性的生活』。更補足一層話說人性是向上是進化的我們孳孳不息的運動是要向直綫的路上走不可走圈子路；是要講『人的進化的生活』。

這話大籠統了再淺些說過去歷史上失敗的經驗就是我們未來希望發生的根源從『原人』生活進化到現在有國家組織的生活是一步步因感於單獨生活的不能生活進而共同聯合小聯合生活的不便進而大聯合的是家族而部落而小國、而大國、或聯邦的。那時候一個人因為維護生活防猛獸的侵害，不能拋石頭打棍子止住他戰勝他就只得跑跑的時候因為障碍不得不跳；有時候沒處跑或者不能跑了，就只得攀登樹枝，泅在水裏或伏在洞裏因為經營好了的事情和幸福要享受不能不希望長壽因為不願將自己經營好的事物被非己——這個非己是杜撰的因為用他人却遺落了他物。——享受就不能不講保衛漸漸的因為一切進化的原因將這一個最小範圍的己擴充得己國了這體育的問題變成了國家的問題了。有時候拋却個人犧牲個人專去為國家計了。這時候的國彷彿是野蠻的一個人了這時候的個人彷彿是野蠻人用以防身的石塊石刀石箭了甚麼『為國捐軀，』甚麼『人人皆兵，』不過是供那掛着國家幌子的人當石塊石刀石箭玩弄罷了。近年歐洲大戰一次極大的經驗將俄國人先弄覺悟不打了德奧的人也覺悟不打了；將從前少數人倡多數人反對的理想實行試驗起來了。

但是有史以來世界上可以說年年有戰爭怎麼到此時纔覺悟而覺悟中依然有戰事照現在歐洲和議的結果看來依然伏着戰機這又是甚麼原故呢？雖說原因複雜其實還不出生活的範圍進一步說就是這為生活的『教育』沒進化的結果。

今年杜威博士來中國中國的『教育』有些要進化的意思；但是一講到教育中這一部份體育上來有這山東問題在中國人的腦筋中那『强國』『軍國民』的觀念又復活了。——這是中國的問題當另一篇再說但前二十三期本報也說過請參看。——我以為體育既然是教育內的事決不能自外另立門戶，依然守舊的。例如——

『修身』或『國文』在今日所演述的內容是『互助』教師說得互助的精神極為精采動聽學生當即很感動這一節功課完後休息游戲的時候即發現種種合於互助道理的實踐行為而第二節功課恰恰是體操游戲所用的材料是『盲跛相助』不用說是好的了；若是用競爭的『角力』可就將那『互助』的效力取消了；不然學生對於『角力』就輕

覦了。或者『國文』『歷史』的功課內容講的是『戰爭的慘酷』而游戲教的是『擬戰』或同日教『兵式操』這不是笑話嗎？像這種情形休說不是同一教師的學校有這種衝突就是一教師擔任恐怕也是不免的。

我舉這例的本意不是對於選材料上說的。我以爲現在所流行的所提倡的，——就是我今日以前教課時用的也在內。——十分七八要改造過或者都要造過並且有許多要絕對的廢止不用。何以故呢？因爲這體育的解釋是——

要從『人』上着想要從『進化的人』上着想。

要從『適應進化做準備』上着想。

這樣說：——

體育是做的爲人類進化的生活運動，謀健全個人身體的功夫。

體育是預備人類進化的健全份子的能力的功夫。

體育是爲的消滅人類進化的障礙起見的。

體育是爲的防止人類體格和本能退化起見的。

人類進化的階級，準前所舉的過去歷史的事實來推測，無非就是根據那一個時代的人類有所厭惡的一種反動力發生一種希望心來的。我們現在所處的這個時代人類中最厭惡的是些甚麼？最希望的是些甚麼？雖說各個人的不同然而對於『戰爭』『和平』的厭惡和希望總算是個共同的。怎樣纔能將厭惡的去了，希望的迎來？自然大家的心裏都懸擬着一種新生活的境遇。『桃源避秦』本是寓言現在交通便利，人口增多更沒處找桃源了。我們所希望的『和平』如何能來呢？無非是要去了這造成『戰爭』的原因假設……一個人他要發揚他的精神同能力絕沒有甚麼束縛壓迫他要滿足他的要求希望也絕沒有甚麼阻礙困難他絕不願意同他人爭的了。再假設現在有兩隻狗在此處我有一根骨頭想喂他們，我若是向他們一拋任他們去咬他們不曉得一個咬一半的道理自然要爭起來；若是我預先截斷每隻狗給他一段他們自然各自盡他的牙齒力量去飽他的肚子了。……雖然照現勢看來和平的束縛壓迫阻礙困難還很多我們仍舊將那『武裝和平』做幌子去要求和平，那和平決不會到我們這裏來的。我們應該將和平的真理，去求和平所以這『製造戰爭』『武裝』『要強』『要勝』的體育觀念的解釋我們要用『製造和平』的體育解釋去代替他。

（暲）

## △步行的好處

第一，流通血脈強健全身。平常的眼光以爲步行只有兩腿用力身體各部沒有影響誰知不然。你行路定要搖手上肢運動了。頭或正直，或左右觀看；胸必挺出，呼吸深長，肺量自然闊大；背必直立——也有走路也背它的比坐時總好些——而腰尤須有力，要算是各部都運動了。胃中飲食，賴行走加足內部的切磋，易於消化。心臟血液，賴行走而循環加速。故一走動，全身都動。這並非單動兩足，不過兩足動得更利害些罷。然而足動得多些，也並不妨。要知我們四肢的兩手，是頂奇貴的東西，每天裏兩隻手動得實在不少；無論操作，拿取，書寫，一切計算起，每天恐怕沒有一分鐘的停止。至於下肢，雖則有動的時多；然一坐下，便沒有事了。所以凡職務上多坐的人，萬不可不每日步行幾里，以求上下平均，這也是「古語有之「趨以實下」的道理。

第二：精神愉快，心志光明，你試漫遊郊野，山青水秀，日麗風和，嘗看自然的美景，其樂何極！吾人之生存，要有清潔空氣，此是人人知道的；而要得清氣，除非散步山水林泉之間，是不易有的。還有一層，我們要呼吸新空氣，尤要呼吸「流動的」新空氣；若能時時刻刻有流動的新空氣刺激身心，真是得新生命的好手段哪。我們要知道這「刺激」兩字，是我人生活最要的條件，連續的振奮與發全在有連續的刺激。陳舊的靜止的空氣，那能刺激人呢？西洋人的習慣，一年總要走五百里以上，一個星期，總要出城市旅行一次。這時時更換居住，時時換過環境，某某所謂一日也要有「世界外之世界」幾時，都是非步行於外不能得的。走的路平坦也好，走的路奇險，回想起來，更有趣味，就這走險路生路一層，也足長人勇氣，增人愉快不少。

康德是個骨瘦如柴的人，活到九十多歲才死，他每日下午四時以後，定往村外散步若干里，風雨不間；美國的羅斯福，威爾遜，都是喜步行的。他們生在那汽車，電車，「車水馬龍」的地方，還是這等喜走；我們生在這交通物大不方便的地方，要坐那慘無天理，絕無人道的肩與，人力車……聽抬轎的拉車的一口一口的氣喘個不了，是而可忍，孰不可忍！

唉！步行的好處，——坐轎坐車的傷心處。

## △武術教材（這是教育部公佈的呢？）

一內功拳術．原名太極功亦曰十三式又名內家拳術係明儒張三丰所發明本儒家之理融會各家之長納五行八卦等哲理於拳術步法之中而以太極陰陽剛柔動靜喻其作用提綱挈領名爲內家蓋所以別於方外也就看勢言之太極功固無異於各家拳術然其運勁行氣只以虛靜勝人注重精神上之修養堅凝意志增進智慧則非外功拳術專從事於筋肉鍛鍊者所可同日而語也素習外功拳術者倘稍師其意亦能不勞

而獲由是觀之易學太極而衆理一貫拳術得太極功而各家可以統一矣其優點也如左

(1)使人身全體內外平均發育　現代體育上最新之理論曰身心合一即體魂與精神求同一之發育是也如我國舊說之存心養性孟子云所謂養浩然之氣暨在現新學說之靜坐法均可謂精神上之修養法普通一般操練戶外運動以及我國他種操練身體各法均可謂爲體魂上之鍛鍊法未有能內外兼修如太極拳者也太極拳經云其運動作勢兼採心氣作用以意爲主而運動筋肉特意至之處氣與力二者自附麗筋肉而行由中達外如善文者之得心應手善書者意在筆先不僅運動外部之隨意筋即內部之不隨意筋如心臟等臟亦可獲運動之效其樣如循環系呼吸系消化系神經系等更勿論矣

(2)得精神之修養　此拳以心意作用運動筋肉發達人身固有之良知良能更由二人推手法磨練筋肉增進感覺觸覺能於鍛鍊筋肉之外兼鍛鍊精神堪稱之覺運動非機械的運動可比

(3)增進智慧　學校體育與軍隊教練不同一方面强健其體魂一方面須兼顧德智二育否則徒養成粗暴蠻習如昔年武科舉時代之人才於社會上毫無所補故學校體育必合教育原則方無流弊否則教育前途有不堪設想者矣太極功者武而能文本中國舊日哲學之奧理經文人所創造其運動作勢暗合於幾何動力心理衛生諸學有科學之價值學此拳者本諸科學研究講習思考功莫不發達智慧因之而自增理解因之而自敏故思以體育發展智育德育者其教材莫太極功者

(4)陶冶性情　太極功以柔靜爲體剛動爲用深合老明虛靜之義習之者心氣和平絕無浮躁氣習柔而能伸剛而能禦知白守黑以體育規則養成人生自然自信之體力(良能)並健全其精神精神既得健康自無邪僻不正當之行爲爲無尙之修養人格得以增進道德得以崇高殆莫如此拳者且練習此拳要在懂勁知己知彼近乎恕自無好勇鬬狠之弊矣

(5)便於教練　此拳姿勢共三十七式式式均可單習便於教練倘欲化散式爲整式習熟後則三十七式無論前後均可相接爲連續動作教練之便無如此拳者

(6)富於應用　太極功三十七式雖一式有一式之用然不專恃著勢勝人以制敵之勁爲主以柔制剛以靜制動以

小力敵大力以慢敵快挨之學理亦無不合蓋制其力點使敵力不能發展並移其重點使出身體以外不能保持原來之位置所謂因力於敵以柔制剛蓋敵力雖巨挨力學分力合力之理可以化之使爲我用考之幾何動力諸學大小輪周在同一時間用同一之力運動則其速度以輪幅之長短作反比例太極功以靜制動實藉此理

(7)材料豐富　拳勢上單勢練習複式練習推手中之四正四隅三才四相方圓進退各推手法暨連環步三角五行步八方步高等步均可採用

(8)長幼咸宜　此拳運動調和動作簡單固合幼齡兒童之練習而其理最爲深奧恰合科學原理倘分段練習頗耐人尋味雖高等之學生亦不能窮其竟也　(未完)

## △忠告體操教師(一)

默

國民體育發達不發達理論上說原因雖然很多；若是就事實上說體操教師，却不能脫卸這個責任。

現在歐洲和會的結果已經明白表現出來；新思潮的空氣也排山倒海一般的壓到多數人的胸腔中來山東問題所引起的國民運動，也很震動世界人的耳目；這當兒我們教授體操的也得有一番覺悟，決不能認作『事不甘己』就不聞不問依然用那老教授法去講體育的。老實不客氣的說罷！如果依然一成不變，認定今日以前的教授法的旨趣是天經地義。中國如果不亡，這般學生一定會對於體育不生信仰了。

請想我們所處的是個甚麼時代！我們是不是『有組織的社會』中的一個份子！更淺一點說我們是做甚麼事的

是不是應該要反省我們做的事既然耗費了學生的偌多時間，究竟適不適應現在這個時代！所種的因，到將來結出來的菓子同『有組織的社會』發生何等的關係，何等的影響！經過我們訓練過的學生，他的習慣如何！性情如何！身體如何！行爲如何！

民國四年那次排貨風潮有一句『五分鐘熱度』的譏誚批評；『莫蹈五分鐘』的一句話也有人運用到體操場的訓練上來，但是這次從『五四』到現在，又成了强弩之末，大家意興闌珊起來，雖然不能完全歸罪於體操場上的訓練，究竟也不能辭其責的。

請想平時運動會那一次不是起初很好，末了便糟的；賽跑的人，當出發奮勇到決勝就氣餒的，那眼見將要失敗半途停步的更不用說了；會場上場面秩序整嚴休息處喧嚷淩亂，那假面具更要叫人失笑的；現在這次民國運動的缺點，都好像是平時運動會放大的影子，這豈不是我們應該覺悟的地方嗎？

我們現在的感想是不是覺着多數的學生，對於運動不生興味？

若眞有這事實的感想，更要覺悟這不是學生們對於運動不生興味，是對於所使用的運動法不生興味。人是有理性的，一個個人總有他的人生觀，我們要他做的事同他人生上不發生關係，無論你說得天花亂墜他也不相信的，就是一時他受我們的壓迫，或是誘惑依從我們的做作像機械一般的動起來，一天他明白了，或是他不在我們勢力下了，他一定回復他的本性，受他自己的意志的管領。

現在的學生對時間上能力上的經濟有點覺悟了，我們再將那徒然耗費時間與能力的事叫他做，他還有信仰嗎？

現在的學生對於人生的觀念有些改變了，我們再將那與人生沒關係或是舊的人生觀的事叫他做，他不腹笑嗎？

既是經過我們訓練的學生，尙且對於體育不生信仰，以外的人，自然不消說了，這樣怎能使體育發達呢！

所以我的意思覺着不愁謀體育發達沒有下手處，只愁所行使的方法，不適應時代，不能滿足被教人的要求。我們怎樣纔能使方法適應時代滿足被教的人的要求呢？那是要先對於這個時代，能夠徹底的明瞭，要明白被教的人所要求的是甚麼。這個不是空口說的，向壁造的，也不是專在操場上研究的，必須研究研究時代的科學，將科學應用到操場上去纔行。

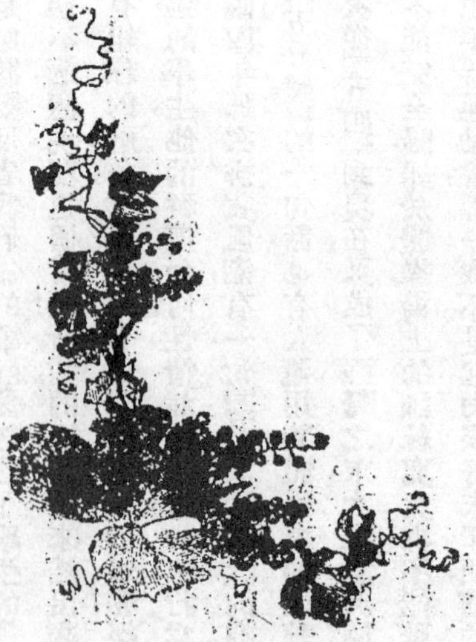

中華郵務局特准掛號認為新聞紙類

中華民國八年九月十五日（第三十六期）

# 體育週報

發行所長沙儲英源第二十三號體育週報社

每週一回逢月曜日發行

編輯兼發行人黃醒勝白

印刷者湘鄂印刷公司



◉歡迎

## ◉全國體育家討論下列各問題：——

（一）女子體育如何？

（二）學校應否廢止兵操？

（三）小學校應否設體育專科教員？

（四）學校應否廢去課表中的體操？

（五）工作代體操在體育上的價值？

（六）童子軍的組織法在體育上的價值？

（七）提倡社會體育的下手處？

（八）『競技』同『進化』根本上不衝突否？

（九）『武術』在體育上的價值

（十）學校廢止體操後的體育怎樣設施？

（十一）師範學校的體育應如何？

（十二）『時間』和『能力』上都經濟的體育的方法

這些問題，在現在這個時代，同中國這種情形，似乎都應討論，都應解決。諸體育家所以講求體育，想決不是專以個人為『目的』；本報追隨諸君之後，正是要想『徹底』的達到諸君的『目的』；所以敢要求諸君討論這應解決的問題。諸君來稿，儘可自由，不限一題，也不限全作，只要將諸君學問、經歷、理想所得的，儘量發揮出來，本報當一一登載，藉供全國體育家同時研究。

體育週報社謹啓。

## ◎社告◎

社會上准許本報發行，並且對於本報很有扶助和希望，這是社會不負本報了；本報出了卅幾期，因為力量不够，和別種障礙，狠有些負社會的事實眞慚愧的了不得。現在立個志願，想要——

『研究那體育的眞理眞價，引那向十九世紀十八十七世紀的路上尋體育法的人翻身向二十世紀廿一世紀的路上走』，

不敢說已經改良，却願意努力的提振精神來奮鬭。今特將這個意思鄭重表明，敢要求社會上看本報『向上』的一點誠心切切實實的加些教導。

## △痢

黃醒

◉痢疾是從那裏來的呢？

中國的各地方，每到夏秋兩季，總要鬧一回『痢疾』。中國人的普通心理只知道『聽天由命』；俗話說『閻王注定三更死，誰敢留人到五更』一旦病倒，雖說也『臨時抱佛脚』的延醫吃藥，但是萬一沉重些，就只說『盡盡人事』罷了。對於這『痢疾』在稍明醫道的人也知他是一種季節病，病源是走『口』裏不謹愼到身上去的，但是沒想到原因的防止法，這個就是中國人『苟且』『不求甚解』的壞處了。西洋人藉着『顯微鏡』的力量發明不少的眞實事理，這痢病的來源也是『顯微鏡』發覺的一種。現在連我們這科學幼稚的國民，也知道這些事，不能不謝謝『顯微鏡』。前次我對於『虎列拉』稍稍的寫了寫，這回我再說這『痢疾』，很有些犯重複的處所，因爲這『痢疾』同『虎列拉』，症狀雖有些不同，他那來源却是一樣，如果照預防『虎列拉』的方法來防禦『痢疾』，一樣能收効果。甚麼道理呢？因爲——

痢疾是傳染的一種，也是『微生物』鬧的玄虛；『霍亂』症的劇重的也轉成『痢疾』的。

痢疾的病毒，也是常存在糞便中的。他近人是——

△由蒼蠅。（長沙俗呼飯蚊子前次有人不懂所以再提提）

△由飲用不潔淨的水。

△由看護或接近患痢疾的人。

痢疾比霍亂利害的處在，就是一接進病毒，就容易傳染，不像霍亂的那樣容易幸免，所以看護人同醫生，都要用消毒免疫的方法自衛。

◉痢疾是怎樣的症狀呢？

痢疾的症候是腹痛，內急後重，又便血的，所以喚作赤痢；醫學上分作『地方性』『流行性』兩種，像中國北幾省所發的，地方性多些。就輕重上分別，又有三種：

（一）輕症赤痢。（二）重症赤痢。（三）慢性赤痢。

◉輕症的徵候：第一步是不大愛吃東西，肚腹有些陰陰的疼痛，每天大便多幾次，但是便的性質同平常無甚麼大分別。第二步就漸漸的有些疝痛了，內急了，後重了，粘液（像鼻涕一樣，我們俗稱白痢的便是）血便起來，次數也多了。一天二十四點鐘有痢下到幾十次的，那糞便的臭氣同普通糞不一樣，尿量大減，有時一天簡直沒有小便。舌苔帶白色，口渴異常。這種病大概可以全治的，不致於有生命的危險，只要漸漸的便數少了，糞色復原狀了，尿量增加了，想吃東西了，就有了命了。

這病中最要緊的——

（一）請高明的醫生療治。

（二）注意養生——慎飲食——安睡——新鮮的空氣——淸潔消毒。

若是這兩層有一層弄錯了，那就會變成重症的。

◉重症的徵候：這重症驟發的狠少，大概是由輕症轉成的；發熱，精神衰弱，肚腹痛得利害，下痢的次數更多，氣墜也極重，舌苔帶煤黑的顏色，眼珠兒陷凹下去，聲音小了，去死好像是不遠了，但是療治的得法，可以退熱，可以活命。

◉慢性的徵候：這種有的是接着『輕』『重』二症發的，有的發在一定地方的；下痢的次數同血量少一點，臭氣却同，若久病或者變成『硬便』或者反轉成『便秘』，但是那衰敗軟弱的樣子却絲毫不恢復，若睡着了，並且常常盜汗。病到這樣，就是好醫生也不能有完全治活的把握了。

◉痢疾是怎樣的防止呢？

講到防止莫妙如一個『豫』字，當這病流行的時節：居家……出外……都要刻刻的留心，油重的食品，陳舊的食品，都是壞腸胃，引痢疾的。中國特別風俗，這秋天裏應時點心的『月餅』，最是不好。——請想這『製月餅』的作坊裏，能够沒有蒼蠅嗎？能够使作月餅的原料通通不曾經蒼蠅爬過嗎？用的水是煮過的嗎？作好了不見蒼蠅的面嗎？作好了立刻就賣出來嗎？——生菓子也不好。自家或鄰舍，不幸有發見粘液便（白痢）的人了，趕緊就同他隔離，他的大糞，用石灰水浸起來，所用的衣服被褥都用開水煮過的消毒。

（請參看三十四期的本報）

◉痢疾要怎樣的看護呢？

凡是病最忌的是『亂投醫』，講到療治，還是覓妥當的醫生；不過我們自家看護病人，也有個要研究的一點。不然那醫生治的不錯，却送在看護人的手裏了。

看護病人普通的條件：——

(一)安靜　患痢疾的人可以禁止親眷到病房省視，不可要病人肉體上精神上受一點刺激以致不安靜，或是不能休息。病人房中不可吸煙燈光不可太强。

(二)飲食　不要任探問病的人隨意送食品與病人吃，凡病人吃的喝的總要是——熟……鮮……嫩……滋養……易消化……少……忌刺激性質的。

(三)清潔　空氣要清潔，身體衣服房中各處都要清潔，消毒糞便更要注意。

◉痢疾初起時可用的療治法。。。。。。。

患輕症痢疾的初起不找醫生也可以，這種療治的法子有個極要緊的條件：——

活潑潑的精神，不覺自己有病，深信自己沒有病

有了這個條件，再絕食靜養兩天，每天洗四五回的身體，——

——就是用攝氏四十五度的『熱水』倒在盆中，每次在盆中坐個『十分鐘』——肚腹都用絨或重棉布包裹着，或者炒些『食鹽』溫潤溫潤肚腹也好。第三天試吃點半生雞蛋，牛乳，稀粥，由少漸次加多，並且要微微的熱些。此外就安睡靜養，不想一件事，並且不多說話，自然就容易好的。

還是最安全的法子，因爲痢疾是腸胃『消化不良』起的；兩天不吃東西，這原來的消化力自然去化老停在腸胃中的食物了；用溫水浴，用鹽潤，是引血下行，增進消化力。陳腐的排出去了，新吃的是不太耗費消化力的，那嗎腸胃健了，痢自止了。

若是病久或是重症，險症，却需亟亟的請醫生處方的，萬不可任意的遲延。

這病最忌吃酸，辣性的東西，辣性的刺激腸胃太重，極喪元氣；酸性的有收斂的作用，很能留住這病根，或者帶發別的病症。

## △人『爲甚麽』要運動？

黃醒

前週我解釋了體育，倘不會講到『做法』。體育的『做法』現在普通人都曉得的是——

運動……飲食……起居……衣服……醫藥……

有些人將這分作『積極的』和『消極的』兩類，他的意思是以爲『運動』能夠使人健強，是種進取的；『飲食』『起居』『衣服』『醫藥』的講求，不過保守的罷了；因此這些耳食模仿的體育家就替運動大吹特吹起來，六月天裏踢『足球』，冒雨辦『運動會』，小學生習『兵操』，都叫做是『體育』；一般的假教育家，他不以自己不懂爲恥，去努力求知，却任意抓一些技藝家權代體育

家，把學生當機器——不對，機器還是有出品能生產的，只能算當竹頭木屑泥塊磚頭的撥弄——一樣可憐這些家庭，因怕罵他不懂得教育雖然不願意子弟是這樣胡鬧也不敢聲一聲；這些漸有知識理解的學生，雖不願意將自己充機器當塊壘，也不敢聲一聲；體育是這樣提倡下去真可以達到剔肉的目的了，休說社會上懷疑連做的人都要『莫名其妙』了。我這囘就將這『為甚麼要運動』一件事，提出來討論。

運動的範圍連一舉手一提腳、一開口都在內，凡人身的器官，可以『運而動之』的動狀都是運動；人要運動，就是要『生活』。一個人不活就死，斷沒有不死不活的人。我的意思，是以為『人為生活要運動』所以對於運動方法的觀念是要他這運動是與人生有益的；若是為益我就不認他作『人』的體育，『人』的運動了。現在普通人認定的『體育運動範圍』是——

體操……競技……拳腳……武術……游戲舞蹈……

以這些方法去運動講體育的『目的』是——

強……

依我前次的解釋，這『強』字是騙人的，是不人道的；這『拳腳』『體操』『競技』，種種是不生產的，不經濟的，於『進化上』的人生有衝突的，並且就是現在的人他也沒有這種需要。我

記得去年有個學生練習『跳高』，在家中疊起凳子的跳，有個朋友去看他見他滿臉滿身的汗，張着口氣噓噓的，怪可憐，就問起他來說：——

『你這是做甚麼？』他答：——

『學校裏因為「本省預備派出遠東運動會的選手，要先辦一次聯合運動會」，就本校先辦一個預備遠東預備聯合的學校運動會，我呢今日又是預備預備預備的預備。』又問：——

『預備做甚麼？』他答：——

『預備好了，在本校得勝，個人有「名譽」；在聯合會得勝，本校有名譽；能當遠東運動會的選手，本省有名譽；在遠東會得了勝，本國有名譽，關係大呢？』又問：——

『得的是甚麼名譽？』他答：——

『就是體育發達。』又問：——

『得了這個名譽，個人就能穿衣吃飯嗎？國家就不受外國輕視嗎？』他答：——

『那又是一件事。』

凡一個人的事，有比生活還要緊的嗎？一國的事，有比受外國輕視還大的嗎？怎那又是一件事呢？難道講體育是離開人

生的嗎?可憐的學生他上了『虛榮』的當了。

人以『能』運動而生活的但不是『離開』生活的那些運動所以人爲生活運動那運動必定是人生的不能說『那又是一件事』

人不會走路不能自己生活所以要脚與腿的運動。 人不會操作不能自己生活所以要手與臂的運動。

人的『本能』腿脚手臂本是能動的力氣也是本有的;——學理上叫作潛力——有些人或有時候沒力氣不能動是那老廢物作祟只要『動』作生活上的事去動將老廢物排出去自然本來的能力恢復了。

現在有人說游戲是『天性,』所以一個人總要有些時間休息游戲。 這話很不錯但是他不知道人最喜歡作立刻親眼看見成績的游戲。 所以『兒童』最喜模仿『成人』作的事當游戲因爲他很想要知道這些事的內容然而這些好奇好動的天性,有些教育家不許他發揚却要他作那些同人生無益的甚麽體育運動,這不是怪事嗎?

現在講體育的教育家,都掛起高高的幌子,主張這個,主張那個,頗能够引起少年人或兒童的興趣;但是在人生上看來,無非是一種騙術罷了;請想他那做的,同他那要兒童少年做的,比較那『伶人』『賣藝的』有甚麼分別。

一個農家的孩子他四五歲就隨着父兄在田野中看看,七八歲就牧羊牧牛十二三歲就上山打柴下水捉魚到成人他很壯健。 他一天天動的都是他自己的事生活的事。

一個製竹籠子家的孩子他小時候游戲就是竹頭竹籤、繩子,八九歲就打籠子,他成人也很壯健。

一個學校的學生每天有運動每天有先生領着游戲,但是常常的不見壯健,到中學畢業了,倒有些病弱的意思。 雖說他家庭不好,但是學校的好處豈眞敵不過他那家庭嗎?

在這些事實裏我們很可以找去『人爲甚麼要運動,同要怎樣的運動的道理來。』是——

『人爲生活要運動要做人生有關係的運動。』

## △體育雜談（此欄歡迎外稿）

◉生物都是多數一個個的細胞組合成的,人比一般的生物進化得多,好像是這司『智覺』的『神經』同那司勞動的筋肉兩種細胞協和的力量若是不協和就不行了。 請看那文人,神經的力量發達些,筋肉做的事少因此不慣操勞;稍勞就一身疼痛了。 所以然就是這大多數的筋肉中老廢物太多的原故,這老廢物在人身上勢力最大,他隨時發生,去之不盡；他又是沒自動能力的東西，不極力的排斥他，他總不動，人身致病，他也有力量。文人偶動，便覺酸痛，正是他作祟，簡直害得筋肉要動，不敢動了。神經想要筋肉動，也叫他阻住了。這老廢物斷不會改良成一種不廢物，除却排除沒有第二個辦法。要排除他，還是希望這司知覺的『神經』同司勞動的『筋肉』，忍得一時的苦痛，做些於人生有益的運動。（牛）

◉俄國『託羅斯基自述』中說：『美國學生好體育的運動，故畢生之時間，大半消磨於庭球野球之中；若俄國學生，則以雪夜閉門讀禁書為天下第一樂事。』在這幾句話裏頭，很可以看出美俄兩國的國情來。（默）

◉廢止大小學校之兵操，提倡正式的體育運動。理由是——

(1)學校兵操，徒具不完全之形式，既不得習兵之正當生活，復耗去生產之時光與能力。

(2)兵式訓練，不合教育，故不宜施行心身發育未完全之青年。

(3)體育運動，係根據於心理、生理、生物諸學，使青年得以遂其自然之發育。

(4)國家要用兵，可徵得最多數體格強健，道德高尚，智識豐富之中等以上學校學生。

(5)青年心身發達完善，應徵為兵，可於最短時間，（兩三月或半年）習完兵應具有之各種知識與技能，（協約國戰勝，英美即得此效果。）（陳奎生）

△武術教材（續）（這是幹甚麼？）

二少林十二式　世之言拳術者宗少林而少林之傳實自達摩五祖蓋於五代之季來居此寺見僧徒等雖日從事於明心見性之學然類皆精神萎靡筋肉衰弱每一說法入坐即覺昏鈍不振殆於身心合一性命雙修之要為尚未徹悟也於是達摩師乃訓示徒衆曰佛法雖外乎軀殼然不了解此性終不能先令靈魂與軀殼相離是欲見性必先強身蓋軀殼強而後靈魂易悟也果皆如衆生之志靡神昏一入蒲團睡魔即侵則明性之功俟諸何日吾今為諸先生立一強身術每日晨光熹微同起而習之必當日進而有功也乃為徒衆立一練習法其前後左右不過十八手而已後人變化增添以作技藝又嘗觀達僧岳武穆氏之內壯易筋經外功圖勢中與少林拳術之十八羅漢羅漢手及達摩十八羅漢功故大半相同疑出一源今住其圖勢為主去其繁瑣者而益以羅漢手中之易習者仍成二十勢以之為基本動作

(1)動作簡單：該拳前後不過二十式動作極為簡單於初

習拳術者最為適宜

(2)姿勢正確　該拳依圖作解最為明顯教授者於解釋上細加玩索則姿勢上亦易於正確

(3)便於教授　教授者每以派別繁多不易教授該拳一舉一動着有成說於教授上最為適宜

三六合拳母　六合拳母乃初學之基礎由各種拳術中擇其最普通而最要者共得六法使初學者先習以立其基礎迨基礎既立而後由淺及深自不覺其難矣其法有六曰搬繪曰推掌曰穿掌曰踏虎曰挑打曰提手獨立均左右相互為同等之動作實為平均發達之理教授勿以淺近而忽之則獲益良多矣（未完）

中華郵務局特准掛號認爲新聞紙類

中華民國八年九月廿二日（第三十七期）

# 體育週報

發行所長沙儲英源第二十三號體育週報社

每週一回逢月曜日發行

編輯兼發行人黃醒勝白

印刷者湘鄂印刷公司



△售例▽

零售每期每份銅元三枚◉全年四十八期預定銀元八角◉半年二十四期預定銀元五角◉外埠郵費在內郵票代銀以半分一分者爲限

捐◎款◎鳴◎謝◎

袁紹先先生九月份補助費光洋五圓整

李惠迺先生惠捐本報經費光洋壹圓整

## ◎社告◎

社會上准許本報發行，並且對於本報狠有扶助和希望，還是社會不負本報了；本報出了卅幾期，因爲力量不够，和別種障礙，狠有些負社會的事實，眞慚愧的了不得。現在立個志願，想要——『研究那體育的眞理眞價，引那向十九世紀十八十七世紀的路上尋體育法的人，翻身向二十世紀廿一世紀的路上走』。不敢說已經改良，却願意努力的提振精神來奮鬬。今特將這個意思鄭重表明，敢要求社會上看本報『向上』的一點誠心，切切實實的加些教導。

◉歡迎

# ◉全國體育家討論下列各問題：

(一)女子體育如何？

(二)學校應否廢止兵操？

(三)小學校應否設體育專科教員？

(四)學校應否廢去課表中的體操？

(五)工作代體操在體育上的價值？

(六)童子軍的組織法在體育上的價值？

(七)提倡社會體育的下手處？

(八)『競技』同『進化』根本上不衝突否？

(九)『武術』在體育上的價值？

(十)學校廢止體操後的體育怎樣設施？

(十一)師範學校的體育應如何？

(十二)『時間』和『能力』上都經濟的體育的方法

這些問題，在現在這個時代同中國這種情形，似乎都應討論，都應解決。諸體育家所以講求體育，想決不是專以個人爲『目的』的；——本報追隨諸君之後，正是要想『徹底』的達到諸君的『目的』；所以敢要求諸君討論這應解決的問題。諸君來稿，儘可自由；不限一題，也不限全作，只要將諸君學問、經驗、理想所得的，儘量發揮出來，本報當一一登載，藉供全國體育家同時研究。

體育週報社謹啓。

# 『脚』的『解放』運動

黃醒

長沙當紀元前一年的秋天，響應武昌起了革命軍，那草創的政府臨時發佈一種文告，是『男子一律剪髮，女子一律放足』。近年山西閻督軍極力講求政治，有一件也是女子『放脚』，並且對於老年婦女放脚的每人頒兩張彩色畫獎勵他。這樣看來『放脚』已成事實，用不着我來『運動』了。但是在實際上去觀察，就低頭看看自己的『脚』，實在覺得有『運動』的必要。我這『運動』不僅對於女子的『脚』，要運動『解放』，就是男子的『脚』也要運動『解放』；不僅中國人的『脚』要運動『解放』，就是世界各國人的『脚』，有些也要運動『解放』。

現在不曾『解放』的『脚』是穿甚麼樣子呢？可以看他所穿鞋子的『底樣』。『削足就履』，說起來大家都笑的；但是實際上『因陋就簡』和『修飾美觀』的『習慣』同『心理』的勢力，很能够使人不知不覺的『削足就履』；請看下列的圖，就明白了。——

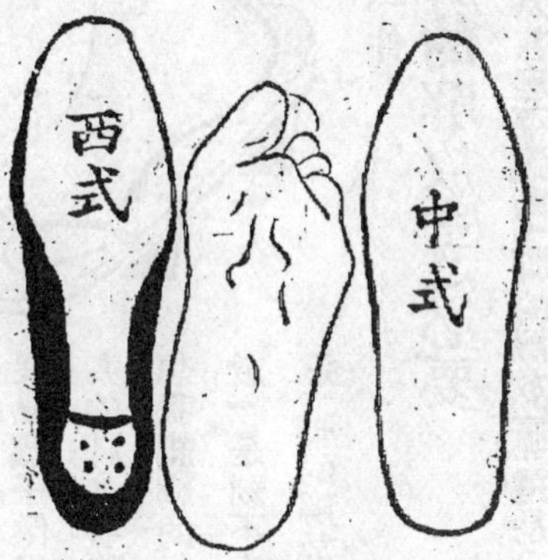


男子的脚同中西鞋底的形式

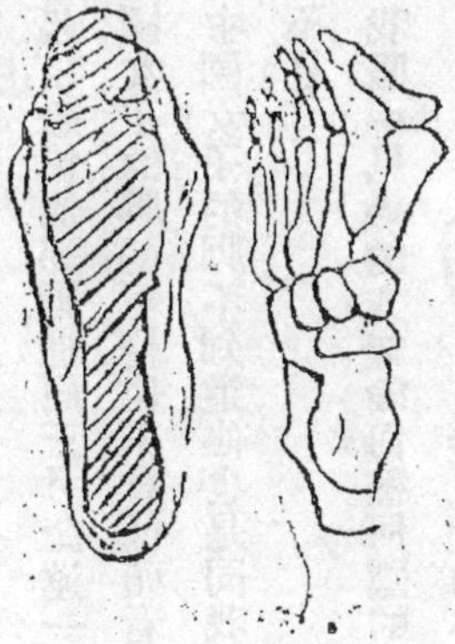

穿的鞋底形式同骨頭不自然的形式

照這兩個圖看來，可見人身上這『脚』受的委曲眞大了。一個人支持體重除却睡和坐的時候，總是用脚的，脚同人生的關係大，是很顯明的，爲甚麼要他受這委曲呢？男子的脚究竟還好些，再看女子的脚所受的委曲——

中女舊式脚及鞋式

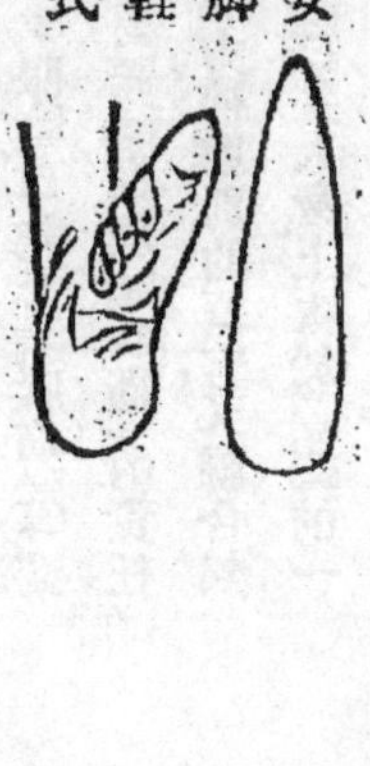

中女放脚及鞋底式

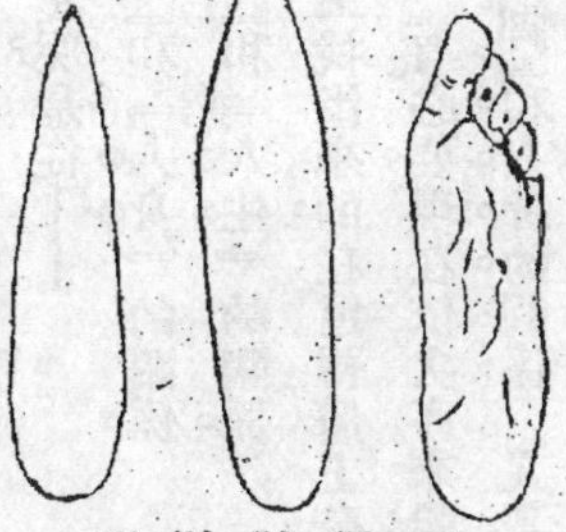

中女時髦脚及鞋底形式

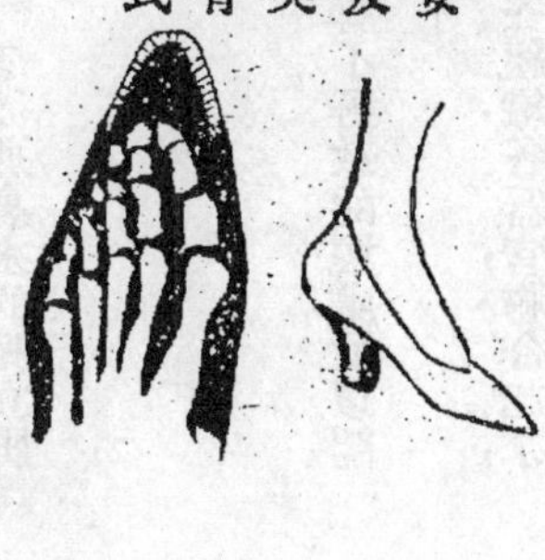

西女鞋及鞋尖趾骨形式

照上圖看來，中國舊式女子的脚，應當解放，應當立刻解放，這是多數人都知道的，用不着我來再說。女子愛美的心本來强；這美的觀念在脚上總覺得要小巧伶俐纔美的，所以現在新式女子的脚，雖然不折曲成彎，弄成那三寸金蓮，却換個裹法，裹成長條的脚，走起路來好像同天然脚一樣，但多半是不耐走，又忍痛的。我繪出這圖來很有些抱歉，覺着不應來出中國人的醜；但是我要伸明一層，中國有許多女子也有因『地方』或『種族』或『階級』的關係，他那兩隻脚也同男子一樣受男鞋式的委曲也有眞是天然脚的。 外國女子的脚，又怎樣呢？也可以看他的鞋子；他們的鞋子也很尖也很瘦；甚至一位大胖子，也穿很尖很瘦的鞋子；若是用比例尺將西洋胖肥女子同中國女子比算起來，恐怕他那脚，也同三寸金蓮一樣。 我見西洋女子有笑中國女子的脚的可惜，他不曾低頭看看自己；我見西洋人著書論中國女子的脚，不知道他也是同我一樣，因受了委曲來懺悔的不是。

在我眼中見過的人，無論何種何國的，我都覺得他那脚有『解放』的必要。 日本人穿那屐兒，襪子，像很合式了，但是日本人的脚，也有該解放的理由。 我想，我細細的想，覺得這『脚的解放』是刻不容緩的，所以我覺着這『脚的解放』的『運動』是很要緊的一件事。

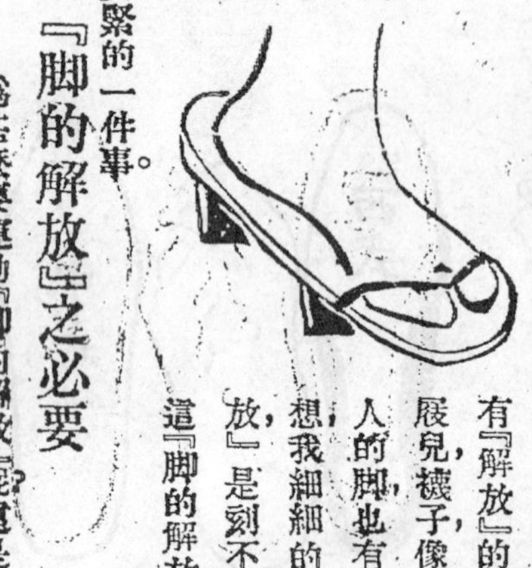

日本襪及屐式

## 『脚的解放』之必要

黃醒

為甚麼要運動『脚的解放』呢？這是我們應研究的問題。這問題不弄清楚，這種『運動，』只算是胡鬧，只算是盲行，是毫無價値可言的，這問題又怎樣的一種研究法呢？就我現在這淺陋的知識上看來，還不能徹底的眞弄淸楚；我又不願『以己昏昏，使人昏昏』特先提出我研究這問題的立脚點來，供願意研究這問題的一個參攷。我說的是不是，立脚點錯不錯，要等第二個人研究結果的報告出來，纔能證明，這時候我也不敢說。

我以為『脚的解放』有『必要』是從那裏來的呢？立脚點在那裏呢？是從——

『脚』和『人身』的關係。

『脚』和『人生』的關係、

這兩層上找出來的，在這兩層上發現脚不解放的壞處，所以認定『解放』有必要，現在依次序來說——

『脚』和人身的關係。 人身的各組織各器官聯合起來，成了這個人形，他們都遵守着『互相扶助』『分工任事』的兩個大條件，……例如『頭』載着『耳』『眼』『口』『鼻』『腦筋』等，盡這些『聽』『看』『吃』『嗅』『思想』『言語』『推理』『判斷』的責任；各做各的，不相侵犯，又拿各自的能力補助別的器官，又聯合起來成個有益人身的事。……這『脚』是人身上次於『頭』的一種最重要的組織，人所以能為人，他的義務盡得很不少，分別着說：——

一、據人類學論人的通有性和別的生物區別有四點，內中有兩點就是關於『脚』的：一、是脚的拇趾差不多和第二趾一樣長，可以並着走。二、是進行的時候能直立起來走。人因此在生物界享有『人』的專門美名，是脚關係人身的第一件。

二、脚的位置，因爲人是直立的，他在最下；脚的組織的細胞，負着全身各組織的細胞；沒有脚便不能直立，各組織的細胞就得有些要去做支持體重的事，這是脚關係人身的第二件。

三、人是『腦』和『手』特別發達的生物，若不是『脚』有擔當，肯吃苦，能負了這支持體重和進行的責任，分出『手』的功來扶助『腦』的活動，人還成『人』嗎？這是脚關係人身的第三件。

這樣看來，『脚』在人身的位置最低，負的責任最大，比起人身各組織各器官來，不應該優待他們束縛這『脚』，是再顯明都沒有的，再正大都沒有的，這是『解放』必要的第一層。

『脚』和人生的關係　人生，是由有人身纔發生的問題；前說『人身』的關係三件，就是人生的關係。我另提出這人生來說，是要想進一步的研究也分別着說：——

一、在各個人生活上着想：——

人能生活，全靠着人身的元氣；專用手的小筋肉和腦力的操作，可以說全是消費人身元氣的；只有大筋肉和多量筋肉的動作，是生產元氣的，將這些生產的塡補那些消費；所以一個人能維持他的生活，若是生產率不及消費率，就是弱，就是速死了。『脚』的本體雖筋量不多，但他聯着的兩條腿，筋量是很大的；據解剖學者的攷驗說下肢的筋量有上肢的三倍，約占全身筋量五分之二。例如——

全身的筋量　五八·七瓩

兩腿的筋量　二一·九瓩

兩臂的筋量　七·六瓩

『脚』如受了委曲壓迫，使他不能自然的活動，這重要生產的兩腿，連帶着受影響，減少活力；一個人生活的元氣不充，生活力自然可以不問了。

體育家都很明白脚的『踵』，直貫聯着『腦』；『腦』受了振動的刺激，很影響知覺的活力；純用『踵』支持體重和行動的人，當然減少人性向上的腦活力；脚的趾頭不解放，要不多用踵，又何能做得到呢？

我們試看兩個女子的走路和站立；一個天然足的女子，他也能昂着頭竪着脊大踏步瀟瀟洒洒的走了；那一個呢？站着時前搖搖後擺擺，手必扶着些東西，恐怕傾倒；走路時，一步還不過三五寸，並且低着頭倚着壁扭扭揑揑的似進似退。他走三步，不值別人一步，在時間上能力上都不合算的。再看那苦力和文人的比較，會走和不會走，都是這脚的主因。

日本人拖的屐，雖然他樣式好，行動要用脚趾；但是拖着提不起脚，養成一種腿膝拘摟的習慣，邁步也不大，需時間也多；雖說不會束縛這脚，却同不解放的脚一樣的有碍，

二、在人類進化上着想——

人類進化到現在這樣文明，固然是『腦』和『手』的成績；但不得『脚』的扶助，收効也沒有這樣；實在世界學者對於現在人類體格的退化，很懷着莫大的隱憂，多有倡人種改良論的；現代文明影響於脚的，像交通的便利，生活的繁雜，艱難，用腦用手的過多，『脚』的本能就不受束縛，已經是有退化的趨勢。『脚』在人身的關係，在個人生活的關係都很大；豈可由他退化呢？

『脚』和現代文明的關係，是這樣的；和將來人種的健全或衰弱的關係，也很明顯；中國人種漸弱，這『脚』的發育不完全，不能說不是一個原因。女子體力不及男子，這脚的發育不完全，也不能說不是一個原因；試調查那些天然脚的女子，月經病少，纏足的女子，月經病多，更可恍然大悟的了。

總結起來簡單說罷……『脚』是人身上重要組織，不可輕視，不能說脚有損傷時，和以外的各組織沒關係，在人生上人種上都一樣有大關係，要身體健全，非解放了脚不行；要得較有幸福的生活，非解放了脚不行，在進化上要不退化，也非解放了脚不行；所以我認『脚的解放』是必要的。

## △『脚』的觀察

昌九生

◎從表面上觀察……一般天然的脚，就外形上看，有

普通脚有穹窿

扁平脚

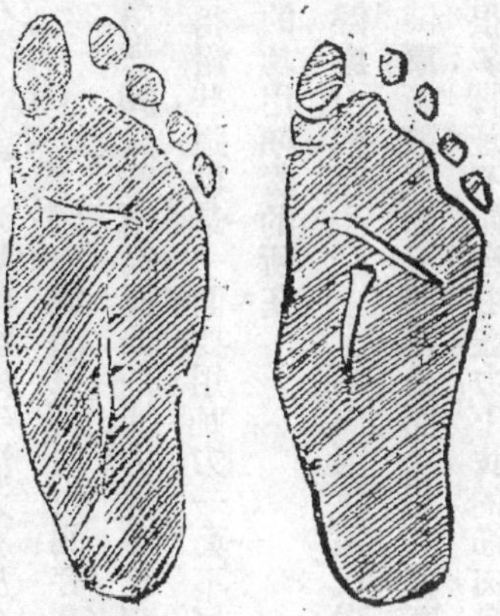

扁平脚的底印

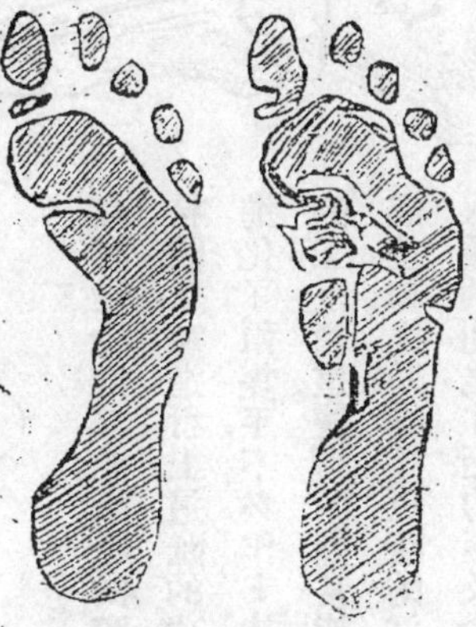

普通脚的底印

兩種；普通的脚心有個穹窿，踵趾着地，很像個乂在平地上看脚印，有一部簡直不着地；這種脚形式上很美觀，行動上也很自由，脚力也大；另一種是扁平的形式，脚心雖也有穹

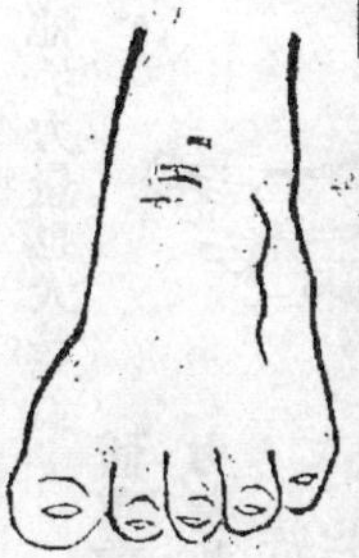

天然的脚趾

窿，但放在地上就偏了，着地的很多，很難看，行動上不耐久，稍久內側和關節便覺酸痛，脚力不足。脚趾頭很肥大，並排着，從拇趾漸次的短些。

◉從骨格上觀察……拇趾特大，差不多和二趾同長；側面看去，踵趾成個乂的形式更顯明。

◉從脚力上觀察……我們站着的時候，把身體向後，全用『踵』支持體重，不穩當；把身體全向前，用『趾』支持體重，比

正面看骨脚

『踵』雖然穩些，但是不能持久；人的站立是倚賴脚的『三角力』，平時站立，『踵』和外側的第四第五兩趾着力多些，拇趾不過助點力。若是行進的時候，身體是向前的，拇趾着力就多了，其餘的趾頭和踵，是助力的。踵通腦的路，沒有彈性，力減少，勢力一經振動就傷腦筋，所以踵力比較要弱些。趾頭是和踵相反的，所

以他的力量也大些。

側面看脚骨

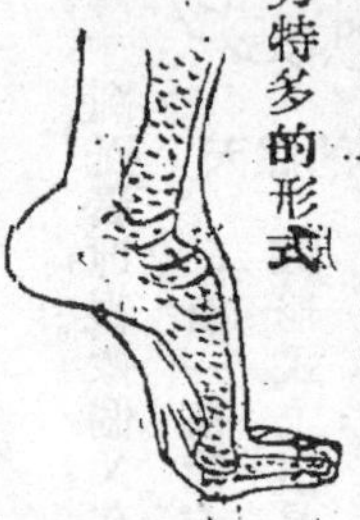

體重前移的時候拇趾用力特多的形式

◉從進化上觀察……人是從高等動物進化的，自然存有動物的官能；動物的四肢都用作支持體重和進行上，這趾的功用最大。人類進化了，兩隻手不必作支持體重和進行的工，全賴這雙脚的擔當能力發展，兩相成全，和扶助成了現在的這個樣子，因爲人類的祖先生活力不及今日常用着攀、援、跑、跳，所以脚的內側，存有因攀援留下的痕跡，（穹窿）脚趾有兩面屈曲的能力。現在我們上山覺得穩些，下山覺得滑些，這就是一面要用趾力，一面不好用趾力的原故；就是趾的功用顯着的所在。

◉從健康上觀察……筋肉因新陳代謝的功用，以維持生命的健康；新陳代謝，又因運動而功用旺盛。下肢的筋肉運動，用脚的很多；脚趾不能自由盡力，下肢的筋肉，自然不能充量的運動，也就不能發達，不能十分的健康了。

◉從經濟上觀察……天然的脚會走路，既不覺疲勞，又很快當，在時間上能力上都很經濟的，生產的能率更不用說了。

## △解放脚的方法

素心女士　黃醒

普通人『放脚』只要穿不束縛脚的鞋和襪，那脚的本能可以自由發展，自然而然的放開了，這樣必注意所穿的鞋襪。

鞋子要如何纔合式呢？當分『底』與『面』的研究；『鞋面』雖不可過鬆，以妨礙進行，却也不宜緊了，壓迫脚趾不能自由伸展。鞋底應當照各人的脚形做，若是扁平的脚，內側要微微的高些，免得踝骨關節的痛楚。無論底面，總以輕軟爲主，輕可以減少脚的重量擔負，軟可以使脚趾頭屈曲伸縮自如。

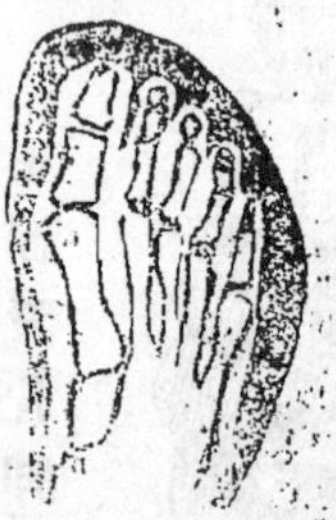

合式的鞋子

襪子要如何纔合式呢？比較上日本式的像好些；現在最流行的線襪，却也可用，但不免總有些束縛的事實在內。

有些人趾頭巳經彎了，又如何呢？這個有兩種：——

一、是想收急効。必定有二三十天不用脚做太勞的事，凡曾經纏裹過脚的女子，最適用。法用盆或桶，將脚放在內裏，初倒點微熱的水，浸過脚背，每兩三分鐘以後加些熱水；只要脚受得住，不防儘加熱度高的水，約摸浸到幾十分鐘，將脚取出，另浸在一隻裝冷水的盆內，約兩三分鐘，再取出用毛巾拭乾水，取火酒細細的擦一遍，再用手按摩脚趾骨十來分鐘，脚趾底下和脚心裏，塗些『凡士林』油，墊上潔凈的棉花，可用綳帶將棉花略略的纏住，不使他脫落。每天是這樣洗兩回，按摩包紮兩回，棉花漸漸的加多，務必要將脚底的縐縫和彎曲的處所撑平。三五天以後，可以穿寬大的鞋子試試的走幾回，但是走得脚有痛意就要停止。是這樣做去，趾頭和骨節通通回復了本來的樣子就好了。做的時候，有件應當注意的事，是脚受按摩的時候，不免有破裂皮膚的處所，這個不必怕，只要預備些碘酒，擦擦，就不致出別的毛病了。若大趾頭不正，可以用外科裹劄骨傷的法子，用夾板綳帶糾正他。

一、是想放脚又不能不用脚的人，穿用大鞋襪，每晚臨睡時，洗浸一次，按摩一回，用棉花紮裹着睡，每逢不用脚或閒着時，便極力的活動趾頭。這方法比前一法要慢些，但是也能使脚復原的。

## △廣『脚的解放』

昌元生

脚的解放，就身體上立論，已經說得很多了；現在就人生的廣義上再研究研究。

### 一、精。神。上。脚。的。解。放。

俗說有一句論人生事業不能成就的說是——

『誤於絆脚索』『絆脚索擺脫不開』！

『絆脚索』的感嘆，不是多數人表同情的嗎？我願意大家設法減去這一層的痛苦，我願意人類中無論男女都設法減去這一層的痛苦。有許多人病、廢、衰、弱，多是由『絆脚索』生的，我們研究這個，不是說就此擺脫，實在那獨身生活的我們應當從原因上根本上圖謀改良社會的組織，家庭的組織；何故呢？……現在一般男子的所謂『絆脚索』，豈不是指他家的婦女？現在少數女子的所謂『絆脚索』是不是家庭瑣屑和育兒？如果是的，那就不能以擺脫了事，必定要做到不必擺脫而自擺脫，那受擺脫的人在未曾擺脫以前，還有多得幸福。這個問題解決，一個人精神上愉快，肉體也自然活潑了，健康了。

### 二、職。業。上。脚。的。解。放。

在職業看有兩樣的解放法：一樣職業用脚謀生活的，他那脚太苦了，要減少他做事的時間，增加他應得權利，因為不增加權利，他不能生活；不減少時間，他脚無機會適當的休息。一樣是職業多坐不用脚謀生活的人，他那脚太安逸了，要增加他脚的活動時間，調劑補充他那偏枯運用的元氣，所以在各種職業的人集聚的市鎮，都應有『公園』『游戲場』『俱樂部』『游泳池』，種種的設備。

三、交通上脚的解放。

脚的解放在要走路，那必定要有路可走；我國除『蜀道難』從來著名以外，也可以說沒得路走；交通和文化的關係，國力的關係，不用說了，就是一個人的時間能力耗費在這交通不便上，也不知多少，徒嘆『沒得路』，何不大家來『披荆斬棘』的開闢路呢。（長沙人俗話，對於一事失望，或經營失敗時，每稱『沒得路』了，對於一事得便宜，稱『得路』。）

此外知識上，經濟上，要脚走的，像現在出洋留學，經商，作工，游歷，都很有人奮勇的前進了，但從不見有中國的地質學家，社會學家，生物學家，動植物學家，地理學家，肯用他的脚去國內各地多攷察，也不多見有經營農工商的人，去開發冷寂地方的富源，這正是舊戲上金遂人起兵南犯的誓師詞，所謂『我們到花花世界快活去』一樣的心理了。若肯換回用在爭權爭利的脚力，用到生利上去，豈不甚好。

## △體育雜談（此欄歡迎體育家自由發表意見）

◉溫帶地方，宜提倡赤足。理由是——

⑴寒帶不能赤足，熱帶多赤足，故祇在溫帶提倡赤足。

⑵上古漢獵時代之民族，均係赤足，且成績極佳。

⑶我國苗猺人及鄉村之農民各地之苦力，皆係赤足，體甚强健，行走迅速，並未聞發生何種足病。

⑷加於足上之保護物，如鞋襪等類，皆單薄，足以證明吾人之足能赤者。

⑸赤足於儀容上不雅觀，係原於習慣，不成問題。 陳奎生

◉勞動的人容易睡，是因他脚趾用力多，血運平均，業坐的人容易得不眠症，是因他有腦充血腦貧血的情形，普通職業不甚運用脚的人和女子，要想得甜美的酣睡，當遵守下列的條件，（一）站立的時候，多用拇趾着力按地。（二）每天睡前洗脚。（三）睡不着時，坐起來伸直脊椎，伸直兩腿，用眼看着脚拇趾，瞌睡自然來了。（四）每天蹬在地下洗臉。（五）多走路。 六郎

中華郵務局特准掛號認為新聞紙類

中華民國八年九月廿九日（第三十八期）

# 體育週報

發行所長沙儲英源第二十三號體育週報社

每週一同逢月曜日發行

編輯兼發行人黃醒勝白

印刷者湘鄂印刷公司

△告白刊例▽

△每期每面銀元十元△每半面銀元六元△四分之一面銀元三元△封面論前加倍△長登另議費須先惠有礙體育之告白不登

△代售處▽

長沙新坡子街中華書局

長沙府正街羣益圖書局

上海中棋盤街羣益書社

△售例▽

零售每期每份銅元三枚

◉全年四十八期預定銀元八角

◉半年二十四期預定銀元五角

◉外埠郵費在內郵票代銀以半分一分者為限

◉捐款鳴謝

駱邁南先生惠捐本報經費光洋一元整

唐子懷先生惠捐本報經費光洋一元整

〔新潮〕第二卷一號快出版了◎預定從速◎◎

△每卷五冊每冊三角預定先繳款只要一元二角

△郵費每冊三分每卷一角五分

△發行者北京大學出版部新潮社

〔新生活〕

△已出五號每號售銀三分半

△郵費在內

△發行者北京後門東高房十七號本社

〔教育潮〕

△已出三號每號一角三分

△郵費每冊一分半

△發行者浙江杭州教育潮社

〔解放與改造〕

△已出二號每號一角

△郵費每冊一分半

△發行者新學會

△總代派所上海時事新報館

〔少年中國〕

△已出三號每號一角

△郵費每冊二分

△發行者北京少年中國學會

〔建設〕

△已出二號每號三角

△郵費每冊四分

△發行者上海建設社

◉注意◉

以上各種本社皆有出賣

## △我就是癆病鬼！

倏鹿

鬼！鬼！你們人類是很怕的，所以我借着這鬼的招牌來嚇你們一嚇；實在我也是一種生物，並且是地球上勢力最大的生物，我每秒鐘要殺死一個人來開心；大約：——

◉每點鐘殺……三，六〇〇人
◉每一天殺……八六，四〇〇人
◉每星期殺……六〇四，八〇〇人
◉每一年殺……三一，五三六，〇〇〇人

這是我在全世界殺的人數，我又最喜歡殺中國人，大約每半分鐘要殺一個，這樣——

◉每點鐘殺……一二〇人
◉每一天殺……二，八八〇人
◉每星期殺……二〇，一六〇人
◉每一年殺……七，三五八，四〇〇人

不過這是一個概數，要精細的算帳，恐怕還不止此；我老實明白的告訴你們罷，全地球的人類，每死六個人，內中就有一個是因供我開心死的。如果人死後，聰真有甚麼鬼，我說這幾句話的時光，不知添了多少鬼了。我的勢力這樣大，因為我本不是鬼，你們中國人就不怕我；我呢也就可從容不迫的時刻親近你們，做這殺人不放火的無形强盜了。

我不是鬼是甚麽呢？我只曉得是我，不過你們人類中喚我作癆菌肺結核菌我就承認是這個名字也可以。

我在歐美真威風極了，只要一提我的名字無論他是甚麽樣的人都是怕得了不得；你們中國人去歐美他們要嚴格的檢查你們很覺得是受侮辱今天我告訴你們罷他們實在是怕你們服侍我偷渡到他們那裏去呢！

我現在問你們請你將眼睛睜開些你能看見我嗎？我現在介紹給你——

◎泰山上的螞蟻 我們的形體約像一桿小棒，又像剪碎了的頭髮；若問我有多大？我只有中國尺百萬分之三的長現在比方你們人身長五尺的二千五百倍是一萬二千五百尺，差不多比泰山還高些；我身長的二千五百倍不過一分六釐正是一隻螞蟻那樣大我在你們身上和螞蟻在泰山上一樣你們要看見我非借顯微鏡是不行的。

◎痰中是住家 你們要拜會我嗎？請你向痰裏找去。本來我住的金殿玉樓要算你們人身的肺尖；此外水中土中空氣中我也常常來往，究竟和你們旅行住旅館一樣是不久留的；但是我的子孫最多成長也快，也就不能不分開來住了。我在你們胸膛裏，你們自然看不見所以說你們要找我，只去親近痰若是怕我就要消滅那痰了。

◎我一家比全印度的人口 凡一個癆病人他吐一口痰，我就分出一家去這一家大約有我的子孫三萬萬；印度的人口不過三萬萬，可以分配每人身上有一個我的子孫。中國的人口不過四萬萬只要有一個病人吐四口痰，可以分配每人身上三個我的子孫。我不借重你人類我實在不會飛走到遠處去設如你們有一家八口人的住家內中有一個有痰病的人只要他每天吐一口痰，這七個人就會每人分配有四千二百八十五六萬我的子孫身上就長沙一埠五十三萬五千八百人計算每天分配有五百六十多個……這不過是一個病人只吐一口痰罷了。請想長沙城市的癆病人只有一個嗎？他們每人只吐一口痰嗎？唉這個數目眞有些算不淸了。

我只記得說得意的話，忘了自己所受的苦害了。我們若不是受有苦害，這地球的世界多時是我的了，豈能容你們人類到現在還在這地球上爭雄圖覇的胡鬧嗎？我們埋在土底下，是永久長生不死的太陽照不到的地方九個月或半年也不容易死；便在很厚的痰層裏頭，太陽底下也能活二兩個鐘頭。說到這裏，我再說句高興的話：……現在中國人也像很講求衛生；客氣的人家或公共場所屋角墻邊設有不少的痰盂極力的提倡吐痰不亂吐；但是痰盂裏既不放消毒的藥水，痰盂滿了，又任憑那一無知識的工人隨便亂倒在我們是很感謝的了，哈哈衛生，不過是蒙着鼻子騙自己罷。……這不礙我的，不深論了；且說我的苦害是甚麽——

◉太陽是我的大仇敵。說起我恨太陽，和你們中國人恨日本人一樣，我恨太陽，因為他太熱，一烤就將我的生活力烤乾烤死。所以那些在『光天化日之下』過日子的人，我不容易惹他，就是上了他的身，他也不許我滋生長養，我只能藏在他身上『掩旗息鼓』的等機會；等到他『營養不足』或『工作過度』或『吃了壞東西』或『任情放蕩』或『感冒傷風』或『喝酒吸煙嚼檳榔』的巳後，就我就趁勢提出『哀的美敦』書，實行動員令開始攻擊了。

這個道理，叫西洋人知道了，他們就想出一些治法，甚麽調節飲食，適宜運動，起居潔淨，轉地，禁藥，休息，都很有把握似的，治好的却也不少。中國那些熟讀仲景『傷寒論』修園醫書的，他做夢也不曉得我們是怕太陽的，在他們可憐，我却萬幸的了。

◉天演淘汰的第二仇敵。我們不願意到厠坑裏去，因為那裏便中比我强的黴菌很多，我們常常被他們撲滅。

◉寒熱是第三仇敵。雪裏頭我們活不來，但是熱湯裏更支持不到五分鐘；所以你們若是用蒸或煮那痰時，我們簡直只能『坐以待斃』，或者用火燒也是很利害的。

不是有這些仇敵給我們苦害，喪我們生命，你們想想我們的勢力應當有多大？現在假定每一個患痨病的人，他有一口痰，不曾用火燒或水煮或氣蒸或日晒的，我們種族的存在的，一年三百六十五日中大概有——

九·四六〇·八〇〇·〇〇〇·〇〇〇·〇〇〇·

就算六個月就死，也有——

四·七三〇·四〇〇·〇〇〇·〇〇〇·〇〇〇·

若是首尾接起來，由地面到月宮都有餘；何況痨病的人吐的痰不止一口呢。

說到這裏，我不願再說下去了，但是有一層要申明：——

『我因為碾米工人，敲石工人，印刷排版人，製造煙的工人，織帽緞鑑的工人，裁縫工人，寫字人，學生等等患痨病的很多，很繁殖我的子孫不少，我應當要向他們道謝』。

△治痨病的妙藥（劾驗如神）

一、日光……………………不要怕曬。
二、新鮮空氣……………………屋外野地。
三、滋養的食物……………………要易消化。
四、充分休息……………………不要稍勞。

## △小學校一個問題

李少棱

我本是一個初出來當小學教師的人，也是一個歡喜體操的。有一天我在六點多鐘的時候，在走廊遊讀英文；有幾個小學生在我的背後照樣讀；我越讀他越學，不覺得使我笑起來。我就轉身隨手牽住一個孩子，問：『你這樣早就來校，吃過了幾碗飯？』他答：『就吃飯！……我家的「煮飯的」還沒有起床呢！』我又問：『你吃甚麼呢？』他神色不定的說：『沒有吃甚麼東西』我見他兩手緊緊的抓着衣袋，似乎要哭的樣子，便問：『沒有吃甚麼嗎？這口袋裏甚麼東西？』隨問隨去他那衣袋裏取些出來一看，一只內是『蠶豆』，一只內是『燒薯』。他見我發現他的秘密，即刻就紅了臉。我隨笑說：『不要緊；你只有今天是這樣嗎？』他說：『我天天是這樣。』

我聽了這句話，心裏一轉念，鬆手讓他去了；丟開英文不讀，坐在教室門口，每來一個學生，我就輕輕的問他吃飯沒有。問到將上課的時候，共計有——四◎十◎七◎個◎學◎生◎沒◎有◎吃◎早◎飯◎。我校原只有九十三個學生，今日有過半數的沒有吃飯；我的腦筋因此起多少變化作用，究竟不知道不吃早飯的利◎害◎如何。

據我自己想來：……小學生在學校，既要用腦，又要用力；假若沒有好的『滋養料』去調濟他的身體，他的身體和腦力，當然一天弱似一天；豈不是將來人類的一個大危險嗎？但是現在有許多人提倡廢止朝食，說合於衛生；有些北方人說我們南方人好吃，反不比北方人的肥胖，這樣看來，真是使我生無窮的疑惑了。若是贊成這一節，那小學生都可一律『廢止朝食』了。若是贊成我的疑惑，我就有兩個辦法，請大家研究：

一、學校當設法使學生可寄早餐。因為住家飯的遲早，是看那家的貧富如何；大約富的多半遲，貧的多半早；早的學生當然吃完飯還可以趕到上課，遲的怕趕課不上，就不免有錢給學生吃『零碎東西』了。有錢吃零碎東西，當然可以有錢給他在學校裏寄餐。

二、將上課的時間改遲一點。就可免得那些小學生，專為的求早到校，連飯都不吃了。上課遲些，放學也遲些，功課也不怕減少了時間。

諸君提倡體育，對於這一件事，切不可不仔細研究；現在聽說美國紐約城裏的小孩子也有許多不吃早飯的，美政府正極力的求挽救的法子；我們似乎也應該大家想一想莫一味的貪那『趁現成』的便宜。

人生不離『衣』『食』『住』，這中間的『食』，尤其是人生的第一問題。我本預備要出一個『吃的問題號』，來討論這『吃』，並且想徵集研究『吃』的名家著作；不料李君先得我心，今日送這篇稿子給我，我是很感謝的。李君的辦法如何，我這時且不贅辭，只介紹作大家研究資料，請大家也用李君的慈悲心和熱腸去研究，若是肯寫出研究的結果給我，供我『吃的問題號』的材料；那感激的更不只我一個人了。現在預先發表李君這篇稿子，就是『吃的問題號』的一個引子，一個預告，我願意大家研究去，李君再研究去，我也研究去！ 黃醒附識。

## △提議組織體育委員會案

本屆全國教育聯合會江蘇省教育會之提議案

上年本會議決速辦全國聯合運動會及省區運動會案呈教育部後奉批俟審察情形分別籌備等語查體育爲歷屆議決緊要問題之一乃是案瞬將經年迄未見籌備明文而時局偪人國勢寖弱我全國人民鑒此潮流踔厲奮發咸思從事體育以謀根本上自強之計籌畫教育者正宜利用時會督促實行非可以空言提倡舉乃事也惟是國家多事之際專恃政府之力或有所不克舉惟有上下聯合舉派專員合組團體負責籌辦限期舉行務期於規定時間普及體育影響使全國方新之士氣經鍛鍊而堅強而統一之精神愛國之思想亦賴是而益振擬辦法如下

一、由本會就全國（說明一）聲望夙著熱心研究教育或提倡體育而具有精心毅力者推舉五人或七人（說明二）並由本會陳請教育部遴派專員二三人（說明三）合組全國體育委員會並得由上列各員公同延聘中外體育專家加入爲委員（說明四）共同擔負籌畫全國聯合運動會各省區運動會及其他關於體育事宜

二、委員會應設於京師或京師附近交通衝要之地由委員會自定之且得視辦事之必要臨時移設適當地點

三、委員會應限於八年成立成立後一個月內應根據七年十二月教育部批准之本會議決速辦全國聯合運動會及各省區運動會案計畫之大體加以考慮定爲全國體育計畫分年進行案呈報教育部並宣布於各省區即由委員會負督促施行之責

四、關於委員會之各種規則及經費由委員會擬定後呈請教

育部核准之

五本案經本會議決後應以最速之方法呈請教育部批准施行（說明四）

（說明一）就全國推舉但求合格不必以本會會員爲限亦不必拘定分區推舉

（說明二）人數不宜過多庶責任較專

（說明三）加入體育專家以便於技術方面有所贊助並得外國專家以資得力

（說明四）本案議決後應推員專赴教育部面呈俟得批准即由本會按照第一條辦法推舉委員

本案是否可行應請　大會提前議決

## △湘城學校職教員網球團簡章

第一章　本團定名爲湘城學校職教員網球團由湖南省城各學校職教員組織之

第二章　凡各學校職校員有欲加入本團者須經團員一人之介紹並須繳入會金一圓

第三章　本團會費以團員入會金及年費充之每人年納會費一圓分兩次繳納於每期開常會前行之

第四章　本團設庶務及書記幹事各一人庶務掌購置球具及收支經費書記掌記錄通告等事宜由團員公推之任期一學期得連任

第五章　本團會集分常會及競技會二種

（一）常會　每學期開會一次春期於三月秋期於九月行之會場及時間由書記幹事先期通告

（二）競技會　每週土曜日午后行之會場由書記幹事決定於先週會集時通告之

第六章　本團備置網球若干枚球拍若干個球網若干舖

第七章　本規則有未妥處得由團員多數之同意修正之

## ◎體育雜談（此欄歡迎體育家自由發表意見）

◎組織體育委員會的提議案　江蘇近年提倡體育差不多用盡力量算是很好的了；但是總不忘情於偏重『運動會』不能說不是一個缺點。

這回『體育委員會』的提議本是一件極重要的事，也是體育提倡上一個根本的事，我私心也是很佩服的，但是看到擬定辦法第一條的末句說：『共同擔負籌畫全國聯合運動會各省區運動會及其他關於體育事宜』不覺得冷了半截身子請想體育上事宜，有比運動會還重要的沒有？委員會能做應做的事，有比運動會還重要的沒有，却輕輕的用『其他關於』四個字代表了。難道組織體育委員會的必要，就是促起全國人辦運動會嗎？我願意全國教育聯合會將這句條文改改。我願意江蘇提倡體育的先生們，莫將眼光專注在運動會上。 （醒）

◉**湘城學校職教員網球團** 在六個月以前，我也是一個願意打網球的，現在我將時間一分配，簡直找不出時間來，所以組織這團的好友，邀我入團，我就對不起的謝絕了。我不入團本可以不必多嘴；但是這團裏人有一多半是我的好友，我多句嘴，想也不至於怪我嚼爛舌頭。網球在體育上的價值，本來不多；不過比較其他不運動的人說，好網球算好的了；但是人與人之間，要講勝敗；一個球發出，要使對手接不着，纔稱好手段；不曉得這個是甚麼道理？我想若肯拿這點時間，去研究今日及以後人生問題，像有意思一點。托羅斯基的話，不是專爲學生說的呀。 （醒）

◉**德廢皇的體育生活** 新聞紙上稱威廉第二鋸木度日，很有些趣味；我說這是他極好的體育生活。因爲斫樹鋸木，是種生產的事情，是種平民的職業，是『人』的生活；比那些賭博性的甚麼競技運動強多了。我若是德國人，我一定承認他有德意志新共和國民的資格。 （默）

◉**住家人的體育生活一例** 假定一個最小的家庭，人只有一夫一妻，房子只有三間，男女都是小學教師，每天在七點鐘到十六點鐘的時間內，必須到學校中去，他家的事情，絕對不用傭工。每早起來，一個灑掃，一個抹洗；一個人移不動的床，桌，櫃，箱，兩個人合力移開來掃洗，這三間房子，每天是乾淨的，並且從頂到底，沒一點不是乾淨的。再合力來佈置好了，取湯來嗽洗，沐浴；完了，喝一碗糙米煮的稀粥，對坐着休息，順便談談今日的教法。時間到了，各去學校預備去。十一點鐘的時候，各在學校吃一頓麵食的飯。做完事十六點鐘以後，回了家，合力弄飯吃了，便各去二三家學生家庭去訪問，自己不多說話，只要得一些便走。再回家，天已要黑了，奏樂器休息，直等到天直黑了，各人去讀一點鐘的書；再談半點鐘的讀書心得，再將半點鐘去料理各自的事情；各自去睡。明天又如此。天天是如此。家裏既然清潔，各人又運動了，休息了，再有做不完的，禮拜那天，有九個鐘頭可以補充。 （素心女士）

◉**勞動與體育** 體育上講到鍛鍊，必須運用筋肉；勞動工作是用筋肉的，所以勞動工作是最有價值的體育，是人的體育。但是現在的人，卻是要到健身房裏去講體育。 （牛）

中華郵務局特准掛號認爲新聞紙類

中華民國八年十月六日(第三十九期)

# 體育週報

發行所長沙儲英源第二十三號體育週報社

每週一逢月曜日發行

編輯兼發行人黃醒勝白

印刷者湘鄂印刷公司

△告白刊例▽

△每期每面銀元十元△每半面銀元六元△四分之一面銀元三元△封面論前加倍△長登另議△費須先惠有礙體育之告白不登

△代售處▽

長沙新坡子街中華書局

長沙府正街羣益圖書局

上海中棋盤街羣益書社

△售例▽

◉零售每期每份銅元三枚

◉全年四十八期預定銀元八角

◉半年二十四期預定銀元五角

◉外埠郵費在內郵票代銀以半分一分者爲限

## ◉捐欵鳴謝

江籿青先生惠捐本報經費光洋一元整

孫蕙卿先生惠捐本報經費郵票二百分

顧拯來先生惠捐本報經費郵票一百分

劉世珍先生惠捐本報經費光洋一元整

上海中國體操學校發行『體育界』復活一週紀念預告

本報自民國七年十月復活(自第十一期始)每月按期出版,頗受各界歡迎。除贈送各省教育機關及大小學校外,凡由個人來函定閱者現已至五百份之多,可見社會注重體育之同意也。本年十月爲本報復活一週紀念,適出版至第二十期,同人等能力雖弱,此心不懈,自當加增材料,發表意見,以副愛閱諸君子之厚意,並得就正有道,藉承教益。

凡由個人定閱另備贈品,以誌感謝。(贈一冰氏最近之著作一冊)

定閱全年請惠郵票二十分

定閱半年請惠郵票十二分

△編輯及發行所上海西門外林蔭路底 本校

〔教育潮〕第一卷第三期要目〕……怎樣叫做教育者的自覺?◉做教師的應該怎樣?◉甚麼是現代的時代精神?◉青年的自覺◉美國哲學概論◉今後訓練之研究◉遊戲學校◉杜威哲學概要◉勤作教育◉自動的教育◉介紹新刊◉新聞雜誌內容一覽◉售價每冊一角三分每卷十冊一元二角郵費每冊一分半每卷一角五分◉發行所浙江杭州平海路教育潮社

『新中國雜誌第五號要目』(現已到湘)◉互助論的大意◉我的◉古訓懷疑錄◉生命論◉人格論◉德國之將來◉戰後之新社會與新文明◉人力車問題◉梅毒◉自受了一番痛苦◉叢錄◉國內大事記其他不及備載◉每

冊售銀三角郵費三分○發行者北京新中國雜誌社○長沙總經售處北門外機器麵粉公司金融部袁紹先君○分售處各大書坊○體育週報社

『新青年六卷五號要目』(到湘)

馬克思學說　顧兆熊
馬克思學說批評　凌霜
我的馬克思主義觀　李大釗
俄國革命之哲學的基礎(下)　起明
我國甚麼要做白話詩　胡適
老子的政治哲學　高一涵

每冊二角
總發行所上海羣益書社
分發行所北京中華書局△大學出版部△天津中華書局△上海亞東圖書館

『解放與改造第二期要目』(到湘)

九月十五號出版要目如次

指導競爭與運動○論工會○徒弟教育○生物學上之自愛主義他愛主義種愛主義○勞動運動倫理的指導○列甯與杜爾基之人物及其主義之實現○中國建設的計畫○社會主義之定義

『民鐸雜誌第六期』(到湘)

『少年中國月刊婦女號』準陽歷十月十五日出版

『新生活第六期』出版了

## ◉競爭？

東蓀

(摘抄『解放與改造』第二號『指導競爭與運動』的第二)

競爭是甚麼？這個問題很淺薄就是『為生存而競爭』(Struggle for existence)．也就是因為要保持自己的生存，便去排擠或抵抗他人．最初人類的競爭是腕力——食物的掠奪和異性的掠奪．腕力是個人的．後來進化了，不用腕力而訴諸智術．智術是團體的．所以由個人的競爭變為團體的競爭．最大的競爭團體便是國家．有海陸軍專門對付他國．不過一國之內，尚有許多小團體——種族團體與階級團體——也在那裏用經濟的方法互相競爭．所以競爭的方法雖有種種不同，『但其為競爭則一也』．從個人的競爭變為團體的競爭則團體內部便沒有競爭．克魯泡金的互助說有人以為與達爾文說相反，殊不知互助是團體內部的現像，尚不足以顛覆達爾文說。所以贊成社會主義的犯罪學家弗里說：『在希臘拉丁時代，社會上的競爭是爭市民權的平等；爭到手了，然競爭尚不終止，因生命就是競爭所以沒有終止在中世紀是爭宗教的平等，爭到手了，也沒有終止，到十八世紀的後葉是爭政治的平等，現在果能就此終止了麼？不然今天的競爭是爭經濟的平等了．所以可斷言我們的子孫必定更為新理想去做新競爭』了。照此講來競爭的方法與競爭的形式雖則千變萬化但是競爭仍然存在。

但是我以爲不然。我的論據有二：第一，我以爲競爭的字義必定是圖自己的生存而排擠或抵抗他人。果眞如此便是以他人爲目標，或求於他人一樣，或求超過他人。但人類的奮發沒有底止。好像一個人飛跑追過一個人又追過一個人，便不能說這個人是和那就兩人競爭因爲這個人不過是向前飛跑罷了，並沒有和那兩人比賽。況且這個人的飛跑雖則與那兩人的前進是同一的方向但是這個人並不排擠那兩人，使他們不能達到同一目的地他們三個人乃是『並行不悖』；所以我以人類只有奮發(Effort)而沒有競爭。競爭是橫的對抗；奮發是直的前進。

第二，競爭是從個體間的關係上看去方有的，若從普遍的生命上看去便沒有了。有人說個體是實在的普遍的生命是想像的。這句話實在是不通。要曉得普遍的生命並不是哲學的概念，乃是生物學上的事實。凡是一個生物都有體質(Soma)與胚質(Germ-Plasm)；體質是體細胞組織的。生殖細胞是不滅的所以生命好像流通不息的水；個體是要死的，好像通水的鐵管一個連一個，水(卽指生命)就從中流過。所以生命同個體不是同一範疇。既然生命與個體同在一個範疇內，則當然有普遍的生命。柏格森說普遍的生命是動力是像放花炮，在一個花筒裏放出分岐四散。柏格森的說或者可說是哲學上的觀察；殊不知生物學家同具此種竟見的人不一而足。所以從普遍的生命來觀察止有創新前進與奮發衝動，而沒有競爭。因爲競爭是以對抗物爲目標不是以懸鵠爲目標。譬如兩個人賽跑有一個共同的止點，大家都向這個止點的目標而跑；結果雖有先到與後到的不同但是他們既彼此不相防碍，也沒有甚麽矛盾，所以只能說是各自衝動，却不能說是專爲競爭而使活動。既然是各自衝動，便是不競爭也得要衝動；就是以證明不是因爲競爭方有衝動了。人類的活動，從表面上看來，好像是第一爭宗敎的平等；第二爭政治的平等第三爭經濟的平等。但是他既爭得了一種，爲甚麽不終止呢？這便可知人類不是爲競爭而活動，乃實在是爲活動而競爭。人類的衝動沒有停止的時候，他的活動便沒有終了的日子。縱使爭得一件事情，他還是要向前衝動的。所以衝動是生物的本質；競爭不過是學者故意的一樣看法(View)罷了。

如此說來各生物既各有衝動；他們的衝動不能沒有互相關係的地方。因爲有了互相關係，所以纔有二種現像。一個是互相牴牾的競爭現象，一個是互相補助的調和現象．這兩個現象都不是生物活動的目的，乃是因爲有了活動以後隨伴而起的——換一句話來說就是附屬的結果．

既然如此我們若果認競爭不是好的，我們儘可竭力避去競爭．若果我們認互助是好的，我們便應當去竭力增加他分量，擴充他的範圍．因爲甚麼呢？因爲競爭不是生物活動的目的，我們只管拋棄了他，也與活動沒有妨碍．況且因爲他是隨起的現象，不是根本的性質，所以有拋棄或減少的可能性．我這一篇就是證明競爭不是必要的，並且有減少的可能性……

……從生物學上證明，不是哲學上推定．

我抄這篇文章，是因爲我前回解釋體育（見第三十五期）不曾透澈說出競爭的壞處，借張先生這篇文章證明我懷疑這些競技運動的觀念是有根據的意思．原文倘有許多引證和附註，請贊成我懷疑競技運動的同志，和信仰競技運動的體育家，都買原書去看看．那冊上還有一篇『生物學上之自愛主義他愛主義與稱愛主義』，也是很有關於研究體育應明白的文章．體育雖是實行的功夫，但是我們研究他若不將科學做基礎，是於人生沒用的．我願意體育界的同人在懷疑競技運動的，研究出一種代替他的體育方法；在信仰競技運動的，發揮競爭的眞理，並攻破我們懷疑所持的理由．體育家！體育家！我們生在二十世紀，我們的『勇氣』要用在研究『眞理』上去，不可用在『鬪狠』上去！　黃醒

還有『東方』雜誌上所登李石曾先生譯的『互助論』，和第五期『新中國』雜誌所登的高一涵先生作的『互助論的大意』，都同這『競爭』有密切的關係．我們也得抽些運動的時間細細的讀一遍．　黃醒又識

## △說明住家人的體育生活一例　麗鵑

體育的範圍不過衣、食、住、睡眠、運動、清潔、幾種，講到筋肉和腦力的調劑，又離不開要有適當的運動。西洋人流行的球類遊戲，在住家人適用的什麼『庭球』『乒乓』之類，吸到現在的中國社會上來應用，本有許多困難．我們要找出適宜的運動來，在時間上，能力上，經濟上，能都合算，第一件事就是不用傭工。了本來一個人要能自己料理一個人的事，須合着多少要運用筋肉的；一家人要自己料理一家的事，不用傭工，也不少要運用筋肉的。再用着學理的分配，簡直用不着再習體操，再做遊戲的。但看上期『雜談』裏有素心女士提出的『住家人的體育生活一例』，我代他再加些說明，想住家的人不至於嫌我多事。

住家清潔，在房屋器物上施行灑掃抹洗，既可以去灰塵，又可以將黴菌、蠅蛾的作俑和遺矢也一律去掉，在衛生上本可去病了；但他還有運動的價值。

體育的運動，在身體上區分：

a.四肢的運動。 b.內臟的運動。

在性質上區分

c.鍛鍊的運動（劇烈） d.調節的運動（和緩）

在効果上區分：

a.使用大筋肉，增進筋肉細胞新陳代謝的機能，體格健，精神好，體力出，發揚抵抗寒暑的本能，維護那『應付環象而生活』的能力。

b.這又分爲二種：（一）血運循環關係上的運動。（二）消化營養關係上的運動。一、所以清潔血清，排洩血中的老廢物。二、所以吃收養分，暢利腸中廢物的排洩。一、治肺癆。二、去胃病。

c.凡前述a.與b.的運動之較劇烈或分量多的都有鍛鍊的性質；大體上以運動四肢大筋肉的爲多。

d.凡和緩c.的運動，都是的目的在調節一部分偏枯運動分量太多所生出的毛病。

從這中間着眼去看日常清潔家屋的操作，可以指定某事屬於某種運動。列舉於左：

一、掃地：是使用上肢筋肉的，若兩隻手交換着掃，絕沒有偏枯的毛病。掃地必彎腰，於腹筋也有益；彎腰時支持體重着力的是脚趾，於趾力也有益。但是彎而不伸，不免壓迫呼吸機能，掃得灰塵揚起來，衝進鼻子去，也有碍衛生。在我實驗上覺得掃而不揚灰塵，可以減少彎腰；掃時只呼氣，換手伸腰來吸氣，覺得事實上的困難也不多，衛生上的毛病可免去。

二、抹地板：這運動比掃地的運動更有益，應用伸筋縮筋，又不必極度彎腰，於胸筋的關係也有比那做『兩臂前伸下伸數……一二三四五六七八』的分量要多得多了。

三、抹桌椅：這運動的分量很輕，是使臂筋肉的敏速運動。

四、抬床移櫃：這類的運動，因要多使筋力，可以說是上肢的強力運動。因爲用筋力強，連帶的影響腿筋，腰筋，腹筋，背筋，和脚趾筋。

一方面使床底櫃角都沒有宿灰黴菌，一方面鍛鍊了身體的大筋肉，是日常第一等的好運動，又是協同精神的發揚機會。

五、抹屋頂和墻壁：這個要看是什麽樣的頂，什麽樣的壁。在普通的家屋，大概可用舊習慣『年底打灰塵』的辦法，作一隻長竿的帚子，上上下下都抹掃他個暢快，可以比得懸垂運動，是鍛錬腹腰背筋肉狠實在的運動。

這五種中，雖說只偏用到上肢，去不免有下肢運動不足的指摘；但是我想一家中的器物斷然不只幾樣，櫃子上不免安放物件，牆壁上不免裝飾美術品；要將他取下安上，勢必得用椅子墊脚去取去安，那上椅下椅，就是下肢的運動，就是抬床移櫃，用脚也狠多。素心女士嫌他不足，又設法使脚多走路，也可補充了。

清潔家屋的操作有運動的効果如此；再看各個人的生活操作：——

一、刷牙 手指細筋的運動。

二、洗臉 頸筋的運動。

三、澡身 上肢的運動。

四、炊飯煮菜 都運用上肢筋肉的。

不過這些狠和緩，只能取來作調節的運動。

五、和煤劈柴 這是强力的臂筋運動。

六、挑水 强力的臂筋，抵抗的肩頸筋。

這些却有鍛錬的價値。

運動清潔說過了；再說明飲食：飲食的多少，是看生活是勞心或勞力的多少定的；還『住家人的體育生活一例』中的食品是一頓粥，一頓麵，一頓飯，三頓的分配，爲何是這麽呢？因爲

一、這家是勞心的人。……所以分量貴滋養不貴多。

二、是在外有職務的人。……所以要間便的以節省時間。

米的滋養在外皮，糙米的外皮存在，所以用糙米煮粥，並且有防止脚氣病的効能。或者喝一碗豆漿也好。

麥食滋養較稻食强，携帶也便當，吃起來也便當，免得耗費回家的往返時間。

一天的事完了，回家弄一頓以菜爲主的飯吃，就可從容不迫的精細調烹了。這菜爲主是甚麽菜呢？肉食在經濟上不合算，就只有蔬食豆食的好。

一例中有一句『自己不多說話』；請想訪問家庭，焉能不說話？但是在校中一天八點鐘裏不知說了多少話，實在不宜多說，並且我去訪問是要得學生在家的情形；不是家庭訪問學校，要告訴他學生在校的情形，所以可以少說話。

此外的用不着再說明了。

黃醒按：住家生活還有一件大事，兩女士都不曾提起。我七月間在上海會着陳棨綬先生，他提出一個問題，於居家有極大的關係，我原約他寫出來供大家的研究。但是現

實在他滋得開，我且將他的意思畧畧提一提，來補足這住家的體育生活一例。

陳君說『住家人不肯操勞是由於僱工；在別的事親身做不要緊，只有一件事，許多人不願意動手，為這件事僱女工。其他的事也就不能不假手女工了。我們中國人苟且簡陋慣了，一切的事都不肯十分研究改良。人生既有吃必有糞，在吃的上從來也有研究的，然而廚房裏清潔的狠不多見。現在却也有人提起廚室的問題來說了。但是出糞一件事，還沒見有攷究的。就長沙城裏說起來，每天早晚的廁所邊，總聽得有刷便桶的聲浪鬧得滿城，是無處不臭。衛生上實是一件急待改良的事。住家的奶奶太太們自己不願做這臭事，勢不得不僱工的，在操勞習慣上也是急待改良的事。……我想便桶比便池便缸都好得多，要免臭，必需多備一隻桶。每人家都有兩隻便桶，每天叫挑糞人取一隻去，到收糞的地點倒了，將桶洗乾淨，第二天將乾淨桶送來，換有糞的桶去。這桶有蓋，在家可免臭，既不會翻動的，糞在街道上運送也不十分臭，不堪入鼻。……這事實行在一家的費用不多，却最少可以免得一次臭僱工的問題也可解決一半了。』

黃醒按：這事實行，能得衛生警察的監督，更容易得多；不然，和那挑糞人的交涉，也不易辦妥的呀！

## △家庭體育的一個大問題

默

家庭的單位是夫婦，是兩性互助社會的小結合。在生活便利上雖有些事體要分工，但有一個應該共同負的責任，就是生育兒女。這生育兒女關係狠大，負責當分三個時期：

第一期，未生以前。說到一個小孩子還不曾生出來，就對他負責任，尚須從未有胎兒以前就得負責任。現在討論這問題的，有『哲嗣學』（就是研究人種改良的優生學）說得狠詳細。我國舊書也有什麼『達生篇』，演譯起來狠長的話，簡單說，就是要人慎重些，莫做那『障碍進化』和『體格進化』造因的事。這就是個人體育的認真講求。

第二期，嬰孩。這時候母親負的責任較多，在我們中國人普通的育兒法，最容易將小孩的體格弄弱，那倡『小孩由保姆保育』的，未必不是好方法，現在沒有那種制度，為母親的絕不能不留意，就是為父親的也不能不留意。有許多因為親愛小孩，無形中將不少的危險給小孩。可憐那小孩無罪，却白白的斷送在親愛他的人的手裏了。

第三期，幼稚。前期是說的一歲以前，這期是從滿一歲到八九歲。第一要注意的是飲食，第二是游戲；

第四期童子。這年歲的人本當完全受學校教育了，但體育的責任，學校雖負一半，家庭也要負一半兒。普通衣食住的問題，作業的限度，都極當留心。此外還有一件事是在這期的後幾年要注意性育的體育指導。

（這裏說不了的，仔細待到『女子體育』號裏去說）

## ◎體育雜談（此欄歡迎體育家自由發表意見）

◎一位鄉下教員的『體育週報』批評　黃德安君告訴我說：『有一位鄉下的教員，說你這體育週報不是講體育的。』我問『何以見得？』德安君笑道：『他說你報上不見有體操的文字』我也只好笑道『感謝他提醒我！』哈哈！（醒）

◎讀『體育界』第十九期中的『寂寞寡歡的體育界』

這篇文章是徐一冰先生的着作，內中引了大學校幾位大學生的話說『以後學生要想替自己學校爭一點榮譽，一定要在那思想上學識上闢一個新競爭；這種野蠻的運動比賽，實在可憐可笑。……各國的運動家，本來是自願犧牲的一種人物，並不是個個青年都要學的。西國的棒球隊有拿金錢來比賽的。……我們中國人往往學了西國人的皮毛，不去仔細的研究，是一個最大的皮病了。』徐先生結尾說：『各界的舉動，多是熱騰騰活潑潑，建設什麼新教育，新生活，就是工商界，勞働界，也多在那裏活動，獨有我們這體育界，一些好消息也沒有。唉！真是寂寞寡歡，一無生氣，我的滿腹牢騷，就不能不脫口而出了。』

不曉得徐先生作這文章的時候，看見了江蘇省教育會的組織體育委員會案沒有？若看見了，不知道是發生一種怎樣的感想呢？體育界！體育界！你真是寂寞嗎？你真是寡歡嗎？我腦筋先裝了『其他關於』四個字，很覺得不舒服；現在看這篇『寂寞寡歡』所寫出的情形，又覺難怪江蘇省教育會的提案，除『運動會』就只有『其他關於』了。（醒）

## ◎介紹『體育界』於體育界

△凡是體育界的人，不可不看『體育界』。因為『體育界』是體育界的明星，研究學校體育的明星。想得體操遊技材料去應用的人要看！想知體操教授方法的人要看！想明生理衛生的人也要看！這回承一冰先生寄來拾冊，我除留一份在本社外，就分送與蔣寶山，徐榮甲，陸祺霈，廖燮堂，與盼青，周維黻，袁榮生諸先生，王佛曼，范新順兩女士，剛剛九冊完了。我想長沙一城擔任學校體育的人，當然沒有一位不想看看的，我現在為便利諸君起見，特此通告出來，諸君或來本社，或過蔣徐九位先生那處，都可看見。若是想各己看一份，可以通知我，並照章（見封面）交郵票來，我當代寄上海，請一冰先生寄報長沙。體育界諸君有意嗎？請來社接洽。

△以上是專就長沙城廂內外說的辦法，若是湖南的各縣，或各省體育界的同志要看『體育界』，就請直接寄郵到上海去定，我不能代勞。　黃醒啓

中華郵務局特准掛號認為新聞紙類

中華民國八年十月十二日(第四十期)

# 體育週報

發行所長沙儲英源第二十三號體育週報社

每週一回逢月曜日發行

編輯發行人黃醒勝白

印刷者湘鄂印刷公司



△售例▽

◉零售每期每份銅元三枚

◉全年四十八期預定銀元八角

◉半年二十四期預定銀元五角

◉外埠郵費在內郵票代錄以半分一分者為限

## 捐款鳴謝

袁紹先先生十月份補助費光洋五元整

長沙城區小學經理處惠捐光洋六元整

蔣寶山先生惠捐本報經費光洋四元整

王佛曼女士惠捐本報經費光洋二元整

周雲軒先生惠捐本報經費光洋四元整

黃巽卿先生惠捐本報經費光洋一元整

魏浚明先生惠捐本報經費光洋一元整

又承

蔣寶山先生慨許自本年十一月起長期每月擔任補助本報經費光洋二元整

先生！承看我們的報，還記得第二十七期報上提出要求討論的十二個問題嗎？請賜教。



体育周报

## △我對於組織體育委會的意見　黃醒

全國教育聯合會開會了，江蘇省教育會提出的組織體育委員會案想必也審查成立了；我是個承認體育委員會有組織的必要的，又有什麼意見呢？但是我承認體育委員會的成立，是希望他從根本上解決體育問題，不在乎求速効，不願意這體育委員會將『邊做邊像』卸責，所以忍不住要說！

我們爲什麼要有委員會呢？當然是由希望『凡人都享健康的幸福，凡人都得着體育方法的機會』生出來的。要達這希望的目的，自然要尋出一個進行的路徑，換一句說，就是做事的下手處。江蘇省教育會尋出來的路徑，是辦運動會，由這裏下手，又要限八年內委員會成立的一個月裏，就擬出辦法，在江蘇省教育會深信運動會是下手的惟一好方法，一往直前，絕不退縮，狠可以給懷疑派一些好模範；但是在旁觀的人看來，就狠有些像『邊做邊像』，急性子求速効了。

長沙學生國慶紀念會

初集合形情

有人說：『我們只努力做我們所能做的；體育上關係婚姻制度，公共衞生，種種牽連行政的，暫且不問』。這話也有道理，不過我們所能做的，難道就只有運動會嗎？並且就是就着運動會的本身說，也有應先解決的問題——

運動時表演的材料，究竟合不合運動者各個人的年齡，體力？

運動材料的旨趣究竟合不合國體，國情，國民性的需要？

因運動會所耗廢的和所生產的比較，分量相當不相當？

果然弄清這個，使運動者和指導運動者得有完全的把握；休說一年辦一次兩次的運動會，就是天天辦運動會也可以的。若是這個尚不會弄清楚，一般運動者只是盲動，指導運動者只是任意出花樣，徒然紛擾，造成一種光怪陸離的運動熱；更加上委員會督促的力量，那是這種偏於局部限於少數人的怪現象，會要流傳到不可收拾的地步了。難道蘇教育會以為這問題是辦運動會解決了的嗎？因此我以為委員會先要做的事是——

國慶紀念日長沙學生在烈士祠整列預備行禮

（一）規定各等年齡，體格，性質，及地方氣候上所適宜的正當運動方法和分量，督促指導運動者斟酌他的情形采用。

徵集全國各地方各等學校的體格檢查表，研究國人的元氣，並攷察指導運動者究竟是否斟酌情形采用委員會規定的方法。

調查各國體育的情形，作我們的參攷。

以上是對委員會做事下手處說的，還有組織上一個重要問題，就是——

## 選出委員的標準

了。因為這些委員是握着全國人的生死權的，既不能任多數人聚訟，也不宜由少數人武斷，要避去聚訟和武斷的弱點，這就是人的問題了，聯合會推舉時，固然要注意；教育部選派時，尤其要注意。至於延聘體育專家加入，那聘的當不當，也在這推舉選派的幾個人身上的。

國慶紀念日長沙學生在烈士祠行禮時情形

——蘇省教育會定的標準是——

『是夙著熱心研究教育或提倡體育而具有精心毅力者』。我以爲還要加個條件，是要他在平日本是『頭腦明淨目光遠大辦事而實事求是者』，我這個意見，有不有道理，可不可實現，那就要看聯合會的決議案是如何，更要看體育界同人有不有意見表示了。

### △長沙學生界的國慶紀念會　昌元生

『一』紀事。

國慶紀念日的午前八時，烈士祠前漸次集聚有雅禮大學，

國慶紀念日長沙學生界遊街會在烈士祠出發時攝影

湘雅醫學，及各法政，各師範，各中學，各工農商業，各高等小學的學生三千多人，行升旗慶祝的禮，伴着軍樂聲，國歌聲，萬歲聲和明瞭的報告，懇切的演說，整嚴的秩序，活潑的精神，當時當地已經感人很深的了，行過禮，又遊了十幾條繁盛的街市，再集合烈士祠照像散會，請看那幾張照片，就是想見當日的盛況了。

『二』批評。

長沙辦國慶會，也辦過好幾次了；實在有紀念會精神的，要算這是第一次。這次發起的是學生，事前籌備的是學生，當場調度的是學生，所得的結果，却比從來好；所有從前那些爭先亂伍的怪像，一點也沒有，對於公共的秩序，一點沒有防礙，這種自動的成績，自決的精神，協助的興趣，都是從來沒

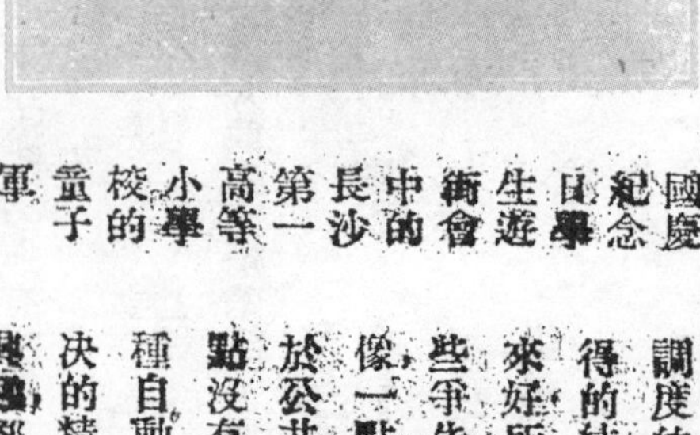

國慶紀念日學生遊街會中的長沙第一高等小學校的童子軍

有的，在今日醉死夢生的長沙社會裏，放出來這一綫的光明，我不知要怎樣下一個適當的批評，有人將『目光不遠』責備學生界，也不免過於苛求了。

『三』希望。

長沙學生界自動的事情已經試驗了幾次，一次一次的進步，狠是可喜。我站在不負責任的地位說不負責任的話，我却有一點希望，學生界不厭惡嗎？這種精神試驗成功的結果，以後必定是一次好一次，但是我們總要想法子，時常利用機會供我們的試驗；凡事經驗的越多越好，就是要改良，也得由試驗時找出那不良的點來。現在秋深了，天高氣爽，若是繼續這種精神，在學問上健康上狠可做幾件有益的事。例如舉行聯合運動會，聯合遠足旅行，都是於身心有益的事。這些事是直接關係學生界自身的，我想我學生界不會要等着做被動的機械。這次國慶日還有幾校演劇的，我想若是有性質相近的學生組合一個小小的團體，專練習扮演易卜生蕭伯訥一流人的名劇，那關係要大一點，就是身心上的益處也多一點。學生界有意嗎？現在接着又是孔子誕日的假期來了，諸君有預備沒有？

國慶紀念日長沙學生在烈士祠演說時情形

## ㊂擬長沙今秋適宜的聯合運動會辦法

牛

我擬這辦法，不是說凡運動會都要是這樣辦，是就長沙在今秋這情形的辦法，若是真有人倡辦，我這擬的或有可採處；至於內中不周密的所在，臨時再斟酌來補足。

我擬這辦法的意思在五個：(一)省錢；(二)省時；(三)省力；(四)要發揚協同互助的精神，去不道德或虛榮競爭的毛病；(五)要普遍的使多數人得體育鍛鍊的機會。看我這計劃，請預先認明我的意思在那裏。想照辦的，請先打破從來辦運動會那「競爭」的偶像。

烈士祠前的焦陳二督銅像

一、加入聯合運動員的資格．凡在長沙城廂內外各中等學校以上的學生無論男女能運動不能運動一律加入．國民學校和高等小學的學生當另外組織—不在本篇的範圍以內．

二、所採用的運動方法．a兵式教練　b普通體操—　c游戲舞蹈　d接力競技　e自由運動

三、日時的選擇和分配．議定從某星期起繼續開會四五次或七八次（看運動事項的多少和人數酌定）每次的時間從開會到閉會至多三個鐘頭，到三個鐘頭將要滿的十分鐘內無論如何，立刻宣告停會在約定開會的時間無論到會人數多少立時開會．每星期採用的時間，以土曜日午後二時半到五時半或日曜日午前八時半到十一時半爲合宜．

四、運動分量的分配．每開會時每一人必加入大團體內作共同的運動一次再作自由發展能力的運動一次此外如時間多能力尙有賸餘再作娛樂的或表演的自由運動一次．總要注意普遍，像團體操——兵式普通游技——的團體越大越好，絕不要存什麼學校的界限，能力的界限．

五、評判法．團體操的目的不在要看誰好誰不好，用不着評判接力競技和球類應當記點數的，也不用個人記點法，要用團體的記點法．

六、會場的選擇．不必限在一處，應當分在數處開會，只求便利運動的佈置用不着裝飾補張．我想『東』可以借甲種工業的操場，或協操坪『西』可以借高等工業的操場或平浪宮外沙灘；（像跳高跳遠持竿跳高擲球擲餅投槍各種都可在此處舉行）『南』可以借第一師範或第一聯合中學的操場；『北』可以借雅禮大學或第一中學的操場『中』可以借省教育會的前坪．是這樣東一回西一回的辦法各校來往的遠近比較一處要平均些；若是講到實際的鍛鍊，還大好的秋光是狠可露宿登高遠足的就在嶽麓山住一夜也沒有壞處．

七、經費的支出．凡在會人無論是運動者，評判者，指揮者，籌備者，以及各種服務的人，都各自備各自的用費，公共開支自由的由各校或各人捐助．

八、來賓的招待．不送券，不請客，不設座，不備茶點．因爲目的是爲自己運動，不是爲人看才運動

九、運動者的態度．要明白這運動會是試驗羣衆生活的機會，是做在羣衆中充一個健全分子的準備，因要公正和樂的態度．

是這樣做，在各學校各學生方面着想，是有利無弊的．在事實上着想，也是不致於行不通的．但不曉得我這話有人肯

將他見於事實不？

說到這了，我還有一個意思要申明：我以為這事宜乎由學生界發起——像國慶紀念會一樣——必然要好一點；若由他方面發起那種『爭』的觀念是萬難去掉的那嗎？這運動會又不堪問的了！ （完）

我剛要發這期的稿子，有個朋友看見笑稱我這期叫『矛盾號』，他說：『前面反對急辦運動會，後面却極力倡導運動會，叫人看了簡直狠不懂你的宗旨』。我聽了對他竟找不出一句相當的答話來，只得一笑唉！ ——黃醒

## △郗伯陽氏的體育講演

（在南京高等師範學校） 陳奎生筆述

（一）何謂體育？

常人視運動為體育視運動家為體育家此誤解也運動僅為體育中之一部分非體育也又有謂醫術為體育者鄙人幼時亦會有此觀念嘗見鄉人有疾祝祀廟神虔求藥方情實可憫當時鄙人即抱學醫濟世之志後晤體育家多人始知體育尚在醫術之先因醫術必待疾而後診治之體育則因講求衛生運動等項能防病於未然也如是決志赴美留學從事體育以冀盡力社會以上運動醫術兩項一以鍛鍊身體一以診治疾病各為體育中所包涵要皆非體育也然則體育究為何物乎據鄙人私意妄下一斷語曰

體育者依據天然方法直接以發育吾人之心與身間接以增進吾人之智識與道德之科學也換言之即造人的新教育是也

小兒初生至成人一舉一動無往非依體育方法而進行饑渴須飲食欲得飲食必須運動運動可得極多之教訓智識道德由此而無形增進矣如小孩初不知火之可以炙人及以手觸之感痛則火之利害從此領略又見果實不辨其氣味及取入口嘗之則果之氣味亦由是經驗矣此知識由體育所增進之明證也至於合同遊戲養成愛羣之良性公正之美德犧牲之精神勇敢之氣力是道德由體育所增進之明證也故謂體育為造人的新教育學豈虛語哉

（二）體育之來源如何？

古時希臘國體育即已發達不僅個人自己注重亦且國家提倡獎導之是運動會之集合視為全國最大之節期故參觀者不憚遠道而來先是每五年會集運動一次後改為四年一次比賽各種技藝其運動員皆學問豐富人格高尚者至於卑賤之流無參與運動之資格若競技得勝美術家雕刻其像樹立各名勝及繁

華之地以示榮耀且詩人墨客特賦詩詞以示欽仰當時之體育與文化極有關係羅馬勃興亦希臘體育影響之所致也第五世紀至第十世紀體育略事衰歇然至第十八世紀則又勃然復興瑞典德英皆甚注意傳及美洲美人特事研究其結果知體育與人之身體腦力道德均有密切之關係如是另闢門徑作為最新之發明佔科學中之一位置焉回顧我國古時對於體育亦甚講求六藝有射御視為士人必修之科目文武兼全之人必為社會所崇仰文質彬彬之質字涵心與身而言者也心身而必彬彬彬彬然後稱君子亦足見當時之注意體育矣惜至有明時代取士專以八股文章如是重文輕武之風從茲發脈傳及今日已文弱不堪竟得東亞病夫之徽號幸近日人士及時覺悟研究體育不遺餘力不可不視為極好之現象也但須知現今之研究不可離科學之範圍中國體育雖已發達甚早惜無系統以至中歇今日吾儕所研究要非中國之舊體育實有意輸入歐美體育之新學說新方法新材料以新吾國之體育也　（未完）

## 雜談

（此欄歡迎體育家自由發表意見）

◉馬克思和巴枯寧的出身。　讀『新青年』六卷五號中的馬克思和巴枯寧的傳略；知道一個是體育學校的學生，一個是砲兵學校的學生。那時候的體育學校是如何的辦法，砲兵學校是如何的教法且不管他。但是他兩個人到後來完全將學所的丟了，去研究哲學，去做別的事情；豈眞是『所學非所用，所用非所學』嗎？我疑他兩人或學體育學砲兵時發生了什麼强有力的感想，纔努力的。我不知道中國的體育家，對他兩人有什麼感想，對於體育有什麼感想。（牛）

◉什麼是眞體育？　蔣夢麟博士的『改變人生的態度』一文中，引托爾斯泰的話說『近世的醫學新發明，醫院，摩托車和種種科學上的發明，都是為富人應用的。平民那得受享這些權利？故我以為眞科學不是這些科學。……』——見新教育一卷五期四五三頁——我彷托爾斯泰這話說：『近世提倡的競技運動，健身房運動，球類游戲，和種種衛生理論，都是富人應用的，平民那得受享這些權利？故我以為眞體育不是這些體育。——眞體育是要使一個個人都健康！一個個人都享健康的幸福並且時間上，能力上，都經濟的體育。　（默）

這回因製銅版延了兩天期請閱者原諒　本社白

中華郵務局特准掛號認為新聞紙類

中華民國八年十月二十日（第四十一期）

# 體育週報

發行所長沙儲英源第二十三號體育週報社

每週一回逢月曜日發行

編輯兼發行人黃醒勝白

印刷者湘鄂印刷公司

△告白刊例▽

△每期每面銀元十元△每半面銀元六元△四分之一面銀元三元△封面論前加倍△長登另議△費須先惠有礙體育之告白不登

△代售處▽

長沙新坡子街中華書局

長沙府正街羣益圖書局

上海中棋盤街羣益書社

△售例▽

△零售每期每份銅元三枚

◉全年四十八期預定銀元八角

◉半年二十四期預定銀元五角

◉外埠郵費在內郵票代銀以半分一分者為限

『社告一』◎◎◎◎◎◎新加入本社社員

傅廷棟 貴州

李少陵 長沙

『社告二』

第一年的報，將次出完；因受能力上經濟上的限制，有許多深負愛閱本報和扶助本報諸君的所在；心下實在不安得很。現在努力改良，計劃從第二年第一期的報（就是第四十九期）起，確定具體辦法：

一改善內容 不說不負責任的話，多作有統系的研究。

二增加材料 每期篇幅擴充到十二頁以上，多介紹新近的各種衛生運動方法，用簡瞭的說明，以備實用。

三注重圖畫 特製運動姿勢的銅版圖，以資習者模範；並間插極有趣味而發人深省的寓意畫，藉動觀感。

四增刊特號 每三個月，增刊特別號一厚冊，討論體育上最重要的問題；並廣求當代名人的意見，為研究體育的人，增些澈底研究的機會。

五變更售價 因雕刻銅版和篇幅加多的成本太重，從第四十九期（第二年第一期）起，改訂價目

△零售每期銅元六枚外埠幷郵費郵票四分

△預定半年二十四期銀元九角外埠幷郵費匯票銀一元郵票代銀須一分郵票一百一十枚

△預定全年四十八期銀元一元八角外埠幷郵費匯票銀二元郵票代銀須一分郵票二百一十枚

△特刊號每冊售銀三角五分郵費在內

△專預定特刊號全年四冊銀一元二角外埠郵票代銀須一分郵票一百三十四枚

六優待新例 從本年十二月九日起到九年一月十日止，定為本報週年紀念期間，凡在此四週內，直接交款到本社繼續預定全年（以從四十九期起者為限）的報，特刊號一律奉贈，不另取費。若是過期，却須照定價納費。以前的各種優待辦法，現在期限滿了，一概不發生効力。

## △你夜晚睡不着嗎？

默

我是個從小就夜晚不慣早睡的，近十年來更不能睡了；雖說有習慣上和事務上的關係，但我却也知道不是好現象，曾努力的矯正過．現在將我爲止自己睡不着而研究的結果寫出來，供那和我同病的人作研究的材料．若是能睡的人，却不必浪費時間看我這睡不着的文字．

睡不着在醫學上叫作『不眠症，』屬於神經系病，多是因患着『腦病』和『神經衰弱』或『希期的里，』或有別的重症因神經變常時發出來的一種症狀．在重症病患的人，那醫生總給他催眠藥吃；普通的睡不着，在西洋人也多有自買催眠藥吃的，在中國人却當他不算事，不過每夜裏『輾轉反側』的焦燥一陣就完了．這睡不着影響在人生上關係是怎樣？我想凡睡不着的人，都各有個感想，只是認他作一種不好的現象，必定有同情的．

我的睡不着，起初不是病的睡不着，不過是不能在夜晚九十點鐘的時候睡着．現在因不能早睡，誘起病來了．再看那勞動的工人和農夫，無不是早睡早起，精神倍出的，所以相信這睡早了睡不着也是一種病．再說夜晚不能早睡，早晨又得早起，必定睡眠不足；勞動身心的人，沒有充足的睡眠，焉能不衰弱而起種種的神經病呢？

睡不着是病，病得醫治，已經無疑了．但是醫治要不錯，却要明白這病的原因，並推求造因的事實．重症病患的睡不着，我們不管，現在專就這普通的睡不着來研究：

一、生殖器性的睡不着．這一種少年人最多，或是因不純潔的思想，誘起肉慾，以致精神興奮，睡不着了．或者因犯手淫，以致神經衰弱，而睡不着．這一種最利害，瞧看那些彎着背、皺着眉、灰白其臉、不活潑的少年，十有九是落在這種睡不着的陷坑裏的！

二、腦性的睡不着．這一種壯年人最多，因爲他這年紀中，多是因修學或事業心志堅強，不免使用神經過勞．像修高深學問時的學生和小敎敎師，以及官吏，或操投機業的人，是最多的．營養不給的慢性腦貧血人，也是睡不着．

三、腸胃性的睡不着．有胃病的人，也多不能睡的．因爲他消化不良，連帶着就是血運不暢，營着不足，大便不調

四、中毒性的睡不着．這是吃煙的人容易犯的．

五、女性的睡不着．這是因月經異常，精神沈衰，憂鬱恐懼過甚，或神經感特殊的射激，影響月經，也起一種睡不着

看這些睡不着我們要得一種最有價値的醫治法，是甚麼呢？是催眠藥嗎？那東西只收一天的効果反加重你的症候！是安靜嗎？然而生活上或有必需操勞的．然則我們怎樣來治這睡不着呢？似必備有幾個條件：

一、淸心寡欲．

二、心身勞動的平均．

三、少吃難消化不養人的東西．

四、不使毒物沾身．

再自己省察自己所犯的是那種性的不眠症，在原因上特別留意．以下且開出我現在用的神驗催眠藥方，雖不是在甚麽亂壇扶下來仙傳，却眞是實實在在可行的好法子．初試不見效，請你繼續做一個禮拜的日子再問我！

一、在太陽未落山的時候，到空氣好的地方遊戲一會兒，走法要時緩時疾，總要使身體發熱，呼吸舒暢，精神快活．

二、臨睡前用冷水（或溫水也可以）摩擦全身，定要使皮紅發熱，再用溫湯洗脚．

三、遍擦全身洗脚後當作下列的六節運動：

1.兩臂從側方舉平肩頭，深深吸氣；兩臂放下，深深吸氣．上下共作八次或十二次．

2.兩手扶了椅背或墻壁，將脚踵舉起，深深的彎下兩膝，再伸腿將踵落地．這樣共作八次或十二次．

3.坐在椅上，將上體向左右兩方旋轉，也同時作呼吸 可作八次或十二次．

4.兩臂從前面舉上轉向後面落下，也作呼吸．十二次或八次．

5.上體前後的彎曲，或者仰着睡上牀去伸直腿不動，專起落上體也好，作八次．

6.一脚站穩一脚略用力伸屈．或者仰睡着交換伸屈兩腿，再伏睡着將兩踵輕打臀部，作二十次或三十次．

四、運動完了，盤脚坐一會，吐勻了氣，將滿面摩擦使他發熱，將頂部後腦和頭都都極力同時按摩一次．

五、倒頭便睡，但須將兩耳注意聽近處遠處最細微的聲響等你聽出趣味來，你那瞌睡早來了！

六、第二天早些起來，洗洗澡，作些淸潔家屋的操作，每做兩點鐘的事以後，安靜的休息休息，充分的使身體活動活動．這是普通人睡不着的普通治法，還有個頂要緊的『藥引子』你也得注意．這藥引子是——

◉深信這種做法可以得酣足的美睡．

## △教育家應負的責任一種

黃醒

休息是人生活上必要的一個條件，睡眠是最好的休息．教育家教育一般少年做人同時注意他的體育，是天職上應該的．在那些注重形式或少數人運動的教育家雖然將『熱心提倡體育』的招牌掛得很高，實際上恐怕他自己的良心也不恕他．所以我們『以教育為己任』的人，當注意全體學生各個人的情形，使他各個人都享受體育的幸福！這樣說各個學生的睡眠足不足，是我們應該精細的調查的，應該眞實的解決他睡眠的問題的．

國民學校的學生睡眠不足的少，就偶然有一二個多是起於外因的——像家庭的習慣是極大的影響；高等小學的學生就有些有內因的睡眠不足了，中等學校以上更不用說是多的．這內因最大的就因他兩性的區別上生出來的因勤學或遺傳的也有因嗜好起的也有但總不及因兩性的多

我們試不動聲色的用眼光細細去看學生或青年，凡發現他臉上帶黃黑的晦色沒見血色的或頸椎前彎，頂上頭皮膩多的兩眼有晦色圈的，坐在教室裏姿勢不好表現一種疲勞情態眼角帶紅絲的都要留心問他一問，再察言觀色的深究深究，必能得一種動人不舒服的內容，睡不着在這樣青年身上他自己方自鳴得意的快樂，何嘗曉得甚麼危險呢？這種人前，教育家就不能不『現身說法』誠懇的指導他一種休息安全的睡眠法子了！

我想今日以前的睡眠，和我的許多短命朋友，都和這睡眠法不得宜有關係的．現在我在街上走，留心看那些對面相逢着的人，曉得這長沙城裏睡不着的人正多呢！教育家請注意請注意學生的睡眠！

## 雜談

◎◎◎◎◎◎◎◎◎◎◎◎（此欄歡迎體育家自由發表意見）

◎暗無天日之長沙！　長沙街道原極狹窄；近年因商務交通上關係，建築進步，房屋增高，通衢中見陽光之時絕少，或更支天篷雨版以障日光，試觀八角亭一帶則牌號旗幟殆遍，即氣象清明人亦不知在光天化日下，欲『虎列拉』之不發生，其可得乎？　（不懂）

◎星期日與小學教師。　小學教師是最勞苦的生涯，七天中只有一天的休息，這天的休息要恢復六天消耗的精力，要儲備後六天使用的精力，這星期日的體育生活不是很重要嗎？某外人說『中國人小孩子講求運動，成人是沒有的，學生講求運動，教師是沒有的』我說『不是成人和教師不

講求運動却是沒有機會和器具地點」因爲小學敎師擔負極重，所得至少有些人星期日還要批改課卷有些人所得的不能維持他的生活自己不能置器具並且各校內設備多不完全有些運動不能作。………這樣看來小學敎師不能不從速自決掌敎育權的也不能說以辦了學校和試了學就算了事要知道那不正當的運動和遊戲是乘着沒有正當遊戲運動侵入的小學生的成績不好是敎師的精力沒有調劑的器具呀！（節李少陵君原稿）

## △新鮮空氣與呼吸運動

傅廷棟陳奎生合譯

此編譯自美人 Dudley Allen Sargent 所著之 Health, Strength and Power 第八編 Chapter XIII, Fresh air and breathing exercises. 首論呼吸運動與新鮮空氣之關係，次論單獨呼吸運動之弊害，末論救濟之方法，可以警醒世之迷信呼吸運動家，閱者請參行本刊第二十六期所登載之「强健心肺之體操」則有益於身心當不淺也。譯者誌

呼吸一事，無論何人，皆不可須臾離也，吾人每分鐘約二十次，一晝夜爲二萬八千八百次，（20次×60）×42 = 1200次×24 = 28,800次）無論身體之任何機能，晝夜均必須此不息之動作，今有人焉，若奪其空氣，刹那間即覺悶塞，苟肺中空氣枯竭，數分鐘內，其人生命即將入於無何有之鄉矣，縱觀歷史所載，其於極短時間因呼吸不潔之空氣而致命者，指不勝屈，如加爾客搭 Calcutta 之黑窟 Black-hole 囚一百四十六人，一夜中死去一百二十三人，與斯的大戰 The battle of Austerlitz 後有奧人三百囚於一獄，移時而死二百六十人，倫敦得利輪船 London-derry 値暴風雨，所載僑民，藏於艙下，事後啓視，死者不計其數，此其故，由於空氣中既已失去大部分之養氣，遂增加多量爲毒最烈之炭酸及有機物質，以致悶殺人之生命也。

就常情言之，呼吸之空氣，其致腐敗所經過之時間既緩，故對於毒害不易覺之，鼻觀遲鈍，心志沉悶，以及頭痛等等，不過警兆耳而人往往疑爲他種原因，誤矣，且人每多忽於其工作場及住室中空氣之流通，故常於呼吸之空氣中，察出有害之物質甚多，極不適宜於身體，然而多數之人，對於冷空氣之吸入，極易刺激，遂專注意其溫度，而忽畧其純潔與新鮮，若人覺冷，則閉窗戶以杜外面空氣之流入，事之自然而然者，無過於此，夫如是，則不惟室外之空氣不能入，而室內呼吸之濁氣，且不能出，以致呼而吸，吸而呼，終爲濁氣而已，此類之人，其意謂他人既沐浴之水，可用以再浴吾身，則既經呼吸之氣，又何不可呼吸之以至一而再，再而三耶？殊不知就利害上言之，前者固不佳，然尚無大損，若後者，則

有害於生命實大矣．據說，人之死亡，其由於吸汚濁空氣者，占百分之四十．凡文明社會之習慣，人民大抵羣聚居於城鎮之中，呼吸多量不潔之空氣，殆成不可免之事．故流通空氣，使新鮮者有加無已，汚濁者驅除淨盡，遂爲一大問題矣．顧欲得新鮮空氣，其法莫妙於獲得適當空氣之體積，使人人足以盡其呼吸之量．據通常情形言之，每人一晝夜約需四百立方呎之空氣，教室，或誦讀室中，每人至少須有五十立方呎之空間，臥室須三百立方呎之空間．住所，公事所，自修室，須四百立方呎之空間．工作室，或運動室，須一千立方呎之空間．雖然，即使人人各能依其生活之狀況，而獲此巨大之空氣之體積，然苟非常換者，則又瞬息而變爲汚濁矣．室內換氣之良法，即開啓窗戶，使風流通，當室有人留住之時，窗之上下須常開，於窗架之底端，置一狹小之木片，則空氣流入，可以直接向上，而備人之呼吸，若於窗之上端懸以帘幔，亦可供同一目的之用焉．

處理空氣，使其適乎吾人之呼吸與生活，其要點爲保持居室之溫度，需使室內四季之氣候平均，兩者之溫度相差，愈少愈佳，其適於康健及業務者，在華氏表六十度與七十度之間，若只求其最合衛生而又最經濟者，則當多着衣服以保身體之熱度，不必藉外熱之增加，至對於少年精壯者，則常冷之氣之爲害，且不如常熱之氣之較甚也．又無論何時，呼吸宜使空氣由鼻孔經過，以養成良習慣，方出暖室，切勿在冷空氣中言談，換言之，適於冷空氣中跑步或乘車之後，不即入於最暖之室爲佳，否則立召感冒之患矣．（未完）

## △郝伯陽氏的體育講演（續）

（在南京高等師範學校） 陳奎生筆述

（三）吾儕何故必須研究體育乎？

生物學謂『人之天性無往而非好動者』惟吾國人紐於積習則與是相反，內地風俗尚屬淳良，若上海一帶地方，其社會之腐敗居人之習性，實屬不堪已極，作業之餘，無不牌賭相承，嫖酒爭勝，以晝作夜，疲精竭神，年壯早衰，悔已無及，求其以餘力而從事正當之消遣，適宜之運動者，誠千百而不得其一也．其故何哉？吾人負改良中國之責任，不可不一研究之．我國人所以無運動之嗜好者，其大要原因不外二端（一）因幼時未能養成其良好之習慣．某西女士嘗向鄙人曰（貴國嬰孩，喜用布帛緊裹，不知此舉實有大害，頭受緊纏，易於歪側，四肢受束，將來動作必不靈敏，軀幹受縛，妨碍內臟，必使呼吸循環消化諸器官大受損傷，且人生下地，四肢及軀幹，應任其自由運動，受束縛則天所賦與好動之良能，即受一打擊，將來成長，必不好游戲運動，而種種幸福，未嘗不由此而受折摩矣）按照生物學理論，動物運動之天性，於最幼稚之時代若不培養之其運動之天性則消失將來難有恢復之希望今日鄙人由滬來寧車中見一中年人狀似學究垂頭閉目默誦詩書其聲嗚嗚然子坐於席旁全不動作僅向其父說說車行之快慢而已又見一西人携帶一小孩其孩跳躍談笑則無時曷已活潑異常以上數例卽可見我國人之所以不好運動者實因兒時即被束縛天然好動之本能已斲喪殆盡矣如此而欲求其習慣良好精神完滿體格强健豈可得乎(二)因無運動之場所及熱心指導者常人每日業餘無法以消其餘力祗好作竹林之戲狹邪之遊以排遣鬱悶縱或間有一二明白之流知無聊之舉有害身心欲從事正當之運動以資娛樂而恢復其疲勞奈苦於無地以施展無人以指教竟難如其所願久之即亦意興索然不復問津而無意間爲環象所牽引亦流入於不可救藥之境域矣似此情形又何怪社會之風俗日漓一日國民之體格日弱一日乎須知人有餘力必須發洩斷不能潛存於身體間不發於此即洩於彼嘗在滬上見小學生課畢出街狂奔亂跳以致擠損店鋪之玻璃彼小孩者豈不知損失他人之物而自己必受痛乎亦緣夫力有剩餘無機會發洩致亂闖而兆患耳倘多開公園及體育場所引導兒童從事游戲以消其餘力又何至於惹禍以敗壞其品行乎吾人既知我國國民弱點之所在非提倡體育以救濟之不可則吾人於體育一途不可不痛下工夫竭力研究生物學既示吾人以「人皆具好動之天性」之理則吾人不可不利用人之好動之天性以造成眞正之人果體育講求得宜不僅國民身體健實有裨個人生活即國家經濟上亦受莫大之補助焉吾人身體不强作業固受影響而常多病醫藥消耗更多去歲美國傷風頭痛之疫症流行統計家計算其全年所死亡之人數所消費之醫藥合共損失二百五十餘萬金元由此見體育之關係大矣我國家庭敎育不良學校敎育亦復爾爾吾儕宜趁此時機發憤從事體育之研究一以革我國之舊習俗一以造我國之新人才必使我國國民均具有健康之體格新穎之思想愉快之精神勇敢忍耐自治犧牲愛羣諸種優美之德性使國家之經濟國民之生活向上發展進步不已此吾儕處今日之中國而必須研究體育之理由也

(四)欲使吾國體育發展應如何入手乎?

我國國民多數無體育之觀念存於腦中憶十餘年前某美人初來中國打網球有我國某富人旁立參觀美人請富人一試身手富人曰(這是底下人的事情何不叫他們去幹嗎)噫視運動爲苦工其頭腦亦何陳腐之甚也雖然往者不諫來者可追吾人旣已覺悟體育之重要然則處今日時勢欲言體育究宜効法何國方能收事半功倍之效乎在歐西瑞德兩國體育異常注重但其宗旨係藉體育以造就軍國主義之國民爲政府少數人効力與今日世界大勢所要求者不合德失敗可爲殷鑑不足法也惟美國研究體育已歷多年學理技術亦頗正確嫻巧其宗旨係利用體育以造成身心健全智力發達道德高尙之國民爲從事社會職務之用非如瑞德及日本專以造就殺人之人爲事者可比也我國國體民主政體共和與美相若故體育亦宜取美國之長而補救吾之短也抑尤有進者即提倡體育於我國今日之社會中不可無極適當之方法否則必蹈隔靴搔癢之病事功不成且失信仰非徒無益而實害之據鄙人個人之愚見約有三端爲提倡體育入手之方法(一)執行體育者須具犧牲之精神服務社會爲當世倡蓋犧牲爲成功之先導不有犧牲何得效果果能拋棄名利不顧專一指導國民關於體育上之要點以引起其興味養成其習慣又何患國民之體育不日有所增進乎(二)多刊發報

章雜誌以論述體育之關係指導政府提出體育設備費勸告富人捐發助款鼓吹與論引起多數人之注意既將體育學理普及在先復設公共體育場所於其後明體致用層次井然自能草野風行不脛而走矣(三)選擇高尚之材料所謂高尚云者非繁難複雜之謂乃平正簡易合於我國國民體質習性境域等之材料也即地無分乎學校內外年無別乎老少性無分乎男女人人可行之材料也此種材料頗不容易選擇鄙人願與諸君及海內體育家共負研究之責任焉 (完)

△少年中國『婦女號』 十月十五日出版

大學開女禁的問題 胡 適
論中國家庭應該改組 吳弱男女士
中國婦女問題…圈套…解放 王會吾女士
我的婦女解放之計畫同我人進行之方法 鄧春蘭女士
模範家庭為社會進步的中心 黃 藹女士
少年中國的女子應該怎樣 潘綴秋女士
婦女問題雜談十一篇 社 員
秋夜 黃 玄 譯
與本會會員論婦女問題書 M 凡女士
答M凡女士 王 光 祈
少年中國學會消息

總發行所北京馬神廟東口松公府七號蘇甲榮代派處北京國立大學出版部上海亞東圖書館每冊一角全年一元外埠每冊加郵費二分 長沙可向體育週報社接洽

△通俗醫事月刊第一號要目

打針 毛子震
屎 戴衡孫
食物要選擇 徐樹梅
女同胞曾注意這三件事麼 虞誠之
北京劇場衛生的觀察 陳萬里
雇奶媽應當怎麼樣注意 鮑絜胥
哺乳的次數 鮑絜胥
小學校衛生談話 洪百容

通俗醫學月刊第一號雙十節出版每期售銅元十枚發行北京醫學專門學校醫事月刊社 長沙由體育週報社接洽

△最親愛的朋友們

我們不是二十世紀的人嗎不是想要享幸福嗎 現在兄弟代派些新出版的書報到長沙來請大家看看 便可知道二十世紀的幸福是甚麼怎樣幸福的我各種書報代派 就是求列左「日刊」北京的晨報國民公報可從十月一日的定閱起「週刊」北京的新生活成都的星期日「半月刊」上海的解放與改造「月刊」上海的建設新青年新教育黑潮民鐸科學太平洋北京的新中國新潮少年中國法政學報浙江的教育潮以上各種有已到湘的有快到湘的零售預定都聽尊便還有上海學術研究會發行的新國恥最近中國財政與借款威爾遜傳諸書也有代售價值細目恕不備載諸君要知售書的詳情請到保節堂街育英學校內與胡博蘇接洽 胡 一

到體育週報社接洽也可

中華郵務局特准掛號認為新聞紙類
中華民國八年十月廿七日（第四十二期）

# 體育週報

發行所長沙儲英源第二十三號體育週報社

每週一同逢月曜日發行
編輯兼發行人黃醒勝白
印刷者湘鄂印刷公司



△代售處▽
長沙新坡子街中華書局
長沙府正街羣益圖書局
上海中棋盤街羣益書社

△售例▽
零售每期每份銅元三枚
◉全年四十八期預定銀元八角
◉半年二十四期預定銀元五角
◉外埠郵費在內郵票代銀以半分一分者為限

## 捐欵鳴謝

范新順女士惠捐本報經費光洋四元整

## 『社告二』

第一年的報，將次出完；因受能力上經濟上的限制，有許多深負愛閱本報和扶助本報諸君的所在；心下實在不安得很。現在努力改良，計劃從第二年第一期的報（就是第四十九期）起，確定具體辦法：

一改善內容　不說不負責任的話，多作有統系的研究。

二增加材料　每期篇幅擴充到十二頁以上，多介紹新近的各種衛生運動方法，用簡瞭的說明，以備實用。

三注重圖畫　特製運動姿勢的銅版圖，以資習者模範；並間插極有趣味而發人深省的寓意畫，藉動觀感。

四增刊特號　每三個月，增刊特別號一厚冊，討論體育上最重要的問題；並廣求當代名人的意見，為研究體育的人，增些澈底研究的機會。

五變更售價　因雕刻銅版和篇幅加多的成本太重，從第四十九期（第二年第一期）起，改訂價目：

△零售每期銅元六枚外埠并郵費郵票四分

△預定半年二十四期銀元九角外埠并郵費匯票銀一元郵票代銀須一分郵票一百一十枚

△預定全年四十八期銀元一元八角外埠并郵費匯票銀二元郵票代銀須一分郵票二百一十枚

△特刊號每冊售銀三角五分郵費在內

△專預定特刊號全年四冊銀一元二角外埠郵票代銀須一分郵票一百三十四枚

六優待新例　從本年十二月九日起到九年一月十日止，定為本報週年紀念期間；凡在此四週內，直接交欵到本社繼續預定全年（以從四十九期起者為限）的報，特刊號一律奉贈，不另取費。若是過期，却須照定價納費。以前的各種優待辦法，現在期限滿了，一概不發生効力。

## 『社告二』徵求圖片

本報第一次試用銅版圖的成績雖然不好，却不惜經費，願意試驗出好成績來；現在已經和印刷店製版部商量妥當，以後極力研究製法，總期有好看的圖畫貢獻。敢要求各地方各學校各體育家贊助，賜幾張好照片，作我們的材料；倘有惻愛賜寄的，本社並勉力籌些微報答盛意的報酬。特將最歡迎的開列如左：

一運動會的各種攝影　二體育場的設備攝影　三衛生家運動家肖像　四熱心提倡體育的教育家或熱心社會事業的慈善家肖像　五體育家和指導體育者肖像

此外凡是直接間接與體育有關係的影片，都是很歡迎的；本社當照着收到的先後陸續製版刊出。

◉寄件請寫明『湖南長沙儲英源第二十三號體育週報社圖片徵集部收』字樣。

## 上海時事新報優待學生啓事

月來各省學生來函定報，要求本報照優待學生定例；現本報應學生之要求，特別優待七折收費。但學生來函，須有校章爲要。(長沙的學生可向體育週報社接洽優待章程是一樣的)

## △我教體操時的罪過

黃醒

我現在沒有充體操敎師了；但是我在五個月以前還是個體操敎師；我這所訴的，也只我當時有覺悟或有極强的印像，或今日才覺悟的幾件事；却不能說我的罪過都在這裏，也不敢說體操敎師個個和我同病，但希望體操敎師都以我爲鑑，莫照我一樣的造罪過，那我這篇文字就不白費了！

我第一的罪過是不想……

我既非體操專門學校出身，初敎課的時候，自然是沒有把握；雖有『求是』的決心，却沒有『求是』的能力；那時候我的研究，就只有『聽』和『看』了。一天聽了一位老體操敎師的一篇議論，就立刻到操場上將學生當原料試驗起來；一天參觀了一位體操敎師的敎授，就立刻到操場上也將學生當原料又試驗起來。當時的心理只有一個要別人看我敎的時候得個『好』字的批評，說材料是很新鮮，我就非常的快樂滿足起來。既不想想那議論合不合道理，又不想想那材料合不合學生的要求，更不會想想學生他是一個人，是人家可愛的兒子；我只顧我的名譽——虛榮——有時候要他整齊，不管學生體力上吃得住吃不住，心理上歡喜不歡喜，我只硬幹，我必要達到爲我增加名譽的目的。這是我在民國元年上半年的罪過。這罪過的結果我是得了名譽學生不過還是個學生，現在事隔八年我不能再找那時候的學生來問問，來看看但就最近兩年我敎的學生問起來看起來依然我敎自我敎學生自學生體操自體操有病自有病，可以廻想當年的狀況更是不如現在的了．

民國元年的下半年，結識陸祺霈先生，很感謝他指導我說：『致體操要明白原理；體操有價值的只有瑞典式最不害人；你要仔細去研究「體育原理」和「瑞典式體操」總不會錯的．』我在那時候深信了他的話，翻來覆去讀了幾種論原理和瑞典式的書不敢說眞澈底的懂了，却有點『想』的意思了． 但是那時候有所謂『學校無共和』的天經地義，並且軍國民的呼聲最高，我雖然發了不少的疑問想出些微道理，敵不住大多數趨勢的壓迫就思想也是隨起隨滅的． 說起來最可愧的，就是因爲衆人都是那樣，我也是那樣，有時我心明白不是那樣，我也沒有勇力不是那樣看看學生們隨着我亂跳亂叫亂踢亂蹵，不免有些良心下不去 所以在三年春到五年的夏季極力想不充當體操敎師；以爲不當體操敎師，就可以免得造罪過了．

這些是我不想的罪過；既然明白原理，就要對原理一方面做去，事實上有障礙，應該打破他；有缺點，應該補救他；因爲不想，不澈底的想，只『隨波逐流』『依樣胡盧』替聘我的學校應個景兒． 在表面上看，何嘗不是也還不錯；在不懂體育的人看，又何嘗不說也還好，但內中『不可告人』的所在，我的良心到今日還不恕我呢！

我第二的罪過是不講………

我明白了，我眞明白了，但是以爲體操是技能科目，只要敎學生做，進一步做得好，就算完事． 我明白了，我眞明白了；有時和敎體操的朋友研究，只研究這一個動作應如何，那一種敎材是怎樣進一步發明一種新方法，也就算完事． 從不會注意學生使他明白體育的道理，從不會注意和朋友討論過在學生本身上所收的効果． 就是偶然標榜一種敎材好，說是實驗的，也不過在某級學生裏用過一次兩次，某次運動會得多數人稱賞罷了；何嘗直接使學生得了體育的益處呢！ 明白也不過是我個人明白罷了．

我第三的罪過是不做………

我會想了！會講了！想得中情！講得合理！我不會『做』！我那所謂合情理的，依然用的是那不合情理的東西 所以今年春季有位專門學校的校長對我批評他那學校內的體操敎師說：『某人的理論很不錯，但是技術不行，這體操是要能行的，不是能說就了事的』 他雖不是說我的，但我覺得他這話很可以表示多數人的心理，很可以促起我的改革．

這個還是些抽象的說法，我再舉幾個實例：——

民國元年秋季，我曾應校長的要求，特為辦運動會增加體操教授時間，每日兩點鐘的預備了兩星期．

民國二年暑假，我曾應小學教師講習會的要求，編了一種極複雜極熱鬧極花樣的行進舞蹈，騙得一些會員頭昏眼花的學了去到鄉下害人．

同年又和人合編了兩本『應用體操』的書，賣給多數人去害人．

三年秋天辦運動會的前一個月，有個會跑會跳的學生正結婚；我既不會好意勸阻他使他莫結婚，我又不會竭力制止他使他不在蜜月裏加入運動會做個選手．這個學生現在很弱的，醫生說他有點像肺結核，我一見了他，我就覺得心上下不去．

五年有我一個極稱許『他的體格好』的學生，犯了手淫，許多時我不曾察出．

六年春有一個練習跳高的學生，折了前膊骨．

同年檢查體格，發現了一個會運動的學生脊柱不正．

八年一月有一個學生，因嗜好吃番椒，得了胃炎症，變痧疹死了．

三月有一個學生，因課餘遊戲，折大腿骨，幾乎不救．

四月有兩個學生，因做競爭遊技，傷了頭部．

這些是在腦中印像最深的，雖說有些不是我固意使他遇險，但是我是做什麼的呢?還有許多許多的不好現象，印到我腦中不深，我現在記不清楚了．

我教體操七年半，連兼他校的功課，計算共教學生約一千人，最多的教過四年，少的也是一學期，一年以四十週計算，共三百週，每週每班三小時，計算共九百時；一千學生共九十萬時；每一學生最少的教過六十時，最多的教過四百八十時．這些兒童寶貴的光陰，通通送給我，供我試驗的犧牲，——得虛榮的犧牲，——他們若是不到場運動，還要責罰他，他們離開我，不見得一個個就弱就病就死；他們不離開我，又眞有弱的病的死的在他們不值得，在我也未免太討便宜了．

我現在覺悟了！卻不教體操了！要到將來我的『想』『講』『做』的功夫完全成了，我教體操，或者不是那樣的教法和那樣的害人；但是過去的罪過，已無從補救．　八年十月廿二日晚稿

## △我對於李少陵君『小學校一個問題』的意見

野人

三十八期本報有李少陵君一段文字說到朝食問題說到，小學生的朝食問題我對於這個問題有點意見；——

一　李君所說的，是城市學校的情形，不是鄉村學校的情形；鄉村地方沒有零碎食物可買，鄉村小兒更沒有錢去買零碎食物；因為鄉村生活很簡單，狠儉樸，和城市生活很不相同。

二　李君所說的，是小兒好吃零碎食物的證據，不是學校上課時刻和家庭用膳時刻的衝突；貧苦的人家，每天有極多的工作，飯自然最早的；富厚的人家，他們的小少爺小寶貝要去讀書，還不有僕役們替他特別的預備麼？

三　李君所說的，是社會習慣的養成，和家庭對於子弟體育不注重的原因，不是足以證明朝食應否廢止的原因；城市習慣奢侈，父兄常常給與子弟消耗的費用，賣零碎食物的攤擔，又到處設着；并且都只知道食物是飽肚的，不知道食物中間有滋養的和不滋養的區別；無論成人小兒，對於飲食料都是絲毫沒得選擇的，所以也不管他吃的是『甚麼？』

但是李君所說的那種情形，究竟是不是合於體育咧，那就要問他為甚麼要吃？我知道各位都能够答復這個問題說：『那是要取他的滋養』的；零碎食物中，那樣是滋養？那樣是不滋養咧？何況有許多不潔的，沒熟的，有菌毒的，種種危險的呢！城市人和鄉村人體格的比較，豈不狠彰明較著的嗎？但是，為甚麼這樣不同？固然說空氣和運動也是緊要原因；飲食一項，尤其是頂可注意的事。試看富貴人家，他們還沒有錢去買滋補品嗎？鄉村的貧人，何嘗吃了一餐飽飯嗎？你看是那個肥，那個瘦，那個強，那個弱！

這樣說來，這個問題怎麼解決咧？

一　教育上的責任　要使學生曉得食物不可亂吃，矯正嗜食雜物的習慣，並且使人人都知道食物的選擇，能够指導而且範圍自己的子弟。

一　行政上的責任　禁止防害衛生食物的販賣，嚴重為食物清潔的檢查。

但是上面說的這些情形，還有二個例外：

一　極貧苦的學生　每日裏不住是吃一餐飯，二餐飯，餓極了偶然吃點零物充飢，並且還不定有錢吃咧！

二　鄉村學校極少　學校和家庭距離太遠，交通極不便利，也不能不空着肚皮去上課了。

這是貧民生活上的事，教育行政上的事，非向生計和教育上極力去做，不能有解决的希望了，唉！

## △新鮮空氣與呼吸運動（續）

傅廷棟 陳奎生 合譯

寢室在白晝能使日光直接射入者爲最良，房屋寬廠，則讀書作工等可別爲一室，不宜與臥室相混，如至實逼於境遇而同用一室時，必於每夜休息之先，空氣流通，當使十分充足，洋燈煤氣等所耗之養氣，其分量超過於數人之所需，故住室之內，每晚亦當使通風，俾養氣得以增加供給之量。

時至今日，人人皆知新鮮空氣之必要，乃有所謂呼吸運動者，意在使人人練習增進肺之活量及機關之能力焉，肺弱者易致肺癆，故人非特需新鮮空氣，而尤須常行深呼吸，使多量新鮮空氣入於肺中，以活潑其呼吸機能，緊張其胸腔，盡其功用，此種良法尤希望人人行之以恆者也，然而祇以呼吸運動立體育之統系，吹量肺計，造强壯之身軀，實一大謬之事，蓋建此似是而非之基礎，即有流行肺病及祇强肌肉而傷活力，種種可驚可懼之事，隨之發現，是大背生理之旨趣，吾人應注意防止之，須知呼吸之第一目的，不僅輸送養料於肺，且須利用肺爲輸送空氣中之養氣於身體各部，而驅逐炭酸氣（$CO_2$）於體外之一種機關焉。

欲定外面呼吸之總數，（即由呼吸器呼吸體外空氣之分量，）則不能不視諸內面呼吸之總數，（即體內所能容納空氣之分量，）即謂一般體系之肌肉與組織之中，所發生關於化力之總數，須視內外兩面各能呼吸若干分量之空氣而定也，假如普通成人之肺量，總計爲三百五十立方吋，則通常之呼吸，有三十立方吋已足，然而人當從事於馳驅游泳及各種急劇工作之時，則一呼一吸，可增一百立方吋，如是每分鐘呼吸之數大增，則每次所呼出之氣不能淨盡，必有若干分量之剩餘，尚存於肺中，此留存之分量，若超過一百立方吋，則非吾人之體力所能驅出，勢必與再吸進之空氣，自由混合，惟然，故於肺中空氣與毛細管中之血，其間必起不良之變化矣，縱吾人操練之際，常以爲身體各組織之中，絕少損傷，每大增其奮力，而此炭養之調換，則常與人之工作成比，蓋動作時之呼吸，較靜止時之呼吸爲强而速，此人人熟知之者也，昔愛德華史密士博士 Dr. Edward Smith 嘗於若干年前，由經驗而知肌肉奮發之形式不同時，則吸入空氣之總數亦遂有差異，譬如人之偃臥安息之際，每次吸入空氣總數爲一則——

(一)坐狀需……………………一·一八

(二)立狀需……………………一·三三

(三)每句鐘行一哩需…………一·九〇

(四)又行二哩需………………二·七六

（五）又行三哩需……三·二二
（六）乘馬奔馳時需……四·〇五
（七）游泳時需……四·三三
（八）一句鐘六哩賽跑需……七·〇〇

自上表視之，呼吸乃自動的過程，其供給體系空氣之分量，須視血液循環情形所需要之多寡而定；當頻頻工作之際，其血之循環，屬於動脈者少，而屬於靜脈者多，呼吸之總機既被刺激，則呼吸之度與量亦漸增加，反之工作少時，則其血之循環，屬於動脈者多而屬於靜脈者少，少用養氣，即少需空氣，而呼吸之總機乃被壓抑矣　（未完）

## 雜談

◎歡迎我們的同調　北京醫學專門學校的艾西學會新發刊一種『通俗醫事月刊』，他那宣告書中有些子狠明瞭的話；說：『必國民有水平線以上的衛生知識，社會無啼飢號寒的隱痛』又說『謀幸福的價值，小己總不及大公的重大』最後有一節更說得透澈，是『在我國社會生活狀況上說起來，什麼新思想新主義新組織固然是統統要緊，究竟說起來還是有點不易做好的過慮；比如提倡新思潮，他們那些不合生活法的思想還沒有破除，其他的新思想就有點靠不住；再說新主義，他們那些不合生活法的惡習慣還沒有改良，所奉行的新主義恐怕也不易見効，至於新組織，這個組織上所必需的衛生知識還沒有發達，就再組織起來也有些不合生活法的遺憾；可是我不是因爲社會生活法沒完善，就說不該提倡新思潮新主義新組織，不過想在這些事項以外，另做一種小小的事業來補助他，使大家同力合作起來，以謀人類生活的完滿』本報初發生的時候有人說『這是做什麼』現在還有人說：『急於體育週報的事甚多，』但我總抱着『小事也要人做』的目的，（見第十八期『辦體育週報做甚麼』文內）繼續做到現在，今逢着又一個自己假定所做是小小的事的朋友，不覺喜歡得要跳起來！及看到末尾啓事四說『如有調查國內勞動界生活狀況的報告本社極歡迎登載』又忍不住要說：『呀！』（因爲人說我不是講體育見三十九期）哈哈！但是我做小事的同調好朋友！你要防着人家說你不是講「醫事」；希望你小事做澈底，我幷希望你和我大家努力引出一些做各種小事的朋友出來！　（醒）

◎努力加餐　舊習慣總怕人不會吃，所謂『吃得飯，精神健』

每逢待客,總問『吃飽啦嗎?』或說『還吃點!』寫信也勸人『努力加餐』這都是只曉得吃不飽的難受,不曉得吃多了壞事的原故但是當讓客的時候,假設有一個要飯的向他哀求,他必變了對客那誠懇的笑容換一幅哭喪着皺皮的臉怒叱了;這樣看來『努力加餐』不過是一句話!(默)

◎造人的新教育

郝伯陽在南京高等師範學校演說中有句『造人的新教育』很覺得好聽我非常的佩服他這見界和志願;並且我的妄見也是覺得今日以前的體育提倡,不是新教育趨勢中正道;所以我細細的將奎生君寄來的筆述稿讀一遍想看他所謂新的『造』法,不料到歸結仍然不過是要將歐美的『舊東西』『廢話』拿來應用造人的新教育,如果就是只要步歐美今日以前教育形式的後塵,不過仍是『造成一種生物的人』,還不是『造成生物演進的人』我也敢妄下一斷語說『這不是造人的新教育』.(牛)

中華郵務局特准掛號認爲新聞紙類

中華民國八年十一月三日（第四十三期）

# 體育週報

發行所長沙儲英源第二十三號體育週報社

每週一回逢月曜日發行

編輯兼發行人黃醒勝白

印刷者湘鄂印刷公司

△代售處▽

上海中棋盤街羣益書社
杭州平海路教育潮社
南京高等師範陳奎生君
長沙新坡子街中華書局
長沙府正街羣益圖書局

△售例▽

零售每期每份銅元三枚
◎全年四十八期預定。銀元八角
◎半年二十四期預定銀元五角
◎外埠郵費在內郵票代銀以半分一分者爲限

體育家！承你看我的報，敢要求你注意研究我們提出的那十二個問題！

## 『社告一』

第一年的報，將次出完；因受能力上經濟上的限制，有許多深負愛閱本報和扶助本報諸君的所在；心下實在不安得很。現在努力改良，計劃從第二年第一期的報（就是第四十九期）起，確定具體辦法：

一　改善內容　不說不負責任的話，多作有統系的研究。

二　增加材料　每期篇幅擴充到十二頁以上，多介紹新近的各種衛生運動方法，用簡瞭的說明，以備實用。

三　注重圖畫　特製運動姿勢的銅版圖，以資習者模範；並間插極有趣味而發人深省的寫意畫，藉動觀感。

四　增刊特號　每三個月，增刊特別號一厚冊，討論體育上最重要的問題；並廣求當代名人的意見，爲研究體育的人，增些澈底研究的機會。

五　變更售價　因雕刻銅版和篇幅加多的成本太重，從第四十九期（第二年第一期）起，改訂價目如左表，

| 項目 | 一冊 | 廿四冊 | 四十八冊 |
|---|---|---|---|
| 定價　現款及兌票 | 銅元六枚 | 一元零五分 | 二元 |
| 定價　郵票代銀 | 四分半 | 一元一角 | 二元一角 |
| 郵費　本國及日本 | 在內 | 在內 | 在內 |
| 郵費　外國另加 | 一分半 | 三角六分 | 七角二分 |

△特刊號每冊售銀三角五分，預定特刊號全年四冊實銀一元二角，合定週報全年五十二冊實銀三元二角六

優待新例　從本年十二月九日起到九年一月十日止，定爲本報週年紀念期間，凡在此四週內，直接交款到本社繼續預定全年（以從四十九期起者爲限）的報，特刊號一律奉贈，不另取費。若是過期，卻須照定價納費。以前的各種優待辦法，現在期限滿了；一概不發生效力。

## 『社告二』徵求圖片

本報第一次試用銅版圖的成績、雖然不好，卻不惜經費，願意試驗出好成績來；現在已經和印刷店製版部商量妥當，以後極力研究製法，總期有好看的圖畫貢獻。致要求各地方各學校各體育家贊助，賜幾張好照片，作我們的材

料；倘有劉愛賜寄的，本社並勉力籌些微報答盛意的報酬。特將最歡迎的開列如左：

一運動會的各種攝影 二體育場的設備攝影 三衛生家的運動家肖像 四熱心提倡體育的教育家或熱心社會事業的慈善家肖像 五體育家和指導體育者肖像；此外凡是直接間接與體育有關係的影片，都是很歡迎的；本社當照着收到的先後陸續製版刊出。

◉寄件請寫明『湖南長沙儲英源第二十三號體育週報社圖片徵集部收』字樣．

# 『正議週刊』出版廣告

法紀淪亡羣言淆亂辟彼舟流靡知所届同人用是組織正議週刊特請章太炎先生主持大體以發揮正義力挽橫流為職志以星期三為發行之期現已出至第五期價目如下四期大洋一角半年五角全年九角俱連郵費在內郵票（限於一分以內者）代價九五計算

正議週刊編輯及發行處上海法界霞飛路漁陽里口三零七號

# 『新青年』第六卷第六號要目

我們現在怎樣做父親？ 唐俟
兒童公育 沈兼士
我對於喪禮的改革 胡適
吃人與禮教 吳虞
文藝的進化 朱希祖譯
沙漠間的三個夢 起明譯
啓發托爾斯泰的兩個農夫 鄒詡
詩

◉定價 每冊大洋兩角全年十二冊大洋兩元（本國郵費每冊一分半）

◉總發行所上海羣益書社◉代派處 北京大學出版部北京中華書局上海亞東圖書館長沙羣益圖書公司體育週報社廣州共和書局成都陳岳庵君

# 『建設月刊』第四號要目

發展實業計畫……孫文
民食問題……馬君武
錢幣革命與建設（續）……廖仲愷
十九世紀西洋文學一瞥……陳羣
中國哲學史之唯物的研究（續）……胡漢民
伯達鐵路之過去及將來……朱執信
國會之非代表性及其救濟方法……民意
題未定……戴季陶

◉定價 每冊大洋三角郵費四分◉總發行處上海法界環龍路四十六號建設社總代派處上海五馬路亞東圖書館

# 『少年中國』第五期十一月十五日出版

中國青年的奮鬥生活與創造生活 宗之櫆
自然科學上思想的法則 魏嗣鑾
自我之問題 黃仲蘇譯
社會之歷程及改進 黃懺華
國家與個人 張崧年
詩 社員
野犬呼聲 家鉞譯
少年中國學會消息

# 『新潮』北京大學出版（二卷一號要目）

○婦女解放與兒童公育○社會改制問題○近世哲學的新方法○『駁新潮「國故和科學的精神」篇』訂誤○新村研究○訪日本新村記○明天（小說）○砍柴的女兒（小說）○華倫夫人之職業（名劇）○歡迎中洋大學的新潮○總發行所北京漢花園北京大學出版部○定價每冊大洋三角郵費三分

◉在長沙的人想看的可以到體育週報社來買

# △我對於體育思想的變遷

陳達任投稿

我本是一個體質最弱的人！初進小學校的時候並不知道怎麽叫做體育後來蒙體操教員指示我，要我多運動；我就問他，『用甚麽法子去運動才好？』他教我『常常操鐵啞鈴』我信他的話，每逢得閒的時候，一個人躲在一間屋子裏面操習鐵啞鈴，如此操練了兩年多，臂力增長了一些，但是身體依然是瘦弱的，原有的疾病，也沒有痊愈，這個時期，我老實說是不知道體育的眞面目，好像「盲人騎瞎馬，」不過對於體育有一點感情就是了。

到了辛亥年，湖南省的小學，漸漸注重體操，并添遊戲法；那時候，我進了六個月卒業的師範，於是別的科學，都看得輕，祇有遊戲唱歌兩門，是我特別注意的，剛剛畢業，恰當民國元年，鎭鄉提倡添辦小學，那時候，正是體操教員缺乏的時期，有個朋友介紹我到鄉間當科任教員，我初出任事，又值體育萌芽時代，研究無門，祇買幾本書，對着本子教學生，還有一個法子，就是常常出外參觀，遇着別的學校有新奇的遊戲法，或是新體操，我就學了，他的來教學生，不管合兒童生理不合，總以貪多爲唯一的目的，并且這種好勝的心逐勃起來，每每只想和別校比較體操的優劣，表現體育的成績；這是我的體育思想變遷第二時期。

到民國三四年，我研究體育，進入第三期的時代了。一面觀察兒童的身心，一面考查體育的原理，覺先前强使兒童學習的不對！然不過形式上的進步，抱定『軍國民主義』，祇從『嚴肅整齊』上加工夫，雖然知道體育的材料，要合兒童的身心，但實行起來，總有些不合兒童身體的自然，出了生理的軌道，所以名爲圖健康，實際上依舊不能收圓滿的結果。

近來見德意志以軍國民主義失敗了；又身經過去年的兵災，當這時候，將平日所主張的體育，細想起來，一點都不對，我才曉得先前所施行的，是競爭的，非互助的；是奴隸的，非自然的，是盲從的，非正確的，記得去年，我有一個朋友質問我說：『你們天天習體操，講體育；但是走起路來，遠一點兒，就走不到，這是甚麽緣故呢？難怪那些天天操操的兵，跑到鄉裏，要找轎子坐了，』我被他逼得無言可答，仔細一想，實是不錯，我自己呢？還奇怪身體弱了；那些當兵的人，怎麽不會走路呢？足見徒然注重形式上的體育，不够生活應用，是狠顯明的，現在新思潮發達，有些覺悟的人，都說要改良社會；但是改良社會，先要從個個人都有健全的身體，都有的生活能力下手，又要爲人類謀圓滿的幸福，上，健全個人身體，所以我覺得今日研究體育，不能只從一方面去研究，須從各方面澈底的研究了。這是我思想最近的變遷。從今日以後我對於體育的思想有不有變遷，現在不能自信，也不敢自信．

不過我想：——

關於學校的體育。。。。。。

(1)注意個人各部平均的發育．

(2)養成勤苦耐勞的習慣，利用工作代運動，使其將來個個都能獨立生活．

關於社會的體育。。。。。

(1)講求公共衞生，為各種疾病的預防．

(2)提倡多設公共運動場及公園，使一般人有相當的娛樂地方

這些總不是廢話，總是應該要這樣的！

## △二十分鐘晨操法（成年以上之男子適用）

（轉錄體育界二十期偪哉原稿）

睡眠者，所以恢復一日作業之疲勞，為神經與筋肉兩種最長最大之休息時間也，惟睡眠之姿勢各人不同，每難保其正當之睡態，蓋神經亦在休息中，不能自主，雖可養成其習慣，然臨睡時或可留意，熟睡後又難保其姿勢之適當也，睡眠之姿勢不一，有仰臥、伏臥、側臥三種，而三者之中以側臥為最合，然側臥亦分數種，有左側臥、右側臥、屈膝側臥、伸膝側臥者，攷普通生理各書，以屈膝左側臥為宜，雖然側臥也，伏臥也，仰臥也，而其一方面之筋肉血管受一種重大之壓力則同，故晨起後必當有一種方法，足以矯正夜間睡眠之弊，此晨操之所以為必要也，晨操之種類極夥，要多未得其當，或以動作簡單，未能周及全體，或以時間太促，成効殊不易見，是種操法雖不敢謂為完善，而在此二十分鐘內，已能使全體主要筋肉完全運動一次，既能矯夜眠種種之弊，又能使精神振奮娛快，即患貧血病、消化器病、便秘等症，能按時練習，亦有療治之功焉．

運動方法

(一)走步　五分鐘　走步於生理上確為一種極有價值之全身運動，如集合多數人操練，走時可變換排列及各種隊形，一人單獨練習時，可默記步數，如五百步、六百步後，再演次節運動

(二)頭部運動（預備）手叉腰，脚分開　（方法一）　(一)頭前屈　（主動筋肉）　前大小直頭筋　(二)復正　(三)頭後屈　（主動筋肉）　後大小直頭筋　頭夾板筋　(四)復正　（如上法行之至二之四止）　（方法二）　(一)頭向左轉　（主動筋肉）　後大小直頭筋　頭夾板筋　胸鎖柱乳頭筋　(二)復正　(三)頭向右轉　（主動筋肉同）

(四)復正（如上法行之至三之四止）（方法二）

(一)頭前屈下顎部向左轉　（主動筋肉）　前大小直頭筋　胸鎖柱乳頭筋　(二)下顎部向右轉　（主動筋肉同）（如同上法行之至三之四止）　注意　至三之四時復立正姿勢

(三)呼吸運動　(一)臂前方上舉起踵頭後屈　(二)還原（如上法行之至四之四止）（主動筋肉）　肋間筋　大胸筋　前大鋸筋　闊背筋　腓腸筋　比目魚筋　阿其利司腱

(四)上肢運動　（預備）手握拳臂肩上屈足開　臂上伸掌相對　(二)臂還原復預備姿勢　(三)臂還原　（如上法行之至四之四止）　注意　至三之四臂還原後即復立正姿勢　（主動筋肉）　三角筋　三頭膊筋　三頭膊筋　闊背筋　僧帽筋　小圓筋　大圓筋

(五)背及胸之運動　(一)手握拳臂肩上屈同時左脚屈膝前進　(二)體前傾臂上伸　(三)臂肩上屈同時體後傾　(四)臂及左足還原　(一)(二)(三)(四)　換右足行之　（主動筋肉）　僧帽筋　肩胛舉筋　闊背筋　直腹筋

(六)腹及脊柱之運動　（預備）足開　(一)體前屈臂下垂左右手指盡於左右足指之前端　(二)體後屈掌向前　(三)同(一)(四)同(二)　如上法反復行之至三之四止　（主動筋肉）　大臀筋　二頭股筋　斜腹筋

(七)捻體運動　（預備）足開同時屈肘臂前方交义組合　（休止四呼喝）　所以整理上節之屈體運動也　(一)左肘部向左伸同時體左轉　(二)體還原　(三)右肘部向右伸同時體右轉　(四)體還原　至四之四足復立正姿勢臂還原　（主動筋肉）　方腰筋　大腰筋　小腰筋　腰椎橫突起間筋

(八)平均運動　(一)舉踵　(三)半屈膝手掌貼於膝上　(三)伸膝　(四)踵下　（主動筋肉）　縫匠筋　膝蓋靱帶　腓腸筋　跟骨腱即阿其利司腱　全體筋肉之伸縮

(九)走步　使回復身體之疲勞

(十)呼吸　法同上

## △分等運動會

王小峯

分等運動風行於泰西，漸及於歐東，吾省受體育潮流之激盪，能合羣策羣力以舉行此種運動，實促進青年練習個人運動之良法也。

按吾省學校聯合運動會當省校之提倡體育也，固抱積極之觀念，即縣校之練習運動也，亦抱進取之精神，是以數屆運動成績卓著，凡成績優良之運動員，皆獲相當之獎品，而成績不良之運動員，即列於淘汰之例，然運動會之前，無運動之標準，以資鍊習，全憑臨時之競爭以角勝負，則體育所收之効果，爲暫時之効果，而非平日之効果也。

故欲收平日運動之効果，必自實行分等運動始，蓋分等運動者，爲檢察運動員之各項運動程度，合於初級者，予以初級徽章，合於中級者，予以中級徽章，合於高級者，予以高級徽章，使運動員終年佩戴，非僅鼓勵興趣，幷可榮壯觀瞻，以促醒運動員之奮勉心。

分等運動，乃藉以補救運動會之不足，而爲普及運動之無上妙法也，除各學校學生外，即社會上一般人士，皆可到會運動，而運動員之資格，暫以男女學校之學生，及體育場之基本會員爲本位，俟舉行一二次後，再普及於社會上之普通人士，到會運動。

運動標準共分三級，每級有三項運動，須三項運動者能合格，方獎予徽章一枚，設中級標準，祇能有兩項及格，仍予以初級徽章，高級標準可類推之。

初級運動標準（男）

引體向上　二次

立定跳遠　五英呎四吋

六十碼跑　九秒五分之二

中級運動標準（男）

引體向上　四次

立定跳遠　六英呎四吋

一百碼跑　十五秒

高級運動標準（男）

引體向上　六次

立定跳遠　七英呎二吋

二百二十碼跑　三十一秒

初級運動標準（女）

籃球擲遠　二十英呎

立定跳遠　四英呎十吋

五十碼跑　十秒

中級運動標準（女）

籃球擲遠　三十英呎

立定跳遠　五英呎四吋

五十碼跑　九秒

高級運動標準（女）

籃球擲遠　四十英呎

立定跳遠　六英呎

五十碼跑　八秒

按（上）分等運動會，擬於江蘇省立體育場開幕時舉行，（開幕約在本年十二月底云）

## △新鮮空氣與呼吸運動（續）

傅延棟陳奎生合譯

行深呼吸之際，血液之色急由紫而紅，所需空氣較平時爲多，當盡力吸入或呼出之後，其間必有瞬刻之停頓，呼吸因之暫止，此暫止之際，常起不快之感，夫吾人呼吸之器，乃一天然整秩之機械也，一有所干涉，（即此時停頓，起不快之感）則不可耐，此固爲庸抗辯者，當行深呼吸之後，而覺神昏志失者，此多數之人常見之現象也，曩見少年於齒前行深呼吸後，暈然跌於地板者，不知凡幾，此其故由於行深呼吸之時，血液一似由腦流於心肺，但其量不足以激心而加其動作，乃又立即復歸於腦，以致失神暈倒也，由此知吾人當體察心臟狀況，爲此種運動所增益幾何度量之時，常行單獨之呼吸運動，意以促心臟强速搏動，圖謀身體健康者，其謬誤之處，即可從上舉之利害（行深呼吸而致暈倒之害）而倍極明瞭矣．

常人每分鐘呼吸之次數，約在七十與八十之間，若當走，跑，游泳，或急劇工作時，則心臟搏動之數大增，而呼吸之次數，亦隨之而有加矣，其次數之多者，可至一百六十，顧增加心臟搏動之目的，（一）使血液由肺臟得大速度流入於身體各組織之中，輸送多量之養氣以製造營養料，（二）使血液中所夾帶之炭酸及各種廢物，得大速度還流於肺臟，以驅除於體外，是以一切肌肉工作，若達至靈巧敏捷時，則身體各組織，必起一種變化，體內各器官爲呼吸循環消化，氣若其進行蠕動迅速，則肺臟之氣質，亦必受影響而起一種變化，故無論內部外部之呼吸，皆有賴乎心臟之搏動也．

上述種種，極言單獨呼吸運動之害，然苟有人焉，彼能於呼吸運動之後，加之注意，續作他種運動，以靈敏其心肺之機能，則此種方法，吾可視之爲完全自然者，因心肺實由此可獲得健全之效果也，此種運動，吾嘗擬議疾步，登山，跳舞，馳驅，滑冰，游泳，蕩舟等爲最相合，蓋此種運動，實極自由，可使筋骨胸腔，有活潑自復之性，因之可以充分發達呼吸器之肌肉，彼僅用深呼吸運動，徒取養氣流入體內者，愚人也，蓋雖多增養氣之供給，而血液不能吸收之，復何益於吾人之身體耶？（完）

## 雜談（此欄歡迎體育家自由發表意見）

◉徐一氷辦貧兒敎養院 我前次說馬克司巴枯寧拋棄所學幹別的；昨日徐一氷寄一本直隸貧兒敎養院的五年刊給我；那中間有一張照片是民國三年冬季『出賣家產創辦貧兒敎養院』一種印刷品縮小照的。學體育的人去做貧兒敎養的事，請問國內體育家徐一氷這是爲甚麼？（牛）

◉競爭！宣戰！ 今日要爭嗎？要爭的爭甚麼和誰爭？我們是人，要爭得做人的機會，和那自然環象人造環象中防礙我們做人的一切事物現象競爭！今日要戰嗎？要戰的戰甚麼和誰戰？我們是人，要戰勝那不許我們做人的一切事物現象，從今天想做人起，便向那自然環象人造環象防礙我們做人的一切事物現象宣戰！例如病菌他防礙我做人，我和他爭存，我向他宣戰！必將他消滅了纔罷手。競爭！宣戰！我們是要爭這個，和這個戰！大家都是人，甚麼文明野蠻，甚麼你强我弱，爭甚麼戰甚麼！談競爭的要想明白。（醒）

◉小孩子爲什麼喜歡做競爭遊戲？ 現在時髦的敎育家說：『遊戲是小孩子的天性』於是獎勵他們遊戲！但是在我看來『小孩子的天性，只有要做人』，做人就是做人事，在我們眼看的遊戲，在小孩子的心理，他是學做人，他做事又最歡喜當時就看見成績的事，所以愛做競爭遊戲，是競爭的遊戲，當時他自己有成績可看，難道眞個是愛爭嗎？（醒）

請統計家算一算？ 黄醒說犧牲了學生的九十萬點鐘只換得他自己一個覺悟；現在覺悟的人，在國內不知有多少？每人犧牲學生的時間，也不知有多少，若是有個統計家來計算計算，必有個極可驚的報告。（不僊）

◉出汗 傷風感冒離不了發散出汗，我們講體育，出汗也是件要事，一個人若是一年三百六十日，天天出汗，一定是健康的，吃煙的人，若出得汗多，還可以解煙毒，出汗出汗，我們要努力做出汗的事。（默）

### 本報預備在四十六期發表討論

『學校應否廢止兵式操』問題的外稿兩篇，又社稿一篇，凡對於學校兵式操存廢問題有研究的體育家，請從速賜稿，以便一次登出，供一般人的研究。

中華郵務局特准掛號認爲新聞紙類

中華民國八年十一月十日(第四十四期)

# 體育週報

發行所長沙儲英源第二十三號體育週報社

每週一回逢月曜日發行

編輯兼發行人黃醒

印刷者湘鄂印刷公司

△本報代售者▽

上海中棋盤街羣益書社

杭州平海路教育潮社

南京高等師範陳奎生君

武昌中華大學惲代英君

天津楊村 邵光典君

長沙新坡子街中華書局

△售例▽

◉零售每期每份銅元三枚

◉全年四十八期預定銀元八角

◉半年二十四期預定銀元五角

◉外埠郵費在內郵票代銀以半分一分者爲限

## 捐款鳴謝

戴華僧先生捐助本報經費光洋壹圓

長沙縣教育會捐助本報經費光洋陸圓

## ◎預告一◎

本報創刊在去年十二月九日，每週一回發行，中間停過幾週，第四十八期推移到本年十二月八日發行，洽滿一年。在經濟恐慌公私破產的長沙，學識淺陋胸無點墨的同人，既支持到現在，又深得社會的扶助，在同人覺得是件很可紀念的事。因定在週年期內出一個『週年紀念』特刊號，求許多名人的著作，藉奮發體育界的精神。現在巳經接得「蔡孑民」先生「陳仲甫」先生沈玄廬先生的回信答應了，眞是本報的非常榮幸，特此預先通告，想閱者必定也很歡喜！還有幾位先生的回信沒有到，若到了，當隨時發表，先慰藉閱者的渴望，

**你有兒童嗎？**

**你想把你的兒童教養成個好人嗎？**

**你要研究兒童的身體精神發育的狀況嗎？請你看**

# 「體育週報的」

# 「兒童研究。」『Paidology』

「兒童研究，」是近二十年來新研究出來的科學，是專論兒童身體精神各部分發育的狀況的與兒童的衞生健康知識學業極有關係，做父母的做保姆的做教師的，要想把你們的兒童教育好，均不可不看這「兒童研究。」

「兒童研究」這科學我國固然是少有人注意，就是歐美各國也沒有許多人研究。本社現承郤新城先生參合美國心理學大家 Kirkpatrick 所著的 Fundamentals of Child-study，及美國醫學大家 Drummond 所著的 An Introduction to Child-study 兩部書編譯成一部較完備的「兒童研究」。從本報第四十九期起就可以按期分配載在報上，所以特特先報個好消息！

## 「兒童研究」目次

# ●病的心理

野人

『病』的經過，是人生最不幸的事，這是人人知道的；病的『經過』，卻也是人生最幸的事，這是怎麽咧？

因爲病的心理，狠可以給人一種覺悟，

覺悟甚麽？

1. 由病的心理，可以證明人生應該了解的觀念；

2. 由病的心理，可以發見人生健全發展的要素。

我們現在研究病的心理究竟是怎麽現狀咧？

1. 悲哀　好生惡死人的常情，所以『鳥之將死，其鳴也哀』；人當危病的時候，沒有不希望好的；或者更有些恐怕難好，恨一時不能脫氣的；也有留戀室家，依依不捨的；病中情狀，都是悲觀，所以病中心理，自然的呈示一種『悲哀』的現狀。

2. 懺悔　危病的時候，便是宗教家所說『受世界末日裁判』的時候，平生事業都一一的在心目中呈現，供懺悔的材料；這種良心上責備自己的刑罰，非常嚴酷得狠，有些懷身後無窮之累的，有些憶生平隱匿之私的，均爲病時心理一定的現狀。

3. 忿怒　病時神經既失常態，病的情性易受激觸，且因自己的悲哀，不免對於人情有不滿足的感慨，這個時候的心理，非常易於忿怒。

4. 怨恨　一生積鬱，急待發洩，病中感想，又復每相抵觸，所以怨恨也爲病中心理通常的現狀。

我們現在再解剖病的心理，有幾種甚麽質素咧？

就大概說來，可以分爲四種：

1. 發揚潛伏的個性　人的個性，有時爲外物蒙蔽的，有時爲感情抑制的，有時爲信仰束縛的，有時爲勢力壓伏的，所以潛伏不能發現；病時心理易於衝動，外物的蒙蔽洞穿，感情的抑制破裂，信仰的束縛消失，勢力的壓伏回抗，潛伏的個性，便自然發揚。

2. 回復本原的天真　人生和社會濡染爛漫的情性，都變爲虛假；到那危病時候，纔能了解這些紛紛擾擾登場作戲假戴面具的無謂，所以病時行爲異常直率，病時情性纔回復了本原的天真。

3. 提起人生的觀感　人到病時，分外的懷想人生的價值；總覺得庸庸碌碌等閒的渡去，實在辜負了這有限的一生，非常提起人生的觀感。

4. 洗滌習染的根性　病時精力，雖然委頓，病時精神作用，實異常奮勵，情性，僻性，和種種不良根性，都不覺被他洗滌，但是病的心理有不有甚麽壞好咧？

病時精神狀態比平時不同，病時心理比平時心理，尤爲緊要；若是迎着病的心理加他一些激刺，這些激刺的影響便使病的心理發生二個變幻：

1 顛狂；

2 沉鬱；

這二個變幻，都是以限病人於不幸的境界

這二個變幻是從病的心理所受激刺的强弱生出來的區別；刺激强的變成顛狂，刺激弱的便成沉鬱，這種變幻必經過一定的階級：

A 病人心理和一般人心理的衝突；

B 病人心理所希望的失敗；

C 病人心理的誤會；

D 病人心理的痛苦；

這四個階級有一定的層次，既違反病人的意思，復予病人以失望，再於病人的疑惑加病人以惡感，病人自然只好向這二個不幸的道路上走

有些稍許明白點的人，還只說那些由病成狂的人，是久病傷神；在那些迷信神鬼的人，一定以爲邪祟，驅除邪祟，照例用師公道士，他們的法力是硫火，他們的靈藥是法水，幾把硫火是損肺的良藥，一碗殺生虫的水，是頂好的送終湯；尤其那些心理沉鬱的人更是危險，因爲他們的生活變成了悶的生活，死的生活；這沉鬱的病是往裏面一層層緊縛的病，不像顛狂的病，是向外發展的，病人家輕易不提防他，所以更是一病不可救藥．

病的心理的變幻，有這樣危險，我們應該怎樣治療咧？

許多醫生——醫學實驗家，只就病的徵候上去診察病人，不就治療和看護的經驗上去診察病人，所以不能發見心理沉鬱的病狀，即如那心理顛狂的病，他也不明白是一種心理的病說他是一種病症中必有的徵候——病的生理作用上一定的現象，所以只就生理上去治療，絲毫不能搔着病的痛癢；我們要明白心理上的病，要就心理去治療，纔是對症下藥；這對症下藥的方法有二：

1 調和病人的感情：須在看護上注意，第一不可與病人心理抵觸，次須解釋病人的疑惑，慰藉病人的失意，引起病人的悅樂，心暢神舒，病體自然輕減（吾以爲病人看護須用溫和敏妙的女子，輕粗燥妄的男子，萬萬不能勝任）

2 轉易病人的境地：這係使病人減輕腦筋中一切印象，幷使一切注意的事，均不至感觸他的耳目，但這又有二個方法

A. 由家庭轉入病院，B. 轉地療病，便是

現在我們可以知道人生在世應有努力的奮鬥；
并且可以知道人生健康發展須身心并重
人不幸而有病，應該如何推想他的心理！
幸而病愈應該如何追想自己病時的心理十，卅，八，

## ●睡眠時間與年齡

方萬邦

精力之恢復元氣之補充，以睡眠爲最適當方法吾人當睡眠時，頭腦作用中止，內臟之活動衰微，血液專事排除老廢物，體溫下降而一切隨意筋皆得自由展舒生理上睡眠所需時間之長短隨年齡多寡而異；如胎中嬰兒連寐不寤迨出母胎之後仍屬安眠之時爲多其醒也惟在求乳之際耳蓋小兒長成之際其體內構造逾於破壞故睡眠之時間宜多；迨壯年時，則體內構造與破壞平均而其睡眠時間亦逐減少每日約須八小時足矣及屆年邁消化力薄弱營養不足故亦多需安眠以調劑之此即睡眠時間隨年齡差異之理由也茲更列表如左：

| 年齡 | 夜寐 | 夙興 | 睡眠時間 |
|---|---|---|---|
| 五至六歲 | 六時 | 七時 | 十三時 |
| 六至八歲 | 七時 | 七時 | 十二時 |
| 八至十歲 | 七時半 | 七時 | 十一時半 |
| 十至十二歲 | 八時 | 七時 | 十一時 |
| 十二至十四歲 | 八時半 | 七時 | 十時半 |
| 十四至十六歲 | 九時 | 七時 | 十時 |
| 十六至十八歲 | 九時半 | 七時 | 九時半 |
| 十八至二十歲 | 十時 | 七時 | 九時 |

自五歲以前大約日睡十四時乃至十六時，二十歲以後以八時爲最適當若將古稀睡眠時間又須逐年增加

按上述僅就普通健康之人而言有因各人之境遇習慣不同而睡眠時間亦可酌量增減不能一概論也蓋睡眠差異之理由除年齡外其他關係尚多，約舉數種：

一職業　勞動之人比安逸之人多

二體質　虛弱之人比强壯之人多

三健康　疾病之時比健康之時多

四習慣　殊不一例

昔德皇腓德力克第一及英國名醫洪德琊氏每日祇臥五時；英名將倪力渥氏法拿破崙大帝英電學大家愛狄孫氏日睡不過四時；心理學士李德氏可飽食臥二晝夜不食亦不寤，皆

屬異稟但其人身體精神必特別發達，要非普通人士所可能也。

五婦人　妊娠之時多

觀此則吾人所需睡眠之時間，普通雖以年齡爲標準，亦須隨境遇習慣而稍加增減，使無過不及之患，蓋睡眠不足最易致神經衰弱之症，然睡眠過度，腦髓之作用亦因之而遲鈍，皆足以防害身心，不可不愼也，

## ◉康德之衞生法

法人康德氏之哲學論，固爲世所共認矣，而其養生之精嚴，或爲學子所未知，蓋氏最注意於一己身體之健全，每於晚間就臥之際，捲被作一褒，鑽身其中，遮肩露首，如蠶在繭中，嘗語友人曰，當余如是捲臥床中之時，每自語曰，世上更有比余康健之人否，康德元氣本厚，加以謹愼衞養，故三十年每晨必應時而起，不差一分，蓋氏加意講求養生之方，不僅爲健康起見，亦明知夫哲學之探討，與身體之健全，有里要之關係云，康德遇有世俗慣行之事，而與己養生有碍者，毅然獨立，不爲衆人所撼，戒飲啤酒，即其一端，蓋德人之飲啤酒，相沿成習，與吾華之飲茶無別，康德獨不沾脣，然又飲茶吸煙，亦不可解，每日至午正一餐，早晚不進食物，日間演講或著作，晚間閱書，自六時至十時，間者嘗以爲奇事，然一餐之風，歐洲文士多有行者，如英人哈茂敦氏所謂親見一人，四十年來，日止一餐，而其體之健康，絲毫不減，心力亦甚强固，

康德臨寢前十五分時，不用心力，以防有妨熟寐，當被深見夫晝間之操心事業，深有賴於夜晚之休息，

康德每日下午，必出戶外步行，風雨不更，更喜獨步，不願與人同步，以爲與人談話，則冷氣入口中，有損衞生，其說頗可失笑，食則必求伴侶，不甘獨食，以談話養胃，且可增長見識也，

康德日行規則，守之畫一，以養身無病，達其研究哲學之目的，故生平不作旅行，以旅行中決不能作固定不移之功課也，又終身不娶，以一有室家，則其守規則之嚴正，萬不能逮孤身之時也，

觀康德之養生法，可見心力與體力之關係，與習俗之不當盲從，大足爲後生師法，然其墨守成規，日日不變，甚至因此而不作旅行，不娶妻室，則康德雖已行之，而非尋常之事所宜遵倣者矣，

## ◉伍秩庸之衞生法

伍秩庸謂長生之法，祇在於飲食上講求，如能依定章實行，可得壽二百歲，其生平所履守者，（一）不早餐，每日祇食午餐與晚膳（二）戒食葷，出外赴席，則食麥粉麵包鮮菜生果及穀栗（三）不飲咖啡茶可可酒，不食一切肥膩，（四）不食鹽，鹽能使人骨硬，（五）多用牙力咀爛食物，然後下咽，（六）餐時不飲

水，餐前或餐後一點鐘乃飲水（七）練深長之呼吸，（八）練和平之體操，

## ◉發表體育家對於本報提出討論問題

本報素來取公開的態度，極歡迎體育家自由發表意見；並不必要『主張』『宗旨』相同，就是完全批評我們的反對我們的，只要是從『科學』上立論，也沒有不歡迎的，極言就是罵我們的，我們也沒有不登出來的；我們並不強制別人的『主張』必需和我們相同，却極願意別人都發表他的『主張』和『意見』，！體育家要明白講體育是做人事，關係大！呢，莫取那秘密主義的態度，不肯發表呀， 黃醒

## ●師範學校的體育問題

李惠迪

這個問題的關係比別的問題緊要些，重大些！因為師範學生到畢了業的時候，他就充當國民學校的敎師，國民學校的兒童體育如何？完全操在師範生手裏，所以師範學校的體育問題，比較那些問題還緊要些，重大些！

我就舉一個例來看看：前幾天我到本城內某國民學校參觀體操，鐘點，我走到的時候，恰好遇着體操敎師領一班整整齊齊規規矩矩的小學生上操；這些學生站在操場裏好像泰山一般，那個敎師訓練學生的話，約有一刻多鐘久，那中間的話，有兩句很不合現在新敎育的，我就把他寫起出來，請各位的想想，他說：『諸生要有軍人的資格，尚武的精神』，到了三十分鐘的時候，才看見他敎各個操的頭部運動；做的法子，是頭左右屈，命學生呼數，我見了就很駭然，因為頭左屈那喉管就曲折了，這個時候命學生呼唱，於生理上大有妨害，這個敎師是才出師範學校的，並且他自命為『運動家』，查他的原因，他曾經在師範學校的時候『會踢足球』，會跳高，會跳遠，因這個緣故，所以他自命為『運動家』，人家叫他做體育的領袖，試問國民學校的敎師，敎兒童踢足球麼？跳高麼？跳遠麼？

從這點看起來，那些辦師範學校的先生，於體育上甚麼那些『個人運動』和『課餘運動』似乎可以不必太注重，至於那些『柔軟操』和那些『遊戲操』，那些『生理學』和『兒童心理學』都要格外注意些，才好免得那些師範生畢業以後，說那句『所用非所學』的話呢，要使兒童得些實實在在的益處，養成天然的活潑，那就專靠着敎師用良善的方法來指導他，敎師能夠得這樣的良善方法，那就要在做師範生的時候，學習一個基礎，辦師範學校的先生，對於體育一科，能注意到將來師範生是敎兒童的，那師範學校的體育問題，就可以解決了！

## ◉雜談（一）

百齡

人的身體，當依自然發育，不可抑制，不可助長，容貌顏色，當保留本眞，不要固意修飾做琢，失去天然的美，試看美洲黑奴奇形怪像，赤身露體，女子穿鼻穿耳穿生殖器，壓迫頭骨成為扁形，以為美觀，男子割破臉皮，長成黑斑，以為美觀，他如埃及阿剌伯女子以竹管懸在鼻梁頭和身體，都蒙以黑布，男子赤身赤脚，生活如同野獸，至如印度男子，以紅布裸頭，女子以銅環穿耳，南洋羣島，也無奇不有，染齒為黑，纏頭赤脚，游情無業，汚濁厭人；澳洲土人，都飾以花臉，美洲紅種人，多以鷹毛為飾，他們自己以為美觀，至於文明人看了，一定生厭；我們中國現在許多男子，還有拖一長辮，女子還裹一雙小足，穿耳的惡俗，還沒有除掉，和那些野蠻人，同一樣的臭味，還有自 以為文明的，豈不是一樁很奇怪的事嗎？

文明國的人，莫不有優美和樂的感，健强活潑的身體，一切厭人惡習的確沒有，至如女子束腰，近來也漸漸解放了，

唉！男女同胞呵，試試站在鏡子前頭，把自己的容貌顏色，身體照照，到底文明啦，還是野蠻呢，我想女子裝胭打粉，束胸纏足的，自然很多，那些男子脊椎彎曲，各器管發育不全，形容枯槁，面目黧黑，弱不勝衣，舉止儒雅的，一定也是很多，懶惰不潔的惡習，四萬萬人中，有幾個沒有那個弊病的呢！

（二）

我國北方人喜食葱蒜，南方人多喜食胡椒，辣椒，薑，等刺激物，多食固然有害，少食也無防於衛生，去年西班牙瘟疫流行世界，日本受此疫的害很大，東京一處，死人極多，我國在東留學生，受這種病者很少，推其緣故，因我國人喜食有刺戟性的食物，稍受感冒，體力尚能抵抗，故不易受害，這次疫症的發現，先由西班牙王夫婦同時受症，不久把宮中全體都患同樣的病，不數日，而西班牙，葡萄牙，全國受症死的不可數，十萬人又不多時，法蘭西英格蘭德意志意大利以及歐洲各國，都傳染流行，每日患疫死的數十萬人，又數個月，由美洲傳及中國，日本，以及澳洲，南洋羣島，印度，非洲，蔓延世界，患疫死的，每日以百萬計，後經醫學家考究，大約此疫發源，先在西歐戰壕的兵士，戰場醫士，都注意傷兵，於這種疫症流行，沒有時日去研究，即有患疫死者，也以為受毒氣火藥所致，及至傳英法西班牙，王夫婦常往來在倫敦巴黎，所以傳染以去，發現後，據西班牙醫考驗，才知道是沒有見過的疫症，乃是新發生的傳染病呢，

傳染病，最易發生於溫熱帶，以內的民族，寒帶之內，空氣乾燥，冷而清潔，疫蟲微菌，不能生長，溫熱帶的空氣，最多潮濕，濕度很高，

疫蟲微菌蔓延很快，

溫熱帶諸國惡病之傳人多半由於飲食不潔和蚊虫跳蚤咬傷；疫虫微菌多存在沒有濾過的冷水中或叢生在死水溝渠蒼蠅飢虫就是傳染的媒介，時而飛在污水時而飛在食物將疫虫微菌傳染在食物上人食了這種不潔的食物惡病的根栽入身體了，沒有經過焦炭深池濾過的水中間存在的疫虫微菌有由糞桶和他不潔的東西洗下的有由死蛇死鼠和一切腐朽的物由雨洗下的這種疫虫微菌繁殖很易生長很快人喝這種不潔的水惡病的根又栽入身體了，

由不潔淨的飲食所發現的疾病，多半為時疫，上吐下瀉，頭痛眼昏若再發熱就難救治了；次為痢疾，疫虫微菌入人腸胃以致肚子裏腐敗，膿血成災，假如施治不快，到了全身發熱，也就難於挽救了；還有一種熱症，也是很危險的。

預防以上那些疫病的發生大概幾種法子，——

一、各城市各村莊，製自來水，水均由焦炭沙池濾過，

二、不要飲冷水，凡未經濾過的水和沒有煎開的水不要入口，

三、不要把冷水作涼粉等食物。

四、不要買食露天下陳列食物，

五、除去陰溝污濁死水溝渠的蓄積，灑以防疫藥水或石油等，除去穢氣，和蒼蠅蚊虫一切害物，

六、戲園遊戲場茶樓酒館廚房便所常常保持清潔，

七、家家畜貓以防鼠患，

這不過幾項要緊的法子，若能實行，雖不能說完全沒有傳染發生一定也要少許多了。

（二）

今日學校多注意於教授，忽略於養護，殊不知養護是學校很要注意的事，譬如學生飲食起居，都要施以相當的方法，兒童每以食飯的快慢為競爭，這是不可不痛戒的，小兒咀嚼不細，入胃難於消化，胃臟定受損傷，又有許多和茶湯吞食，這也妨礙消化機能的；還有兒童以多食勝人為能幹的，這也要嚴戒的，飲食過度，定得胃擴張病，初時不覺有甚麼大害，到了老時，必發胃虛症，

教室和一切房屋，都要明朗清潔，以免濁氣積而不宣，妨害學生呼吸，近來小學校教室多不透空氣，教授時間又多，城市囂塵又沒有新鮮空氣可呼吸，學生終日生活在不潔空氣中，受害很大，若不設法改良惡空氣，汙積肺內，既久恐生肺結核，結核生在肺中，肺慢慢腐朽，不可醫治，雖然行深呼吸也不能療治，因為結核積肺尖，空氣難殺去，所以主持教育的人，一定要預防，

小學生多不清潔，我看十人中沒有一個完全清潔的，不是臉手

污穢，就是衣服鞋靴污壞有的外面衣服乾淨，裏衣多半不潔，若說我說話太苛，請試試檢查各校學生耳朵裏頭髮裏鞋靴襪子，書包裏衣口袋有幾個乾淨的咧，

一九一九，十，二九．

## ◉黃醒（未醒）啓事

姓名本是代表一個「人」的符號，我在生物界是「人」這「人」字便是我的符號人不只我一個所以我要另找一個專代表我的符號這符號在一個人本來不必多我在今日以前却最歡喜用很多的符號在別人不知道那個符號是我的可以不說現在多有幾個承認是我的有「勝白」兩個字我現在想起來很有些慚愧因爲——

這「勝」字不是人生的美德

「黃勝白」沒道理

又因爲我會經自問——

爲什麼勝白？ 什麼夠得上勝白？ 何必勝白？ 勝白有什麼好處？

自覺醜得無容身地現在決定不要「勝白」了只要這一個「醒」字本來「黃」字也可以不要但是我本是黃色人種我父又姓黃我的皮膚也很黃暫且留下這「黃」字也不要緊我從今天起便專用「黃醒」作符號或是只用一個「醒」字作符號若是愛我的朋友要從中國的習慣不稱「姓」不稱「名」要另外稱一個什麼「字」「號」就請在「醒」字上加個「未」字喚我作「未醒」我是很感謝的但是不必叫我做「黃勝白」了

## 『社告一』

第一年的報，將次出完；因受能力上經濟上的限制，有許多深負愛閱本報和扶助本報諸君的所在；心下實在不安得很。現在努力改良，計劃從第二年第一期的報（就是第四十九期）起，確定具體辦法：

一 改善內容 不說不負責任的話，多作有統系的研究。

二 增加材料 每期篇幅擴充到十二頁以上，多介紹新近的各種衛生運動方法，用簡睐的說明，以備實用。

三 注重圖畫 特製運動姿勢的銅版圖，以資習者模範；並間插極有趣味而發人深省的寓意畫，籍動觀感。

四 增刊特號 每三個月，增刊特別號一厚冊，討論體育上最重要的問題；並廣求當代名人的意見，爲研究體育的人，增些澈底研究的機會。

五 變更售價 因雕刻銅版和篇幅加多的成本太重，從第四十九期（第二年第一期）起，改訂價目如左表

| 項目 | | 一冊 | 廿四冊 | 四十八冊 |
|---|---|---|---|---|
| 定價 | 現款及兌票 | 銅元六枚 | 一元零五分 | 二元 |
| | 郵票代銀 | 四分半 | 一元一角 | 二元一角 |
| 郵費 | 本國及日本 | 在內 | 在內 | 在內 |
| | 外國另加 | 一分半 | 三角六分 | 七角二分 |

△特刊號每冊售銀三角五分尋預定特刊號全年四冊實銀一元二角合定週報全年五十二冊實銀三元二角

六 優待新例 從本年十二月九日起到九年一月十日止，定爲本報週年紀念期間，凡在此四週內，直接交款到本社繼續預定全年（以從四十九期起者爲限）的報，特刊號一律奉贈，不另取費。若是過期，卻須照定價納費。以前的各種優待辦法，現在期限滿了，一概不發生効力。

## 『社告二』徵求圖片

本報第一次試用銅版圖的成績雖然不好，卻不惜經費

，願意試驗出好成績來；現在已經和印刷店製版部商量妥當，以後極力研究製法，總期有好看的圖畫貢獻。敢要求各地方各學校各體育家資助，賜發張好照片，作我們的材料；倘有割愛賜寄的，本社並勉力籌些微報答盛意的報酬。特將最歡迎的開列如左：

一運動會的各種攝影　二體育場的設備攝影　三衛生家運動家肖像　四熱心提倡體育的教育家或熱心社會事業的慈善家肖像　五體育家和指導體育者肖像

此外凡是直接間接與體育有關係的影片，都是很歡迎的；本社當照着收到的先後陸續製版刊出。

◉寄件請寫明『湖南長沙儲英源第二十三號體育週報社圖片徵集部收』字樣。

『新青年』第六卷第六號要目

我們現在怎樣做父親？　唐俟
兒童公育　沈兼士
我對於喪禮的改革　胡適
吃人與禮教　吳虞
文藝的進化　朱希祖
沙漠間的三個夢　起明譯
啓發托爾斯泰的兩個農夫　鄭翻
詩

◉定價　每冊大洋兩角全年十二冊大洋兩元（本國郵費每冊一分半）

◉總發行所上海羣益書社　◉代派處　北京大學出版部北京中華書局上海亞東圖書館長沙羣益圖書公司體育週報社廣州共和書局成都陳岳庵君

◉上海時事新報優待學界

本報報費半年五元全年九元五角教育機關及各學校學生訂報優待七折半年僅須三元五角全年僅須六元六角五分如蒙訂閱本館當即照寄長沙方面向體育週報社交涉同樣有效此白

◉黑潮（第二號出版）本號有銅版圖畫二幅要目如左：東方將有大戰乎（醒友白）西藏問題與東亞（醒友白）山東問題在和會失敗之原因（余日章講演）日本對華之經濟政策（錢江春）同文同種辯（郭開貞）弭兵聲中日本軍警之擴張計畫（馬伯援）日本人與德莫克拉西（戴[illegible]）日本無米恐慌（白友）日本各界之生活狀況（呂[illegible]彪）詩太平洋的黑潮大船日本之亂源與天皇之運命日本之虛無黨我之日本觀（傅[illegible]長）其他細目不及備載每號一角五分每五號一卷每卷預約六角黏郵票

中華郵務局特准掛號認爲新聞紙類

# 體育週報

中華民國八年十二月十七日（第四十五期）
發行所長沙健英源第二十三號體育週報社
每週一回逢月曜日發行
編輯兼發行人黃醒
印刷者湘鄂印刷公司



## 捐欵鳴謝

何谷芳先生惠捐本報經費光洋一元整

## 社　告

講體育必需運動，講運動必根據生理，本報發行就注意到此；所以先刊了一篇運動生理學述要，後來因爲那篇要修改的很多，所以將他停住。現在特請羅黑子先生重新編譯一部極詳細的運動生理學，全書用國語行文，極爲淺顯明瞭，重要所在，並插有解剖攝影精圖，字數約四十萬，實體育上重要書籍。從早九期起分期登入報中，在今日國內出版界尙沒有這種書的時候，想體育家必定很希望；本社介紹這種書出來，想體育家必定很歡喜！要知詳細的內容，請看第二年的本報

## 新教育第一卷（共五期）三版預告

本刊每期出版，都不滿一月，便沒有了。再版更加售得快。但現在各處未定，要從第一期定起的，越加多了。本社爲了不能應付，眞眞抱歉到極頂！所以祇好三版。請快來預定。——因爲照預訂，不多印

本樣定價——平裝合裝一大冊（另有分裝每期一冊備）價銀一元一角（已定全年者補購預訂）

預訂特價——本埠十二月三十日止　外埠十二月三十日止　特價合裝每冊九角　分裝每期一角八分（郵費不收）

郵費——合裝（每冊計）國內八分半　外洋四角　分裝國內二分　外洋八分　欲掛號國內加二分外洋加一角、

付書日——合裝九年一月三十日　分裝八年十二月三十日付一期　二期九年一月三十付齊

注意——(1)購買全卷祇有合裝一種　(2)印刷份數按照預定份數稍加幾份故不多剩

預訂處　上海西門外方斜路新教育共進社　江蘇省省教育會內

郵寄銀洋務必向郵局掛號各代售處均可轉訂

長沙方面可向體育週報社接洽

你有兒童嗎？

你想把你的兒童教養成個好人嗎？

你要研究兒童的身體精神發育的狀況嗎？請你看

「體育週報的」

# 「兒童研究。』Paidology』

「兒童研究」是近二十年來新研究出來的科學，是專論兒童身體精神各部分發育的狀況的，與兒童的衞生健康知識，學業極有關係做父母的做保姆的做教師的要想把你們的兒童教育好，均不可不看這「兒童研究」。

「兒童研究」這科學我國固然是少有人注意，就是歐美各國也沒有許多人研究。本社現承舒新城先生參合美國心理學大家 Kirkpatrick 所著的 Fundamentals of Child-study，及美國醫學大家 Drummond 所著的 An Introduction to Child-study 兩部書編譯成一部較完備的「兒童研究」。從本報第四十九期起就可以按期分配載在報上。所以特特先報個好消息！

## 「兒童研究」目次

## △性育！

黃醒

孟軻曰『未有學養子而後嫁者也』這句話，不知害死了多少人；再加上歷年來一般『字紙簍』的學士文人，戴上『理教』的假面具，騙得社會的崇重；就有甚麼『言不雅馴』啦！『過於褻褻』啦輕輕的將人生一個大問題收藏起來，連帶的將這『性育』也看作一件不可公開絕對秘密的事了．有些人簡直是莫名所以然的混沌一世；有些人是『老大徒傷悲』，失悔已晚；這個都是那教養他的人不會教他的罪過；都是教育家不注意性育的罪過！都是假面具造成的罪過！

我現在要討論性育問題：——要赤裸裸的討論，——在討論以前，先要問老年壯年的男子：

你會經腰酸嗎？你會經病淋嗎？你會經遺精嗎？你的記憶力怎麼樣？你的視力怎麼樣？你的精神怎麼樣？你的兒女怎麼樣？

再要問老年壯年的女子：

你的經信如期嗎？你行經不感痛苦嗎？你不會病濁病帶嗎？你的精神怎麽樣？你的胆量怎麽樣？　你的兒女怎麽樣？

我問這些不是要你們有答案給我只要你細細的自己省察自己，交一個答案給你自己的良心！再留心去調查你的親眷或留心調查別人的狀態將那壯的弱的肥的瘦的常病的常憂鬱的，常懽樂的或是喜怒不常的種種人的內情果然調查有得，必然知道這些都和『性育』有關係．有些學者將屬於表情的只在『心理』上去研究他忘了『心』『身』的關係疏忽『身』的狀態，——生理的生態——也極影響於『心』

一般教育家對於體育每每的認定運動鍛鍊是『積極的』；一切衛生是『消極的』　同是人生必要的事分甚麽『積極』『消極』已經可笑更有些人將『性育』拋棄絕不理會豈不是大笑話．那些只研究教授管理表面的教育家徒然博得『好教員』的空名譽無形中斷送青年的生命又弱人種於不覺的，不僅可笑實在可憐嚴格的說起來是應該有罪．

我說『性育』的重要已經很明白了；現在應該說『育』的方法．但是『性』在生理學上雖有很詳細的研究此處旣講『育』也不能不根據『性』；因爲方法是由人生從幼年到成年的身體變化情形上生出來的所以先略略就『性』的變化上說說：

凡人無論男女在幼小的時候他的性慾是和睡着了一般，幷沒有甚麽表現．一到了男子十五六歲女子十三四歲的時候，——有些因先天的遺傳或所處的環境比這還要早兩年——他那睡狀的性慾，如夢初醒的發動本能兩性的差異一天天的明瞭．在男子骨骼堅實筋肉發達聲帶漸加長加厚，音調低下．在女子一般皮下脂肪組織加多姿態豐膩，乳腺肥大，乳房膨脹，骨盤橫延，特別生理的變化，月經潮行．這時候男女生理上既然生出激急的變化，設若沒人指導他衛生的注意，每每的易感染疾病輕的像臟燥憂鬱等症，較重像肺癆貧血神經衰弱種種，甚至診治不得法，不幸死亡的也實在不少．

說到性育不講求每每斷送生命觸動我的傷感記得我有幾個朋友他們在有爲的年齡和修學的年齡死了我因爲和他們交情最深很明白他們的底細且寫出來作個說明：

第一個李垂裕他是個獨生子，我在十二歲的時候結識他，那時他的學問已經有根底了．幷且極勉學交際應對也沒一點孩子氣，無人不稱許他是個有用的人才，但是他在外讀書傳染了一種手淫的病，他父母因他成人很早在十五歲上就同他成

婚他便染了極危險的癆病,在十七歲上就死了·

第二個黃象文是我的族孫,但是他年紀比我大得多,他在卅歲上得了很重的病,他告訴我種種失悔的事,他說『他在十五六歲時身體極壯性情很和平,因在朋友家裏看過一部壞小說,接着又看過一回戲,不知不覺的入了魔道,性情變成急燥,成婚後的恣慾,因斷送了妻子的命,現在自己生命恐怕也保不住了』果然他死了·

還有幾個死的朋友,追問起根由,都是因首先戕賊了自己身體,就容易害病,害病就容易死的· 自己戕賊身體是希奇事嗎?自從因是子靜坐法出版,引出許多談靜坐的,其中自認犯病的狠多,看這個更可瞭然這病是極普通的了· 但這病的成因在那裏呢?是『一』由生殖腺的刺激,這刺激經過脊髓渡到腦中,由腦發動精神的慾情『二』由皮膚粘膜,耳,眼,鼻,舌等受刺激,這刺激達到腦,再由動神經影響到生殖腺,觸動慾情『三』由混入血液,達到腦,能催促慾情的藥劑,像酒精就是刺激慾情最利害的東西『四』由飽食怠惰豐衣足食刺激慾情的『五』由大便不甚通順的時候,糞滓中的毒質貯積腸中,刺激生殖腺而發動慾情『六』由不清潔時覺陰部發癢,不免搔擦而刺激慾情的·

誘發性慾的原因既然有這樣多,教育家應研究防制,實是件不容稍緩的事· 有些人以爲不告訴他這些事,不准他看戲,不准他和男女交際,不准他看小說,面子上看何嘗不是極端嚴格有利無弊呢?但是一般青年他不明白個中的利害,或因好奇心,或因能力賸餘,在教育者監護不到的所在,仍然不免於發生自戕的事實· 前年章行嚴在長沙參觀某高等小學的早操時,曾發過一種感慨說『看他學生運動的精神,運動的技術,都極令人起敬,但是年齡稍大的學生,一個個臉無血色,不耐久,歪頸削肩的情形,又令人懷疑起來』這個就是性育沒講求的結果

說到這裏,我再轉過筆鋒,寫一寫鄉下勞工人家的青年,我在鄉下住的時候,留心看那作工種田人家的孩子,他們都是天真爛縵的,生理上沒有那一點他不健全,細密的攷察起來,他們犯性慾的病的極少,更可以說是絕無 這個大概是因爲他們頭腦中只有一個『儘自己的力量飽自己的肚子』的信條,他們的食物,衣服,床褥,都是粗劣的,他們的時間沒有閒空着去用作生活以外的事上的,換一句話說,就是他們沒功夫胡思亂想

從這上頭我們可以知道性育的講求是:——

(一)不可使發育時的青年,有閒功夫去胡思亂想,有賸餘能力去胡作亂爲

(二)須斟酌各個青年的體質,適當支配些使用腦力體力的

工作·

(三)睡醒後不可長在床上,被褥宜薄不可太厚·

(四)不可多食刺激性的食物,晚餐尤不宜食滋味·

(五)注意全身清潔,能用冷水浴更好·

(六)應有保全天真的娛樂·

(七)奬勵他對於學問的進取心·

(八)陶冶他成高尚的理想·

(九)注意他選擇伴侶·

(十)懇切的說明一切性慾中的弊病危險·

(十一)使他明白生理學·

還有女子應該特別注意的條件是——

(一)月經時要靜心養性,愉快安舒,要節制性質劇烈或分量太重的運動操作,要節制用腦力太强的科學修練

(二)月經時在校學生當停止體操和遊戲,不必請假,學校教師也不能勉强他到塲運動·

(三)月經時當注意身體腹以下的温度,像脚部腰部腹部更不宜感受寒冷

(四)月經時絕對禁止食刺激性的食物·

(五)月經時身體上一切不潔諸部,宜時常用熱水净洗·

(六)身體發育後保全自然的體格姿勢,甚麽西洋式的細腰,中國式的平胸,都應該革除·

(七)生殖的道理,平時衞生,孕時衞生,以及育兒法,都應該明白

女子的問題,本應該是女子自己解決,我非女子,不能多討論女子的問題,還希望女體育家,且亟亟的求甚麽舞蹈遊戲運動的法門,當先用科學的眼光研究女子的重要問題,再用科學者的態度發表出來,似乎是第一件事情

## △雅禮學校運動會紀事

直荀

十一月一號,我們學校裏開第三次運動會,體育週報社的記者要我做一個紀事,我現在把我所要記的完全寫出來,但是我沒有寫以前要聲明一句,我是代替體育週報社的記者做紀事,并不是代表我們學校,我們學生體育會做報告

我們學校裏自從民國四年起組織了一個學生體育會,每人每學期交一塊光洋做會金,和學費同時交納,由同學公舉一個會長,每班舉一個幹事,關於體育上一切的事,都由這幹事會議決,交會長和各部的部長執行,全校體育的機關就在這裏,學校裏不過指定一位教員做指導者

我們學校裏原有兵式操和徒手體操兩種,除星期六日和

星期日以外每天操三十分鐘輪流練習（有兵式操的那一天，沒有徒手操有徒手操的那一天沒有兵式操）今年春季把兵式操廢止了，實行強迫運動每天下午有十五分鐘的徒手體操，全校的教職員除了少數中國教員以外，（九個中國教職員祇有兩個可以教體操的）都是體操教員所以我們學校裏現在是沒有體操教員的也就是個個教員都兼教體操分隊等事都由體育會辦理學校并不過問教操的人也要由會長或指導者去請一星期中除星期六和星期日外每天都有這十五分鐘的體操下雨的時候就在雨操場舉行這十五分鐘體操以後還有三十分鐘的運動把全校同學分作五隊每隊每天有一項運動，那種類就是籃球平球野球隊球和田徑賽五項足球是由各人自由報名練習的體育的分數是照着一學生中身體發達的情形定的（每學期開學的時候檢查身體一次到了每學期完的時候又檢查一次比較發育的程度定分數這是今年下學期實行的新法子將來的結果還不能預言）本校是實行普及運動的宗旨這次運動會是抱着這宗旨舉行的所以只要運動的人多就是達到了我們的目的

運動的種類共分九門就是擲鐵球，跳遠，跳高，二百二十碼賽跑，四百四十碼賽跑，跳高，百碼賽跑，持竿跳高和一英里賽跑，依着運動員的年齡分爲甲乙兩隊，（十七歲以上的是甲隊十七歲以下的是乙隊）計分的標準是照年齡分別的每人可以任意選四門運動八門都加入也可以（二百二十碼是甲隊的運動，四百四十碼是乙隊的運動，所以每人只能有八門）但個人獎賞只能照他所選定的四門計算

給獎的方法分個人團體兩種每項運動的前三名有獎四門分數平均最多的前三名有獎。團體給獎的法子，是各班運動員所得的總分數把人數來除第一的獎旗子一面個人運動若能超過最高的標準可以另外加分但不算在團體分數內替換競走（一英里）是每班選出幾個人運動，不算個人分數，只加在團體分數內籃球和隊球是全校的團體運動由體育會選派運動員沒有獎賞，但因時間太短，把隊球删掉了，下面是這次運動最高的標準：

(1)擲鐵球（重十二磅）甲乙隊沒有分別

甲隊　二十九英尺

乙隊　二十九英尺

(2)急行跳高

甲隊　五英尺

乙隊　四英尺八寸

(3)急行跳遠

甲隊 十七英尺

乙隊 十六英尺

(4)四百四十碼賽跑

七十秒

(5)二百二十碼賽跑

三十秒

(6)跳欄(百碼) 十四秒

(7)百碼 十一秒又五分之三

(8)持竿跳高 八尺二寸

(9)一哩賽跑不限時間取先到的十人

▲各項運動前三名的成績

(1)擲鐵球

蕭鼎銘 二十五尺九寸半

李信生 二十五尺八寸

王文元 二十四尺九寸

(2)急行跳高

甲隊

蕭鼎銘 五尺三寸

李信生 四尺十一寸

歐陽統 四尺十寸

乙隊

朱 毅 四尺十寸

趙遠弼 四尺八寸

李曦煩 四尺七寸七

(3)急行跳遠

甲隊

歐陽統 十七尺三寸又四分之三

李信生 十六尺十寸

袁觀光 十五尺九寸半

乙隊

侯國昌 十五尺二寸

李承烈 十五尺一寸半

羅澤堯 十五尺一寸

(4)四百四十碼賽跑

乙隊

李承烈 六十五秒

金錫庚 六十六秒四

羅澤堯　六十七秒二

(5)二百二十碼賽跑

甲隊

李信生　二十七秒

趙牖民　二十七秒二

侯國昌　二十七秒四

(6)跳欄(不分甲乙)

袁觀光　十三秒

蕭鼎銘　十三秒二

歐陽統　十四秒二

(7)百碼賽跑

甲隊

趙牖民　十秒三

李信生　十秒三六

歐陽統　十秒四

乙隊

侯國昌　十秒二

羅振璜　十秒二五

朱　毅　十秒三

(8)持竿跳高

趙牖民　七呎九吋

朱　毅　七呎九吋

羅澤堯　七呎六吋

(9)英里

譚　偉　五分三十八秒又五分之一

來賓中有周南女校的籃球隊加入運動活潑勇敢，是他們的特長，更可佩服的就是他們能打破舊社會的議論，做湖南女界的先覺。

這次的會，并沒有甚麽特色，不過全校同學，幾乎全體加入，可算是達了我們普及運動的目的了。團體分數發表的時候，不是那產出第一第二第三的班次最多，却是那不甚出人物的那班最多，因為他們中間雖然沒有特殊的人物，却沒有極弱的人，各人都能到運動場上去運動，這正是國民實力上的競爭，不是要有特殊的體育家，是要全體國民都有水平線以上的體育知識和體力的證明，我寫到這裏又聯想到我一位先生，他教修身的第一篇講義，就是『聖賢豪傑的特質』，有了少數的聖賢豪傑，多數的國民，仍舊是麻木不仁，又怎樣呢？難道能把四萬萬人都教成聖賢豪傑嗎？中國現在需要的，是聖賢豪傑呢？還是有常識的平民呢？

離題太遠了，我不再寫了，最末的一句話，就是我們的體育會會長要我向那天看會的人道歉，因開會的前兩天每天都下雨，我們不能到運動場裏佈置一切，到了開會的那天早晨還沒有弄得清楚，運動場又沒「乾，所以直到十點鐘纔能開始運動，過了券面上所載的時間，實在對不住各位看的

## 雜談

△到底為什麼？ 這個秋晴的天氣，當那朝暾上窗的時候，正是我們做事的好當兒． 呀！ 嘈雜！ 那裏來這麼大的聲音呢？

捧：——捧！——捧！……

鄰近那家建造房子築墻嗎？拍三合土的地嗎？

捧！——捧！——捧一——二——一二一……

哦！我知道了，這是他們經過這裏了． 唉！可憐他們腦筋不會想事，原來是這個『捧』壞了． 他們鎮日的操練，像把身體練得很好；但是我見他們路還不會跑． 不然，為什麼還要常常躺在人力車上呢？

我要請問這個是『到底為什麼？』 ——素心女士——

△作工！——陳奎生君寫信給我說：『我要研究勞工代體育運動的法子；既得之後，我便按時按地從事工作，以代每日的運動；或其工作有偏，我就用動動游戲運動法來糾正，每天照此做了，然後幹旁的事』 我想我們現在每天所得的衣食住，都是因為有作工的人作好了，我們纔有得趁現成；講體育是為的做人，做人只有作工，作工是應該的，作工也有樂趣，要調節精神筋肉使用的平均，一個人不妨多作幾種工，非到萬不得已，大可以不必用什麼遊戲運動的法子作工！作工！我願意體育家都研究作工！ ——未醒——

## 女子體育如何？（一）

### 發表體育家對於本報提出問題的討論

我是個弱女子，我為的想身體健康，所以買體育週報來看．體育週報揭出『女子體育如何？』的一個問題徵求答案，許多日子不見有人提起，我有些氣不過． 我想我三十歲了，自從十五歲就病起，到現在十五年，常常在病中，當歸川芎不知吃了多少，總是病的． 我打聽過多少熟人，他們和我一樣病的，幾乎有一多半，難道女子本是病的嗎？

我因為醫生治我的病不好，自己到處找方法；方法不會找得，却發現了我的病源． 病源在那裏呢？ 醫生們為我開方以前，每每的必先問問經信，我初道這很醜，就是間接着母親也不

肯說；但是醫生們總說；『女子無病，病在經信。』必定問了去總肯開方。唉！早幾年我還以爲他的道理不錯，我的病不好，只自怨命不好。今日我覺着女子的病，十有九是精神上來的。我的精神上受的是什麽病，我不願說；不過我是十五歲出嫁的，年輕不懂事體，不免有些不能得婆婆的歡心，所以就病，愈病，我婆婆愈不歡喜，他愈不歡喜，我愈病，今日他死了，我想起來，眞有些對他不起。女子體育如何呢？要請體育家先告訴我們女子一個侍奉婆婆的法子。

這篇稿子投來，並不曾署名，我看一遍，很生了些感想，他雖不是體育家，我却想發表他作體育家研究女子體育的參考。　黃醒

# 女子體育如何？(二)

湖南省立第三女子師範學校體育教員　黃潔如女士

體育之範圍甚廣，約分爲二，即運動與衛生是也。運動之種類又極多，凡人之一舉一動，皆有運動之意義，衛生則起居飲食，概括其中。故體育之於吾人，實不可一時或缺，更不可不加意研究，以取利而去弊焉。我國上古雖文化未開，人民茹毛飲血，以養生，然獵一獸也，必竭力搏鬭而後得，營一窩建一巢也，必手足疲憊而後居，是皆運動之激烈者。有運動則體育胎乎是矣。

現今學校有體操科，以鍛練身體，鼓吹研究，不遺餘力，我國之體育，可謂進步矣，發達矣，余以爲進步則有之，發達則未也。蓋國家體育發達，則人民必有一種健全之身體，以作表示人民之有健全身體，又端賴乎母體之遺傳。吾國刻下，一般男女學生之體格，果强健否耶？說者謂學校每年舉行運動會，莘莘學子，莫不身操衣，足革履，張胸昂首，精神奮發，一似有體育之成績者；然實際調查，則所謂運動會者，其中黑幕，正不知凡幾。男學校吾不知其詳，即就女學校而言，有於開會之先一月，缺課預備者，體操教師亦以名譽所在，不加阻止，且從而督促之。學生中有體氣素弱，不堪其勞，陸續告病，教師仍强之運動，不能則斥爲敗類，並以種種手段相恫嚇，此女學生之痛苦，有難言者。至開會日，教師又令學生少著衣服，以免滯礙運動，每遇朔風凜冽，學生運動之際，青其面，白其唇，膚慄齒戰，勉强出場，及閉會後，學生之患風寒症，或日晒病者，比比矣，嗚呼！斯運動會也，可謂女子體育發達之成績乎，抑爲無形之槍林彈雨，戕殺人類者乎。即平時各女校所授之體操，亦無一定之規程，彼學理較明者，固能支配得當，而以訛傳訛，誤人子女者，實所難免，且尤以女子小學體操教員爲多數，若不速加補救，吾恐彼有用之幼稚學生，行將陷於隳敗之地位，負斯責者，當在我熱心研究之體育家。潔如不敏，學力淺薄，不能取關於體育之各種事蹟，逐件報告，惟就大概情形，略述一二，幸諸

君子有以賜教焉，

## 月刊 新群雜誌創刊號出版廣告

本誌以研究社會主義社會問題及介紹新思潮新學說為目的創刊號定于十一月二十日出版要目如左、

發刊辭　怎樣去研究社會改造問題？　國民監督政府之研究　社會主義與吾國之社會改造　什麼是社會主義　社會主義與吾國之社會改造　什麼是社會　義？　怎樣可以實行？一武力與秩序　政治思想　新社會與新生活　新生活之要素果何物乎？　社會學上社會主義之觀察　爰慮太太　摩托車論　雜林見聞

總發行所　上海威海衛路中國公學編輯社新群雜誌部

分發行所　北京大學出版部　各省大書坊　長沙大公報館

定價　每本大洋二毛　全年二元　郵費在外

## 解放與改造第六期要目

本刊月出兩冊第六號准於陽歷十一月十五日出版要目如下

評壇　廢兵運動　論說　甚麼叫解放？甚麼叫自由？　讀書錄　克魯泡特金的道德觀　世界觀　俄羅斯蘇維埃聯邦共和國憲法全文　社會實況　婆婢制度的因果和剷除的方法　評述　無產階級論　文藝　新偶像　此外還有雜載附錄細目載在冊內

## 國民雜誌第二卷第一號出版預告

本雜誌為國內專門以上學校及留學歐美日本青年有志者所組織以增進國民人格灌輸國民新知識為主旨刊行已歷四期頗受閱者歡迎茲自第二卷第一號起刷新內容改良篇幅本期出版在即特先將要目披露如左

再論新亞細亞主義　鮑爾錫維克主義底研究　社會為甚麼要改造？　五四運動與青年的覺悟　難道這是應該的麼？　黑潮記　世界的國家主義　新村之說明　女子之作戰與其備戰之步驟

通訊處北京北池子五十三號本雜誌社

## 湖南教育月刊出世了！

宗旨是
- 介紹世界的教育思潮
- 商榷新教育的建設
- 批評舊教育的弊端

從民國八年十一月一日起每月出版一次每年十冊（暑假停刊）每冊定價洋一角六分預定半年七角五分全年一元四角郵費每冊二分

### 第一卷第一號要目

本刊宣言
評論
湖南教育問題
桑戴克的教育學說
中等學校國文教授革新談
日本教育雜談
人的體格與壽命
相思子考
歐洲和會之教育問題
非律賓之教育
俄羅斯人之新生活
入生問題之一
湖南漵雲中學校之概況
教育和文字
做人

本社同人　楊國礎　舒新城　楊樹達　李肖聃　方積軍　吳起朋　宋煥達　張效敏　尹鐵湘　楊樹達　張效敏

代售處　長沙上海群益圖書公司　長沙儲英源體育週報社

## 『求新週刊廣告』

本週刊為少年學生所組織以提倡人格發展個性增進知識為宗旨現已組織就緒下週即可出版每份售銅元二枚社址在長沙順星橋十五號

中華郵務局特准掛號認為新聞紙類

# 體育週報

中華民國八年十二月廿四日（第四十六期）

發行所長沙儲英源第二十三號體育週報社

每週一回逢月曜日發行

編輯兼發行人黃醒

印刷者湘鄂印刷公司

△本報代售者▽

上海中棋盤街羣益書社
杭州平海路教育潮社
南京高等師範陳奎生君
武昌中華大學惲代英君
天津楊村邵光典君
長沙新坡子街中華書局

△售例▽

◉零售每期每份銅元三枚
◉全年四十八期預定銀元八角
◉半年二十四期預定銀元五角
◉外埠郵費在內郵票代錄以半分一分者為限

## 新聞學下月一號出版預告

此書乃北京大學徐寶璜教授所著將於新聞業之各重要問題均為有系統之說明而於吾國新聞界之弱點尤特別注意此書之初稿二稿三稿散見各雜誌此則為第四次之稿較以前諸稿尤為詳備定於下月一日出版由北京大學日刊編輯處及北京大學出版部發行願函購者可與大學日刊編輯處接洽每冊書價大洋五角此告

## 解放與改造第七期要目預告

本刊月出兩冊第七號准於陽歷十二月一日出版要目如下（評壇）將待中國不勞而食的階級的辦法（論說）我們為甚麼要講社會主義？○中國的階級鬥爭（讀書錄）羅塞爾『到自由的幾條擬徑』（譯述）廣義派與世界平和（俄羅斯之新法令三種（文藝）市場之蠅○此外尚有雜載附錄細目內容出版時再行佈告

## 解放與改造第六期出版目錄

評壇　廢兵運動
論說　甚麼叫解放？甚麼叫自由？
讀書錄　克魯泡特金的道德觀
社會實況　妾婢制度的因果和剷除的方法
譯述　無產階級論
文藝　新偶像
雜載　社會革命之原因與歷史觀察財產是贓物的解釋
附錄　無治主義之由來及各家之傳略與學說

月出兩冊◉每冊大洋一角◉半年十二冊一元全年二十四冊二元◉郵費另加◉本國及日本每期郵費分半外國每期郵費六分◉代派所上海四馬路望平街時事新報館上海泰東圖書局及北京大書坊◉凡欲訂購本刊或在本刊登廣告者請與代派所時事新報館會計處接洽◉本刊廣告價目表現已改正取費從廉連登三期以上尚有折扣欲登廣告者均請注意◉第一第二號合冊再版現已出版特價一角五分

北京大學

# 新潮

## 第一卷三版預約

本誌是介紹西洋有益思潮批評中國學術上社會上各問題的的月刊出版後讀的人非常歡迎初版早完了再版出來不到半月也完了但是各界要求的信還是來個不了所以趕印三版發售預約愛讀的人得此極好機會想必高興的狠

不通匯兌的地方可用郵票代洋九五折算外國郵票不收

（冊數）
洋裝的　第一卷一號至五號全卷合裝一冊
平裝的　第一卷一號至五號全卷分裝五冊

（價目）
預約　洋裝的一元五角平裝的全卷五冊一元二角零本每冊三角
截止後　洋裝的一元八角平裝的全卷五冊一元五角零本不賣

（時期）
預約期　本埠陽歷十一月三十號截止外埠陽歷十二月十號截止零本本外埠一律陽歷十一月十五號截止（外埠統以發信日爲準）
發書期　陽歷十二月十號發第一二號陽歷九年一月十號發清第三四五號但洋裝的須九年一月十號再發

（郵費）
國內　本埠每冊一分半每卷七分半外埠每冊三分每卷一角五分如要掛號洋裝一件加五分平裝兩件加一角
國外　日本與國內同其餘各國每冊一角每卷五角

東亞圖書館發行　上海五馬路棋盤街西首

---

◉上海時事新報優待學界

本報報費半年五元全年九元五角教育機關及各學校學生訂報優待七折半年僅須三元五角全年僅須六元六角五分如蒙訂閱本館當即照寄長沙方面向體育週報社交涉同樣有效此白

## 新教育第一卷（共五期）三版預告

本刊每期出版，都不滿一月，便沒有了．再版更加售得快．但現在各處未定，要從第一期定起的，越加多了。本社爲了不能應付，眞眞抱歉到極頂！所以祇好三版．請快來預定：——因爲照預訂，不多印

本棣定價——平製合裝一大冊（另有分裝每期一冊備已定全年者補購預訂）價銀一元一角

預訂特價——本埠十一月三十日止外埠十二月二十日止特價合裝每冊九角分裝每期一角八分（郵費不收）

郵費——合裝（每冊計）國內八分半外洋四角　分裝國內二分外洋八分欲掛號國內加二分外洋加一角

付書日——合裝九年一月三十日分裝八年十二月二十日付一二期九年一月二十付齊

注意——(1)購買全卷祇有合裝一種(2)印刷份數按照預定份數稍加幾份故不多剩

預訂處　上海西門外方斜路江蘇省省教育會內新教育共進社

郵寄銀洋務必向郵局掛號各代售處均可轉訂長沙方面可向體育週報社接洽

# 學校應否廢止兵操

我在講話要發表對於「學校應否廢止兵操」的意見以前，要申明我的態度：並不是因爲德國失敗，我纔跟着打破軍國主義，並且廢止兵操；也不是因爲山東問題，我纔覺得中國應該主張保存兵操；我確實不會盲從，也不願雜着兩端的折衷論調；我是拿我自由的意志，平心靜氣的發良心話，也願看我這篇文字的人，都平心靜氣的說幾句良心話。

現在持廢止兵操論的是些甚麼理由？有的說：兵是凶器，是不人道的東西，同是一樣的人，不應該相殘殺，所以主張廢兵；廢兵用不着習兵操，所以廢兵操。有的說：共和國家應該發揚民治的精神，用不着講強權的軍國民主義；含着軍國民主義意味的兵操，也違背德莫克拉西的精神，當然廢止。有的說：兵操是機械的動作，束縛個性自由發展；兵操是偏枯的動作，妨碍身體平均發育；所以應該廢止。

現在反對廢止兵操論的是些什麼理由？有的說：中國弱，不圖強必亡，強國須有精兵，兵出於民；共和國家人人有當兵的義務，練習兵操所以預備當兵的資格。有的說：物競天擇，弱肉強食是事實；民族自決，扶助弱小是理論；人類不能無戰爭，學校不能廢兵操。有的說：中國的國恥太多，國際上的地位低，不極力備戰，簡直沒有立國的資格，國民就沒有人格；有的說：公理是敵不過強權，要是沒有強權來維持公理，公理也絕對無存在的勢力；兵操的目的是造成強權，強權的用處是維護公理。還有最近有些因直接受了軍閥的痛苦，甚至厭惡兵操的；有些因爲覺悟受了兵的毒害，迷信着以其人之道還治其人之身的信條，極注意兵操的；還有就事實來看世界各國廢止兵操的有多少國，國內各學校廢止兵操的有多少？我算到這裏，且不寫下去，請閱者想一想！……

想一想兵操是些什麼？兵操是做什麼用的？

因爲國防用着兵來做萬不得已那戰的準備，因爲作戰計劃的勝利上着想，將歷來戰爭得的經驗，定出些個條件；將這條件作標準，所以兵必須練到合格纔可以應戰。兵操是預備作應戰用的，所以兵操爲指揮便利起見，必須要有整齊嚴肅的精神，要有絕對服從的習慣，因爲便利進行，所以規定每分鐘走步的步數；因爲便利號令，分甚麼種種編制種種隊形。簡單說：兵操的一舉一動，都是爲便利作戰規定的。在作戰以外，兵操有別的用沒有？可以解決一個人的生活問題不能？……這且休論，就作戰一件事說，專會兵操就能算是兵嗎？強盜騎馬，他都會兵操，何以我們不承認他是兵？行爲類似強盜騎馬的兵，他的兵操練得很好，何以我們對着他皺眉頭呢？有人說：兵有兵的『精神教育』；我說兵的精神教育，也不出做人的範圍；能做人的，大概沒有不能當兵的，倒是現在當兵的，不見得個個能夠做人。這一層就算我說錯了；我又要問——

只有會操兵操的人——多數人——全國的人——就可以作戰嗎？若說有兵還要有供兵用的東西，那嗎！就要問中國的供兵用的東西夠不夠——有沒有？我國現在的兵不爲不多，操過兵操的學生也不少，何以當二十一條提出的時候，忍辱答應他？對他何以宣而不戰？一般人又自信不能和別國打一次呢？說的人都說實力不夠。那嗎！作戰的實力是甚麽？交通，經濟，製造，發明，科學，這些做人應做的事，不過他們取來作戰的應用。我們是一些兒也沒具備。那我們爲何不亟亟的謀交通，經濟，製造，發明，科學？却捨得多數人的時間體力，去做那不是現在需要的事呢？

這以上是就中國的情形說——就愛國說——似乎有比那兵操還是要緊的；我們的時間能力，應該先用到別的事情上去。假定世界人類仍然不免於戰爭，我們作眞實戰備，也當然要極力先謀那些，然後纔不至於有『巧婦難爲無米之炊』的喪氣話。進一步憑良心說：國弱的圖強，鄰國強的又擔心弱的強了，恐怕於他有害，他謀更強，比較強力的結果，總有一個弱的，弱的再圖強，強的更圖強。請看歷史上有繼續強到一百兩百年的國嗎？現在法國是不是處處防德國復仇呢？我想——妄想——中國民族對於世界人類文明的貢獻，在物質上可以說一點沒有，何防趁全世界人類中智識階級正覺悟的時候，爲精神上的文明做個急先鋒的運動者呢？愛和平的民族，果然能運動得眞實的世界和平，——廢兵去戰——那就享受他們發明的物質文明，也無愧了。不然，我們在物質上也應該犧牲一番精神，發明他們尚未曾發明的東西，供世界人的享受，纔是道理。這樣！我們又那有時間能力去做那無益的事呢？

說到這裏，閱者不笑我說海話嗎？但是我斗胆說一句，我們還學人家的還學不了，享受人家的還不配享受的民族，若不努力的追上人家，同人家立在水平綫上；縱有極強的武力，和獅虎一樣，終不免有一隻鐵籠子裝你們陳列在博物院裏去，非得在精神上或物質上有些發明，——科學的發明——世界上絕沒有我們的位置。這是說在自愛心自私心也要將時間能力不用到自己不願意和人類進化的障碍的事情上去。

若說我的話說得太懸虛了，我再退一步說——單就兵的個體說——據最近歐戰的經驗，美國發現了國民體格的弱點，英國法國也發現了國民體格的弱點，都認定體育原來的講求不週到，正亟亟的謀體育經費的增加．試平心靜氣的想想我國民族一般人的體格是怎樣？够不够得上與人家比較？學校學生最大的年齡也不過二十五歲，照學制高等小學就有兵操，可憐他元氣還不會充足——還不會成人——就教他做殺人的事，誰無子弟，何忍出此呢？

說來說去廢兵是件無疑的事；有人再將世界各國現在不曾廢兵，和世界仍然不免大戰的話多說，我就明瞭的答復他說：

今日這不好的現像，强權支配的和會結果，都因在會的人以及各方面當事的人，都是從前受不良教育的惡果，和那强權的偶像不會打破的原故．我們為將來人類的安全計，為種善因計，絕對的要廢止學校的兵操；這廢止兵操就是剷除强權的偶像，為世界廢兵的張本．

附　言

我為的鄭重這問題，在四十三期報上會登過一個啟事，並遲遲的等到今天纔發稿，並不見再有稿來，只得暫且發刊．如體育家都默認兵操應該廢止？請你都從事於廢止兵操的運動，若說是不應該廢止，也請你將不應該廢止的理由告訴我，我當隨時發表，供一般人的研究．十一月廿二日，

發表體育家對於本報提出問題的討論

## 學校應否廢止兵操？（一）

浙江第七師範學校體操教員 張寶琛

欲論吾國學校應否廢止兵操，當先解決吾國今後立國方針，應否取軍國民教育主義，欲定吾國立國方針，應否取軍國民教育主義，當先問世界各國除德奧外，其餘如英法日意等國，於大戰前是否亦取軍國民主義，（英吉利以海軍立國，法意日等國，均行徵兵制度，非軍國民主義而何，）自經此次大戰後，各國已否相約撤銷軍備，保證他日不再起戰爭，國際聯盟會之組織，是否海牙和平會之變相，所謂人道公理正義者，國際間能否互相維護，國際之地位，將來能否躋於平等，此次巴黎和會，關於各國權利之分配，是否公允，倘有一問題，當促吾國人之覺悟者，即此次和會中所謂英美法意四大強國者，對德和約內，關於吾國山東問題之處分，是否主持正義及公道，吾國於對德和約。既失主權之獨立，及領土之完全矣，而於對奧和約，能否將庚子賠款，天津租界等項，得圓滿之效果，吾知國人觀於上列諸問題，必憬然猛省，而知公理正義之不足恃，來日之禍患方興未艾矣，瞻念前途，殷憂靡已，臨淵羡魚，不如退而結網，今日之中國，除勵行軍國民教育，以發奮圖強外，則無他路可走也，乃近來一般神經過敏之徒，鑒於德奧之失敗，協約國之勝利，於和會開幕之初期，沾

沾自喜曰，公理戰勝強權，軍國主義撲滅，從玆國際戰爭消滅，世界大同，可期矣。吾國學校之兵式教練，可以廢止矣。此種片面的觀察，似是而非的見解，實未嘗將己國所處之地位及情勢，加以綿密之考慮者也。此由過信杜威博士之學說，致有此種不健全之德莫克拉西的教育主義發生也。夫杜威博士爲當今之大哲學家大教育家，其思想之高遠，立論之正大，其學說之風靡於全世界，余何敢非難之。德莫克拉西的教育，所謂民本民治民民的主義，所謂自由平等互助的德性，所謂個人健全的發展，社會公平的進步，人類圓滿的幸福，均爲現在時代之新潮流新精神，余非不承認之。雖然，杜威博士所主張者，平民主義社會主義之教育也。所謂平民及社會主義之教育者，即德莫克拉西的新教育也。杜威雖提倡德莫克拉西的教育，然亦並未極端反對軍國民教育主義者也。故余以爲平民主義之教育，固爲吾國所當採行，而軍國民教育主義之在民氣萎靡之中國，猶不失爲拯起沉疴之良劑也。蓋軍國主義者，二十世紀最流行之國家主義也。世界一日未大同，則國家主義一日不能拋棄，國際之戰爭，終不能避免，誠以生存競爭，人類優勝劣敗之試驗也。優者勝而劣者敗，所以消納世界人口過度之繁殖也。世界人口繁殖之速率，依人類學家之推算，歷五十年可以增加至一倍，使世界無戰爭，則人口滋生無止境，地球面積不加大，將向何處覓星球而謀生活乎？即以德莫克拉西的『謀人類圓滿幸福』一語衡之，則英吉利何不予印度人以自由耶？此次和會對於朝鮮人之獨立運動，何不依據民族自決主義而容納其請願耶？各國對於海外殖民地之土人，何不稍施恩澤，而必誅夷之，虐待之，犬馬之，奴隸之，是誠何心耶？然則歐人所倡導之人道主義者，乃強國對於強國之人道主義，非對於人類全體之人道主義也。且所謂人道主義擁護公理云云者，西方之美人首創之，英法意日等國附和之，其初意不過欲引起世界各國對德之惡感，而謀戰事之速了耳！美其名曰人道，人道，公理，公理，姑與美人虛與委蛇，顧其心目中未嘗不竊笑美總統十四條之宣言，爲迂闊而遠於事情也。當和會初開之日，威爾遜光明磊落之心情，有聲有色之主張，世界弱小國，莫不尊之曰『正義之神』，曾幾何時，事與願違，向日之主張，爲英法日意所挾持，不能自由伸展，亦惟有偃旗息鼓，而舍己從人耳？西洋外交家有格言曰『國際交涉無道義』，於此不益可信乎？試閱近來報載，日俄煽動外蒙獨立，英人嗾使西藏進兵，幾經交涉，均無結果，而環顧國內，武人專橫，財政困竭，南方當局，猶齗齗於法律之爭持，北方奸黨，又從事於政局之盤踞，雙方均無眞誠悔悟之心，政象陰慘，邊氛日亟，吾人以羣策羣力，打破軍閥主義則可，減少軍額，而裕財政則可，若幷軍國民教育主義而排斥之，學校之兵式操而廢止之，是何異自撤藩籬，自縛肢體，而啓豺狼之野心，盜賊之覬覦哉！須知德國之强，軍國民教育之力，其敗也，非軍國主義之咎，實由德皇自信力太强，外交上失策，任令同盟之意大利，中立之美利堅，爲協約國所利用，遂致孤立無援，四面受敵，故德國之覆敗，乃外交上之失策，而軍事上固未嘗失敗也。我國之弱，實由從前之教育，未能實行德國式的軍國民教育之故，使眞能模仿德國之軍國民教育，則無論其主義錯誤與否，必不至如今日之奄奄待斃，任人宰割也。吁匈奴未滅，何以家爲，慶父不死，魯難未已，吾願吾國騖新之教育家，勿因提倡平民主義，而即排斥軍國主義也。吾願雄心勃勃之軍事家，勿以軍閥主，而假冒軍國民主義也。吾願醉心和平之國人，勿徒依賴公理正道，夢想國際聯盟，而日從事於消極方面之救國也。然則積極救國之道維何，曰，教育耳！軍國民教育耳！全國自高小以上之學校，一律行兵式訓練，使學生均有軍事之知識，具有軍人之體格及精神，爲他日復仇雪恥之預備耳！

近來主張廢止兵操，提倡正式體育運動之理由，以爲兵式教練之性質，爲機械的，形式的，偏頗的，強制的，不能自由發表意思的，不以生徒個性爲本位的，不合於生理解剖的，正式之體育運動，係根據生理心理諸學，能使青年得以遂其自然發育的，然吾欲問所謂正式體育運動者，究係指何種體操及運動而言，是否於現行之體操教練遊技，以及各種課外運動外，另行創造一種新體操新運動，以應體育界之需要乎，抑係現行之體操運動，除兵操外，其餘皆可謂之正式乎，如謂兵操規律嚴重，過於束縛，不能發展過性，試問普通體操及行進遊技等運動，是否亦在一定之口令規則下行之乎？如謂兵操爲偏頗之運動，不合於生理的法則，試問現行之體操及運動，除瑞典式普通操（按現行之普通操皆脫胎於瑞典操）爲依據生理的法則，有基本形式的規定外，其餘如行進遊技，（行進遊技之動作，大部分爲下肢運動）以及各種課外運動，均爲偏頗之運動，而未依據生理的法則，亦無基本形式的規定者也。如蹴球賽跑跳躍等之使用下肢，籃球投擲等之使用上肢，可謂之平均普遍之運動乎？況兵操當行持槍教練時，上下肢均須用力，所缺者亦惟軀幹之運動耳？如謂吾國從前之體操及運動，爲不經濟的，不生產的，不合於人道的，與人生無關係的，不適於新世界體育之潮流的，試問新世界之體育，究以何種方法，何種教材，爲最經濟的，最生產的，最合於人道的，最適於人生的乎？是否西洋各國於歐戰期內，已經有人發明一種完善無疵童叟咸宜之德莫克拉西的體育法，習之即可長生不老乎？如謂吾國學校自行西洋式的體操運動以來，學生體力何以無顯著之進步乎？此由於實施之方法不得其道之故，不能因此而遂懷疑於西洋式之體操及運動也。譬如共和立憲，他國行之而見效，中國行之而致亂，而遂謂憲政不適於吾國可乎？如謂兵操執槍等動作，行於發育未完全之生徒，體力上不能勝任，然高等小學之兵操，原以完成徒手教練基本動作為已足，不必好高騖遠而以眞鎗嚇人也。至於中等學校以上之學生，身體發育已完全，體力亦漸加强，非使用分量較重之器械，不足以滿其欲望，則妨碍身體發育一層，又不必為之鰓鰓過慮矣。且吾國學校體操一科，本不偏重於兵式一方面也。試觀教育部定章，國民小學以遊戲為主，高等小學普通與遊戲並重，而以兵式輔之，中等以上學校除師範學校外，均兵式與普通並重，試思每週三四小時之體操，兵式一項，少者佔一小時，多者亦不過二小時，而謂每週三十多點鐘之功課，而此區區一二小時之兵操，即足以妨碍體力之發達，有是理乎？故鄙見以為欲謀吾國體育之進步，宜致力於實施方法上之研究，教材選擇上之注意，或將吾國固有之拳術。盡力設法提倡之，而於兵式操存廢問題，誠不必囂囂然爭論也。雖然，此體育上之大問題也，學識淺陋如鄙人者，何足以語此，願全國體育家有以教我。

張先生送這篇稿給我；我很感謝張先生的；雖說兵操的主張和我不合，我却極佩服他的眞摯性情，所以我不忍因為主張不合便割愛。

醒

## 學校應否廢止兵操？（二）

南京高等師範學校體育科 江孝賢

兵操應插入學校之課程乎？曰否，一定不可也！兵操乃軍事學校中之專課，與普通學校何有哉！

兵操之目的，乃養成優秀之軍人，即敏捷精確，勇敢有秩序，能服從，能負重行遠，掘戰壕，探奇險，能善用鎗礮，刺刀，炸彈，摩托車，飛行艇之人也。學校中能於已經忙碌之課程中，加入此繁難之練習乎？已經支絀之經費中，提出鉅大款項以備如許昂貴之殺器乎？既狹於時，又絀於資，而每週中耗去若干寶貴之光陰於皮毛之兵操，果何益哉？

或謂學校中之操兵操，初非欲造成軍人，不過使學生少有軍人之習慣，俾他日有事，教授上較易較速耳。是大不然也！苟吾人以有興味與教育價值之游戲運動，養成活潑健全之青年，使學兵操於有事之秋，則因元力之充足，愛國心之激勵，於數星期中所獲之成績，必遠勝於日日操練之兵士，如今日美國青年之就學於法，又何必每週以若干之時間，經數年之久而期少得軍人之習慣哉，亦太不經濟矣。

且兵操於身體上之影響，不可不細加研究也．當上操時，右手持鎗，反覆作數偏部簡單之動作，惟偏部動作最易感疲勞，久之必使健全之身體成爲倚斜之形式．設已有如此之形式者，則不惟不能矯正，將因兵操而益厲焉．不特此也，兵操必須學者成爲機械，目前視，腿頻畧右，手右肩，久荷在銃，一動一止，唯令是從；苟不聞號令，則雖目眩力疲，亦必强自支持．是人之自動自制之本能，與興味，將共身體一併而爲兵操犧牲之也．常見學生於上兵操時，輙疾首蹙額，畏葸不前，一若將受莫大之痛苦，是即就學生之本心，亦不欲兵操立足於學校也．

或謂兵操能使人有服從自治之美德，故學校有兵操，能使全校有一致之精神，頗有教育之價值．此乃似是而非之論也．吾人皆知兵士於長官監視之下，十分服從有序，一旦失少所畏，則無所不爲，且兵操消滅教育家所畏視爲重要之自啓心（Initiative）果何教育之價值乎？

有謂兵操能養成軍國民之精神，他日衛國保家，皆惟此精神是賴，故學校中應培植之．是又不然也．夫一國之生存，非僅賴兵實額，其有道德與受良好教育之國民也．若兵操者，僅種人心以殺戮之菌耳．吾國年來所受之兵災，與此空前之歐戰，皆此精神之爲祟．是將撲滅之之不暇，乃從而培植乎？且戰爭者，野蠻之餘跡也．他日人民智德高尚，國際之中自有善法處理戰爭，必屏棄無遺．今日學校何不從事文明建設之教育，而仍不忘於此野蠻破壞之兵操乎？

## 雜談

上操要穿緊小的衣？衣服要合身，人人都知道．合身的第一個條件，是要便於操作，也是人人都知道的．但是我有次在某女校參觀，聽見幾句話，我把他寫出來請教請教．

『叮噹！叮噹！』……

『上課了．這點鐘是體操，快跑快跑！』

『唉呀！』忘記了吃虧！吃虧！』

『忘了甚麼？』

『忘了換件衣裳，現在來不及了，罷了！』

『甚麼衣？要換不會等到完了課去換嗎？又便洗濯……』

『不是別的！我現穿的衣很鬆很大，應該換那件緊小些的．』

唉！我不知他們這一堂功課，有多少人不會忘了的．（仈）

## 社告

講體育必需運動，講運動必根據生理，本報發行就注意到此；所以先刊了一篇運動生理學述要，後來因爲那篇要修改的很多，所以將他停住．現在特請羅黑子先生重新編譯一部極詳細的運動生理學，全書用國語行文，極爲淺顯明瞭，重要所在，並插有解剖攝影精圖，字數約四十萬，實體育上重要書籍．從四九期起，分期登入報中，在今日國內出版界尚沒有這種書的時候，想體育家必定很希望；本社介紹這種書出來，想體育家必定很歡喜！要知詳細的內容，請看第二年的本報你有兒童嗎？
你想把你的兒童教養成個好人嗎？
你要研究兒童的身體精神發育的狀況嗎？請你看

# 「體育週報的」
# 兒童研究。『Paidology』

「兒童研究，」是近二十年來新研究出來的科學，是專論兒童身體精神各部分發育的狀況的與兒童的衛生健康知識，學業極有關係做父母的，做保姆的做敎師的，要想把你們的兒童敎育好，均不可不看這「兒童研究」。

「兒童研究」這科學，我國固然是少有人注意，就是歐美各國也沒有許多人研究。本社現承舒新城先生，參合美國心理學大家 Kirkpatrick 所著的 Fundamentals of Child-study，及美國醫學大家 Drummond 所著的 An Introduction to Child-study 兩部書，編譯成一部較完備的「兒童研究」。從本報第四十九期起，就可以按期分配載在報上。所以特持先報個好消息！

## 「兒童研究」目次

中華郵務局特准掛號認爲新聞紙類

中華民國八年十二月一日(第四十七期)

# 體育週報

發行所長沙儲英源第二十三號體育週報社

每週一回逢月曜日發行

編輯兼發行人黃醒

印刷者湘鄂印刷公司

△本報代售者▽

上海中棋盤街羣益書社

杭州平海路教育潮社

南京高等師範韓覲奎先生

武昌中華大學惲代英君

天津 楊村 邵光典君

長沙新坡子街中華書局

△售例▽

◎零售每期每份銅元三枚

◎全年四十八期預定銀元八角

◎半年二十四期預定銀元五角

◎外埠郵費在內郵票代銀以半分一分者爲限

## 捐款鳴謝

梁堯岑先生惠捐本報經費光洋一元整

何叔衡先生惠捐本報經費光洋一元整

## 湖南教育月刊第一卷第一號要目



教育和文字做人　楊樹達　張效敏

代售處上海羣益圖書公司　長沙儲英源體育週報社

## 新聞學下月一號出版預告

此書乃北京大學徐寶璜教授所著將於新聞業之各重要問題均爲有系統之說明而於吾國新聞界之弱點尤特別注意此書之初稿二稿三稿散見各雜誌此則爲第四次之稿較以前諸稿尤爲詳備定於下月一日出版由北京大學出版部發行願函購者可與大學日刊編輯處及北京大學出版部接洽每冊書價大洋五角此告

## 解放與改造第七期要目預告

本刊月出兩冊第七號准於陽歷十二月一日出版要目如下(評壇)將待中國不勞而食的階級的辦法(論說)我們爲甚麼要講社會主義?○中國的階級鬥爭(讀書錄)羅素爾『到自由的幾條擬徑』(評述)廣義派與世界平和○俄羅斯之新法令三種(文藝)市場之蠅○此外尚有雜載附錄細目內容出版時再行佈告

# 新青年『七卷一號』目次





## △矯正脊柱底研究

末醒

（續第十七期稿）

以上這種彎曲在當時並不能成一種固定的姿勢，因爲一個人在小時候底骨骼很軟，境遇使他怎樣，他便怎樣。人的骨骼既因爲要適合生活健康的狀態，胸腰兩部受筋肉和內臟的壓迫，和站着的時候支配重心的關係，成了自然的——生理的——S的彎曲形式。這種彎曲，不是我們要研究和矯正的，我們要矯正要研究的彎曲是比這生理的彎曲還大的彎曲，不適合生活健康狀態的彎曲，是一種圓背的彎曲——附帶着研究那『矯枉過正』的平背姿勢

（附圖八）

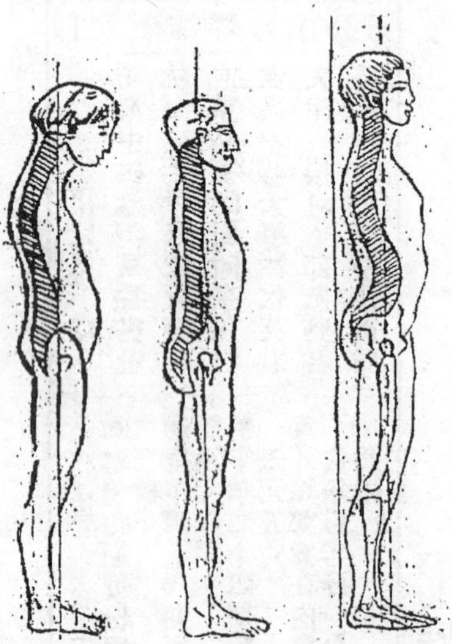

生理的姿勢　平背姿勢　圓背姿勢

人生不能一秒鐘離開空氣，人身上裝空氣的就是胸腔·胸腔大，肺活量也大；胸腔小，肺活量也小；人爲有大那胸腔的必要，肋骨又不能特別增長，所以非得脊柱在胸部彎曲彎曲不能，造成較大的胸腔· 試將第八圖三種姿勢比較比較就明白那一種胸腔有矯正的必要了·

原來說生理上自然的狀態，是由適合生活健康來的· 這平背圓背的狀態，又是從那裏造成的呢？應分別着看一般人不良姿勢屬於前後不正確最普通的是『圓背』圓背底造成是因爲生活操作的壓迫· 試想一個人總不能不操作，操作總用手，手在前面操作自然的引着肩頭向前；就是日常的吃飯睡眠，也是引肩頭向前的· 再說一個人在做過事後疲勞時候，斷沒人能豎直了脊柱的，無論是坐着站着，只要稍稍緩弛精神，那背就自然圓了· 以上是就一般人生活習慣的觀察，現在再從特別情形上着眼來觀察：

一、業坐的人圓背，是因爲伏案做事太多，那所伏的案，高低尺寸不合他身長，——普通的桌案大概多是狠低——豎直脊柱支不住頭的前傾，每每不自覺的將脊柱挫將下去· 習慣了便成圓背· 這類中最多的是勤學的學生和縫衣匠，再看中國的特產老八股先生們一個個更都是圓背的好模型·

二、勞工的圓背，是因爲肩部負重壓迫成的，像擔重，抬重，拉重，背重，都用得着低頭助力，就都不免成圓背·

三、中國式的女子，有所謂害羞，溫柔，或怕別人看見他胸前衣中底乳頭，和家庭瑣屑底操作，低頭過日子慣了，大多數是圓背·

我們爲生活底健康，要矯正圓背；而圓背底造成，又是因爲生活；我們用什麼法子，纔不妨礙生活，又可以得生活的健康呢？是這也要分別來着想· 普通操作雖然用手向前，但是身體的元氣充足，固然可以挺着胸膛，豎起脊樑來幹的，這層有三個條件『一』是要有規律的生活，用腦力用體力的分配均平，調劑得宜，休息和娛樂都合道理『二』是要節制性慾，保養元氣，做事纔有持續力；有許多精神頹喪的少年，懶做事，抱悲觀，腰酸，背漲，都是元氣耗散的現徵『三』再時時記着自己的背，不使他成個圓的· 這些共同遵守的以外，業坐的要注意桌椅的高低；勞工要設法不使『肩』『頭』傾向前；女子嗎？却要自信是『人』，人格和男子一樣，去掉那些做作的態度·

以上是圓背的精神矯正法· 再說圓背已經成了極深的習慣，用體操法的矯正：

『一』用體操器械的矯正．像肋木，橫木，雙槓，鉄槓等等都有矯正脊柱的効能．

『二』不用器械的矯正 站的時候注意將脊柱豎起頸伸直，下顎收縮兩肩向後練深長的呼吸 每天當作完了兩點鐘的事以後站正當將兩手平舉在兩側再將身體前後搖動或是用兩臂畫幾次大圈子 睡的時候在睡前和醒後都將枕頭去了頸伸直仰臥着將頭舉幾次兩手要貼着頸後，兩肘要貼着床褥，伏臥着將頭向後舉幾次兩手也要貼着頸後．

『三』勞動生活中的矯正器械．兩人合作的鋸木板的姿勢動作長沙式的米作坊中舂米姿勢推彀壳姿勢

（附圖九）

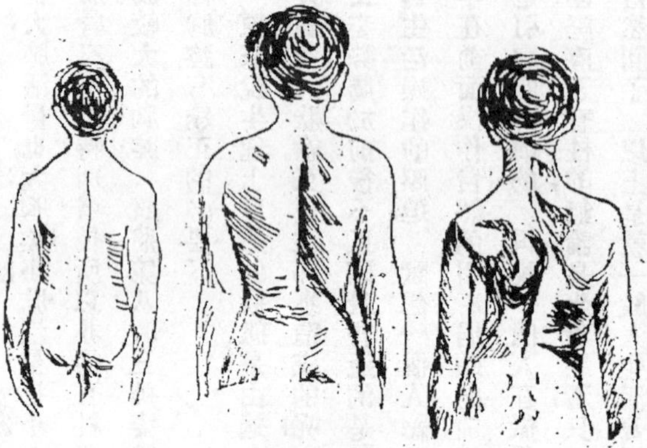

現在我要說說兩側的彎曲了． 我只揭出三個圖像來閱者一看就可以得一個觀念 究竟普通人的骨骼因生活操作的便利也不能有精確垂直線的脊柱但是兩側的彎曲極小和內臟的生活機能沒有妨碍不是我們要矯正的． 我們要矯正的是那外觀上狠顯明內臟又有極大壓迫的彎曲．

脊柱側彎的第一步大半是在嬰孩時期造成的育小孩子沒有不抱的；抱孩子用的手無人不是抱在右側的時候要多些．試看『附圖十』就可以知道這種抱法和小孩脊柱的影響了．

（附圖十）

第二步就是一般人操作總是慣用右手站立或舉步也用右脚；全身重點多半是左部擔負重些左部受壓迫既然狠多經過的時間長一切機能比較的要退化些反轉來看右部的肢體他能自由的活潑發達結果就由筋力的牽壓將脊柱變動成了彎曲

寫字和種種伏案的工作極容易變動脊柱這原因有兩個：一是前說的因左部受壓迫所使一是坐椅不好脊椎受壓太重盆骨和臀筋支持久了有些疲勞不免有左右轉換重心的習慣這

也是造成脊柱側彎的的一個原故．

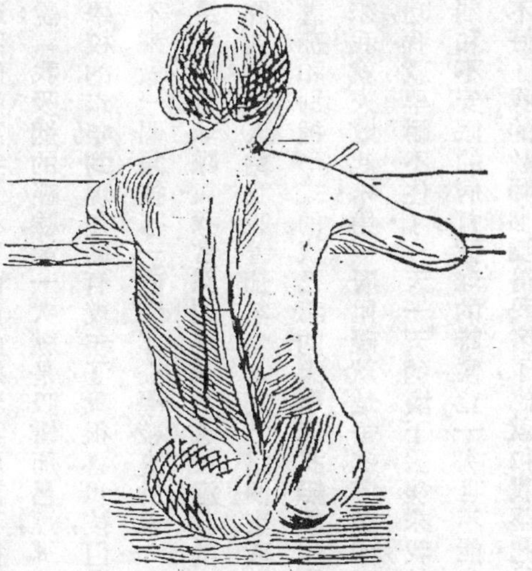

（附圖十一）

我小時候曾經笑過一個右肩特高的人他向我嘆氣說『我這肩頭不是生下來就是這樣的是我命苦人窮十二三歲就作工重力吃不住終日是這樣勉強肩着不知不覺的就不能平下去了』．我又考驗一個最長於足球籃球的學生的脊柱有很大的彎曲他軀幹的右部筋肉幾乎比左部的筋肉要多十分之三．這些都是我們要注意矯正的．矯正的方法；

『一』用器械體操和徒手的體操動作．

『二』用左手左足練習操作坐的時候注意重心的適中；

『三』每天睡前和睡後做幾次像(附圖十二)的動作．

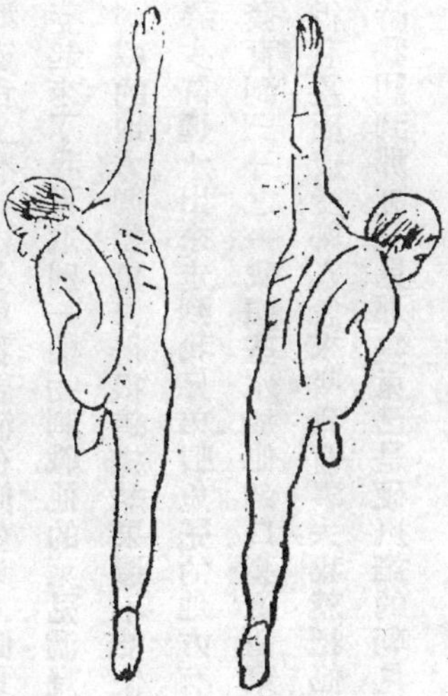

（附圖十二）

我在街上走的時候極歡喜留心看來往行人的肩頭和脊柱，每每發現許多可笑的彎曲姿勢再看他臉上並不見他表示怎樣的不滿足．我又留心調查『中國式』的醫生從不見他告訴病人使他注意姿勢．我再調査內地的『西式』醫院也沒有注意矯正脊柱的醫生和矯正器械的設備．再退一步留心到『所謂敎育機關造人造民的學校』休說有矯正器械的設備矯正的實行他的桌椅還要造成不少的惡姿勢人．但是他口裏却還是『本校體育如何的發達如何的注重呢』！

我寫到這裏且不寫下去却要等有人注意『矯正脊柱』一

件事時再將我的話說滿足．（完）

## △淡巴菰確實用害嗎？

典琦

吸烟的癖，東西人都有究竟有沒有損害身體的結果，除了醫生和幾個衛生家幷沒有人注意這是因爲缺少簡單明瞭的試驗方法，不容易在短時間之內找出一個顯然的證據好了！現在有一位吸烟的經驗家自己創出一種試驗的方法來了這個方法又簡單又明瞭，我們大家都可以如法試驗的我且把這個人的經驗照他的語氣寫在下面他的姓名，我就記不得了．

他說：『我吸烟的經驗第一次就是吸雪茄呂煙，那時是我在高等學校的末年，到現在巳有幾年了．我很喜角技，但我的能力總總不配做一個角技家一直到了在學校裏的末一年，我纔被選爲這校的籃球隊員我當然要處處留神發達我的身體這樣過了許久有些人勸我吸雪茄呂（小卷煙）這個東西的效力並不及雪茄和別種形式的淡巴菰的大所以我繼續用他，越用越多後來我就失敗起來．第一層阻礙就是每次遊戲或運動，還沒有完功我就早耐不住了．一天一天的壞下去後來我就害了神經衰弱和不安眠的病，打籃球的時候，竟一次也不能命中了．我曉得不好了．我的敎師也曉得我壞了，他就和我講起我惱了，但是決意要弄好馬上把爐子裏雪茄呂烟概行丟掉，恢復角技的要求，賠回我這學校生活的自由身子．我的進步起初很慢．但沒有好久，我就再得了通常遊戲能力了．漸漸的覺得比從前好到百分之百了而且還做了那籃球隊的隊長我再不吸煙了，無論甚麽樣式的煙，無論甚麽人要我吸，我都不吸了．

『這一回經驗，使我覺悟了，我曉得淡巴菰是有破壞的本事，我就要做一番試驗從前讀過講煙草毒的書此刻我自己要証明他了．我取一隻小瓶，放一根小卷烟．幾片卷煙紙把這些東西推到瓶底，用蒸溜水蓋上．於是帶到家裏，放在房中過一個多星期，有一天我決定獨自秘密的試驗起來用一小管吸出幾滴水來，恰好窗台上有一株小草，我就滴在他莖葉上面葉兒看看變黃枯萎起來了，我再取別一植物，刺戳他的葉兒滴幾滴煙水在那受刺戳的地方凋委更快得很這樣結果，還不能使我滿足，我於是弄少許煙水出來，走到我兄弟喂兔兒的地方有一隻兎大概只發育到三分之一，我傾些水於他的口裏這個東西設初還不覺得有甚麽感受，鄰人忽來叫我有事去，我就把他忘了．過了兩小時，我回到那裏，只見那隻兎已是硬挺挺的朝見閻王去了．

『這個試驗，我不能不發表出來．我就告訴幾個吸煙的人．後來有兩個中年人告訴我，說他們吸了這些可惡的烟草很多，因此將味覺嗅覺完全失掉。幾年前我家裏還有烟草害人的例，我的父親是一個普通的嗜烟者。因爲我的試驗顯出烟毒來了，他差不多戒脫了。沒有戒烟以前他那睡不着的毛病和 Gnouchy 要利害些。他老人家已經承認烟是害他不淺

『我想對於這個問題『淡巴菰的確害人嗎』只有一句答語，實實在在是害人的。許多吸煙者在他們生活之中得着不良的結果。

上面說的這些話，無非是那位先生証明烟草的害處，諸君看了，也覺得是老生常談了。我如今又介紹一位工程師的談話。他却不是說烟的壞處，倒是恭維淡巴菰君的盛德了。

『他說設多年前，我離家去當工程師，在田野中測量，常時過的戶外生活。

『我相信烟癖對於構思是必要的好友，而在測量的地點，到了晚上更少不得要啣着煙管在香氣氛氳的中間來研究那些星羅棋布的東西。

『有一天（我想總在一九八九年，那時我吸了二十年烟了）我在阿利佐納的東北部測量一根旗杆插在一百二十哩以外，我騎一匹馬對那塊兒走。

『大概走了十二哩路，遇着泉水，我就停止使我的馬喝水。這時我就想吸煙，將煙嘴取出。我有了煙嘴同火柴，但是有一宗不好，剛纔動身太急，妄記帶烟。沒有他我如何能前進呢？心裏只想回轉身去取煙。忽然發見一羣印第安人的屋，我不覺大喜。因爲阿利佐納山中常產一種野煙，他們採了吸的很多。

『我當時四處尋找，有一茅屋中懸了許多，我就急急忙忙的裝滿我的煙嘴，又裝滿口袋，這纔夠了。這種野煙，吸起來，氣味有點不妙，又苦又辣，那種刺戟性好像二養化硫（$SO_2$）的氣，又像一種柿子，但是他總算是煙葉，在我這厄可靑飽和體中，稍微有些空隙，他是可以塡補的。』

『那天我晝間在那荒曠無人的地方奔馳，晚間就到那河濱的測量所，停一刻又吸烟，停一刻又吸煙，終日沒有離他。到了測量所的時候，我的舌痛起來，就不吸烟了。回想日中煙癮大發的時候，清潔都不顧了，跑到那汚穢的屋子裏找了一些惡劣的野煙，當作至寶，飽吸一天，眞堪作嘔。

『又回想我吸烟的意志未免太强，早晨起來，若不吸烟，神志就不能淸明，非時時有烟可吸，我就煩燥忿怒的很。

『當日在婦人面前吸烟，幷不時髦。我想若不除去吸烟的習慣，不知道失了若干好友。想了一點鐘之久，我於是擲開烟管，幷將口袋中的烟葉概行拋棄。』

『不久我仍舊到了繁華地方，吸煙的欲望時時衝動我爲的壓服這種習慣很努力奮鬥，每走煙店門前過，我必然停了腳步，打一會兒肚官司，到底吸不吸呢？假若這個戰爭解決了，我就非常舒服。』

『自那回擲掉烟管以後，過了一年的光景，我流配到一個愛阿華小市鎮，非常寂寞，一天晚上因尋不着朋友談天，不覺煙癮大發，走到客棧烟台上買了一枝香烟，此刻我心中宣起戰來，卒至吸了這一枝都吸完了，但不覺有一點好滋味，反害了一場大病。』

『原來我這烟癖已被那回野煙治好了，我還不曉得，自此回病好，我真不再吸煙了。我自己要開一個慶祝會，恭賀我脫離這種惡習的奴籍呢。』

『我得的利益很多——

『體重即時增加了，由一百五十三磅加到一百七十八磅，像我這樣高有這些磅，可算標準重量了。

『我早起不吸煙，也還頭腦清明。

『我的注意力容易凝集，頭痛的病也不發了。

『我省了許多錢，享了正當的娛樂，并增加同別人交際的機會了。』

看了上面這些話，就曉得煙葉中也有可以用着戒煙的，這也是一件有趣的事。

# 雜談

## 吃煙

煙這東西，人人都知道他不是好東西，然而吃他的人，却十分發達；我也是個吃烟的，我也曾幾次戒煙，但是一用腦做事的時候，就離不了他了。我近廻想起我最初吃烟的原因，原來是想學做人，我在七八歲的時候，隨我父親到各處人家，主人將烟送給我父吃，但是不送給我，我以爲我是小孩子沒有資格吃烟，十一歲父死了，我到人家，人家送烟我吃，我以爲他是看得我起，將我作成人看待，我既不能不領情，又覺吃烟是一種成人應備的資格，沒父的人希望自己成人的心本來很切，所以不知不覺的染了烟的嗜好，現在想起來，很覺當時的思想狠無意識。

想到近來一般小朋友，狠有染烟癖的，所以將我的吃烟動因，寫出了作小朋友的鑑戒，若有動因和我相同的，請莫自欺，還是不吃的好。（歐）

中華郵務局特准掛號認爲新聞紙類

中華民國八年十二月八日(第四十八期)

# 體育週報

發行所長沙儲英源第二十三號體育週報社

每週一回逢月曜日發行

編輯兼發行人黃醒

印刷者湘鄂印刷公司

△本報代售者▽

上海中棋盤街羣益書社

杭州平海路教育潮社

南京高等師範陳奎生君

武昌中華大學惲代英君

天津楊村　邵光典君

長沙新坡子街中華書局

△售例▽

◉零售每期每份銅元三枚

◉全年四十八期預定銀元八角

◉半年二十四期預定銀元五角

◉外埠郵費在內郵票代銀以半分一分者爲限

## 本報啓事

『一』從前一枚銅元,十五枚銅元,和六角銀元定看本報一年的優待章程,到本期截止,凡享受此種優待權的閱者若是再要看以後的報,請照新章納費。

『二』歷來凡定看雜誌的習慣,都是要先付款的,本社經費困難,也要求愛看本報的諸君,照願定的期限,先交款子。

『三』現在爲便利各省就近買報起見,特招請各處的代派人,有願意幫忙的,請寫個信來,當即日將代銷章程奉寄。

## 本報特刊第一號(週年紀念號)要目

預告準陽歷一月五日出版售銀三角五分

祝詞……蔡元培

歡迎湖南人民底精神……陳獨秀

我的體育觀……沈仲九

前題……蔣維喬

『兒童研究大意』……舒新城

體操(Physical Exercise)……譚世鑫譯

睡的生理……龍毓瑩譯

我們所需要的健康……黃醒

小孩子爲甚麽歡喜做遊戲?……黃醒

闢靜坐……龍毓瑩

二十年來體育談……徐一氷

記北京女子高等師範學校第十一週年紀念會……孔繁傢

體育論……穆海鵬

論言與行……羅黑子

女子體育如何?……項翔高

本報一週年來的經過……黃醒

△尚有多篇不及備載▽

# 新青年『七卷一號』目次



△定價　每月一冊二角全卷六冊一元一年兩卷二元

△每冊郵費○國內一分半○外國日本一分○其他六分

上海棋盤街羣益書社印行

## 北京大學『新潮』二卷二號要目預告



定價　每月一冊三角　全卷五冊一元二角　全年二卷二元四角　每冊郵費　國內三分　國外日本六分　其他一角

總發行所北京大學出版部北京漢花園

# 師範學校的體育應如何？

黃醒

師範學校的體育應該注重，凡談師範教育的人，都是這樣說．我用眼看見得一般注重體育的師範學校，無非是增加體操時間，聘請三人以上的體操教員；每聘得一位體操教員，使用極誠懇的態度向他說道：『我校畢業去的學生，能擔任別科教授的狠多，能擔任體操教授的狠少，所以特請先生來校，希望先生補救補救這個缺點』！我又用眼去看一般師範學校的體操教員，大概是儘自己所知所能的技術教學生，不足又發明些新花樣教學生；學生不能或是不甚樂意，就要說『你們將來是要教小學生的，自己不學好，怎麽能教人呢！』我再用眼去看一般師範生，除卻幾個才長運動技術較好的，大概是奉行故事，因為學校裏既注重這科，不能不敷衍敷衍，取些成績表上的分數；萬一內中有兩三明白小學教員不能不教體操的人，也不過要求體操教員多發講義，多教教材，預備販了去發賣．這些話不是我故意謾罵一般人，藉顯出我的甚麽見解來，卻實是有這些事實．是這樣注重法，不敢說是從創辦師範學校就是如此，最少也有六七年了．請問今年畢業的師範生，能說個個人答應能教體操嗎？全國教育聯合會這次有一個呈教育部的决議案，是『改進學校體育案』，內中第三項是『注重師範學校體育』，待我將他的這段抄下來：——

『師範學校之體育，除强健身體外，向應顧及將來施教方面茲擬注重之點如下：

（一）選擇教材宜適於小學校之用．

（二）注重體育教導法．

（三）注重生理衛生及體育原理

（四）當習身體檢查及矯正法．

（五）因地方之需要得設體育專科．』

現在請閱者將他這五個注意點想一想，再調查現在的師範學校，有幾點是不會實行的？幾點是不會注意的？我以為這『案』經教育部派員審查過，批個『所議甚當……應抄咨……飭遵照辦理』的字樣，一封公文到各省長教育廳，各省長教育廳又一封公文令各師範學校，各師範學校接得公文開一次教務會議，或和體操教員商呈辦法，再報告教員學生，這『案』的効力完了．我因為不願意這案的効力就是如此完了，又知道體育改進非從師範教育下手不成功，所以我要將我的理想，在這時候說說．我這說的完全是辦法，我願意擔任師範教育的人，都說說『能達目的的注重體育的辦法』

甲，師範生健身的辦法

一、每日用腦力體力的修學時間的分配，

二、矯正妨礙健康的姿勢·

三、習慣衛生的規律生活·

四、得隨性質所近選擇練習一種或數種技術·

五、在不能不用體操法補救運動偏枯的學校，每日必作最少時間的體操·

師範學生和別種學生同是學生，健身的條件自然是一樣的，（這種理由我想將來再細說）不能說我們希望他將來教人，便疏忽他自身的健康·初級師範生是接着高等小學畢業來的，年齡最大也沒有二十歲的普通人，在兩性初分的年齡最容易傳染病症，所以第一還是學生的本身·應該注意

乙、預備勝任施教的辦法

（一）由生理學教員明瞭的指導，『人體組織』與『運動與生理的關係』與『身體的發育』與『生活的理象』與『疲勞的現象』與『個人衛生』與『公共衛生』種種·

（二）由心理學教員明瞭的指導『身體修養和精神修養』『筋力與意力』種種心身相關的事實，

（三）由倫理學教員明瞭的指導，『人格修養的必要』與『各種運動在倫理上的價值』

（四）由教授法教員聯絡體操教員共同的指導，『兒童體育的養護法』『體育的訓練法』『體操遊戲的教授法』

（五）由體操教員明瞭的指導，『運動材料分級進階的方法』與『運動材料分類的方法』

（六）由醫生明瞭的指導，『救急法』與『身體的檢查法』與『簡易的診斷法』

這些直接關係體育的師範教科用負責的教授，似乎師範生畢業後，或者可以擔任學校的體育職務·此外的各科教員，都應注意一個個學生的健康，

還有一層意思，我要和辦師範學校的教育家說說——我們目的雖然在學生將來能夠施教，但是我們也要明白學生在修學年齡的性質和慾望，師範學生是從小學校出身的，他在小學時自然也學過各種小學應用的運動方法；選擇教材若只求適於小學校的用，一定他們不免重演學過的方法，在他初入學還沒有研究教材的慾望時，他一定不生興趣，並且時間能力上也太不經濟·只要使他有健康的身體，有選擇材料的能力，有對於體育的信仰和責任心，實不必過慮他不能施教·師範生發現要求施教方法的意思，多數在最後一學年，所以我覺得體

育課程的分配，應該先注重他的本身，和體育學理的指導；關於施敎上方法材料的指導，當在最後的一年。十一月廿九日稿

## 女師範生對於體育的修養

黃醒

這篇稿子，是民國七年十月十日夜晚作的，是爲的湖南省立第一女子師範學校學生運動會要我批評作的。該校前校長馬惕吾先生狠相信我懂得些兒體育的道理，每辦一次運動會，總早早的就約我去批評，我因感謝他實事求是的誠意，在這一次參觀運動會後，他要我批評的時候，我就答他說：『運動材料合不合？是敎員應負的責；動作法則對不對？是練習的時間多少問題，與其批評他們的種種，不如在相當時間將『體育原理』上的話，和他們談談，似乎益處更多一點』。當時馬先生也以爲然，就約定日期，准我向學生演講一次，我當夜就草了這一篇。後來聽說該校職員討論的結果，說『恐怕因此發生問題』，就不要我去說了。現在因爲討論『師範學校的體育應如何？』一個問題，我記起這篇稿子來，所以將他附在這裏。 我自己看一遍，狠覺得慚愧，又狠放心。慚愧是我一年來無甚進步，放心是到這時發表，或可不因此發生問題。 樂羣會是該校學生組織的團體，該校近幾年辦運動會，都是由樂羣會主持，所以篇末有對於樂羣會說的一段。 一九一九，十二，二

我今天以『男』子學校體操敎員的資格，說來『女』師範生對於體育的修養，狠有些不配；再說我對於體育也沒修養，更覺說不出高深的道理來。但是與其批評這回運動會的事情，說某節好，某動作錯了，不如談一談體育的道理，比較上有意趣得多，所以我敢冒昧的來說話。

一般講求體育的人，是爲的自己健康；只有師範生講求體育，却要在爲自己健康以外，還要研究使別人健康的方法。女師範生和男師範生將來的任務，本來沒有分別，科學的修練，本是一樣，但是在體育上的修養，因生理的關係，却不能不特別注意。 再就中國現在的社會習慣，和長沙女學界的情形看起來，也有些要特別注意的。 因此我的意見，就有幾層如下：

先說爲自己健康的修養。 自己健康，是些甚麼呢？健康的反面，是病弱，不病不弱，就是健康。 這嗎？我要問在座的諸位，通是沒有的病嗎？通是不弱的嗎？ 我這病弱不僅專指那身體上覺着那處疼痛，纔是病；不能負重，纔是弱。 從廣義的病弱上說，我敢相信在座的諸位，有病的正多。 所以我覺得關於自己的健康有四項：

第一是認定自己是『人』。我說這話，狠有些冒昧；似乎說女師範生不會認定自己是『人』了？那嗎我是不是『人』呢？我是『人』，大家都是『人』，怎麼健康的第一件是認定自己是『人』呢？這不狠覺得滑稽無聊嗎？但是在我的眼光看，有些表示狠使我懷疑，例如『脚』女子是人和男子一樣，為甚麼要裹呢？又如『髮』女子是人和男子一樣，為甚麼男子可以剪去？這裹脚已經大家都認為無理，都不裹了；頭髮的問題不是幾個人一國人的問題，是全地球人類女子的問題，我們是不管他。只問現在女學界最流行的小半臂有甚麼意思？用他就可以增進人格嗎？增進健康嗎？中國幾千來歷史因襲的習慣，甚麼男子主外，女子主內，甚麼男女有別，試問女子是人，和男子一樣，除却生理上的外別，還要一種人造的分別做甚麼。我常聽見我母親自恨說：『可惜我是個女子，……』我每次聽了，總發生些感想，我覺得一個人肉體的不愉快，能影響於精神的事實；斷沒有精神的愉快，能影響於肉體的事實的利害。我見過和我有戚族關係的病弱女子，十有九的原因是『說不出，』這『說不出，』的由來，就是從女子不應該同男子一樣來的，——換一句話說，就是不會承認自己是人和男子一樣的壞處，所以說自己健康修養的第一件事，是認定自己是人。

第二是少做於人於己兩無益的事。這層說法很多，我專就健康有關的事情說：——例如『跳舞』本來可以運動身體，不能不承認他是於自己有益，但是每一『跳舞』演習，占極長的時間，五花八門，有極複雜的穿插，演習的人須用極多量的腦力，記憶那些節奏動作，試問有甚麼意思？運動會場中表演起來，看的人發甚麼觀感？且不問看的人有不有，程度，但問做的人是一種甚麼目的？又如繼續長時間的使用腦力，不用大筋肉的事情；甚麼編造種種，所做的是美術品，固然不能說他不應做；但是一丟下書本子，就去做那些只用於指細筋的事，在健康上確是有害，若是假的東西，屬於裝飾或消耗品的，更不見得於人有益，我以為關於自己健康的修養，是要多用體力做事；萬不得已的時候，還要多走幾步路，藉着用脚力調和調和血液循環，清醒清醒腦力的的疲勞。

第三抬頭。這是長沙女學思要特別注意的，我見的多數學生，無論在校在家，或在市街上走，總是低着頭的。我常想若因為不願意叫人認識面孔，何不學西洋人帶『面幕』呢？

低頭在身體上直接受影響的，就是脚部受壓迫，減少肺活量，腦部血液循環的變態，由這個最容易造成肺痨或腦充血腦貧血的病症。 女師範生將來的任務是教小學生，小學教師，因爲擔負重，本來容易感染肺痨或腦貧血腦充血的毛病，這時候不注意抬頭，將來恐怕服務的時候伏案終日想抬頭還不能呢！

第四注重學校中的一切衛生運動規則。 自己健康的修養種種，關於衛生運動的事情，我也不能列舉出來，我想學校中訂定的一切規則，總不致於害人，由守規則的習慣成一種有規則的生活，就是强康的一個要件。

此外關於女子的特殊衛生，我不是女子，不能說得明瞭；不過長沙城內是狠潮濕的，我聽見醫生說長沙女子的濕氣病狠多，我願意諸位注意衣服床褥的濕氣。

以上的種種，有些在一般女子都適宜，應注意，我在此對諸位說，願意諸位更明瞭的對一般女子說，要曉得教育家不僅是在學校教學生的，社會教育的事，是由教育家分擔的，師範生學師範是預備擔任教育事務的，所以有指導一般人的義務；

我聽見有人說師範生畢業後，能教各種科學的人多，能教體操的人少，男師範如此，女師範也如此；我也見有多少師範畢業生，他自信教別種科學有把握，教體操沒有把握，這種情形的原因有兩個『一』是教師範生的體操教員應負的責任『二』是師範生本身應負的責任。 第一個我們不管，單就第二個來說：……大概學師範的人，對於學校功課，最注重的是國文，其次就是算術，國文需要的時間多，算術需要的腦力多，當教員最怕的別人說不通，當學生應考試時最不能藏拙討巧的是算術，所以全副精神多用在這兩科上，此外能力有餘，不是因性情相近去習一科兩科的專長，就是爲應付考試去溫習各種講義，體操的考試既容易應付，就『皮相』運動手動脚的事情，也沒有甚麽深微奧妙，所以總是忽略過去，等到臨時將需要『教材』『教法』去教學生，再整理從前在校修學時所得的體育概念，簡直是空洞洞的找不出甚麽來，在不發體操講義的師範學校，不用說，就是領有狠多講義的，翻出來看看，也是無用。 這並不是我固意的作危辭恐嚇諸位，確是我的意見……看見的多數人給我的一個觀念。 所以師範生對於體育第二層的修養，是預備將來有使別人健康的方法。 這層也有四項：

第一要注意心理學和生理學，使別人健康的方法，第一項是『心理』『生理』？不是的，但是一切方法，却都要適合被教的心理生理，纔有用，纔有益。 我初教體操時，也是不知要如何的教纔好；後來教過幾班學生，知道適用在甲班的方法，不能用到乙班去教；去年初入學學生的方法不能用到今年初入學的學生；就是一班學生中有的這樣教法教得好，有的又教不好，這就是從前疏忽心理學和生理學研究的原故．所以第一還是在『學』………『科學』

第二要注意現在所學種種體操游戲的原理．現在所學的運動法固然不是完全爲將來的教材纔學的；但是每學一種方法，不問他是現在用的將來用的，我們總要明白他的『來歷』『目的』『價值』，就是要設疑問『我們爲甚麼要做這個？』『做這個有甚麼益處？』『不做這個可不可嗎？』若是有時學的是應用教材就要加問『這教材適宜教甚麼樣的學生？』『教的時候用一種甚麼樣的程序？』自己先問過自己，不懂再問教員．如果是這樣研究了去，將來教課的時候，或者不至於沒有把握．

第三要注意教授法．我這說的『教授法，』不是諸位在教室裏聽的那『各科教授法理論』也不是體操教員高興時在運動中休息時『閒談的教授法』那種說的要有用，還是在諸位自己去領會；我要注意的就是領會——體貼，這就在平時學的時候，注意教我的人他是使用甚麼方法使我容易懂得做得，他是使用甚麼方法使同班的都懂得做得．此這上面留意，比聽那理論似乎實在得多！

第四要不存成見．近來談體育的有一種求新的趨勢，這固然是好現象；但是我以爲必定發現舊的有確實不好的所在再拋棄，新的確實比較上好處多再實行，『顧了頭顧不了尾』『得了麵失了米』似乎也不是我們求新的本意．不過在師範生的任務上着想，卻不必管他新不新，是不是適通應研究，應容受，用自己的理解和實驗證出他的新………不新………是，………不是出來．若是預先有了成見就不能發現所謂不新不是的內容了．

這個便是使別人健康的方法——根本的方法，有了這層修養的功夫，斷不會不能教體操的，更斷不會說沒有把握的．

有些人認定體育是種專門的學問，是要有特別的技能，以爲體操教員必定要有專門的修練；諸位學教育，總明白這是一種通辭．學校體育的責任，豈是體操教員一個人能負盡的？學校體育的事情，豈是體操教員一個人能包辦的？就着諸位將來不教體操說來，已經是有注意『使人健康』的必要，何況初級師範生將來的任務是小學教育，小學校又不必有專科體操教師的呢？長沙各小學校現在的制度多有專聘體操教員的，用意是在注專體育實際上將一個體育責任壓倒體操教員成了一種非體操教員不活體育的風氣在體操教員好的——負責任的——學校不過體操成績好運動會有精神……熱鬧……

……得獎牌就完了問心說在學生又何嘗個個得獎呢? 別人我不敢說只我自問教百幾十學生確實沒有精神能注意他們一個個的身體情形. 現在也有許多教育家感覺這種制度不好, 但若願意教體操的教員少但是這種改革我想不久必然可以實行現在的師範生是未來的小學教員能說將來也不兼教體操嗎? 小學教育權假手男子實不如女子這是我最希望諸位的.

我對於師範生體育修養問題的意見完了 再和諸位談談我對於樂羣會體育進行的意見. 樂羣會注意體育每年辦兩次運動會我參觀樂羣會的運動會次數也狠多狠覺得有進步. 我最佩服的就是去年會長報告詞的兩句話說『樂羣會辦運動會是做的羣樂的功夫』這兩句話在我腦筋中的印像最深我也每每的本着這兩句話的意義, 觀察諸位究竟是樂不樂? 但是我每次總發現有些不樂的表示例如演舞蹈時狠不自然一個個低頭有所思一般的我狠疑惑再看每次散會的時候, 表面上看, 狠像有餘勇可鼓餘興未盡的態度但是我在各個人神情上看似乎有些勉強的意思我以為與其一年兩次的正式辦運動會, 不如分作無數次的非正式運動會, 一月一次, 三星期一次, 就是每星期一次都可以辦法呢?

1, 時間宜短, 2, 節目宜少, 3, 運動宜普通.

是這樣似乎羣樂的功夫的成効比較上要大一點.

我這冒昧的話, 不周全的話, 不照習慣例請諸位原諒, 也照習慣請諸位批評糾正, 却要請諸君想一想!

## 這是一堂有研究的縫紉

佩

教我們的縫紉先生有一次在教裁法的時候, 說『衣服是人生不可少的東西但是也要有研究若是沒研究就是害人的毒藥, 比毒蛇猛獸還利害我是個過來人, 所以狠明白從前衣服尚窄小; 愛美的心人人一樣衣既窄小又恐穿在身上七凸八凹的, 不得已定要穿那無人道的小半臂! 那裏知道這小半臂幾乎害我退學, 而且成一個弱身體一生的幸福幾乎被這窄小衣服斷送. 我的病正在『漸入膏肓』的時候, 有一位美國孚美醫生來湘因到本校演說『人生體育』從此我纔有了覺悟, 又從根本上研究了一番現在才得一個完全無病的身體我們現在正研究衣服裁法, 不防把他說一說想諸位必不以我為妄言瞎說.

孚美醫生說過一節『深呼吸可以療肺病的方法』, 因我有肺病, 就試行起來試驗許久稍有功效但是每行深呼吸後, 反覺胸腔悵悶，久而久之，又從生理上得了一種覺悟，所以一天天的見有功效起來。

生理上吸氣時，胸腔闊張，肺葉上昇；呼氣時，胸腔下降，肺葉收縮。若衣服太緊，不能充分伸張，則不能有舒暢的呼吸，其結果則覺悵悶。我想若吸氣時，肺葉因受束縛不能伸張，則空氣不能充分吸入；或肺葉一部分不得空氣送入，那一部分的老廢物，不會排出，就要呼氣，必然肺葉全部不能受同一的空氣，以致反生別的病。我希望講求體育的人，要從貼身的事實上注意，然後再講求鍛練上的體育，更望大家要除去那不自然的美觀，去求眞實的美觀。

說到這裏，有一人問：『女子的肺病，是因胸腔壓迫生的，男子的肺病，是因甚麼生的呢？』答說：『男子胸腔的壓迫也不弱似女子；不過他的壓迫，不是窄小的衣服給他的，他是生活的環象給他的！』

## 雜談

△體育委員會議案的修正　我初看見日報上記載『全國教育聯合會對於『體育委員會』二讀會修正時，狠有爭執，以致原提案的江蘇代表請求撤回原案』……我狠歡喜！以為是一方要辦運動會，一方要先做『其他關於』的事呀！近日湖南代表方小川君回長沙說起，卻為的每省爭一個委員哈哈！不料使我失望，眞到了林琴南的『意表之外』去呢！這樣說教育部的部員也要每省一個，大總統也要每省一個了……我寫到這裏，我的『心』告訴我說莫急！且看教育部的辦法如何？　（醒）

△我心目中之體育　體育！體育！我不懂甚麼東西叫做體育？有人答道：『是按着一定的規矩來操練身體，養成健壯的軍國民，發揚尚武的精神』！唉！這就叫做體育麼？我連連搖頭說，不對！不對！不對！若不因着那樣，便不能有強健的體魄麼？便是都萎靡不振麼？那嗎學生每天在一定的時候，由家至校，往還了一回，就叫做讀了書，對不對呢？照我看來，凡我們人類起居飲食穿着，與乎一切合宜的動作，都是體育。推而言之，至於那些農夫日升而出，日沒而歸，勤苦的耕作；那些婦女，採桑育蠶，繅絲績線，勤苦的紡織，都是他們必須的工作，而他們竟會沒有一個不康健的。這個因為他們有『自然的運動』，也就是自然的體育。不見那些呱呱墮地的嬰孩，兩手向前直划，兩足往後直抖，抓也抓不住，若用力的抓住了，他就要哭嗎？那就是他的運動了，那就是他的『自然的體

育』了，如果要緊縛着他的手足，恐怕對於他的生理上，就有妨害了，所以這『自然的體育，』是使人的肌肉發達的，使人的身體康健的，是不可遏抑的，是有生趣的，不是死的。若我們不在『自然的體育』上用功夫，那我們就不是去講求體育，乃是體育來限制我們——役使我們，所以我願大家注意於『自然的體育，』研究『自然的體育』

（葉友芝投稿）

## 準備．

中國的事，大半是沒有準備，試看每逢作戰，還要臨時測量地圖，就是一個明證，我辦體育週報，也中了沒有準備的病，所以一塌胡塗，自己都有些莫名其妙的。現在想做點準備功夫，準備來年的辦法，所以近幾期出版的報，又顯出沒有準備的病來。今年不再和閱者相見了，準備明年再來！閱者，我請你也準備做你應做的事，去明年再會！（醒）

# 本報第四十九期預告

即第二年第一期

## 要目

△準陽歷一月十二日出版▽

△每冊售銀四分半折合銅元六枚▽

不斷的希望……黃　醒

◎◎◎◎兒童研究……舒新城

◎◎◎◎運動生理學……羅黑子

◎◎◎◎游戲教育……王長平　穆海鵬

體操教授底經驗談……陸祺蕩

小學校體育訓練要目……黃　醒

吃！……黃　醒

新年的游戲……素心女士

雜談

（一）勝了

（二）放爆竹和衛生

## 上海時事新報優待學生啓事——

月來各省學生來函定報，要求本報照優待學生定例；現本報應學生之要求，特別優待七折收費。但學生來函，須有校章為要。(長沙的學生可向體育週報社接洽優待章程是一樣的)

## 醫事月刊第三號要目

講述

斷乳　鮑絜胥

小學生的身體檢查　毛子震

中年婦女注意　袁弘毅

眼鏡　黃慰年

瘋狗　戴衡孫

理髮館的衛生　劉雨三

譯述

這藥怎樣吃？怎樣用？　周夢白

午睡之利害　虞誠之

調查

參觀瘋人院追記　陳萬里

本月刊定價外埠全年現洋一元郵費在內本埠每冊銅元十枚　總發行所北京後孫公園七號

# 湖南教育月刊 第一卷第二號 要目

『湖南教育月刊』是由湖南教育界人士組織的他的宗旨是介紹世界教育思潮商榷新教育的建設批評舊教育的弊端從民國八年十一月一日起每月出版一次每年十冊（暑假停刊）每冊定價大洋一角六分　預定半年七角五分　全年一元四角　郵費每冊一分半



代售處　長沙上海羣益圖書公司　長沙儲英源體育週報社

# 新教育 第二卷三版 預告

本樣　合裝一大冊
定價　一元一角
郵費　國內八分半外洋四角
預定　合裝每冊九角分裝一角八分
出版　一二期十二月卅日三四五期及合裝一月卅日

## 第二卷一期已出

## 第二卷二期要目



價目 每冊二角全年十冊一元八角
郵費 每冊二分半
代售處 各省各大書莊
通訊處 上海西方外方斜路 江蘇省教育會內
長沙可向體育週報社接洽

中華郵務局特准掛號認爲新聞紙類（一九二〇年一月五日發行）

他是誰？
他是袁紹先先生——一個商人——
非資本家的商人
他是首先訂閱本報的第一人，
他是盡力贊助本報和新文化運動者
當他最初訂報的時候，我們腦中只有第一個訂報者却是商人的印象；後來他自己抱着很誠懇的帮助我們，并且他又是本社事務部的最大主顧．本報過一年來的經過，和他結了很密切的關係，所以刊了他這個小照當本報的紀念

# 體育週報

## 特刊第一號

## （周年紀念）

# 捐款鳴謝

## 最近收到的

曾鳳岡先生 惠捐本報經費銀圓肆拾圓

聶崇德堂 惠捐本報經費銀圓陸拾圓

陸孟慈先生 惠捐本報經費銀圓伍圓

貝元徵先生 惠捐本報經費銀圓貳圓

袁紹先先生 八年十一二月兩月補助費各五圓

項翔高先生 惠捐本報經費銀圓壹圓

黃振坤先生 惠捐本報經費銀圓壹圓

袁紹先先生 惠捐本報本期特刊號銀圓拾圓

徐榮甲先生 惠捐本報經費銀圓貳圓

# 體育週報特刊

周年紀念號目次

# 本報特刊第二號

## （學校體育號）

◁定在四月五日發行▷

◀徵求敎育家意見與計劃▶

本報對於體育，雖不專重在學校一方面，但因現在情勢上除學校方面，簡直無可說處；而學校體育的應該改善，尤其是刻不容緩的事．從來對於學校方面說的話雖多，尙嫌沒有統系；玆定將『第二號特刊』專論學校體育的事．希望國內敎育家體育家，將各自改良的意見和設施的計劃發表出來，做我們的指北針．先將我們預備的題目錄出，以便熱心的人選擇．賜稿最好在三月五日以前寄到．

學校體育的眞實改善

學校中爲什麽要設體操科？

小孩子爲什麽懽喜做遊戲？

學校敎育與眼之衛生

人體元氣與學校敎育

學校中體育專員存廢問題

體操敎員與學校醫

現在我校的體育狀態

在藉學生體格調查比較表

體操游技敎材一覽

# 體育週報周年紀念之祝詞

蔡元培

蔡子民先生

吾在法國時，讀我國新聞，見各校頗有因運動會競勝之故，特標選手，犧牲一切學科，以專練蹋球跳高等技，爲母校爭體面者；甚惑之，以爲此決非提倡體育之本意．嘗有友人舉「以工作代運動」之義見告，余絕對贊同之；適有他事，不及詢其理論之出於何氏，及有無具體的計畫也．

回國以後，在上海愛國女學校演說，因校中有體操專修科，曾提出此義；去年在天津爲各小學校代表演說，又及之；余既非體育專家，不能有具體的計畫，亦提供大意而已！

近日得讀黃醒先生之體育週報，乃舉各種工作，而說明其裨益體育之條件；以體育專家，而注意及此，其必能爲體育界開一新紀元，可無疑也．故値週報有周年紀念之舉，而敬致歡喜贊歎之忱．

八年十一月十三日

陳仲甫先生

# 歡迎湖南人底精神

陳獨秀

在我歡迎湖南底人精神之前，要說幾句抱歉的話，因為我們安徽人在湖南地方造的罪孽太多了，我也是安徽人之一，所以對着湖南人非常地慚愧。

湖南人底精神是什麼？『若道中華國果亡，除非湖南人盡死。』無論楊度為人如何，却不能以人廢言。湖南人這種奮鬥精神，却不是楊度說大話，確實可以拿歷史證明的。二百幾十年前底王船山先生，是何等艱苦奮鬥的學者！幾十年前底曾國藩羅澤南等一班人，是何等「扎硬寨」「打死戰」的書生！黃克强歷盡艱難，帶一旅湖南兵，在漢陽抵擋清軍大隊人馬；蔡松坡帶着病親領子彈不足的兩千雲南兵，和十萬袁軍打死戰；他們是何等堅忍不拔的軍人！湖南人這種奮鬥精神，現在那裏去了？

我曾坐在黑暗室中，忽然想到湖南人死氣沈沈的景况，不覺說道：湖南人底精神那裏去了？彷彿有一種微細而悲壯的聲音，從無窮深的地底下答道：我們奮鬥不過的精神，已漸漸在一班可愛可敬的青年身上復活了．我聽了這種聲音，歡喜極了，幾乎落下淚來！後來我出了暗室，雖然聽說湖南人精神復活底消息；但是我盼望有許多事實，可以證明他們眞實的復活，不僅僅是一個復活底消息，不使我的歡喜是一場空夢．

個人的生命最長不過百年，或長或短，不算什麼大問題，因爲他不是眞生命．大問題是什麼？眞生命是什麼？眞生命是個人在社會上留下的永遠生命，這種永遠不朽的生命，乃是個人一生底大問題．社會上有沒有這種長命的個人，也是社會底大問題．

Olive Schreiner 夫人底小說有幾句話：『你見過蝗虫，他們怎樣渡河麼？第一個走下水邊，被水冲去了，於是第二個又來，於是第三個，於是第四個；到後來，他們的死骸堆積起來，成了一座橋，其餘的便過去了．』（見六卷六號新青年六〇二頁）那過去底人不是我們的眞生命，那座橋才是我們的眞生命，永遠的生命！因爲過去底人連脚跡也不曾留下，只有這橋留下了永遠紀念底值價．

不能說王船山曾國藩羅澤南黃克强蔡松坡已經是完全死去的人，因爲他們橋的生命都還存在．我們歡迎湖南人底精神，是歡迎他們的奮鬥精神，歡迎他們奮鬥造橋的精神，歡迎他們造的橋，比王船山曾國藩羅澤南黃克强蔡松坡所造的還要雄大精美得多．

# 救國日報

## 五大特色

一宗旨正大　本報以介紹外情評論外交喚起國民愛國心與自覺心爲主旨在大毫無偏私

二內容豐富　本報內容分　論說　時評　通俗講演　國內要聞　國外要聞　雜俎　國外要聞又分日本情勢俄國情勢歐美情勢歐戰和議消息雜俎又分小說文苑傳記新劇日本研究外交史逃亡國慘狀報餘篇幅雖小取材極豐

三議論穩健　本報爲留日歸國同人所創辦以學生資格代表國民發言故措詞公平立論穩健

四眼光遠大　本報特注重國際問題故於日本歐美皆有訪員隨時通信並注重將來問題故有戰後問題之徵文及學生界消息婦女界消息勞動界消息之披露眼光遠大世有公評

五價格低廉　本報日出一大張（不日改爲兩大張）每張僅售銅元二枚本埠每月大洋四角外埠每月五角三月一元四角半年二元七角全年五元二角郵費在內索價極廉

本報出版已逾年頗承海內外讀者歡迎以後尚擬續招股欵擴充篇幅以副讀者諸君之雅意特此附告

●編輯兼發行所　上海法租界霞飛路仁和里口一百三十二號

# 人生一個大問題

玄廬

體育週報刊行周年紀念號，要我發表對於體育的意見．我於體育沒有精密的研究，不好把零零碎碎的話，作爲主張．但我一向認定體育是人生一件必要的大事，也就不好躲懶，寫了一點意思，作爲一個問題的提議．很希望專門家對於這個提議下點批評，定個方法．

人類最大的幸福，就是仗著創造的能力和比較長的生命．馬與熊，五十歲；獅子，三十五歲；野猪，二十五歲；羊，十五歲；狐，十四歲；兎，十一歲；鼠，極長六歲；據德國華世曼氏的研究，人類最長的年壽一百三十歲．——今年浙江杭州鄉間有一個民國紀元前一百二十二年生的人，做一百三十歲的壽，據說這個長壽的男子，還很康健的．紀元前五年，我在雲南霑益見過一百四十多歲的土人(夷人)女子——人壽的極長度，止不止一百三十歲，還是未能斷定．人類因爲有很長的壽命，又有很大的創造性，所以在人的生活期間，就有兩件最大的希望，便是

『生命延長』

『身體强健』

只是人類因爲生計上和知識上的差別不齊，迫狹的房舍咧！不潔的衣食咧！過勞的運動咧！又如煙咧！酒咧！過逸的休止咧！無處沒有一種促短生命的危機，在生活期間窺伺人類的生命．所以一般衛生家便注全力在呼吸飲食衣服居住上做工夫；一般體育家便注全力在鍛鍊肌肉發達軀體上做工夫．這兩種學說到實施的時候，往往各走一端，講衛生的便專做『生命延長』的工夫，講體育的就專做『身體强健』的工夫．譬如時鳴鐘的擺，不是偏於右極，就是偏於左極．到了結果，一般豐衣美食的，身體倒反較普通的人柔脆．或竟至於夭折與生殖減少——近來德國農村人口的減少和嬰兒夭折數的增加，以及婦女哺乳期間的縮短，都是多吃肉和愛吃美食的結果——一般軀體異常發達的角力士，他的壽命，遠不如山林寺廟裏的和尚．照此看來，凡是講衛生講體育的書都可以擺燒了麼？不然的——體育的衛生，衛生的體育，兩件事就一件事，這一件事，就是人生一個大問題．

一班用物理學計算燃料生熱的數量來例證人生體熱說：『每人每天吃一磅重的麵粉——等於六合零的米——能生熱一千六百五十街羅而（Calory（熱量）每天不勞動的人，所洩出的熱量一千六百八十，勞動者每小時所洩出的熱量七百七十．所以勞動者應該依照生熱的量消耗食物．』依他所定的熱量，計算勞動者每天工作十二小時，該洩出熱量一萬零零八十街羅而，和不勞動的比較多六倍．那麼，勞動者每天豈不該吃六磅麵粉或四升少點的米麽？

這種比量，不能不認爲錯誤·但是食物生熱和勞動洩熱却是顚播不破的眞理——食後與早起的體溫，勞動與休止的體溫，相差總在攝氏一度之五以上——我們拿住這個眞理和運動所得的新陳代謝的刺激性——譬如不長跑路的人，忽然跑長距離的路，總覺得腿節發疼，這種疼即症狀，就是新陳代謝的刺激——合起來研究，便得以下幾句話的結果：

『飲食生熱，運動洩熱，運動能增進新陳代謝的速度』我們依這個結果，觀察農作勞動的勞動者，——室內職工勞動不在此例——與研究健康學的主張粗衣素食，又與體育家的主張節制運動，便得了三個必要條件

第一　清潔的空氣·

第二　適應消耗的素食·

第三　有節制的運動·

這三個既是人生必要的條件，我們要怎樣纔能彀完全得到這三個條件？全人類要怎樣纔能彀做到這三個條件？唯一的方法，就是

『勞動』

都市的生活果然能彀廢除麼？或者永久不能廢除麼？我們不問他能不能，只研究他該不該·

這個問題，是全人類共同的問題，不是少數人專利的事．勞動是體育的究竟方法，要普遍養成優美的體育，便應該從減少都市生活，或更番都市與農場的生活入手．

其次，發展體育的工具．我說的工具，不是啞鈴，球杆，……種種．因爲全人類一時做不到用鐵耙鋤頭種種做發展體育的工具，所以應該研究啞鈴杆桿以外的工具．啞鈴杆桿以至騎馬泅水徒手，都是貴族性質的體育工具和方法．全人類即使用得着他，也是很不經濟的．我說的工具，是爲在都市生活的人設備的；是貴族體育與勞工體育過渡的橋梁；我不是機械製造者，所以這一種工具，要等專家的發明．我現在用什麼作工具呢？就只兩種：(1)拖地箒．(2)脚踏車．我且把我用這兩種工具的意思，記兩件事實表明他：

有一天我正在洗樓廊的地板，被一個朋友看見．他問：『你幹甚麼？』我說『我在這裏體操』．地板的乾凈，就是我體操的成績．

又有一箇朋友問我：『你不用當差的，發報的時候怎麼樣？』我說：『我坐了脚踏車送去的．』各埠要的報送齊了，也是我體操的成績．

我想，製造專家幾時發明我們需要的工具，現在還不曉得．我們不必騃騃的等着；只要各盡所能，努力去做，人人都必定找得到相當的工具．天正冷的時候，煤爐，炭盆，蒸氣管，湯婆子所發洩的熱量，倒底不如從自身勞動所發洩的熱量！我知道黃醒先生辦體育週報的意思，我很讚美他的意思！他要解決的問題，或許就是我所提出的問題，正是全人類應該解決的問題，要解決這一個大問題的，就請從能做的做起，一邊做着，一邊等着專門名家的大發明！

# 新青年

## 七卷一號

△定價　每月一冊二角全卷六冊一元一年兩卷二元
△每冊郵費〇國內一分年〇外國日本一分〇其他六分

上海棋盤街羣益書社印行

# 我的體育觀

仲九

沈仲九先生

黃醒先生因爲體育週報特刊周年紀念號，徵求我的文章．我接到他的來信以後，就給他一封回信．信中大略說及：『我對於體育，完全是一個門外漢，那裏可以說話；不過我的腦中，近來常常有「中國現在所講的體育，必須改造」的直感．我將來有工夫的時候，就說幾句門外漢的話語，來請教你．你如認爲大致不錯的，不妨登載出來，供讀者的討論．你如認爲根本錯誤的，不要因爲出於徵求的緣故，徇情登載』．現在特刊號付印日期快到了．我不能不把我對於體育的意見，隨便

談一談．我因爲要表明我做這篇文章的原因，所以把覆黃醒先生一信的大意，寫在上面．我於體育，是完全沒有研究和修養的．不過我的做人，卻有一假定的方針，我認體育也是做人當中一件事情，所以以下所講的體育談，是根據我的人生觀而來，說明人生和體育的關係；可以說是人生觀的一部分，也可以說是人生觀的體育觀．至於論到體育的本身問題，只好請體育專家討論，我是不敢贅一詞的．

我對於體育的第一個疑問，就是體育是什麽．體育是教育的一部分，要問體育是什麽要先問教育是甚麽．教育的性質，據我看來，是謀個人健——就是自由自動，不受束縛——全——就是各部分平均沒有偏倚．——的發展，社會公——就是得共用的福利，不專爲少數人．——平——就是人人有同等的機會，沒有階級．——的進步；就是要造成一完全的『人』，造成一『人』的社會．這種教育可以叫做『人』的教育，社會的教育．人是具有肉體精神兩部分的．沒有肉體，就不能稱爲人．要發展個人，不能不發展個人中肉體的一部分；要施行『人』的教育，也不得不施行『人』的體育．肉體是人的一部分，體育是教育的一部分，所以體育的性質，應根據教育的性質而定的．照以上所說的教育性質，去觀察體育，可以斷定體育的性質，就是：——謀個人肉體上健全的發展，去助社會公平的進步，以完成一個『人』．

因爲要有『健』的發展，所以體育要自發的，爲自己的，決不是盲目的，强制的，機械的，服從的，爲虛榮的，爲賣技的．因爲要有全的發展，所以體育決不是專門練習筋骨，還須於筋骨以外謀內臟腦筋的發展；決不是專學一二小時的體操，還須於體操以外時時注意飲食起居呼吸運動．因爲要助社會公平的進步，所以體育是互助的，平和的，決不是相害的，鬥很的．因爲要完全一個『人』，所以專重體育，不顧其他精神等作用，是不行的．體育無非完成『人』的一種作用，決不是專靠體育就可以完成人．而且教育既然在完成『人』，所謂『人』字，當然包括一切的人類．講求體育，只須以和『人』有沒有利益爲標準，何必有國家的界限．近幾年來，設國技科的學校頗多．實在關於體育的學科，只須問他和人有益無益，何必問國不國，技不技，如果是足以謀肉體健全的發展的，即使不國，即使不技，總是應該研究修養的，—不然，即使是極好的國粹，極好的技能，無非是重演『死人把戲』罷了．究竟應該練習呢？還是不應該呢？我要請講求『人』的體育的體育家，下一個斷語！

我對於體育第二個疑問，就是體育爲甚麼．我以爲做人最大的目的，無非爲了快樂．體育的目的，也免不了這快樂兩個字．不道人的快樂，有一部分的，有全部的；有一時的，有永久的；有個體的，有羣體的．究竟的快樂，雖然在全部的永久的羣體的快樂，但是總要積一部分的一時的個體的快樂而成； 體育的目的，就是在得肉體一部分的快樂，去助究竟的快樂．若因爲肉體的快樂，而妨碍究竟的快樂，那就不是體育的目的了． 至於肉體快樂的內容，大約可分三類：第一，在滿足衣食住的欲望，在保持自己的生活；可說是生命——指物質一方面——的維持；第二，在免除疾病等種種阻碍，得以自由發展，可說是生命的增進，第三，在壽命的久存，種族的遺傳，可說是生命的繼續． 以上三端；無論那一種不能滿足，都是深感苦痛的． 所以要得肉體的快樂，在乎生命的維持，增進和繼續．但是羣體的物質生命，如果不能維持增進繼續，個體的物質生命，也是不能維持……的．所以問體育爲甚麼，可說是：——

爲維持，增進，繼續個體和羣體的生命，得肉體的快樂，以助成人類究竟的快樂．

我對於體育第三個疑問，就是體育應該怎樣． 體育既然在滿足肉體的快樂，所以體育應該怎樣，就是研究用如何方法，可以滿足肉體的快樂． 我以爲體育的方法，約有二種：一種屬於個人的，一種屬於社會的． 我以爲人類普遍的天性，就是喜歡『活動』，所以體育的方法，不必一定要講怎樣能够增進體力體格體重，只要能除去種種障碍，使身體能够依著本來的法則，活動不息，就可以達到得快樂的目的． 凡是工作遊戲呼吸睡眠休息散步，那一種不出於生理上自然的活動，那一種沒有體育上的價値． 所以關於個人的體育方法；我以爲最緊要的，就是『自然的活動』．至於關於社會的一方面的體育方法，最要的也有二種：第一發達科學，衛生醫藥等智識日益有進步，人類利用自然抵抗自然的能力愈强，活動的阻碍，自然愈少，第二，廢除私產，現在的社會，是私產制度的社會，機械愈發達，私產愈興盛，貧苦的人民，一天增加一天，這種貧民，一方面不能滿衣食住的欲望，要維持肉體生命，尙覺爲難，那裏可以謀生命的增進和繼續，一方面因爲勞動的過度，生活的不安，造成精神的疾病，要妨碍生命的維持發展和繼續．所以私產制度，若從體育一方面看起來，簡截可以認他是一大障碍物，我們要謀人類全體或多數人的體育，不得不先打破私產制度，私產制度打破，然後可以建設公共的社會，人人有研究修養體育的機會，那麼才可以講體育，從以上二端而論，對於體育應該怎樣的答案，可以說是：——

在個人一方面，要有自然的活動；在社會一方面，要發達科學廢除私產．

解决以上三個問題以後，對於甚麼拳術，甚麼兵式體操，甚麼運動會，都可以下一個應不應該的判斷，如果能够根據這種理由，再從生物學上生理學上去研究體育的方法，那就不致於有非人的體育了．但是這種研究，我只好希望體育專家，像我這種門外漢，是不敢妄談的．

以上『是甚麼』『爲甚麼』『應該怎樣』三個問題，我做關於『人生觀』和『德莫克拉西的教育』

兩篇文章的時候，曾經提及，好像是我做文章的口頭禪，老腔調．但是我覺得對於無論那一種事情，總要先明白這三種問題，才有明瞭的概念．中國人對於一切事情，不會發生疑問．他們只曉得甚麼就是甚麼，——如你問他『學校是甚麼』，他就說『學校是學校』．——爲甚麼做甚麼，——如問他『爲甚麼辦學校』，他就說『爲學校辦學校』——大家怎樣，從前怎樣，我就應該怎樣，所以養成一種籠統的固執的頭腦，不肯懷疑，不肯研究，思想學術，於是沒有進步．因爲這個緣故，所以我對於體育，又提出『是甚麼』……等三個問題．

我希望讀者無論對於甚麼事情，總要多提出『是甚麼』……等問題！我希望讀者對於我的體育觀，加以糾正！我又希望讀者，對於多提出『是甚麼』……等問題的意見，加以批評！

# 我的體育觀

蔣維喬

蔣竹莊先生

我要問我國辦了教育多少年，究竟有幾多教育家，在這育字上面有十分體會，見之實行的麼？近十幾年來，大家知道國家衰弱，是因爲國民體魄之不強，所以提倡體育的呼聲，幾幾乎徧滿全國，我要問我國的體育家，在實施體育的時候，究竟在這育字上面，有十分領會麼？

我曾走過幾少省分，到一處總要參觀參觀學校，除掉極偏僻的鄉校外，看他的功課，也總有體操一科，至於風氣開通的地方，每年每季，也沒有不舉行運動會的，照這樣看來，似乎對於體育，也算得盡力提倡了，然而仔細一想，這些體操功課哩，運動會哩，究竟能將那個育字的意義，十分發揮麼．

我們這個人，是物的方面心的方面兩者合成的．物的方面，就是肉體，心的方面，就是精神．所以講到體育，這兩方面都不可偏廢的．體操和運動，雖然可以强健筋肉，活動血脈，實在他的效驗，不過偏於肉體罷了．至於精神，就不能顧到，所以於育字未必完全．依我的見解，必須兼用修養功夫，方得完成此育字的意義．有人說身體强健，精神也自然隨之而强，正不必分作兩截．這話我却不敢贊同．須知道身體和精神，一主用動的修養一主用靜的修養，偏於一方面，是不可的．

我深可惜如今青年學生，正在身體發育的時候，多犯了胡思亂想的毛病，使精神不得安寧．結果弄得面黃肌瘦，夜眠不安，遺精頭眩，好好的身體，自己弄壞．這是不曉得修養精神，連反帶累身體的原故．青年的人，犯此病的，不在少數．恐怕再去强迫他體操運動，要越弄越壞了．

我所以主張動的修養，靜的修養，兩者並用．動的修養，就是體操和運動，務必要使學生知道此等體操運動的眞正好處，於生理上種種益處，自己站在自動的地位，不要看做照例功課．靜的修養，就是叫精神安靜．我從前曾做過一冊因是子靜坐法，說得十分詳細．能夠照這方法去做，固然極好，如若不能照樣做，也要每天規定一時一刻，閉目靜慮，叫精神可以休息休息纔是．

近來主張新文化運動的人，也有一部分，反對這個法子，以爲是死的修養，和新思潮不合，又以爲近於厭世派，我也不願意和他們辯論．然有一句話要說說，譬如要批評一種食物的好歹，你總要先嘗一嘗他的滋味，方可以下判斷．你自己不曾嘗過，就要下這種武斷，說這食物一定不可吃，是不對的．我是自己幾十年經驗得來，確有效力，方敢告訴人，并且不勉强他人，一定要如此如此做．不過能照樣做的人，做了以後，便知道這靜中境界，眞是活潑潑地，全不是死的．至於我們做人，各自向著一種主義做去，總聽各人自己選擇，要說用了這種功夫，就要斷他是厭世派，恐怕沒有這樣簡單．要知道孔子悲天憫人，一生以救世爲主義，可是他平日，也不曾廢棄主靜功夫．這主靜的功夫，不過做人的根本，和厭世不厭世，有甚麼相干呢．

# 新空氣

## 週刊

## 十大特色

一 本週刊係由學界同志數人組織宗旨純正議論平允毫無黨派臭味
二 本週刊內容豐富暫分十類1社論2讀者言論3時事述評4生計錄5學術6通訊7選論8雜俎9小說10報餘隨筆每期必登四類以上并皆用五號字排印約有一萬五六千字之多
三 本週刊純用白話及淺近之文言以便樸實說理使中下級社會皆於了解
四 本週刊每期所採錄者多係新思想新潮流
五 本週刊極注意學界思潮國民生計
六 本週刊不登攻陰私頌人德政之人廣告
七 本週刊消息靈通記載翔實不登毫無關係之新聞免耗閱者寶貴之光陰
八 本週刊價值便易每期售錢二十文每月省內售錢八十文省外售銀六仙每半年省內售錢四百五十文省外售銀三角二仙每年省內售錢八百五十文省外售銀六角（省外係連郵費在內）
九 本週刊印刷精良異常明晰且純用本省仿造新聞紙以示維持國貨之微意
十 本週刊校對詳細錯落甚少

省外訂報可用郵票代價但限一分半分兩種

發行部成都商業場內支街大豐隆綢緞商店
編輯部成都半邊街十三號大豐隆綢緞商店

# 我們需要的健康

黃醒

體育，原是一個個人在做人上應做的工夫；健康，原是一個個人在做人上應有的資格．體育的道理，並沒有甚麽精微奧妙；健康的方法，也沒有甚麽希奇古怪．但是現在就我耳目接觸的情形說起來，似乎體育兩個字裏頭很有高深的意思．最奇怪的是一般人眼光中，只認定體操敎員做體育專家，將醫生和實行衛生者撇開；只認定體操，遊戲，技擊，運動的是體育，將飲食，起居，操作種種撇開；而今更時髦的還有所謂體育實習，看他那所謂實習，還離不了體操，遊戲，技擊，運動的種種．我不向他們談名學，但覺這時髦的名目，使一般人莫名其妙，空享受一個體育專家的名號，沒有用處；我希望的是地球上人類，一個個人都健康，體育家三個字的名號，在人類中消滅，纔是講體育的眞價，纔是我們所需要的健康．

我們是人，是人類中的一個；做人的人格，就是我們所需要的健康．因爲人的個體是沒有不死的，可以死的；人的全體是不死的，不可以死的．沒有人格的個體，與人類的生命繼續，有害無益；他的生命延長，充其量可以使人類的生命縮短；所以說我們需要的健康，是做人的人格．

人格是甚麼？　歷來解說很多；我們且不推論他．　我們只就我們現在最小的個體看，我們要一些怎麼樣做人的人格？　我們要吃飯，要有吃飯的能力；我們要穿衣，要有穿衣的能力；我們要住屋，要有住屋的能力；這個能力就是我們的人格，這個能力，就是我們所需要的健康，

我們要吃！　由吃生出病來，不吃那使我們生病的；我們要穿！　由穿生出病來，不穿那使我們生病的；我們要住！　由住生出病來，不住那使我們生病的．　我們現在吃的，穿的，住的，是不是使我們不生病的呢？我們想清楚，看明白，我們想法子去了使我們生病的；關係不在一個人的，就得想法去了那使我們多數個體不健康的障礙物！　一個人做不到的，合多數人的力量做；合多數人的力量，也就是我們所需要的健康．

現在設若有一位所謂體育家的人，看我這篇文字，見着這以前說的許多話，像是狠支離狠附會的；但是我願意他的眼光移到字以外去看看，想想！　再接着看我就人體——個體——組織上說我們所需要的健康……

人體組織在外觀上看，不過分作頭，軀幹，四肢三部，若是用解剖學和生理學的眼光來看，就有所謂骨骼組織，筋肉組織，神經組織，結締組織，脂肪組織等等．　這些組織成形——一定的形——又有一定的機能，成了幾種系統，但是尋到最小的原質——細胞——是非

目力看得清楚的；這看不清楚的細胞，雖因他處的地位和做的事務不同，但是他對於全體負的責任却一樣．個體健康不健康，就看個體的各個細胞負不負責任；個體有一部份有不健康的表示，就是那一部份細胞不負責任，或不能負責任的原故．

這樣說，我們需要的健康，是要細胞負責了；細胞果然不負責嗎？細胞他爲繼續他的生命，是無時不負責的．但是若不供給他的養分和機會，他的責任又從那裏負起？這養分和機會是些甚麽？就各個細胞說，很覺瑣屑；且就他的機能組織上各系統來攷察：

『一』骨系統．骨因韌帶的聯絡，造成人體的架子；又因筋肉的伸縮，能做種種的活動：由他造成的腔闊，可以保護內臟．這系統細胞的責任，全在架子；架子中若有一部份不能動作或是損壞，他的細胞就不能負責．這架子不能動作，是由於不得動作的機會，將本能消失；架子的損壞，是由於過度使用，不得養分的補充．

『二』筋系統．筋肉合着腱聯附在骨架子上，做人生活動的運動；這系統細胞的責任，全在活動．這組織中有爲活動阻礙的叫做老廢物，他雖能阻礙活動，但活動又能驅逐他．所以這系統的細胞，最怕的是不使他活動．更要注意這系統的細胞，是一個人身體上最多的．

『三』皮膚系統．皮膚是包裹全身的，一方面約束人體各組織，盡保護的責任；一方面又做排泄老廢物的機關．但是他對於身體上不要的東西，只能排泄出來，不能使不要的東西離身，你不將他排出的東西洗去，那嗎！ 他就是再要排泄也有排泄不出的困難，這是不將機會給他了，試問他的責任從那裏負起？ 中國人舊觀念有所謂『細膩』，『吹彈得破』，都是形容嫩皮膚的；這『嫩』字實在對於保護身體的責任上有妨害；『弱不禁風』的形容詞，就是這系統的細胞不負責任的攷語．

『四』循環器系統． 循環的責任，是由心臟和脈管的細胞負著的；專做運行血和淋巴液去營養身體的事情． 他要得的機會，是沒有阻滯和驟進的壓迫，能得自然的運行；他要得的養分，是製造新鮮血的空氣和食物．

『五』呼吸器系統． 這是和循環系有密切的連帶關係的組織，是肺，氣管，喉頭，鼻子等做呼吸空氣的機關． 他們所需要的是清潔的空氣，最怕的是炭氣壓迫；機會是在乎得闊大的胸腔，能做深長的呼吸，養分是日光．

『六』消化器系統． 食物消化，是消化器的責任；組織這消化機關的細胞是口，食道，胃，腸等等． 他們所需要的機會，是在人體勞動的時候；他們所需要的養分，是全身血液循環的旺盛．

『七』排泄器系統． 由腎，膀胱等組織細胞來做排泄的機關． 他要得的機會，是隨時排泄；他要得的養分，是不使尿毒存留在體內．

『八』神經系統．這系統和人生的關係最大，是腦，脊髓，和分佈全身的神經組織的細胞負的責任．人有知覺沒知覺，由他；要運動不運動，也由他；他是管理精神肉體兩方面的總機關．人類個體的生命權，操在他；人類全體的生命權，也操在他．他要得的養分，是在乎運用和休息的得宜；他要得的機會，也是在乎運用和休息的得宜．

在人體組織上考察結果所得的概念，既是這些，那我們所需要的健康，自然以不違背人體組織的需要爲是．人是生物，生物是能動的——是要動的，人體上無一種組織他不動的，也無一時他不動的；不過有各種的動法，有些不是肉眼所能看見的罷了．這樣說，我們所需要的健康是動了！但是動的方法和動的程度，是不是現在一般人所認定的體育運動呢？不是，不是！人體的動，是生活上自然的動；那體育運動，是不自然的一種人造的動．我們最需要的動——個體組織細胞的動，是自然的不是那人造的．既然是這個不是那個？何以發明體育運動的人，定要多事來造那些方法呢？這句是必定有人要詰問，我也有答辯：

原來人的進化，是由簡單變複雜的；生活的情形，因人造的——進化的——情形，起了變化，不免發生許多不健康的缺憾；爲的滿足健康和救濟缺憾起見，纔想出這些體育運動的方法．這人造的方法，就是爲應付人造的情形而發明的；確實是用過一番苦心叫人不能不佩服的一種成績．這些方法的効能，在乎補救已經因生活困難和變化的那許多不健康的缺憾，不是改造那許多不健康的生活困難和變化．人生根本上所需要的，是改造那許多不健康的困難和變化．體育運動那些辦法，在人生上和治病的藥劑一樣；我們所需要的豈是每天吃藥？再明瞭的說：我們所需要的健康，不是要得一種治病的藥，是要得一種不生病的機會和養分．這機會和養分是甚麼？簡單說，就是環象．

試看蘭草生在山裏，絕不用人力去養護，他却長得狠好的；一到了移在盆裏，養在家中時時有人照料，却只要偶不經意就壞的．這是甚麼道理？這就是環象變了的原故．生物界中的例狠多，用不着再數；再看野蠻人和文明人的比較，鄉間人和城市人的比較，都可看出因環象不同所成的健康狀態．

不在根本上謀環象的改造，不怕你補救的方法如何完善，那使你病使你弱的環象存在，你還是不能得健康的享受．我們究竟要甚麼樣的環象呢？這個是在人生上的需要來的；人生的需要，又是根據人身的需要來的．前一節說過人身各組織的情形，我們在那裏頭知道他的需要是：

『一』運動『二』空氣『三』食物『四』休息『五』洗濯？這幾項我們有沒有？似乎我們

通通都有的．這樣說，我們已經健康了，還要說甚麼需要？需要是這幾項中的條件：

『一』有限度的運動　能力有多少，運動多少；既不使能力有賸餘，也不勉强用已經疲勞後的能力．

『二』新鮮的空氣　空氣是看不見的東西，我們從那裏辨別他新鮮不新鮮？簡單從比較上說，凡經受日光多又沒有嵐瘴和病菌夾雜的空氣，是新鮮的．一個人能每天二十四點鐘刻刻和這種空氣接觸，是最好的，住的屋子不好，就是拒絕新鮮空氣最有力的東西．

『三』滋養的食物　單說滋養，也是狠嫌籠統；然而說每種食物的滋養料有多少，細細的評量，也不是一般人耐煩的．但是蔬食比肉食好，趁新鮮吃比吃陳腐的好，熟食比生食好，少食比多食好，總算是大家都承認的

『四』適當的休息　終日偸閒，休息嫌太多；終日勞動，休息嫌太少．瞌睡來了便睡，醒了便起身，在這倒頭到起身的中間是眞休息——最適當的休息．普通所謂休息，並不是眞休息；因爲不用腦力便用體力，用的分量有多少，但是總沒有完全不用的．

『五』時常的洗濯　中國人洗濯最不講究，常時洗的只有臉面，有些人終身不洗澡，雖說他是懶，但有些地方的人，却因爲得水困難

聯絡這幾個條件的觀念，我們需要的就狠明瞭了．這些需要我們都能如願的自由取得

嗎？且從現在社會各方面來看看：

有些學者，他爲得研究學術的便利，不能不住在都市中，都市的空氣呢？ 因爲屋宇連接，人口多，自然壞得多了；他想得新鮮空氣，在沒有大公園的都市，就非到鄉下去不行，在沒有路走的中國，來往的時間能力上都不經濟． 並且他擔負的責任，在眞實學者太少的中國，因爲需要多，供給少，他每每的一個人兼做幾個人或十幾個人事；他在良心上不能不做，他的勞動一定是偏於腦的，過度的；所謂腦力體力的調和，事實上做不到，他雖有心要取得，也不能自由取得． 食物嗎？ 在多數人沒有公共衞生常識的中國，何能敢說他吃的東西，沒夾帶着各種病菌？ 休息嗎？ 他不是患着腦貧血病睡不着，就是事務奪去他的睡眠時間； 洗濯嗎；他雖勤洗，但是不必有清潔的水供給他用． 假若他的環境不改造，他的健康從那裏取得。

再看耕田的人，他們住在好空氣裏頭，似乎很可以自由取得他們的需要了． 但是當不住許多張開嘴向他要飯吃的人的壓迫，不能不過度的用體力． 又當不住那些吃現成的人所造成金融恐慌物值高漲的壓迫，使他生活困難． 他何嘗能抬抬頭舒暢的吐口氣呢！ 這些抽象的說法，或不能得所謂體育家的見信，我且就我看見的農人狀況說；我在民國紀元前五年回到長沙錦繡鎭，看見六十歲以上的農人很多；那時他們聚談的時候，總感歎他們壯年時候的生活容易，甚麽蛋，肉，鹽，油，布，牛，鐵器，都是價値狠廉的，雖然是八百銅錢一石的穀，也可以一家人寬裕着過活；現在人老了，纔見過一千七八百銅錢一石的穀價，還不能將就過活，到民國二三年再到鄉下時，那些老人多死了，就是六十歲以內的農夫，也有不少的死了；只賸那四五十歲農夫坐在一處皺眉頭，歎穀價漲到二千三四，他們還不够活的！前年冬季去年春季我到鄉下，見那些壯年的農夫，一個個神魂不定的面無人色，每正犁着田，揷着秧的時候，牛也不要，犁也不要，秧也不要的拚命狂跑；我說他們瘋了，誰知他們是怕那擄他們的呢！今年我不曾下鄉，但是鄉下人來到我家談起，他簡直說田不能種了，休說沒有錢，簡直連做田裏功夫的人都沒有了，我問他原因，他說死的死了，不死而有手藝的人走了，再沒手藝的人，他也情願到城裏拖車子，不肯挖泥土了……這些是長沙鄉間農人生活的日變困難，或者是長沙近年受了兵事影響的原故；再將我今年六月在京漢津浦兩鐵道沿途看見的農夫作證，那種毫無生氣的態度，也够人看的，這是我看見的我說的，不算數！再看北京農業專門學校教授夏樹人先生引證外國人的說法：

美國之農家，多受肺病者，即由家屋過於堅牢，空氣流通之不足耳．Bamayyini 氏有云，『昔古代之農民，以已有之牛，耕已有之地，其於衛生上如何，雖未悉其詳；而觀近世之農家，概以寢食不足之勞動，而耕耘他人之田地，其欲健全以保持其體軀，殊非易易。』英國之Jaffies氏……曰，『農夫之手，乾燥粗硬，失去天然之潤澤，現出龜裂之皮膚；縱見其汗流於額，而未見其汗生於手也，是非勞動之過度歟？』……（見北京學術講演會講演錄農業與國民之衛生第九節有害農民之事項）

農人生活，在我們的理想和皮相，似乎他們是最健康的，就是據那些學者研究的報告，比較上也算是最健康的，但照這節看來，他們的健康，也有不能自由取得的情形。

再移眼光到工人身上去，試看商埠碼頭上的推小車的，拉人力車的，抬重東西的，背大包裹的，挑重擔的種種苦力，有幾個能夠抬頭的？輪船火車，機械廠等等中間管火爐子的，玻璃廠中間吹玻璃的，電話局中司機的，以及各種工作的工人……就是負教育責任的學校教師，也可以算在勞工裏頭，誰不是叫生活責任壓得抬不得頭，我們試替他們想想，再親身到他們處的環境裏去看看，或者更動手試試，請問他們在生活上必需要的健康，能自由的取得嗎？再去看那商人，在大商店，人多，那業主也還講人道的，或者給店夥一些自由取得健康的機會；若是規模小或個人的小攤店，從早到晚，不是坐一個起不得身，就是站一個提不得脚，或者跑一個不停腿，叫一個不住嘴，健康，健康！和他們簡直不生關係！還講甚麼自由取得呢？

中國式的兵，健康嗎？軍裝不足，一個個的拖衣帶水；入伍不退伍，十有八九是害花柳病，健康和中國式的兵不發生關係！中國式的官，健康嗎？怕有人暗殺他，藏在衙門屋子裏，藏在四轎，汽車裏，不敢見天光．他也和健康不發生關係！醫生是使一般人健康的，他自然應該健康！但是只能說他應該，可憐中國醫學不發達，病人個個是，早累得他將頭埋在診斷上，換不過氣來．所謂體育家，是使一般人講體育的；他自然應該健康！但是只能說他應該，可憐他為的指導人講運動，不免他自巳運動過度；又處在惡社會裏，吸的空氣，吃的食物，自然難講新鮮；表面上看來，他何嘗不是雄糾糾的，但是他的心臟，或肺，或胃，受了病還不自覺呢！

一般青年，學生，小孩子，他們有父，母，師長等的養護，他自然應該健康！但是也只能說他應該，可憐他因他的父母為得怕他餓壞，凍壞，過度供給他的食物，過度供給他的衣服；更怕他受人欺，學壞樣，關在家中屋子裏頭，不許他見太陽．他師長為的怕他能力不足，道德不好，過度的供給他的知識，過度的干涉他的行為；更怕他身體不好，用那和藥劑一般的體育運動，不管他受不受得，要不要得，捉住他依樣胡蘆的運動．在他需要的健康．不能自由取得之外，還要受些不健康的影響．

我們只用我們的眼光，隨時，隨地，隨人去觀察，可以說無時，無地，無人不表現一種不健康的狀態．總結着說罷，在現在一般人的環象中，各個人的境遇裏，休想找出可以自由取得健康的機會來．那嗎？我們要失望了，我們只得任他了！不是，不是！我們得想法子！我們用甚麼法子呢？我們仍舊是要用人造的方法來應付這人造的情形．

人造的方法！就是先說的體育運動嗎？我已經說過，那些東西是沒有用的，是治病的藥劑；並且那些東西，要發生甚麼體育專家的問題，似乎不是人人能知道的秘密，似乎也有精微奧妙的道理．用這種眼光去看體育；要用那些方法，去求得我們所需要的健康；我敢用負責任的話武斷着說，休說隔健康的途程差得遠，非三四百年不能普遍，恐怕不到一百年就會走古代希臘羅馬的那條路．

我大胆說這籠統的武斷話，我知道一般所謂體育家的人，一定不服；就是我先說的許多『不是，不是！』的話，也是籠統的．我不指出所謂『體育運動』的缺點來，我說的都是廢話；我所以要批評『體育運動』一次．要批評『體育運動』，先要認明『體育運動』是些甚麼！照體育原理上的分類，（見諾克沛譯體育原理的第二章第二節，頁六十一．）是四種：

體育運動
- 一規則運動……普通體操兵式體操等……
- 二自由運動……遊戲散步跳躍等……
- 三技術運動……蹴球擊球等……
- 四職業運動……裁縫手工農業等……

右表第四種，是他們硬拉進去的，也是他們不甚注意的；可以不論．且就前三項分開來觀察：

『二』體操 兵操，現在已經有人不認他是體育運動了，也不說：只就體操着，又分了三項：

體操
- 各個操……瑞典式各個教程
- 普通操……有徒手，啞鈴，球竿，棍棒，木環，豆囊等等名目，
- 應用操……有小棒，二人球竿，三人球竿，單啞鈴，美的啞鈴，鈴竿，曲竿，圈等等名目，並且可以自由的編造

這個現在有些時髦的體育家，嫌他舊了，又是日本人賺了過手轉販來的，不好；直接又販來一種新的，叫做純粹西洋式的美國派，他們是覺得舊的五花八門，不容易瞭然，他就用極簡單的分類法，是兩類：

體操
- 柔軟操……就是各個，徒手的變像
- 器械操
  - 輕器械操……就是啞鈴，棍棒等類以及個人或家庭適用的種種器械
  - 重器械操……就是從各個教程中抽出來的肋木橫木等以及種種練身器械

幸虧我也教了七年半的體操，僅能記得他這些名目；假定他確實有健康的効能，試問一個人要學這些東西，費去極多的時間，纔能夠達到目的，有是理無是理？ 若說只有一

種，一類，一部就夠了，那又何必絞腦汁用在研究一些人生不需要的東西上？況且終身做體操運動的人，也免不了病呢！

『二』遊戲　遊戲的分類，各有各的分法，並且有稱遊技的，有稱遊戲運動，游戲舞蹈的，也有將球類運動也納入的．我照着教育部定的科目又圖我的省事，不管他應分應合，且列在一處：

- 游戲
  - 極積的
    - 競技運動
      - 球類的脚球手球藍球網球……等等
      - 賽跑賽跳賽擲……等等
    - 角力競爭　團體競爭　個人競爭 — 都可以自由編造，名目極多
  - 消極的
    - 舞蹈……圓舞方舞隊舞列舞……等等
    - 表情……唱歌動作表情

這個中間還有極精細的組織，極周密的規則；一舉手，一提脚，都有一定的格式，果然他的効能是大！我也承認他是大？但是我們可憐的小百姓，忙着吃飯還忙不了，那有功夫和能力佩幹這個！一舉手，一提脚，都要學，要長時間的練習；不然，不能游戲．可憐我們小百姓，忙着學吃飯的本領還忙不了，那有功夫和能力來幹這個！

我今年七月在上海時候，有天在一家外國人門前經過，看見有一男一女在院中打網球，球打出了界綫，有個西崽隨那球東跑西跑的拾球，跑得滿身是汗，很不得有兩張嘴吐氣

又一回遇着一個拉黃包車的人拉車飛跑，但是車上坐的那拿網球拍子的小姐，還蹬脚叫他快走！我們小百姓只佩幹拾球拉車，替講游戲運動人當奴隸罷了，那有功夫和能力佩幹這個．翻過來看終日做游戲運動的人，也有病的時候．

我在教體操的時候，因別人詰問和自己的反省，得了這些疑問．我為解答我的疑問，曾經作過兩種的研究，研究的是——

『一』為甚麽要這體育運動？

『二』體育運動為甚麽不能發生効力？

讀書，訪問體育家，經過幾年的日月，逢着多少的機會，纔得了一個概念的解答．是：

『一』為的要調劑因為作業使用腦力體力的偏枯，和恢復因為作業使用腦力的疲勞起見，需要一種可以使精神肉體娛快的活動，所以發明體育運動．甚麽體操種種，都重在調劑偏枯；甚麽游戲種種，都重在恢復疲勞．體操好像一種造人的模子，同學校中修身科的德目，是一樣的命意；所以現在漸漸的有些人不信仰他了．游戲就是俗話說的玩；人是愛玩的，人又愛富有賭勝性質的玩法；所以就利用人這個天性發明種種賭勝性質的游戲．游戲比較體操有興趣，容易接近人，就借他換轉人的賭錢鬭牌的習慣；所以美國有大游戲場的城市，居然可以減少罪犯．基督教青年會本着所謂上帝耶穌的愛，極力提倡游戲運動；麥克樂所着普及游戲運動一本書中，幾乎是說游戲萬能；遠東運動會，全國運動會等等，主旨就在提倡游戲運動．

『二』體操的不能推行：有的說，是中國人沒有好運動的習慣；有的說，是體操太枯窘板滯，做的人不感興趣．游戲的不能推行：有的說，是指導的人太少；有的說，是沒有地方和機會給他．他們的不能發生效果：有的說，做的人別有嗜好；有的說，做的人元氣太薄；有的說，其他的衛生沒有講究；有的說，做的人無恒；有的說，做的分量或多或少不適當

我又將這概念去實地觀察，靜心推想，經過幾年的日月，逢着多少的機會，到今日纔證實了那些解答是遁辭，更得了一種新解答：是——

『一』與其用體操游戲去調劑恢復腦力體力於既然偏枯或疲勞之後，不如根本上不使他有偏枯和疲勞發生．與其利用人類好賭勝的劣根性，換一種賭勝法；不如利用人類求生活的好根性，換一種生活法．與其獎勵提倡他們不樂意做的那假定的健康法，不如直接先解決他們必需的喫飯問題．（今年遠東運動會在菲利濱開會時，徐世昌先生捐一萬圓做中國選手的旅費．假定將這一萬圓捐給比較上和一般人喫飯關係多一點的事業，所得的効果又如何？）

『二』一生活的問題不解決，不能享得健康的權利．生活的狀況不變更，健康的根基無從建築．各種病菌不撲滅，人的疾病免不了

說到這裏，我的話也很多了；在人身上看，在人生上看，都覺得不是體育運動能夠解決健康問題的．這樣說，解決我們健康問題是甚麼呢？根本上解決是甚麼呢？我又用我的慣技，我且不道破，請你想一想！……你若是沒門境？請你再將我這篇從頭看一遍，我已經告訴你推想的出發點了！

我知道我懷疑的那些事情，大家何嘗不曾懷疑過；我推想的那些事情，大家何嘗不曾推想過；我認爲需要的那些，大家又何嘗不是爲的他．然則我們爲甚麼還在『要』的時候，却隔着『得』到的時期差得遠呢？這個不是沒有想到方法，是不曾將一切方法來實行，是實行的手段用錯了．所以我破例不說半截話，再進一步推論取得我們所需要的健康的方法

『二』撲滅病菌　病菌是一種繁殖最快的微生物，大家都知道的；他是我們最大最强的敵，也是大家都知道的；他慣於乘人不備，等機會來收漁人之利，也是大家都知道的．我們如不撲滅他，他就會乘勢的撲滅我們．不過講到撲滅他的能力，現在人類的能力還不够，因爲他就是單獨寄生在人身上，雖用優生學的方法處理，也不能限日計功；況且他寄生的所在，不僅人身呢！現在與其說誇大的撲滅，似乎說抵抗他不能侵入或孳生，似乎切近事

實．但是病菌不滅，照生物學所研究『大動物的滅亡』看起來，人類終不免被他所掃滅；我們對於他，應該取一種誓不兩立的態度纔是．近幾年來世界大戰，在人呢？一個個皺眉嘆氣；在病菌，他若是和人一般的能笑？他一定要笑冷牙齒呢！人！人！你且莫彼此的鬧閒氣！已經有那等着機會的病菌在你近旁——身上，你知道嗎？你要快快的移你互戰的膽力，勇氣，來防備這偸偸摸摸的么麽小醜呀！

『二』作農的工．農的工作，是一種最適於健康的工作；因爲旁的工作，多在屋宇和城市中，只有農的工作，必須在原野中，日光下；原野的空氣比屋宇和城市中好，日光又是殺菌的唯一利器，所以只有作農工的最健康．這話和前說的似乎有些矛盾！不然，不然！先說的農夫不健康種種，是因爲他現在當不住許多張開嘴向他要飯吃的人的壓迫．——換句話明瞭說罷：生活程度一天天的高，生計又一天天的困難；『趨利於市』，將多少農夫吸到市場上去；再加上資本家，地主的壓迫，所以他們因生活困難就不得不多勞力少喫飯，結果就弱就易死．現在我們將制度改變，生活改變，習慣改變，將城市中的人移些到鄉下去；耕田的人多，個人的體力可以節勞；生產力發展增高，金融活潑，消費的容易取得；給我飯喫的農夫，他能揚揚眉，吐吐氣，他有不健康的嗎？我們若肯做農做的事，我們也健康了

『三』……？我寫過『三』字，原來想順次的列舉人種改良，兒童公育，公共衛生，勞動時間分配種種方法；但是轉念一想，一切方法，在『……？』不解決以前，不能實行；列舉也不過是徒然費紙，我寫的時間能力都沒有代價，你看的時間能力也沒有代價，是再不經濟也沒有的！你道我沒有方法借『……？』藏拙，作這滑稽的煞尾嗎？你若是明白我在還『……？』下說不出能行的方法來，請你將我這『……？』解決，我再告訴你！我自己不料我反覆推論『我們所需要的健康』，却歸結在『……？』我想看我這篇討論『我們所需要的健康』的人，也斷不料歸結在『……？』

這個題目，是三個月以前選定的。我的好友羅黑子君說『這題目要找一位醫學家做。』我覺得也要找一位醫學家做；但是我認識的醫學家，都當不住病人太多，忙不過來。特刊號發行期近了，有些徵求的稿子等不到；只得亂七八糟的寫這一篇，充充篇幅；像話不像話，我自己顧不了許多。若是有醫學家，肯用他那起死回生的手段，詳詳細細的寫一篇『我們所需要的健康』出來，糾正我的錯誤，指導一般人選擇健康的路徑；那我這一篇的罪過，就可以贖回了。

中華民國八年十二月十八日零時三十分

我寫這篇，因爲論到方法，一層一層的推想，將思想鑽到牛角尖上去，筆底下自然寫不下來。當時夜深了，我的精神也不濟了；出到院中想吸口較清潔的空氣。抬頭看天，黑雲沉沉不見一顆星的光；刺耳的北風使我悲慘；侵膚的寒氣，使我噤顫。我沒有勇力寫下去，就匆匆的完篇．然而梗在我喉頭的東西，我不會吐出；休說義務上不應該，就是我肉體上也感不快；到今夜重振精神，想要將他改造；但是費了兩個整鐘頭的時光，只落得一聲長嘆！我實在沒能力了！記得九月間，曾學着做過一首新詩，且抄在這裏，作我今夜兩點鐘的代價．二十日二十三時

## 『蟲』和『我』

九月二十一日半夜，人都睡了；
我因體育週報缺材料，
沒休歇，
還急急的編文稿．
窗外階下，有一隻小蟲，
也唧唧的只管叫．
他好像要和我作對頭，
直攪得我耳煩心悶，
說不出的焦燥．

我放下筆閉眼一想，
又不覺自己好笑；
我不懂得他爲甚麽叫，
比方那有些人不懂得別人爲甚麽做報
又何嘗不是一樣討嫌着別人胡鬧！

蟲兒！
你爲甚麽要叫？
你爲甚麽偏在這個時節來叫？
難道是怕我寂寞，
憐我單調，
來做我的朋友，
助我的開心竅．
猛聽得一陣很大的「秋風」！
我點點頭兒心裏知道；
啊！你原也是順應着「自然」，
現在是「叫」的時節到
我呢？

難道眞是甚麼「立異鳴高」?
也不過學着你「順應自然」,
覺得這樣是人生的必要.
我說的東西,
不算得稀奇,
更沒有奥妙;
爲何却惹得人睜着眼睛,
皺着眉頭,
嗤着鼻子笑?
呵!……………呵!……………
原來是:你叫得清脆,
我說得膠擾.
難怪!
你一叫,
叫出了多少伴來,
我到今朝,
還像那做戲的猴兒,
獨進「加冠跳」
但是——你叫時,
很能夠自由;
我跳時,————却有許多圈套.
蟲兒!
你努力叫!
叫過了這時節,
也去睡睡覺;
我呢!
也努力跳!
跳出這圈套時,
我說的東西,
或也許:
變膠繞,
成明瞭.
今兒,
你正叫得高興,
我也還不敢獨自去睡覺.

# 女子體育當如何？

A. C.

『女子解放』『女子解放』這個狠時髦的名詞！怎麼要解放？怎麼樣解放？須得研求關於婦女的種種問題；我們現在要問明男女兩性不同之點是甚麼？舉凡人類應有的本能，男女間有沒有差異？男女兩性不同之點究竟是甚麼？唉！不過身體發育上一點些微的差異；我們人類一切生活職業境地種種，都由這點差異上判別起來；可見女子體育，是婦女問題頂重要的事件！是女子解放項須注意的東西！

女子體育和男子不同的地方，有兩項事：1.月經，2.生產，前項是關於成年後的問題，後項是關於結婚後的問題；成年結婚，是關於女子身體發育的兩大關鍵；現在也有些畏避生產，持獨身主義的，但是成年是免不掉要經過的事，我們現在先研究這一點．

成年以後，便有每月一次，至多七日，至少三日的月經；這七日或三日的月經時期，不能做各種的勞動；但是我們人類有生活上必要的勞動，勉强去幹嗎？不是弄得經信愆期，就會經水過多；尤其月經時候，是生理起變態的時候，容易感冒一切，每每稍一不慎，就伏了種種不治之症的危機；還是不去幹他嗎？這每月十分之一，或者十分之二還多的時候，因爲生理關係，不能取得照常的生活；就這一點，便造成了父系的制度，使女子居於屈服的地位；成年是甚麼？簡直是女子所受的最殘酷的刑罰

殘暴的造化！使女子受了這種不可逃的刑罰；我們在生物學上，不能尋出一條可以赦免的法律，狠是生物學上的缺點；但是我相信科學發達，沒有窮盡，這個赦免，或者不是不可能的事；不過我們要就現實的事實上，想出救濟的方法

怎麽救濟？

1.沒有受刑之執行的替他辦種緩刑　就是使成年的時期遲緩，——延長童年；人的成年時代，事實上狠不一致；比較起來，成年遲早，和體質强弱，狠有關係；成年遲早不同的原因，不是個人身體上的原因，是社會一般的原因；這個原因，就在風俗習慣生活職業等等；這種種情形，及於生理上的關係，一是身體的發達，一是異性的覺觸；試看貧苦人家的女子，自小便要勞動，小小年紀，每每像是成人一樣；因爲身體發達得快，成年也就狠早；再看那習俗淫靡人家的子女，身體雖未發達，情竇却巳早開；因爲他們的耳目，時時刻刻都有這種異性的覺觸，這種覺觸的刺激力，狠足以使生殖機能一部分的特殊發展

要使成年時期遲緩：第一要節制未成年人的勞動，使他能依生理的順序自然的發達，不致有迅速的成長；第二要使不感受性的覺觸的刺激

2已在刑之執行中的替他設法假釋就是說使月經減少，——減少時日，或減少經水；女子怎麽有月經？因爲女子在生理上富有儲蓄的性質，缺乏消耗的能力；儲蓄而不消耗，便使血液充滿，自然外溢；也還有因平時血的運行，不大流暢，停積的血，也隨月經盈溢出來；要使月經減少，第一就要使他增加消耗力，第二便是要使血不停積；通常勞動較多的人，月經較少，因爲勞動是足以增加他的消耗；但是有時也有勞動過多的女人，月經甚多，那是因爲過於勞動，反使血的運行過急，月經所以也多；至於血液運行，怎麽纔能流暢？一面也要有相當的勞動，一面還要使心神舒暢；血液循環，和神經系統狠有關係；心神鬱悶，血液便不流通，沒有相當勞動，更是不消說得。

以上是就女子月經主體的說法，是經的體育問題；但是怎麽減少行經時的痛苦？行經時怎樣衛生？這是經時的體育問題，要就客體去研究。

經時身心，都起變態，易感疾病，易受刺激；所以經時不特不宜有或種的勞動，而且狠要注意一切應該注意的事；風寒奔帶，都是由經時不愼發生的多；而經時心神刺激力最强，易發憤怒，易感悲哀；若是有所感觸，不能排釋，便不知不覺的時常鬱結，慢慢的轉成可怕的肺癆；所以經時衛生，固然要有相當防衛，更要各自有他人生的娛樂；這相當的防衛的方法，既爲女子身，便自然有這種良知；有些女子往往把他自己切身重要問題，看做不關緊要這是甚麽原故？第一他們不知道生理上的危險，第二他們沒有人格的觀念；不知生理上危險，所以視爲泛常；沒有人格觀念，所以不明這是緊要重大的生理現狀，認做可羞可辱極汚穢極醜的事，不肯使人家知道；月經來了，怕人家羞辱，要照常去勞動；經裏有病，怕和醫生說得；我不信人類除良心虧損，和行爲不正當外，有別的羞辱的事；女子不幸有了生理上的困難，難道生理作用，也應該羞辱嗎？

至於人生娛樂，就是要有適宜的交際；平時羣性相遥，心神和悅，可以養成樂觀；偶一有所感觸，也可彼此慰藉，互相排釋；若是禁閉沒有交際，平時感情，旣不能有所調和，心裏困苦，更是沒有人可以知道；唉！可憐的女子，爲甚麽要受這不幸的禁閉？你們想替自己求幸福麽？

說到此地，我們再研究關於結婚後的女子體育問題；關於此點，我們應研究的是甚麽是女子於結婚以後，有他可怕的生育，困難生育。

生育的困難，在孕育中有長期——十月——的困苦，生產時有利害的疼痛和危險；產後月餘，還要保衛得好，身體纔能復原；然而哺育之事，就是終身之累了。

我們可以免除生育嗎？不能的；因爲兩性接合，便有這一定的結果。

爲甚麽要兩性結合？爲甚麽要結婚？有些人說：因爲要使人類社會永久繼續，所以我們有為生育而結婚的義務；這個答案不圓滿，我們要在生物學上去尋正確的答案；第一是吾人生殖本能上有一種生殖慾，第二是吾人精神須有異性調和，第三是吾人心理有一種種愛觀念．

結婚以後，便不能免掉生育嗎？　有些用人工避孕法，使他不受胎的；也有些受胎以後，胎兒還沒成熟，用人工墮胎法，使他不經正式生產的；這避孕和墮胎，在女子體育關係上如何？

避孕方法，有用藥物的，是使藥力去障礙生殖的機能；這個方法，體育上狠有妨礙；有用人工的，是用人工使生殖機能，喪失作用，狠能使生殖器上發生隱疾；至於墮胎不論如何，使已受的胎墮落，總是有害身體；這都不是體育上正當解決的方法

體育上解決方法，要用自然的方法，現在分兩面說．

1. 減少受胎　這一項有個頂妙的方法，人人都知道，不待我說；但是我要加個附注，說明這個方法應有的要求：(1)打破異性的覺觸，(2)提起人生的眞樂，(3)操作相當的勞動；因為異性覺觸，最易發生慾念；打破這種覺觸，要有混沌的交際，人生過於枯澀，沒有樂趣，肉慾自然熾盛，提起這種樂趣，也要有種種娛樂的事業；有相當的勞動，便不容有他種雜念；過於安逸，肉慾就無形擴張，所以要人人都有他的工作；但是我這說法，不是對女子一面說

的；因爲兩性結合，是種雙方行爲；所以我這是共通說法，是種共通的解決；還有種專關於女子一面的是要打破從前『金屋』『深閨』的拘束，做自己的勞動；因爲勞動的結果，也足以減『少胎的吸受力，這可由多數事實証明的．

2減少生育的困苦　這是要有適宜的營養，不受精神的苦痛，種種方法，醫學家生理學家都研究得狠詳；現在不能細說．

減少受胎，減少生育的困苦，不特利於母體，而且於胎兒狠有利益．

我們討論的題目是甚麼？是『女子體育當如何？』

我們綜合上面所說，提出一個籠統的答案來：

『女子體育，當首先改造社會』．

這個答案，不是太不倫類麼？

唉！怎麼纔能節制未成年人的勞動？怎麼纔能使他不感受性的覺觸的刺激？怎麼纔能使女子有相當的勞動？怎麼纔能使他心神悅樂？怎麼纔能使他們明白生理，和提倡他的人格觀念？怎麼纔能有適宜的交際？怎麼纔能有人生的眞樂？怎麼纔能使人人操相當的勞動？怎麼纔能有適宜的營養，和不受精神的苦痛？這個社會以內，一點也說不來．

呀！理想的社會，極平等極自然共同工作而又有勞動限度以善良爲基礎絕沒有性的區別最純潔的交際的娛快悅樂充滿了愛的社會．！祝你放我們女子解放的光!!

# 『兒童研究』大意

舒新城

我們看到「兒童研究」四個字，就曉得這門科學是研究兒童的．但是兒童裏面所應該研究的很多，範圍也很廣．我們要研究他，有什麽標準沒有？假定有了標準，用什麽方法去研究？直進一層，我們爲什麽要研究他？研究之後，利益在那裏？這都是我們看到「兒童研究」四個字所應發生的問題．對於這些問題的詳細答案，從本報第四十九期起，要依次發表，讀者慢慢的自然會曉得．我現在所欲講的，是要將這科學的大意思，介紹到讀者的面前．使讀者腦筋中間先有一個「兒童研究」的概念，免得後來看到詳細的地方，生出誤解．若能藉此引起讀者的興味，對於這門科學去切實研究一番，那更是我所極希望的了．

「兒童研究」這名詞，英文叫做 Paidology．Paidology 這個字，是從希臘文 Paidos+logy 來的．Paidos 的意義是兒童 Child，logy 的意義是學或稱研究 Sutdy．兩個字相加起來，遂成爲「兒童研究」Child-study．這是「兒童研究」名詞的來歷．

「兒童研究」的字義，既爲上述．他的內容是什麽？我們更不可不曉得．換句話說，兒童研究是一種科學，我們要曉得他在科學上的任務，應該要先明他的定義．但「兒童研究」之成爲科學，到現在不過數十年，他的內容，還沒有十分確定，他的定義，一時也難得精確，我因爲研究的便利起見，特參合各家的學說，簡單下一個定義如左：

「兒童研究」是用科學的方法，去研究人類由初生至成人時代精神上及身體上發育狀況的科學．

從上面的定義看起來，有幾個要件，我們應該要特別注意．就是：

一，研究兒童，要用科學的方法．

二，兒童身體精神上的發育狀況，都要顧及，不可偏重那一方面．

三，「兒童」兩字的時效，由初生至成人爲止．

四，研究兒童，男女當一律看待，不以性的差別，而有輕重之分．

根據這四個要件，我們知道：第一，「兒童研究」不是空言妄談的，應該要以科學的原理爲基礎，科學的方法爲手段．換句話說，就是要根據於一定的原理，有一定的方法．那麼，我們平日對於兒童的衣食動作，偶然發現一件或幾件共通的現象，如說：小孩子愛玩，年輕人氣大，……都不能算做「兒童研究」裏面的原則．——研究兒童科學上的方法，本報後有記載，此處不再說．——第二，「兒童研究」與兒童心理學及人類發生學 Human Embryology 不同．因爲兒童心理學，只研究兒童精神上的發育狀況；人類發生學，只研究人類身體上的發育狀況．而「兒童研究」，對於兒童的身體上及精神上的發育狀況，都要融合在一起來研究．他的範圍，比前面兩種科學的大些．並且要研究「兒童研究」，必定要曉得兒童的心理學，及人類發生學．現在社會上，有許多人把「兒童研究」，當作兒童心理學，實在是錯誤．第三，兒童的時效，難得一個確定的界限．人到什麽時候纔能超越兒童時期，而入成人時期，歷代來的生理學家，心理學家，也沒有一定的標示．就是法律上的成年律，也是各國不同．有規定二十歲爲成人的，有規定二十一歲爲成人的．在「兒童研究」裏面，兒童的時效，既然是自初生到成人爲止．對於成人的界限，我們雖不能說限定某時到某時，是兒童時代，過了某時，便是成人的話，但也不能不定一個標準．這標準最好是以生理及心理的成熟爲限．人的心理及生理到什麽時候才能成熟，因爲氣候與種族及遺傳與環境的關係，也有遲早不同．大概以二十歲爲普通標準．那成熟過遲或過早，就依此標準爲伸縮．那麽，兒童研究的時候，大概可以規定，自初生至二十歲的時候．在這二十年中間，凡是身體上及精神上所生的變遷，都在研究範圍之內．第四，兒童兩字，在英文爲Child．Child這字，本來無性的區別．凡屬未成熟的人，無論男的女的，在「兒童研究」裏面，都有同等的位置．我們要研究兒童，決不可懷一種歧視的心思．我國素日有重男輕女的惡習慣．講到兒童兩個字，有許多人要誤會是與指男子的，所以我特別聲明一句．

上面所講的，是兒童研究內容的大概．

兒童研究的定義，及其內容的大概，我們既已曉得，現在所要急於明白的是：

一，爲什麼我們要研究這種科學？

二，什麼人應該要研究這種科學？

三，研究這種科學，有什麼益處？

一，Wordsworth 說：兒童是成人的父親．這句話我們忽然聽到，很有點驚奇．因爲一般人的心理，總是說：兒童是成人所生的，決沒有兒童生成人的道理．但是我們過細想想，人類中間，另外有一種生來的成人，還是這些成人都由兒童長大的．我想我們一定要說：成人是由兒童長大的．成人既然是由兒童長大的，那麼，成人與兒童的關係，猶於枝與樹根的關係一樣，兒童如樹的根本，成人如樹的枝葉．Wordsworth 說兒童是成人的父親，也是合理的．我們既明白成人與兒童的關係，再把一般人對於成人上面所用的工夫，與他們對於兒童上面所用的工夫，比較一番，便曉二者是很不平均的．現在社會的事業，無論什麼問題，總是在成人方面去研究．政治，經濟，法律，勞工，……都是爲成人着想，對於兒童那方面，決沒有人提及．就現在論，各種新出版物，所提出來的問題，很多很多．但據我所看見的，除了「建設」第五號湯蒼園君有一篇「童權」的一篇文章外，別處沒看見有人說及．這都是因爲一般人士，平日忽視兒童的原故．實則由兒童變爲成人，中間所經過的時間很長．在兒童的時代，我們不明白他精神上，身體上那發育的狀況．一切教養，必有許多不合宜的地方．等到成人的時候，我們就曉得毛病在那裏，一時也難改變．在這「不明白」的中間，不知要誤害幾多青年．——現在的愛國運動，政府一味壓制，以及那機械注入式的教育，……都是不明白兒童身體精神上發育狀況所致．我們要謀社會的幸福，教育的適宜，都不可不注意「兒童研究」．

二，「兒童研究」的關係這樣大，凡與兒童相接觸的人，就應該去研究．但在一般人的中間，有幾種人的最要緊，最要注意的，就是：做父母的，做保姆的，做教師的，——小學教師更要緊．我國因爲家族制度的關係，嗣後的觀念甚重．無論什麼人，都想做父母，並想早做父母．有許多人，他們還未脫兒童時期 Childhood，他們底下就有許多小孩子．但是若問他們，小孩子發育的狀況是怎樣，小孩子要怎樣養法，怎樣教法，他們都一點不懂．我國兒童有生得多死得多的毛病，這也是一個大原因．所以做父母的，對於兒童研究，應該要特別注意．現在社會主義發達，將來的兒童，一定要歸公育，那時那些專任育兒職務的人，固然是要明白兒童的心性．就是現在幼稚園當保姆的，也要曉得兒童發育的狀況．對於「兒童研究」也不可忽視．現在當敎師的，對於學生常有隔閡的毛病，並且誤用種種不合宜的敎授，弄得學生神魂顚倒．推及這些弊病的由來，是因爲敎師以自己之學識行爲律學生．他們何以如此？就是不懂兒童的心性．所以當敎師的，也應該曉得「兒童研究」．而小學的敎師，更要緊．因爲學生在小學讀書的時候，正是他們身體及精神發育最盛的時候．若是不明白他們的情形，稍有不當，便足以妨害他們發育．

上面所講幾種人，與兒童研究最有關係的．其餘的人，也不可不曉得，不過沒有他們的重要罷了．

三，研究了「兒童研究」，可以明白兒童身心發育的狀況．那麼，對於兒童的敎養，可以有個標準，不至「冒昧草率」，戕賊人性．那多生多死的毛病，敎育不當的弊端，也可以免掉一些．再從積極一方面着想，便可培植人性，使各個人都能發展他固有的本能，利益實在是很大．

「兒童研究」這科學，雖然是近廿多年所發生的．但是現在各國的敎育家，都看得很重要．英國在一八九四年，就設有大英兒童研究會，現在並在 Edinburgh, Liverpool, Dunebe, Cheltenham, Exeter……設有分會．他們總會裏，並發行一種雜誌，名 The Paidologist，專門研究這『兒童研究』．美國各大學，敎育科也有這門科學，並有 Paidological

Seminary雜誌．其他法，德，意大利，比利時，……各國，都設有專會，發行出版物，討論這種科學．就是日本，也設有兒童研究會，發行兒童研究雜誌．高島平三郎，並著有應用兒童研究．獨至我中國，尚沒有這項出版物，更沒有這種學會．我特意介紹出來，請大家過細研究．

八年十二月十八日

# 二十年來體操談

徐一冰

戊戌政變，庚子亂作，波浪掀天，前翻後湧，滔滔然莫之能禦也；有志之士，稍稍覺悟，始有廢科舉興學校之動議，維新變法，萬口同聲，醞釀所及，辛亥革命；一反手間，居然以共和國體號稱於世界矣．猗歟休哉，何其盛耶！惜變法易而辦事難，國民多而人材少；坐井觀天，目光如豆，曾幾何時，二十年已匆匆過去．試問凡百事業之成績，究奚若哉？余忝爲體操界之一分子，業此二十年，初未嘗改志；縱不敢謂研究有得，自問經過情形，瞬息變幻，所有體操界之形形色色，無一不在余之心目中．思之可痛，言之可悲；拉雜書此，非敢以誇經驗，正所以誌懺悔耳！要亦今日之新體育家，不可不知，不可不讀之一段傷心史也．

憶自興辦學校之始，即有體操一科．在疇昔之意旨，幾不知體操爲何義，一若既設學校，必有體操，無體操幾不成其爲學校矣．至於學的問題，（如生理學衛生學體育原理等）人的問題，（品行道德）均不之計也．最初時代，學校任體操科者，多英文教員兼任之．而尤以上海梵王渡約翰書院之畢業生爲居多數．其教材則『徒手』『啞鈴』『兵式』，運動爲『網球』『足球』『棒球』『競走』『跳高』等類．歲辛丑，余年二十一，在本鎮高小學校專修英算；同學中對於體操功課，莫不精神奮發，而教員亦能熱心教授．　憶當時『編排』『走步』之變換，『徒手』『啞鈴』之動作，『賽球』『競走』之規則，與今日所盛行新體育中之新運動，初無大異．噫！　然則西國人之運動，如布帛之於衣，菽粟之於食，其根本所在，縱使千變萬化，要不離乎固有之方法．　故彼所謂進步者，必不僅在表面上運動之形式，而其學的問題，人的問題之種種眞精神，必先繼長增高，研究至有價値也．　此吾國學校體操之第一時代，自今視之，嗤爲陳舊不足道；豈知即昔日遞演遞進，至今號爲最新之所由來也，　撫今思昔，能毋悵然！

甲辰乙巳之間，民間革命思想，日益澎漲；且鑒於各國海陸軍之强盛，僉謂非提倡『軍國主義』，不足以救亡；於是學校體操一科，競以尙武爲唯一之目的，以兵式爲必要之教材．此風一開，弊竇叢生，一般無知識無道德之營弁之兵士，竟一躍而爲學校教師，品類不齊，非驢非馬，既不識教授爲何物，又不知學校爲何地，酗酒狂賭，好勇鬥很，無所不爲；不一年學校之名譽掃地，社會之信仰盡失，學生父兄，多仇視體操一科，至今猶有餘毒也．

此吾國學校體操第二時代，爲最傷心之時代也．

丙午丁未間，留學日本大森體操專校畢業者，多歸國任學校教科，時風氣又爲之一變對於兒童，始有教授『遊技』之發現，而體操亦有所謂『普通操』者，循序而進，漸入正軌．

然學校與社會，對於體操教員之人格，已完全無信用矣。丁未春，余初任上海愛國女學中國公學教科；時校中國文教師，及同事中之年尊者，每遇余，不與語，或竟避去，余初亦茫然不解也。繼校中人知余能寫字，亦能看書，漸悉余亦一八股出身之曾遊庠序者，於是漸漸相交談，幷告余內地學校體操教師之怪現狀，爲之浩歎不止。至是余始恍然體操教員之咎由自取，毋怪人之蔑視也，益自謹慎，不敢忽於禮儀，稍逾範圍。每遇假日，必走訪同學徐君築岩，（時徐君任龍門師範教科）談論學校體操以後之改良辦法，非亟亟組織一專門學校，造就有學識之師資，傳播於各省各地不可。磋商良久，決計剏辦，戊申春中國體操學校之出現，實爲發軔之始。此吾國學校體操第三時代，爲改良萌芽之時代也。

戊申以後，留學日本諸同志，畢業歸國者日衆；教材教法，一致進行，是歲冬，中國體操學校畢業普通科一班四十人，各省來聘請者，求過於供；至是學校體操，始與教育有密切的關係，所謂均齊發育者，良非虛語，遂公認爲教育的體操矣。此後中國體操學校每年畢業本科生二班，而各省派赴來申肄業者日盛，體操教員之人格問題，亦能稍稍贖前愆，圖後效，一綫曙光，發端於此，豈偶然哉！時徐君築岩夫人，湯劍娥女士，亦歸自日本，因即剏辦女子部；（即中國女子體操學校）請湯女士主任教務，女子專門，人材更少，故畢業者更不敷應聘；而女學校聘女教員教體操者，此其破天荒也。此爲吾國學校體操第四時代，爲體操故良，極當，進步最速之時代也。

辛亥革命，國號共和，學校風氣，頓變舊觀；國人既無實力預備於前，復無誠意研究於後，徒以歐風美雨，實偪至此，勢不能不隨波逐流，爲之轉移。在學識卓著者，心地清明，眼光遠大，取人之所長，補我之所短，自能按部就班，得步進步；而在淺見者流，一味盲從，大都以一『新』字爲目空一切之伎倆；國性不顧也，國粹可棄也，一若已國之所有，以及前輩所建設之事業，一無足取，等於弁髦；乃細察彼等之所謂新者，東摭西拾，毫無實際，又何嘗有美惡精麤之辨別力哉？噫！吾書至此，吾不禁大聲疾呼曰，此淺見盲從之輩，濫竽於教育界，獨我體操家居多數，能不爲之寒心乎？民國八年，紛紛擾擾，體操一科，一變而爲體育之專名詞矣；學校體操科，非稱爲體育科，即定爲體育部；體操教員，亦居然自號爲體育教員矣，範圍愈大，實力愈小，經濟寬裕之學校，體育教員多至三四人，各是其是，不相聯絡；經費困難之學校，獨木難支，不得不取所謂新運動者，敷衍門面，祇求有少數學生，能爲『賽球』『賽跑』之運動，多數人之體操課程，可不顧也，體育云何哉！體育之實效云何哉！又有所謂體育研究會，體育視察員，近更有委員會之組織，其所注意者，非全省聯合運動會，即全國運動會，遠東運動會；大處着手，舉止闊綽，獨奈何根本所在，缺憾良多，天下事由小而至大，由近而至遠，豈可務其大者遠者，即可忽於小者近者乎！

如全省國民學校體操科之編制，能否統一教材，變通時間，兒童運動力量，盈縮若何，遊戲方法，順逆若何；學校與社會，層層隔膜，兒童運動會，當如何愼重，俾生信仰．諸如此類，均爲根本上之研究，必須以極精確之眼光，先自窮鄉僻壤始，計畫而引導之，庶幾有實益於地方．如身居通都大邑，欲以富豪揮霍之手段，謀體育之發達，在貴族固能之，平民焉有此福乎？故吾人今日欲謀一新事業，以發展我之所能，須攷察人人所得而做行之，毋空言，毋躐等，與其徒新而無實，不如由舊而逐漸進行，自有煥然一新之氣象．以言今日之體操，其趨勢之有無希望，後顧茫茫，令人恐懼，此吾國學校體操第五時代，即近數年來新舊紛爭之時代也．

夫不適用者，謂之舊，當然淘汰也．能適用者，謂之新，當然進行也．故新舊之爭，純乎自然，亦即爲進化之機會．惟進化公理，爲實際的，非形式的，與時勢，與時間，尤有密切關係；吾人搬一事業，建一學說，如能切實做去，不偏不倚，合乎時勢之需要，時間之支配，庶爲完善，不必以新舊分也．如以一時之好勝心，模倣『新』之形式，而於實際上未屆乎時勢與時間之適合，此非因噎廢食，即隔靴搔癢，未見其有濟也！譬之衣：冬則衣裘，但未至其時，則裘尙無用也；或已至其時，而天氣尙寒暖不定，亦祇有隨天氣爲轉移，斷未有不寒而衣重裘，或已寒而不欲衣裘者也．譬之食：一日三餐，各有定時；隨經濟之支配，應生活之要求，各量其力之所及，爲適可而止之節制，毋過，毋不及，毋奢，毋陋，斯爲飲食之正道．吾人講體育，須知體育爲人類純乎天然之生活．飢則思食，渴則思飲，靜則思動，倦則思息，而遊息，而睡眠，皆體育也．人類進化，妨礙天然體育于無形，于是有體操，有運動，所以補救天然體育之缺憾，輔助人類進化之藥石也．故體育猶衣食也，人人皆得而知之．體操與運動，猶衣食之增進或彌縫方法也，凡人之濫費其衣食者，或求衣食而不得者，吾人當體察其情形，凡于經濟，時間，地位種種，無一不當衡量而審愼出之，以圖挽救之法，要非新舊之爭所可了事．必也求其眞，求其實而已矣．各國之體育之體操之運動，必有各國之特長，及其風俗習慣程度之不同，未必盡合於我國人也；而于經濟地位上言之，則更瞠乎其後，望塵莫及，癡人說夢話，窮漢想發財，不求其本而揣其末，雖新，亦奚以爲

嗚呼！二十年來之體操，一言以蔽之曰，無成績．憶當時之提倡者，固不乏人，而余亦爲濫竽充數之一人也．雖古人有既往不咎之恕，然撫躬自問，汗顏無既；今老朽矣，無能爲也．所望者體育界多新進少年，從今以後，於革新體育之中，先求誠意與眞理，發揮議論，不厭其多；討論方法，不厭其詳；而命脈所在，國性不可或忘，國情不可不知；一國之人，必有特質，獨立精神，胥在乎此．願全國體育敎育家亟起圖之

# 體操 Physical Exercise

譚世鑫譯

原著者Byg. N. Steward, M. D. (Edin.), Of Cleveland,

## 肌肉運動的體功學 Physiology of Muscular Movement.

自然運動，是生命的一種標幟，現得非常殊特，人人都辨得淸楚，萬不能隱藏的，因爲他雖在狹義的學術上，和科學上，所硏究的有些物件，就是沒有顯著的自然運動，他的生命也可存在；但是僅僅限於植物和下等動物細胞的一部分，其花蕊或微生物可不動作也能生活，然不能以之例諸鳥類；肝細胞或神經細胞可不動作亦能生長，然不能以之例諸人．

**肌肉．The Muscles.** 動物之所以有最特別的運動，全賴肌肉能力所致，——非僅隨意的運動，並有心，胃，腸，眼簾，及他器官之乏意的運動，——肌肉約佔人身全部重量的半數，惟小孩的身體有較小的比例．隨意肌者，——如二頭肌能使上肘前部變爲圓肥的塊狀形，及比目肌在脚之腓部成爲橢圓形——都是爲堅韌的纖維組織，名靭帶者所連結，附着於骨上，故有時又稱爲骸骨的肌肉，他們是由略寬長的長形圓筒狀的纖維所組織的，平均約有五百分之一寸的徑，和一寸或二三寸的長．這個纖維爲暗與明的短紋互相表記，橫過其全體，因這個形態，所以骸骨的肌肉又名橫紋肌．每一纖維乃由多數的微細長絲名末梢Fibrils者所排列而成的，其中含有各種性質不同的物質，包於薄片之內．此種纖維由連結組織之連合，成爲小束，再成大束，集多數大束，乃成肌肉．在連結組織之中，則得肌肉的血管，微血管緣薄片流通，以供給肌肉的需要，但無血管直達任何纖維．胃腸血管等的肌肉纖維，較橫紋纖維短且薄，無橫紋，故名乏意肌或光滑肌纖維．心的纖維居光滑肌和橫紋肌纖維的中間，因其類似橫紋肌纖維故具有橫紋，類似光滑肌纖維故不是心意所能主宰，是以名之爲心臟肌纖維．

**肌肉的收縮**．Muscular Contraction 肌肉纖維之特別體功的性質，爲受刺激後，足使之縮短或收縮，其容量不變．是以肌肉經刺激之後，其兩端互相依近，若附着於骨上，則即實行運動，其方向大小及能力，都隨肌肉抽動的指揮，所以關節的性質，肌肉的大小及刺激沉重的度數，各不相同．

肌肉的收縮，可用人工的刺激法，興奮其動作，如笞或搯其肌肉，或處以電流，或使忽冷忽熱，或加以化學的物質，如食鹽等使相接觸，都可使之震動．至各種刺激的現象，皆可用蛙腿以試驗之，必能容易明白．動物身體的肌肉，其動作之發源，實根於神經統系．每一肌肉的肌肉纖維，至少當有一神經纖維的小枝以供給之．神經纖維者，是神經細胞的長枝，位於脊髓灰色質內的．這種神經細胞，復與位於腦中灰色質內的他種神經細胞的纖維，有密切關係．當二頭肌隨意收縮時，有些東西我們稱為神經刺激，在神經內的一些變遷，是由腦中灰色質的一定區域發下來的，由一定的神經纖維，授於在脊髓上部的一定神經細胞；再由此處的神經細胞被運動神經纖維 Motor Nerve Fibers. 的傳導，以達於肌肉．這箇『東西』究竟是甚麼呢？我們是不知道的，或者是一種化學的變化，我們可想像他隨神經跑過，較之世界上最快火車的速度還大，猶如火車箱內，充塞炸藥，一端為自來火燃着，其爆烈的聲音，隨他跑去的一樣．當神經刺激達於肌肉纖維時，發出不同的變遷，且更有力量的性質，其外貌就是收縮．

照這樣看來，我們當認定肌肉纖維，神經纖維，和神經細胞，如簡單的機器，或鎖練的連環，倘若有一環失去，鎖練就破毀了；機器的一部有些錯亂，全部就離出機械了．譬如：假若肌肉和脊髓神經細胞間的神經被割斷，或在任何位置被壓破時，或脊髓神經細胞為疾病所破敗，肌肉不僅隨即癱瘓，不久就變為偏廢，如連結組織一樣了．又如一肌或一羣肌肉被移棄或終久不利用，或一肢切斷之後，其方法雖須長期，初則使之衰弱，再至於腐敗，或使相連的脊髓神經退化，久之則腦中神經細胞之有關係者，也表示其廢弛或衰弱的態度．——這就是體功學上證明身體操練的一種重要理由，——當青年正在發育時期，增加一羣肌

肉的用處，即所以增加那與肌肉有關係的腦和脊髓神經細胞的効用及其容積，這就是肌肉所做的眞功用

**隨意**，Voluntary；**自動**，Automatic，與**反射運動** Reflex Movements．我們日用的各種運動，特別是那些與外界有關係的，這種運動，當隨心思左右之，主持之，但是即有神經細胞與橫紋肌相連合時，亦使發刺激，而指揮這種肌肉的自動的收縮，並無隨意的力，且竟無意及之．這類運動，是那些神經細胞，指導平常呼吸的肌肉，其重要者，爲分隔胸腹二部之橫膈膜，與那肌肉之用以舉起肋骨等類的．雖然我們有時能夠故意變更呼吸的速度和深沈．總不能時刻顧及，至於睡眠時候，則尤非我們的心意所能主持的．這個刺激，所以使呼吸的肌肉時時動作的原故，是由延腦 Medula Oblongata 的神經中樞或一羣神經細胞所發生的，這個延腦是中央神經系的一部份，用以聯絡脊髓於腦的．雖其發出的速度和深沈，是從肺與他項器官來的知覺的神經 Sensory or Afferent Nerve 所主宰，這個呼吸的中樞，即無此等刺激，亦能作用，因爲外達的刺激，是緣運動神經 Motor or Efferent Nerve 授於呼吸的肌肉．所以講到自動的中樞，呼吸的運動也可謂之一部分．但最特別的自動運動的器官，是心臟及消化管，其運動全不依心思的主宰，惟有少數能於短期，故意增加其心臟的跳動速度，不在此例．

第三種運動，就是反射運動：模範式的反射運動，當眼球被撞動時，眼皮隨即轉瞬，脚心被揑，全脚隨即退縮．人人都知道兩種運動是完全乏意的，這個現象，是因神經刺激，能使肌肉收縮，那種神經細胞，構造運動的反射中樞所發生的．所以眼皮的反射中樞，位於腦中；脚心的反射中樞，位於脊髓的下部．其發出這個運動的原故，因眼球受撞動或脚心被揑後，其知覺神經，把這種信息，報告反射的中樞，反射中樞就傳出命令，要運動神經通知眼皮與脚，故發生這種運動出來．這種反射運動，是無須使人有知覺或有經驗，讒能進行的，所以我們就是在睡眠中，不知不覺，也能發出反射運動．

**肌肉的收縮所做的工作** Work Done By Muscular Contraction. 肌肉是一種機器，用以作工的，但是『工作』這兩個字在科學上的意義，與經濟學和日用間的意義，不甚相同，在科學上的意義較寬些．例如一人舉起一重量抗拒地心吸力，在科學上就作了工作，這重量不論是一包煤炭，一部書，或平臥形的障礙物在球場內，或他自己的身體如上梯，或上山，都是工作．肌肉收縮所做工作的能力，是用其舉起重量和重量已舉起的高量記之，假若肌肉持一磅重的物質舉起一呎高，則所做的工作，謂之一呎磅；若持二磅重的物舉起一呎，或持一磅重的舉起二呎高，其做的工作，謂之二尺磅，餘可照此類推．

**食物變化為肌肉的能力** Transformation of Food-Substancesinto Muscular Energy. 任何

工作不能永做而無消耗，或寧變爲相等數的能力．　故機器之變爲工作，其一部的原力，乃儲藏數百萬年，由日光射入樹木，埋於地層中，變爲煤，發展其燃燒性所成的．　由此可知收縮肌肉之變爲工作，其一部的原力儲於食物之內，(亦日光直接或間接射入的)在纖維內，由較低的熱度所燃燒，故有養化的作用．　這個食物在肌肉內的燃燒，恰如煤之燃燒於機器的火爐內的一樣方法，其特別功能，現雖不能完全明瞭，然食物的養化，僅需法倫表百度以下的熱力，至於煤與食物，欲在火爐內成燃燒時，所需的熱度，當高至數百度而後可．所產出的物質，無論在肌肉或他種組織燃燒得慢，或在火內燃燒得快，其實是一樣的，不過如蛋白或筋肉含淡質之燃燒於體內者，當不得火爐的完全，被養化後，淡變爲尿素而已，不能更養化而變爲淡氣炭酸與水分的分析．　至若脂肪澱粉及糖類則在身體內能完全燃燒，直至變爲水及炭酸纔止．

講到食物全數能力的比例，其於變爲工作的一層，肌肉較無論何種機器覺更節省，然全是人所搆造出來的，所以在適宜情形，能做到四分之一或三分之一食物的能力的工作．由這比例看來，可知食物的効力，遠勝於最好的汽機了．

於肌肉收縮的時候，所需食物品之最重要者，是一種糖類，這種糖就名爲葡萄糖，Glucose，是由澱粉及普通葡萄糖，在身體內經消化後所變成的，但是也可從植物得來，又能由人工用淡酸和葡萄糖賁出．更有一種重要物質，名曰生甘素，Glycogen. 有時亦名動物粉，是由葡萄糖和他項物質之在體內者所成的，常存於普通肌肉之中，若肌肉被强刺激過久，如用斯箘克林尼 Strychnin 所毒的動物，發生痙攣，雖其數漸減，亦可完全消滅．又有一些脂肪，也能存於肌肉中，可為收縮時所引用．以上三物，都是肌肉中的緊要滋養料．

肌肉的淡素物質，普通看來，似乎不是供給收縮的能力一大部，就是肌肉運動，若不劇烈或延長時，也難增加這種物質，猶尿素排洩的證明，有時運動能使肺臟排洩很多炭酸的容量，這個炭酸，是脂肪，糖類及澱粉等物質的炭素，要離棄身體的．雖然食物全屬肉類時，僅含淡素物質，若被選擇後，亦可用之以代炭素的糖與脂肪．從各方面看來，一種定量的淡素或蛋白質食物，乃肌肉組織所需要的，因在各種細胞內，其眞正肌肉纖維的網狀形，其重要成分，全係蛋白質物質．我們由是覺得脂肪和糖類，對於肌肉的正式物質，有同等關係，如水之在蒸汽機之鍋與煤之在爐，對於工作，甚屬重要，然水與煤則判然兩物，全無同點．

## 肌肉操練的効力 The Effects of Muscular Exercise

**肌肉的疲勞Fatigue of Muscle** 肌肉若動作過度或用力太久，就會變成疲勞，這是人人所熟悉的一樁事情． 疲勞的方法，可用一個肌肉證明．——如下肘前部肌肉中間的一塊，因爲他的收縮性，能將手指縮到掌中——用一指的一節，將那繫於皮頸圈上的重量，反復舉起，手與肘則緊緊握住，使他肌不致帮助，其收縮的數目，和每次所舉起的高，都登錄於旋轉鼓的烟紙上，其全體搆造，就叫作旋轉機． Ergograph. 倘若指所持的重量太重，肌肉收縮必强且繼續進行，然亦必容易疲勞，其重量也就跌落得快． 但是每次收縮短小又能時時休息，而其重量亦不甚重時，這個肌肉就可舉起那重量甚久． 故羅巴得Lombard的實驗手的一塊肌肉，於每秒鐘舉起一個輕的重量，到二個半小時或九千次，其肌肉並無疲勞的表示．所以增加重量或增加收縮的速度，都可使肌肉隨即變成疲勞． 總而言之，人當反復舉起一極重的物件時，就用盡肌肉所有的力量，那收縮的高到一定時期，隨即就減少，不久那舉起重量的能力就失敗了．假若有一人復告奮勇，暫時的能力雖然復原，能够舉起這個東西，然不片時其肌肉又變爲疲勞，再不能舉起了． 肌肉爲隨意收縮所以使之疲勞的原因，其疲勞不僅包括他自己的肌肉纖維，或在腦或脊髓內的神經細胞，亦致無力． 所以當疲勞時，隨意的能力再不能使手指舉起重量，這是完全靠着神經細胞的，不是肌肉纖維所能使然的．因爲在這個時候，用電流直接刺激的肌肉，能使之舉起其重量．

疲勞方法所以包括肌肉的原故，有二端：一為收縮時所需要的滋養料，暫時用盡，二為肌肉中活動肌肉所發生的老廢物，一時屯積，例如薩可勒克迪克酸 Sarcolactic Acid. 正似牛乳變酸時的酸一樣．

食物在肌肉疲勞中的儲蓄能力，確表其物質為肌肉的收縮所消耗．例如吸取糖類少許，曾證明能減少疲勞，且增加那被長久戰鬥所倦的兵士的忍耐力，我們曾見肌肉內的各種食物，以糖為收縮最緊要的物．因為他是消化管吸收得快的，這個事實，也可說明一部的儲蓄效力．有些熱心家曾說吸取成粒的糖一撮，幾有不可思議的變遷，但不可設想他的動作是特別的，因糖可在儲蓄疲勞的肌肉內動作甚快；例如，脂肪(尤以用肉取出的成分和湯為最)與在蛋及肉類所包含的蛋白質．咖啡有時也可使疲勞的肌肉，增加其工作能力，由旋轉機測出．少許酒精，現出同樣的能力；但較大藥劑酒精，則使肌肉的能力衰敗．於是可知在難堪且繼續努力的時候，常與氣候相接觸，如在戰爭和在探險隊時，茶，珈琲，及椰子等，都是較酒精更適宜的刺激劑，雖不能用之過度，即稍多取，亦無甚害．火車上固不允其司機者飲凝濃酒類，但麥酒或皮酒中和容量，也可少取．

收縮時所需要的物質用盡後，其所發生的廢物，較其移棄更快，這是攻擊疲勞的反應，這個事實，可用一完全為賽跑疲倦的狗的血，射入那完全安靜的狗的靜脈管內，不久這個安靜狗，就發現各種疲勞的症候，但是用安靜狗的血射入於那賽跑的狗的靜脈管，就沒有甚麽情形不同的．並且在移棄疲勞的効驗，用按撫肌肉的力，將表示從肌肉纖維發生的過量廢物的路程，投入被揑的肌肉的血或淋巴內，就可使那經過肌肉的血管與淋巴管的液體，增加流動．

在一定限制內，經過肌肉的血管的血液流動，是體功學上的收縮時所發生的，是最好看的食料品，能使那活動肌肉增加所需供給的滋養品，且同時又增加其排洩廢物的力量．所以主持這個方法的，有二端：肌肉的小血管，由一種神經纖維，使之張開，並主宰其動脈管的口徑，又於收縮的起初，在靜脈管上的，爲那厚的肌肉纖維的壓力，致使血液從肌肉運去．這種靜脈管，同他種一樣，其中都有小門，祇許血液從肌肉運往心臟，不能再回於肌肉內．當靜脈管於運往於心臟時，若爲壓力所增加，由一精確的實驗，可證明那喂養時期的馬的一肌肉內，於咀嚼大麥時，其血液流動的容量，較肌肉休息時，要增三倍．這就是身體練習的一種局部的効力，於是所得的滋養料供給的增加，與那自然操練的肌肉生長相聯絡，是無疑義，這就可以顯然表示那鐵匠的肌肉肥健的手膀，和那拳術家或演把戲的人的肌肉，所以發達的道理了．然猶有練習的普通効力，對於生理學的趣味，和衛生學的重要，有同等的價值．

**操練對於心臟的効力**．The Effects of Exercise on The Heart. 我們都知道就是輕輕的操練，也可使心臟跳動得快一些．所以在七十四個强健人中從二三層樓的階梯，一上一下的跑過一次或二次時，每分鐘平均增加的脉息跳動，約三十次，與普通脉息的率度，不及百分之五十，差不多每分鐘於坐勢有七十三次，起立時八十次．然而這個增加，各人不同，一人於操練後，有脈息率度百六十四次，他人祇有七十五次．除非練習的量過度之外，心臟雖然跳動得快，但是鎮靜的，是有規則的節度，所以那右心房較在休息時，能多送一些血液到肺的管內，左心房就多送一些血液到身體的他部．這個經過肺臟的血液流動，使血液多取一些酸素，又能排出一些炭酸，這兩種情形，都對於活動肌肉的收縮是適宜的，因爲較肌肉安靜時，所消耗的酸素甚多，而所發生的炭酸亦較多．所以我們知道快而且强的心臟跳動，都是勞苦工作與饑餓肌肉同他們的快的廢物屯積和血管張開的預備的助力．

**操練對於呼吸的効力**．The Effect of Exercise on Respiration因爲酸素的增加量，是容易從血液經過肺臟得來，和炭酸的增加量，是容易從肺臟排出，較多的空氣，必須由肺臟吸入或呼出，所以呼吸運動，猶心臟一樣，當操練時也就快了．這個呼吸的加速運動，一部分是由活動肌肉的知覺神經的刺激所運來，將激刺運往呼吸中樞，一部分是由炭酸的直接効力，或由肌肉所發生的他項物質，在血液循環內，穿過呼吸中樞的，使呼吸加速運動．

**操練對於皮膚的効力**. The Effect of Exercise on The Skin. 別種操練的普通効力，就是因爲血管的張大，使皮膚發紅；和從汗腺分泌的汗液增加．經過皮膚的，血管增加血液流動的効力，能使皮膚發紅，但是能使身體變冷，故較冷更多的熱，從溫緩面上發出．汗液的水，其蒸發有同一的効力．在這兩個法子，猶如增加肺臟的流通空氣，其被活動肌肉發生的過量熱力，爲之放出，而血液的熱度，即最沈重有力的操練，亦不能增加到一度．

**操練對於消化系的効力**. The Effect of Exercise on Digestive System. 若有規則，或不是無節度時，這操練對於消化系是很適宜的．口味可以增加；食物不僅能够多取，且更增其美味，胃與腹更能吸收完全且快，即各種組織也能酸化得完全．

## 身體的訓練 Physical Training.

**與心智的訓練會合** Association With Mental Training. 有時『體育勸導員』常引 Montaigne. 的話，作爲反省語曰『我們既沒有訓練靈魂，又沒有訓練肉體，僅祗一人，是以我們不能將他分離』這是表示理論教育根本的眞諦，實爲有統系的訓練，最强辯護，能助長全身一致的發育．至於肌肉操練的効力，與在脊髓和腦的神經細胞相連合，其關係已經表示，我們亦知在活人肌肉束中，其肌肉纖維，神經纖維，及運動神經細胞，都相依甚切．肌肉的疲勞，一部分由神經細胞疲勞所致，所以肌肉的訓練，同時也就能訓練神經中樞，當然有相等的力．普通講起來，肌肉的敏捷不過是神經敏捷的表面觀而已．收入感應的收受之易，與傳出激刺的發出之快，其在每個神經細胞或一羣神經細胞的一部份，都有最大的連合．而訓練固足使之動作合宜．

肌肉訓練的効力，不僅是運動中樞所能限制的，並能延長到腦的他部，或即至與心智方法有關係的各部，這都是可信仰的好理由．例如，我們的多種意思，尤以各種抽象的爲最．經精確的實驗，乃知其完成及活動全恃肌肉運動的記憶力．試取Sir Tames Crichton-Browne所引用的例，當我們想起一個圓圈時，雖與肌肉全無關係，然於無意之間，反復記憶，手的運動必使之畫一圓圈，否則必覺得有一圓圈閃過於眼內．所以各物固不必都包有圓圈在我們的意思之內，而其重要的原子，固必須成這個圓圈，這樣看起來，神經中樞的教育，其對於思想的知覺和智識的効果，若相連的肌肉運動的中樞缺乏敎育，必至極不完全，這是無待言的．心智疾病的著名著作家，由其精細的考察，故言曰『在生產時，嬰兒所纏的繃布，所以限制其肌肉的運動，若保持竟至孩提或童子期間，必使成爲癡呆』此乃多數癡呆與愚人的卑劣肌肉運動，一個精確考察，由是可知心智訓練，全恃肌肉的成就，而後纔能顯諸於容貌．

除心智能力的效驗，與道德體操的價值，如敎練，遵守，和鼓勵之外，據法國著名方家M. Georges Demeny 云，『身體的敎育，有三個最要的目的：增進健康，協和身體一致的發育，敎導當如何運用肌肉的能力，於每種生活所必需的各種適宜的用法』．

最有價値的操練的種類，尙未經專門家選定，各國各不相同，所以英人，美人，最愛戶外遊戲，及角力的遊戲，德人，瑞典人，酷嗜有統系的體操練習，以其能指導身體各種肌肉的有秩序的運動和比例．其眞正原理，皆繫於四肢；故當那選擇操練之數目及其性質時，必須注意孩提和靑年發育時期的身體訓練之各種事實，如野外遊戲及有規則的各種體操，皆當兼習於學校之內．因爲戶外遊戲及競技等都是補助健康的能力，並能呼出惡濁空氣最多，所以較之在那充塞的操場或堆積的寢室內練習，更覺能够休養精神，且可稍事放縱，不致有所欺避，其所發生之肌肉的發育和運動的敎育，似覺傾向一方或使不平均，所以他們必當以有規則的體操，以補助之．

在孩童發育的時間，有統系的身體訓練，發生最好結果．波士頓公立學校的體育監督Dr. Hartwell. 對於此事極有經驗，其結論如下：

『當生育的第一時期間，從初生至第八年之末——身體特別增加其容積，腦筋特別完成其構造的時期——遊戲與體操，皆有價值．但這二項，均須簡單，並當指揮其對於基本運動之發達，如用於走路賽跑，彎曲其身體，支持其垂直的姿勢時，較諸玩弄『Piano』或『Violin』等用手及指的精巧運動，其所得的利益，或舉起各種玩物，或多種遊戲所需要的敏捷而高等互相的運動等項，尤宜注意．

第二時期，從第九年之初，至十六年之末，是高度及重量生長最快的時候．其重量的增加，肌肉居大部份，而互助那運動的能力，亦遠勝於第一時期．這是身體訓練的最要時期，所以此時若稍忽畧，隨後僅有不完全的救藥而已．這時間內，角力遊戲與體操二項爲體育最要成分，其練習的種類，必當各不相同，稍加複雜，並宜較前期更難．

第三時期，從第十七年之初，至二十五年之末，是心智與道德發達的重要時期，其體育當傾向於增加或完成其神經系之主宰，當過於肌肉運動，尤當過於精巧運動的大而重的部分．這幾年間，手藝精工的人，其用於工作者，通常皆須肌肉精細主持，由是則工業精熟的人，其謀生活之法甚易，過此則難於精研，然有時若能適合衛生的情形，工作所需要的勞動，亦可於此期之末，代替體育而實行之．當那有統系的練習就用時，宜極注意，以其能教育肌肉或神經肌肉器，至於第一時期之全部與第二時期之頭半節，其衛生的練習，當爲最重要云：

**遊戲與體操** Sports and Gymnastics　角力的遊戲與有規則的體操之連合運動，曾經決定爲身體訓練的適當方法，於是問題就從之以生——角力的遊戲之最好法，或與有規則的體操之最好統系是甚麼呢？現在尚無完滿的答覆揭出．但是我們若能常常將身體訓練的三層意味，默記於腦筋中間，增進健康，發育心身，教導各人之肌肉的特別法式或精巧手藝，以爲其將來生活之各種事業所需之要素，然其連合二項練習以成就其工作固非難事！

角力遊戲之能使上下四肢有相當運動者爲最好遊戲．（例如鬬技，游泳，駕兩槳小划，或短櫓小艇與滑車）但是限制一人於簡單的遊戲，是鮮見必需且難償願，因爲遊戲所含腿部的主要運動必爲一種遊戲與體操練習，所用的肘之運動所補助．是以每一輪迴所練習的各肌肉，其運動之遞進與變遷，是能有的事，科學的體操，表示其超過耶．僅僅角力的娛樂；Ling 起初所創設，與曾德所張大闡揚的體操之各種統系，而現今所認定的『瑞典式運動』似覺是最好且最完全．此處祇能將這題目提出，不能過事窮究，若有志於這項運動的完全學問者，則可將此題目專門研究．

當取的練習之統計，不能用一定規程確定．多數人民，即全未取一有統系的操練，也能保持其健康．有時每日的工作，即可充其所需，若手藝的實行，合於健康情形，則無須再有體操，有時反足以增加身體的疲倦．農夫的身體的努力，若騎馬包圍其田畝或追隨畋獵所限制，可爲體操訓練以利益之，這是無有疑義的．但是那體育的大熱心家，難期望勞動的農夫或小工，於工畢之後，再習雙槓或他項用力的手術，因其肌肉已爲終日工作所用，必須有時休養．依據 Parkes 平常男人，每日所須取的操練的統計，約與一百五十尺噸相均等，就是，工作的統計，所須舉起一百五十噸到一尺的高．這與那在一好而平的路上步行九英里或在緩慢步數坐自轉車行十八英里，(每點鐘九英里)是甚相同的．在這速度，坐自轉車者能包蓋一定的能力耗費，可用其肺臟所發生或排洩的炭酸之數以測量之．然如坐自轉車之人用力步行，則其能力之耗費，因空氣的反抗，其進步之反抗力的增加，所以也就增加得極快．猶有一事更當記憶，一定日常不可思議的身體的努力之統計，投入於各種健康人民的每日工作．其有統系的操練之統計可以減少．

**過度操練** Excessive Exercise. 操練祇須抵於消耗，與身體有益時，即宜停止．延長用力難堪的勉强，能使心臟脹大，致心房門受病，與成血瘤．一種心臟暫時脹大的度數，曾於在劇烈戰爭中的兵士察出，那最快，不相等與無規則的心臟跳動，足以表示操練是過了度的，所以必當漸次約束之，

有種呼吸器官的疾病，也是爲操練過度所致．雖然，據理論的觀念，最嚴酷的操練，

固有大益．例如嚴重的決斷，其保持足球隊員之在球場，不論其傷痕與最不合體功學的消耗，就是對於肌肉極有損害．然在理論上亦不甚必要． 故有時在生命上最重要的時間，當那疲倦肌肉之呼『止步』而堅强肌肉必須呼『進行』且强迫肌肉以遵從之． 但是如衛生學之訓練，操練每當變爲消耗時，就必須停止． 這對於發育之第一第二時期尤爲重要，其肌肉的休養，是肌肉的收縮之天然完成，與休息其操練的必然經過階級，這當牢牢記着的．

**周圍與衣服** Environment and Clothing. 他種緊要之點，是在操場操練時，必當使空氣完全流通，因爲肺臟所排洩的炭酸，與肌肉所要求的養氣，增加甚大．因爲這種理由，所以當無緊束衣服，着之以阻礙其胸部的自然運動，多種戶內遊戲體操，宜將身體上部之衣服脫卸．因操練的時間，斷不致使身體有受傷寒的危險． 當體操完後或休息時，其身體必須遮蔽．在冬季時，則這房間必當溫緩，但是也不可使之太熱．

**肌肉運動於疾病內** Muscular Exercise Indisease. 此處除說及肌肉的局部治療的疾病而外，不能多講，其致疾病之原因，或被按摩，（就是，毆打，拚撞，摩撫．）或是運動（被動的，是運用者所實行；原動的，是被病人實行的）或是運動和按摩所連合，可用爲救治的測量．

若欲完全學問時，讀者可參考此題之專門書籍，此種治療，曾經得其價值於一種食物不消化，習慣的大便閉結，痛風症，肝既無有機疾病，其功用之錯亂，肥胖，神經系痛（包括髋

骨神經痛在內）神經虛弱，有種痲痺，尤以小兒的驚風痲痺爲最，運動失調，肌肉風濕症

有種水腫症，心臟與血管的一種疾病，脊柱彎曲的病與挫傷筋骨等，皆能因運動以矯正

# 湘雅醫學專門學校

宗　旨　本校爲湖南育羣學會與美國雅禮會訂約合組呈准立案以英文教授注重實習造就醫學專門人才本科五年畢業授以醫學博士學位

入校資格　凡中學畢業生在本校所承認之大學或專門學校修業至少一年於化學物理生物三科確有實習經驗英文能直接聽講者得入本科第一年級凡中學畢業或有同等學力者得入預科

臨症實習　本校附設之湘雅醫院建築絕精又有湖南紅十字會醫院及肺癆醫院均爲本校學生實習內外各科之地

學　費　全年學膳宿費洋六十元分兩期繳納書籍制服顯微鏡預備等費外加

試　驗　入學試驗定于本年六月廿號至廿二號及九月五六七號在長沙本校舉行外埠如京漢滬粵等處如有五人以上同時通知本校各人先納特別考費五元者得在各該處受特別試驗如確有入本校本科資格而有本校承認學校之憑證者得免試驗逕入本科第一年級凡投考預科者均須一律受試

開　學　本年九月十一號爲下學年始業期另有詳章函索即寄校址湖南長沙朝宗街

# 睡的生理 Howeu Dhefsiology

龍毓瑩譯

這篇文章，是我們學校裏所用的生理學教科書中的一章；我的譯這篇的意思，是因爲反對靜坐．靜坐這東西，在這幾年來，可謂盛行了；甚麽『因是子靜坐法』到了十四版．同善社遍佈全國，也可見國人的趨向．我也是看過因是子靜坐法進過同善社的，現在覺悟了；但是現在迷夢裏的人還狠多，我所以先譯出這篇，等大家明白睡的眞理，曉得這不是靜坐可以代的．至于反對靜坐的原理，我還有一篇『闢靜坐』，再來與大家討論罷．

不全的或是完全的失了知覺的狀態，就叫做睡．這種狀態是腦經生理學裏的一部分，引了很多人的注意，從古到今對於這種狀態假定的解釋，也不知有多少．別種哺乳類和其他有一定時間工作和一定時間休息的生物，都有這種狀態；他們這種一定時間的休息，是不是和人類的睡相同，現在還沒有解決．在我們人體上有一些組織，——像腺細胞——也是有一定時間的工作，和一定時間休息的；譬如腺的分泌細胞，當分解的手續勝過組合的手續時候，(一)他們就有一個時期的工作，反之，就有一個時期的休息．我們可以把腺細胞這種情形和腦細胞來相比，據這一點看來，睡就是一個時期的休息，當那時候組成的手續勝過於分解的手續．所以睡的時間，就是人身體恢復原狀的時間．我們如果想從根本上來解釋睡的原故，就須得先懂組成手續和分解手續的化學變化．我們如果懂了腦經組織須要睡的原故，也就可以解釋別種組織的同樣情形了．但是起初生理學家所決定要去曉得的，就是去解釋「何以這種情形的發生是有一種常定的時期」．——那就是說解釋腦經裏的變化，那種變化就可以使腦經裏的組織失掉了知覺．

在睡的時候生理的各種關係——睡的最重要的事實，就是部分的或是完全的失掉了知覺，這種情形，可以就說是腦經組織——多半是大腦——的活動力的減少．在睡時候，人體上就有下列各種的變化：呼吸變慢了，也變深了，多半是用肋骨的呼吸，（就是用肋骨升高落低來呼吸）呼吸的運動漸漸變了時期的呼吸，Periodie reshiration，出氣比醒的時候要慢些；出氣的聲音也要大些．眼球轉向上面和外面，瞳人是縮小了．據 Lombard 的觀察，在睡的時候，膝的反射作用 Kneejerk 是減少了，或是完全失掉了．不斷的分泌——譬如尿，淚，和鼻子裏同喉嚨裏的黏腺的分泌．——的分量也減少了．眼珠變乾燥了，這種情形，就使我們早晨起來的時候要擦眼珠．有人說在睡的時候，消化的分泌也減少了，但是還沒有滿意的攷察，所以現在還不敢說一定是這樣．在睡的時候，脈息是減少了，血壓也稍微低了，並且血在體中的分佈也有個頂重要的變化，這個變化，下面再來詳細講．生理的養化 Physiological Oxida-lton (二) 也減少了，這可以從呼氣出來的炭養二 $CO_2$ 來證明．就全體講來，人體中生理的活動，是仍舊像醒時一樣的．這些活動些微的變化，都是由間接來的，因爲大腦裏部分的或是完全的停止活動．我們可以說當大腦睡的時候，——那就是不活動了——體中多數的器官，還是醒的，並且保存了他們的活動的常態．大腦的全部不在同一時間來睡，也不睡到同一的限度．Same extent 在普通的情形講來，當才入睡的時候，知覺的動作是最先的失掉了，聽覺是最末的失掉；當才醒的時候，就恰與這相反．我們在沒有完全醒和不能有隨意的動作之先，就可以先有了聽的知覺．

睡的深度 The intensity of sleep ——睡的深度，——就是失知覺的深度——可以用一種簡單的器械試驗出來．試驗的法子，就是去攷査一種知覺的刺激物需要了去驚醒睡的人的强度．Kohlschütter 就用了一個振子，落在一可發聲音的板子上做試驗的器械，在睡的時候，每半小時這種聽覺的刺激物的强度是增加了，一直等到醒了才罷．下面的圖，就表明他所得的結果．（第一圖）在這圖中，縱線的高度就是表明睡的深度．據這圖上看來，睡的最深度，是在最初睡的以後第一小時，從第二小時到第三小時以後，睡的深度是很輕微的，腦經的活動是恰在知覺的起點的下面．

（三）在這圖上看來，我們也曉得睡的恢復原狀的作用，是不與他的深度成比例的，從第三小時到第八小時睡的深度雖是輕微的，但是他那使腦經歸復原狀的作用，是與第一小時到第三小時最深度的睡同一重要，對於這個，差不多人人都有經驗可以證明；但是 Neygandt 曾用一個直接的試驗來證明這個，他尋出了幾種證據，對於簡單的心靈的動作，——像把兩指疊在一起——短睡過後和長睡過後都沒有甚麼影響，至於對於較難的心靈的動作，那就長睡過後比短睡過後好多了．個人的情形和環境的情形不同，睡的深度也有變動的處所，Monninghott 和 Piesbergen 得了一個結果，表明個人的變動．他們用一鉛球從各種高度落在一鉛板上，用這種刺激物來驚醒睡的人．每一晚僅僅能做兩個試驗，所以得到的曲線，是由各期的睡集合成的．下圖是這些曲線之中一個，據這圖看來，最深度的睡，是在第一小時和第二小時之間；在第四小時和第五小時之間，睡的深度又些微增加了點，於是在這曲線之中就有第二最高點．睡的深度在早晨有第二度的升高 Czerny 從各種年齡的小孩，也得了這同樣的結果．他的法子，是用各種强度的感應電流來驚醒睡的人；在四歲的小孩，有一個十二小時的常態的睡，那他的睡的深度，在早晨就增加了，從第三圖可以看出來．Howell 和 Michelson 也得了這同樣曲線．所有這些曲線之中，最重要的事實，就是才睡的最短

第一圖

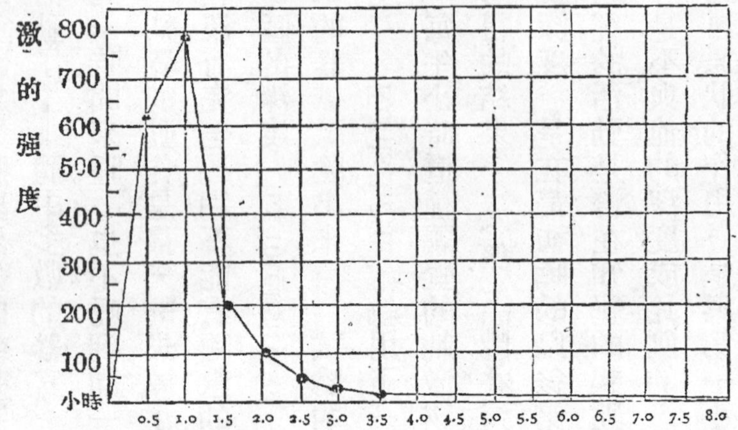

時間，有一個狠高的深度。據多半的事實講來最高度的達到是在睡後第一或第二小時。據 M. Chelson 講來，這裏一起有兩種人：有一種人早晨有事務的，那他的最高的心靈的功能，

第二圖

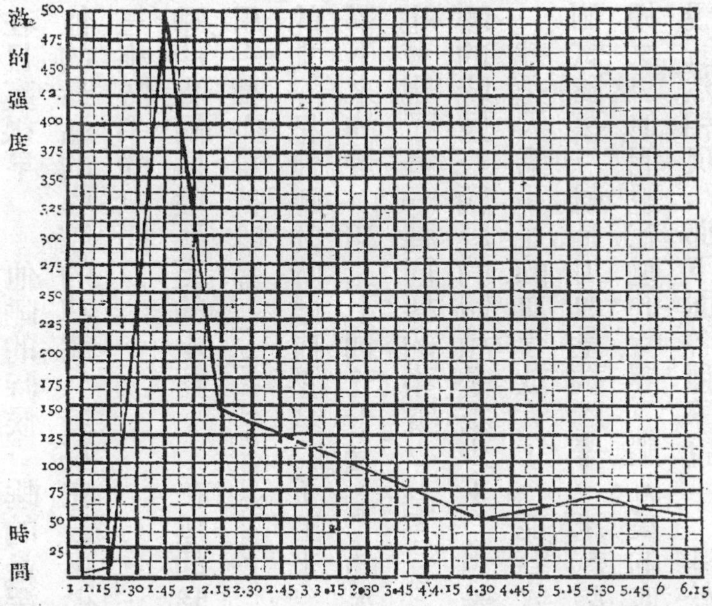


第三圖

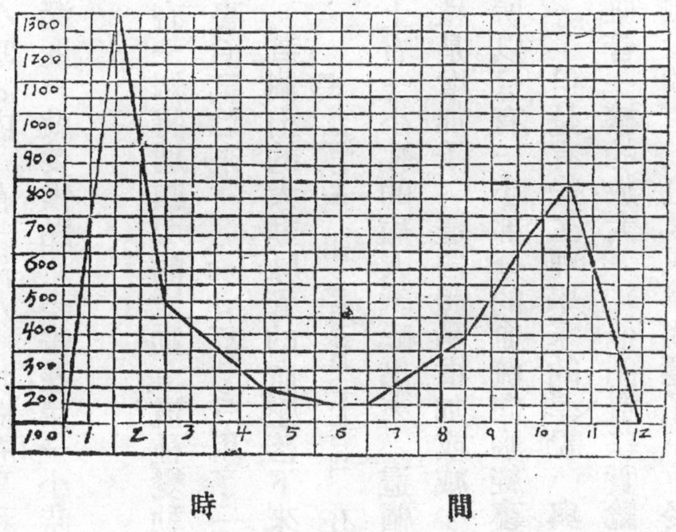

發現在日裏很早．他睡的時候，睡的最深度是在第一小時之內；有一種人，晚間有事務的，那他的最高的心靈的功能，發現在日裏狠遲，他的最深度，就要慢點，多半在第一小時半到第三小時半的中間．

睡的時候循環系裏的變動——在睡的時候，循環系有一個特別顯明的變動，這種變動，可以用一種血量試驗器 Phlcthysmograph. 在下等動物裏面試驗來． Tarchanoft 用了一個狠幼的狗，把他睡的時候血壓試驗了出來，當睡的時候，這個狗的大動脉管的血壓落下來了，那落下來的量，和二十到五十 M. M. 的水銀高度相同．(四) Brush 和 Fayerreather 在人體上也發現了這一種同樣的事實． Mosso 從一個頭顱上有一小孔的病人試驗出來，這個病人當睡的時候，腦經的體積是減少了，但是手同足的體積是增加了；這個體積增加或減少的原故，就是因爲手足的血管放大了，能容收多量的血，所以只有一小部分的血流向腦經裏．

這個試驗裏，就是用血量試驗器，來試驗手足的體積，但是有些生理學家的學說，與這結果相反，他們說在睡的時間，腦經裏的血管和四肢的血管一樣的放大．他們這些實驗家的學說既然相反，那下面各種學說——基於腦經中血流減少的——也就成爲問題了．於是就需要在頭骨上有一小孔的人，用更進的觀察，來决定這一點． Howell 就用 Mosso 的觀察法，得了一個血量試驗圖，在一常狀的睡的時候，把手同臂的一部分的體積都試驗了出來．第三圖就是他所得的圖中的一個．在基線以下的直線，是表示血管漲大的量，手同臂的體積的增加，就是因爲血管中血量增加的原故；這圖中的曲線，表明初睡後血管慢慢的漲大，一直到了第一小時與第二小時的中間，那是血管漲得最大的時候． 在這最高度的血管漲大之後，臂的體積就差不多沒有好多變動，或者慢慢的減少了，在醒以前很短的時間內，臂的體積就很快的減少了，是因爲血管的收縮，那是沒有疑惑的． 所以在初醒的時候，手臂的體積和初睡的時候差不多． 如果我們用 Mosso 的試驗做根本，懸擬腦經內的血流和四肢的血流有相互的關係，那就這個曲線可以拿來表明：在睡的時間，腦經的體積，是狠快的減少了，在醒以前，腦經的血流，又慢慢的增加，一直等到復了常狀．

知覺的刺激之効果——各種知覺的刺激，影響於一個睡着的人，那個可以用因這種刺激

第四圖

而起的移動和夢的情形來表明． 從一個血量試驗圖上面可以知道各種知覺的刺激，或從外

A
B
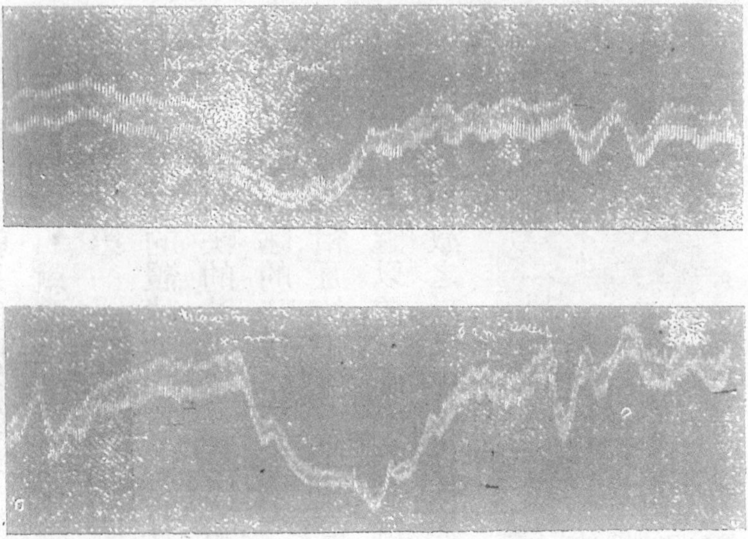

來或從內生的，都於睡時的循環系有影響．[illegible]據這圖上看來，手臂的體積，和刺激的强度，是成爲比例．　這種事實，是因爲這知覺的刺激，影響了延髓上面的血管神經中樞，於是就使起血管收縮了．

（這個血量試驗圖在 Howell's Text book of Physiology P.264）

睡的各種學說——從古到今有種種學說解釋這睡的原故．　我們現在把最近的幾種學說，用最簡單的話叙述出來，也就很可以解釋睡的原因了．

一　酸類廢物的堆積——Preyer 和 Obersteiner 說，血中的酸類廢物慢慢的堆積，於是腦經的細胞，就慢慢的疲倦起來，後來這些細胞的活動力就壓低了，知覺也就失掉了．　我們曉得肌肉活動過後，就造成了些酸類廢物，其中最重要的，是 Sarcolactic aci'd 這種酸類廢物，如不當他們造成的時候就趕緊移去，他們就可以使肌肉慢慢的失了知覺．神經中樞組織，當活動的時候，也有一種酸性反應．再進一層講，如果把乳酸 lactic acid 或他的鈉鹽，注射到血裏，就慢慢的有疲困的情形，末了就失掉了知覺．所以這個學說以為當醒的時候，肌肉和神經系不斷的活動，他的結果就是酸類廢物慢慢的堆積了．因為這些廢物的養化和移出的速度，遠不及他們造成的速度，最末的結果，就是神經中樞失掉了知覺，尤以大腦為最，於是就有一個無知覺的睡．雖然就普通而言，這些廢物的堆積未見得就能達到了這個極點，但是依我們的習慣來引動我們的睡，總是把我們自己脫離了種種刺激的．

二　分子內的養氣的用盡——Pfluger 說，睡的原故是因為腦經細胞在醒的時候，把他們所藏的養氣很快的用了，來不及從血裏吸收養氣來代替．這結果就是知覺慢慢的減少，在睡的時間，分子內的養氣，又重新收藏起來．這個學說已經實際上沒有人用了．

三　毒物的學說——有很多的學者說，在醒的時間，有一種特別的毒物是造成了．這種毒物叫做催眠毒物，Hypnotoxin 他們慢慢的堆積起來，末了大腦上細胞的活動，就被他們禁止了．Pieron 用了幾個試驗來證明這學說；如果禁止狗去睡，四天到六天，這狗就要死了．Pieron 用了這個不眠的試驗，他說，禁止了狗去睡，五十小時到三百小時的時間，這狗就極端的思睡，並且他的大腦細胞，在顯微鏡下看來，也有狠顯明的變化，如果我們把這個狗的血，或是他的腦液，注射到別一動物的第四腦室，Fourth Ventricle of brain 這動物也就極端的思睡，他的大腦細胞也就起了與狗同一的變化．這種催眠毒物，遇了酒精就變爲沈澱．當溫度在攝氏六十五度時，這些毒物就消滅了．

四 神經細胞的學說——Duval, Cajal 和別的學者，用了神經細胞的學說，來解釋睡的原故：據神經細胞的學說，(五)腦經細胞和進來的信息 Afferent impulse 的連接，就是知覺纖維的末梢，和腦細胞的短纖維．我們懸擬腦細胞的短纖維是有收縮性的，Duval 就說睡是因爲腦細胞短纖維的收縮，於是腦經細胞和進來的信息的連接就離開了，醒了之後，這些短纖維又伸長了，腦經細胞和進來的信息於是又連接起來．這種短纖維的收縮與否，現在還沒得有滿意的組織學的試驗．

五 禁止的學說——有一些學者說，睡的原故，是因爲一種禁止的方法．但是這方法的進行，和他的發生有一常定時期的原故，還是不能解釋．Shepard 說，睡是因爲疲倦知覺的原故，這個知覺，就禁止了運動的方法和外來的知覺．

六 睡的貧血學說——我們曉得如果腦經裏的血流的供給不足，知覺就差不多即刻失掉了．所以我們可以說，醒同睡的互換，與大腦裏血流的變動有關係．在生理學裏，有很多的事實，證明在睡的時間腦經裏面的血流是減少了．——這情形叫做大腦貧血在一腦經外露或頭骨上有一玻璃窗的動物，在睡的時間，大腦裏血流的減少，可以直接觀察出來．

面說的Mosso的血量試驗法，也有這一個同樣的解釋．Jarchanoff在睡的狗的身上，和Brushjayer-Weather同在人的身上的試驗，都說睡的時間，動脉血壓量落下了．Hooker說：在睡的時間，靜脉血壓也落下了．並且手部皮面的靜脉也有脉息了，這就是表示皮面動脉的漲大．動脉血壓落下，皮面的血管就漲大了．照血量試驗圖看來，動脉血壓的落下，就趕了少量的血到腦經裏去，但是多量的血到皮面漲大的管裏．據事實上講來，腦經裏的血流，是間接的爲身體上別部的血流所支配，身體上別部的血管縮小了，於是動脉血壓增加，就赶多量的血到腦經裏，如身體上別部的血管漲大，就有相反的情形．如果心靈的活動過甚，就有皮面血管的縮小，和動脉血壓的增加，反而言之，如心靈不活動，就有皮面血管的漲大，和動脉血壓的落下．有很多的事實，證明在睡的時間，腦經的貧血情形．有些生理學家說，這情形是睡的原因，但是有些相反的說，這是睡的結果．Howell以上面說的血量試驗圖爲基礎，擬議了一個睡的學說，他以爲腦經的貧血，是睡的原因．這學說說，睡的一定時期，是因爲血管神經中樞，在醒時勞動過甚，覺着疲倦，於是就失掉了他的音調．那就是說，在醒時血管神經中樞是時常的活動；不斷的進來的刺激，和腦經時常的活動，在這中樞上有一個反射的動作，並且經過這個中樞使起身上的血管收縮，因爲這個的原故，腦經裏的血流，是保存了在一適宜的速度．因爲這個時常的活動，這個中樞就疲倦了；必定要較强的刺激，方可保存他平常的音調，後來這個中樞對於血壓的効力，慢慢的不能保持腦經裏適宜的血流了，他的結果就是知覺失掉；雖然這人決意不睡，但他還是要睡的．就普通講來，我們可以用隨意的停止刺激來促進血管神經中樞的疲倦，和他的活動的停止．我們在一黑暗的，頂好是清淨的房裏，閉了眼睛不要想事，那些時常在血管神經中樞上動作的知覺的，和心靈的刺激，就都減少了．那些刺激停止了，於是這中樞就有一部分的活動失掉，僅有少量的血流過腦經；但是這種睡的時間是很短的．如果腦經是疲倦了，這些刺激的停止，可以使起這中樞有一個較完全的不活動，並且腦經裏血流的減少和失掉知覺的時間，都要長些．在失掉知覺的發現，還有一個重要的原因，就是大腦的細胞必定要疲倦．睡的原因狠多，最重要的一個，就是腦經裏血流的減少．H.LL.的學說與這相同，但是他說腦經裏的血流，是爲體內的血流所支配，在我說就是爲皮面的血流所支配．我們飽餐過後，就有一點子想睡，這多半是因爲體內各器官的血管漲大了，（因爲消化的原故）於是腦經裏的血流減少；但是我們晚間的睡，是因爲皮面血管漲大的原故．在那個時候，體內各器官、是甚麼情形；那我們還是不知道．

催眠的睡——用催眠的藥所發生的睡，也曾經用血量試驗器試驗過了．這個睡與平常的睡不同，四肢的血管是縮小了．在這種睡的時候，用針刺於四肢，差不多沒有血出．

我們現在還不能用我們有限制的學識，來解釋這種理由．

（一）分解的手續和組合的手續的原文，是Katabolic Processes and Anabolic Processes. 這兩個名詞，狠不好譯，我現在只好把他的意思講出來：譬如一個細胞，他時常在那裏工作，他自然把他身體裏的滋養料慢慢的消耗了，這就叫做分解的手續． 細胞的滋養料，一面在那裏消耗，却一面在那裏吸收，他從血流裏吸收了滋養料到他身上，這就叫做組合的手續．

（二）生理的養化，這個名詞恐怕人不懂，所以也來解釋一下． 養氣從肺裏面吸進去，由紅血球運到全身，這些養氣如果碰了炭素，（這些炭素是由細胞的分解的手續發生出來的）就化合爲炭養二．$CO_2$這就叫做生理的養化．

（三）這句話也很不好懂． 我們如果畫一平線，設知覺在平綫之上，不知覺在平綫之下，那豈不是知覺的起點同止點，與不知覺的起點同止點，都在這平綫的上面． 我們可以用一圖來表明：

知　覺

———————— 知覺的起和止點與不知覺的起和止點

不　知　覺

如果我們的知覺失掉很輕微，那就恰恰在平綫的底下，所以就說是在知覺的起點的下面．

（四）用一玻璃管，裏面裝了水銀，放在空氣裏面，這空氣的壓力可以支持管內的水銀在七百六十m.m.的高． 這是物理上有的． 人體的血壓，也可支持管內水銀在一定的高度．當人睡了，血壓落下，他落下的度數，是等於管內水銀落下二十到五十m.m.的高．

（五）神經細胞的學說，Neuron Theory 是說信息在神經上的傳達，由於經過神經細胞． 神經細胞有兩種纖維，一是長纖維，一是短纖維，長的無細胞只一根，短的就有一些，短的是收信息進來，長的送信息出去；兩個神經細胞的連接處，就是一細胞的長纖維末梢，和別一細胞的短纖維末梢．這兩個末梢僅相接而不相連．信息的傳達法，是由甲細胞的長纖維，傳於乙細胞的短纖維，到乙細胞體上，又由乙細胞的長纖維傳於別處．

一九一九年十二月八日譯畢(毓瑩)

# 食物的經濟方法之研究

Alfred W. Mc Cann原著

張效敏譯述

一個人的食物應如何纔算經濟？超過一定限度的食物是否即爲無益的消費，和疾病的原因？（原著見 Physical Culture For June 1919）

食物的經濟，自然有一定的限度；過此限度，當然算爲不經濟．

「食物的經濟」Food Economy 問題，近五年的報紙，討論的很多，但是一般國民，如果不懂生理，勉强節食，也是很危險的．在表面上看來，最便宜的食物，是最經濟的食物；然而最便宜的，不一定是最適當的． 我們應該把各種食物，比較研究，纔可說某種是經濟的，某種是不經濟的． 比方一角一磅（約十二兩）的白糖，所包含的熱量 Calories 等於一元二角三磅的牛肉，一角五分一磅的麥漿，所包含的熱量，等於一元八角三十二個的鷄蛋，五分一磅的白麵包，所包含的熱量，等於一元二角三磅的青魚，三角五分一磅的牛乳酪，所包含的熱量，等於二元四十磅的紅薯，——以上是說明便宜食物的熱量，比貴價食物的熱量高，假使一個人專吃這種熱量多的便宜食物，至五閱月之久，就會要得脚氣病，癲病，腦筋痛，肺病，及其他死症．故便宜食物，有時可阻礙人類的生長，促起人類的死亡，至於撫養小孩，尤不相宜．

再從他方面而論，貴價食物，常足以滋養人生發達筋肉，滋補乳婦，總而言之，能完成食物的功用而已．或并不是反對便宜食物，提倡貴價食物，不過食物的節儉，如果足以引起醫藥費，棺材費，葬地費，的發生，我決不認爲食物的經濟，要之最便宜的食物，不一定是最適當的食物，是顯而易見的了．然則食物，應如何纔可以算適當呢？

數年以前，業醫的人，多不注意食物的研究，各專門學校，大學校，醫學研究會裏面，也沒有一本書，論到鑛酸鹽的．醫生看病，也不知道病原，既不知道病原，所以不能診好了病．再舉一個例，鑛酸鹽的缺乏，是身體衰弱的一個原因，又多半是便宜食物的結果，在歐戰以前，Dr. S. Oseki 在 Professor Hoffmeister 的試驗室，曾證明把小麥的麵包喂老鼠，能使之强壯和長壽，我們在這個地方，就可以知道小麥的麪包，不僅是便宜的食物，而且是適當的食物．所以這個例，狠足以證明食物的經濟，是由「便宜」與「適當」兩要素合而成的．

從 Oseki 的成績，傳佈於世界以後，Dr. P. Tachau 又證明了小麥的麵包，如果添加了糖和猪油，就立刻變爲不適當的食品；因爲糖和猪油的添加，使食物的配合參差，吃了這種食物的人，體重與體力就漸漸減輕，甚至於死．所以便宜而適當的食物，與價貴而不適當的食物，合在一塊，那便宜的食物，就會失掉他「適當」的功用，那價貴的食物，也會不能補足人身的缺乏．如果我們加一點牛奶油和蜜於小麥的麵包內，那現象又不同了，因為牛奶油和猪油的性質不同，蜜和糖的性質又不同．經過許多試驗的結果，我們現在知道蜜裏面，含有鹽質，牛奶油裏面，含有易於溶解的物質，(Solubles)這兩種物質，都不是糖和猪油所有的．且根據種種實驗的成績，我們知道凡動物體內含有鹽質和易於溶解的物質，就能生；如果鹽質和易於溶解的物質沒有了，那動物必死．所以凡不包含這兩種物質的食品，不管他的價格如何低，決不能算為眞正便宜的食品．

主婦，工頭，學校管理，及其他負有發達別人健康的責任的人，當他們買食物的時候，常懷着一個疑問，這個疑問，就是，——

這種食物，是不是精製的，改良的呢？是不是參雜的，失掉所有「食物的要素」的呢？

這個疑問，頗不易答，因為我們不能找着一個便宜食物表，可以由我們選擇；有時我們心裏所想的便宜食物，又不是附近市場上所有的，除非從遠近各地採購而得外，就沒有辦法了．

關於早餐的食物，常有人豫備一種精製品，Refined foods 其目的在永久保留；但製造家要使雜貨店的食物，可以久留，就不得不把不能養蟲的食物，送與雜貨店．如研熟了的米，穀粉，澱粉，和其他精製的食品，都是雜貨店裏很難損蝕的食品，因爲種種微生蟲，不能在這種食品上生存的緣故．然這種食品，是精製而太不自然的，不一定能滋養人生；所以我們吃這種食品，必同時吃多量的牛奶，否則對於身體的健康，是狠有妨害的．照這樣看來，我們不吃價貴的牛奶，專吃便宜食品，決不是食物的經濟．

各種醫學雜誌上，常有一種廣告，這廣告上所說的話，大都如下：——

『凡撫育一個小孩的婦人必吃滋補二人的食品，所以乳婦必豫備兩倍化學的食品，——就是含有鈣，鍋，鉀，錳，燐，鐵等質的食品．』

然乳婦如何能夠從便宜食物裏，求兩倍上列各種物質的供給呢？現在雖有醫學家和少數食品製造家，注意食品的化學原質，而一般人民，決不能從食物招貼上面，區別某種食物含有化學原質，或某種食物不含有化學原質．且報紙上又有一種『價廉物美』的廣告，足以惑人．比方由精鍊的麥粉所做的薄餅，Pancake 一般的人，常把他和極濃的糖汁調食，這種食品價錢既廉，味口又好，尤爲小孩子所歡迎；但是鹽質和別的化學原質，都從精煉的麥粉裏面提出了，如何能夠養生呢？

普通一般的人，謀生甚忙，沒有功夫注意這些瑣碎事，這也難怪．但號稱食物經濟家，Food economist・爲甚麼專門指示便宜食物呢？我的意思，在一般人沒有學過應知道的「食物功課」(Food Lesson)以前我决不把一切的便宜食物，指示他們・「食物功課」的重要處，就是愼防食物的精鍊，(Food Refinement)我并不是反對一切食物的精鍊，比方一般人喜歡吃的線麵，和白麵包一樣，都是精鍊的食品，但線麵决無害於身體・

最便宜而最適當的食物，莫過於大麥小麥穀粉等麵包，如我們每餐吃五穀類的麵包，雖同時吃一點別的食物，也沒有損害・所以早餐的食物，(breakfast Food)以含有大麥小麥穀類之家製食品爲最好，因爲這種食品，味美而帶滋補性，再同吃一點牛奶，就更有益於健康了・

我們以上面所說的爲基礎，可以加點菊子，蘋果，或梅子等類的水果，且可以用一個鷄蛋，每星期三次或四次；鷄蛋的吃法，是把他放在沸水內微煑，既不費多錢，又使早餐更完備，豈不是最經濟的事嗎？有人說，我們可以再加上一點牛肝和鹹猪肉，但這是不必需的，因爲簡單而便宜的早餐，狠足以滋養人生，且不至於害病，這就是最經濟的方法・

讀者還記得哥伯耳先生Adolph Gobel喂猪的經驗嗎？哥伯耳常想猪之所以成爲一種吃穢物的動物，Acavenger是完全由於喂猪者專把便宜的劣羹湯和穢物，送與猪吃，他以爲這種喂猪法，不僅不能省費，而且是很糜費的・　他以爲猪并不是特別的腌臢動物，并不是天然的惡濁，和現在市面上所買賣的猪仔一樣．他說：『我深信我們如果把兩種食物放在猪仔之前，他必擇其清潔者而食．且猪仔之所以被認爲一種喫穢物的動物，就是因爲他沒有食物可以選擇．平日我們看見他不喫穢物的時候我們就斷定他不喫，幷不換一點好的食物，等到他餓極了，他沒有法子，不得不勉强喫穢物．』

哥伯耳發這種感想的動機，是因爲平日殺的猪仔，常有肺病，虎列拉，及其他病症，大概百隻猪的肉，必有十隻甚或二十隻不能喫的．所以他又說：『照這種情形看來，喂猪者所用的便宜食物，是不是眞正便宜呢？我倒要用好穀類，喂我自已的猪，看看結果如何．』——

於是哥伯耳決計用貴價食物喂猪，他在猪場上面，建兩個槽，一個是飲水槽，一個是食槽；不到一天，這些猪仔，就能分別「飲」與「食」．哥伯耳到豬塲的時候，常看見一羣猪仔吃了又飲，飲了又吃．後來他殺了這些猪仔，幷無一隻患有肺病，虎列拉，及其他病症，每隻猪仔的肉，都可以吃．所以他通盤籌算起來，雖增了飼養費，然比用便宜食物的，實在要省費得多，這才是眞正的經濟．但是喂猪者，仍不注意及此，和我們忽略自已的飲食一樣．

照上面所說的看來，貴價食物，不一定是經濟的食物，不過我們若得這種經濟的利益，我們應該先具一種關於食物的常識，我們有了這種常識以後，就知道普通所謂「價貴」「價賤」的話，是自欺欺人的了。

總而言之，最經濟食物，就是：(一)五穀類的麵包；(二)好牛奶(三)新鮮果子和蔬菜

此外還可以再加一點肉類，鷄蛋，牛奶餅，之類，這種食品很簡單，并不難辦，講求「食物經濟」的人，何不起來試一試呢？

# 新教育

## 第二卷第一期

# 闢『靜坐』

毓瑩

民國以來，於今也有八年，甚麼教育，實業，政治，絲毫沒有長進，甚且一年不及一年，一蟹不如一蟹．獨有兩樣事情，我國國民的程度可是長進了：第一樣是撲克，第二樣是靜坐．我國男女老少，除了正正當當的勞工不計外，差不多沒有一個不是內行．現在丟開第一樣不講，言歸正傳．我國最風行的靜坐法，有兩個：一個是『因是子靜坐法』，一個就是同善社所傳的『道』．『因是子靜坐法』，到於今是十四版了，出版不及四年，風行這樣的快，在中國是沒有一部科學書趕得他上的．同善社於今遍佈一十八省，連各省的僻縣，都差不多有他的分社．唉！這是我國國民的趨向！

我是看過『因是子靜坐法』，『當時并且狠佩服他的，我又是同善社一個『道友』，但是我又是一個醫學生．這樣不倫不類，中外雜揉，我曉得列位看了，一定說我是一個古今中外黨了．我起先確是這樣，現在我覺悟了，曉得靜坐實在不合於生理的原理，不切於人生的實用．現在在這迷夢裏的人還狠多．將入而未入的尤其不少，我所以不得不用醫學的眼光，來把這靜坐闢一下子．因是子先生！和同善各位『道友』！請不要說我是叛黨．各位『道友』如果定要用五雷來劈這叛『道』的妖逆，那我只好挺身而受．小子要放肆了．

我的闢『靜坐』分做兩層講，一是不合於生理的原理，二是不切於人生的實用．現在分開來講：

一學靜坐的人的心理，都以爲靜坐能却病延年，有特殊的效力．我們就當用科學的眼光，來研究靜坐的原理看他能不能有這樣的效力．『因是子靜坐法』上面講，「靜坐之術，在以人心之能力，感動形骸，催促血液之循環，使不阻滯，爲根本上之原理．……」我們人類的動作，共有兩種：一種是知覺的，Voluntary．一種是不知覺的．Involuntary．心臟和血管的動作，就是不知覺的；他們的供給神經．Nerve Supply 一部分是第十對腦神經．10th Cranial nerve 又名 Vagus nerve 一部分是交感神經．Sympalhetic-nerves交感神經系與中樞，神經系是完全獨立的，所以交感神經系所管轄的動作，都是不知覺的．第十對腦神經的中樞，是在腦蒂上面，Medulla 腦蒂上面共有三個中樞，一個已講了，一個是循環器中樞，一個是呼吸器中樞，他所管的動作，都是不知覺的；譬如心跳，肺的漲縮，食物的消化，我們都不知道，這都是歸於不知覺的動作．若說「感動……」「催促……」，豈不是想把不知覺的動作，變爲知覺的？世界上有這道理嗎？至於知覺的動作，間或也可以影響不知覺的動作，譬如人當發怒的時候，當怕醜的時候，臉上的血管，不知不覺的漲大了，這都是因爲有外界的刺激的原故，沒有可發怒可羞恥的事情，臉上決不會自己發紅．當打坐的時候，有不有外界的刺激？又從何而可以影響不知覺的動作，即如發怒怕醜的時候，不知覺動作所受的影響，完全是一種反常的現象，於人身又有甚麼好處？

據我個人的研究想來，靜坐無非是使腦經有一個時間的休息．靜坐的方法，都是把全神注於身上的一點，使他不有別的思念發生，於是一部分的腦經就休息了，因是子先生的肚臍，和同善社各位『道友』的鼻梁，都不過達到休息腦經目的的一種工具．至於說「臍爲人類的根本」，那是毫沒有胎生學的常識．（肚臍不過是臍帶脫落後所留的一個痕跡在未生以前，脫兒的營養物，同排洩物，都由臍帶中血管經過，那是不錯，既生以後，小兒和母體就完全脫離關係，臍帶也就沒有用了．他所留的痕跡，不過是一種遺留物，Rudiment同肚子裏面從肚臍到肝裏那條韌帶Ligamentum Jeres Hepatis. 一樣絲毫沒有作用）．至於說「天命之謂性，率性之謂『道』，『道』就在這鼻梁上」，那尤其沒有絲毫理由．（鼻梁的構造，外面是一層皮，裏面有一片狠薄的肌肉，叫做鼻肌，M.Nasalis 再裏面不過是一塊鼻骨，Nasal bone血管神經，都狠微細，絲毫沒有重要的構造）．照我個人研究所得的原理講來，—就是使腦經有一個時間的休息——靜坐是不如睡．我們的大腦前面同上面，共有三個中樞：一個是運動中樞，Motor Area一個是知覺中樞，Sensearea 一個是連合中樞．Association Area這三個中樞，各有各的功用，運動中樞，是管全身的運動的；知覺中樞，司知覺；連合

# 大腦左半外側全圖

上

中央槽

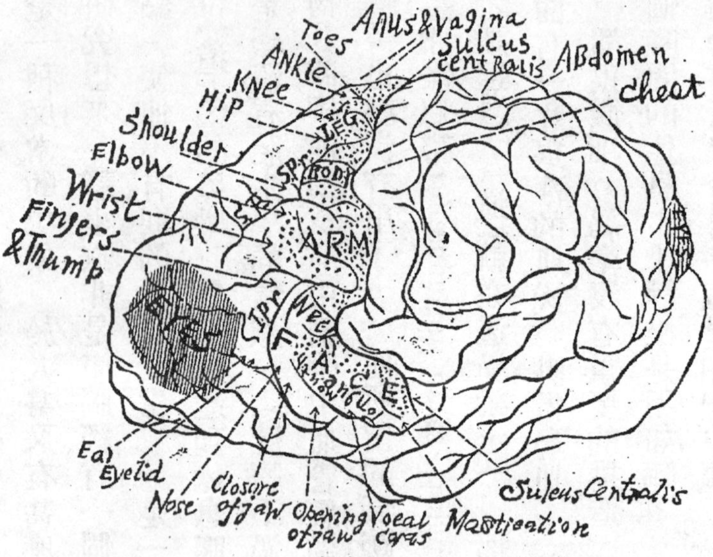


下

△中央槽前有小點處爲運動中樞

△運動中樞之後接近中央槽處爲知覺中樞

△其餘前後都爲連合中樞

中樞，是司思想作用的．他們三中樞的排列如右圖．大腦後面同下面還有視覺中樞，聽覺中樞，臭覺中樞，味覺中樞．當腦的時光，這些中樞都停止活動；（參看我譯的「睡的生理」）惟有連合中樞，不定是完全停止，我們睡的時候有夢，都是因爲連合中樞未完全停止活動，這個中樞，他在醒的時候，沒有別的中樞那樣勞動過甚，所以他還是在那裏工作，不一定完全入睡．至於我們打坐的時候，身子是直的，沒有一點依靠，運動中樞就不能休息．全神注於一點，連合中樞也就沒有絲毫入睡的機會．我們靜坐時的腦經，實在與醒時沒有多大分別．這就是靜坐不如睡的道理．

據同善社中二層三層各位『道友』說，打坐可以使腦經完全不想事，到了那時，空空蕩蕩，其樂無比，每打一點鐘坐，總有幾分鐘是這樣．我打過兩個月的坐，却沒有到這個境界，我那幾位熟『道友』都是老實人，決不會扯謊，這種境界，也許有的．但是據我看來，充其量到了這種境界，還是與睡一樣．當我們睡的時候，第一小時到第二小時的中間，睡的深度最高，那時決不會有夢，因爲連合中樞完全休息了．（參看「睡的生理」）我們有夢的時候，多半是在將醒未醒的時候，那個時間狠短，所以睡的時候，雖然間或有夢，但是那不夢的時候，比打坐空空蕩蕩的時候，要久得多．靜坐還是不如睡．

上面駁的是靜坐的原理，下面駁的是靜坐的效果．

靜坐的時候，滿身發熱，一般人就說，這是靜坐第一步效果．我現在要用生理學來解釋靜坐發熱的道理．我們人一天工作到晚，腦經就慢慢的疲倦起來，循環器中樞也疲倦了，他就不能保存常態，四肢的血管就漲大了，於是腦中的血流，慢慢的流向四肢去，這就是我們睡的時期．（參看「睡的生理」）所以我們當睡的時候，四肢血管漲大，身體就覺得煖些．當我們打坐的時候，正有這同樣的情形，四肢同身體——除了腦經——的血管漲大，血管大了，那一部分的血流就多了，於是就覺着滿身發熱．這是生理的自然現象，并不是甚麽效果．

有些人說，靜坐能使人發胖，我雖沒得有這樣的效果，但據我想來，也是可能的事．因為我們多坐一點鐘，就少做一點鐘的工作，身體裏滋養料的消耗，也就少些，這些脂肪的堆積，就可以使我們發胖．但是這種發胖，於人體上沒有絲毫益處，還有害處．

有些人——大多數的人——說，靜坐可以却病，這是他能引動大多人相信的原因，這也是我急要解決的疑問．我先就實驗上講，我有一個老兄，他有最重的信心，又有持久的恒心，無論如何，總不間斷，去年譚浩明走的那晚，他仍舊不驚不慌，在那裡守他的竅，我現在做這篇文章，他還是極端反對，他到如今也打了一年多的坐，他的胃病依舊要發，并不見得較好，一層三層的成績，不過如此．就實驗上講，靜坐不能却病．至於講到學理上，我前面已講過，靜坐不如睡，病人所最需要的是養息，——睡是養息的一種——靜坐既不如睡，那就只有增加病狀，决沒有減少病狀的道理．但是有些人靜坐過後，他的病實在減少了許多，那是偶合，并不是靜坐眞有的效力．我們人類——高等動物亦復如是——有先天性免疫，Natural Immunity，那就是說，我們對於無論何種疾病，都有强或弱的抵抗力．與生俱來的，就叫做先天性免疫，生後所得的，如血清注射，點痘等，就是後天性免疫，Acguired Immunity．這種先天性免疫，是因爲各種各族之不同，個人情況之異致，也就有强弱的分別，譬於黑人對於肺病，就狠沒有抵抗力，高加索人就不然，有大扁桃腺的人，對心臟病很有抵抗力．這種靜坐却病的效果，都是因爲先天性免疫的原故，這是我們自己身體上的功勞，又何必歸之於靜坐．

至於說靜坐可以延年，那是毫無實驗的．人生平均的年紀，不過百歲，靜坐的人，未見得個個是一百歲，不靜坐的人，也有一百歲的．即令靜坐過了一百歲，也不過是社會上多活了一個寄生蟲，——因爲打坐不做事——活了又幹甚麼？

集合上面看來，靜坐的原理是完全推翻，靜坐的效果是完全沒有．現在講第二層．

二，靜坐最大的害處，就是使人趨於消極．我們一天一天的習靜，淸心寡欲，就一天一天把進取雄心消磨了，就把一個「厭世而不自殺的悲觀主義」，代替了「愛世努力的改造主義」．這樣子的靜坐，即令能却病，能延年，也不過替我們中國多造一些人類的寄生蟲，和社會的蟊賊．這些寄生蟲和蟊賊，早些死了也是於社會上造福，要活了幹什麼？佛教最講靜坐，印度爲佛教發生地，免不了爲英國所滅，梁武帝爲中國最信佛教的一人，免不了臺城一死，各位先生想做梁武帝，何必定要把中國弄成印度呢！

靜坐還有一層害處，就是費時．我們多打一點鐘坐，就要多睡一點鐘，我們睡的時間，普通是八小時，不能減少的，靜坐既不能代睡，那多坐一小時，即多費一小時的工夫，沒有時候做正經事．靜坐實在不切於人生實用．

靜坐既不合生理的原理，又不切人生的實用，并且還有害處，實在應該被闢的．

我寫到這裏，要收場了，有人說「現在的社會，當闢的很多，豈獨止一靜坐？還有其他爲害較顯的又如何」？我說，惟其爲害不顯，所以該闢，別的該闢的事情，一班人都曉得害處，獨有靜坐，個個說他好，不闢更待何時！

寫完了這篇文章，我狠希望有人來質問我，因爲這篇裏的理由，或有不明顯的地方，一加質問，眞理更明．凡來函請寄長沙北門外蘇園湘雅醫學專門學校．

一九一九年十二月九日早晨稿

龍先生用科學的方法研究『靜坐』，得了一個『闢』字，我願意質問他的，反駁他的，都用科學的方法．但是我擔心講究『靜』的人，他認『反駁』爲動，他是『一笑置之而不理』，那時龍先王也沒法想了．我對於『靜坐』的觀察所得，頗有和龍先生不同的，但是這稿寄到太遲，我來不及寫出來同登，只好稍緩再細說．若有高興研究這個問題的人，肯寄稿給我，更是歡迎．但莫說神話．

黄　醒

# 姿勢優劣比較圖說

傅廷棟譯

左列共十有八圖，爲基礎動作之姿勢，每圖有優劣各一，而附以說明，未學者可按圖練習，既學而未精確者，亦可行此以改正之也．譯者附誌．

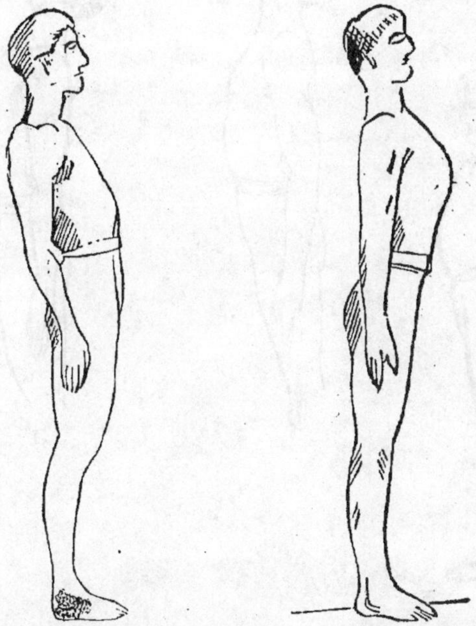

a　　b

1. 基本立正姿勢

(a) 優式　全體重量集於兩踵，臀部後收，胸竭力前挺，頭正而直，下頷縮回．

(b) 劣式　臀部及下頷均推於前，兩肩則過推於後．

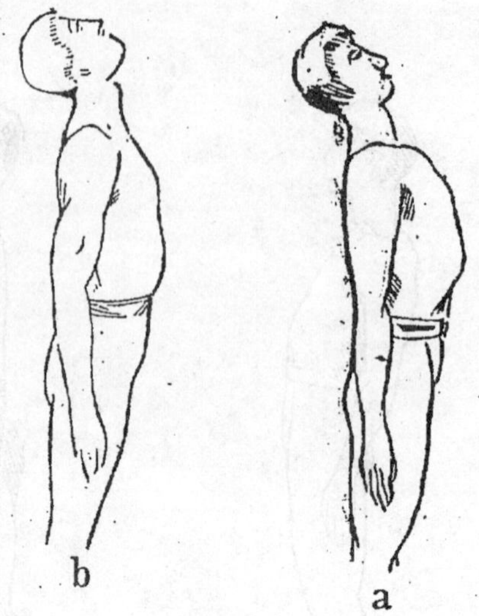

2. 頭後仰姿勢

(a)優式◎ 頭用力向後仰，而頷部則用力抑制，不使凸出向上，（餘如前）

(b)劣式◎ 頭仰幾與體成直角相交，頷部挺向上，且柔軟而無力

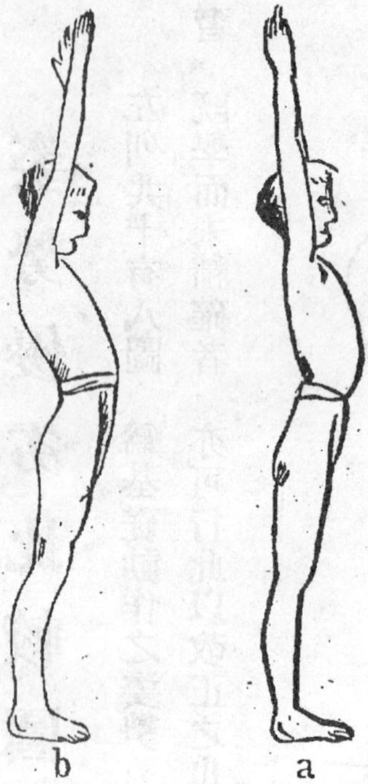

3. 兩臂向上舉姿勢

(a)優式◎ 除兩臂向上伸直外，均同前立正姿勢．

(b)劣式◎ 頭與腹部均推向前，兩臂不用力伸足．

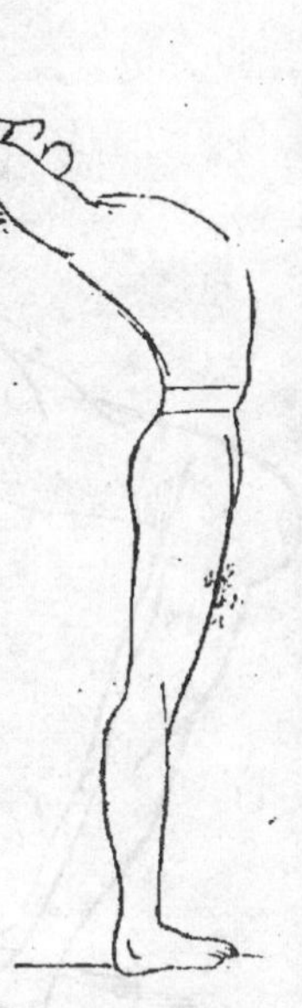

a

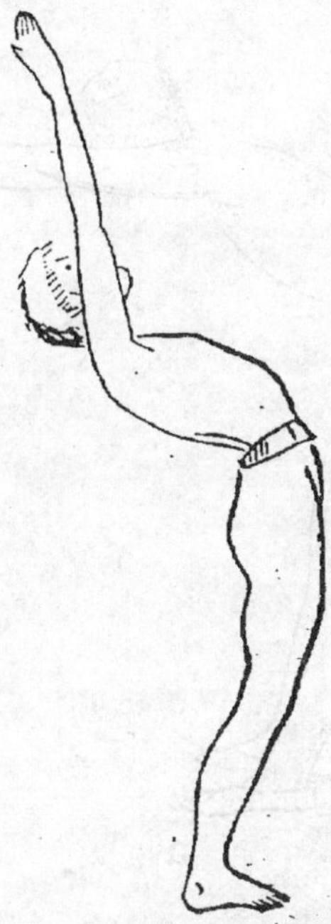

b

4. 兩臂上舉體後屈姿勢

(a)優式 兩臂上舉後，體後屈，臂亦隨體後傾，頷部縮進，而胸部上挺．

(b)劣式 胸不凸出，臂不伸足，膝微屈

b a

5. 體前屈臂上舉姿勢

(a)優式◎ 肩背之肌肉，用力收縮，使臂舉起時，能與體成一線，而頭必須夾於兩臂之間。

(b)劣式◎ 臂不伸足，背及腿亦均弛緩無力。

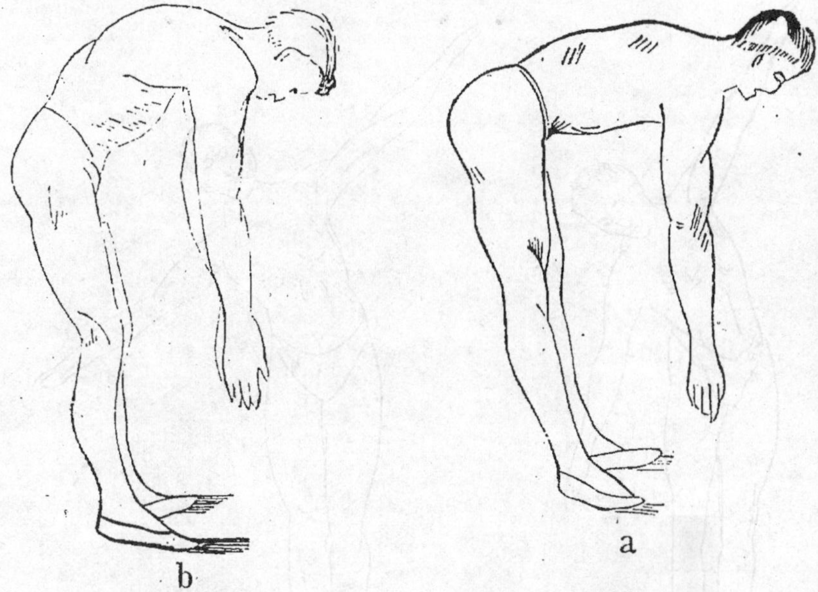


6. **體前屈臂下伸姿勢**

(a)**優式**◎ 體屈處必在臀部，(體與腿幾成直角)頭與體成一直線，頷部縮進，兩臂向下伸直．

(b)**劣式**◎ 脊柱曲，頭下垂，膝微屈．

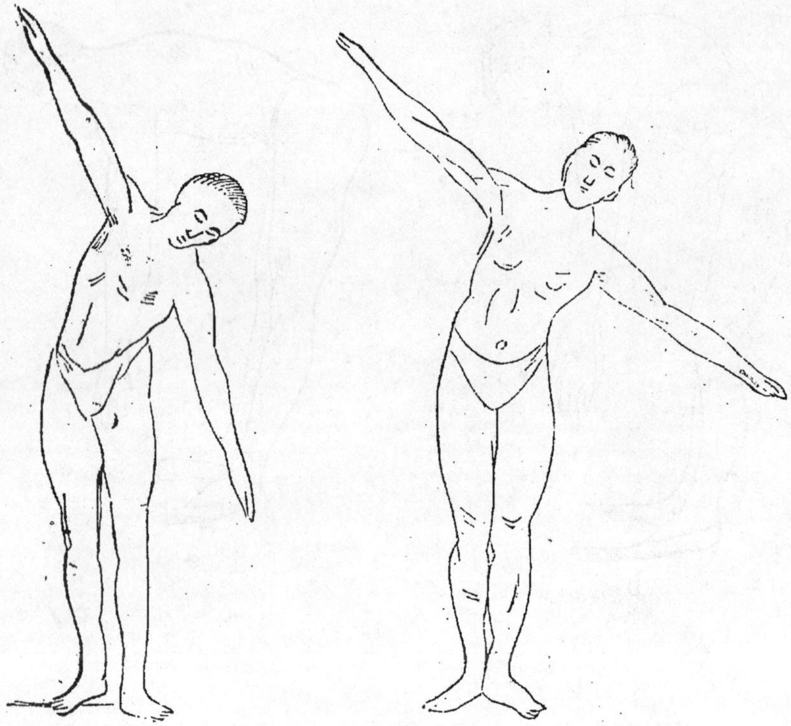

b　　a

7. 體左右屈姿勢

(a) 優式　膝踵均須堅併，兩臂左右平伸，不可使高下不齊.

(b) 劣式　體左右屈時，踵即離地而起，不能固定，且頭與臂傾斜太過，兩臂不能持平，頭不能與體成線.

# 姿勢優劣比較圖說

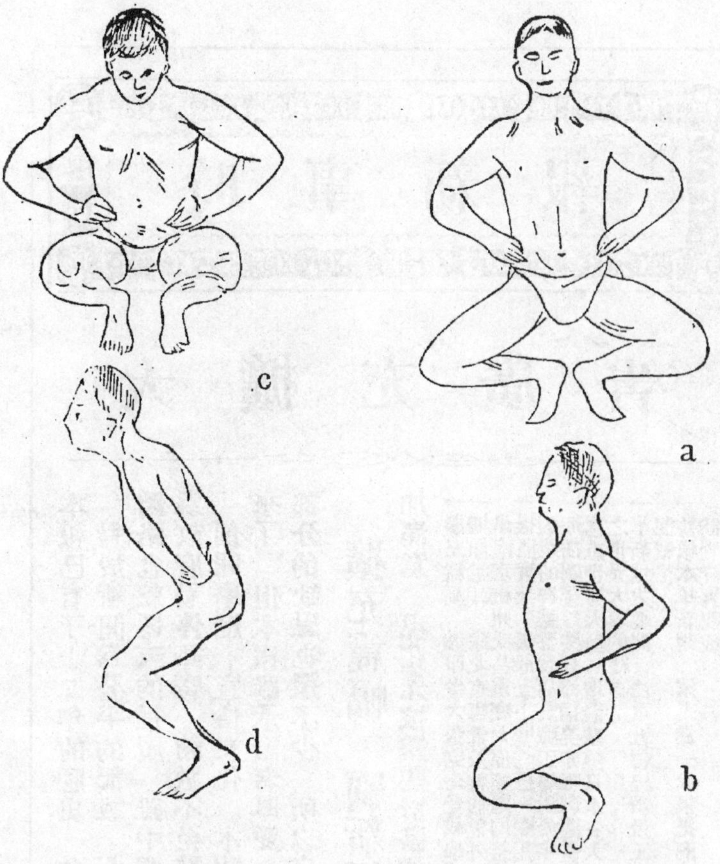


8. 屈膝姿勢

(a)(b)優式　頭部與體須正直，兩踵舉起相接，膝曲向外略成圈形.

(c)(d)劣式　頭體傾斜向前，踵不用力舉起，且未相接.

# 時事新報

## 大擴充廣告

本報已有了十二年的歷史　向來抱一種創造新中國的宏願　對於新聞爲公平的記載　對於問題下澈底的批評　所以銷路也就逐天的推廣　雖中間爲了反對袁世凱做皇帝　被袁政府勒停郵寄　銷數不免減縮　然而自從恢復郵寄以來　創闢學燈　宣傳文化　本報的銷數却和新潮一般的漲起來了　但本報雖承讀者厚愛　自己却仍慚愧得很　自知各部分的缺點也還不少　所以定自**今年一月一日起**　**擴充篇幅　刷新編輯**　使此後讀本報的愈加滿意　現在先披露些計畫的大概

一　廣充篇幅　添印半大張完全登載學燈

一　增加電報　除北京專電及特約電外所有各重要都會如廣州長沙濟南福州天津南京杭州武昌重慶太原等處均特聘拍電專員使全國消息能靈通呼應

一　提倡實業　添設（工商之友）一欄用極顯的文字介紹極切要的企業金融貿易製造的智識　啓發店員職工等對於宇宙人生國家社會的觀念

一　添插圖畫　按日添插美術諷刺圖畫一幅

一　意重世界大勢　增設歐美日本各大埠通訊員並延專門學者分任編述有系統之世界大事的經過

一　革新地方要聞　注重社會經濟及工商學各界的新發展打破一切宦場文章的記載

一　整頓本埠新聞　擴充爲一大張把商情雜條一律移在背面一面添聘專員實地訪查詳實記載

# 吾人對於身體上的謬見

野人

人！高等動物！爲甚麼和他種低等動物不同？

因爲人能夠充分發展自己身體上的本能；

人類最發達的官能，就是『手指，』所以有些人類學學者說：『人類的特徵，便是能夠用手指作事；』

但是左右手不是都有五指嗎？作起事來，能夠隨意運用，動作如意嗎？唉！可憐的左手，你生來的機能是怎麼樣？

有些慣用左手的人，他的作事，却和平常人恰恰相反；可見左手，也是一樣的手，一樣可以作事；至於那些極幼的小孩呢？他們煩要的時候，一定沒有左右手的分別；唉！可憐的左手，你爲甚麼被右手征服？怎麼只能作他的輔助？你是受了這不平等發達的壓迫，是我們自來因襲的謬見．

最低等動物怎麼樣？

最低等動物——海綿類動物，是排洩營養同一器官；

高等動物，就是因爲有獨立的排洩器，——重要的排洩器；這排洩器是頂可尊貴的，和營養器同一有頂大的作用；但是我們未免把他待得太不堪了！

排洩器怎麼可尊貴？

先說人類營養，要怎樣的限度？　這句話不能說是幾個麪包，幾盃牛乳，或者幾碗米飯；但是我們究竟有多少的需要？　我們的需要，是要超過營養的必須量；這話怎麼說？　我先舉一個譬喻；一個工廠的火爐，要有一定火力，纔能使汽的作用，運到那些皮條；要再有較大的火力，纔能使汽的作用，發生摩擦；這一定火力，是他的必須量，那較大的，纔是他的超過量．

這必須量，是分泌全身，保我們肉體的生存；這超過量，是一種奮興劑，使我們能够活動；試看勞動者的食量怎麼樣？　那是因爲他們有多的動作；那些生理學者也都說：『人類的情慾，多半發生在過飽的時候；』可見『飽』是頂要的奮興劑．

但是我們的營養，能够得純粹養質沒有渣滓的養料麼？　可以沒有限度的超過麼？

如果是有渣滓，身體以內，不會被糞穢所充斥嗎？　如果沒有限度的超過，不像汽爐一樣，有破裂的危險嗎？　所以排洩有兩個頂大的作用：一是排除穢濁，一是新陳代謝．

沒有排除穢濁的機關，便會和海綿類動物一樣，怎麼造成口階級的資格？　沒有新陳代謝的機關咧？　也可想像得二個結果：　第一吾人軀體既有隨時營養的要求，那種活動的奮興劑，又在體內，沒有消滅；若再增加養料，不會像汽爐有火力過大的危險嗎？ 第二小孩沒有這種排洩作用，是因爲他要發展他自己的軀體，若像小孩那樣，現在世界，不會被最古人類所橫行嗎？ 怎麼有我們置身的餘地？

我們心理上却待他狠不平，唉！ 我們自來因襲的謬見，

# 記北京女子高等師範學校第十一週年紀念會

孔廉白

北京國立高等師範學校體育主任
孔廉白先生

八年十一月三日，北京女子高等師範學校，舉行第十一週年紀念會．記者承友人增劵，藉往參觀，午正入場，適逢舉行開會式，私幸到會及時，因廢半日之光陰，得窺斯舉之全豹，是日目視耳聞，感觸良多，爰將憶及各節，略記於後．

記者甫入席，即見來賓中有一老者，挺胸掀鬚，手指順序單，操其純粹之湘言，語彼友人曰：『此次似非完全的紀念會，亦非正式的運動會，觀此順序單中，有「對客揮毫」及「滑稽寫眞」在內，即可知之，是不過利用紀念盛典，舉行一種偏於運動的游藝會耳』．記者驟聆斯言，腦中觀念，不禁為之一變；不知不覺，亦竟附和，彼老之言，而觀此偏於運動的游藝會矣．

是日運動員，合女子高師，女子附中女子附小總計千數百人．以千數百之女學生，演此普及發育的各項團體運動，雍雍濟濟，成此大觀．就北京各級學校論，誠屬罕見．以此而較比男子各校之日言比賽，日爲賭博性的競爭，互相爭論，互相衝突，徒尙虛榮，不求運動實際，置普及發育的團體運動於不顧者．其差點如何，其感想又如何耶？

嗚乎！吾既爲女子體育前途祝幸福，又安得而不爲男子體育前途抱悲觀哉！

全部學生「唱歌」，極盡抑揚之妙，指導唱歌者，能移其位置於全隊之前，當更完善，集合解散，太費時間，此後希望改正．

記者正在恭聆唱歌之時，前者之老人，又發議論，渠謂『校歌之音調，類似教會中之『讚美詩譜』，且國立女子高師，對於校歌音譜之選擇，不可不知鄭重』……云云．記者不學，未嘗一聆讚美詩音，究屬如何腔調，初不敢加以是非的評論，願以事關該校令譽，謹將彼老之言，介紹於該校，願該校注意之！

女子附小之「合同操」，命名雖欠斟酌，而立意却有至理，倘令全體學生，於同一時間，天天演此合級同行之操練，則身體上，當獲莫大之益處，惟「高小三年級」，與「國民一年生」，年齡不同，體力不同，若不顧及生理，强其不同而同之，似有背於教育原理．如令各級同演，變其動作，而同其呼唱，則教授上並無困難．而生徒之獲益，必更較勝於斯．且全隊之方向，亦以面向排尾爲宜，蓋指揮者既可顧及全部，而短小者，亦不致茫無適從，質諸該校，未識然吾言否．

步法遊技中之「十一月三日」，支配既佳，演者亦極嫻靜，活潑潑地，有條不紊，全場教材，以此項爲最有價値．由此觀之，教師平日之鈎心鬥角，煞費研究，亦云苦矣．

「各個操」．姿勢動作，似欠確實，且均未按基本順序，依次進程，不知是何緣故．

女子附中之「波哈米亞舞」，及「丹國舞」種種，步法尙確，態度亦稱自然．度其平日訓練之得法，似較勝於女子高師．各項體操，亦頗整齊，再能於確實上，加以注

意，則當更見精彩，

女子高師之運動成績，大致尙佳，惟比較的似稍遜於附中，動作略欠眞實，敎材亦覺平淺，如「牧羊舞」等遊技之步法簡單，「棍棒操」等體操之運用無力，均不及乎附中．而「曲折競走」，尤覺並無曲折之可言，夫高等女師之程度，自不可與女中女小並論，若祗以「俯仰球」「蛇行進」等小學適用之敎材，從而敷衍之．則未免不稱其名矣．

綜觀是日各種成績，當以附中爲最佳，附小則較之春間，似見退步，女子高師．則不及春間遠矣．

是日來賓中，頗多不滿意之表示，不云佈置欠當，即云敎材乏味，余旁立一西服少年．更以場內職員太多，外國婦人南北犇走，不守會場秩序，責彼糾察員之放棄職務者，據余友李君云，是日京師體育公會之重要份子，亦都在場參觀記載，并有京師體育講習所學生數人，在場觀光，且作口頭的批評．至於如何評論，則余友未嘗道及，余更無從探聽，惟閉會時，記者最爲注意之老者，則頻搖其首，以「此次運動大不如前」的八個大字，批評該會，是則記者目覩耳聞者也．

## 北京女子師範學校週年紀念會

參觀既畢，覺有數端，應請該校注意者，玆謹附列於左．

一，運動員之精神。。。。

是日集合千有數百之女生，演此空前之盛會，綿亘至數小時之久，參觀該會之來賓，咸有精神疲乏的現象；而該生等絕無疲頓態度．且人人精神飽滿，興緻勃勃，此種特優之點，誠屬難得．將來出而問世，有益於社會，良非淺鮮．或以操作不齊，從而責其精神不振者，記者，對於此項責備，絕對否認，蓋操作不齊，是未經熟練之故，決非精神的關係也．

一，運動員之活潑。。。。

吾國女子之通病，大都短於活潑；村儒學究，更誤解活潑爲輕浮，不知活潑與輕浮，係屬兩事，絕對不能並論也．是日參觀該校學生，患此病甚少，私爲該校慶幸，就中尤以女子附中之學生，最爲活潑，觀其姿勢優美．操作敏捷，足見其平日訓練極注意於斯點．來日方長，深望該校始終保持之．

一，敎材的比較。。。。

綜觀各種教材．比較往昔，似無進步，就女子高師論，各種步法遊技，(即順序單上所謂「舞蹈」「跳舞」「進行」者)尤顯簡單．每項遊技，僅賴五六種之步法，循環變化，而所變化者．又極尋常，女子高師，僅用此類教材，終覺太淺．

女子附中之教材，尚屬可觀，但比較的不能超過春季成績以上．

女子附小之教材，除(步法遊技)之「十一月三日」及(唱歌遊技)之「雁字小雞」等學外，極少含有教育意味者，體操亦欠確實，若「盲人寫字」．「傳旗」等．益覺無聊．(「傳旗」時，分爲兩圈，則內圈當然比外圈快，「盲者寫字」，仍須不盲者指示之，又何必哉)．

全部教材，甚少正式的體操，若女子高師之「徒手操」，又無生理的價値，較之春間之「各個器械」，「優秀舞」等，相差似太遠矣．

一，姿勢動作之注意。。。。

學生體操之主眼，原爲保持固有之健康，增進未來之健康，因有保持增進的關係，故於姿勢之矯正，尤爲切要，蓋動作由姿勢而成，姿勢不確，則動作必難奏效也．是日所演各項運動，姿勢動作，似欠確實，然求其所以不能確實之故，則操作太快是也．夫呼唱，(或拍子)加快，則運動員無暇注意於姿勢，倘再知於熟練，必致演成似是而非之動作，是則極望該校注意者．

或曰，該校因節目過多，不得已而加快運動率，以期盡數演完，果爾？則記者對於此說，殊不敢附和贊同，倘因時間不敷，不妨減少節目，(半天演四十餘項，似乎太多)，或改爲永日的運動，以事鄭重，若此敷衍塞責，未免輕視體育矣．

一，順序單之研究。。。。

運動時之順序單，其主要之作用有二，一爲記載各種運動演習之順序，一爲報告某項運動之名稱，系屬於某項操法之內，使來賓於頃刻之間，可知某項運動之名稱，並瞭然其系統之所在，(譬如『24普通操』(棍棒)師範本四』一節，來賓捧讀之下，即知第三十四節，爲師範本科四年級學生演習棍棒操，而此項操法，系屬於普通體操者也)．是故順序單之內容，宜劃一，不宜紊亂；宜淸晰，不宜復雜，宜使觀者明瞭，不宜使觀者茫然無所推測也．

此次順序單，忽而「體操」，忽而「普通操」，忽而「徒手操」，忽而「舞蹈」，忽而「跳舞」，忽而「游戲」，忽而「遊技」，忽而「進行」，忽而「競走遊戲」，（進行之名在遊技體操中甚屬罕見）甚至不屬於普通操者，亦强入「普通操」系統以內．（如短棒等）舞蹈之下，又注舞蹈，（如花圈舞蹈等）或只注體操，並無系統者，而徒手啞鈴等操，反不加以系統的稱謂，種種排列，紊亂已極，欲期觀者明瞭，詎非難事，記者左近有來賓數人，均以何謂舞蹈，何謂跳舞，何謂體操，何謂普通操，何謂游戲，何謂游技，何謂表情唱歌，何謂競爭游戲，互相詢問，（甚其下問於記者請求解釋跳舞與舞蹈之分別者，記者答不出來），此項情形，自不能責備來賓之缺乏學校體育的常識，只可歸罪於順序單之內容，過於復雜而已．

最奇者，間有舞蹈之下，祇有英文名稱，並未加以譯語，如『舞蹈（Ox Dance）』等節是也，倘觀者不解英文，則當時何能明瞭，竊意國人開會，國人參觀之，初無塡注外國文字之必要，即使欲存原名，不妨將字意譯作華文，另將外國字的原名，附注於後，俾觀者可以明瞭，若恐外國人士不明華文，應將所有節目，譯作外國文字，（祇寫英文亦嫌太不普通，）另印若干份．分送外國人士，方稱妥協，（試問吾國人至外國參觀集會時，有以華文的說明書見惠否．倘無此成例，則吾國又何必多此一番手續哉）總之運動順序單，須體操教師支配之，萬不可假手於不明體育之職員，望該校體操教師，勿再放棄斯項職務，而使參觀者加以「不明瞭」的評語也．

一，運。動。場。之。狹。窄。

記者入場參觀，最爲詫異者，即運動場之過於狹小是也，以國立女子高等師範學校，僅此狹小不整齊之運動場，未免名實不符，場地狹小，自不能從事運動．語云『工欲善其事．必先利其器』．今也器既不良，烏可與言善其事，此不僅記者代爲氣短．即該校精神活潑善於運動之姊妹，亦必爲之悵然，是以欲求體育之發展，允宜設法擴充運動場，不然，仍屬紙上談兵，無濟於事也．

一，會。場。之。秩。序。

批評秩序，必須先講佈置，該校運動場之形勢，前已言之詳矣，以狹小如是之運動場，期其佈置完善，自屬難事，該校處此萬分困難之中，不得已而限制發劵，不得已而搭成階級式的板台，以期縮小來賓駐足之地位，此種辦事上的苦衷，吾人自當予以原諒。惟記者以爲板台儘可推至牆邊，階級不妨縮窄而增高，（此次板台僅三級而每級之闊却有四五尺）且階級之下層，必須毗連運動圈綫，而界綫又須堅固，倘能如是，則內圈可以放大，界綫又不致於損壞，彼缺乏公共道德之來賓，縱想破壞秩序，恐亦難以施其技矣。

是日秩序，未敢云佳，且開會未久，界綫業已損壞，來賓雜入運動場中，幾至不能運動，男子來賓，甚且累及職員之請求，警察之干涉。記者目覩此種情形，深爲來賓痛惜。夫佈置欠妥，其咎固在該校之事前疏於計劃。然來賓方面，又何不自責若是哉。當彼秩序紊亂之際，余友聽公詢余曰，女子演運動，何以演一種運動，換一次服裝，甚至鞋襪裏衣，無一次不換，是否運動之通例，抑係別有原因？記者得此詰問，無以作答，謹將聽公之言，轉詢之於該校，或可取得明白的答復也。

記者草成此篇，余友木公，以爲措辭過於耿直，不合今日社會之心理；然記者本諸良心，自問毫無成見，因期望體育發達之心切，遂不得不加以褒貶。惟望閱者諒之。（順序單附錄於後）

北京女子高等師範學校第十一週年紀念會秩序單

1 開　會
2 奏　樂
3 唱　歌（國歌校歌）全體合唱
4 體　操（合同操）附小全體
5 普通操（短棒）附中二年乙組
6 遊　戲（盲人寫字）附小高等三年甲乙組
7 體　操（各個操）附小國民四年級男生
8 游　戲（曲折競走）高師博數
9 舞　蹈（波哈米亞舞）附中三年
10 舞　蹈（花圈舞蹈）蒙養生全體
11 游　戲（戴帽競走）附小國民一二年
12 舞　蹈（雪花舞）附中二年甲級
13 體　操（生理啞鈴）附小高等一年一組

14 徒手操 師範本三
15 傳旗競走 蒙養生丙丁戊己組
16 遊技(裁縫舞)附小國民三四年
17 徒手操 附中一年乙組
18 游戲(納稅)附小高等二年甲乙組
19 普通操(短棒)高師家圖
20 唱歌(雁字小雞)附小國民一二年
21 競爭游戲(滑稽寫真)高師圖專
22 跳舞(牧羊舞)高師博數
23 表情唱歌(漁樵耕讀)蒙養生甲乙組
24 啞鈴 高師國一
25 遊技(問安舞)附小國民補修高等一年
26 舞蹈(德國兒童舞)高師補修保姆講習
27 游戲(移棒競爭)附小國民三四年
28 舞蹈(Ox dance)師範本三
29 普通操(啞鈴)附中一年甲組
30 游戲(爭椅)蒙養生全體
31 舞蹈(丹國舞)附中一年二部

北京女子師範學校週年紀念會

32 對客揮毫 高師國一
33 體操(各個操)附小高等二年甲乙組
34 普通操(棍棒)師範本四
35 遊技(十一月三日)附小高等三年甲乙組
36 國技(子母短拳)附小國民各級選手
37 舞蹈(Olel Mole)師範本四
38 遊戲(競爭遊戲)附中補習科
39 進行(Fancy Mcrding)高師家圖
40 司令球 師範本三
41 餘興(Jleeughost)師範本四
42 奏樂
43 唱歌(國歌校歌)全體合唱
44 閉會

# 論言與行

羅黑子

言行二字爲世人所常道之語，今復竊取作文字題目，通人大雅固當有匿笑其妄者．然『言之匪艱行之維艱』吾願與讀者諸君勿忘也．

今如有人嗜吸烟；持說烟可以助消化力；每飯巳，覺胃腹不舒，試吸烟一捲，乃暢然大適；是烟可以助消化之證．又謂煙可以奮與血行；每值勤務疲勞或體內氣運滯塞，試吸煙一捲，乃暢然大適；是烟可以奮與血行之一證．

既而有人言煙有毒，經化學分析曰『尼苛定』．此毒中人如人飲醇而醉．人初吸煙，覺頭腦昏昏，數日不寧者，是爲毒之反應．顧習慣既久嚮之胃力可以自然起消化者，今必恃煙而動．嚮之血行可以自然循環中律者，今必恃煙而趣進．現象若此，非煙可以助消化促血行，實煙所以敗消化鈍血行．煙之所以助消化促血行，乃既毀壞人體機能自然之作用，而代以『尼苛定』力之作用．其結果爲腦力減少，神經衰弱之症．此症之結果爲意志不振，避艱畏險，而人之生活能力絕矣；至消費財力猶餘事也．

其人聞是說乃大感動，誓絕煙之嗜好．顧間之，覺胃不適，試投以煙，居然好．間之，覺執務後疲勞，試投以煙，又居然好．初猶自謂偶犯之或無害；繼則自謂節之或無害；竟乃其嗜好之不能絕如故，且或加厲焉．何以故？

今更有人，身體孱弱，常研究運動衛生靜坐等書，深明不規律之生活，爲疾病夭死之素因．一日躍然而起，誓行某種有益身心之修養法．既行之朞月，自束頗嚴；後因某項事故，中斷一二日；在此一二日之間，覺如卸重肩，如去縛束；翌日復繼行前項修養法，頓感此眼、耳、鼻、舌、身、之所環接，無處可適；遂謂是妄念攙入，決暫棄置以待心意之恢復．居無何，心意日入於散漫；飲食起居日益無律；馴至運動衛生等書日益與耳目相疏遠；而其人身體之孱弱如故，且或加厲焉．何以故？

由後之類，是屬於心理的惰性而行與言違．由前之類，有二說焉：

(一)不明利害之究竟徒學模擬而行與言違者．

(二)既明利害之究竟而行與言違者．

要之同受肉體的惡欲之壓迫則一．不明利害之究竟，徒學模擬，而行與言違者，其罪輕；既明利害之究竟而行與言違者，其罪重．

上所舉示，不過一班；然細量吾人之言行，其數何啻沙礫；設必於日常一語一行期其符合，恐無是理，抑亦無是事．如偶言晚當加飡而竟則減食；或當忿怒相仇，言必殺人而竟不果殺；或執此類以相繩，則必敬默起居自絕於天然活潑之境界而後可；且猶未必能事事如其所言也．故同是言也，有時間上與倫理上關係輕重之別；同是言內所包含之行為也，有己身間，或他人與己身間，或社會與己身間關係利害之分．如上之例一言禁煙，一言養生，皆與個人有切膚之利害．其言行合一與否之結果，自廣義言之，或及於他人，或及於社會；自狹義言之，固不出乎一人之身

今更設譬，有人嘗研究吾國現代平民之狀況，一皆以生活為困途．生活窮困，遂成欺詐，僥倖，貪婪，卑污，諸種惡德之因；生活窮困之因即無教育，乏智識，缺少生活能力之故；雖有政治上不良之影響為之近因．而根本立論則如是；一國人民而乏生活力，勢求討生活於少數强有力者之下；或竟乞憐於異族國民之下；且猶未必可得．國而至是，將如之何．

——

今假定其人為一有作事能力者，申明上述理由，欲圖謀一種極遠大之教育計畫以濟時艱；而創業之始則或自一學校起，或自一學術結社起．當其始也，具卓絕之毅力；辛苦經營，竟成草創，社會有識者皆許之為救世之明星．未幾即來種種惡現象，以相誘惑：如——(一)窮困，(二)勞苦，(三)受惡社會排擠，(四)事業不能發展，——心志為之頹然，於是或由友朋中進言，或由己心揣想，在此種社會辦事不能專趨理想，須稍與事情迎合

其人乃翻然改計，日求所以迎合現在時，地，情形，之路；則發現積極進行必賴勢力之原理；又發現目前社會中有勢力可憑藉者爲官僚，搢紳，政客，鉅商，於是乃謀與接近。意謂以學術言論相與周旋，旣可啓鑰其思想，發其事業心；又可假借其力以圖己分所創事業之發展。

顧官僚搢紳社會之衣食住，大都取精用宏，不與人同。則適所謂欲圖事業發展而因與接近之救世家，於交際之會，樽俎之間，已熏染豪華貴介之氣於不覺。頃之，幹練之手腕居然能挽事業之頹運。嚮之窮困，則得各種補助金以周轉之；勞苦則得交際上之輕肥以豐潤之；嚮之所受排擠，今則因迎合而成同調；嚮之事業不能發展，今則蔚然多生氣矣。於是始知人生之樂趣，不在窮愁之中。（一）官室也，（二）器服也，（三）美飲食也，（四）輕車馬也，皆我所欲！欲遂吾初言乎？則淸夜捫心，自知此萬惡之社會，决非可與吾更始而日新者。與之棄離乎？則前四者之來，與後四者之去可立俟。前之四者，令人心苦而體瘠；後之四者，令人心安而體肥；將安所擇？

今假定其人爲上智；旣入歧路，則廢然思返，則吾之說可以已。假定其人爲中智，則有不如前例禁烟類者……但願世無其人！

若是其事業底於成，雖隔十年二十年，亦不過爲求饜肉體的惡欲之工具而已。而其初時觸發事業動機之環境，其愁闇悲慘如故！

此其言行合一與否之結果，自廣義言之，關係影響於社會；自狹義言之，亦關係影響於社會．

行與言違關係影響僅及於己身者其罪輕；行與言違關係影響及於人類社會者其罪重．

綜合觀之，可得次列之概念：

(一)言有時間上輕重之關係，及倫理上之分別．

(二)行有己身，或己身與他人間，或己身與人類社會間利害之關係．

(三)言之必行，或不必行視時間上之輕重，及倫理上之分別而定．

(四)言之必行，而爲行之障碍者，除客體種因外，其主體種因如次：

(1)屬於心理的惰性．

(2)屬於肉體的惡欲之壓迫
- 不明利害究竟徒學模擬而言行不合一者
- 既明利害究竟而言行不合一者

因之言行不合一，基因於心理的惰性者，如前例因體弱而求體之修養類，設一旦有最强大之比較刺戟隨事實之現象突出其前，則雖頑懦，亦必震驚戰粟而起，方之近事，如因青島問題相連發生之北京大學事件及山東福建天津等處學生風潮，及全國排斥日貨之進行皆昔日因心理的惰性所不能行者，今則受歐洲和會席上國際間之比較，而毅然行之；且因此刺戟而將來言行之必求合一，其主觀且更深，又不獨一身體孱弱之夫可立轉而爲强漢也．

反之基因於肉體惡欲之壓迫者，如前例因煙害而求禁煙類，雖有最强大之比較刺戟隨事實之現象突出其前亦難能絕其惡欲而去之，如嗜宿娼賭博者未嘗不深知二者之爲害猛，又未嘗無比較不宿娼賭博者快樂生活之機會，又未嘗不經過宿娼賭博之所以表失其眞生活眞幸福，然而浪子之言人皆掩耳而避之也．人之欲癖有奇如嗜痂吮癰者，而況宮室，器服，車馬，飲食，之美，爲人類所共欲者乎．又不獨一嗜烟之微癖難能絕而去之

憶之！溯自滿清光緒初葉，喪師辱國割地而爲城下之盟者，其事有幾何？降自民國紀元以後，迫於外力而爲羞國之行爲者，其事又有幾何？憂國之士倡維新變法革命者歷今幾四十年，東鄰之日本自經美國迫開門戶全國人士憤而求强變法維新以來於今不過五十餘年，以彼況此，刺戟之强弱度數不同；而結果適得其反者何以故？

設謂吾國地大人衆不易一朝治之，則一省之區域，行一省之政治，亦未見其治也；一府郡之區域，行一府郡之政治，亦未見其治也；即今日南北分治，南又分治，北復又分治，亦

將未見其洽也．其故或別有所在？而肉體的悪欲之深中人於骨髓，遂使種種目的不惜爲之犧牲，種種事業之經營不惜爲此犧牲之手段，有以致之．肉體的悪欲！舉國之人拜倒汝麾下矣！

由是以觀：言行不合一基因於心理的惰性者矯正易；基因於肉體的悪欲之壓迫者矯正難．

吾今復欲祖述陳語矣．孔子有言『士志於道而恥悪衣悪食者未足與議也．』雖此所謂『道』未能有鮮明之定義，而『道』之能見實行首在犧牲肉體的悪欲．常人所稱爲忠臣，孝子，節婦，義夫，雖其含義間有不合於今世之論；然彼之能忠能孝能爲節義之行，亦即首在犧牲肉體的悪欲．

然則犧牲肉體的悪欲之一念，果何由而起，曰起於信仰．

昔尾生與女子期於柱下，水至，女子未來；尾生抱柱而死．此爲信約之信仰．智伯之客豫讓，漆身呑炭，變易容貌，爲智伯報仇，不得而死．此爲忠義之信仰．越王勾踐，敗於吳國，蒙恥忍垢，節衣食，苦心志，生聚敎訓，卒復邦國．此爲宗國之信仰．孔子出仕，所至不合，未嘗改度，歸而著述以終其身，此爲主義之信仰．此其爲人皆在春秋戰國時代，思想行爲所在可遷，未若漢時以後有帝王特製之無形桎梏爲之標的也，然而猶有漢之蘇式，宋之文天祥，明之張煌言，鄭成功輩，信仰於種族之分際．至若哥倫布之發見美洲，達爾文之證明物種由來，英國詩人拜倫之散家財捐生命於希臘獨立之戰，皆信仰也．此皆與宗教家之守宗殉教義相同．

是故信仰之類雖殊，其能令人犧牲肉體的惡欲而自致於其所信仰則同．

因之言行不合一基因於肉體的惡欲之壓迫．雖有最强大之比較刺戟猶不能矯正者唯信仰能改造之．

至如何而可達於信仰之域則另爲一問題矣

嗟夫，『言之匪艱行之維艱』吾能約略言之，吾未必能行之也，吾願與讀者諸君共勿忘！

一九一九年十一月二十八日

在晨報週年紀念增刊第一張曾讀蔡孑民先生『文化運動不要忘了美育』之文甚動感喟，諸君不可不讀也 十二月八日

# 體育論

穆海鵬

吾人生於社會，爲社會團體之一員，吾身必有應負之責任；欲盡其責任，必有充實之精力與强盛之勇氣，方能勝任愉快．然精力與勇氣，皆蘊蓄於體內，隨身體之强弱而盛衰者；故欲能盡社會之義務，而成爲社會團體中之一完人，不可不有强健之體格也．然欲體格强健，必自發達筋肉始；欲發達筋肉，必自運動始．身體常運動，則消化力强，血行流暢，營養變化增進，故筋肉發育而體格强；身體不運動，則消化力弱，血行遲滯，營養變化減少，故筋肉瘦削而體格弱．邇來學校非不提倡體育，注重運動；而喜運動者，非身體損傷，則氣質粗暴；欲求體格健全發達，富有精力與勇氣，能任艱鉅能耐勞苦者，幾不可得．蓋運動之性質不同：有强力運動，有敏速運動，有耐久運動；當斟酌年齡，性質，體格，習慣，而選擇最適切之運動，方有益於身心．今之學校運動，祇知運動所以鍛鍊身體，而於年齡，性質，體格，習慣，不加考查即施以同一之運動．故有體質薄弱，因强力運動而傷身者；有神經過敏，因敏速運動而傷腦者；有年齡幼穉，因耐久運動而起熱病者；運動不適當，於身心不惟無益，而又害之也．是以不揣淺陋，謹就生理與心理兩方面，以研究體育之道，諒亦體育家所樂聞者也．

體育者，非僅在肉體勞動，而在肉體與精神之勞動能一致也．自來言體育者，以身體發育全恃肉體勞動；謂肉體勞動所以促進血液循環，增加組織中所供給之酸素，及其他營養質之量者．一謂精神勞動，足以鍛鍊思想，發達腦力，而體力反因之退步；其視精神勞動與身體發育無所補益也．如此提倡體育，是不知心理與生理之互相關係者．夫精神，主也；肉體，從也；肉體隨精神作用而變化也．人若起驚恐，則面現蒼白；若逢善樂，則面現光彩；此精神作用影響於血液者也．若有憂慮，則食慾減少；若有快感，則食量增加；此精神作用影響於消化力也．若心情寬廣，則身體肥胖；若心情憂鬱，則身體瘦弱；此精神作用影響於肉體者也．精神與身體發育，豈可謂無關係乎？果身體發育，惟在肉體勞動，而不關係於精神勞動；試思心有憂鬱，精神不快者，雖有適當之勞動，而肌膚日漸消瘦，體力日漸瘦弱者何也？又精神不振，身體易感困倦，雖爲適度之運動，而氣分仍不舒暢，身體仍不爽快者又何也？此心靈運動，影響吾人身體．其效實維大；故兒童之體育，惟注重遊戲，因歡呼跳躍，或攀木，或角力，或投石，或蹴踘，或投環，或射的等等，於肉體勞動中有精神勞動在也．精神與肉體同時勞動，爲體格健全發達之必要，故凡熱心遊戲之兒童，無不爲體格强健之兒童也．

體育非僅在運動，而在運動與休息之時間相調和也．不運動，則身體不發達；過運動，身體亦不發達．　蓋運動足以使營養佳良；營養佳良，則體力自增，精神自健．　而運動亦足以使活力消耗；活力消耗，則體力必衰，筋肉必枯．　故運動可以發達身體，過運動亦足以損害身體也．　運動欲求適當，則運動與休息之時間宜相調和之理甚明．　運動之種類有不同，休息時間之長短亦不同，如强力與敏速運動，其生疲勞速，故休息次數須多，而時間可短也；持久之運動，其生疲勞遲，故休息次數宜少，而時間須長也．　休息與偷惰不同：偷惰者，爲精神委靡，藉睡眠，靜坐，消遣等以偷安閑，不欲有所爲也；休息者，爲活力消耗，藉睡眠，靜坐，消遣等以圖恢復，求繼續有爲也．　故必先有運動而後休息，方獲休息之益；不喜運動而求休息，不惟無益，而且有害．　運動所以緊張其筋肉者，休息所以弛緩其筋肉者，一强一弛，即爲鍛鍊；經此鍛鍊而不强健者，未之有也．

體育不在體操以鍛鍊身體，而在遊戲以活動身體也，欲身體健强，當使筋肉發達，是爲最要；欲發達筋肉，當使身體活動，更爲最要．　今之學校講求體育者之惟一方法，則在體操；體操固足以鍛鍊筋肉，使之强壯；然講求體育不僅年少之學生，即壯手與老年，亦當講求者；學生練習體操，尚可行之；若一般壯年與老年，必藉體操以强健身體，未見有能行者：據體育家言：身體不運動，則體力衰弱，此壯年與老年，皆不練習體操，而其身體猶是强健者，曷故？　蓋强健身體，不在體操，而在活動；活動身體，方法頗多，大抵爲遊戲與遊覽；此種活動，無論少年，壯年，老年，皆所喜者；因常喜活動，故身體健康．蓋遊戲與遊覽，爲自由的活動，易感愉快者；體操爲服從的活動，易感不愉快者．易感愉快者，人人所樂爲；易感不愉快者，人人所不樂爲；不樂爲者，而强迫使之爲，與不樂爲者，而迫於時勢不能不爲，皆無益而有害也．工場中之勞動者，雖活動其身體，然爲機械的活動，不能自由者；不自由之活動，至無愉快；迫於生活的問題，不能不爲此不愉快之活動，故精神不振筋肉枯瘦矣．今之講求體育者，當以最愉快之遊戲爲主．

總之，本諸心理及生理講求體育，身體自然健强；否則雖運動身體，於身體發育至無補益也，體育家當提倡多方愉快之運動，以造就勇敢活潑之國民．

# 討　論

## （發表體育家對於本報提出問題的意見）

## 女子體育如何？

江蘇南通代用師範學校體操教員　項翔高

我看了第二十三號的體育週報中間列着許多討論體育的題目，我覺得件件爲眼前中國急待研究解决的問題．就中那『女子體育如何』的一條，我對之覺得有許多的感想；所以勉力提起禿筆，與海內體育家談談這個問題．

講那女子的天職，本是很重：在本代上的任務，實是同男子一樣．況且改良人種．增進文化，與那次代的國民，更有密切的關係呢？所以女子身體不可不健．現在中國人的身體，可算壞極了，但是比較起來，男子還比女子好些；那中上兩等社會的女子，言之可憐，簡直沒有一個强強健健，享那快樂的日子的；這樣說來，吾國目前女子體育，還比男子體育要緊．

醫生診病，先要斷定病根，方纔可以開方用藥；不察病根，胡亂開幾味藥吃，是斷不行的．現在我們要想法恢復女子的身體，也必先要考查他的病根；病根弄清了，不愁他的身體不恢復．我曾經細細留心我妻的身體，且時常和我的朋友談談他眷屬身體的情形；我遂斷定女子身體的不强健．都害在這愁字身上．

猶記本年暑假期內，我有個知友，他剛從北京回來；有幾個親戚，要同他做媒說親，他遂與我談起女子的短長及選擇的標準．我就說『選擇女子，先要考查他的性情活潑不活潑，愉快不愉快；如果活潑愉快，然後再講他的才貌』我友深異此言，說『女子性情活潑愉快，雖是一件美德，但亦不能够算第一件要緊事；君發此論，究有甚麼深意』．我說『足下畢竟是沒有娶個老婆的人，不懂得個中的曲折；大凡女子性情不活潑愉快，必定多愁，多愁必定多病，這多愁多病的女子，無論多才多藝，到的不能盡他的天職，幫着丈夫做事，枉累得丈夫食不安坐，寢不安席，爲他担多少心事，至那醫金藥費的損失，更不必說了』。友人聽到這裏，連連點頭；

現在我已經找到女子不强健的病根了，我應更進一層，研究他這病根的來源，考這來源非人人相同，然總爲環境的空氣不良，——例如姑媳不合，夫婿不良，子女不孝順，以及種種不合意之遭際，——致生出許多煩惱，女子性本多愁，——當成社會之初，女子性情想來亦像男子，未必抑鬱多愁，後來男子勢力膨漲，女子受壓制過深，遂遺傳而成這衰弱巽懦的劣性，——稍受挫折，即鬱結於心，背人拭淚，漸至失眠減食，萬千病症，隨之侵入，把這可憐的女子，活活的送進黑黯地獄裏去。 唉！

照此說來：我們要想去這病根，必先變換這環境的空氣，實行『德謨克拉西主義』。 男女互重人格，眞達到平等的區域，改革家庭制和婚姻制，眞享受自由的幸福，其在女子方面，亦要涵養性情，高尚思想，革去以前衰弱的巽懦的劣性，是則女子體育前途根本的解決，至若衛生運動等等事項，猶是次一層的問題。

## 學校應否廢去課表中的體操？

長沙梁氏第二國民學校教員 陳達任

體操是人生最要緊的事，怎麼有人，要主張廢止課表的體操呢？ 這課表的體操，在世界各國，都是這樣通行了；我們中國也行了許多年，到了今日，難道無緣無故要廢止他嗎？ 這個問題，我起初和幾個現任的體操教員研究，他們狠不贊成廢止課表中的體操，都是因他們的習慣性，和「軍國民主義」堅固了他們的信心，我差不多也沒有主張了。 後來我平心靜氣，過細思考起來， 好了！ 我很贊成廢止課表中的體操了。 但是我贊成廢止課表中的體操，不是因人家是這樣主張，我就「隨聲附和」；我是迴想自已當學生的時候，和我當初教學生的時候，祗圖合於機械的形式，卒致沒有直接得着體操的益處；反把體操的生活喪失了！ 那是因爲把課表的體操，當做國家設立，所以每週二三小時的課表體操，簡直是圖强的預備，現在才覺得錯了！　請想一國的生存，單靠這幾點鐘的體操，能够保衛國家嗎？　一般身任體操敎務的人，多不注意個人的狀况，那些學者，對於兒童身體的發育，也有不過問的，

現在我要自問，在各校，每週祇有這幾點鐘的體操，到抵够用不够用？

—在體操的時間，各校因他科的關係，配置課表，很難適當，若隨便配置試問合生理不合？

在課表的時間，所施的分量，應當看各人康健或疲勞的狀態，稍有差等；今在短促的時間，來分別這個，事實上做得到做不到？

那些學生，因固定的時間所束縛，試問能把自己的本能發展不能？

我們研究體育都知道人爲生活；才要體育，就應該認定體育是維持人的生活的；單靠課表的體操，不獨不够用，並且還有許多妨害的情形，　即如各學校中，有的人當敎員，敎材毫無斟酌，又不察驗學生的狀况，甚至單把立正稍息度日，犧牲許多時間，拘束許多的個性；祇要學生合於機械的固定的形式，不以個人本能爲標準，把那生成自然的姿式，弄成勉强做作的姿式，　這樣危害的情形，到底應廢止他不應廢止他呢？

有人說，課表中的體操，固然不能收圓滿的效果，但恐怕把他廢止了，簡直沒有運動的機會！　就同私塾一樣，整天祇有伏案的時候了！

那又不然，我所主張廢止課表中形式的體操，原想提倡正當的體操，我說課表中體操不好，正想改造一種生產的，經濟的，合體力的，能生活的體操，使青年入校的人，個個有健全的體力，全體各部能够平均發育，無論直接間接，都得着圓滿的效果，並且達到普及運動的目的，但是改造的方法，怎樣下手呢？　就是——

(1)提倡工作代體操　因爲工作，本是一種最自然，最經濟，最生產的體操；隨時隨地，可以實行，肢體各部的運動，都包含在其中，又能够養成勤勞的習慣；學校中如灑掃整理如園藝工作，鋤土——刈草——澆水，都可以實習起來，並且又可收普遍，平均，同一的效果。

(2)提倡有興味的遊戲 想要個個人精神上有體操的感情當使他有一種快樂的興味；因爲愛快樂，是人類一種本性，快樂足以安慰我們的精神，恢復人的健康，確是人生必需的。課表中的體操，過於拘束，不足引起人的快感，如果能提倡興味的遊戲，每日練習起來，進步一定大的．

(3)提倡共同的運動 課表中的體操，限於班次，雖同在一校，不能有共同的運動，那是因學級的界限，能力的界限，太看嚴了；現在既然提倡共同的運動，可以聯絡全體的感情，合羣策羣力，實際的鍛鍊，團體越大越好，絕沒有存界限的了．

(4)發表個人的本能 在共同運動以外，各人把自已所能做的，發表出來，以供大家採用，並且注意察看各人身心的狀態，用特殊的運動，矯正各人的偏枯．

這樣的改造，不是空談，是要實行的；不是在操場上研究的，是要依據天然的方法去研究，達到體操造人的新敎育目的爲止．

# 文藝

## 他為什麼却坐在這裏呢？（小說）

楊潤餘

一個學校裏預備第二日舉行大運動會；可是這天公不知道為甚麼不如意，忽然在這開會的前一晚，大大的哭了起來；害得那些運動員，一夜提着心不會熟睡．只是天公他老人家既然出了氣，於是到那個第二天，也就喜笑顏開的放出晴光來了

只見那片翠藍一般活潑流麗的光，映着在一塊赭石色的地上，越顯得宏壯興奮；還有那因熱力蒸起地面的濕氣，輕煙似的一縷縷上騰，倘若這時有些活潑的人在這裏做做游戲，眞是飄飄若雲中人了！在那個當兒，有許多人忙得脚不貼地，甚麼樹萬國旗哪，抬風琴哪，搬花盆哪，擺椅桌哪，畫地界哪，…………眞是只愁平足一共只有四件，支配許多事體不來．——諸事差不多完備了，那前面牽線似的來了一些參觀人．又過了一會，只聽得噹噹的响原來是開會了．

這時忽然起了一陣微風，把旗兒吹得左偏右擺；在那來賓座位的圈中，也飄起許多白色紙片，只聽得有些人唧唧喳喳的在那裏唸：甚麼第幾次；——甚麼跳高；——甚麼跳箱；——

——甚麽教練；——甚麽幾百幾十碼賽跑；………………你一句，我一句，直唸得運動員出了場，那些人才閉了口，把視線從紙上移到他們身上．

那些運動員呢？　雖然有些瘦得弱不勝衣似的，但是精神却都很充足；更有那些選手競技的人，越覺得有『一鼓作氣』的樣子．——那腦筋裏恐怕已爲那『第一名』三個字塡滿了．

時光過得快，那日頭不覺已在天那當中，來賓已看得少許帶着倦容，有些運動員好像也很疲困，只是那些賽跑的呢？　却死捻着雙拳，飛着兩腿，不要命的向前跑．　忽地裏聽得一陣掌响；接着一陣不甚大的稱贊聲音，都說甚麽『總是他奪標呀！』

在這個時候，『他』的精神確實極示；『他』也相信這天確實是『他』在這『三角式』的上面已經占了第一部分的榮譽；但是『他』的軀幹也越覺得輕了，就是那圍着『他』的物象，也好像有點像『他』那樣活潑跳動了．

過了許久，這些人又運動了一會，天也漸漸的由紅色轉成烏黑色起來，於是他們的技藝也表示完了，噹噹的閉會鈴聲也振動了，來賓也和螞蟻出穴似的走了，運動員也來不及的去休息了，『他』是多久就去親近床兒了．

地球轉得快，不多的工夫，又繞過日頭一半，他們學校裏又趁着這個晴天的機會，來表演表演學生子的技藝，博點『雷』樣似的掌聲．

在這個時候，也是藍天映着，那些人依然忙着，看的人依然似線樣牽着，他們依然在人環中運動着，掌聲也依然鼓着，只是在那旁觀的座位中，却添了一個『他』；那些第二度來參觀的人，看見了『他』，於是引起了舊觀念，發出一種很微的聲音，說『他爲甚麼却坐在這裏呢？』

此時他們運動得高興，又聽見有甚麼『第一名』的聲浪在那裏振動．．．．．．．．．．（完）

## 詩

### 母親！保重！！

野人

體育週報週年寄未醒

醒！

你以數年孕育，到去年此際，纔生了你的兒子體育週報

這一年之中，你能使他成全發育，雖然健在；

這生產哺育，你已是盡了做母親的能事，

但是你兒子還小呢！

慈善的母親！你能替兒子結善良的伴侶．
但是他這些伴侶呵！都生在兒童公育文明的社會；
只有你這可憐的母親．
獨自盡那撫育的勞瘁．

可惡村裏婆子，見人家活潑潑的孩兒．
每每把自己嚼碎的食物，給着他食；
唉！他這親善的意思，却含有纖維的毒質；
至於我咧？好懺悔呵！
做着保姆，不能盡職．

好孩子的母親，應該怎樣健全？
醒呵！試看這憔悴容光，你的近來模樣；
母親！保重！！
你和你兒子的前途無量．．．．．．．．．．

# 秋雨有感寄

未醒

昨晚，我獨坐房裏．
忽聽窗外雨聲潺潺；
我走出房門，貼在院側．
那黑夜茫茫，不見别物，只覺得雨涔涔落下，風飄飄吹来，現出一片凄凉；
使我無恨情思，縈繞腦海，無法消亡．

許久，景象還似從前一樣．
只有一隻失羣的雁兒．
還在天空，叫得凄愴；
我想『你在這個黑暗時代，何必如此．』
大約，你想奮翼直前．
飛到彼岸．

一九一九，九，二五．

百齡

# 湖南實業雜誌

## ●本雜誌之特色

材料宏富 調查確實 議論精當 宗旨純正

## ●定閱本雜誌者之利益

企業家讀之可以定事業之方針
工程家讀之可以作參考之資料
研究學問者讀之可以輸入最新科學之知識
留心時事者讀之可以洞悉國內外實業之狀況

## ●定閱手續

一定閱者請匯下報費郵費並開載姓名住址掛號函寄長沙松桂園本社
一匯兌不通之處可用郵票代銀元（以半分一分者爲限）惟郵票概用九折計算

定閱價目

| 項目 | | 每月一冊 | 半年六冊 | 全年十二冊 |
|---|---|---|---|---|
| 報資 | | 二角 | 一元一角 | 二元 |
| 郵費 | 本國 | 二分 | 一角二分 | 二角四分 |
| | 日本 | 二分 | 一角二分 | 二角四分 |
| | 外國 | 一角 | 六角 | 一元二角 |

△通　信▽

# 屎尿處置問題

末醒先生：

前回奉復一信，說：『我總應該做一篇文章』．後來因爲新青年七卷一號排版的欵式要改動，簡直非我自己校對不可，所以非常之忙．然而在這當中我也做了半篇文章，題目叫做『學校家庭聯合清潔法』；只是後半段構思的工夫要多點，百忙中到底做不下去了．我本想做『屎尿處置問題』，後來又想出一個『小結合家內運動法』和這個『學校家庭聯合清潔法』，覺得都比『屎尿處置問題』來得重要，所以先動手做『學校家庭聯合清潔法』．但是現在時期迫促了，那篇東西又不容易完卷，沒有法子，只好把半篇放下，重新把這『屎尿處置問題』在通信裏先和先生說一說．那兩篇東西就只好有空再做罷．

我對於處置屎尿的事，主意是要『不挑起臭』，方法是要『簡便易行』．這個事本來沒有甚深的道理，平常的實況又是大家共見共聞的，所以用不着多說；現在所說，只看如何就容易得好．

水刷制度是現在世界大都市通行的好法子，中國却不要說，至少是二十年内辦不到的．中國的現行制，北方是糞坑，南方是糞缸，至於房内無論南北都是馬桶；總而言之都是挑起臭的制度．我現在所主張的，是廢坑廢缸的『換桶制』，是完全不挑起臭的制度．

這個『換桶制』是：——

(1)原來是一個糞坑(或糞缸)的，改用兩個糞桶．桶的形式宜乎寬大不高．桶子上要有一個架子，便於人蹲在上面．桶和架子四周要露空．架子要可以移動，並要漆好可以揩抹．出糞的時候，由糞夫把那只空桶拿來，把這有糞的桶挨出挑去就是．最好一棟屋裏有兩個糞桶地位，那麽每次一擔空桶來一擔實桶去，豈不更便當！（一個桶也不要緊，一家裏總有馬桶的，無論空實來去，總歸一頭大桶一頭馬桶也未嘗不可．）

(2)最好是不要每個房裏都有馬桶．而在中國現在的時候，還不能說到那裏；所以我現在並不立刻反對房裏放馬桶．但是我對於在家裏(或街上)倒馬桶，洗馬桶，却痛恨之至．就那爲害的程度而論，馬桶比糞坑，糞缸要加幾倍；倒的時候，臭氣攏散得異常之遠；洗了之後，臭味浸潤得非常之深；（南方的井裏，大概都有屎尿的浸汁．）這種遺害，是糞坑，糞缸所沒有的．然而要知道，這不是馬桶不好，是倒與洗的法子不好，是倒與洗的地方沒有定得好；只要把倒與洗的地方換一換，這馬桶却是現在最合用的．　既然題目定的是『換桶制』，馬桶也就和大桶一樣的辦法是每次空來實去的．　不過照現在的樣式，不便於挑，須得要改；大概要改成高一尺，長一尺二寸，寬三寸半的長方式，纔並得緊不佔地位容易挑．原來有一個的，加做一個好了，所費也並不多．　（馬桶上也應該有個小架子，纔好坐．因爲窄了的原故．）

照以上所說的，一家之中，並不加多少費用，更不必格外費力，我想做起來決不至有甚麼滯礙．　但是挑糞夫却加幾倍費力了．　我預算警察局不收肥料捐，這筆費塡補起來也一定差不多．　平日爲衛生事項拿一筆錢出來也要辦，這個不要出錢就可以辦通，又何必隨便的擱住了？　所以我說這事必要由警察局來做纔容易成功．（發動却不必由警察，一部分人民發動要求警察執行還格外的有力．）此外要各家出錢製桶，要通地方一律，也非有行政局的限令不行的．

我的意思，大略如此．　先生如果以爲沒有大錯或者以爲近於可以實行，就請再加以發揮，容或在將來能夠有一二個地方實行也不曉得．鄭重其事的說『屎尿問題』，人家或者看了好笑．然而我却以為一點屎尿都沒有法子處理，還好意思說大事嗎？而且要一家一地方清潔，簡直非先從這裏下手不可．先生以為何如？　此候
健康．

知泝上

# 『體育委員會』議案的通過情形

未醒先生

·接你十一月十九號的郵片，問及這回全國教育聯合會審查『體育委員會』議案的事情，我今一一答復於後：

這議案提出的時候，我還沒有到會；等到乙組審查的時候，審查員多半主張地點設立在上海，就把原案囑託江蘇會員修正．修正後，提出二讀會；原案有（就全國聲望夙著熱心研究教育或提倡體育而具有精心毅力者推舉五人或七人）一項主張．大家覺得這種推舉法，不十分完善．因為甚麼呢？這種委員會既命名叫做全國的體育委員會，自應按照各省區

分別派額推舉；若是照原案就全國推舉，這樣推舉法，有什麼把握，用什麼方法辦呢？因爲會場中有此項質問的發言，大家都覺得非各省區各推舉一人不可，倘若照原案的辦法，不獨辦法困難，而且不足以昭示大公，全國的委員會，恐怕將變成局部的委員會了；所以贊成修正原案的，很占多數．江蘇（原提案省區）會員的意思，以爲論到辦事的便利，非少數專門人才負責不可，若必各省區推舉一人，似乎難覓相當的人才；但是此種意見，極難得全場的贊成，而且不便直捷了當的說出．多數省區，頗有爭面子的意思，非爭到各舉一人不可；江蘇會員知道不能貫徹原來的主張，於是宣言撤消原案；大衆又以此案既經審查會修正提出大會，則是由江蘇的地方性質，變成各省區的共同性質，何能彀由江蘇一省區提議撤回？於是撤回的提議，不能成立，主席付表决，就把多數主張各省區各舉一人的修正案通過．

以上所說的情形，是當日會議時候實在的情形；至於教育部的意見，因爲還沒有呈部，我自然是不知道．

你要我做文章，我實在是不能做．何以呢？第一我因爲對於體育的事情，實在算是外行，實在是說不出個什麼來．第二是委員會還沒有舉辦，我就有一點不負責任的批評，我也不願意亂說．第三我在聯合會的時候，大家舉我做了乙組審查會的主任，是因爲我有幾年代表的老資格；我是最不主張仗着資格來說話，資格越老，說話越多，越不合學理，事情越弄糟了．我所以尤其不欲亂說．第四我現在實在沒有功夫．承你的詢問，我只能把會議情形報告你；你若是要用這個材料做週報紀念號的材料，還是請你另行發表一下．（中略）

說到這裏，你必定要研究我為什麼沒有工夫去做？ 我告訴你！ 我近來腦子裏頭裝的東西，與從前大不相同；你猜我裝在腦子裏是什麼呢？ 我老實告訴你，我現在覺得中國的社會，彀不上講什麼勞動，什麼分配；什麼建設；要有了『老大』，纔能彀講勞動，分配，建設；所以我終日想去找老大，等到我把『老大』找回來了，你這體育週報的文字，自然有人做，自然有人送來． 咳！ 末醒先生，你曉得你的事業的運命，在那個手裏，你不要靠熱心社會事業家；那熱心社會事業家，是『老大』變的；你不要去靠學者名宿；那學者和名宿也是『老大』變的；所以我决志去找『老大』，這是擒賊擒王的法子．（下略）

劍帆十一月二十三日

## 組織體育委員會案（呈部并函省乙組審查報告（二讀）省三讀）

上年本會議决速辦全國聯合運動會及省區運動會案呈教育部後奉批俟審查情形分別籌備等語查體育為歷屆議決緊要問題之一乃是案瞬將經年迄未見籌備明文而時局偪人國勢孱弱我全國人民鑒此潮流咸思從事體育以謀根本上自強之計籌畫教

育者正宜利用時會督促實行非可以提倡畢乃事也惟是國家多事之際專恃政府之力或有所不克舉惟上下聯合舉派專員合組團體負責籌辦限期舉行玆擬辦法如下

一由各省區教育會就本省區聲望夙著熱心研究教育或提倡體育而具的精心毅力者各推舉一人並由本會陳請教育部遴派專員二三人合組全國體育委員會並得延聘中外體育專家加入爲委員共同擔負籌畫全國聯合運動會各省區運動會及其他關於體育事宜

二委員會未成立以前先設籌備處於上海委託江蘇省教育會辦理將來委員會應設何處由委員會自定之且得視辦事之必要臨時移設適當地點

三委員會成立後應根據七年十二月教育部批准之本會議決速辦全國聯合運動會及各省運動會案計畫之大體加以考慮定爲全國體育計畫分年進行案呈報教育部並宣布於各省區即由委員會負督促施行之責

四關於委員會之各種規則及經費由委員會擬定後呈請教育部核准之

五本案經教育部批准即由本會通知籌備處緘告各省區教育會按照第一條推舉委員

# 做小事

勝白先生！醒先生！

你的多情的來書，我已收到；還有大作，還有稿紙，我都收到了。眞是非常的感謝，非常的欽佩，非常的愉快！

先生叫我做文章，我一定做，一定按先生所定的時間寄把你．但是我是一個忙人；并且所忙的，都是本分以外的事，都是『舍己耘人』受的旁人的委托；例如你所看見的同濟自覺週報，都是這個性質；所以我的忙，是無限制的，非本心所預料的，因此我答應你的事件，我就不敢擔保是必好的，那要請你原諒才好．

我的名字也太多，我的朋友裏面，沒有一個能知道齊全的；難得你與我同名，并且同兩個名，眞是一件難得而有趣的事，所以我把我所有的名字，全數寫把你，算一個初次通信的贄敬，你看如何？

『嗚鵠』『鵠立』『囓蘅』『志遠』『勝白』『花』『牛』『風壻』『姑』『民國』『大漢』『平民』『世顯』『孫婿』『姑少爺』『河鼓』『小定子』『愚迂』『無靦子』還有許多忘記了；

這其間惟有『勝白』『花』『嗚鵠』，是普通對友朋用的，『風婿』是自已家裏用的；除四個常用的以外，其餘都是跟着時代變遷的，或用或不用，總沒有一定；就像阿房宮裏的美人，有不得見者三十六年，亦未可知．這其間除『勝白』『牛』以外，不知還有與你相同的沒有？——

你的體育週報，眞有價值：有價值的地方在那裏？就在有定識，有魄力．我常說中國的事體，是早巳被從前的賢士大夫弄壞的；因爲這班賢士大夫，——這班書獃子——人人都懷着『致君堯舜』或『大丈夫不當如是耶』的妄念，硬把社會上的事體，分箇大事小事，或是要緊的事，不要緊的事；若要問他什麼是大事，要緊的事，他都是那一派『治國齊天下』的官話，弄得全國都做了一個曲辮子的候補賢相．所以外國經濟壓力一來，便全坍了．到了現在，睁眼一看中國的青年，那可憐一大半的都是不成人形的動物；人的架子還没有撑得起，還要在那裏亂𠮟，說要辦大事，這無怪中國大事一天多似一天了．你看中國的大害，不過就是官僚，這些官僚，不都是候補做大事的麽？所以你說『認定體育是種事業，總不想放手』．這種剛毅的精神，我是最佩服的，你又說『實行要一個個的人自己去實行』，還有『小事也要人做的』，凡這些話，都表出你能『爲』的定識和魄力．眞是可愛！近人張溥泉君，說中國第一需要的就是『爲』，我很贊成這句話；但是我看還有『愛』，還有『助』．這『愛』『助』『爲』三個字，不就是你體育學上重要的原素麽？不就是你辦體育週報的全副精神麽？——我祝福你！我盼望你勇猛朝前，將全世界的人類，都化成一個大個體．並因你的不懈的鼓吹，得建到大個體的體育完全發展．我雖然沒用，乘閒也可以帮助你的；我們看着『愛』『助』『爲』三個字面上，我們做事是不要報酬的．

我生平最少照小照，我看這形骸同這姓名是一樣的符號，我實在沒有工夫理會他．所以你的要求，須要緩日奉命，請原諒！我的文如來不及趕十二月初寄到，請你就按我的意思，代我做一篇祝辭也可以．

以後你把我的信，請直寄上海白克路寶隆醫院，我瑣事太多，請你寬恕我不講究禮節！

黃勝白十一月二十五日

姓名還符號要不要？　却也是個應研究的問題；仲九先生已經提出文章不署名的討論了——見平民教育第九號通信——我的朋友野人會向我發過不要姓名的議論，可是我現在不能研究他．　我和黃勝白先生同名——同常用的名字，年來很發生過多少有趣味的誤會；最近武昌惲代英先生問我同濟醫工專門學校的內容，就是誤會之一，他的『為什麼要愛國？』一篇發表我連帶的不知要說多少話．　但不知勝白先生那面，也有不有這種的誤會？　我久想不用『勝白』二字再作我的符號，因為我製的『勝白啓事』信箋太多，一刻不完；到最近騰的七頁紙，我就作初次和『勝白先生』通信用了．　我也就聲明不要『勝白』了．　昨日新接勝白先生從南京寄給我的信，說太忙文章來不及；我想那有自己做祝詞的道理，所以將來信附在這裏，一則謝謝他的深情，一則介紹他給體育週報的朋友，若是生了病，在體育週報上找不出治法來，可以去問他……

黃醒在十二月十五日

## 黃醒啓事

四十八期本報刊的本號預告，有『小孩子為甚麼喜歡做遊戲』『本報一週年間的經過』兩個題目由我做．　本來已經脫稿，近來因為我的意思變了：想將前一篇用到『學校體育』號中去，後一篇成後自己看一遍，覺得內中不是自己標榜吹牛皮的話，就是告哀乞憐訴苦情的話，所以將他毀掉不用，雖說對於閱者不免失信用．　但是比較刊出來徒犧牲閱者的時間能力，毫無益處，却强多了．

# 雜談

## 『體育』與『體育界』——『體育家』與『體育』

醒

講求體育，不是那一部份人的事，却平空的發生了一個『體育界』；有了體育界這個『界』，就將大多的人劃在『界』外去了．體育有了界，這界以內的人，又平空的起個名字叫『體育家』；有了『體育家』這個『家』，就將大多數的人撇在『家』外去了．口口聲聲說『要使國民體育發達』，提倡這個，提倡那個，研究這個，研究那個；越提倡越使國民厭惡，越研究越使國民不懂，……結果是國民體育越不發達，體格越退化．

體育界是甚麼？是些『指導一般人講求體育』的人嗎？但是這個界中，現在只有些『指導一般人講求運動』的人．體育家是甚麼？是些『自健又能健人』的人嗎？但是這個家中，現在很有些『不定能自健又容易使人不健』的人．

社會上一般人——就是極明白事理的人，因這個界，這些家，將體育弄成專利品，弄到人生以外去；只得任這個界，這些家去講求體育，他不管了——他也不願管了．體育的提倡，研究的結果，費盡氣力，只落得仍是只有『體育』兩個字——或是一句話．

我親愛的體育界——體育家！我們要使體育和一般人生關係，非打破這個『界』，放棄這個『家』的專利不可．

## 『靜坐』與同善社

醒

『靜坐』是等於『體操』，『遊戲』，『田徑賽』，『球術』，『技擊』等等，同爲一種修養的法門，莫看他表面一個『靜』字份上，就將他厭惡．同善社是一種祕密宗教的變像……化身；他爲的傳教，借『靜坐』引人入勝，和那借『體育運動』引人入勝的宗教一樣．同善社他也關因是子的『靜坐法』，並且他也申明他的『道』不專是體育，又何嘗不同那借『體育運動』的宗敎一樣．他若是眞能夠將現在中國這些『食』『爭』『輕舉妄動』『慕虛榮』『圖私利』的一羣東西，借他的『道』由『靜坐』吸收了去，我却也和信任所謂『得救』的人拜『我主』的一樣信任他，可惜他沒有那能方，和『我主』不能制止歐洲大戰，又何嘗不是一樣．我願意記得『靜』的害處的人，莫忘了『動』的害處．

## 湖南人的『長處』和『短處』

醒

湖南人有甚麼長處？長處在那裏？我是個湖南人，我用鏡子自照，實在找不出我的長處來．聊自解嘲，只有『學樣』『硬幹』兩樣．我不懂體育，因爲好學樣，硬要辦體育週報，辦到現在，犧牲的精神物質也不少了，但是體育的眞像一點却不明瞭．唉！半熟的果子，摘下來也不中吃，徒然損傷元氣；因此我在鏡子裏頭，就發現我的短處了．短處在那裏？就是『輕燥』『淺薄』．因爲輕燥，見樣便學，因爲淺薄，總幹不好．陳仲甫先生他要歡迎湖南人的精神，我眞是『合當羞死』．我是個甚麼東西，湖南人的敗類，怎能夠得上代表湖南人；然而我却將『輕燥』『淺薄』『學樣』『硬幹』的敗像，通通給人識破，將湖南人的面子丟盡了．我祝福湖南人，除我以外，再休有半個人將『輕燥』『淺薄』的敗像顯給人家看；換一句說，就是希生『輕燥』『淺薄』和湖南人脫離關係．

## 現在二十歲的人若想得七十歲以上的長壽不能不希望世界有第二次的大戰？

潤餘

我看體育週報到第四十六期，——那期中的文章題目，都是『學校應否廢止兵操』？——某先生的大著中，有幾句話很嚇了我一大跳，他說：『……優者勝而劣者敗，所以消納世界人口過度之繁殖也；世界人口繁殖之速率，依人類學者之推算，歷五十年可增加至一倍．使世界無戰爭，則人口滋生無止境，地球而積不加大，將向何處覓星球而謀生活乎？……』那嗎我們是二十歲的人，再過五十年，不是七十歲嗎？到了那時，世界的人，既然加了一倍，若不再打仗，地球會裝得堆起來了；既然堆了起來，當然會溢了出去，那溢去的，又當然是那些弱的劣的，——我們到了七十歲，已經老了；當然沒有他們那些後生子強，那麼豈不要被他們驅逐于地球之外麼？我想到這裏，是不能不有杞人之憂；更不能不希望世界有第二次大戰

哈哈！這是甚麼話．我纔知道戰爭是消納世界人口過度的繁殖的！

# 湘鄂印刷有限公司佈告

◉開設長沙織機巷◉

電話六百二十六號

本公司所出印刷各品久蒙社會稱許現更擴張營業凡印刷界之業務無不力求精進完備以應當世之需求近值提倡國貨對於各商業應用各品尤注意研究務求精美價值從廉不圖近利只期普及冀與各實業商業大家同進於發達美滿之地位是則本公司所尤馨香祝禱者也外埠委定各件只須將式樣底稿開明寄下即可如期照付函購各件原班照寄不誤

本公司謹啓

# HSIANG-NGO PRINTING CO.

CHI TZI HAN,

CHANGSHA.

Tele PHONE 626.

*JOB PRINTING IN CHINESE AND ENGLISH.*

*Our aim is to build up a business based on conscientious work and satiafied customers.*

*Reasonable Rates.*

*Printers of "The Yale-in-China Student."*

# 新社會旬刊

◉第七號已於九年一月一日出版◉

本報是北京社會實進會出版的他的宗旨是討論怎樣改革舊社會創造新社會的辦法並報告本會的工作　對於社會學說　社會問題也有很精密的研究

定價每號銅元三枚外埠三分半年五角全年一元

總發行所北京南弓匠營社會實進會

主要的代派處

北京是　北京大學出版部及琉璃廠中華書局

上海是　中棋盤街羣益書社

北京高等師範學校

# 理化雜誌

◁第二期要目▷



每本大洋二角五分函購每本加郵費二分五　郵票代欵九五折算
發行所北京高等師範學校理化學會　代售處北京高等師範學校工學會書報販賣部　上海棋盤街羣益書局　上海四馬路泰東圖書局　上海五馬路亞東圖書館　山東濟南齊魯通信社

李石岑著

# 游泳新術

◁本社發行全書出版▷

定價每冊大洋六角．若將此紙裁下附同半分郵票九十枚直寄本社發行部也可以得一冊

# 代售本報者

上海棋盤街——羣益書社
上海五馬路——亞東圖書館
杭州平海路——敎育潮社
成都桂王橋北街——總代派報處
北京梁家園後身——益智書報社
南京高等師範——陳奎生君
武昌中華大學——惲代英君
吉林毓文中學——張元貢君

本報爲的鄭重事業起見極歡迎閱者對於內容上有嚴格的批評——求全責備的批評不願意聽應酬的恭維話——情面的客氣話倘承投函務請注意

體育週報特刊(周年紀念號)第一號
▲一九二〇年一月五日發行
▲定價實洋三角五分(郵費在內)
編輯兼發行者　體育週報社　長沙儲英源二十三號
印刷者　湘鄂印刷公司　長沙織機巷

◎本報常刊價目表(第四十九期起第九十六期止)

| 項目 | 一冊 | 半年廿四冊 | 全年四十八冊 |
|---|---|---|---|
| 定價　現欵及匯票 | 銅元六枚 | 一元〇五分 | 二元 |
| 定價　郵票代銀 | 四分半 | 一元一角 | 二元一角 |

△本國及日本郵費不加其他每冊加一分半半年加三角六分全年加七角二分

◉本報特刊價目表(全年四厚册)

| 項目 | 一冊 | 二冊 | 四冊 |
|---|---|---|---|
| 定價　現欵 | 三角五分 | 六角六分 | 一元二角 |
| 定價　郵票代銀 | 三角八分 | 七角 | 一元三角 |

中華郵務局特准掛號認為新聞紙類(一九二〇年一月十二日出版)

# 體育週報

△第四十九期目錄

◁長沙體育週報社發行▷

# 不斷的希望！

黃醒

去年本報常發表『對於體育上的希望』一文，大意在希望負提倡與指導體育的人，多給一般人一種或多種講求體育的機會．所以對於行政界，希望他『組織體育方法調查會』，『置體育視察員』．『養成專門人才』，『設置公共體育場』．對於教育界，『希望他改訂體育設施計劃』；對於體育界，希望他『組織有實力的團體』．現在一年了，記起一年來的事跡，有幾項希望達了目的？我自己也覺可笑．這個，我不諉罪國內多事，我承認我這希望錯了，失敗是當然的事．但是我爲何又要說希望呢？因爲我現在希望的眼光改換了位置，我對於現在眼光所及的人有希望，這個希望是不斷的．

我眼光所及的人，就是我能向他說話的人，我將我要說的話寫出來，供獻給愛聽我說話的閱者．閱者！你便是我最希望的人．

譬如你爲得需要一種健康看我的報，你必然希望我有健康的方法供給你；你爲得需要一種的教材教法看我的報，你必然希望我有教材教法供給你，我供給你的，不是你所需要的；你若是不立刻和我分手，不願再看，必然是向我提出一種商榷的意見書，我若是固執已見，雖然明知你需要的不是我供給的東西，仍然我說我的；結果就是我說了我聽，我寫了我看；翻過來說，就是我將受你的排斥．我若是和你不在同一個社會中，同一個時代中，你雖排斥我，於我不相干；我還可我行我是．我不能和你不同社會同時代，我求我的存在，當然需供給你所需要的．這話狠淺，你明白不明白？再舉個例說：

現在是冬季，試看衣莊上掛着出賣的衣服，有一件是紗、羅、麻、葛的嗎？他能不預備一些皮、棉、厚呢的衣服應市嗎？他爲得他的生活，他不能不供給一般人當時所需要的東西．閱者！你認明了這個道理，想清楚了這個道理，就知道我的希望是不斷的了．

我們既知道一個希望心的發生，是由於需要的東西不曾到手；就應該去極力的盡我們的能力，去取得我們的需要．要知道不用我們自己的能力去取，是永無得到的一日，更斷沒有現成可趁的．這個道理，似乎有人明白了；我希望閱者將這個道理去實行，並希望將這個道理宣傳給一般還不曾明白這道理的人．

至於用什麼手段，方法，從那裏下手，走那條門境，都是後話——我以前也說過少許的；現在我希望的不斷，就在各個人肯盡自己的能力，去求各個人自己的需要．

公歷一九二〇年一月一日二十三時半

# 兒童研究

舒新城

兒童研究的大意，已經在本報週年紀念特刊號裏面說過．這部書是由英國醫學家 W. B. Drummond 所著的 An Introduction to Child-Study ，及美國心理學家 Edwin A. Kirkpatrick 所著的 Fundamentals of Child Study ，兩部書參合編譯的． 關於兒童生理方面，多取材於 An Introduction to Child-Study ；心理方面，多取材於 Fundamentals of Child Study

## 第一章 緒論

兒童研究的意義，是用近代科學的方法，去研究兒童道個定義，可以解答『何謂兒童研究』的問題． 但有人說：世界上自有兒童，做父母的，就知道撫育教養他們，在事實上，兒童巳經研究許久了． 爲甚麼現在要新創一種『兒童研究』的名詞呢？

這個答案是：一種新方法，要一種新名詞來應用．天文學未成科學以前的數千年，星象也曾有人研究；地文學未成科學以前，地形也曾有人研究；氣象學在近代還算一種新的科學，但是人類在幾千年前，也曾攷察過氣候．那麽，地球上自有兒童以來，做父母的，就攷察他們的性情，去撫育教養他們，也是毫無疑義的． 但是到現在的時候，兒童纔爲科學上的一種對象，纔有人用科學的方法，去研究他們． 這些科學的方法，都是新創的，所以也不得不創一種兒童研究的新名詞．

講到這裏，一定有人要問：『兒童研究』是一種科學嗎？ 因爲科學是一種單簡有組織的智識 Science is Simply organzed knowledge ，所以解答這個問題是：我們要知道兒童，是我們必要的科學知識． 換句話說：兒童是科學上一部分的材料． 至於兒童的研究 The Study of Children ，却不屬於科學的那一部分，就是他的本體，也難自己組織成一種科學． 從他一方面說：要研究兒童，我們要先曉得一些普通科學；最要緊的，就是關於生物的科學． 故要曉得兒童身體的構造，要學解剖學；要曉得他們官能的作用，要學生理學；要曉得人類的構造及官能，與動物的構造及官能的關係，要學形態學 Morphology ．並且要研究兒童機體的發育，是屬於胎生學的一部分；

要研究他們心象，是屬於心理學的一部分．由此說來，這兒童研究，與別的科學相關係的地方很多．所以敎員、醫生、衛生家、在他們各人所研究的科學主觀點上着眼，都要研究兒童的．

講到這裏，必定又有人要問：甚麼人最宜於曉得這些事情的？一個人在未研究兒童以前，他必定都要曉得上面所說的科學嗎？這問題，一般學者，都沒有講及．但據我個人的意見，一個人要用科學的方法，去研究兒童；或是對於兒童，要做一種有系統的觀察：定要曉得科學的方法，要具有科學的精神，並且要懂得近代的生物學．

研究兒童，要預備些甚麼科學纔有用，本書的後面，要詳細說及．現在我所要講的是：有許多人，對於兒童的性情，却曉得很多，但是對於科學，却一點都不懂得．他們所以能曉得兒童的性情的，是因爲以自己的同情，用普通的常識，去體驗兒童．故他們的同情、經驗、常識、都很充足．人若是有了這三種要素，去研究兒童，實在是可以成功的．他們爲甚麼不能創造一種新科學呢？這是因爲他們懂得兒童的性情，都是從無意中攷察得來的．他們自己，却沒有甚麼一定的計畫，一定的方法．所以他們的結果，只能够聽其自然，管理他們的兒童，解決他們所遇着的問題．決不能把他們所得的經驗，傳授給別的人．

照上面所講的情形看來，兒童研究最重要的目的是：聚集關於兒童的事實，用科學的眼光，作成一定的方法，去解決關於兒童的一切問題．

一般人視爲極困難的問題的，若用科學的眼光去觀察，却狠容易解決．幾千年以來，學校裏的敎師，總說某學生是懶，某學生是不注意，某學生是愚蠢．這幾千年中間，這些敎師，總是借敎鞭、戒尺、的威風，去補救那些學生的弊端．但是敎師的打人還是打人，學生的懶、不注意、愚蠢、還是懶、不注意、愚蠢．實際上沒有一點效果．若是用科學的方法來補救，就要先把他的原因，研究明白，然後再去改造他．假定我們要使愚蠢的兒童不愚蠢，我們就是攷察這兒童的神經．若是我們攷察以後，曉得這些兒童，是受鼻端的壅塞，直對腺狀面前的痛苦，就要想法子用外科的手術，把那腺狀去除．據我個人的經驗，有許多愚蠢的兒童，因爲經過這種手術之後，常常變爲聰明伶俐的學生，對於學校的功課，很有進步，就是一切的事情，也不落他人之後．

（未完）

# 運動生理學

日本醫學士吉田章信原著
南昌羅黑子譯

## 第一編 緒論

### 第一章 運動生理學之目的

運動生理學的目的在從理化學上研究闡明身體構造，運動，各器官的機能物質，及勢力的代謝，和榮養發育的諸現象．凡解剖學，病理學，臨床醫學，醫學統計及運動力學的各種智識，在補助研究上都是最重要的：體育的基礎既係置重於運動生理學和運動的衛生，那麼本書所討論也及於運動衛生的範圍內，當然是不待言的．然此所謂身體的運動不獨限於以健强身體爲目的的體育運動，且含有無科學上特殊之差別的職業勞動的意味．

### 第二章 人生與運動

吾人由出生至老死，除因疾病臥床不能動擡外，嘗無日無時不在在運動此身體．一日之間休息靜止的時候，當因一人的職業、生活、狀態、和年紀大小的如何，分出長短；又運動的强度也因人而異；所以吾人一日間運動的量常有多有少，不能一定．大概看起來，從人一生計算體重及時間單位上的運動量在兒童幼年期最大；中年期次之；老年期最少；這個殊與事實相近．身體各部的生長雖本視稟賦爲基礎；然運動和營養也同他有最密切的關係．假如吾人一定時間停止自動他動的運動；縱令飲食不缺乏，日光空氣都飽足清新；也免不了筋肉萎縮身體諸機能及全身的抵抗力銳減等弊．可見運動這樁事情在人生保存健康上實與空氣日光飲食同爲不可缺少的．運動的作用可以促進血行呼吸增强體內燃燒作用，換言之，即能使人體全身器官入於活動的狀態．若靜止的結果就和他相反了．因爲適當的身體運動能與細胞以一定的刺戟．設在生長期中的人，運動的結果可以促進他的生長，增大他的體力．設在生長期終的人，可以維持他的體力和健康．然而不適當的運動常反害人健康，傷人體形，或竟成爲疾病的誘因，也是常有的事．且運動和精神作用雖是本書範圍內不應去說的事，但那其間的關係影響非常密接．假如運動不足量，就使人心地不開，少果敢勇爲的氣概．假如做動作活潑的事情，如登山、游泳、和別的各種競技等類，就使人心地爽快，意氣堅强豪壯．這種効果都是一般人所經驗過的．由此看來，這世人所不甚注意的運動這椿事實在是於人生有絕大的作用．這不是一種有興味的事實嗎？

## 第三章　運動之生理的本態

關於運動生理本態的學說在體育上雖無直接的興味，然當說明運動生理的開場，在順序上也可以稍述梗概．吾人日常動作非常複雜，由筋力學上不能完全解釋的所在甚多．但由生理學上說來，可得一言而盡：就是說所謂意識的運動即係根據意思的發動，惹起大腦運動中樞神經細胞的興奮，通過那已經興奮的運動神經纖維，使附着運動神經末器的橫紋筋纖維起收縮作用；因為這個原故，就生出在各體部空間位置上的變化來．在解剖學家就拿這些神經末器所在的地方和他們的形狀大小（請參看第一圖）幷橫紋筋的構造一一說明．在生理學家就拿神經興奮筋忽然收縮的現象用理化學來一一說明．這是必定的理了．但是有人想拿筋細胞表面擴張力變化的現象試來說明，如（Bernstein）就是的．又有人在分子的化學的聚結上着想，如（Fick, Pflüger）就是的．又在一九〇八年有個（n. Zuntz）君他拿這種現象根據筋細胞內滲透壓的增加試會說明．那大概的要旨說，原來橫紋筋的收縮物質（即所謂橫紋）雖然就是經過二重屈折分極光線的變質物質；（請參看第二圖）但一受筋的刺戟，這個物質的物質分解就加强了；他的滲透壓就抬高了；橫紋間的物質（即可明視的不變物質）失了水分，生出橫紋部的滲透性膨脹從水分的不變物質移進橫紋部內，使兩方的滲透壓相平均；此時因為橫紋部的質量增加，那收縮性壓就波及到他的表面外了．這就叫做筋的收縮作用；這就叫做運動的生理的本態．他又說：假如橫紋部與不變物質的濃差相消失，水分再歸於不變物質的時候，那收縮的筋就會弛鬆．他又想像當筋疲勞的時候那收縮和弛鬆的速度也跟着減小；這種事實應歸因於橫紋部表面滲透性的減少．（參照後章筋的生理項下）總而言之，所謂運動的本態不外乎吾人筋肉中化學的和物理學的變化就是了．

## 第四章　體育的運動分類

體育的運動分體操、遊技、（競技及遊戲）二種．

## 第一節 體操

一、體操的意義 係以助長人體的完全發達和保持健康爲目的的身體運動．又可說是凡關於運動的體部，運動的方法，(即方向速度及努力之度)有正當的選擇，且事先預定若干種類列爲一定順序的體育的運動．

二、體操的沿革 體操的歷史與生理學雖無密接的關係，他的沿革而下的事蹟却也大略可述． 在西歷紀元前二千六百年左右，中國已經具有形式完全的治療體操，徒手體操、呼吸體操，是爲體操的最古的實施；古代印度人波斯人次之． 且在西歷紀元七年間波斯國設有以體育爲目的的國民教育機關． 再次就是希臘人的體操術，希臘人對於體操術發達的非常顯着，幷有種種遊技． 不但能盡力發揮男女體形上的美感，且於國民精神的張揚所資也不小． (Johann Heinrich Krause) 所著書中說：『希臘人以調和筋力同體格的發達，幷精神的鍜鍊，爲他們體操的目的． 使人身體受制於精神． 且應用體操來指導國民；勉勵他們精神爽快使樂於從事各種有爲的事業』． 自後羅馬人和歐洲別的國民間大家都盛行體操，經過種種變遷，纔到今日的地步．

(A)德國式體操 (Johann Christoph Igntsmuts) 氏(一七五九至一八三九)在一七八八年頃投身體育界，創德國式體操的端緒． 但是當時的體操與現在所行的德國式體操其旨趣不同；一面以跳躍、疾走、抛擲、角力、攀登、舞蹈、進行、水泳、教練、爲教習主體；一面又注重鍜鍊精神；和現在的遊技類有點相似．

其次爲 (Johann Friedrich Ludwig Christoph Jann) 氏(一七七八至一八五二) 現今的器械操就是他創造的． 他的動機是在一八〇六年 (Jena) 之戰德國敗了的時候發生出來的． 他的體操的根本思想不重在什麼生理衛生的目的，乃在喚起青年的精神去雪當年敗北之辱的；所以他設備橫木、鐵棒、木馬、高架、等運動器械，想出種種運動的形式和技術，選定最活潑的運動，去引起國民對於體操上的興味． 現在人皆稱他爲德國式體操術的鼻祖． 在他之先，創始基本體操的初步運動的倘有 (Johann Heinrich Pestalozzi) 氏 (一七四六至一八二七) 他的體操術是便於兒童使用的． 凡姿勢和運動都包括在內．在當時有『雜形人物體操』之名．其次爲 (Adolfspiesz) 氏（一八一〇至一八五八）他的體育見解與 (Pestalozzi) 氏相同；以爲人體四肢各有運動性，合而爲一種運動的機械；假如用種種方法去使人體關節運動，可以達到體操的目的；所以他綜合多數關節運動編成一種新式體操；發行一種書、題曰『體操教範』．這個可算是徒手柔輭體操的嚆矢了．自後在形式上和實施方法上經過許多變革，纔成爲今日的柔輭體操．

（B）瑞典式體操　瑞典式體操的始祖 (Pehr Hendrik Ling) 氏（一七七六至一八三九）初習劍術於丹麥國 (Copenhagen) 府；後教授語學劍術神話等科；常研究希臘體操；後來竟創出一種新式體操．他的意思說，體操是體育的手段；但是須知道這種手段對於人身體精神有什麼影響是最要緊的．他從一八〇六年以後，研究生理學、解剖學、及他種自然科學．於是想出體操的極單純的根本定義．其言曰『當施行種種運動的時候，研究關節間筋運動的規律，拿全身的筋由系統的均等的練習起來，發達起來，維持心身各部的調和，這是合於自然的眞理．這種練習是保持人身有機體的規律調和的身體運動．此即是發育身體全部的體操根本定義』

Ling 氏所創設的體操，當時不容於世．執政當局也以他這種體操多滑稽的動作，不足爲國民體育法則，然至一八一三年 Ling 氏因國王所賜的資金，遂建設有名的 Stock holns 中央體操學院，用來養成陸海軍和大學校中學校的體操劍術教官

瑞典式體操，當時由礮兵中尉 Rothstein 氏傳入德國．他從瑞典歸國後，因爲介紹新式體操，名聲大揚，至一八五一年遂建設伯林王國中央體操學校．國中各軍團都派將校二名到這學校裏來練習體操．

自後，此種體操經過幾多變更，纔成爲現在的形式，最近十數年來，歐美各國的軍隊學校裏都喜歡用他．

三、德國式體操與瑞典式體操之比較　自一八一三年在瑞典那威間初生出的瑞典式體操輸入德國後，德國式體操派與瑞典式體操派就起了極大的論爭．當時兩派互相批難的論調約列如次：

瑞典派說(一)德國式體操近於實技形式；與吾人實際所需要的運動相離太遠；有使神經系統過勞的弊病．(二)德國式體操對於上肢筋的練習太過度；且對於保持人體移動平均的下肢諸筋的練習，詳細說來就是筋的質量上對於上肢數多三倍的下肢筋的練習不注意；這就很不合理．至其他器械體操忽略諸關節的生理運動，又無何種學理為根據的衒奇的練習狠多．(三)喜歡用德國式體操的結果，常使姿勢不良；因為德國式體操不留意身體均等的教育，如平行棒運動、木馬運動、和鐵棒運動、殊多這一類的弊病，故凡是器械體操家身體教育成畸形的狠多．(四)各種練習對於習技人的年齡體力沒有適當的配合；故年幼者或虛弱者常因運動繼續的實施度數太強，多陷於過勞或受外傷．(五)無科學的基礎；故運動效果多不明瞭．至德國式徒手體操，人人都說不過僅為各種關節的運動．

德國式體操派就說(一)瑞典體操太枯索．(二)難為活潑的動作．(三)過於置重姿勢的結果，常有輕視身體的觀念．(四)運動器械的種類少；又無巧捷的運動；故不能發達神經系統的機能．(五)過於誇張學理．

現在我們想述出兩種形式體操的優劣，先要拿左列的事實看清，放在腦中．

(一)德國式體操創始者(Lyutsmuts)氏及(Jam)氏等希望用運動陶冶國民精神；因之所謂德國魂，如英國魂與英國的遊技，又如日本武士道與日本的武術，都是有密切關係的．故德國人崇拜此二氏，與日本人崇拜古來卓越的劍士，情形相類，若是攻擊一國人民所崇拜的人創設的體操，這是德國人所不能忍；故德國體操家所論，不能說是完全平允．

(二)(Pestalozzi)及(Spicsz)二氏所創始的徒手體操，其基礎不在生理和解剖上，單在『關節運動』的思想上．(Spicsz)氏說『無論何種運動都是正當的』．有人批評他的體操術毫無根據．

(三)(Ling)氏所創瑞典式體操的根本思想，已如上述，是科學的．他的傳播從前雖不出(Scardinavia)半島的區域，但是已經惹了全世界的注目；沒有好久便普及各國學校軍隊間．(Stock holm)中央體操學院常用這種體操來研究練習．法國生理學家杜麥尼氏，和比國體操劍術學校長爲佛比優氏，對於瑞典式體操很贊同、意大利大學教授(Mosso)氏極力非難德國式體操的缺點．是德國的學者如大學教授修爾徐氏也由生理學、解剖學上，說瑞典式體操有可學的長，德國式體操有許多要改正的短處，以至一九一〇年德國步兵體操教範草案也採用瑞典式體操重要的點，更普及到各學校之間；如純粹的德國式體操現在只有體操協會用他了．

（四）時勢進步；學術競爭日益激烈；做學生的天賦的生長有了限制；施行體育運動的時間漸漸減少了．又在一般國民，所執職業日趨分業的狀態；交通機關發達了；勞動的範圍一天狹似一天；人的身體能力不能像先前那樣的教育，就不能不生出劇烈的變化；這是生存競爭上自然的結果．故在男女生長期間，想反抗身體上蒙受的不良變化，不得不在極短的時間內，圖一個改善身體的體育法．轉過來說，就是要避去元始的體操法，避去効果不十分的體操法，要想出一種方法在極短少的時間收足極大的効果．因之要講體育就不能不與醫學有密接的關係了．（未完）

# 特刊號正誤表

| 頁 | 行 | 誤 | 正 |
| --- | --- | --- | --- |
| 三 | 二 | 在我 | 我在 |
| 三 | 二 | 底人 | 人底 |
| 二三 | 一 | 題曰漏一字 | 所 |
| 二三 | 四 | 裹頭 | 裹項 |
| 二九 | 十三 | [illegible]的 | 洗的 |
| 三〇 | 三 | 自然壞 | 自然裏 |
| 三〇 | 九 | 洗濯嗎； | 洗濯嗎？ |
| 三二 | 十五 | 拖衣 | 拖泥 |
| 三三 | 十三 | 康字下之． | 應作， |
| 三三 | 十六 | 漏一字 | 所 |
| 三六 | 七 | 角力競爭 | 角力 |
| 三六 | 十三 | 他是大下之？ | 應作！ |
| 三七 | 九 | 腦力下漏體力二字 | |
| 三八 | 一 | 着 | 著 |
| 八七 | | 睡的生理題下英文應作Physiology of sleep, Howell's Physiology | |
| 一〇二 | 四 | 戈 | 伐 |
| 一〇九 | 十三 | 坐關靜 | 關靜坐 |
| 一一一 | 七 | 脫兒 | 胎兒 |
| 一一六 | 十五 | 先王 | 先生 |
| 一三〇 | 十八 | 顧 | 願 |
| 一三七 | 四五 | 烟 | 壓 |
| 一三七 | 六 | 姻 | 煙 |
| 一三七至一四三中縷的『與』誤『語』 | | | |
| 一四二 | 八 | 官室 | 宮室 |
| 一五三 | 九 | 平足 | 手足 |
| 一五四 | 八 | 極示 | 極樂 |
| 一六九 | 五 | 漏一字 | 數 |

# 遊戲教育

Henry S. Curtis 原著（氏曾任美國遊戲場之幹事並美京遊戲主任）
王長平　程海鵬　合譯

## 第一章　遊戲之意義

嘗攷古史，自有生民以來，兒童即有遊戲．有遊戲於山中者，有遊戲於城市者，有遊戲於青草地上者，有遊戲於汚穢溝河中者；大凡有兒童之處，即見有兒童遊戲也今觀兒童捧球之遊戲，一擊而中，則自第一綫飛奔至第二第三綫，復奔至原處；如此勇敢者，其目的既非在增加知能與得金錢以補其衣食，而若此奮發爲雄誠令人不得其解也．

靜心思之，當此生活競爭之時代，於紛紜擾攘中，而遊戲仍不廢；猶之於緊急文書中，而雜以不關緊要閑散之詩詞，誠不倫不類也．然能存於人類生活競爭中者，必有至理．據當時科學家之研究，其理有三，茲條舉之於次：

(1)精神充溢說　精神充溢說，爲斯賓塞(Spencer)與石膽(Schiller)兩氏所發明．斯氏有云，動物生活稍易，於得食之外，尚有餘力；此餘力必消耗之於遊戲中，如火車機關，車行之時，其勢力消耗之於行車，車停之時，所餘之勢力，亦必宣洩之也．人之體膚無不有神經，神經有反動之能力，神經末稍受刺激，則傳達於腦中樞，一方面之刺激，不得其平，則精神之宣洩，如水往下流，渠滿則外溢也．試觀察兒童當無事時，或仰臥於草地，手舞足動，亦此理也．公園動物熊與象等，除飲食外，一無所事，而於檻中往返游行不息，蓋藉此以宣洩餘力也．又如馬在廐中，不用之則欲外奔，常舉前足，由欄內跳至欄外，又一證也．當大學最初設體操科，因生徒常在外有掘路破門之動作，藉體操之活動，以宣洩其精神也．人有餘力，必發之於游戲，無可疑義也．人與物有餘力時而游戲，較之無餘力者，其游戲之心尤切，且能耐久也．餘力論，只謂兒童身體健康時，最喜游戲，而不知身體雖不健康，亦欲游戲，如兒童臥病於醫院，而手中猶欲有玩具，以尋游戲，雖疲勞，猶不肯休，若依餘力說，於此誠有所不解也．

(2)教育說　教育說爲德國古路斯(Groos)教員所發明者，氏謂游戲爲人之本能，爲施教育之導綫也；據古氏之說，以生物之游戲，非因其幼稚而喜遊戲，因預備練習生活上活動之時代而有幼稚時代之游戲。至於下等生物，初生即能生活，是以無預備時代；由下等生物推而上之，其生活愈複雜，其預備時代愈長，此預備時代，即教育其生活上活動之時代也。古氏所引證者甚多，玆僅擇其要者述之。如猫捕飄飄之樹葉，或追運轉之球，此種動作，爲將來捕鼠之預備練習也。小犬彼此追逐，或相搏囓項等，此皆爲將來擒生物之預備之練習也。兒童有抱負偶像之游戲，美洲土人，有捉迷藏擲石子等游戲，此皆爲家庭生活，與將來生活之預備也。

(3)天演公例說　古氏之說，可謂教育上之新發明。然氏於游戲爲人之本能，如何而成此本能，未能言之。玆有黑虛(Hall)氏，以古氏之說，尚未圓滿，而謂人類游戲，爲人類進化之動作；大抵古昔社會，有此動作，今日人類，因之有此游戲，今之人游戲本能，由幾許時代人類進化之動作，而成者也。初民之狀況與文化，言人人



殊；然就歷史上推之，現在鋼鐵時代以前，爲銅時代，銅時代以前，爲石時代，石時代以前，爲木與骨時代，此可斷言者。當此時代，其生活最簡單，尚無電信電話，此電信電話複雜之生活，不過近世史上，有此一小段耳，較諸簡單生活之時代，不及千分之五六，其餘時代，大抵爲游獵生活者。野蠻時代之人類，其普通之動作，爲獵獸也；獵獸之具，或用石，或用弓箭，獵獸時，或登山，或臨淵，或涉水，在上古時代，人有爲野獸，或同類所追逐者，此時或逃或隱或與角鬬，此爲歷史所未紀載者；然而野蠻時代之動作，猶遺留於兒童游戲中也。胡母(Holmes)先生有云，『人如車然，其祖先之遺型，皆載於其中者』，其意蓋謂吾人之性質中，含有父母之性質；推而遠之，含有安格羅撒克遜人之性質，再推而遠之，含有白人之性質，更推而遠之，含有全人類之性質。以故古昔之人之動作，常見諸後人之游戲，無所爲而爲之中也。

游戲愉快之原因　按現時生活狀況，不能解釋游戲之愉快。今觀兒童之擲球打球捧球捉迷藏，及其他之游戲，皆與現時之生活，不相關涉者，而兒童皆樂此不疲，

誠令人不可解也．然攷諸人類發達史，其中亦有原理存焉．野蠻民族，無時不為飢渴所迫，不與同人爭，則與野獸爭，其所居之環境，為極苦楚極凶惡可知矣．（未完）

# 體操教授的經驗談

陸祺孺

有好成績的教授，總算得可靠的經驗．我有甚麼心得？我的心得又算得甚麼？不過想起我十五年來的經過，很有些可供同人討論的事實，所以不怕汗顏，也來談談．

教授時，最難得的是學生的注意．學生不注意，無論如何教，或教甚麼好的教材，通是不得結果的．如何方能使學生注意？這雖有幾種關係，但是教員的精神貫注不貫注，是第一個先決問題．有些初教課的人，何嘗不是兢兢業業的將精神完全表揚出來，似乎不能說他的精神不貫注；但是他的精神每每白用，實際上仍就沒有結果．這因為他的精神用得不當——不是吹毛求疵的過用精神，就是精神用得太散，再不然就在專用在自己的名譽上去了．我覺得真正的精神貫注，一定是隨教隨攷察個性，隨教隨攷察元氣．例如：

歡喜活動的學生，必然他的元氣充足些；若是不多給他活動的機會，他必定想用別的法子活動，那你所認為不合規則的事情，自然就少不了，管理上自然困難．

元氣不足的學生，每每因為疲勞得快，不耐做長時間的運動．但他在一羣人裏頭，又不能不勉强做，他這一勉强，就發生作偽的事情了．

有些家庭教育不好的學生，他受壓迫慣了，而他喜歡幹不在軌道上的事的性質也慣了．他每每在受課時，乘着先生不看見他，作許多無意識的舉動，引逗同學的笑，或者閒談；在他覺得他是這樣，原來是表示他能幹或强或胆大的意思．對於這種學生，假若一次的處理不當，在他是更放肆，就是在一般素來不作這種活動的學生，也不免依樣胡蘆，效尤着試試了．

這說的都要時時留意他們的，萬一發生了一次，接着二次三次就來，結果必然要窮於應付．

矯正姿勢的時候，與其多注意劣等生的一舉一動，一個個的改正，不如注意二三高才生，稱讚他每動如何好，好處在甚麼所在；引起劣等生的注意和趣味，他們不知不覺就模仿成好的了．

在一般學生精神極振作的時候，不可貪圖着教授得手，便增加分量．因爲多費一點力，他們繼續的要求心盛；若是一洩無餘，在這個動作收効雖大，但是他疲勞難得立刻恢復，必然放鬆了以後動作的注意和趣味．

每教一個動作，有些人當未演習以前，很詳細的說明，以爲這樣便容易使學生懂得．其實學生他到運動場上，要求懂得的心思，實在沒有要求做得的心思盛；所以我每每的先叫他們照着做了，做不成，做不好，他求知的心思發動，再乘勢向他去說明．

教授步伐，練習的時間和次數不妨多，但是每次繼續的時間，萬不宜多；在小學生，尤其不能多．因爲他元氣不足，一種同律的動作做多了，他總是厭煩的．並且長時間的走，很容易改變脊柱姿勢，像低頭，彎背，擧腿不起，步度漸快等等，都是必然的現象．救濟這種的方法，只有多變換使用筋肉不同的運動，和少時的休息．

高聲的口令，雖然足以團聚學生的精神；若繼續的常用，也失了高聲的價值．最好是趁學生精神將振作或漸



疲勞的時候，偶然一用；教的人既可調節精神，學的人也無形中可得一種暗示．

學生對於運動的要求，只有娛快．每當下課前幾分鐘，必給學生以「味有餘甘」的娛快，等二次運動時必更顯精神．

每教授當極得意的時候，不可疏忽多數學生當時身體的狀況．對於勉學或新婚的學生以及不甚活潑的學生，尤其要注意．——六年十一月某日我在湖南甲種工業學校教課，因爲天氣冷，學生多有要求練習跑步的，我也高興領着他們跑，不到五分鐘，忽然有一個學生人事不知的倒下，不僅全場掃興，並且我還擔個虛驚．後來調查這學生原來是個勉學的，那時又正在新婚後．

我請求陸先生作這個經驗談很久了，總不能得他的同意；後來我說出藉他作個引子，引起全國體育家的趣味，他纔寫這幾條給我．不能說他的經驗，都在這裏；也不能說這經驗不是大家都有的．我的意思，只在要求全國體育家，都肯將經驗所得的寫出來給我作材料．一九二〇，十一，三，二十四時黃醒附識

※選錄※

# 張士一先生演講體育問題

謝雲驥筆錄

中國自五四運動以後，實在危險得很了．青年覺悟中國前途的危險．各處辦義務學校．要成績辦得好，最重要的，就要常常保持自己的健康．熱心練習健康運動．是做事的第一步工夫．兄弟看西洋人家的小兒非常活潑，即七八十歲的老翁身體健康和壯年一樣．回了祖國看街上的老老少少男男女女，面黃肌瘦，羸弱到可不得．考察其中最大的緣故，就在不練習健康運動．學校裏的早操，注重在健康，不注重在技能上着想．為甚麼要在早上做呢？因為在校裏早上做一次可以保持一日的健康．出校以後有了天天早晨練習運動的習慣，那就自然不容易革除了．加以一天做生活到夜．精神疲倦得狠，沒有工夫來做健康運動，唯有早上起來的時候，練習一次，身體覺得狠舒暢．不論做農工商各種的事業，能夠養成早上運動的習慣，保持個人的健康．在社會上做事情就有健强的精神，為甚麼要練習五分鐘和十五分鐘呼吸操呢？因為練了網球足球等運動，到社會上做事，沒有機會可以練習的．看看美國注重游戲運動到極點了，如壘球一項的運動，沒有一個人不喜歡．兒童在學校裏為尤甚．等到出校以後，從事職業．中年的人變成羅漢大的肚皮．豈不是專注重在游戲勿注重在常常練習健康運動的結果嗎？吾國看出他的弊端．應該一方面注意游戲．一方面提倡天天做健康運動的習慣．用一定的法子在一定的時間，養成一練習運動的習慣．甚麼叫做習慣？就是腦筋中的路徑，腦路走得通，那就腦想中一定要走只條路．沒有甚麼人能阻當他了．吾們天天練習健康運動的早操．也要養成到怎樣兒習慣才行呢？美國人所取的教材喜歡變．愈變愈覺得有趣味．細考中國人的心理大不相同．做一件事祗要愈熟愈覺得有樂味．兄弟對於早飯絕對的不吃．對於早操就不能夠一天不做．為甚麼不能夠一天不做呢？有了習慣的緣故．每天所操的動作要與健康有關．運動內臟為頂要緊的一件事．凡呼吸循環排泄等器官都包括在內．

要運動內臟就要運動大肌肉・運動大肌肉就能健康內臟各器官・米勒氏擅長競技運動的緣故・也不過天天練習十五分鐘的健康運動就是了・吾國開運動會，叫學生拚命練習，希望到運動會中得頭獎，回來三星期睡在牀上，實在不講體育得很・要講體育自己與自己比賽，自己今年的進步甚麼樣，與去年比較出甚麼樣・還是進步的呢？還是退步的呢？運動好不是爲學校到運動會裏跑了一個第一就算了事・要曉得運動目的，是爲社會，爲自己，非是爲金牌，爲優勝旗・爲了人人應該要運動・從進學校以後，一直運動到老・拿健强精神到社會上去做事・社會上自然得到無量的幸福了・兄弟從前的身體原來很弱・自練習十五分鐘呼吸操以後，內臟各部分的肌肉就漸漸强固出來・每天做到非常的和緩，纔肯休息・做此呼吸運動，應該注意點有四種：(一)激刺內臟・(二)鍛鍊大肌肉・(三)每天不間斷・(四)儘是用鼻子呼吸・呼吸最好用鼻子吸進空氣，仍舊用鼻子呼出・此法有三種好處・(一)空氣乾燥，鼻中粘膜可以潤澤・(二)鼻子吸的冷空氣可以調節・(三)鼻毛可以抵抗微生物推進仍舊可以推出・呼吸的鼻子像大門一樣，門要開得大，空氣纔能够吸得多・呼吸運動的時候也要注意姿勢・頭肩臀三部要在一直線上・姿勢正直，精神就能够活現出來了・呼吸運動的以外，要天天洗澡・身體潔淨，心地也就乾淨・兄弟在學校裏天天洗澡，用一盆冷水一條大毛巾二條小毛巾・先開窗通氣，然後用冷水巾拂拭過身・不論手足眼臉通通抹得乾乾淨淨・後用乾巾磨擦到皮膚紅潤・再用兩手按摩各部・叫皮膚顯出光澤的顏色・在星期日洗熱水一次・可以除去身上的汚垢・洗冷水秘訣，時間要快，至多半分鐘・就是十五秒也可・以呼吸運動和冷水洗澡兩件事情都是强身的根本呢！合着個個人健强的身體，國家就可以强起來了・所以要强國家，先從自身做起！

從前預備在這期中刊出『小學校體育訓練要目』一個稿子，現在因爲想將他編在『學校體育』的特刊號裏去，所以將他抽出，要請閱者原諒！

# 吃

黃醒

呱！……呱！……呱！……

『給他開口蓮吃！』棉花用布包着，紅糖用開水溶化，將棉花包浸入些紅糖水塞在他口裏．

呱！……呱！……呱！……

『孩子醒了，餓了，給乳他吃！』

『唉！　乳不足，孩子總是哭；僱個奶媽子來！』

呱！……呱！……呱！……

『我的乳也吃完了，孩子還是哭；叫他娘再給他吃！』是這樣過了兩年．

呱！……呱！……呱！……

『莫哭！　莫哭！　買糖你吃！』『吃點菜湯！』『給點飯或饅頭他吃，看他的牙怎樣！』這樣又過一年或兩年．

呱！……呱！……呱！……

『莫哭！　莫哭！　我領你出街上熱鬧地方玩去！……

……到了』．

『這個……我要』

『這個吃不得，我另外買好東西你吃』．

『蒼蠅來了！』

『赶掉就是』：一個孩子從生下來到四五歲，無數次的哭，就得着無數次的吃．有時候吃出毛病來，仍就是：

呱！……呱！……呱！……

『唉！　孩子病了，肚痛，有蟲，買『肥兒糕』給他吃，買『使君子』給他吃，不對方！　請醫生看病，配藥，熬給他吃！』

孩子們不懂甚麼衛生，只知道要吃；孩子是嬌嬌，寶貝，他要吃，儘管給他吃；若說不給他，他又要：

呱！……呱！……呱！……

在大人們只要孩子不哭，總是儘管給他吃；年紀大了，要進學校去念書了；不去！　將吃誘他去．給點心錢隨他去愛吃甚麼吃甚麼！

有時候筷子、碗、一片聲響驚人，是孩子們搶菜，爲吃！　過多少年，這孩子長成人了；忙這個，忙那個，手不停，脚不住，心不定，都是爲吃！　爭這個，奪那個，爲吃！這樣吃去，吃到了臨死那前一個最短的時候，還要吃一點『上路食！』死了，開堂，作弔，一切都是靠不住的，但不能不弄一頓食物給一千人吃！

能力不足，不能任一件事，叫作『吃不住！』 一件上了當了叫作『吃斷！』 習慣還有許多的成語，都安上一個吃字。

吃和人生的關係狠大，人不能不吃！ 但是人有幾個不是為吃困住。 在人類中有一部分的人，很講究吃；但是沒得吃的，却不能不將就着胡亂一都吃了！

唉！ 吃！……

## 新年的遊戲（學校適用）

素心

中國人過陰歷年，接着有個元宵節，有玩燈的興頭；西洋人過陽歷年，先有個耶穌的聖誕節，也有些興頭子；中國改用公歷八年整了，過新歷年的總不及過舊歷年的興頭。 都道是習慣的積重難返，我想是娛樂的法子不完備。 現在過年的只做到休息一層，偶然有用娛樂的法子的，也不過宴會、道喜、團拜、種種。 這些娛樂是私享的，一部分的；不能說是普遍的，公開的。 我們想個我們在一個社會裏的人，都同我們同時過年，都享一種娛樂，都起來作過年的娛樂；那就不能不用一種手段，這手段便是我擬定新年的游戲。

(一)拜年 拜年一個事雖沒有大意趣，但是運用的方法得宜，却是一種改造社會習慣最好的事。 在元旦這一天學校放假都沒事做，有般教育家他以為這天是訓練學生的好機會，每每作長篇的演講，其實學生是莫名其妙的。 不如約齊全校的學生，行一個沒有拘束的團拜式；再分作若干隊，每隊限定五個人——至多七個人，約定路程，分頭出發，專做拜年的事情，一切習慣除叩頭作揖以外都照舊俗。 應去拜年的人家：(1)同學的家庭、(2)先生的家庭、(3)學校的近鄰、(4)此外相識的人家、(5)不相識的人、只要他不扳面孔，也可以向他道賀。 例如有一個學校，只有四十個學生；這四十個學生之一的家庭，在一天裏有卅九個人到他家裏拜年，這三十九人雖是分作八隊或六隊來家，然而六次或八次的招待必很占時間，那嗎他不顧休息也得休息，不娛樂不得娛樂了。 若是一天拜不完，在我們拿他做一種改造運動的時候，更無防繼續拜他三四天．

(二)跳舞．是要組織小團體，到社會上去——各人家去跳舞．化裝也可以的，北方人原來有跳高脚故事的，很可以仿行；再說滾獅子，走竹馬，也是化裝跳舞的一種．與人同樂，固不在標榜甚麽很高雅很新鮮的事物呀！

(三)演劇．演劇這件事，在現在是流行的，並且有很多的人，在新年做這種事了．不過我心目中的演劇，似乎應當注意在社會上的全體，若能不收費，任人參觀；或是利用廟寺中的舞臺，更完善了．

這不過舉個例，若是有團結力的實行，我想三五年後，必然可以做到一年中不過兩次的年了．因爲你們是這樣熱烘烘的過了去，他們不娛樂也得娛樂，不休息也得休息；他們又何必另外又去過一次甚麽年呢！

## 雜談

### (一)勝了

勝了！勝了！這是個個人都高興的，試想有一面勝了，就有一面敗的；勝的高興，敗的如何呢？唉！同是兩隻手做事兩隻脚走路的人，爲何要一個勝過一個呢？這個勝字，在人與人的中間，實在用不着．但是我身上設若有一部分做了病菌的殖民地，却非想法子勝過他，驅除他不可．醫生告訴我，說要用運動的方法，要用全身運動的方法；可惜我的左手運動不慣，他老不肯和右手一致的運動，結果是得個偏枯症，結果是病菌勝了我．結果是右手也不能救我，將我的骨頭都要枯了．這病菌與我的中間，不能不存個你死我活的念頭，必然要使那不慣運動的左手，也一致的做救命的運動，非勝了他不止．勝了！勝了！在這地方是適用的．醒

### (二)放爆竹和衞生

中國舊習慣每逢有甚麽事，必定要放爆竹，過新年尤其是要大放特放的，就是文明國的人，也講究放炮；在小孩子也愛聽炮聲．似乎這轟鼕乒乒的聲音，不過聽着狠高興罷了，沒有甚麽意識．

張獻忠吃雨悶不過，求晴，開礮打，似乎無聊，但是用科學眼光看，也像有點道理．瘟疫苦煞人，過了年就好了；無知的人，迷信了認真過年；以爲過年就可以送瘟

神·其實瘟神豈怕過年，不過病菌怕爆竹中的殺菌硫磺氣罷了；小百姓沒有照妖鏡，看不見的便疑神疑鬼，若是有顯微鏡的幫助，他也斷不會過年來送瘟神；只燒一頓硫磺火也行，不必放爆竹了·

不過憑空的叫他燒鬼火——俗稱硫磺火爲鬼火——他不願意幹，爆竹放起來好聽又鼓興，放爆竹也沒有甚麽不好處·

現在新年過了，長沙城裏冷清清的，沒一個爆竹聲；我想起從袁世凱的湯將軍在長沙城戒嚴禁起爆竹，連年有事，爆竹聲已經早不到耳了· 難怪去年『虎列拉』流行中，小百姓該死，一味的得打『皇瘟』了！

瀏陽的爆竹很有名，每年出口也不少；長沙城裏的爆竹店，也掛的是瀏陽的招牌，現在還是整日的製造；我不懂那裏有那許多的瘟神，要需用這許多的爆竹· 製爆竹的！ 你且停手，爲你自己祝福！ 祝福世界太平，你也放一個爆竹過年，驅除瘟疫·

醒

# 代售本報者

上海棋盤街中市羣益書社
上海五馬路棋盤街西首亞東圖書館
杭州平海路教育潮社
上海徐家匯南洋公學九八書報販賣處
成都桂王橋北街總代派報處陳岳安君
北京梁家園後身八號益智書報社
北京高等師範學校工讀會販賣部
南京花牌樓共和書局
南京高等師範學校陳奎生君
武昌中華大學校惲代英君
吉林毓文中學校張元貴君
安慶龍門口正街中華書局
天津大胡同中華書局

本報爲的鄭重事業起見極歡迎閱者對於內容上有嚴格的批評——求全責備的批評不願意聽應酬的恭維話——情面的客氣話倘承投函務請注意

**體育週報常刊（第四十九期）**

▲一九二〇年一月十二日發行

▲定價實洋四分五厘（折合銅元六枚）

編輯兼發行者　體育週報社　長沙儲英源二十三號

印刷者　湘鄂印刷公司　長沙織機巷

◎本報常刊價目表（第四十九期起第九十六期止）

| 項目 | | 一冊 | 半年廿四冊 | 全年四十八冊 |
| --- | --- | --- | --- | --- |
| 定價 | 現款及匯票 | 銅元六枚 | 一元〇五分 | 二元 |
| | 郵票代銀 | 四分半 | 一元一角 | 二元一角 |

△本國及日本不加郵費其他每冊加一分半半年加三角六分全年加七角二分

◉本報特刊價目表（全年四厚册）

| 項目 | | 一冊 | 二冊 | 四冊 |
| --- | --- | --- | --- | --- |
| 定價 | 現款 | 三角五分 | 六角六分 | 一元二角 |
| | 郵票代銀 | 三角八分 | 七角 | 一元三角 |

中華郵務局特准掛號認爲新聞紙類（一九二〇年一月十九日出版）

# 體育週報

△第五十期目錄

◁長沙體育週報社發行▷

捐欵鳴謝

毛璘珣先生惠捐本報經費光洋二元整

李聖彰先生惠捐本報經費光洋二元整

# 我認爲最重要的體育

項翔高

這體育兩個字，現在總算很時行很熱鬧的了。在我們敎育界裏頭的人，個個腦筋中嵌着這兩個字，這不是一件很可喜可賀的事麼！但是他們所知道所提倡的體育，無非運動和衛生；運動中認爲重要的，是普通操、遊技、舞蹈、球戲、田經賽；衛生中認爲重要的，是空氣、光線、起居、飲食、衣服．這許多事項，果然不能不說他是重要的體育；切實行之，可斷定他是有益處的．但是這許多事項，在學校裏行了已不止三數年，何以竟沒有些成績，把人家看看，眞是可怪．此外我還有許多疑問，索性一齊寫出來，與大家討論討論．

一、社會愈進步，知識愈發達，則體育愈講究，而壽命應愈增長，體格應愈健全，這是很可信的理論．但是看看歷史上，問問老年紀的人，總說以前的人壽長，以前的人強健，現在的人都比不上．再冷眼裏觀察世上的人，也覺得我們一輩人，不如上一輩的人，下一輩的人，更不如我們．

二、禽與獸，不懂得體育的，我人確不甚見他生病與夭亡；人類是懂得體育的，生病與夭亡，倒是常有的事．

三、據生物學家說，高等動物的壽命，等於成熟期的八倍或十倍；猿馬犬羊等物，都是確證；人類成熟期的終點，假定爲二十五歲，以八倍計算，該活二百歲；即以二十歲爲成熟期的終點，也該得一百六十歲，但是這最靈最貴的動物，活到六七十歲，已經不多見了

四、學校裏的人，注重體育的；村野農人，是不懂得體育的；然而學校裏病的夭亡的人數，確是比村野農人多，卽體力亦沒有村野農人充實．

五、生病與夭亡的學生，不限於體力不強壯，運動不活潑的；身體善運動的，亦時有之．

照我這樣說來，好像體育是妨害健康，促短壽命的科學；注重體育，倒有傷生的危險；體育愈進步，則身體愈腐敗；體育簡直不能成立爲科學了。 但我也是個體育界中的人，很信仰體育，很歡喜談體育，幷敢說體育决計有益於人身的。 然則爲甚麼成這樣的結果，現這樣的事實，敎大家懷疑呢？ 我總要說現在的敎育家，都重在形式方面，祇要形式上弄得好看，那實際上遂不問了。 一週有多少體操鐘點，多少運動時間，上課休息有定時，飲食衣服主潔淨，早起早眠，按時無違，遂畢乃公事了。 不知體育中最重要的事，確不在這種地方，乃在德性的修養

茲擇其尤要的幾項，提出來說說：

甲、色慾　兒童到那發育的時期，乃是最危險的時期；因爲在這時期裏頭的兒童，識見還淺陋，意志還薄弱，感於生理上的刺激，各方面的引誘，——如淫朋的邪語，劣等的小說，無意識的新聞記載，不道德的藥品廣告，都是。——而干那手淫的勾當： 十有八九，日積月累，迷而不覺，遂種下終身的病根，斷送他的生命。 再有那新婚的時期，也是人生一個最危險的時期，芙蓉帳暖，樂而忘返，致種下癆瘵等病根，而斷送他的生命者，亦復不少。——現在求學的人，面子上雖禁止結婚，其實不能免的。——所以歐美學界，以倡言生殖器衛生，爲指迷的惟一方法，我國學者諱而不談，煞是可怪。

乙、妄想　少年的人，晚上睡不着，多半發生於妄想。考妄想發生於欲念，或是爲名的，或是爲利的，或是爲色的。——按這三種欲念，本是人生難免的事，幷亦不能說他是不正當的思想，但只可籌畫妥當，正式的去做，不可書空咄咄，一味的妄想。——纏繞腦部，鑽入魔境，遂弄成這失眠的惡果。 失眠症害處極大，是大家曉得的，要療治此症，當找出那妄想的來源，爲根本的斬除。

丙、憂愁　斯賓塞云，『快感乃人生最良好的强壯劑』。 把這句話翻過來說，就是憂愁爲追人衰弱的毒藥。 我們人很缺乏堅强剛毅果斷等德性，遇事必慮前慮後，因多慮遂生出憂愁來了。 再有那古時的詩文，多半係抑鬱牢騷之作，學生辨別力弱，以爲像這樣

的腔調，方纔稱得起風雅兩字；諷詠揣摩，不知不覺的，沾染了這多憂善愁的劣性。

以上三件事，都是我認為最重要的體育，現在的教育家，將他拋在一邊，不去顧問；好像這些事與體育不相及的。

不知不除去這幾層障礙，單顧那運動衣食起居形式上的體育，好比以杯水救一車薪的火，斷斷不中用的。試看村野農人，和各種動物，雖不懂得體育，他們對於色慾問題，是很淡薄的；妄想與憂愁，是不很有的；成日的勞動，到了晚上，放倒頭便睡着，這便是他們不懂體育，而能健全的緣故；很可以給我們參考取法的。但是於思想靈敏智識早開的人，要除去他這幾種劣性，確亦很難辦到。

有的主張還是守先儒的教訓，令學生們非禮勿視，非禮勿聽，非禮勿言，非禮勿動；這話雖也不錯，但祇於色慾一項，略有裨補，與妄想憂愁兩項，關係很少；并且這些事，不屬於形式方面而屬於精神方面；屬於形式方面的事，還可以由校中管理的人，監察他，強制他，至於精神方面的事，是無從監察強制起的。依我個人的意思，要切實施行體育，除去這幾層障礙，惟有用公開的法子，徹底宣示，使學生明白個人的責任，身體的貴重，與這種劣性的害處；以啓其主觀的覺悟，養成高尚潔白的德性，這是根本的解決；若舍此而講體育，我恐怕到底沒有好成績好結果的。

# 運動生理學(續)

日本醫學士吉田章信原著
南　昌　黑　羅　子譯

於是再比較瑞典德國兩種體育的優劣；

(一)瑞典式體操多緩慢的動作，只有臂和脚的運動，跳躍運動，及應用體操上，稍見急速；反之德國式體操徹頭徹尾都是衝動迅速的動作．故瑞典式多驅幹的運動；德國式少驅幹的運動．

(二)在瑞典式體操，當運動時不用口令．在德國式如器械體操類，從簡單作法至於巧練的運動都是要隨口令動作的．前者不能使呼吸與運動一致；後者藉唱口令可以增加運動上的意思力．

(三)鐵槓上動作中的『彈道』，平行棒(即雙槓)上動作中的『搖上法』，和『彈下』法等類，如年幼兒童和其他肩帶筋不堅固的人常因此種動作使肩胛下角强牽向外；且當肩胛骨旋迴時，常使頭頸陷落兩肩的中間．這種運動為瑞典式體操所無．反之瑞典式體操常使肩



胛骨與脊柱接近，注重菱角筋及僧帽筋和下部的練習．故前者能使肩胸的姿勢不良；後者反之．

(四)瑞典式體操主張注重各個動作的優美；運動始終的姿勢要精密嚴正；這就是說，運動須要求不悖學理的確實性；此確實性能完全行與否在運動的效果上有很大的差別．至德國式器械、徒手、等體操，專注重運動時的巧妙，活潑；不注重運動的確實性．(從此點看來，瑞典式體操須附加以養成氣力為主的應用體操；德國式體操須在體操的本意上稍加研究．這是顯明當然的理．)

(五)瑞典式體操多驅幹筋的練習，這是他的特徵．如腹與側腹的運動，可以用種種方法使腹腰等筋得適度的伸縮，因之能使腰部堅固，能保持脊柱的形狀，預防腹部器官的變常，盛旺吸收的機能．又如背筋的練習，因要養成僧帽筋、菱角筋、薦骨、脊柱等筋，正確的姿勢，故有壯健于背筋的運動．這都是在保衛健康上最優的運動形式．

(六)瑞典式體操實施於學校中的時間，一日三十分鐘，

一週六次，共計三小時，德國式一日一小時，一週三次，共計三小時。

(七)瑞典式體操的實施，從年幼者或虛弱者起至壯健的成人止，都隨年齡，體力，增減配合運動的種類，這又是他的特徵。比較德國式體操單從運動的種類回數上，稍事改變，以分强弱的適用，他算得是進步的體操了。

(八)瑞典式體操備有多種的姿勢和運動，圖胸廓的開擴以便呼吸自由出入，又在運動實施的時候，務避開壓迫胸廓的動作，這又是他的特徵。

(九)凡當運動動作困難的時候，停止呼吸，努力施行，這是與心臟血行極有害的。顧關於此點，德國式體操未曾慮到，只有瑞典式體操，於此非常注意，務使動作和平，不生出呼吸中止的毛病，這也是因爲瑞典式體操多軀幹運動常要努力，故能有此注意。

(十)各種運動在德國式的動作，次數常多；在瑞典式常少，不過三兩回就停止了，這是從實施的時間上自然的比較；不是說因此可以增減體操的强度。然而



在進行、跳躍、懸垂等動作，宜稍延長時間，使動作的强度增加爲最好。

(十一)瑞典式體操的口令常因運動的部位緩急不同；隨時可以伸縮。如在軀幹的運動，口令最緩而長；脚的運動次之；至臂的運動就非常迅速。

(十二)各種練習的効果能自明白顯出，是瑞典式體操的特長。因之習技的人縱然遇着比較上無趣味的運動，也能彀發生希望實行不怠。在德國式有興味的體操因爲進步上雖可以喚起興味；但是如少興味的徒手體操一般學生一出學校，或一般人一脫去軍隊生活，馬上就拿他棄去了。照這樣看來，瑞典式體操可謂適於一般國民的運動法。

(十三)呼吸體操的應用也是瑞典式體操的特長。因爲呼吸體操一面具有增大呼吸力的特別目的，一面可以在激烈動作後做調和呼吸與血行的功夫。

(十四)瑞典式體操的特徵而爲德國式所缺如的就是各種運動的配合。配合舉例雖屬舊式，試擇其一就如第三圖，照配合表看起來，凡呼吸血行亢進的運動就是繫

照配合表看起來，凡呼吸血行亢進的運動就是懸垂運動，進行運動，同跳躍運動。 至懸垂運動上體動作强；進行同跳躍運動，則下體的動作强。 若上下體交換練習，可以變換腦運動中樞的興奮領域，可以整頓血液的分布，這就是最可注意的根本配合原則。

至於他種練習的開場，有準備的運動；終止時，有終末運動；這也是合於生理衛生的原則。 至配合的詳細說明此處省去，單就此種配合上看來，在體育上是很有利益的。 就是在德國式體操，晚近對於鉄槓、木馬，徒手體操的實施已經改良了。

(十五)關於器械的使用法瑞典式與德國式根本的不同。在德國式器械體操，先設置體操器械，然後想出適合於此種器械的運動形式。 至於瑞典式所用器械不過爲一種運動的手段去達運動的的目，或因要增加運動的强度有時反因運動而設置適當的器械。

(十六)瑞典式體操有整頓吾人體形的特徵；而德國式相反之。

## 第二節 遊技(競技)及遊戲

一、競技的意義 所謂競技，就是在一定的範圍內，忍受困苦，促進心身的作業力，室內或室外的一種運動。 例如疾走、跳躍、騎賽、游泳等運動，要不是越出娛樂的界限，因爲一種目的去磨練他，就算不得是競技。 又欲達競技的目的，無論借助於補助手段與否，無論爲個人競爭或團體競爭，其時總免不了人體和自然的戰鬬；反轉來說，就是一種運動須惹起人力和自然的戰鬬，須冒多少的危險，始達到運動的目的，纔能說他是競技。

二、遊戲的意義 遊戲的主要在娛樂。 增進身心的能力尚在其次。 例如：同是登山；甲由坦道悠然而上，收攬風景；這是以娛樂爲主的；當屬於遊戲。 乙則不擇崎嶇、斬荊棘、攀峻阪、突馳而上；這是意不在娛樂乃以磨練體力爲主的；當屬於遊技。 簡直的說來，就是一種運動不必有努力作用，更不必有嚴肅的精神，單以享受慰藉娛樂爲主的，纔能說他是遊戲。

三、遊技發達的梗概 在西洋史中，古代盛行遊技的當推希臘斯巴達的男兒從七歲至十歲即在公共體育場練習跳高、競走、角觝、投鎗、水泳等運動。 雅典的男兒從七歲以上便在 Gymnasia（即體育場）練習角觝、馬術、武器使用法，諸般運動；至婦人女子則隨年齡編成班次，練習跳躍、疾走、投鎗、角力等運動。中世紀中，關於此類事項，無可紀述。到了近世，遊技的發達纔從英國勃起；後傳至北美，最後纔漫延至歐洲大陸。

# 遊戲教育(續)

Henry S. Curtis 原著　氏曾任美國遊戲場之幹事並美京遊戲主任
王長平　穆海鵬　合譯

當此時代，不追逐無以求飽，不競爭無以得生，故追逐之愉快由此而生也。有時爲他人與猛獸所追逐，若走避不速，將不免於同類之凶手，與野獸之爪牙也。以故奔走與隱藏，有極大之愉快，現時生活與古昔不同，此種愉快之價値已不存，追逐競爭逃避等之愉快猶存焉。

黑盧氏云，『愉快之大小，以動作合於野蠻遺傳性之多少爲正比例』，蓋謂吾人之動作，與初民之動作，愈相合則愉快愈甚。例如投的者較之亂投者，其愉快深，射擊活動物，較射擊不活動物，其愉快尤深。美國嘗見有人，於賽會場中，設一幕，使黑奴居其中，首伸於幕外，人人皆可買球擊之，余於此時，亦躍躍欲動也。更有一事，余見路旁之籬，上有翠鳥，遂於路中拾石以擊之，一擊而中，翠鳥死焉，則喜不自禁。此時余野蠻之性，猶未化也，反而思之，惻隱之心生焉，由此可證明廿世紀之文明，不過表皮，而野蠻根性尙深也。

此時動作，於獵獸外，尙有上古婦女之手工，及巢穴時代之工作，如築室、設網罟、陷井、製革、織布、製陶器、及婦女紡紗等。在古昔爲野蠻民族之工作，在現時爲兒童日常之游戲，如今之兒童，無一不喜獵獸捕魚，於林中設幕，置機械以捕鳥，射箭製陶器等。兒童之游戲，皆爲自然現象中之動作，否則，其覺官不能得游戲之實益，故於游戲或休息，俱以脫去現時文明之殼，而入於自然環境，方覺滿意。城中之火車聲，電車聲，工場聲之喧囂，爲不自然之聲音，所以興奮人之精神者。山澗中之泉流聲、樹葉聲、葡萄聲、鳥聲之淸幽，爲自然之聲音，所以涵養人之精神者。城中之華麗，爲人爲之色彩，所以激發人之精神者。高山、滄海、日落、花香之淡遠、爲天然之景色，所以休息人之精神者。

**游戲法之傳播**　數年前，美京游戲場總會，有游戲經費預算案。議會討論此案時，有蓋茵氏發言，『兒童何必數敎之游戲，兒童游戲，尙須經費，羊跳犬走，亦需經費乎?』其所據之理，以游戲爲兒童之本能，無須敎授者，不知兒童游戲，固不須敎授，而游戲之方法，不可不敎授，游戲方法，爲有組織者，如打球之組織，兒童非生而知之者，如九九歌然，必學而後知之也．一種游戲發明，不知於人類中耗費幾千百年之時間，始有此游戲之方法，設不傳播之，則古人所發明之游戲法，歷久必湮沒也．據世界史所載游戲法之傳播法，大別之有二．一爲由稍長之兒童，傳授幼稚兒童者，非吾儕成人傳授兒童者也，兒童及至爲成人，亦不知傳授游戲．如此傳播，若社會中民族，無所變遷，其游戲法亦流傳不變也．至於美國，人民雜處，其游戲法之遞傳，故不能不變也．一爲母敎其子女也．當弗留培爾創立幼稚園，所發明之游戲器具，非爲敎員者，乃爲兒童之母，敎授其子女也．今日母皆無暇敎授其子女，無已，送至幼稚園，乞敎師爲之敎授也．

於城中初闢游戲場，兒童到此者，皆環於場之周圍，而不游戲，及問其故，曰，不知作何游戲．查此現象之原由，兒童因不知游戲方法．據吾人觀之，自有歷史以來，美國近五十年，人類游戲之動作，已降至最低矣，因其環境中，不適於游戲，故兒童不知游戲之方法，學校不能不任其咎也．在野蠻時代，兒童惟有游戲，近數百年來，兒童惟有讀書，無暇游戲，如兒童每日入學，學功課四五時不等，放學歸家，又須預備，此將游戲之精神，消磨之於讀書中．今日各處開闢游戲場，兒童來游戲者，漸擁擠也．

游戲之年齡　按兒童年齡分別游戲法，論之者久矣，然詳細分析時期，尙不能一致．邇來年齡上游戲之分別，爲一般敎育家所認可者，爲成童之後，男女游戲法，宜分別也．其次爲五六歲時游戲之分別；玆述之於次：

(一)第一時期爲初民元始之生活，乃模擬之活動也．現時天演論，謂兒童之天性，有猴之性．兒童有猴之性，不待天演論，早已知之矣，兒童因有猴性，故有模擬之動作，如見其父母及其環境之動作，無不模擬者是也．

弗留培爾氏即利用兒童之模擬活動，再附以歌唱，以爲幼稚園發展兒童之敎材．兒童當未入學之年齡，其游戲純出於天興，或跳或跑或登高，全爲簡易之活動，無游戲方法者也．

(未完)

個人衛生

# 家庭體操 Home Gymnastics

原著者 By. Albert Mcconaghy, N. D. of Seattle, Wash.
譚世鑫譯

這章所揭出的各項家庭體操，是要發達那精神上的活動和那培養的方法，並鼓勵那肌肉系的活動。這個目的，在使運動的效果，有體功學上的利益，而非反常肌肉建造可比；是柔軟的，而非堅硬的。其所排列的各種運動，祇對於身體相同的各部有效力，而不使他部有損礙。至於免除勞倦，總當牢記於腦筋裏面；每次運動的起首，須輕輕練習，倘稍覺有點疲倦，當即停止。有規則運動的效力，能使精神舒暢，身體健康，非那消耗的或壓抑的所能比擬。

在練習時間中，頭、肩、胸、腹的正當位置，宜特別注意。所以各種普通運動，如行、坐、彎曲、伸直等，較之日常家庭體操，為更有發育身體的實益。但是還沒有那種戶內運動，能代替普通適合衛生的戶外運動，如步行、賽跑、騎自轉車、游泳等類的。

腹部的肌肉的重要，在身體訓練上，應當特別注重。Lydston說：『除掉堅強充分發達的腹部肌肉，則試驗肌肉系的他部，很屬繁難。無論那組運動，如果能使腹部發達得很快，那就是最好的發育身體的運動。有人若其腹部凸出，出於普通情形之外。其原因最為明瞭，因其腹皮非僅增加其脂肪，且屬鬆軟，故有這個情形發現』。

每日走一定距離的路程，使腹部肌肉受堅強的收縮，則其能力的急速且厚實的發達及健全，均能得到。實則脂肪減少，腹皮縮小，而那特殊的腹部凸出，可以消滅，簡單講起來，就是專注意於腹部肌肉，於行路時，常保其收縮而已。

能做得到時，最好有一經驗的醫學顧問，要他選擇運動的種類，供給各人的需求，並且警告那項運動足致有機疾病的危險。懷孕的婦女，尤當革除那些運動，足使腹部及臀部變成疲倦，與月經來時，作同一的注意。下列的普通規則，當於每個運動之先，留心讀之：

一、行這些運動的起初，頂好將膀胱的尿液排洩，鼻內的涕涎揩清，並飲水一杯，惟不可太冷。

二、倘不是故要做，各種運動的基本位置是：將脚跟蹠攏；大趾向外；胸部向上向前挺直；兩膊向下鬆垂；腹部收入；及下頸向內向下。

三、行這運動的時候，最好是早膳之先。因為在這個時候，生活力最高，運動能得更大的實益

四、房內的空氣，當使之流通，但宜避除大風，頂上的窗戶須放下，底下的窗戶須推上。最好特備一間練身房，比在睡房好得多了。

（未完）

## 對於『學校應否廢止兵式操』的意見（一）

雲南省立第一師範附屬小學校體操教員 張中侯

學校的兵式操，係教育部所規定為軍國民教育所不可缺少的一種科目；一般教育者所公認為強國強民惟一的一種要素。於是乎兵式操的聲浪，遂鬧動了全國。六七年來，中小學校操場裏，只聞『托——槍』『槍放——下』等的口令。我是曾學過兵式操，並且教過一年兵式操的一個小學教師。但此一年內，腦子裏邊，常覺得兵式操在學校中無存在之必要。所以自今年下學期來，也不管他有人指摘不指摘，由我的覺悟上行了去，將兵式操也廢了。閱者諸君，倘肯不吝見教，使我的主張不致入於歧路，那就很感激不盡了。我所覺悟的理由有二：

（一）不適於個人身心的健康　一國的強弱，要看國內體育發達與否為斷。體育發達與否，要看個人的心身健康與否為斷。學校內的體操，是為鍛鍊學生的身心而設，兵式操也是體操的一種。卻是我對於兵式操，不敢贊成其為鍛鍊學生身心的方法。何以呢？學校內的兵式操，徒具形式，無實質之可言；或者並形式亦殘缺不完的。所以在學校畢業學生體操的成績，大半只是托得來幾把槍，做得來幾個立跪臥等姿勢就罷了。其實所會的這幾種，對於自身有甚麼好處，連他自己也莫明其妙的。總之，學校內的兵式操，無論如何教練，如何整頓，於學生是毫無効益的。常見注重兵式操的學校內的學生，尋常外出，穿起制服的時候，是雄糾糾的很像一個少年英雄，不禁令人起敬。若是換着便服，又成了一個彎腰駝背的；在遠處一望，很像一個七八十歲的老先生。每年假期回家，騎馬的，做轎的，差不多一天能走一百里路的

也沒有。在開運動會的時候，一口氣能跑兩三百碼的也沒有了。稍一失調，病即到身，簡直不能享健康的幸福；身體這樣的頹萎，那精神更不必說了。若是兵式操的目的在培養學生的軍事知識？我看學校的兵式操，由各個教練到連教練為止；試問此等教練，究竟有甚麼高深的學問，難能的技術？簡直是機械的被動的，不惟對於學生身體無益，恐怕反將學生養成機械的及被動的性質。所以兵式操在教育上無存在的價值。教授體操諸君呀！鍛鍊學生身心的方法很多，何必定要多耗學生可貴的光陰，於毫無効益的操法呢？

（十）有礙世界的和平　現在歐戰告終，人心厭亂，軍國民主義，已漸不能容於社會了。質言之，兵式操已無存在之必要了。我以管中窺豹的眼光，觀察現在世界的大勢，揣度現世多數人民的心理。數十百年間，『兵』『戰』兩字，無論何人，都不喜歡聽的。社會的心理是這樣，而學校的訓育却不是這樣；天天言兵，天天論戰，學生的腦子中，重重疊疊的印入多少的兵字戰字在裏邊；是學校內的訓育，與社會的希望，簡直是衝突了。試問學校內訓育的主義，與社會不相容，那麼，這個學校，究竟辦來做甚麼呢？而現在腦經更比我簡單的一般體操教師他對於學生的訓話，偏要在軍國民範圍之內立說，有的對於學生說是：『我們中國弱的原因，是在缺少軍隊，國民又不能人人有當兵的資格和能力，所以弱到這個地步，我們要想強我們的國家，那麼無論何人，不能不求點軍事知識，講點尚武精神』。有的對學生說是：『你們好好的操，到將來在軍界做事是很容易的，倘若操得不好，還想要在軍界做事，是萬不能的』。這種訓話，無論他有無價值，只能迷惑頭腦偏枯的學生，萬不能迷惑頭腦清晰的學生。怎麼不能迷惑頭腦清晰的學生呢？他說中國弱的原因，是缺少軍；請想現在我國南北所有的軍隊，都不下十數萬，較英美在歐戰以前所養的兵，還多幾倍，怎麼不會強起來，倒反一天一天的糟了下去呢？這個當兵本來是國民應盡的義務，其實教者，也不睜開眼看看現在是甚麼世道，竪着耳朵聽聽現世社會的潮流。但是為部章所限，也怪不得他們，不過以後大家不想享和平的幸福就罷，倘還想享和平的幸福，切莫要儘輸些『兵』『戰』

等字在學生腦子裏邊就是了。

## 對於『學校應否廢止兵操』的意見(二)

雲南省立第三高等小學校體操教員 張彩珊

勝白先生：我僻處滇南，交通遲滯；凡外邊新出的書報，總要隔三五個月纔能輸入。如貴報出版，已經數月，而我們雲南，尚無所見；後來看見時事新報，載有貴報發刊，並列有幾個問題，徵集衆人意見。我看各條問題，實為今日學校急應當研究急應當解决的事，因此我不揣譾陋，草這個問題的意見，敬陳先生，懇祈指敎。我對於這題的意見，有四個理由主張急應廢止。

(一)不適於世界潮流 學校用兵操的目的，大概有兩種：在中學以上的，意在造成『軍人資格』；在高小學校的，意在略植『軍人基礎』；這兩種目的，於教授上雖有深淺。統可稱他為『軍國主義』。這種主義，在歐戰以前，各國均極趨向，我國為大勢所趨，所以也一致主張，各校有兵操之舉。至於現在，正義人道已大昌明，甚麽



『侵略主義』，甚麽『武力主義』，已完全根本推翻。崇尚的是『和平』，講究的是『互助』，凡足以擾亂世界的，都要掃除。若我國仍不改變，取消這種主義，無異自表示立於反對的地位。此不適於世界潮流，應廢止兵操的第一理由。

(二)不適於新教育本旨 『軍國主義』，是從前教育的宗旨，現在全國教育聯合會已議決取消，另以健全人格發展共和精神代之。這新本旨的意義，毫無『軍國民主義』的意味，此不適於新教育本旨，應廢止兵操的第二個理由。

(三)不適於學生的生理 高小生徒，年齡尚幼；即中等以上的，也大半在二十以下；這個時期，正身體發展之時，施教者當順其發展次序，教以相當運動，使身體各部平均發展，纔合體育的宗旨。兵式體操則大不然，不是偏於過劇烈的運動，即偏於小部分的動作，於生徒的生理，大有妨害。此應廢止兵操的第三個理由。

(四)不適於學生的心理 教授方法，是根據生徒的心理，所謂誘導的，輔助的，自動的。兵操教授，則大

相反；是注入的强灌的被動的．杜威博士所請强灌鷄食的言語，就是這種最切的一個好比喻；這種教授，大戕害學生的心理．此應廢止兵操的第四個理由．

以上四個理由，不過簡單說說，此外更有一害：中毒學生最大的，即『養成學生的奴隸性』．凡人在青年時，性情非常活潑，於行爲上難免不稍有過失，但教育者，常取『感化』的態度，使其覺悟，增長自治的能力．兵式體操，則大相背謬，一擧一動，都用壓力，都用專制；奪其活潑機能，拘繩守墨，麻木不仁；久而久之，養成一種奴隸性．貽害青年，實非淺鮮．（下略）

# 答劉谷儈君

劉谷儈君：

來信說，近極願意研究拳術，我很佩服你的熱心！但是我不知道你研究拳術是爲甚麼？你若是爲健康？健康的究竟，不在乎能多種的技術．你若是爲自衛？自衛的武器是良心，也不在乎能多種的技術．你若是爲消遣？消遣的方法，也不在乎能多種的技術．



一個人生活的現狀，不能說沒有不健康的情形；爲着救濟這種不健康的情形，自然不能不採用一種健身的運動．這運動的目的，既是救濟不健康的情形；當然只要能達目的就够了．你果然是爲健康，我想最好是順着你現在不健康的情形從根本上設法，你不能自己設法，最好是找個醫生（要是西醫）檢查檢查身體，請他替你設個法．你果然是爲技術，你需要注意那因技術奪去的身體自然發達情形．你眞不懂『這是教育部公佈的呢！』一句話的意思嗎？這是我對於這類方法懷疑一個表示．不登完又故意的登一節，是想揭出現在提倡體育只在這些東西上着眼的一種現像．你只在那個『呢』字，那個『？』，那個『！』上去會意，總會明白我的意思．你還有疑惑沒有？希望你再告訴我．祝福你健康！

黃醒　一月十三日

# 吃！（二）

黃　醒

『飯好啦，老爺！』

『開上來吃罷.』

一個低着頭做作成謹愼恭敬樣子的跟班；輕輕地放手，慢慢地舉步，筷子、碟子、菜碗、飯碗、一樣樣從外間屋裏端進來放在桌上，又過去招呼一聲：

『開好啦，老爺！』

老爺正咳嗽着，沒有聽見，再招呼：

『請老爺吃飯，……開好啦，老爺.』

老爺咳嗽得更利害，要口茶喝，仍舊沒聽見. 這跟班的連忙送上一杯茶，輕輕遞在老爺手裏；老爺喝過茶，不咳嗽了，發皮氣！

『飯好啦，怎麽還不開上來？』

『是！是！已經開上來了.』

這跟班的低着頭，伸直着兩臂，一步步後退，柔聲着囘答. 老爺舉眼看見熱烘烘的飯菜，起身走到桌邊坐下，向菜碗中一望，跟着眉頭一皺，說：

『這是甚麽湯？』

跟着用銀勺子取一勺湯，送到口裏，又用勺子向碗底一撈，將皺眉展開. 放下勺子，竪起筷子，吃起來.



那跟班眼巴巴的望着老爺在碗中選菜吃，耳招招的聽着老爺嘴響筷響勺響. 老爺這碗飯吃完了，手一伸將筷子在飯碗中一點；跟班連忙接過碗來照筷子點的所在添飯，雙手捧給老爺.

『咳！咳！這個湯叫他晚上再弄一碗，但是要加些瑶柱在裏頭.』

『是！是！』

筷子飯碗一響，吃完啦，老爺望着跟班的說. 跟班的恭恭敬敬的應着，這一頓飯算吃完了.

『老爺太太呀！賞點殘菜賸飯給我吃呀！』

伸着頸，涎着臉，捧着缺碗，拖着粗棍，站在一家公館的門前. 呼呼的大北風吹到露肘露膝的身上，格外有勢力，只有抖抖顫顫的順受. 牙齒磕磕磕！腸子咯咯咯！喊着是有聲沒氣，但是擔心着公館中的人不聽見，仍然不能不接接連連的喊着.

『快些滾開！不准在這裏胡鬧！給你』

呀的一聲門開了，出來一個身上油醬般的人，一手拿隻菜碗. 菜碗裏一縷縷的冒熱氣. 這碗的熱氣經過那隻缺碗和炭一般手指，居然到了他肚裏. 牙齒不磕了！腸子不咯了！北風的勢力也似乎小了！ 這也是一頓吃！ 也算完了！

## 代售本報者

上海棋盤街中市羣益書社
上海五馬路棋盤街西首亞東圖書館
杭州平海路教育潮社
上海徐家匯南洋公學九人書報販賣處
成都桂王橋北街總代派報處陳岳安君
北京梁家園後身八號益智書報社
北京高等師範學校工學會販賣部
南京花牌樓共和書局
南京高等師範學校陳奎生君
武昌中華大學校惲代英君
吉林毓文中學校張元貴君
安慶龍門口正街中華書局
天津大胡同中華書局

本報爲的鄭重事業起見極歡迎閱者對於內容上有嚴格的批評——求全責備的批評——不願意聽應酬的恭維話——情面的客氣話倘承投函務請注意


體育週報常刊（第五十期）

▲一九二〇年一月十九日發行

▲定價實洋四分五厘（折合銅元六枚）

編輯兼發行者 體育週報社 長沙儲英源二十三號

印刷者 湘鄂印刷公司 長沙織機巷


◎本報常刊價目表（第四十九期起 第九十六期止）

| 項目 | | 一冊 | 半年廿四冊 | 全年四十八冊 |
| --- | --- | --- | --- | --- |
| 定價 | 現款及匯票 | 銅元六枚 | 一元〇五分 | 二元 |
| | 郵票代銀 | 四分半 | 一元一角 | 二元一角 |

△本國及日本不加郵費其他每冊加一分半半年加三角六分全年加七角二分

●本報特刊價目表（全年四厚册）

| 項目 | | 一冊 | 二冊 | 四冊 |
| --- | --- | --- | --- | --- |
| 定價 | 現款 | 三角五分 | 六角六分 | 一元二角 |
| | 郵票代銀 | 三角八分 | 七角 | 一元三角 |

中華郵務局特准掛號認爲新聞紙類（一九二〇年一月二十六日出版）

# 體育週報

△第五十一期目錄 黃森



長沙周南女校的兒童遊戲(愛同學)

◁長沙體育週報社發行▷

# 我的靜坐觀

黃醒

我在寫我對於靜坐觀察所得的見解以前，先要申明我論事的態度：我因爲學力不足，不能事事找出他在科學上的位置來，不能不取巧用着直覺了；但是我還知道眼是有色盲的，所以用他的時候，總留心看看事的各面．換句話說，就是替我想想，替他想想，再想想他的前後左右．

態度申明了，我再報告我靜坐的經過：我感謝父母給我的元氣狠多，尚可以供給我任意的浪費；不僅靜的修養不理會他，就是動的修養，也不理會他．但是在病將上身的時候，我就『臨時抱佛脚』的立刻和他們生關係．我第一次試驗靜坐是一九一二年春季傷寒病後，第二次試驗是一九一六年夏季胃病將發的時候，第三次是一九一七年春季胃病再發的時候，第四次是同年冬季出鼻血夜晚睡不着的時候．以前的間斷，是病好了就收手；現在的間斷，是因環境和任務限住．我來替靜坐做辯護士，自愧能力不夠；我來攻擊靜坐，自恨能力也不夠．但是希望講靜坐的朋友，莫道我是『打死老鼠』，闢靜坐的朋友，莫道我是『護道』；下面的正文，就不是廢話了．

『一』靜坐是甚麽？靜坐是一種體格修練的運動；坐着已經是不使運動的，坐還要加上一個靜字，簡直是不許動了，怎說他是一種修鍊的運動呢？這個非身歷其境的人，不能知道．但是我爲得要使不曾習靜坐的人，也知道他是動不是靜，是進行不是停止，是要醒不是要睡；所以不論他的派別，不分他的程度，只淺顯的說說：

靜坐術最重姿勢，人體當姿勢凝重的時候，各部大肌肉必然緊張，肌肉在緊張時所營的工作，比較緩弛的時候要多些；體育運動的作用，第一就是使疲勞或緩弛的肌肉緊張．靜坐術利用肌肉緊張，增進肌肉細胞的新陳代謝作用；所以素來不勞動的人，初習靜坐，每每發現出大汗、全身震動的現象．這種現象在他們講神話的就說是陰陽清濁之氣戰鬭，在我們當然知道他是老廢物作祟呵！例如用一臂一足支持一種特重的器物，抵抗那器物重量壓道的筋力使用過度或稍久，必然這一部分的肌肉起震動；到用慣了，這一部分的老廢物減少，這種震動也沒有了．這是各個人都可體會的．我從這點認識靜坐對於內是動不是靜，因這點認定靜坐是體格修練的一種運動：

靜坐術最重呼吸——深長的呼吸．人體當呼吸深長的時候，血液循環的量必然增加，血行也隨着旺盛；體育運動也是認定催促血液循環的旺盛是件必要的事，旺盛血液循環，雖然表面上是靜，血管裏却極動了．我從這點認識靜坐對於血是進行不是停止，因這點認定靜坐是體格修練的一種運動．（深長的呼吸影響消化機能也很大，這一呼一吸的時候，橫膈膜一上一下，腹部的腸、胃因受橫膈膜壓迫的刺激，旺盛他的消化機能，決不是附會的話．）

靜坐術忌閉眼、忌睡着，完全是為得要筋肉緊張，血液盛行，以便行體內新陳代謝的作用．若是閉眼自然易睡，睡着了，筋肉就會緩弛，血行就會平靜，靜坐的功用失了．我從這點認識靜坐是要醒不是要睡，因這點也認定靜坐是體格修練的一種運動．

『二』靜坐有功効沒有？

現今人類當不住生活的壓迫，遇事自然應該問問他的功効；我們已經認識靜坐是甚麼了，當然急需要看看他的功効．看見了說他好，看不見說他不好，也是自然的人情；還個是要從客觀上着眼的，方方面面着眼的．

有人說習靜坐治好多年的痔瘡，靜坐是好法子．我也承認這說！不過我承認他痔瘡所以治好的原因，不是靜坐；是他因靜坐深長呼吸得了消化上的補救，將他那消化不良，排洩不爽利的原因去了．

有人說習靜坐眼睛光明了許多．我也承認這說！不過我承認的是他因靜坐將他那致目不明的原因去了．

有人說習靜坐治好了氣痛；我認氣痛是消化系的病，也承認的．有人說習靜坐治好了睡不着的病，我知他是因靜坐排去了胡思亂想，因靜坐調和了心力體力的勞動；也承認的．有人說習靜坐可以却一切病，我也承認的；何以故呢？因為一切病不是心理上來的，就是生理上來的；血肉多動身體必健，雜念排除精神必多，如果習靜坐的人為的是體育，他必然兼着一切飲食起居的衛生，傳染病也是可以免的；雖說他不能包醫百病，然而借此引起習的人注意衛生的趣味，也是可能的．

翻轉來看，某人習靜坐得了神經病，這靜坐是有害無益，某人功夫很深，偏偏他得急病死了，某人做功夫很堅持，但是總不見効，這種功夫不可靠；不錯——．不錯——．但是我要問那些得神經病的人，他不習靜坐時的思想和意志怎樣？那不見功効和急病死的，是不是也曾注意其他的衛生？譬如想借靜坐治遺精的少年，他却仍然不廢手淫；治胃病的人，他却仍然不節制飲食；正和那想燒開一鍋水却一面將熱水取出和入冷水，老怪那火不好一樣．

（未完）

# 兒童研究（續）

舒新城

## 第一章　緒論

### 人為什麼要研究兒童?

前面說過兒童研究的任務，現在再進一層，問人為什麼要研究兒童? 講兒童研究的定義的時候，我曾說過，研究這門科學，各人有各人的理由．這是因又有許多科學，都和兒童研究有關係；他們研究他，不僅是對於兒童，有種特別的興味，是要籍兒童來證明他們所研究的主要科學．譬如言語學家，要研究原人的語言，沒有法子能把已死的人，使他復生，只有研究兒童的語言，來推證已往的．人類學者。要研究原人的形態，也只得取兒童為他們的代表．考古學家，要攷察原人的精神狀態，兒童也可有許多的材料，可以補助他的需要． 此外兒童的研究，對於社會學同政治，都有莫大的貢獻，所以他們也時常去研究．

此外如教師要研究教授的方法，醫生要研究病理，都常常對於兒童的身體、精神、各部分的狀況，別特留意．

那麼，研究兒童的人，大概可分作兩個原因：一因兒童與他們所研究的主要科學有關係，因而對於兒童，留心研究．二因兒童是他們職業的對象——如教師保姆等，特別留心研究，以增進他們職業上的力量．

### 兒童研之究略史

近年來，兒童研究之聲浪，已遍布全球；關於此項科學之著作物亦甚多．但攷其歷史，却甚幼稚．英國之布列顛兒童研究會 The British Child-Study Association，於一八九四年始成立，現則倫敦、愛丁堡……等處，都有支會，並發行有出版物，名兒童研究者 The Daidologist． 此外如倫敦的兒童會 Childhood Society 及全國家庭教育會 The Pareuti National Educational Union，都是與兒童研究會表同情的．美國提倡兒童研究的，以 Stanley Hall 為最早，他在一八八二年，發行 The Contents of Children's Minds，一九〇四年，發行 Magnum Opus，這兩書都是專門研究兒童的．此外美國的雜誌如 Pedagogical Seminary 及 American Jouinal of Psychology，也是很注意兒童研究的．此外法蘭西、比利時、德意志、意大利、的大學裏，都有這門科學．就是日本，也設有兒童研究會，幷有兒童研究雜誌．

第二章 預備

無論做什麼事，都要預備．研究兒童，自然也是一樣．但是預備的範圍很廣，有方法的預備，有器械的預備，有科學的預備．本章所講的，不是方法、器械、學科，是研究兒童的所應該取的態度．這態度可分作下列三項來說：

一、精神事實 要發現一種普遍的法則，首先要從調查事實入手．因爲凡事若不以事實爲根據，此後的論斷，必定要陷於謬誤，所以近代的科學，都重實驗．兒童研究，雖說有兒童作對象，攷察較容易，但是他的行動，是常常變換的．今日做這樣，明日做那樣；此兒這樣做，那兒那樣．他們的步調，既不一致，要立一種普遍的法則，很不容易．所以對於兒童的行動、言語、都要留心攷察，將各兒童類似的行動，集合之後，再把他們（指行動）拿來比較一番，取其多數相同的，立一種普遍的法則，以應用於一般兒童．其他如兒童的輕重、高矮、身體的構造，都不可不秤量解剖，作一種最精確的記載，以備實際研究的時候來應用．總之關於兒童身心上的一切事實，宜多方搜集．並要精密分類，作有系統的紀載．庶幾應用的時候，不致紊亂無序．

（未完）

# 遊戲教育（續）

王長平 穆海鵬 合譯

Henry S. Curtis 原著（氏曾任美國遊戲場之幹事並美京遊戲主任）

（二）第二時期，爲六歲至成童之時，正爲入學之年齡也：此時兒童，皆喜獨自游戲，游戲法之組織，尚費研究；此時之游戲法不易組織者；因兒童游戲，不喜人爲之領袖也，迨至成童，自知組織游戲法，始覺有領袖爲之統率，爲組織上所必要，此時游戲法亦易組織也。

（三）第三時期，爲十四歲後之時代，此時兒童，不啻人類部落游牧之時代也，皆知同心協力，忠於其族類，其游戲亦知分組游戲，如棒球蹴球等，爲其最喜之游戲法。然此種游戲法，在未成童之兒童，未嘗無此游戲，但爲模擬成童者，非出於合羣之心理也：蓋合羣心理之發達，恒於男女愛情發達之後，男女愛情發達，即成童之時期也成童之後，男女游戲法，不可不加以研究；有人嘗謂同爲父母所生，男女游戲法，未嘗不可相同也，而不知男女之身心發達不同，游戲法亦不可强同，且吾人今日所有之游戲法，大抵爲男子所創者，適於男子，不適於女子，此自然之理也。如以競爭游戲論之，在男子視爲重要者，而女子對於競走跳遠等，皆未若男子之興趣深也；設使女子專心練習之，未始不可及男子，則所費時日必多。如有兄妹同一體格，欲求達擲球之妙技；妹所用之時日，所練習之次數，必多於其兄；設使同一時間之練習，兄之獲益必多於其妹也。又今日之體操，可謂普及，而男子練習體操，量力過人者，則不乏人，而女子練習體操，量力過人者，則不多見也。況男子愛游戲，恒過於女子：爲都會中擾攘之區，在男子游戲不因之而停止；至於女子若其環境，有不適合，則不求游戲；此男女游戲法，宜分別也。

**游戲與消遣**　游戲與消遣，一般人皆混同視之，而不知游戲非消遣也：消遣者，工作之後，使身體精神恢復其原狀也。消遣之方法甚多，要之身心各方面無積極的運動者；而兒童之遊戲，近於成人之消遣者少，近於成人工作者多，其所游戲者，皆視爲生活上最重要者也。

游戲之精神　或云游戲與作業，除精神外，無他區別也。今之兒童之游戲，即昔日成人之作業；其所區別者，一爲無所爲而爲也。雖然，如此區別，尚未盡當：如律師醫士著作家宗教家，於其事業中，自有精神上之愉快，猶之兒童打球釣魚等游戲之愉快也。女兒玩弄偶人，與成人保護小兒亦無異；母聞其子學呼媽，其母快甚；兒童弄偶人，按之使鳴，兒童亦快甚。兒童在其父母之懷抱中，不啻上帝與之以偶人使之游戲者；如不予信，請觀午後公園中有婦女即有兒童；詳細觀察婦女之樂趣，皆小兒所賜者；其精神上之愉快，未嘗稍缺，所缺者爲恢復身體原狀之消遣耳。

公園之中，一方爲兒童游戲，一方爲畫家描寫兒童游戲者，雖一爲游戲，一爲工作，而所得之樂趣則同也。昔人有云，圖畫之美惡，與所描寫游戲精神多寡爲正比例；無游戲之精神者，無良好之工作，此非虛語也。銀行之總理，所得薪資爲最多者；若其中無樂趣，亦不足償其生命之價值也。世界之事業，無論爲工作爲游戲，皆須有精神上之愉快耳。嘗讀小說，有兒童欲油漆其欄柵，向衆言曰，油漆欄柵，爲最愉快之事；於是衆兒皆喜，來相輔助；設兒童向衆言曰，油漆欄柵，爲最勞苦之事；雖強迫衆兒，亦不肯來相助也。吾人作業，不知其苦者，因其中有游戲之趣味耳；使兒童工作，而傷其游戲之心理，此工場則爲社會所不許也。



工作損益問題　按聖經云，人自被逐於安樂園，非有工作，不能得生；欲求合宜之工作，非在天堂中求之，必不可得；能得有游戲性質之工作者，不啻天賜之福也；否則，不啻天譴之也。查美國滿撤斯特，與利得城，觀各工場之工人，皆年勤操作，其三代之後，身體發達，皆縮減三寸，道德之低落，以此爲最，其他狀況，莫不較各地爲減色也。由此可知世界上最苦楚之事業，莫過於工場中之工作；終年從事於一種作業，無所變換，人之高尙精神，悉消磨於其中。機械發明，分工作業，爲生財養生之利器，而不知已戕賊大多數工場之工人也；故今日社會問題，即工場中之工作，如何能使工作中，有游戲之性質，使其精神上有愉快。（未完）

## 個人衛生　家庭體操　Home Gymnastics（續）

原著者 By. Albert Mcconaghy, N. D. of Seattle, Wash.　譚世鑫譯

五、身上所穿的衣服，必須輕鬆，使不致有礙身體的運動，夜間的睡服，很合此項運動的用．兩脚應當赤露或穿長襪)，因其可使韌帶及肌肉之支持踝節者，一同運動，並增加其力量．

六、這些當行之於大鏡的前面，使運動行之有趣，而其錯誤，亦能隨即更改．

七、腦筋當專注於運動，而每次運動，宜極正確．倘若家庭體操，能用極有規則的實習，那就可以成爲日常生活的習慣，於是那運動的不好的處所，卽可以消滅．

八、各種運動，若兩膊要伸出的，當使之極力伸直

九、因爲各種運動，能使呼吸及心的動作有加速的趨向，所以每次運動，當休息半分鐘久．

十、成年男人用的啞鈴的重量，每個當從一至三磅，而婦女與童子則每個不過半磅重．

十二、這等運動，除第二，三，與四之外，當不用啞鈴以實習之．

一、伸出運動(第一圖) Stretching Exercise ——領住兩手；將兩臂向前伸出，與兩肩成平線．不使兩膝彎曲，與地板相接觸，或使相依近．身體向上收緊，移轉兩膊向上向後高出頭部；於是持引兩膊由傍邊而下，(包括向後)至與肩成平線；再向前伸出達於起首位置．這個運動，完全伸出兩膊，以隨其意志之所至．宜反復行十次．

第一圖

二、啞鈴運動，(甲)(第二圖) Dumb-Bell Exercise——將鈴置於肩上．因爲右鈴是從肩轉出，頭亦當向相同方向轉．要持右鈴舉到肩上，當伸出左膊與鈴，隨頭轉移，並反復行之．不宜使肘沉至肩的平線之下，並不可使頭旋轉——僅移轉之而已，保持下顎向下．這是

使兩臂，肩，與頸發達的好運動，並更正習慣的頭的醜態。反復行十次，漸次加到五十次。

第二圖

三、啞鈴運動，（乙）（第三圖）：Dumb-Bell Exercise —— 將肘固定於身傍，用手掌向上交相接觸大腿與胸部。這個運動能使上下膊發達。 反復行十次，漸次加到五十次。

第三圖

（未完）

# 『立正』的教授談

黃醒

『立正』就是正當的站着，人生不能不有站立的時候，就有用得着立正的時候。 因為人受生活上壓迫，每每改變自然的優美姿勢，所以這『立正』有受訓練之必要。 兒童的元氣不充足，抵抗力薄弱；繼續較長時間的作業，最易改變姿勢，所以在兒童時期的人，更應注意『立正』的訓練。 中國式的衣服開領不得宜；在冬季衣厚時，最易壓迫胸部，造成彎背姿勢，所以中國的兒童，尤其應當注意『立正』的訓練。

現在我們任便到一個學校裏去，只要聽見他上下課的鈴聲，必然跟着聽見『立——正』的號令聲；若是在『體操』課中，『立——正』的號令聲更多。 但是我們若在課外或校外遇着學生，試留心一看他的姿勢，多半是不能正的；有時候在『體操』課中，也常發現這種立而不正的姿勢。我追想我從前教課的時候，常常逢着立而不正的學生，雖然時時注意的矯正他，而他那不正還是不正。 在這『矯之而不正』上的教授上，似乎有研究的價值。

要如何纔算是立正？ 新體操上說『各生足踵密接，二足尖之距離等於自己一足之長，腿伸直，腹引入，胸挺出，肩向後，臂自然下垂，頭正，眼直視前面。』——

見徐傅霖君編，商務館本，頁二十九。——我想閱者必然都在『立——正』的號令下，做過『立正』的，可以不必再解說。現在還有一種立正的格式，是『兩脚分離的站法』。在儀式上看，似乎不很莊嚴。在生理上看，却自然得多；但手脚的位置，還有許多不同的說法，但是他不屬本題，且不深論他。

怎麼樣的教授？徐君說『此姿勢，最複雜，自頂至踵，均宜留意。初學困難，當先將大略教過一次後，逐一分解教之。但生徒身上各部，往往不知其名稱，故教師當先使各生同時示手、示足、示腿、示膝、示頭、示軀幹、示足尖、示腰部、示腹部、示胸部，然後詳教立正時足之位置；俟熟後，再教腿之姿勢；熟後，教腹與腰之姿勢；總之須自下而上，一種習熟後，再及他種。』——見徐著體操講義頁二，商務館本。——在我的試驗上，似乎完全由脚下教到頭上，不見得能收較大的效果。因為這種生理上自然的姿勢，不是他們現在習慣的姿勢，他們做來，總有些勉勉强强的。若是教授時不注意活用，簡直可以說這立正是種機械的動作。這種近於機械的動作



，完全須十分注意纔能做好的；講到『精神集中』，原應該十分注意；但是『注意』若不含有興趣，又最易發生疲勞，學生疲勞後的教授，不僅新的不能收効，甚至連原有學會了的都喪失的。根據這層試驗失敗的結果，我敢下句斷語：『每次教授只能用最小限度一部份的詳細內容』那嗎？若是從下而上，就不知道要經過多少次，纔能將全部教完。我近年對於初入學的學生，是先教頭正，次教體直，三教脚跟併攏，四教肩頭向後，五教手，六教腹，以後再教各部份的。

教頭正時，只教他兩耳上聳，有些姿勢太壞的學生，我就將他的兩耳提一提，全體學生見着有一個學生的耳被提過，他必然得一種暗示，只要一聲號令『立——正』他們都張着耳似乎有人提着一般的了。因為頭正，不期然而然的手脚也正了。

教腿直以前，先屈膝他們看。當他們看着屈膝姿勢笑的時候，說是立正要直腿，他們的腿不等號令到便直了

教脚跟併攏，肩頭向後，手等等，也是一樣。

教腹引入，每每容易發現臀部後聳的怪像，要免除這

怪像，必先敎呼吸。敎呼吸，先敎他們儘量呼氣，腹皮自然引入。

敎胸挺出，每每容易發現腹部隨出的怪像；要免除這怪像，不必說明要使他挺胸，只要他將下顎收縮而吸氣。下顎收縮，不僅爲張胸的幫助，且和頭正也有關係。

怎麽樣矯正？ 徐君又說『怠慢者足尖距離過小，熱心者過大，膝部稍屈，頭及上體傾斜等，逐一矯正之。但初學者，不必詳細矯正，使該生背柱而立，足踵、臀部肩胛部、頭部，接觸柱上，即爲立正姿勢』——體操講義同頁——麥克麥說『使他兩臂向側方平舉，再使他硬着體向後一搖，向前一搖，再向後一搖，正直了放下兩臂，兩耳向上一提』。 這些都可以應用的，但是我還有一種含有興趣的方法，是使兩個學生背靠緊背站着，互相聽鼻子裏的呼吸聲息；我還是取他二人的方法，合作一個，不過每每因興趣落到滑稽的地步，反將價值損失。

我對於『立正敎授』最自信的試驗，就是不在一次敎好，無論何次必矯正一小部份的姿勢。 這個對不對？ 我希望閱者中的體育家，給我一個商榷。

四六

一九二〇年，一月十六日，零時四十五分。

## 只管放大方點罷！

楊潤餘

我是一個不懂「體育」和「體操」的人，但是去年看見了體育週報提出一個「學校應否廢止兵操」的題目，就有點想來多句嘴；只是回頭一想，覺得我對於那個，着實是門外之門外漢；何必這樣『不度德不量力』的遺笑方家呢？到了現在，我腦筋裏更加一重感想，再也忍不住了。但是我還是不敢做那個題目，所以把他改作這個來試寫寫；因此我說的範圍也就要涉得大些。

閱者諸君，我開筆曾申明我是不懂「體育」和「體操」的呀：所以我以後說的，都是沒有一點「體育原理」和「體操常識」的話，那麽能夠使我有說話的餘地的，就只有一個「人」字所以我第一句就是要問：

「人」爲什麽要習兵操？

兵操于「人」有什麽用處？

我知道如果是「人」一定會說：『兵操是預備互相殘殺極凶一種動作的表示，「人」是有「理性」的，那「愛」字充滿在腦中，斷不願去習他』——兵操於「人」有什麽用處呢？我知道如果是「人」也一定會說：『兵操不過爲作戰的預備，于「人」身體的健康上，并沒有絲毫的益處；即算你能够用兵式操把身體練得和鋼鐵一般，你那腦子一點也沒有思想，試問世界上要你這鐵人做什麽？所以可說這個是絕對於「人」沒有用處的，』照這樣看起來，學校裏的兵式操，「存」與「廢」實在不成問題了。

我現在要擴張來說：如果世界不漸漸「去兵」就可以說不是「人」類的世界；因爲既是「人」類，斷不至自己造這凶惡的兵來吃自己的人。——我想這次歐戰死的人，把他堆起來；和帕米爾的高度比較，恐怕只差幾許；這種慘狀；說起來心都寒了，但是自己沒有身歷苦況的，就算說不是切膚之痛罷！試問現在我們所受的痛苦何如？唉！只是這也無須說得，只要以後能够趕緊來改良罷，趙宣子說：『人誰無過，過而能改，善莫大焉；』所以我也只希望我人從今以後，對于這狠大的過，能夠改除，那以前及現

**只管放大方點罷！**

在的痛苦也算有代價了。

我常常夢想，中國倘若能夠做個「去兵」的發起人，休說不至于被人家欺負，我看倒很可以使人家尊敬的；因爲他們那自命爲文明先進國的，只要他能夠對此無愧呵！

現在自從歐戰停止以來，一般假面具的人道主義者，嘴角上掛了一塊「和平」的牌，心中却老早懸了一片「再戰」的的，至于那些軍閥財閥官閥呢？此時正有那「無窮的希望」在那裏搖他們。——唉！我們希望世界和平嗎？這是很可憐的。

日本武者小路篤實所著的一個青年的夢中間有句話說：『我們應該結合一個不圖別國做屬國而戰的世界的同盟。』新青年七卷二號，我覺得他這話狠有道理。但這是那些強國的職務，不是我們中國配講的，只是他還有幾句說：『我們所能承認戰爭的原因，除了國家的利己主義的戰爭是另是一事以外，其實只怕做屬國這一點；』我想我們中國有些人，正是他這只怕做屬國這一點」的過慮，以爲中國本弱，倘若再「去兵」那就益發要亡國了；其實這種心思是不誠而且不確的。你何所見人家會那樣待你呢？

並且現在中國的兵，佩和人家打仗麼？不過只嚇得小百姓罷了。所以我想他們那自命爲文明國的，對於選人類生存進步重要的關係，既然還沒有覺悟，那麼我們可憐的中國，既然沒有別的能夠出於人，不妨在這「去兵」一事「放大方」點罷！我們做這個榜樣給他們看。看他們到底怎麼樣的態度罷！我想他們斷不至聽說中國沒有兵，就即刻闖進來瓜分的；即算他們沒有人格到了萬分，做出這樣的事來，但是我們與其亡於兵，無寧亡於無兵，到也體面的許多呵！

一九二〇，一，十五，夜

自從本報提出『學校應否廢止兵操？』這個問題以來，共收到討論的文稿九件：發表的連楊女士這篇有五篇，內中只有一篇說不應廢止的，——見四十六期兵操號——可見多數人的趨向。但是我們張開眼看看全國高等小學以上的學校，有幾校沒有兵操的？我們的討論雖說可以告終結，事實的進行，恐怕還沒有開始呢！這個是空口說白話不行的，也不是我不習



兵操不教兵操就算進行的；必需全國的體操教員和學校校長都高興實行纔能算進行的發端。因爲我們雖然看得明瞭應廢，這些看明瞭不應廢的人，他不和我們駁辯，他只老實的『率由舊章』的硬幹，請問我們有什麼法子？我想他不僅只硬幹不理會我們，或者還要使他那『軍國精神』拿我們當試驗品來揚威，請問那時我們又有什麼法子？我們對於這個問題，話也說够了，儘可留着精神再研究別的問題。不過我個人的意見，爲得討論材料起見，很歡迎現在還用兵操的人，發表他的理由：若是有人說出：

兵操和人身的關係及其價值．

兵操和人生的關係及其價值．

只在眞理上立辭，不夾雜意氣話，我却極願意替他發表。並且很願意就着他的也平心靜氣的再加討論。在他們不肯發表以前，我不再說這個，我願意贊成廢止的也不必說了，只去做罷！

黃醒　十七日零時二十五分

## 代售本報者

上海棋盤街中市羣益書社
上海五馬路棋盤街西首亞東圖書館
杭州平海路教育潮社
上海徐家匯南洋公學九八書報販賣處
成都桂王橋北街總代派報處陳岳安君
北京梁家園後身八號益智書報社
北京高等師範學校工學會販賣部
南京花牌樓共和書局
南京高等師範學校陳奎生君
武昌中華大學校惲代英君
吉林毓文中學校張元貴君
安慶龍門口正街中華書局
天津大胡同中華書局

本報為的鄭重事業起見極歡迎閱者對於內容上有嚴格的批評——求全責備的批評不願意聽應酬的恭維話——情面的客氣話倘承投函務請注意

體育週報常刊（第

▲一九二〇年一月二十六日發行
▲定價實洋四分五厘（折合銅元六枚）

編輯兼發行者 體育週報社 長沙儲英源二十三號

印刷者 湘鄂印刷公司 長沙織機巷

◎本報常刊價目表（第四十九期起 第九十六期止）

| 項目 | 一冊 | 半年廿四冊 | 全年四十八冊 |
|---|---|---|---|
| 定價 現欵及匯票 | 銅元六枚 | 一元〇五分 | 二元 |
| 定價 郵票代銀 | 四分半 | 一元一角 | 二元一角 |

△本國及日本不加郵費其他每冊加一分半半年加三角六分全年加七角二分

●本報特刊價目表（全年四厚册）

| 項目 | 一冊 | 二冊 | 四冊 |
|---|---|---|---|
| 定價 現欵 | 三角五分 | 六角六分 | 一元二角 |
| 定價 郵票代銀 | 三角八分 | 七角 | 一元三角 |

中華郵務局特准掛號認爲新聞紙類（一九二〇年三月八日出版）

# 體育週報

△第五十七期目錄

長沙體育週報社發行

## 解放與改造 第二卷第七期要目



## 湖南教育月刊 第一卷第五號要目



◎代派處　長沙羣益圖書公司　長沙體育週報社　上海羣益書社　北京大學出版部　四川華陽派報社

# 說甚麼體育！

體育週報五十四期以後，將及一月，沒有出版；各處來信質問的，日有數起，但是都沒有答復，這是我們很抱歉的！現在因為答愛護體育週報諸君的盛情，不能不把這所以延擱許久的原因說說，向諸位作一個總答復．至五十四期後，收到各位的惠稿，也因為發行延擱，以致集壓，不能同時發表，還要希望各位原諒！并且這次延擱，是出於我們意料以外；因為本報的黃醒君，為一件臨時發生的事情，在五十四期發行後，匆卒到蕪湖去了；所有稿件，都帶在自己行囊，原擬一面按期編好寄歸，一面找人代替．可是不由他的預算，未到蕪湖，又先到了滬甯等處，舟車勞頓，竟未執筆；剛到蕪湖以後，又擬趕編一期寄歸，不料又患了利害的肺症；他纔把所有稿件一概寄歸，叫我替他做個發稿和校對的工人；所以五十五期的報，到三月二十六日纔出版．（他的稿件三月二十日纔由蕪寄到）但是我們仍想趕期發行，所以也沒有聲明遲擱的原因，和更改發行的期日．昨接黃君回信說病勢更利害了，準於日內歸來．我想他是一位天天講體育的人，却為甚麼這樣大病？現在把我的感想，寫在下面，請各位評判，體育的根本問題，究竟在那裏？

野人

為甚麼要研究體育？

因為我們身體，有健全發展的要求．

怎樣纔能使身體健全發展？

第一是要有相當的生活，便是有取得衣食住的能力．

第二是要順生理的發育，便是要休養衛生運動的得宜

第三是要使心理的調和，便是不要使喜怒哀樂，得以傷害身體．

照這樣說，體育範圍，包刮人生的一切事情；體育問題，便是人生問題．人生問題，是要全部解決，不是專門提出一兩件事情，所能了事的．

生活問題，固然是人生最重要的一件事；但是專門取

得了衣食住，仍不能說是解決了體育問題・ 所以深居簡出飽食暖衣的人，也常有疾病，也很不健康・ 并且因生活而過於勞動的人，一方面雖然用勞力取得了他自己的生活，一方面很易因勞動而阻礙生理的作育・

至於生理的發育，於休養衞生運動，都有相互的關係假設休養運動，都很適宜，但是不明白清潔衞生，病菌仍得乘機侵入・ 專門考究衞生，而不休養或運動，也就不是失於過勞，便是失於過逸・ 況且我不能說運動不是有益身體，但是可不可把他當着麫包？ 也不能說衞生休養可以忽略，但是有不有得着休養和講求衞生的機會？

即使上說種種問題，完全解決；心理不能調和，仍不能說到健全的發展・ 試看生活獨立，起居得宜，而因心理上受强烈激刺，以致養成厭世思想，趨於自殺者有之；精神激動，成爲瘋癲者有之；傷感而成癆瘵者有之；其病源究在何處！ 至於飽食終日無所用心的人，雖然麻木的心理，不至有甚麽感觸；可決定他不得肥虫病，便當爲其他的病菌所寄生・

唉！ 人生問題，可不可以部局解決？



但是現在幾人能得相當的生活？ 人類生活的命脈在那裏？ 欲求生活，那裏能顧甚麽生理？ 有一句說得頂好的諺語，很足以形容現代社會生活壓迫的情形，便是叫做『要錢不要命』・ 生理且不能顧，還說甚麽心理的調和？ 運動衞生，不過爲少數特殊階級的人物說法，全人類的體育根本問題在那裏？ 現在因爲本報的黃醒君病了，有位朋友來信說： 他的病狀，於體育家及體育上的言論，均有極大影響；這句話很是不錯・ 但是黃君所作的『吾人所需要的健康』——見週年紀念號——豈不說得很明白麽？ 吾人的健康在那裏？ 吾人對此很可以得一個黃君主張上有力的証據，很可以証明，欲解決體育問題，須先在社會方面着手。 唉！ 黃君的病怎麽起源咧？ 他回信說： 我最大的病源，就在夜晚不睡・ 原來黃君終日因爲生計上的忙碌，和週報的事務，非到夜晚二時以後不能上床；並且他的環境，又很煩悶，怎麽教他不病？但是他雖病了，是不是因此影響他對於體育上言論的價値？是誰侵奪了他的健康？ 若是由講體育而自己害病的人，去推想到可憐的貧民，和那些極苦的勞動者，試問體育從那裏說起？

唉！ 說甚麽體育!!

# 遊戲教育（續）

Henry S. Curtis 原著
王長平 程海鵬 合譯

身體健康與耐久力，固爲重要骨骼與體態之美觀，然非訓練身體根本之事。 考希臘訓練身體，其目的有二：一爲衛護國；一爲審美。 遇有身體發育不完全之兒童，則不使之生存；而今之街衢中，一般人之狀態，較希臘所雕之石像，相去太遠： 蓋社會中於體格不完全之兒童，仍使之生存，而不忍捨棄，並利用科學之方法，以保護之；以此不健全之本體，而欲造就西臘時代完全之體格；則身體之訓練，愈不可緩也。 人有健全之身體，其人格始尊；故體格若有缺陷，急須補救也。 然於兒童時，即有體育之訓練；又何勞補救也： 每見有脊髓彎曲，或胸骨不強者；設有籃球游戲，必不致有此現象。 且身體之練習，能增加人之身長： 如海陸軍學校之生徒，較其他學校之生徒，身體爲大。 又腓脫勾尼亞人改步行爲騎馬，養成習慣後，人之身體，縮減六寸；競走雖不能使身體增高，而於腿部之發達，必有關係；無可疑也。



身體短小之民族，固不能使之增高；而身體高大之民族，可以令其縮短；體瘦之人，可使其體肥；體肥之人，可使其脂肪減少；此亦無可疑也。 至於人之身體直立，行路有豐采，胸部開展，及精神美滿，身體靈便，皆其賜也。他若顏面之光彩，兩目之精明，毛髮之潤澤，皆爲於露天練習之結果也。 由審美方面觀之，露天中之游戲爲益良多；室內體操，非所能及也。

神經甯靜 世界之人，神經最不甯靜者；厥惟美國。美國現時，患神經病者，依其增加之速度推算之；不及三百年，全國之人，皆必如是。 今日城中之居民，其子孫綿延，未有至三四代者；所有之青年，大都來自鄉間；鄉間之青年，其學識交際閱歷，雖不及城中之青年，而其臨事不亂，有忍耐力，開闢新生活；又非城中之青年所能及者： 因其神經，較城中之青年爲甯靜也。

神經不甯靜，其原因有三：

一、爲城中之生活 城中生活，紛擾嘈雜，往來危險，人事迫切；故人多焦慮； 焦慮爲最消耗精神者，精神常此消耗，則神經益不甯靜。 且焦慮過甚；於往往所不注意者，此時亦加注意；往往所未覺悟者，此時亦有覺悟；如此欲再求神經甯靜，非有方法，擺脫一切之注意；而專注於一事，不可得也．其方法爲何，惟游戲而巳．

二、室內之生活．室內溫度，較室外爲高；空氣中所含之水分，較爲減少；此最足致神經不甯靜者．據神經專科醫士云：神經不甯靜，須生活於露天中；露天中爲甯靜神經惟一之良法．據其所經驗，凡人在露天中生活，而猶患神經病者，未之有也．

三、爲筋肉運動．據研究生理學者有云，人之筋肉，大別有二：一爲軀幹筋肉，軀幹筋肉，附有四肢．幼兒時代，此筋肉發達爲最先．人將衰老，或有神經病，此筋肉退化又爲最後．一爲細小筋肉，細小筋肉，附有手指牙齒，其神經纖維組織甚薄弱；此筋肉發達爲最遲．人將衰老，或有神經病，此筋肉發現爲最早．又軀幹筋肉，專司一事；而細小筋肉，所司之事甚多：如手指之筋肉，可使之習字、繪圖、縫紉、開閉電燈等；腿部則專司行路；由此可知游戲可以排解人之煩悶，可以予人以新空氣，可以休息細小筋肉．而運動軀幹筋肉，能若此



；未有神經猶不甯靜者．

體態豐采之發展．體態豐采，即動作優美也，活動調韻也．文人爲人所重視者，亦在此耳．反是，則爲粗鄙之人．人之體態笨拙，大抵有兩端：一爲身體之關係；一爲心理之關係．就身體方面言之，其筋肉運動不適當，或由於筋肉强硬，運動勉强，或由於發達不平均．若農人之體態笨拙者，因常從事於農作業之所致也．就心理方面言之，腦爲運用全體筋肉之總機關；猶之司機者，能運用其全部機械也．即專注意操作某事，而筋肉即隨意識而活動也：如鳥鳴，聲音婉轉，因一時之感觸，於有意無意之間而鳴之，則豐采動人．人之動作，若不須意識，亦措置得宜；若出於有意，則舉措笨拙：蓋人之思孜，非司調理身體之動作者．若須意識而動作，其動作必不能適當：如主人不用庖人，雖加意烹調，總不適口；蓋用意識所作之事，刺激神經，過其常度；其耗費精神雖多，而所得者適相反也．

（未完）

# 運動生理學（續）

日本醫學士吉田章信原著

南昌羅黑子譯

(三)血壓的昇騰　運動的度過强，只要不生出心筋的疲勞，或減少脈搏動量，常可使血壓上昇．他上昇的度，據（Hill）及（Barnard）二氏，通常爲二〇——四〇粍汞壓．　然運動停止後的血壓，不但恢復安靜時的狀態，據（O. S Lowsley）氏則運動後約二十分鐘比尋常時更低下去．　今以日本戶山學校所得的一例列爲左表．　其結果與（Hill及Barnard）二氏一致．　在百米突快步後的最高血壓增加爲一八——三六粍．　在千米突快步後的增加爲三七——四三粍．

| | M氏 | A氏 | S氏 | 日本大正三年三月九日測定 |
|---|---|---|---|---|
| 安靜時血壓（最高度） | 一〇五粍 | 一〇五粍 | 一〇六粍 | |
| 百迷突快步後的血壓（仝　前） | 一四二粍 | 一三二粍 | 一三七粍 | |
| 千米突快步後的血壓（仝　前） | 一四八粍 | 一四二粍 | 一四六粍 | |

尚有二百米突快步時的血壓變化，平均五名中，最大血壓爲二五粍的昇騰，（運動前一〇一，運動後一二六）．最低血壓爲三粍的減少．（運動前五九，運動後五六）．這樣看來運動前後的血壓相差，平均爲二八粍．

運動輕緩，則腦皮質內運動中樞的興奮也輕緩．故對於延髓中心臟神經中樞無重大的影響．　因之心臟受心臟鼓舞神經强烈的興奮也不至於使作業昂進．

## 第二節　心臟作業量及其補助機關

吾人施行身體練習時，對於心臟安靜時所營作業影響重大，故須要補助才好；因之有所謂可以不使心筋努力至最高度的補助機關存在．　現在挈關於心臟作業量的梗概列述如左：

左室　左室一搏動量凡〇．〇七瓩（約七十瓦）．　設以大動脈的血壓爲一五〇．〇粍水銀壓（140—160 mm Hg），則左室一搏動所營作業量如左式．

$$\frac{150\times13.596}{1000}\times0.07=0.14Kgm$$

右室　右室的搏動量雖較左室無變化，然肺動脈內的血壓，與大動脈內的血壓相比爲三分之一；故右室一搏動所營作業量如左式．

$\frac{014}{3}=00\cdot47$Kgm

兩室一日間的作業量如左式。（上）分鐘間心搏動數設為七二）

$(0)\cdot47+0\cdot14)\times72\times60\times24=$ Ca19000Kgm

心臟的重量，據(Beneke)氏的成績，在成人平均為三四〇瓦，因之二十四小時內心臟的重量等於約五萬一千六百五十迷突的舉上重。　即是

$\frac{1900}{0\cdot34}=51648$m

更由左式，可知心臟每秒鐘它重量等於六十糎舉上的重　即

$\frac{51648}{24\times3600}=0\cdot6$m

心筋所以有如此偉大作業的原因，其一乃因心臟的運動為自動的運動；無關於大腦的作用。　其二為整調的運動，每搏動後大約有四秒鐘的規則的休息，以供給養分，排除疲勞素。（參照摩捘氏疲勞計(Mosso's Ergograph)的疲勞曲綫）。　其三心筋為不間斷的運動，因之成為最經鍛鍊的筋。　然而在行軍，遠行等運動時，骨格筋力最節約的筋運動，和心臟運動比起來，心筋的運動更大至四五倍。　此因身體激動之時，心臟作業量突然增加，這是當然的理；至於心運動的補助機關，諸家所說如左：

（a）如血液章下所述，運動中血漿的一部分，輸入筋肉，因之增加血液的密度；又增加血液單位容積內的赤血球數；又擴大一搏動量中的血球數。　（關於此事實，凡身體練習中如競技及強行軍實施以前，不要飲過度的飲料，須多取富於蛋白質的食物，使血液濃厚，方為合理的衛生法）。

（b）筋的運動，對於筋間所存的靜脈，有壓迫，遲緩等交互作用。　此即筋收縮時上述靜脈為所壓迫，該部的靜脈血急速向心臟方向及尾部的方向行去；更在四肢靜脈，朝着心臟的方向，特有衣袋狀的瓣膜在那裏；所以靜脈血絕無倒流的事情。（這是就普通的運動說的）。

據此簡單的理由，筋的運動可以增大靜脈血流的速度，可以促進靜脈血行；且對於減輕心筋過重的負擔很有效果。

（c）在安靜呼吸時，胸廓內的血管及心臟所受外壓，比較胸廓外的血管所受外壓，凡低五至九粍水銀壓。　然

而運動呼吸愈深，則胸廓內血管及心臟所受外壓，每吸氣時更是低下。這是當然的。這種低壓當深吸氣時達至四○粍，受這種低壓的影響的本來動脈靜脈都是一樣；但在管壁薄的靜脈尤甚。且當運動時，腹筋及橫隔膜有强作用；可以使腹部靜脈中受壓最低的肝臟毛細管內的靜脈血環流促進。約言之，深呼吸可以促進血行，減輕心臟的負擔。

(d)大靜脈幹部位置關係上，靜脈上有靱帶及筋膜緊張的部分，如股靜脈上的普帕耳氏的靱帶就是的。又如從鎖骨上部達於頭部及集於臂的靜脈幹部附近，也有這種關係。設在臂及脚的運動，上述部分的靱帶交互弛張時，則如(b)項下所說明相同。即是在同樣關係之下，可以壓榨或吸引靜脈血。這個(Braune)氏稱為吸壓機關。(Sang=und Druckapparat)例如在跑步、滑艇、游泳、及遠足等運動，股關節常為規律的伸屈；促進脚靜脈血的環流。反之緩步或長時間的起立，常常使脚靜脈血停滯，遂變腫脹，脊重難舉。這就是在前項運動時疲勞少；在後項運動反疲勞多。這個就是如前所述的靜脈血行與運動的關係的原因。照此看來，靱帶這種東西，當吾人運動時候，也可以促進血行減輕心臟負擔。



## 第三節　心臟疲勞

(一)易使心臟疲勞的運動及不使心臟疲勞的運動　斷定或種運動易使心臟疲勞，可於運動後計算脈搏數的增加。這是很方便的。所謂易使心臟疲勞的運動即努力最高的運動。如急速運動，及力技，就是的。詳細說來，就是快步、跳躍、劍術、賽泳、角力、格鬥、以及攀登山路和强行軍等類。他的理由就是筋內燃燒現象激急增加後，血液中的酸素被奪去；炭酸瓦斯及其他疲勞素多量的增積起來；於是心筋機能直接的蒙受障礙；同時腦皮質運動中樞的興奮過强；因之心臟鼓舞神經中樞的興奮也隨着加强。結果就是心筋的努力達至最高度。

身體練習中比較的少須心臟作業力的運動，大概為緩慢而無須乎筋力的運動。這就是輕巧練習，或局部力的練習等類。在這一類的運動，心臟未起疲勞以前，骨格筋已起疲勞。故此時的運動自然終止了。

(二)心臟疲勞一例　現在要說明因運動而起的心臟疲

勞，最好拏急速運動中的快步，或在二十秒鐘間二百米達的競走爲例．此時的脈搏在競走前假定爲七五；在競走後常爲一五〇至二〇〇以上．此刻的脈搏細弱，且搏動不規則．運動者既到決勝點時，面色多黃白．此爲心力減弱及一時的呼吸困難的原故．最可怕的此刻血管神經中樞的機能受害；血液分布也生變動；大循環現出貧血的狀況；小循環(即肺)全部充血；結果就是心臟疲勞與呼吸困難的合併症．經過數分鐘後，脈搏色能再復於正規，面色亦復原；然必待二十至三十分鐘後脈數纔能恢復最初的狀況．此時若不休息又繼續運動，或在極短的時間休息後又行強度的運動，則呼吸困難及胸內苦悶必定更甚；或竟陷心臟於虛脫的狀態；甚至於猝死；或使心臟生出急性擴張；心筋的脂肪性變反常的害．以上爲急速跑步有害於心臟的一例．

(三)心臟疲勞的判定　運動時脈搏數的增加就是心筋作業力的增加；如前所說已明白了．然而專以脈搏數直接測知心臟的疲勞是不能彀的：因爲筋既陷於疲勞，他的收縮領域減小了；收縮的時間延長了；絕對力降下了．



現在決定心筋何時疲勞，那嗎，請看他的收縮力及收縮領域比較的強，又收縮時間延長的時候就是的．所以名此狀況爲心臟的疲勞，可稱適當．今於診察脈搏外尚有二三方法，可得稍正確的檢查如次．

(四)心臟疲勞的檢查法　檢查運動後心臟既已疲勞，或尚未至疲勞，或疲勞的程度如何，藉之可以察知種種強度運動及於心臟的影響．故心臟疲勞檢查法甚爲重要．今列舉一二於左．

(一)脈搏診察　此爲觸知脈搏數的大小，緊張度，及調律等以察知心臟疲勞方法．這種事本屬醫生的專業．然脈搏的數及調律，無論何人都可練習得知；且實驗上檢查心的疲勞，以脈數爲最好的尺度；故平時練習診察脈搏殊屬重要．(H. Sahli)氏說安靜時的脈數設爲一四〇至一六〇則必爲可憂的現象．(Zuntz)氏說激動時脈搏常上達至二四〇．(Trautweller)氏則以一七〇爲脈數的能力界限．動作激烈時要脈搏鎮靜，須一小時後纔行．故說脈搏診察爲檢查心臟疲勞最有價值的方法．(關於兒童的脈數可以參照普通生理書)(未完)

# 嬰兒之衛生(續) The Hygiene of Infancy

譚世鑫譯

嬰兒過了數月之後，宜限制其每日上午與下午微睡的時間，稍後又宜限制其上午微睡的時間，祇准有一時半至二小時，而下午則僅有短期的微睡或全付缺如．在這個微睡時，宜將衣服脫去，置於床內，最好是睡於戶外．

嬰兒當致之睡於一邊，用背不如用胃為好．睡時宜極清淨，不可嘈雜．除夏季外，其睡服被褥均當用火或日光晒溫，方可置於其內．

睡服，被褥，宜用紐扣緊繫於搖床的蓋上，以預防嬰兒將被褥搖動，致使受凍．總宜使之獨睡，及至十歲，即宜有一小房．嬰兒睡眠深度，因外間的諠譁與清靜而各不同．欲飼育時，當輕輕呼醒；完全醒覺之後，不能再使睡於床內，這是最要緊的．

沐浴 BATHING．

嬰兒的裝飾物，大概都是藏收於籐籃之內．此籐籃下部可將其服物檢收．下列的各物，都是需要品：

眼和口的吸收性棉花．

敷傷痕的藥製棉花．

二個柔軟洗刷爛布『用有彈性的棉花造成』．

嬰兒的柔軟毛刷和精緻梳子．

橄欖油和華士林油．

各種大小的安全針．

不銳利的剪刀．

柔軟手帕．

籐籃

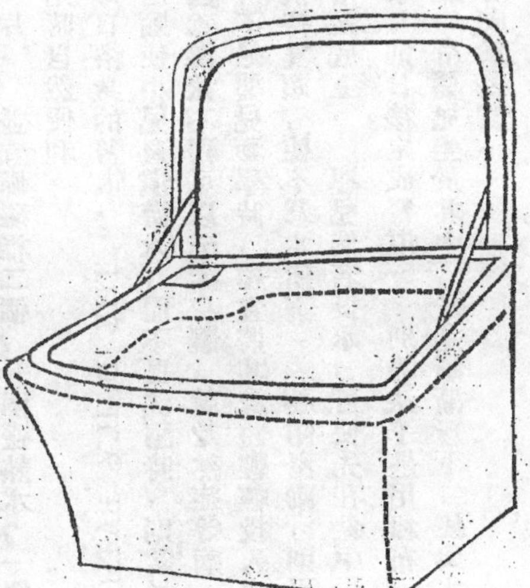

一老而軟的氈子，用以包搽初生嬰兒．

一毛織物的披肩．

一套衣服．

浴 THE BATH 看護人雖然將嬰兒洗過，做母親的也當知道如何做法．第一次浴，除夏季，當近火傍行之且當關閉窗戶，用簾子圍住浴盤，使不為大風所侵襲．

看護人宜坐於低椅之上，穿一絨裙於橡皮衣服之上，並宜取用籐籃，兩手置冷熱水．等到嬰兒包入冷氈後，起初用橄欖油摹擦．次之用溫水和軟布洗其面．其眼當留心啓開，用侵入硼酸中的彈性棉花洗之．其口則宜用敷傷痕的藥製棉花，將手指在內洗淨．

至於浴身的，其溫熱當用沐浴寒暑表插入木頭內．大約在法倫表百度上下．嬰兒的身體，經他項洗刷物用香皂與水洗滌之後，當將嬰兒投入浴盤中一二分鐘久，使頸爲水遮蓋，其頭與背則可請看護人扶持．於是從水內抱出，置於看護人的膝上，再用柔軟乾布，輕輕拭乾．

此後浴身的法子，除不用橄欖油外，大概與第一次的法子相同．嬰兒過了六個月，浴水的熱度可以稍減，冬季不過法倫表九十五度，夏季則僅須八十至八十五度．時間不得過二至五分鐘久．有些醫生的勸告，不必

在石版上的浴盆

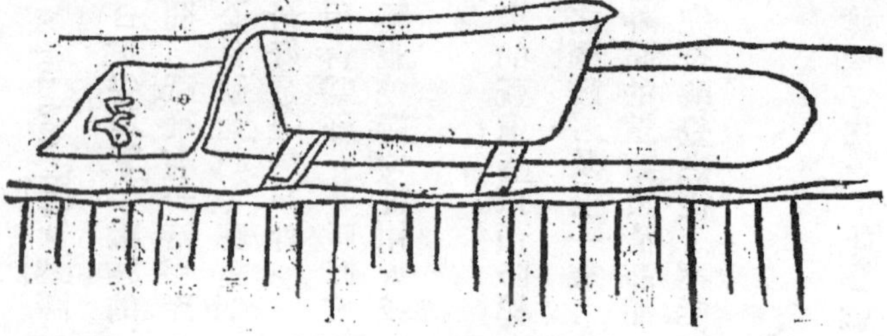

用浴盆，祇須海棉物質摩擦，這事可隨人的方便，無須拘執一定的法子．

浴盆式樣，無論他是金屬製的大盆或磁類的桶子，都可以用．其普通的樣子，是上圖所繪的那在石版上的浴盆，其嘅水筒和吸水管相連，最爲方便．再好的樣子，是下圖所繪的那個橡皮浴盆，盆底宜備橡皮片子一塊和油布一片．並宜備磁桶二個，一個盛熱水；一個盛冷水，則用時自然便利．

每日浴身的習慣． THE DAILY BATH-HABIT．若願使小兒習慣游泳，而不畏沉溺時，則當於幼時習慣，因爲游泳不獨可以洗潔身體，就是熱症等病，亦可以免除，不過嬰兒初學時，總宜將其身體輕輕投入水中，用一手扶持其頭，使不爲水所溺．要防滑動，則可先置一巾於浴盆底上．嬰兒倘若畏水，可使先在盆中玩戲，漸次加水，則日後定成習慣．別的法子是用粗布一塊，繫於盆上，令嬰兒坐於其中，於是漸漸鬆下，使與水相接觸，亦可成爲習慣．

# 雜談

## 盲從與瞎說

王鑑武

現在辦學校的人，聽見外國人說：「健全之精神，寓於健全之身體。」馬上就添課外運動，就催逼着學生籃球，足球，練跑，練跳。問他爲甚麽要逼着學生幹着個，他也說「健全之精神，寓於健全之身體」。教育部下一道命令，說是體育費可以在教育費內報銷，辦學校的人，於是乎就從美國買幾打球來，開闢幾個球場；又開甚麽「校」甚麽「季」的運動會，和甚麽「區」甚麽「部」的聯合會；請甚麽運動教員體育教員，還特別優待甚麽運動的學生。體育費也報銷了，運動會也得勝了，問他爲甚麽？他說是爭名譽——爭學校的名譽。有些僻陋的學校，辦事的人，他一輩子就沒夢見過運動會，就不知道甚麽是田徑賽；聽見京津開甚麽「聯合」「華北」運動會，他爲顧全學校的名譽，也强派幾個學生去赴運動會，或者看見命令，就從鄉下請幾個賣藝的人，打拳的人，來教體育。這體育費也就一筆報銷了——無怪乎那「拿着秫楷教跳欄」的教員，也能够汚人。更可笑的，在前年全國中學教育聯合會席上，有位中學主任，以主席資格，提出中學增加田徑賽問題。他說是「爲國家爭名譽，雖犧牲幾個學也不要緊」。

可憐的學生們，被學校名譽，個人名譽，金牌，銀盃，迷住了；只要得第一，還顧甚麽功課和學業呢。嘔血的死了，不死的學業荒了。體育費也報銷了。體育在那裏？健全的精神，寓在那裏，不盡是盲從麽？

現在批評的人陳獨秀說：「體育有三戒：(一)兵式體操。(二)拳術。(三)比賽的劇烈運。」（新青年七卷二號）他拿「庚子」馬良來罵拳術，又拿「比賽的劇烈運動，於身體不但無益而且有害，至於助長競爭心，忌妒心，虛榮心，更是他的特色」來罵田徑賽等。寥寥數語就能把青年體育問題解決麽？拳術的精粹，是否就是「庚子」馬良？田徑賽的本身，是否就是那幾種特色？「比賽的劇烈運動，於身體不但無益而且有害」陳先生是否有確實的證明和自己的實驗？現在固然有受害的人，到底是操之不善始受其害哩，還是凡作此「比賽的劇烈運動」就受其害呢？還有一層，作此「比賽的劇烈運動」者，有受其益的沒有？這種籠統的論調，能够解決青年體育問題麽？

李廷翰說：「今講求體育有年矣，而著名運動之人，有攖肺病而嘔血者，有入教室而昏昏思睡，學科成績常不及格者……辦學者競談體育矣，然……賽跑跳遠之運動，未足即認為適當之體育也，不明生理，依據成書，……故為便利訓練計，非使學生受適當之體育，亦無能為力」（中華教育界八卷一期）李先生既說到體育上面？就該切實討論一番，但是他體便舉出幾個少數的例子，和一時的流弊，就下一個判斷；說是「賽跑跳遠（即田徑賽）未足即認為適當之體育也」，還加上許多「不明生理」「依據成書」的名詞。鬧了半天只說一句「非使學生受適當的體育，亦無能為力」一塞責。「今講求體育有年矣」為甚麼生這種相反的惡果？「賽跑跳遠」為甚麼未足認為適當的體育？適當的體育是甚麼？使學生受甚麼適當的體育？這些問題，一點也沒說。像這樣不負責任的文章，於體育上有甚麼實益？

批評的人只管瞎說，運動的人只管傻幹，可愛的中國青年，可憐的中國青年，你甚麼時候走到體育正道上！吾為體育界哭！……

通信

## 體育革命的宣戰

黃醒先生：　我這段雜談並不是志在罵人，是非罵人不



足以引起社會的注意。新青年所以受社會歡迎的原故，也是罵人罵勝了。文學革命，不是翻譯幾篇馬克司學說，托爾斯泰互助論，就能成功的。純是與林琴南等等舊文學宣戰而成功的。中國現在的體育，有甚於文學，當然不是那幾篇翻譯「運動生理學」「遊戲教育」所能藏事的。如果要「體育革命」成功，使社會上知道「體育」二個字，非與舊體育（無論是西洋中國，只要不能滿足社會生活的要求，都是舊的）宣戰不可。你若是贊成我的話，就請你放大膽量說話。

鑑武

鑑武先生：——

我們在這個時代的社會，欲做改革的事業，無論何時何事，都要與人宣戰。不過我以為戰的利器，在『理』不在『罵』；因為『罵』的結果，不過爭著意氣；只有『理』纔以愈爭而愈明。即如先生這篇雜談，也是就論理的批評，又何嘗是『罵』呢？現在未醒病了，你的來函，請你恕他沒有自己答復！先生既是一位熱心研究的體育家，我很希望先生切實的研究這重大的體育問題，圖體育的真實改革！先生！我盼望你做個有力的體育革命者！！

野人

# 代售本報者

上海棋盤街中市羣益書社
上海五馬路棋盤街西首亞東圖書館
杭州平海路教育潮社
上海四馬路泰東書局
成都桂王橋北街總代派報處陳岳安君
北京梁家園後身八號益智書報社
北京高等師範學校工學會販賣部
南京花牌樓共和書局
南京高等師範學校陳奎生君
武昌中華大學校惲代英君
吉林毓文中學校張元責君
安慶龍門口正街中華書局
天津大胡同中華書局
雲南第一師範學校張中侯君
北京中小學校體育公會

本報爲的鄭重事業起見極歡迎閱者對於內容上有嚴格的批評——求全責備的批評不願意聽應酬的恭維話——情面的客氣話倘承投函務請注意

**體育週報常刊（第五十七期）**

▲一九二〇年三月八日發行

▲定價實洋四分五厘（折合銅元六枚）

編輯兼發行者　體育週報社　長沙儲英源二十三號

印刷者　湘鄂印刷公司　長沙織機巷

◎本報常刊價目表（第四十九期起第九十六期止）

| 項目 | | 一冊 | 半年廿四冊 | 全年四十八冊 |
|---|---|---|---|---|
| 定價 | 現欵及匯票 | 銅元六枚 | 一元〇五分 | 二元 |
| | 郵票代銀 | 四分半 | 一元一角 | 二元一角 |

△本國及日本不加郵費其他每冊加一分半半年加三角六分全年加七角二分

◉本報特刊價目表（全年四厚冊）

| 項目 | | 一冊 | 二冊 | 四冊 |
|---|---|---|---|---|
| 定價 | 現欵 | 三角五分 | 六角六分 | 一元二角 |
| | 郵票代銀 | 三角八分 | 七角 | 一元三角 |

# 本社代售

## 北京學術講演會各種講演錄書目表

| 書名 | 著者 | 價目 |
| --- | --- | --- |
| 燃料 | 王星拱 | 定價大洋八分 |
| 現代心理學 | 陳大齊 | 定價大洋一角五分 |
| 天文學 | 高魯 | 定價大洋一角 |
| 社會與教育 | 陶履恭 | 定價大洋八分 |
| 動的新教授 | 鄧萃英 | 定價大洋一角二分 |
| 肺癆病預防法 | 朱其煇 | 定價大洋五分 |
| 細菌學大意 | 葛成勛 | 定價大洋八分 |
| 農業化學 | 孫宗浩 | 定價大洋五分 |
| 園藝學害蟲學 | 夏樹人 | 定價大洋八分 |
| 社會與倫理 | 康寶忠 | 定價大洋六分 |
| 化學 | 戴濟 | 定價大洋一角五分 |
| 氣體導電性 | 張大椿 | 定價大洋七分 |
| 物質動力論 | 何育杰 | 定價大洋七分 |
| 油業概論 | 戴濟 | 定價大洋七分 |
| 心靈現象論 | 陳大齊 | 定價大洋二角五分 |
| 西洋之新派繪畫 | 鄭錦 | 定價大洋一角 |
| 實驗主義 | 胡適 | 定價大洋一角八分 |
| 現代教育的趨勢 | 杜威博士 | 定價大洋八分 |
| 美國之民治的發展 | 杜威博士 | 定價大洋八分 |
| 科學與人類進化之關係 | 王星拱 | 定價大洋八分 |
| 農業與國之衞生 | 夏樹人 | 定價大洋一角一分 |

## 通俗醫事月刊第二卷第一號目錄

▲北京後孫公園七號醫事月刊社發行

每冊大洋一角全年大洋一元郵費每冊本京半分外省一分

中華郵務局特准掛號認為新聞紙類（一九二〇年三月十五日出版）

# 體育週報

△第五十八期目錄

遠東競技大會中國選手丁旭春君之持桿跳高

▷長沙體育週報社發行◁

# 『實用肌學』考題答案

陳奎生

黃醒君到南京，我和他談起我科的『實用肌學』攷法，是先出了三個書上沒有講的題目，同學各自在自修室研究答案，然後謄寫交卷的；我說這種攷法極有價值，他說『很可以介紹給別處，並且攷題答案，也可以發表，供同志的研究……』；如是我就寫出這篇，刊諸體育週報．至於我的答案對不對，我也沒有問過閱卷的人；現在諸位，都能看得，那諸位也都是閱卷的人了；有不對的處所，請給我一個批評，免得我將來『自誤誤人』，那就感激諸位不盡了！

一九二〇，三，一．

第一題　稍息時，足之姿勢有兩種：一、左足向前斜出立；二、左足向側出立；究以何種較合生理？試根據『實用肌學』之理論評定之．

答．稍息時之姿勢，以左足側出立者，較左足向前斜出立者為合生理．玆將兩者之優劣，分析於左：

(一)左足向側出立者，重心在兩腿之中間，上體重量，由兩腿分負，自頭、肩、胸、背、腰至兩腿之各部肌肉，皆係平縮，(平縮者，肌本肌末不接近，亦不相離之收縮也，俗謂之屏)．無左右前後偏畸之弊．

(二)左足向前斜出立者，身體重量，壓於右方一腿上，以致右方腰肌腿肌收縮過甚，盆骨向右聳起，腰脊右彎，右肩低而左肩高，腹肌弛張，頭常偏右，久之遂成偏畸，實不合生理的姿勢也．其沿用最久之原故，一因限於體育上知識之狹隘，一因大勢所趨，不敢反違衆同，從事改革；今既根據『解剖』、『生理』及『實用肌學』等證明其害點，則凡負體育上之責任者，尙望從速鼓吹，而倡言改革之為幸！

第二題　向前斜體箭步、及向前斜箭步，『瑞典式體操』中，何以不用直體而用斜體，其理由安在？

答．『瑞典式體操』，最注意姿勢，向前斜箭步及向前斜體箭步，如用直體，則有腰脊向後彎及腹肌弛長之弊；有時上體挺直過甚，以致盆骨傾斜過度，薦骨將有劈開腸骨之情形，於生理實不相合；若用斜體，令上體與後腿成一直線，既可免以上諸弊，又可令上背肌肉加重工作以張胸；舉脊肌收縮，反對地心吸力，不致使身體前傾過甚；有多利全無一害，宜乎『瑞典式體操』對於此等動作，用斜體而不用直體也．

第三題　兩臂上舉之動作，兩手之距離：有主張與肩寬相等者；有主張大於肩寬者；有主張兩手相觸者；各有見界，究以何者爲最合宜？ 試根據『實用肌學』推論之．

答：兩臂上舉，其距離之寬窄，有三種作法：第一、與肩等寬者；第二、寬於肩者；第三、兩手相觸者；通常之人，行此動作，用第一作法最宜；有時欲加大其肩節筋帶與肌肉之工作，鍛鍊自制力，令其用快速度行第三作法，亦可助提肋張胸；惟肩節筋帶短及肌肉自制力弱者，則只能行第二作法；如必强其行第一或第三作法，則勢將釀成肘屈、臂前、勾頭、圓背、壓胸、挺肚、彎腰、屈膝諸弊，反致有妨姿勢；故行此動作，須視察其人之肩節筋帶與肌肉自制力如何？不可固執拘定，而自昧某種某種爲優也．

……………………

張士一先生之『改革競技運動』

陳君稿末附錄張士一先生之『改革競技運動』一段，係在南京高等師範體育會所講演． 張先生是有名的體育家，他的言論，爲體育界所推崇；我是個不懂甚麼體育的人，却是領略不到他的………！ 野人

閱者、其示有所感乎？

改革競技運動：現在之競技運動如賽跑等，含有比賽性質太多，一若運動之目的，舍比賽外，別無他物者；於是不得不講種種方法，設爲種種劃一之規則，場地、方法、設備，以便比賽時評判；例如賽跑者之足穿跑鞋，俯伏



蹲踞，聞令而行，以疾馳乎規定跑圈；此種呆板之運動，舍比賽技能而外，究於生活上，有何實用？ 其他如擲鐵球、鐵餅、跳高、遠、等，與賽跑有同樣之弊病；此等運動，均係自美國輸入，我國人不加思索，完全直襲而行，此實國人之大病． 世界將來，雖終趨於大同，然以今日之時勢觀之，則我國欲求可以禦侮，不得不預備戰事；試觀巴黎和會時，我國人對於威爾遜總統之公道主張，何嘗不雀躍歡忭，謂國權之可復，而今竟何如哉？ 日本以蕞爾之島，而得列於五强中者，其兵力有以震懾外人耳！顧我國之兵力，今何如哉？ 雖練習競技之運動員，不可以練習殺人之道爲宗旨；然欲其所習之技能，於將來軍事上有充量之應用，當輕視專供比賽呆板式之競技運動，而重騎馬、遊泳、自由車、及摩托車等；更須創造能應用於軍事上之新競技運動，如擲球一種，不妨作種種之運動以適合於拋擲炸彈之動作，是在諸君隨時留意，與軍事多相鈎通，創爲有用之競技運動；在學校中練習時，學生自可不知其爲殺人之方法，而與現在之練習競技運動，趣味相同；然若一旦有事，置身軍役，則其需要之技能，亦已有平日之預備． 如此，則既無害於世界大同之趨勢，及我國敎育上長久之計畫；而亦有以應付吾國目前之需要，以爲保守吾國地位之預備也． 深望諸君研究西洋體育之學術，同時觀察吾國自己之需要而變通之，則庶幾切於實用耳！

# 兒童研究（續）

舒新城

## 第四章　生物學與兒童研究底關係

兒童的身體與精神，都與成人的不同．成人既非兒童，對於兒童的身體狀態，精神現象，都不能直接領悟．所以要明白兒童與身體實在是怎樣，是很不容易底事．

有人說：成人都是由兒童長成的，以現在底成人，去研究曾經親歷其境底兒童，不是很容易底事嗎？其實不然．成人雖然是兒童長大的，但是當兒童底時候，自己的身體與精神狀況是怎樣，自己沒有明瞭底觀念，假定當時就有明瞭底觀念，到了成人底時候，也不會記得．所以要研究兒童，既不能用記憶去明白他們身體與精神的狀況，又不能直接明白他們身體與精神的狀況，自不能不用別底方法去補助他．補助底方法，從生物學中所抽繹出來的，最為有益：這是由於兒童底幼年，雖不盡如別底動物，而有大部分是相類似底原故．故兒童研究與生物學很有密切底關係，現在分作下列數項說明之：

一、兒童的意識

二、進化論與兒童研究

三、就系發育的進程（The Course of Porental Development）

四、撫育中底達爾文學派（Darwinism in the nursery）

五、兒童與種族

六、遺傳

七、甚麼是兒童？

### 一、兒童的意識

我們現在的意識，既不是兒童時代的意識，又不能記憶從前兒童時代的意識是怎樣，只有用下列底兩種方法去研究：就是

1.研究腦筋與感官（Sense-organ）的發育，及他們機能上所發生底知識．

2.於各種刺激之下，研究兒童對於他們所生底動作及反應．

用這兩種方法去研究兒童的意識，又與生物學有甚麼關係？論到各種動物，他們的意識，本與兒童的相隔甚

遠；然而由研究動物生活進而研究兒童的意識，實與兒童研究有莫大底補助，其理由有二：

第一、研究動物底時候，我們以爲所攷察底對象，是物不是人，對於他們身體及精神的一切現象，可以過細分析，並無主觀底成見，有所顧惜；所得底結果，也可較爲正確．由此以推論兒童的心象，也有所根據，而不至流於虛妄．

第二、動物的動作，最近於本能的；即有知慧，也與人類的知識程度，相隔甚遠．若切實把動物的本能及知慧研究一番，對於兒童的本能，更可據爲標準，到實際研究兒童底時候，也不致漫無頭緒．

關於動物意識底記載，桑戴克 (E. L. Thorndike) 有段話，很可以作嬰兒初期意識底推論，現在把他引在下面：

『一個人用實驗底態度，只要費一月以上底時間，去攷察一個貓或狗的生活，他一定對於貓或狗的生活，得着一個確實底觀念．我們在這種情形之下，意識中沒有含許多思想，只覺得他是怎樣——這就是說：我們看見他覺得有感官底印象，覺得我們對於他所給的衝動是怎樣．假如貓與狗在游水，我們只覺得水、天、上面底鳥、而對於他沒有思想，並不記憶他在別底時候是怎樣底狀態，好看不好看；對於他的動作，也只覺得現在的是怎樣，决不想到他將來的動作．在這個時候，自覺心 (Elf-consciousness) 消滅了，社會意識 (Occal conscious-ness) 消滅了，對於各種事物底意義，價值，與聯合也都消滅了；只有感官印象，衝動，及覺得他現在底動作是怎樣，此外再無所有了』．

桑戴克這段話，很能表示兒童意識底狀態——就是只有感覺，覺得甚麼東西是怎樣，而無思想與記憶．

詹姆士有句話講：由眼睛、耳朵、鼻子、皮膚、內臟所得底刺激，在嬰兒覺得是一朶很大底花，以爲他是複雜底東西．其實他這話，還不如桑戴克的明白．因爲嬰兒初期，他對於事物的意義，價值，關係，並不能辨別，也不能聯合．只對於外界底東西，怎樣入於他的感覺，便覺得有怎樣底印象罷了，與動物的意識，正相類似．至於這種反應，是怎樣來得，則不能不歸本於遺傳了．

(未完)

# 運動生理學（續）

日本醫學士吉田章信原著
南昌羅黑子譯

(二)脈搏描寫　學者常戒人莫過信描脈的器械，說從前膊斷上視脈搏爲重要．其實不然，因爲同在一個人，他的橈骨動脈上的組織的抵抗力，及血管弛張的如何就有强弱．又諸種的抵抗也因人而異．且脈波雖有喜高的傾向，也不過因爲器械上記桿的放置生出來的．這種脈波，算不得眞實．不過由脈波，可以正確得知脈搏的數，及脈數是否爲規則的而巳（Pigerstedt）氏以脈波可以斷定心臟作業及血管血壓的狀態，是一部分可能的事．然而要十分注意纔行．（H. Sahli）氏則以爲專用描脈器去顯明血行的生理的狀態及病的狀態，殊屬困難．又說脈搏數的精確不據靜脈波及心波狠難得到．就在脈搏的調律，也有『期外收縮』．

脈波的形狀因種種的狀況而生不同．所以在膊斷上有種種障碍．例如局部的溫度對於局部的血管弛張有影響，又器械所及於動脈上的壓，對於脈波的高度，及反衝突起（Rürkstosselevation）的高度，也發生影響．當强度筋運動之時，局部血管神經不能無變化，故脈波的形也起變化．並且就在一個人的脈波形狀上也常有變化．

所以說描脈器祇能用來推察同一個人的血行器的狀態變化，這可算是有益的．在健康的人，因運動所起脈搏的變化，可以就本人運動時診察而得，是狠明白的了．以下關於脈波觀察事項略述於次．

(a)脈波的反衝突起

(1)反衝突起的膨大，及脈波的重複，常現出動脈管內血壓低下即動脈管緊張力降下．又此刻的彈性突起就消失了．（Marey, Landois, Zuntz）

(2)心室收縮短而力强，則反衝突起膨大．（Marey, Landois,）

(3)據（Zuntz）氏所調查行軍時的重複脈，被檢查者安靜時僅爲二至七%．設在强度行軍後，則爲七〇乃至七九%．這個脈波現出的度數是隨着負擔量的增加長起來的．（Zuntz）氏說此項情形乃因心臟疲勞所起血壓低下的狀況．

(4)據（Zuntz）氏說，安靜時現出來的重複脈乃交感神經容易興奮所致．此時的反衝突起比較過勞時常高．至因心臟疲勞而起的反衝突起則常小．

（Landois,）氏說安靜時血管神經起了麻痺就會現出重複脈．今以（Zuntz）氏所著『行軍生理』及亨興氏所著『滑冰競走』書中所揭脈波的一二例舉於第八九十圖

(5)亨興氏以爲在九五粁以上的滑冰競走，競走前有二例証明重複脈．競走後有十一例更爲顯明．

(6)（Vierordt）氏說，動脈緊張度的減少，及同時反衝突起的昂進，可以借來決定反衝突起存在與否，或存在度的强弱，以及血壓的高下．

(7)據（Landois,）氏以爲反衝突起而出現，血管壁常能保持正規的彈性，絕無動脈硬變症等事．他所說反衝突起的初起部與心室遲緩期（Diastole）初期相當．這是和諸家所說相同的．

(8)（Tigerstedt）氏說，反衝突起的膨大，常可以說明血壓的狀態．血壓低的時候，比高的時候反衝突起常大．然而該動脈領域的擴張度與此關係甚大．故也有除



外的例．又高壓支配也有時証明在複脈的現出．故以高壓決定脈管系統的狀態要十分注意．所謂反衝突起，乃向遠心性的一種波動，現已說明了．至於他的發生及構造上諸般學說，尚不一定．現在祇能說他是一個假定學說．在諸說中又分二派．其中能得多數學者贊同的，就是（Marey, Grashy, O. Frank.）等氏的學說．他們說，心室的收縮一時停止，則心室內的血壓即等於零．此瞬息間，半月狀瓣不能支持心筋．此時大動脈根部爲高壓支配．因之大動脈內的血液，一時向心臟方面逆流．此逆流的血液與半月狀瓣相衝突，正成遠心性的波，於是發生反衝突起．前述諸家關於反衝突起膨大各說，皆據此爲基礎．故强度運動的結果即來心筋疲勞，減少搏動量，降下動脈血壓等弊．此時有反衝突起現出，是當然的理．設在此時檢查血壓，則反衝突起可算是探査心筋疲勞狀態的好準衡．

（未完）

# 嬰兒之衛生(續) The Hygiene of Infancy

譚世鑫譯

嬰兒浴身所用的肥皂，當極清潔，並當全無刺戟性質．最好的肥皂，是橄欖油所製的．　浴身用的布，當分作兩種，一種用以洗面，一種用以洗滌身體的他部．這個浴身的布，宜於用時，完全洗淨，晒乾後始能再用．浴水若不清潔，可以燒沸，而除其微生物，再用漏斗澄清，或用絨袋繫於吸水筒上，以澄清之．

嬰兒的頭和面，宜先使浸濕．　若嬰兒能坐起時，盆內的水當與腋同高．　在熱天時，每日可用冷水浴身數次．　擦乾的手巾，宜用極柔軟的布做成．　既乾之後，最好是將手掌摩擦；倘嬰兒太細嫩，可用酒精，溫酒或橄欖油滴於身上．

浴後可用清潔滑石粉，撲於腋和膝灣的摺紋內．　很有利益的．

嬰兒的口，每次浴身或哺乳之後，當用有吸收性的棉花捲在手指為其洗淨，或用硼酸水浸的柔軟手巾洗之．若生了牙齒，每日早晚須用濕布摩擦．

過了六個月後，肥皂當少用，祇須每日用水洗滌．華士林油 Vaselin. 亦可偶一用之．　嬰兒的頭髮祇可用水洗刷，不宜常梳．

浴身的規定，最屬重要．　嬰兒浴身的時候，總當在哺乳之先或過一二分時後行之．　最好的時候，是上午九時至十時．

家用橡皮浴盆

除每日浴身之外，如嬰兒大便後，其下身即須用水洗淨，以免污穢播散，並當用粉擦乾，以防摩擦．

指甲和趾甲，宜用剪刀剪除．其所剪之甲，不宜成直線，也不能成圓形，以防其向內生長．

運動 Exercise.

新生嬰兒，宜使之隨意蹴動，而得其需要的運動．到二三星期之後，每日可以抱到枕上睡二三次；每次十至十五分鐘．過了一個月，這枕可以不要，當用他物以枕其頭和頸二部．

預防脊柱的彎曲，宜將嬰兒有時抱於左膊，有時又抱於右膊．從三個月到八個月，可以將他直坐於膊上，其頭和背宜用他膊以支持之．四五個月後，嬰兒可獨坐片時，仍須用枕支持其頭和背．再過數月，就可獨自坐了

在九或十個月時，嬰兒或能匍匐徐行．從嬰兒有三個月的時候，最好是用被褥包捲，置於避風的地方．到了十二個月，宜用軟架或搖籃，使之站於其內或任舉步，但不可迫令行走．

外戲 Outings. 嬰兒倘若無病在身，宜於晴和天氣時，每日携至戶外；起初祇須十分或十五分鐘久，後來可以增到數時；起初須有乳母抱於膊上，後來可置於小兒的推



車內，任其獨坐．在嚴冬時，嬰兒若未滿一月或二月者，可以不必抱出戶外，縱要抱出，必當於晴的日子纔行；若其手足戰慄，即當隨即抱入．至於春夏間所生的嬰兒，因爲天氣溫暖，就是祇有十天或二個星期，即可抱出戶外．秋冬間所生的嬰兒，若是包裹得好，可以抱於一窗戶洞開的房子內半小時或一小時之久，也是很好的．

小兒的推車，當有陰照，並宜備置綠或棕色的黑簾，以保護小兒的眼，使不爲強光線所害．小兒的車，當輕輕推轉，宜備柔軟溫暖的床與枕及被褥．這個車子，宜有革帶和制動板，使之停動自如．倘小兒能夠自己坐起時，他的背和頸，可用一枕以支持之．

小兒不能使之用膝急走，尤不能用其手或膊高舉，又不能用過多的談話或游戲以驚嚇之．

主宰腸部和膀胱的肌肉訓練．Training of Muscl Controlling the Bowels and Bladder.——嬰兒雖未滿三個月，也可使他有規則的排洩．當每次大便或小便時，爲母親的宜取一小便桶，置於他的膝間，再用一種特別音調，啓發嬰兒的意思，使之排洩出來．等到小兒能坐時，那就可以用手支持，使之自動．總之，有規則的排洩，是最重要的．有一歲時，每日下午當要入睡的時候，宜有完全的排洩，使之不致晚間再發，以免浸濕被褥臥具．

# 科學遊戲

須家楨

我所云之科學遊戲，非諸君所慣見之幻術；無非科學之魔術；更非西洋來之戲法；實兒童之遊戲也．科學遊戲，既屬遊戲，何必新翻花樣，冠以科學二字，以淆人聽聞？蓋我欲利用遊戲，以灌輸兒童科學之智識耳．

敎授科學遊戲最要者，須將關於科學的方面，於敎授之前，將其原意詳切說明，使兒童易於記憶．既足補助他科敎員講述之不足，且兒童熟悉其原意後，其興味之濃厚，尤不可言喻．例如吾人通行敎授之鴕鳥遊戲，無非令兒童於遊戲之中，仿効動物之形態．我國社會上設動物院者有幾處？學校內設動物院者，並聞所未聞，間有標本掛圖者，亦十不得一，兒童不知鴕鳥爲何狀？雀歟？鷹歟？惟盲從敎者之動作，試問有何趣味？既無趣味，體育又何能收其効果？所謂遊戲能開發兒童之天性者，徒妄語耳！

一、鴕鳥遊戲（動物學）

●原意　鴕鳥屬走禽類，產於亞非利加，及亞細亞之西部．頭小、頸長、脚甚健、喜單足立、性好合群．蓄鴕鳥者，常數十頭，多或數百頭，僱牧者以看護之，能渡砂漠，速率如奔馬，其羽毛歐美婦女用爲裝飾帽子之品，故價甚昂貴．

●方法　令全體學生繞成圓形，面向中立，各以左手向前上斜伸，并其指，成尖形，爲鳥頭狀，臂當鳥頭、舉右腿，以仿鴕鳥之單足立．俯其頭，以右手由跨下伸出握其鼻．（或以反對之手、足爲之均可．）另令一生，或二生，（以生徒多寡爲標準如過於多者三人四人均可）爲牧者，見有爲鴕鳥之學生，如不依上述之方法時，（如不握其鼻不伸其手等）即出其不意，趨前以手拍其身，如是爲鴕鳥之學生，與牧者相對調爲之．

一、萬里長城遊戲（歷史學）

●原意　我國北方，自昔有匈奴之患．燕趙諸國，築城以防之，各保疆土，不相聯屬．及秦始皇伐匈奴大敗之，乃修築舊城，合而爲一，後世號爲萬里長城，爲世界著名之鐵工．

(若依地理學另編原意，則是項材料即可屬之於地理學，)

●方法 分學生爲甲乙二組，(如生徒多者分三組或四組均可)各組相互携手，與肩等高．聞敎員動令後，即自排尾或排頭之生徒起，向腋下依次穿過，以何組先到者爲勝．

●規則 穿時須依次而過，不可隔越他人．

●、要塞砲台遊戲(軍事學)

●原意 國家設兵備，所以防外患也．於要隘之處，設砲台，排砲位，名曰要塞砲台．如吳淞爲長江之門戶，江陰鎭江南京等處，如長江之咽喉；故均各設置砲台，其重要可想見！我國自拳匪亂後，北京之門戶大沽口砲台已爲外人所毀，並訂條約以永廢之，他日國際事起，如外患侵入，則北京其危矣！

(原意說明，可以學校附近．便學生易於知曉者，爲之比解．務使生徒知要塞砲台，設置之意義，及其重要)



●設備 球一，(隊球或籃球足球均可)劃甲乙粉綫二，如圖一．

其距離視學生多寡而定

圖一

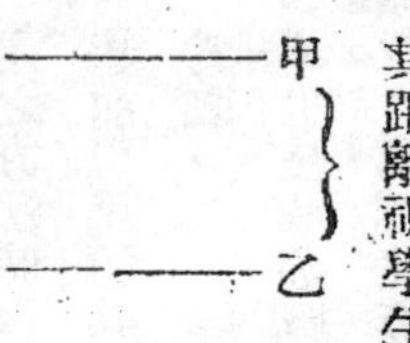


圖二

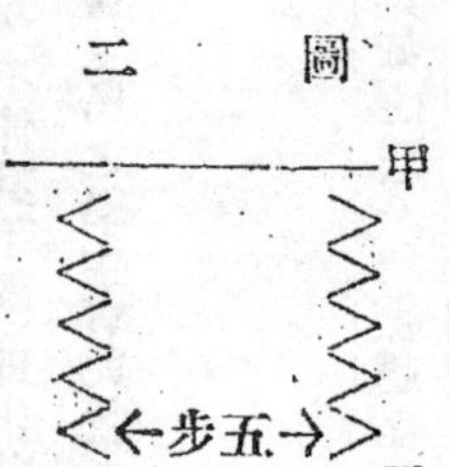


●方法 分學生爲甲乙二組，先令甲組生持球，(先乙組生均可)排立於甲乙二綫之間．(如圖二)令乙組生散立於甲綫，或乙綫外．聞敎員動令後，乙組生盡力向甲綫穿過．甲組生之間，而至乙綫．甲組生俟乙組生穿過時，即以球向乙組生身上拋擲，乙組生被擊着者，即出界，另立於他處．如是再俟敎員出令，由乙綫而至甲綫，如是五次或七次爲度．畢，甲乙組互調，亦五次或次七次．畢，計算何組於穿越時被擊着多者，即爲敗．

原意之講解，可視學生程度之深淺，爲詳略之標準．

記者正從事徵集對於是項科學遊戲之意見及材料，望海內同志，不吝金玉，源源賜教，爲幸！

須君原文，尙有一大段發揮利用遊戲，以灌輸兒童科學智識的理論；惜因篇幅所限，未能盡錄．須君立意深遠，搆思精密，狠是令人佩服！但和野人觀念，徵有不同．如萬里長城遊戲，須君的原意，注重在歷史方面的武功；野人則以爲宜注意社會方面的疾苦，使兒童知當日民苦徭役之概，至要塞砲台遊戲，似乎也祇宜使兒童明互相狙擊之害，以養成其愛護和平的心理，不必提倡其好戰思想．不知須君及閱者諸君，以爲何如？ 野人

## 除疫

野人

近來長沙盛傳有一種危險的時疫發現；人們都談着，報紙也載着，并且弄得有衛生行政職務的人也忙着；但是究竟是怎麽一回事咧？

我家裏住在長沙東鄉的一個榔梨市；前回我由家裏住了幾天進城，見報上把榔梨市的瘟疫，登到再誌三誌了；我很奇怪着我由鄉裏來，反不知道鄉裏的事情．我想，難道是我這雙耳朵，毫不管事麽？後來我又下鄉了一次，問起來，我家裏人也不大知道．但是也許是我家裏人和社會接洽少了．我親自到市上，見藥店裏冷清清地沒人過問，我纔覺着奇怪！

我因爲奇怪，便迫考這傳說的來源，得一個希奇的笑話，很是以表現人們的智力．

人們都很恐懼着禍——瘟疫——之將到，所以很鄭重的傳播他們所信任的福音．最初宣布這福音的使者，是一個和尙．他說：一天黃昏，有兩個男女，到他們廟裏借宿；他當時本想拒絕，但是在這日暮，須得方便，并且他們只要求兩條凳子，便可過夜．可是這位和尙，老不安分，想窺伺人家男女的勾當，候他們倆睡了，從門縫中偷着窺看．不看猶可，看了便把他嚇一大跳！只見兩條蜈蚣睡在凳上．（這是那個和尙自己捏的供狀）第二日清早，那兩條蜈蚣仍舊變成了一對男女．那個和尙鼓着胆子向他們盤問；這兩位受了傳疫使命的蜈蚣先生，便因爲一宿之恩，把天機的祕密宣洩出來；不知不覺的，拱

動了長沙社會．

那傳疫使者蜈蚣先生說道：近來人心不古，天意示刦，我們奉了玉帝旨意，來放疫收人的． 他而且說：此次收人，要滿一擔黃豆多的數目． 這阿彌陀佛的和尚哥哥，就跪着求他們的慈悲． 居然天上的使者，也正和人間的吏役一樣私送人情；凡是把他們的形狀，象在門首的，便可避疫． 但是甚麼物件可以象他的形狀咧？ 人們想着了，想了一種杉刺椏． 有一囘我由瀏陽門外進城，一路留心人家門首，有三分之二的，都掛了這個把戲．

但是問起疫的實在咧？ 各位是知道無論何時，多少總有些人害病，而且多少總有不幸的死亡的事實的． 他們有了天心示刦，疫厲流行的觀念，不知不覺的疑神疑鬼起來． 我在瀏陽門正街一家麵館隔壁，看見一家人家，門上掛了許多杉刺，但是仍不能避疫． 堂屋裏奉有坐香的菩薩，也是不能避疫． 只苦了一位道士先生，志心皈命的請起諸天許多菩薩，來換他的包封．

事有湊巧，各處善堂扶乩的，不是呂祖降壇，便是關帝傳諭，都是些千篇一律的話． 甚麼刦數到來，將有疫厲，人心悔禍，方可免刦的話；都被善堂裏的人標榜着去號召一般愚蠢者． 同時時疫的傳說，更確鑿起來． 我一個親戚家裏有個小孩病了；竟特地到十幾里路以外，找一位著名的道士，送他三千三百文錢的包封，一隻肥雞，一升白米． 其實那孩子不過患一點傷風罷了． 我於此發現這些僧道們一種妙訣，因爲時疫傳說得盛，凡患病的便只知道乞靈於僧道，不去留意醫藥． 因爲不留意醫藥，所以小病變成大病，大病至於不幸，他們還要歸之天數

唉！ 這究竟是怎麼一回事咧？

列位！ 中國式的疫症，不是外國式的疫症． 外國式的疫，是先有疫的事實，纔驚動一般人去傳說的． 中國式的疫，是由疫的傳說造成的． 列位！ 疫的種子，已經布滿了中國人的心呵！

除疫！ 除疫！ 非從人們心裏，把疫的種子除去不可．

# 代售本報者

上海棋盤街中市羣益書社
上海五馬路棋盤街西首亞東圖書館
杭州平海路教育潮社
上海四馬路泰東書局
成都桂王橋北街總代派報處陳岳安君
北京梁家園後身八號益智書報社
北京高等師範學校工學會販賣部
南京花牌樓共和書局
南京高等師範學校陳奎生君
武昌中華大學校惲代英君
吉林毓文中學校張元貴君
安慶龍門口正街中華書局
天津大胡同中華書局
雲南第一師範學校張中侯君
北京中小學校體育公會

本報爲鄭重事業起見極歡迎閱者對於內容上有嚴格的批評——求全責備的批評不願意聽應酬的恭維話——情面的客氣話倘承投函務請注意

體育週報常刊（第五十八期）
▲一九二〇年三月十五日發行
▲定價實洋四分五厘（折合銅元六枚）
編輯兼發行者 體育週報社 長沙儲英源二十三號
印刷者 湘鄂印刷公司 長沙織機巷

◎本報常刊價目表（第四十九期起 第九十六期止）

| 項目 | | 一冊 | 半年廿四冊 | 全年四十八冊 |
|---|---|---|---|---|
| 定價 | 現欵及匯票 | 銅元六枚 | 一元〇五分 | 二元 |
| | 郵票代銀 | 四分半 | 一元一角 | 二元一角 |

△本國及日本不加郵費其他每冊加一分半半年加三角六分全年加七角二分

◉本報特刊價目表（全年四厚册）

| 項目 | | 一冊 | 二冊 | 四冊 |
|---|---|---|---|---|
| 定價 | 現欵 | 三角五分 | 六角六分 | 一元二角 |
| | 郵票代銀 | 三角八分 | 七角 | 一元三角 |

# 教育與社會第一卷第一期（民國九年四月十五日出版）要目



▲價目　每月一册；但八九兩月停刊．每册二角；半年五册九角；全年十册一元八角．郵費國內每册一分半；國外一角；半年或全年照加．

●編輯兼發行者　北京高等師範學校教育與社會雜誌社

[illegible]

# 美育第一期



▲美育界紀聞

▲定價　零售每册二角預定全年一元八角如用郵票代欵限定半分一分兩種作九五扣算

▲郵費　國內及日本不另取費其他各國每册加一角全年加一元

▲零售　各埠大書坊均有代售

▲預定全年寄欵上海小西門外黃家闕路專科師範學校與郭伯寬君接洽空函不覆

▲地址　上海黃家闕路中華美育會內美育雜誌社

# 體育週報

中華郵務局特准掛號認爲新聞紙類(一九二〇年十月廿五日出版)

△第五十九期及第六十期要目

桑港縣岩浴場外景

◁長沙體育週報社發行▷

# 體育革命

本社同人

『體育革命』，這四個字連貫不上；勉强合起來，似乎有些兒不通．但是體育週報原是爲着『體育』應該『革命』而發生；雖說以前出版底五十八期，沒有標明『革命』兩個字，却帶着濃厚的革命色彩．實際上做『革命』底運動，形式的外表却支吾隱晦，使閱者看來糢糊不明，是我們良心上最不安的；但是那時候：——一方面怕驚世駭俗，使社會上發生反感；一方面張敬堯的警察廳要檢查後纔准發行．現在干涉言論自由底張敬堯離開湖南，社會上對於我們所說的也不十分駭怪了；當我們重整旗鼓繼續出版底時候，應該掛起兩年來張不出底鮮明旗幟．不管他通不通，只問他是不是：

我們敢於倡這種主張，並不是要借大言欺人，圖一時出風頭底快樂；更不是覺着中國底體育不及外國，要行什麼『西洋式』或『東洋式』底體育．我們是直覺上得了許多現行制度不良底證據，相信有革命的必要．現在爲着主張要明瞭，分作——

## 爲什麼革命？

用什麼手段革命？

現在我們可能的革命運動三層來說明：

（二）爲什麼革命？

二十年前我人覺着中國故有底身體修練的方法不好，改學外國的方法；什麼德國式，日本式，瑞典式體操法風行一時，又有人看見日本人倡什麼國魂了，也講保全國粹，發揚國光，大倡什麼國技．遠東運動會失敗後，又大倡競技運動，因爲是美國人提倡起來，又加個名詞，叫什麼美國式．這好比一個人病太重了，情急亂投醫，任診何病底藥都抓來吃，可憐！可憐！　是這樣底提倡法，我們認爲無益有害，是應該革命的第一件．

醫藥的效能，是要等身體上因生活情形得了病纔發現的，體育運動方法底效能，是恢復身體上因生活情形喪失的本能和元氣的，一切衛生方法底效能，是抵抗外緣那障礙或破壞身體上生活情形底事物的；然却都不是根本上使生活情形不致於陷身體到不健全狀況底制度．我們認定專依賴醫藥，運動，衛生來講求體育，不能解決體育問題，所以覺得打破這因襲的觀念，是應該革命的第二件．

體育，是個個人都有關係的，醫藥，運動，衛生，是個個人的生活上應該享底權利，在必要上應該自由取得．現在人類社會中有很多底人，受生活情形的支配，不能自由取得醫藥，運動，衛生；却有一部份人鬧什麼體育界，賽什麼會．我們對於這個，也是認爲不合，覺着是應該革命的第三件。

醫學發達，無病不奏奇功；但是有類病症，關係不止本身，雖經醫藥而延長這一人的生命，却將人類繼續的生命縮短了。體育運動發達的結果，有時造成人類互相殘殺的現像；衛生講究的結果，有時消滅人體固有的抵抗力。這個有利又不能無害底事實，是我們不願意有的，也就是覺著應該革命的第四件。

我們不僅相信中國的體育有革命的必要，就是外國——文明先進國——底體育，也有革命底必要。因爲他們所謂體育，也不是用『因全人類生命的繼續而保健康』來作前提；他們並不曾脫了『保持己國地位來發展國民體育』的舊觀念，結果恐終不免嫉視他國——他人。我們對於養成只知有己不知有人的制度，覺着是應該革命的第五件。

這種種使人不滿意的制度，方法，習慣，觀念，現象，都覺着應該革命，已經說明白了。

若是專用這個理由作革命的運動，究竟還是破壞的革命——不完全的革命；縱然能得談體育者底同情，却不必能得願意加入體育革命運動者底信任。因爲我們雖相信革命就是破壞，却更相信有建設的目的來破壞，纔可發生效力；現在當說我們理想中建設的體育目的：

我們相信環象境遇是造成人體健康或否底情形的；果然有好環象好境遇，就不講體育，也不會有衰弱滅亡底事實發現。我們相信種種不健康的情形，都緣生活上底壓迫發生；人的生活上果然沒有引起不健康狀態底事實，纔是體育發達底極點。怎樣纔可以減去自然界中使人類發生不健康狀態底事實呢？科學家已經告訴我們了！怎樣纔可以減去人爲社會與人類發生不健康狀態底事實呢？哲學家已經告訴我們了！何必費辭多說，不過希望使我們表同情底人，或是參加體育革命運動底人，要認明——

『為人類生活底健全，而講求體育，為要求得着體育底完全効能，而改造生活』，是我們發起體育革命底根本觀念。

（二）用什麼手段革命？

我們既然將這根本觀念明白宣佈，應該要說出達到這目的所用底手段了。但是體育革命不比政治革命，政治革命所革的不過是一種制度，一種政策，或是一部分一黨一派底人；體育革命所革的却和無論何人都有關係，——無論何人的身心兩方面，都有應該革命底所在；所以這種用底手段，决不是那種用底手段。要減除全人類生活上底壓迫，本不是空口說所能成功；雖然需生活經過改造，纔能得着體育的完全効能，究竟改造生活，也要先得一種改造力；這種力，我們相信必需由『體育上』下手取得。不過有許多人認定取得改造力底手段，只用『競爭』『强大』底性質濃重的什麼軍事學和遊戲運動等等做工具，却是我們不能贊同的；因為用這些工具所得底結果，仍然不能達到真實改造生活底目的，或者革命後還是同革命前一樣；所以我們覺着真實手段所用底工具，必需是接近改造生活後用得着——且有益的究竟是什麼？簡單說：就是——

『用有發展愛羣性，犧牲心，効能底工作，做革命手段底工具』。

現在各文明先進國用底體育工具，還是偏於自私觀念太深底那些方法；支配人類生活底權在他們手裏，當然應該革他們底命；並且革命應該從他們起手．他們的革命底動機，早就發現了；不過還沒有得着大哲學家大科學家底提倡，到現在還沒有十分使人注意；也就沒有動人的革命成績報告出來；不能不說這是現在文明國的缺點．我們果然有能力，有機會，可以將我們對於體育上底意見，和各文明先進國的體育家接近——交換；聯合起來從現代哲學，科學中找出應該革命底道理來；世界體育大革命，必然可以實現

但是低下頭來想一想，我們住的這中國，和我們同種族人底體育，現在是甚麼程度？何配說世界體育大革命？不過我們既承認他們的應該還要革命，我們就是十分不及他，也斷不能說『且趕上他再同他合謀改革』；大可以先試驗起來，做個倡導者． 若問辦法怎麽樣，就是——

『以理想中人的生活做中心，改造現行底體育制度；用改造後底體育制度，養成理想中人的生活能力』．

這辦法還是種抽象的，再進一步，舉幾個具體的例：

花柳病是人種底仇讎，我們就實行閹割患花柳病底人

結婚與人種有關係，我們就應用優生學底道理，請醫生證婚．

蠅，鼠，是傳播病菌底生物，我們就捕滅蠅，鼠．

人人都有勞動作工底必要，我們就採用幾種不妨害健康又能增進體力底工作，作教育上應用的體操．

城市生活既減少元氣，鄉郊生活又難就醫；我們就應用物質的文明，救濟兩方面底缺點，時間上能力上兩不經濟又助長人的惡劣根性底運動競技方法，既不承認他有存在底價值，我們就不受甚麼遠東運動會的牽制，再做那些徒博虛榮底事情舉不盡底例，很可以準此類推；不必瑣屑着列舉．

（三）現在我們可能的革命運動．

以上所舉的手段，我們如果可以立刻取來應用，本社同人大可以包辦革命，也用不着革命了！可憐本社同人出生太早，還沒有可以任意取用底機會；就是肯贊成我們這主張底人，也不必就有機會．所以要說我們理想中承認為『可能的革命運動』

甲，各個人方面，實行主義的生活．

乙，學校教育方面，努力窮究體育的眞理，作主義的試驗實施，使受教育者，了解人生體育，究竟應如何．

丙，對於社會方面，提倡規律的生活，使一般人直覺上對於現狀起一種革命底要求

丁，本社願盡力的職責，就是這篇文字，同以後繼續不斷的鼓吹——傳播．

# 法蘭西體育的大概

蕭子昇

法蘭西式體育

我這篇文字，將近寫了一年，到今日才勉强脫稿。爲何這樣小題大做呢？我八年一月在北京動身赴法的時候，即受體育週報的委託，要我調查法蘭西的體育，以後又接信多少次，都是說這件事的；我也承認盡力所及，到法後將法蘭西的體育說說大概。我平生也算是注意體育的人，又有感於體育週報艱貞奮鬥的精神，受了他的委託，又到了一個環象不同號稱西洋文明的法國——我對於體育的調査，那有不注意的呢？所以我初在巴黎車站下車，見了巴黎的中國同學，觀風察俗，即開宗明義，訪問法蘭西社會的，學校的體育情形；迨後又訪問或參觀注意體育的學校，或他的場所，或關於此類的書籍報誌——那知過時愈久，調査的結果，愈覺失望！八年五月第一次作這篇文字的時候，開首便寫了這幾句話說：

『怪哉！怪哉！法蘭西竟無甚體育之可言。』

我明目張膽，提筆直書，寫出這十五個字——不覺心中又起疑想，不能放心，——祇好將筆擱起，閉目凝思，又走向他人處，互相討論——我記得康有爲遊巴黎後，在他法蘭西遊記上面大略說道：他對於巴黎，大失所望，巴黎並無甚麼文明，祇有十幾萬娼妓！以外祇有一個鐵塔，算是世界第一高塔！他便登過一次，作了一篇興會淋漓的登鐵塔歌。迨後巴黎某報，將他翻譯登載，毫不加何批評，祇說『這是中國一位有名文人的巴黎觀。』我今從法國看不出體育的價值，便下了這十五個字的誅語。雖然不要怕有人將我這話翻譯登載，但我自己也恐害了『康有爲病』，畢竟是中國一位肉眼人的法國體育觀，故寫此十五字之後，再不敢說甚麼下文。

我八年五月以後，又將此文寫過幾次，因要此文著催促的原故，便想草草完卷。然而一提筆，此十五字便『如響斯應』的從我的筆尖落出；落出以後，同時又發生一個『康有爲病』的恐怖；又不寫了，又放下筆，又閉目凝想，又走向友人處討論。

我這十五字是從何處生來的呢？我是以何種罪狀來判定這個誅語呢？看官！我們要考察一個地方的體

育，是不是要注意他的最近最盛行的學說如何？學校中體育的設施如何？體操的教材如何？社會上專門研究體育的機關的組織如何？研究的成績如何？社會上一般的體育建設體育思想如何？各學校各年限的比較如何？……我就是以這些條件，去評定法蘭西的體育；所以得出個很不滿意的結果——即法蘭西的體育對於這些條件是很不具足的，所以寫出我這十五字的誄語。是怎樣不具足的情形，讓我再分解出來：

法蘭西關於體育學說有名的出版物，雖也不少，有的我自己大略看過目錄，有的請教過他人，覺獨有見解，超過別國的處所，畢竟指不出來。在一般的體育界中，也無特別有力的學說，和健全的研究。至於從學校中去搜尋材料呢？更是枯澀無味，有時令人驚訝，令人發笑。幼稚科當然以體育為重，操習游戲唱歌，其設施，其教法，也不過是光緒三十一二年明德學校中幼稚園的樣子。

至於尋常小學與高等小學，『法國尋常小學，由六歲至十三歲，這六年中的學課分下中上三級；高等小學占一年二年或三年不等；有時幼稚班，尋常小學，高等小學三等，均附設於中學校』每週教授的時間，至多不過兩三次，完全視為隨意科。其教材有操啞鈴的，徒手的，亦有習拳術的，都不一定。至於學校中的設施，說完全的，也不過是長沙高小健身室的樣子；中學以上，更不用說；高等學校與大學，幾乎與體育宣布了脫離關係。專研究體育的機關，在巴黎有兩個組織較完備的學校：一個叫做『諸裴爾』Ecole Duffer, Rue de la Victvire, Taris, 一個叫做『德布來』Ecole Desbonnet, Fanbaug Posanniere Taris. 德布來是一個體育家，他的體操也喊德布來體操法。這兩學校在巴黎以外各大省會，都設有分部，他們組織的詳情，與他出版的書籍，我也有所調查，改日再說。但都是私立的，雖非全是設廠賣武，總不免帶着營業的彩色。其他不滿意的調查，還難言盡，總之，法蘭西的體育，比之湖南與江浙各省，雖不可說『不及』，也決不可說『有以過之』。看官！照這樣說來，我道，『怪哉！怪哉！法蘭西竟無甚體育之可言。』是不是應該呢？

但是，法蘭西學術是極發達的，法蘭西人民的身體是極强健的，我相信法蘭西必是有體育的——我不敢信口開河，說出那十五字來寃枉法國！ 然則法蘭西的體育在那裏呢？ 法蘭西果有甚麽特別的體育呢？

這個問題在我腦筋中如潮如海的，起伏了好多的時候，到近來才尋出一個小小的線索，發見一段微微的光亮，照在法蘭西的體育界上！ 我才知以前探究法蘭西的體育，是帶着中國式體育的眼鏡，所以看不出來！ 要研究法國的體育，須將這副眼鏡取下：因爲法國的體育，有他的特別情形；我今將此種特別情形，合爲一簇，定名爲法蘭西式體育． 法蘭西式體育：非專從體操方面可以看出的，須從有關於體育的四方八面，才可以看出的．

法蘭西式體育的性質，可以說出幾點重要的如下：

第一法蘭西式體育是社會的非局部的　我們中國或個人或學校有極注重體育的． 然個人注重，旁人不注重，一處注重，別處不能同等注重；不注重的，便對於注重的多事阻碍，『如不潔病症……』所以一個人與一團體，也不易顯出甚麽結果． 我們該知道，或個人或一團體，要得到體育的效益： 個人固應努力，尤須得與我個人或團體有關係的社會，都有水平線上的體育常識和體育努力． 法蘭西的社會是勉強說有這個條件的： 有他一般的清潔，與一般合乎體育原理的習慣： 又法國的社會建設完備： 自來水最方便，所以偶有污穢，用水冲洗，頃刻即盡． 街中陰溝，組織極好，所有穢水，概由地溝流出，洗至極遠的地方再入大河． 『即家中大小便，亦由管子引至陰溝流出，不必另外出缸挑送』以外關於拉圾的消除，亦有極周到的辦法． 法國人民的性質也都重社交，城市中有最好的公園： 試一入其中，從旁參觀，談話的有人，看書的作手紅的有人，玩貓玩狗放鳥的有人，遊戲舞蹈的有人——又如：電影戲院，設立極多，取價甚廉． 法國森林培植最好，比如：巴黎爲因他是都城，居民甚多，便有兩個最好的林盤：一在西北，一在東南． 其他各鄉，也都有的． 這些戲院呀！ 林般呀！ 公園呀！ 就是法國最大的手育場． 又如：蠟人館，病症室，陳設極精極備，也是消極的有益於法國人民的體育不少．

第二法蘭西式體育是自然的非勉強的　這是從法國人的性情說來的． 法國人寬大和平，真是他們的天性：

因為寬大，故能容異己；因為和平，故不好競爭；這便是法國人博愛平等自由的精神的根核．我今舉幾個實例說說：譬如巴黎一城，幾乎各國人民都有；但一入巴黎，便與法人混合一氣，沒有痕迹；所以巴黎城內，不能如倫敦各地能指出東城是何國人住的，西城是何國人住的，某村某段是某國人某部人聚集的地方．我曾聞由英轉法很多的同學說過：當經過倫敦的時候，非常痛苦，衣服稍有不齊，行動稍不合他的們習慣，便惹人嘲笑；出門行走的時候，英國人的視線全集於這個華人身上，所以有些人不願出門．　一到巴黎，恍如回了家鄉，快走慢走，衣服如何，都無關係，直如在北京上海一樣．又如有失路的，向人請問，他必恭敬回答，指示詳盡，甚有護送一里二里的，也是常事．你看！法國人這種性情是怎樣的呢？法國人又喜外出遊覽，『不為星期日』他們的住室，不過完全的寢室作用，他們到了街市，便是他們的大家庭．即如：中小學校，體操雖無特別注重，然星期日星期四日，『星期四日午後不上課』教師必率學生出遊一次，盡歡而後回校．當他們出遊的時候，可以任性所好，為種種有趣味的遊戲：此時空氣既極新鮮，學生又極活潑，時間又極充足；此種自由運動所產得的體育利益，較之專在校中為枯澀的機械的體操，跟着教師喊一二三四，當有過之．『此事愚意宜極力提倡』又法國人喜跳舞，普通居家者，亦常於星期日或星期四舉行；若到了一個節氣，如七月十四國慶紀念，所有的人都在街市上遊走遊戲；『可以作使人發笑的事』那時所看見的盡是笑容，所聽見的盡是歌聲笑語，真是『舉國若狂，不知人世間再有他事』這時無論何人，就有萬斛愁情，也會洗刷淨了．這樣說來，似乎與體育相差甚遠，但他們有了這個，實在據了體育的上源：人的心情影響於人的身體，其關係是甚大的．講體育的，不宜專注意於肉體方面的工夫．（但不是說要坐玄……）

第三法蘭西式體育是得助於美術而非專為科學的．科學講理，美術導情，體育對於人生，負有物質與精神兩方面的義務．專為科學的體育，其功用只能及於物質的肉體，若要發揚精神，全賴美術出來幫助．法蘭西音樂是極發達的：歌曲戲劇，都很有名；普通住家的，都有大琴，不時彈奏；以外圖畫，建築，彫刻，其宏偉精妙，眞是『移情轉性，令人神往』這都是法國人民的體育有極大的關係的．

講鍛鍊身體，容易帶着軍國民敎育的彩色；講調暢精神，容易混入道家鍊丹的氣味；法蘭西式體育，有這兩種功用，而無這兩種流弊．

法蘭西人民體育的短處，也不可不一說之：一第一不潔『千勿誤會；是比較英美人要欠淸潔，若比中國還好十倍．』第二好飲酒．第三好喫烟，此爲法人最不良的習慣，其有碍體育，雖不及鴉片煙的利害，但也不小．

法蘭西的體育，大概如此，我非說他的體育是完全的，但亦必有多少可取之處．然所說的內容，完全由我個人的主觀，暫且這樣說下，或終不免爲康有爲，我也全不計及了．

一九二〇年二月二十日巴黎

# 我對於小學校體育的研究

蔣竇三

我們現在是民主共和國的國民，我們敎育的宗旨，不外乎『養成健全的人格』，和『發展共和的精神』．小學校的這個機關，就是開始學做人的場所．在兒童他的智識，不能說就有怎樣的深；他的道德，不能說就有怎樣的高；他的身體，不能說就有怎樣的强．所以小學校的敎育，對於『智』，『德』，『體』，不但不能偏重；而且要有適宜的平均發育．請問現在小學校的敎育，究竟是怎樣的呢？作者不才，對於小學校的敎育，不敢說籠統的是非；但對於我所研究的小學校體育，略有一點批評和主張．

體育兩個字，一般人是做怎樣的解釋呢？這條答案，可以分左列的三種：就是

一．有人說體育，就是體操的運動．

二．有人說運動以外，還有衛生等等．

三．有人說兵操，也是在體育範圍以內．

體育兩個字的解釋，應該是怎樣的呢？據我說來，『體』就是指人的肉體；『育』就是用『智』的，『德』的東西，想一個方法出來，『養育他的肉體』，和『他的心靈』；要使他成一個『健全的人格』，好去『發展他的共和精神』．因此，所以我對於『小學校的體育』，就有一點主張．

我的主張，也可以分左列的幾種：

一．每日開始課業前的體育．

人的腦筋，在清晨起床的時候，是最清醒的．一經受了家庭和社會現象的感刺，他就起了變化；到校的時候，必定有因受感刺而起複雜的念頭；若不經一番整理，開始的課業，未必能完全接受；其餘的課業，也就可以推想了．我覺得現今小學校所行的『始業前的體操』，和『朝會的訓話』，……不見得就有甚麼效益；不如改做全校『靜的體育』，或者可以希望有點成效！ 這個法子，就是使各個兒童，都靜坐講堂，或靜坐各人的教室，整理適宜的姿勢；叫他靜坐五分鐘，或十分鐘，恢復他的清醒頭腦，然后再開始作業．

二．每次課畢的體育

兒童在教堂作業，坐時必整肅身體的姿勢，此固課間的體育理所當然；但此種姿勢，又適足以增進他的疲勞．現今通行的每次課畢的休息，不知有沒有利害？ 我覺得這種休息的時間，應該有長短的研究． 在休息的時候，兒童自由運動的方法，更應該取締他．『靜的休息』；有礙生理，當然是要絕對的禁止；就是『動的休息』，也應該力避劇烈的運動． 如此『身心并顧』，方是休息時間的體育；至於休息時間長短的研究，理論經驗甚多；請查看商務書館出版的教育叢書第二集第二編教授時間之研究，便可知他的詳細了．

三．每日課畢的體育．

課畢的體育：一方面使兒童充分的活動，一方面使兒童夜間安全睡眠的預備． 在現今的學校，施行課畢運動的很多；但是多數是一部分的，不是普徧的；那末與課畢運動的作用，豈不是只有一部分的效益麼？ 我覺得應該要做普徧的運動，并且要向羣衆體育的運動上做點根基纔好！

我是個沒有研究新的體育的，我對於文字也是沒有研究的，我這篇『對於小學校體育的研究』，不過是我一時的感想，隨便就把他寫了出來，希望大家指教，至於我對於『體操的本身上』，還有疑難的問題很多，下次另文再請教罷！

公歷一千九百二十年九月十三日做的．

# 兒童研究（續）

## 第四章　生物學與兒童研究的底關係

### 二・進化論與兒童研究

進化論的教義，是說明一切高級的生物，從那低級和簡單底傳續——逐漸進化——而來的。這是用科學的方法和實地攷察的結果，去定一般進代的原則，決非想像底言論。但是那些承認進化原則的人，對於人類由「非人類底祖先遺傳」的話，不免總有懷疑的態度。因爲人是最高級底動物，而且有理性的特徵，縱與最智慧底別種動物比較，仍有許多不同底地方。所以他們對於人的原始，雖受神學上的武斷壓迫和那偏頗輕率底言論，總還不敢信爲一成不妄。但是我們愈研究這個問題，我們所得最後的結果，愈不能逃出這原則的例外。這是何故呢？就是人類決非一時所造，那最初——第一底——生物的發生和傳下，實在是不曉得經過幾千萬年。只說是無藉期罷了。至若那說生物是紀元前四千零四年某禮拜五下午三時造的，實在也是荒謬已極。我們處這進退維谷底時候，是非不明的情況，又怎樣辦呢？解答這個問題，最好是參看達爾文的物種由來Darwin's Origin of Species和黑格爾的人之進化Heachel's Evolution of Man二書，對於上面所講的困難，自然迎刃而解。於是我們依天然淘汰的法則和人爲淘汰的手段，再去研究兒童的變異性和遺傳性，務使改革而進於善，以達兒童心身兩面並行發育的目的。那麼，進化論對於「兒童研究」的供獻和關係，都在這裏。

### 三・親系發育的進程

進化論的最奇異底證據，是在個人發達的歷史中去尋，在顯微鏡未發明以前，我們以肉眼觀察所得，亦信動物各種卵子之中包含胚胎，並有構成各種生物的機能，惟須擴充體量，以爲日後自由發展的基礎。所以現今一般研究發生學的學者，藉顯微鏡的種種助力，益信世間各種生物，都以一個簡單底細胞，爲他們的發育生機。這是說：一個生活細胞，儼若膠液狀底原形質的小塊，並且他的內部包含一密集底仁核，核中更有網狀纖維，扶持液體之形質於其中，此於細胞之生活，尤有特殊之關係，而此細胞又爲卵子之本質。細胞之有生活，自爲吾人所承認，但其在未組織蛋黃質，蛋白質，殼質以前，對於將來之變爲何種動物與其如何發達之理，既無暗示可言，復無特徵足尋，所以我們對於未成熟底卵子細胞——如將變爲魚的——不能强爲區分其將來必爲鳥類或哺乳類。就是星魚和鱆魚，鰷魚和鮭魚，雞和蛙，鼠與人，當他們是單細胞的時候，也無甚麽區別。照這看來，豈非冥冥之中，自有主宰嗎？所以赫胥黎說：各細胞組織之奇妙，我們不能不信其中有些不可看見底創造者。上面敘述生物的創造，實是不可究詰，但是甚麽是冥冥的主宰和這不可看見的創造者呢？爲甚麽有些生物日就繁殖呢？又有一些漸就滅絕呢？這個最難解答的問題，自達爾文的進化論出世，一般生物學者，都認之爲天然淘汰。我們既認天然淘汰的公理，就應敘述這種經通的情形，和進化的階級了。

世上事物，是演進不已的，當沒有生物以前，又是怎樣呢？據有些地質學家和生物學家的推測說，是由氣體而變爲液體，由液體而變爲岩漿——岩石，逐漸冷却，而地殼始成，這是地球的成因，以後又怎樣呢？他們說：既然有了地球，那麽首先所有的世界，便是金石，由金石世界變爲水土世界，繼由水土世界變爲草木世界，又進而爲昆虫世界，爲禽獸世界，爲人類世界。照這樣的嬗蛻遞變，演進不已，實是奇妙極了！現在篇幅有限，就簡單一點，從昆虫講起罷。

幾千年前，有些像蠕形的胚胎，逐漸變了毛蟲，他就存在海中，並且也有自由游泳的動機和能力，不過這種時期，轉瞬就過了。在一個短期時間，上面所講那種胚胎，又漸漸引長了他們的形體，這時已經變成軟體動物，經過蠕形物的階級了。此後徐徐進化，又過了無脊動物界的階級。所以他們的各個細胞，又構成固體底塊壘，這種塊壘。即是構造脊椎的根基，所以在動物學上，也就稱做「基根脊椎」。並有神經系統的組織，但是沒有神經中樞，到了此時，實在是變成魚類了。細胞一面組織顯明底頭蓋，他面又使頸端暫暫分開，繼續變爲鰓唇。古代魚類的生存作用，全在這裏。至若他們的心臟，雖是一個簡單底機官，不與哺乳類和鳥類的複雜心臟——分爲四房——相同，但是仍有一點活潑底跳躍作用．魚類既有鰓腭，又有心臟，要想達他生活和游泳的目的，自然需要一種適於游泳和那儲藏食物的器具，所以他們爲滿足這種需要，就離不了(1)由食管而變爲肚袋；(2)更由肚袋變爲氣胞． 上面叙述魚類的進化和他經過的階級，是已構成全然無缺底魚類了． 但是他們仍須永處水中，離水便有生命的危險． 這種顯而易見底進化，就是他們可以水陸兩棲： 此時一面可以居處水中，他面又有呼吸空氣的能力，在動物分類學上，把他叫做水陸兩棲類． 他們的形體固生變化(例如蝌蚪變爲蛙類)，他們內部的進化，依然遞變不已． 在這個時期，有三件改變內部的事實，是我們不可不注意的，那是： (1)肺部變爲複雜底構造；(2)心臟變爲四房底機官；(3)有大血管的組織． 我們既明白那上面所講的三件進化的事情，自然可以理會他們是由兩棲類變爲哺乳動物了． 但是我們再去考究他們的軀體，短肢節，尾……等，似乎仍未十分充分的發育，只好叫他們做較低級的哺乳類罷． 從此以後，人類的特徵，也暫暫的一天明白了一天，我們也不必作那瑣屑的討論，只要知道頭骨加大，腦力發育；肢節發達，變爲手足；垂尾消滅；和那不復卵化，成爲胎生，就很够了．

照上面所講的生物進化，實在無時或已． 我們人類之有今日，確實不知經過幾多磨折，雖然宗教家大都託爲神異，而在生物學家一概付諸「天然陶汰」． 這種實在的事實，就是天然陶汰對於生物，既不厚此輕彼；復無老幼之別． 所以各種生物的生存和他們的變異，無一不是要適應他們的環境，以達其生存的目的． 例如幼稚底魚類當他們不能以自己的能力尋覓食物以前，那種卵黃便是供給他們的食料，並予他們殘存不死底機會． 又如水棲動物，把他拿出水外，縱能暫時生存，結果沒有不死亡的道理． 因爲是這樣蝌蚪之所以變爲蝦蟆，便是適應他們的圍境——離水便死——使有水陸兩棲的能力拉！ 上面所舉的兩個例，就是進化論上的「適者生存」的証據了． 更論鳥有豐滿底羽翼，禽具銳利底爪牙，也無非是適應他們的環境，使他們有生存的餘地． 至若我們人類咧！ 既不能如鳥之飛翔，又不能與猛禽鬥力，那麼我們要想適者生存，除非發達智力；智力既已發達，自然能够應付萬事；役使萬物了。但是我們智力如何才能發達呢？這種根本問題，就離不掉教育二字了。爲甚麼又要教育呢？因爲教育二字，依生物學上看來，就是適應我們物質和精神各方面底環境的工具，並能滿足我們各種需要的，能够滿足我們的需要，自然是能解決我們生活上的種種困難問題了。所以杜威博士說：「教育就是生活。」這是把教育看作生活的全面，我們可以拿來應付一切需要的東西的。近來美國密勒爾著了教育爲生活的需要Edacatian far the Needs af Life一書，也是專門發揮這種道理，並且在他第一章教育中的生物學觀之中，他很注重兒童方面的問題，他說教師要知道兒童的天性，並且要供給多少最宜於應付兒童需要的東西。現在的一般教育家，既認教育就是生活，爲甚麼又要再進一步，研究兒童呢？因爲兒童是成人的基礎，成人以後的生活問題，能够解決與否？純視兒童時期所施的教育相宜不宜？反言之，我們要知道對於兒童如何施教，便不能不研究「兒童研究」那麼「兒童研究」這事，更屬刻不容緩了！

（未完）



## 誤刊更正

本報第五十八期第一三三面上版第十七行誤排「；閱者、其示有所感乎？」數字合應删去

# 運動生理學（續）

日本醫學士吉田章信原著
南昌羅黑子譯

(b)關於脈波的心室遲緩期與心室收縮期的比，即Diastole/Systole(D/S)調查反衝突起這種現象不顯明時，頗難檢查。稍顯明時，則雖僅用玻璃尺度也可以測定。

各脈波縮脹期的比，若第一突起與反衝突起的移行部爲弓狀時，則弓狀的中央當有分歧點若第一突起與反衝突起之間有彈性突起(Elastigitatselevation)存在時，則拏他歸於第一突起的領域內。這也是當然的。

第一突起的開始，在心室收縮初期，心室的緊張力移行於大動脈的時候與半月狀瓣放開時略略相當。因是反衝突起開始時半月狀瓣閉鎖以後的時間，據(Hurthle)氏拏狗來實驗的成績說，因在心室收縮期而起的第一突起，與心室收縮後的時間相等。故從第一突起之初，至反衝突起開始之間，謂之心收縮期間。至以下脈波的第一突起開始的時間，謂之心遲緩期。所以現在脈波上只要有反衝突起稍稍的顯明，那測定D/S是容易的。

(Hunt)氏說：心搏動數增加時，心臟鼓舞神經一受刺激，則D與S縮短至同一程度。若迷走神經的興奮一有減弱，則僅S減少，D則大大的縮短。又據(Aulo)氏的實驗，運動時心臟搏動數的增加，以D的縮短爲主。(Zuntz)氏說，心筋疲勞則心筋的收縮時間延長。至於S可以延長的理，從一般筋生理可以推察而得。又說，安靜時S比較的膨大，即是搏動量增大。

他又說，脈搏數達於高度，又第一突起經過延長，不能專說他是搏動量的增加。及因心筋收縮遲鈍，高壓不能及於內部的原故。這就是表明心筋强度的疲勞。此事實已就蛙的心臟，實驗証明了。脈搏數在行軍時隨負担量的增加爲比例；與路程的長短無大關係。這是顯然的。又說，D在心臟過勞時縮短，與S恰成反對。然而D對於行軍距離雖有重要的關係；至對於負担量的影響則較輕。D/S有時爲行軍前的D/S二分之一或五以下。又說，有某被檢查者，安靜時的D/S爲一·八八。至他行軍後則降爲一，○以下。此時可說他是精疲力盡了。據氏的經驗說，D/S降下至一·二五或一，○或○，八的行軍演習，到底不能耐外。此時運動者的脈搏數多有增加一四〇乃至一五〇的。

(Zuntg)氏以爲行軍時距離及負担量所及於D/S的影響，在負重二二〇，行遠一八粁時，S則絕對的延長。（延長度平均爲一九%）D則縮短。若負担二七〇，行遠二四．七五粁，則變動更甚。負担三一〇，行遠二七粁時，則D/S相近接。此種心臟的變化，實是危險的。此時的脈搏數上達一四〇乃至一五〇。此卽氏以爲心的過勞的一證。至D/S的過小，則與(Hunt)氏所謂迷走神經興奮減弱的現象一致。關於亨與氏所記滑冰競走者的脈波看起來，D/S比較出發前，一概縮短，且D的縮短更著明。今以（Zuntg)及亨與兩氏所舉的脈波列次以供參攷。（參照第十二——十五兩圖）

據圖可知D的縮短，隨一般脈搏數的增加，減少了心的遲緩及休息的餘裕。在日本戶山學校施行長距離快步運動中，有數名學生的脈波，顯出運動後的D非常的縮短。又D/S比較運動前銳減。如第十六——十七圖所示就是的。在第十六圖表示一千二百米突快步運動後血壓減少一〇耗。至於運動前後的D/S據三十秒鐘間所測出的脈波爲

運動前　D/S＝2,16＝2,6/1,2

運動後　D/S＝1,09＝1,2/1,1

S僅僅縮短；D則大縮短。(Hunt)氏所謂迷走神經的興奮減弱於此可見了。並心筋的陷於疲勞也於此可推察了。故D/S的顯著減少，與脈搏的劇增，可算是檢查心臟疲勞的方法之一。

(c)彈性突起的數與其學說大概如左：

(1)彈性突起與脈管壁的彈性有關係。動脈管壁的張力增加，則彈性突起數也增加。然在脈管壁的彈性生障害時的疾病中，則彈性突起甚小，或至消失去。(Landois)氏

(2)動脈的平均壓力昂進，防害血液流出，則彈性突起在第一突起的頂點，高高的顯出。(Landois)氏

(3)(Hoarweg)氏以爲彈性突起乃因描脈器的記桿的振動而生的。(Landois 及 Zuntg)二氏則以爲其中一部分確爲描脈器的自動，及筋與腱的無意識的振動而生的。又有謂在同一個人的脈波，用種種方法描寫出來，可以確定彈性突起的一部分實是因記桿或橡皮膜的振動而生的。

(4)(Vierordt)氏及其他臨床醫者，以爲在動脈硬變症

，常現出遲緩的脉；彈性突起完全沒有；且反衝突起也不明瞭。在血壓非常抗進的鉛中毒症，腎縮症，急性腎臟炎等病，則彈性突起非常顯明。此則與（Landois）氏的說相同。（如第十八圖）又有謂老人的遲緩脉內是沒有彈性突起的。

(5)（Vierordt）氏以爲彈性突起的消失，及反衝突起顯明，皆是表示血壓減少。如在慢性虛弱疾病中，常看得出來。在其他虛弱狀態及貧血症中也看得出來。

(6)據（Zuntg）氏行軍實驗的成績，在不困難而適宜的行軍後（例如一八粁距離）比行軍前及安靜時那彈性突起的數是增加的。若在二五粁行軍後，則其數減少。然而在同一脉波綫中，小小的彈性突起忽現忽滅，這是筋及腱振動的原因。其例有三。（如第十九圖）（Zuntg）氏關于彈性突起，及行軍努力的關係，所述結論如左。彈性突起(一)因血壓的上昇，(二)因心臟的血液排除力增加，他自己也不能不上昇。因是在適度的行軍，他的數與大小的度就增加。設在過度的行軍，惹起心臟過勞，血壓及血管張力減少的時候，則他的數及大小的度則減小。

據以上諸學者所說，關于彈性突起施行精密檢查時，得以藉爲檢查心臟疲勞達至何種程度的補助方法。如在第十七圖快步運動後的脉波，雖完全不能証明彈性突起的存在；然在運動前的脉波，可以看出二個最顯明的彈性突起在那裏。

(三)血壓測算

血壓受的影響甚多。其中如心臟的強弱，及其作業力的大小，並血量的多少，皆與血壓大有影響。各生理學者所說都是一致。若是則所習運動對于習技者的體力或心力比較的强且常惹起心臟疲勞時，（末梢血管運動的關係除外）則血壓比較運動前或運動中更低下。這是常有的事。至因運動後心臟疲勞而起的血壓低下的例，在（Schmidt）等著作中，曾經見過。就是著者也常看見有人在强度運動後的血壓，比運動前低下。在此種情形，當心臟努力最高的時候，血壓就上昇。其後漸次低下。在運動中或運動後，想要迅速測定血壓的高下，當以（Basch）氏的血壓測定器爲最便利。

(四)心臟擴張的証明

過勞之後呼吸困難，心臟左右兩室起急性擴張。急性擴張經數次後即變爲慢性擴張。有所謂後天性的心臟虛弱之說，已得多數學者報告。如(Lancisi)氏(一六五四——一七二〇)初以身體努力過度爲心臟擴張的原因。(Seitég)氏(一〇七五)(Myers, Thurn)等也說，因心臟機能不全所發生的擴張及肥大，乃是身體過勞的結果。(Münginzer, Mosso)以登山爲心臟肥大的原因。(Träntgel)曾見有人某次搬運大石，惹起心臟過勞，遂發生心臟擴張。即據此爲例，附名曰急性心擴張。又同氏在一八七〇至一八七一年戰役之後見有兵卒因繼續戰鬪努力過度的結果，左右心室証出有特發性的肥大及擴張。此種心的擴張是可以由急性變爲慢性的。如兵卒等天天爲過徹的呼吸運動之外，背上更有背囊，有鎗，防害腦部的擴張。在橫膈膜部位，有彈約盒，及刺刀鞘，限制自然的運動。因之右心室靜脈血壓高低不一。呼吸困難。使肺動脉系統生出不斷的高壓。此時右心筋若不能戰勝此高壓，即發生右心室的擴張及肥大。又當美國獨立戰爭時，英國的兵士因平常野外練習過度，及戰時戰鬪上的勞苦，心臟多起擴張。又水手，漁人，司鍋爐的技手，及水底勞動的工人，多有起心擴張的。(Schott)曾未能証明急性心擴張在健康心臟內，筋的作業中，當未起呼吸困難的時候，有何種的特徵、但他說因徹烈格鬪的結果，呼吸迫促、心臟的境界向外方移動一乃至數糎、心尖搏動也向腋窩移動、呼吸的數比平時高二倍以上、初時的血壓雖上昇，以後也隨呼吸促迫同降下了、——共度爲一〇·二粍或至其度以下。他說這個乃基因於胸廓內的鬱血作用，遂名之曰鬱血擴張。他又實驗証明腹部的緊縮可以昂進心臟擴張的度。(Zendre)氏曾見十一歲至十六歲的男子强行快跑之後，遂起急性心擴張。著者於日本大正二年，在戶山學校，從施行一二〇〇米突快步後的學生二名身上驗出他們尿中有蛋白質。同時用打診法証明心臟濁音界向左右，方擴張約〇·五——一·〇糎，尙有(Albu, Buschan, Smith)等皆說脚踏車格鬪諸運動的時候也有同樣的結果。亨與氏証明滑冰競走後七十三例中有廿二例爲心臟擴張。現象亨與氏原著中三種競走的心臟擴張圖借取一二以資參攷(第二十及二十一圖)

| 五粁競走 | 二四名中 | 七例 |
| --- | --- | --- |
| 一〇,, ,, | 一二,, | 四,, |
| 九五,, ,, | 三七,, | 一一,, |
| 計 | 七三,, | 二二,, |

(Zuntg)氏說行軍八九日，據負擔量的輕重，可區別爲第一次行軍，(二二〇負擔量)第二行軍，(二七〇負担量)第三次行軍，(三一〇負担量)。總計凡參加行軍至百八十回的人，彤查他的心臟，在行軍後，所記下的心濁音界擴張的度如左表。

| 負担量 | 心臟濁音界擴張數百分比例 |
| --- | --- |
| 二四瓩 | 五六·〇 |
| 二七,, | 七〇·四 |
| 三一,, | 八七·五 |

他說第三次行軍時，心濁音界擴張的度爲三·五乃至五糎。在第一次行軍，心臟及肝臟的變化少。故他說行軍中兵士的心臟濁音界擴大至一·五——二糎是危險的。據他的實驗，六十三例中有三十二例是証明右心室的擴張。有三十一例(五〇%)是証明左右兩室的擴張。他說呼吸與心臟及肝臟的擴大有密接的關係。軍人等負担種種障碍物，故呼吸困難，漸次誘起心肝的擴張。

急性心臟擴張的原因，徵於諸家的意見，凡誘發心臟擴張的原因好像是認呼吸困難，因呼吸困難時，吸氣運動强而且激，呼氣不足，且爲衝動的，于是胸腹部起高度的陰壓；頭部四肢並身體表面的靜脉血被吸引入胸廓內，遂使右心及小循環發生鬱血。(Zuntg)氏以爲肝毛細管爲減輕右心負担一種安全瓣。肝臟雖腫大，而右心不能不分担此靜脉血過重負担的若干部分。如右心的力能承受此分担作業，則無事；若力不能勝，則心室必擴張。(Hüppe)氏謂，在虛弱的心臟擴張最爲顯明。至于右心能容受此種鬱血至幾何程度要看心筋的强弱抵抗力如何爲準。設心筋疲勞則絕對力減少，同時他的彈性也不完全；因之爲心腔內亢進的血壓所戰敗的心筋在遲緩期中爲過度的伸張。又因彈性的原故，遂至於不能恢復元來的長短。斯托利因貝爾氏說因心腔內血壓的亢進，心筋即向後退擴張；肺循環即起充血；其餘動脈血壓也低下；於是現出呼吸困難的朕兆。然而呼吸困難不是心臟擴張的結果。而心腔內壓的上昇誘發心臟的擴張，反是呼吸困難的結果。

若是，則心臟擴張與心腔內壓的亢進有密接的關係。心臟起擴張時，因心筋的强弱，可以分出遲速大小不同的度。以此檢查心臟的抵抗力也是一種方法。亨與氏曾經報告有心臟强的人，在滑冰競走得勝後，他的心臟並無擴張的影跡。於此當討論的就是呼吸困難既爲誘發心臟擴張最有力的原因，則呼吸力强盛的人在競爭中因呼吸力强旺故不感困難，所以他的心臟也不起擴張。這種事實也許有的亨與氏的意見以爲呼吸力與心筋强盛時不至于有心臟擴張的証候。

著者擧關于檢查心臟疲勞的方法，已經擧了四種。即脉搏診察法，脉波測算，血壓測算心臟擴張的証明等是的。然而於此尚有簡單的方法可以爲體操遊技的指導。其法就是觀察習技者的面色。若面色有紅光，是爲血液分佈的好狀態，是証明呼吸尚未困難，心臟作業尚未受害。設習技時面色蒼白，即爲呼吸困難，血液分佈不周轉的朕兆。如在心臟既已過勞的時候，對于此種習技者的處置，不可稍誤。這個理由，據上面所說的，讀者當然會明白。就是因爲小循環中設有血液停滯，心臟尚在活潑作業的時間，則血液自然適當的分佈於身體表面。反此則否。面色的觀察不獨是可以檢查心臟疲勞，並可以看出一般疲勞的程度如何。曾有經驗的人，一見習技者的面色，就能知他身體疲勞的程度。所以運動這種事，當適應個人的體力做去，不能勉强的。

瑞典式體操對於心臟疲勞的顧慮周到，如總論所述，瑞典式體操各種運動形式的强度，常根據呼吸及脉搏的數，定出來的。强度的運動，如懸垂，跳躍，快跑等，運動後必有輕度的運動，如平均運動，局部筋運動，步行運動呼吸運動等，以免呼吸困難，或心臟陷于過勞。這是調和肺與心臟的作用，排除運動筋內的炭酸瓦斯，而爲酸素的供給。

又當體操又他種運動時，務使指導者留意心臟疲勞的朕兆。瑞典人在體育上注意如此周到，這是可喜的。總之凡强度運動的施行，照著瑞典式，自然在心臟衛生上沒有害處。

（未完）

# 遊戲敎育（續）

Henry S. Curtis 原著

王長平 穆海鵬 合譯

由自然之理言之，人之動作，原不須乎意識；若心有所專注，則為意識。今之體操及柔軟操之動作，使不須意識之動作，一變而為意識之動作；故精神上耗費雖多，而體態之豐采反減少也。阿氏有云：今日工人之工作，惟注意工作法，不注意工作最後之目的，以引其興味；其神經最強之刺激，消耗精神必多。又走路為人人所能者，而人於登台時，而求其動步適宜，皆不易得；此無他，走路為無須意識之動作，登台為有意識之動作。又人從事所樂為之事，則舉措頗自然；從事所不樂為之事，則舉措不自然；此一為有感情之動作，一為無感情之動作；無感情之動作，動作必須意識；有感情之動作，動作不須意識；不須意識之動作，則動作適宜也。

人之動作，有易見豐采者，有不易見豐采者；動作而有人類最早之動作，不學而能者，則易見豐采也。大多數之動作，非為人類最早之動作，必經至當之練習，方能動作適宜。不正當之動作練習，莫若體操排隊等，皆由於勉強與注意，其消耗精神為多，反養成笨拙之體態也。正當之動作練習，惟跳舞與游戲；跳舞與游戲，動作皆屬輕便者，惟當最初練習步法時，稍有勉強，迨熟練後，則動作自然；蓋因跳舞與游戲，為情感發現於外，猶花為葉之結果，其精英流露於外之現象也。一般人以練習跳舞，為使體態易見豐采者；而不知跳舞尚不及游戲也。如跳舞常藉音樂之助；當音樂齊奏，即依其音樂拍節而動作，故易見豐采；若樂音停止，則豐采立減；跳舞練習步法時，非常笨拙；至練習嫻熟，耗時也不少；故常見善於跳舞者，其舉動並不雅致也。而兒童之游戲則不然，無論於何時何地，其游戲無不自然者。

游戲易見豐采者，因游戲為人類最早之動作；神經之聯絡，結構已成，不待訓練，動作咸得其宜也。

健胃　設使有不欲其腸胃通暢者，則有一法；不出門戶，不事活動，惟煩其心思，則腸胃自不通暢也。設使有求其腸胃通暢者，亦有一法；盡反以上之所為，則腸胃自然能通暢也。即於露天中，殷勤操作，心無旁務，腸胃亦能通暢也．

露天中空氣，有舒暢身體之效力．予於平時，不用咖啡；及至旅行，每日須飲咖啡五六杯，並食鹹肉；亦不覺有不安之現象．嘗見有幕居於露天中者，其所食者，爲陳麵包，灌頭菓實，與自取之肉食；未聞有腸胃不通暢者．由此可知，閑居於室內，莫若游獵於室外，足以養生也．

操練身體，能助消化力，爲盡人所知者．因胃汁增加，血液循環，足供身體之消耗．又因身體之消耗，所食雖多，而消化亦速；故歷攷古今之英雄，未聞有因飲食過量，而致疾病者．

求學之青年，每患胃不消化．蓋平日於露天生活，飲食雖多，而消化甚易．今於學校，從事屋內生活，終日靜坐；而所食仍舊，則消化不易．胃不消化，故身體不爽，作事缺乏精力，精神不快，改變和悅常態．嘗見有甲乙口角；甲問乙曰，今日所食者爲何物，而有此態度；此語頗中其要．

人之心理，與消化力亦有關係：心有所煩悶，或憤慨，成焦慮，皆與消化力有妨碍者．予於事物紛擾時，則食不甘旨．邇來與未倫先生談，先生云：吾從比洒君往北極探險，此地夜長晝短，常患胃不舒暢；比氏每往北極，必携埃斯其摩人有小兒之家人，與之偕往；蓋欲藉小兒以開其胸襟也．此次再往，於六個月前，已準備有十小兒之家人，擬之同往；此十小兒皆甚機敏，最能開人之胸襟者；比氏於此，實合生理與心理也．

獄中犯人，身體强壯者，胃亦不舒暢；蓋憂鬱也．憂鬱足以阻碍消化力；人有喜樂，又可以助長消化力；觀人之工作，從事其有興趣之工作，任食何物，皆易於消化．

人之交合之精神，男女居室，人之大倫；常人只知有直接生育關係之重要，而不知有間接健康之關係，尤爲重要．譬如人受宮刑，在男子則失缺勇敢力，與果斷力，及全體之精神，在女子則全失女子之常態矣．

手淫之害，甚者與宮刑無異；故予特申述之．

據近來之調查，男女問題，甚爲重要，常人尚不知其內容；在西北各省教育會聯合會討論此問題時，有某鄉間學校校長報告云：其本鄉學校生徒，大小男女，無一無手淫之弊。又有一校，大半生徒，皆有男女苟合之事。德人扶爱得氏之調查：男女感情，爲致神經病之一大原因。

肺之健强　肺爲人內部之最重要者；心血一時不至腦部，人即昏倒，且殞命焉。平時心臟，僅容周身所需之血液；血液多，若心臟不健强，亦有生命之危險。如人之修橋，橋梁須能承平時六倍之力；心臟之量，亦應若是。然欲求有此量，非在露天中鍊習競走不可。若僅四肢之練習，無甚效用；至於啞鈴練習，雖歷五六年，與肺量無所增益；必運用兩腿之肌肉，或競走，或其他種種用力之運動，心臟方能受益。

美國教育家，以人之肺量大小，定人之身體强弱。蒙台梭利所著教育的人類學，亦有所說明；氏云：人之肺經，與身體高低之比例，可以定人體之强弱。身體高者，須有大肺量，方可排去老廢物；小則不能勝任，易有痨疾，體力薄弱。又云：人因肺弱，身體不能得其所應得之滋養料，則精神萎靡；精神萎靡，即身體退化之謂也。人若肺强有完善之消化力，則血液充足，精神活潑，情意暢快，身體健康。又云：每於心身不舒暢之時，至野外散步，則心身立覺暢適；蓋人之肺量擴大，自信其能勝重任；雖有煩惱，或工作過勞，精神疲倦，而恢復亦甚易。若人之肺量狹小，則不易及此；縱能恢復精神，祇少數有決心之人耳。蒙氏云：欲求肺强，非於露天中練習不可。

# 肥人適用之體操法

好事

肥人之所以肥，緣於脂肪太多，固爲人所共知；其身體各組織因肥而致軟弱，爲誘起各種病症之媒，亦多數人所知者；感肥之苦痛，而思所以減肥，亦今日肥者之心理也。茲得一種健强身體的組織之體操法；果能依法修練有恆，不僅減肥而健强身體的組織已也，且足增加不感疲勞之筋力；亟爲說明其動作於此：

（第一運動）首先直立如『立正』之姿勢，爲運動準備。

動作『一』舉兩踵，同時兩臂平舉於前方，用力收縮腹部；『二』將舉起之臂與踵復原，同時腹肌輕放。如此反復八次或十次後，仍舉踵將兩臂平舉於體之兩側，爲同一之運動，次數同。

（第二運動）預舉兩臂至頂上，指頭交叉組合以爲準備

動作『一』屈右膝，平舉右腿，兩手下抱膝部；『二』右腿下，足着地，兩手仍舉至頭上。如此反復八次或十次後，屈左膝舉左腿爲同一之運動，再右左兩腿交換運動，次數皆同。

（第三運動）姿勢如第二運動。

動作『一』上身向前彎；『二』復原。如此反復八次或十次。後，上身向復爲同一之運動，再前後交互爲同一之運動，次數皆同。

（第四運動）姿勢如第二運動。

動作『一』上身向左彎；『二』復原。如此反復八次或十次。後，上身向右爲同一之運動，再左右交互爲同一之運動，次數皆同。

（第五運動）預伏體向下，兩臂直伸，手掌着地，兩膝着地，足背亦着地；使軀幹與臂與腿，皆成直角形，以爲準備。

動作『一』左腿向後上直伸；『二』復原。如此反復八次或十次。後，右腿向後爲同一之運動，再左右腿交換爲同一之運動，次數皆同。

（第六運動）預伸膝坐下以爲準備。

動作『一』上身儘力前彎，兩臂直伸於頭上，掌心以能置足趾上爲度，兩腿略分開；『二』復原。如此反復八次或十次。

(第七運動)預以兩掌支背後地上，上身略向後斜，足併攏趾直伸，以爲準備．

動作『一』儘力上舉右腿，『二』復原． 如此反復八次或十次． 後上舉左腿爲同一之運動，再交換兩腿爲同一之運動，再將兩腿同時上舉爲同一之運動，次數皆同．

(第八運動)預面朝上將身體懸空，兩足兩手着地，軀幹與坐腿成水平綫，自膝以下直立地上與坐腿成直角．頭則前俯，以爲準備．

動作『一』左腿前伸；『二』復原． 如此反復八次或十次． 後，右腿前伸，再交換兩腿前伸，爲同一之運動，次數皆同．

(第九運動)預仰直臥下，手掌及全身背面皆着地以爲準備．

動作『一』儘力屈右膝使坐腿上縮；『二』復原． 如此反復八次或十次． 後，左腿，再交換兩腿，爲同一之運動，次數皆同．

(第十運動)預伏臥，身體懸空，軀幹與腿成直綫，以手掌與足趾着地，支持體重，以爲準備．

動作『一』屈兩臂，體下着地；『二』復原． 如此反復八次或十次．

運動至此已終了，可起立徐徐散步三四分鐘． 以緩和呼吸上之困難．

## 遺傳的關係麽？(小說)

治一

有位中學學生，他的年紀恰在二十上下，他的面色是慘白而且精神是狠委靡的． 但是他說話時却狠詼諧，加以他那不修邊幅同旁若無人的態度，是狠足使人發笑的．人家也有些叫他做怪物的，也有些說他是有神經病的；因爲他姓劉，就都叫他做劉神經；又因爲他的精神委靡，狠有老大頹唐的態度，又都叫他做老太爺．

老太爺的年紀，已經不是小孩子了． 但是每每早上學校裏學生入學的時候，他却老早在學校門首慢慢的踱來踱去；有時口中嚼着零星食物，有時和學校裏附屬小學的學生們，演述他那詼奇的神話，甚或他竟借此和那些小孩子分肥，騙着他們的食物呢！ 至於午後散學時，學生們都回家去了，他常常是到那些廟坪裏有賣熱食擔的地方，買一個燒好了的紅薯，一面喫着，一面望着那慢騰騰的熱氣獨自出神．這便是他通常的生活，每每都是如此的．這位有小孩子氣的老太爺，除零星食物同紅薯以外，還有一宗嗜好，——遺傳的嗜好——便是那種麻醉藥的酒．他飲酒是無制限的，飲多了薰薰的跑回去倒頭便睡，甚麼事都不管；第二天大清早又依舊踱在學校門首，做他的老功課．因為他喜歡在醉裏討生活，又自己叫做醉天生．

後來醉天生娶妻了，生子了，他的生活，可是沒有一點改變．但是慘白的面色，漸加了幾分青色．若是在暑天裏裸着身體的時候，恰好做一張人體骨骼的標本，所有骨幹，都是狠顯然的；然而穿着衣服，還能使人辨別是一個弱不禁風的慘淡少年．漸漸的變成泥塑的餓鬼了，更後竟是紙紮店裏的紙人了，再後呢？并他的蹤影也不見了！再也沒有見着這位神經病的老太爺了！

他妻子還正是一位青春的婦人，伊雖然有那可愛的兒子，做伊的伴侶，却是伊對着兒子，終不能感着一點愉快．伊有時候也想將來我兒子長大了，如何作事，如何自立，如何替他娶妻，自己如何享受，也不覺的興高采烈起來．但是孩子不是跌着哭了，便是吵着要食物喫，種種的喚起伊的煩腦．有時想到即使兒子長大了，像他父親這樣呢？自己的眼淚，竟不知不覺的掉下來了．但是伊自己決沒有想到伊自己會要怎樣，決沒有想到伊自己會永久棄去伊的兒子．

伊的兒子，稟着他父親的遺傳，恰好是一位小老太爺．面色也是一樣慘白的，精神也是一樣不活潑的，僅僅三歲小老太爺也就不幸的老死了．

現在小老太爺的祖父，却依然健在，并且在醉的乾坤裏面，非常自在呢！但是壽夭不齊，怎麼這樣？若說是遺傳的關係麼？醉天生自己又是受了誰的遺傳呢？唉！醉天生曾經對人說：「人家笑我不修邊幅，但是人類誰沒有愛美好的天然性呢！人家笑我終日在外閒踱，但是誰也不知道我家中那種全武行新劇的利害呵！人家笑我好食零物，不知我能得着零物，己是幸事、所以只得索性笑罵由他笑罵罷了．」

唉！醉天生是生在舊社會的家庭裏，是一位劉伶再世的父親的兒子，燒麥便是他的麵包，學校門首同街市上便是也的自由樂土。

他們夫，妻，子，三人都要算了却草草一生了，他們的不幸，還是遺傳的關係呢？還是境地的關係呢？

# 雜談

## 體育與勤工儉學

蕭子昇

世界人類有個很怪很不安的現狀，即人類共通一個待解決的問題，而爲現在人類尚無暇注意的，這可叫作『發育不平』——要解決這問題，便可名曰『人體平等』。

發育不平，有兩種現狀：(一)專勞力的，身體果然强些——但腦筋不能發達，他的動作，如同一架機器，沒有什麼意思。這樣不能完成『人』的生活的體育，請問有什麼價值？(二)專用腦的，腦力當然發達些——但是他的身體實在是遠不及實行勞力的强壯。請問研究學問是不是比作器械的運動要複雜些？請問作複雜事情的人的身體是不是比作器械運動的應該要强些？現在怎樣？何以反到弱些哩？

現在有多少學問，若不用手去試驗，去摸索，腦筋裏所得知識與觀念，不能明確——質定之，不用體力的勞腦，腦力也不易發達。

杜威博士於今在中國是很行時的，北京城內有個會拉車的叫做彭四大漢，『我在北京時看見他異常高大結實，所以問了他的姓名，他說年巳六十，未嘗病過，於今信手拈來，作個材料』我便簡單問兩句道，假使杜威博士有彭四大漢那樣强壯的身體好不好哩？假使彭四大漢有杜威那樣發達的腦力好不好哩？這是笑話麼？只要注意努力去做，一定是可以求得的結果，一定是人類要做的事情，一定是體育界最重要的功課。

這是怎樣說法呢？一是勤工的應該儉學。二是儉學的應該勤工。勤工儉學，體育的勤工儉學，休說別種高深的道理——只從人道方面看去，也是一件很博愛很慈善的事情呀！

一九二〇年三月四日作於巴黎

## 幾個殺人的名辭

王鑑武

生下地，原是活潑潑的；却不知被幾個名詞，縛死多少了．在家庭之中，大人看見很活潑的小孩，就說：「這孩子太『廢事』」！不然就罵：「越長越沒『大人』材料」．到學校裏邊，先生說：「這個學生品行好，很『老實』」；那個學生品行不好，很不『老實』」．出了學校，來到社會裏邊，看見很活潑的人，就說：「這個人太『輕佻』，太不『自重』，一點『端莊』『恭敬』的氣象也沒有」．當教員的人，尤其拿出一付可怕的鬼臉，裝出『莊嚴』的樣子，舉動都要不疾不徐，言談也祗講道德方面高尙的話．不然，學生就不尊敬了；有失先生的『威儀』，給加上一個『狂』或『放蕩不羈』的名辭．　唉！　有了這些名詞，所以把活潑潑的人，都縛做死尸一般了．

# 附錄

## 改進體育案

湖南教育委員會



體育一道至關重要歐戰以還英美等强國發現人民體格上之弱點各謀所以改善之我國素稱積弱故全國教育聯合會早見及此迭次建議力求進行湘省幾經兵燹欲言自治非先充實自衛之力不可徒以艱鉅創深痛定思痛或欲主張學校廢止兵操或則懷疑空言無補仍欲藉實力以竟文化運動之劾此皆局部之研究要非發展體育之正義竊以體育爲三育之一包含甚廣不能以頭痛醫頭脚痛醫脚之法取便於一時亟宜體察情形全部規劃以期逐年推行玆特擬其方法分舉於左

甲．關於體育行政者

一省教育行政官廳置體育科或體育股掌管全省體育事宜

二召集體育專門人才組織體育委員會製定體育方法大綱頒布施行

三歐美留學經費內劃分三名至五名之費專送學習體育學術人員（最少瑞典一人德國一人美國一人）

四設立體育師範學校養成中等學校及公共體育場之體育指導員

五省立各師範附設體育講習科以謀增進小學教員之體育知識技能並教授方法

改進體育案　人生的體育學會宣言

六調查人體元氣（自六歲至十七歲各個年齡元氣之指數及壯丁元氣之指數）

七限制結婚年齡

八檢定醫生

九飭地方官勵行衛生行政

十視察員須注意視察各地方之學校及社會體育狀況并隨時指導或講演

乙，關於學校體育者

一各校應設置校醫指導學校衛生及檢查體格與預防傳染病衛生談話等

二師範學校對於有關體育之科學認眞教授師範生不明體育原理不能勝任小學體育指導者不予以畢業證書

三各等學校須注意精神修養的教育

四應用軍事學之精義組織各種學生自動團體如童子軍青年團之類

五每年最少當行一次有効的身體檢查

六學生運動在個人當力求平均在全校當力求普遍

七舉行運動會須嚴杜誘發虛榮心及賭博式諸弊

八設法改良學校中一切不合衛生之建築或設備

九設法使學生多得與自然界接觸之機會減少屋內生活

十不使用各種無裨實際之體操游戲教材

丙，關於社會體育者

一開闢公園

二設立公共運動場

三開放學校園及學校運動場

四設立體育會提倡騎馬射箭游泳及角力技擊等若能習槍打靶更妙

五衛生講演

六設立地方公共病院

七提倡不吃煙酒會

湖南人趕跑了張敬堯，關於教育事宜，組織了一個教育委員會．這委員會的會期中，除却計議當時必需解決的教育問題外，另外決議了一部『籌劃湘省戰後教育案』，這『促進體育案』，就是內中之一；雖說現在還來不及公佈實行，但是距離實行的時期，也不致很遠，所以我們敢預先揭載．

編者附誌

# 人生的體育學會宣言

我們信仰這體育有講求的必要，是因一個人爲生活不能不自保重身體；就是全人類社會謀安全謀繼續，也不能不保重各個體．

我們不信任現在風行全人類社會的體育方法．能完全供給個人——人類生活的眞實需要，發生一種要求改造的慾望，所以發起這個學會．

我們大膽標揭『人生的體育』幾個字做旗幟，不是我們已經得了『人生的體育』的方法將出來自炫；我們是認明這個目的，免得研究的前進歷程中錯了方向．

我們爲着希望這目的能早一日達到；誠意歡迎多數人入會，大家來做這改造的運動．

這會的會員，只有研究學術的責任，沒有輸納會金的義務．

這會的會員，完全是精神的結合，不受形式的約束，所以不用什麽章程．

我們的通訊處(暫定)

北京 高等師範學校 王鑑武處

南京 高等師範學校 陳奎生處

長沙 儲英源廿三號 黃醒處

## 介紹新刊

湖南週刊 是研究湖南問題的每週出版物

總發行所長沙定王台圖書館內

嶽雲週刊 是湖南各校學生出版物僅存的一種

總發行所長沙嶽雲中學校

長沙週刊 是鼓動長沙的新潮去激盪世界復活的新刊物

總代派處長沙儲英源健康書社

每份均售銅元二枚

# 代售本報者

上海棋盤街中市羣益書社
上海五馬路棋盤街西首亞東圖書館
杭州平海路教育潮社
上海四馬路泰東書局
成都桂王橋北街總代派報處陳岳安君
北京梁家園後身八號益智書報社
北京高等師範學校工學會販賣部
南京花牌樓共和書局
南京高等師範學校陳奎生君
武昌橫街利羣書社
吉林毓文中學校張元貴君
安慶龍門口正街中華書局
天津大胡同中華書局
雲南第一師範學校張中侯君
北京中小學校體育公會

本報爲的鄭重事業起見極歡迎閱者對於內容上有嚴格的批評——求全責備的批評不願意聽應酬的恭維話——情面的客氣話倘承投函務請注意

體育週報常刊（第五十九六十期合刊）
▲一九二〇年十月廿五日發行
▲定價實洋九分
編輯兼發行者 長沙儲英源二十三號 體育週報社
印刷者 長沙織機巷 湘鄂印刷公司

◎本報常刊價目表（第四十九期起第九十六期止）

| 項目 | | 一冊 | 半年廿四冊 | 全年四十八冊 |
|---|---|---|---|---|
| 定價 | 現款及匯票 | 銅元六枚 | 一元○五分 | 二元 |
| | 郵票代銀 | 四分半 | 一元一角 | 二元一角 |

△本國及日本不加郵費其他每冊加一分半半年加三角六分全年加七角二分

◉本報特刊價目表（全年四厚冊）

| 項目 | | 一冊 | 二冊 | 四冊 |
|---|---|---|---|---|
| 定價 | 現款 | 三角五分 | 六角六分 | 一元二角 |
| | 郵票代銀 | 三角八分 | 七角 | 一元三角 |

## ▲本社重要啓事一 ◎◎◎◎◎◎◎◎

本社同人等誠意向
贊助本報諸君並
愛讀本報諸君道歉！此次因事實上不得已的情形，停刊半年，深負諸君的期望．現在同人等依然努力繼續來做『促進體育』的運動，還希望
諸君切實的指教！

## ▲本社重要啟事二 ◎◎◎◎◎◎◎◎

本報停頓既久，事實上時間上都不能在本年內將九十六期常刊，四號特刊出滿．現定本年內將常刊趕出至七十二期，特刊僅出學校體育號一冊。所餘常刊二十四期，特刊三四兩號，準於明年暑假期前出完．希望以前交欵定閱全年報的諸君，原諒原諒！

图书在版编目(CIP)数据
体育周报／体育周报社编．—长沙：湖南师范大学出版社，2010.9
ISBN 978－7－5648－0285－1
Ⅰ．①体…　Ⅱ．①体…　Ⅲ．①体育—期刊—汇编—中国—民国　Ⅳ．①G8－55
中国版本图书馆 CIP 数据核字(2010)第 164974 号

湖湘文库(甲编)
湖湘文库编辑出版委员会

**体育周报**

编　　辑　[民国]体育周报社
策划编辑　黄　林
责任编辑　刘苏华
责任校对　邹水杰
整体设计　郭天民
出版发行　湖南师范大学出版社
网　　址　http://press. hunnu. edu. cn
地　　址　长沙市岳麓山
邮　　编　410081
营销部电话　(0731)88873071
经　　销　湖南省新华书店
印　　刷　长沙化勘印刷有限公司
版　　次　2010 年 9 月第 1 版第 1 次印刷
开　　本　960×640　1/16
印　　张　44.75
字　　数　680000
书　　号　ISBN 978－7－5648－0285－1
定　　价　198.00 元

如有印装质量问题，请与承印厂斠换
厂址：长沙市青园路 4 号　邮编：410004

ISBN 978-7-5648-0285-1
9 787564 802851 >